교육개혁정책 연구총서 3

한국의 교원정책

신현석 저

Teacher Policy in Korea

학지사

머리말

교원정책은 정책의 주체로서 정부가 교원에 관한 인사행정 과정과 교직생활의 환경 조건을 관련 법규에 근거하여 수립, 결정, 집행, 평가하는 공공적 활동이다. 따라서 교원정책은 교원에 관한 정책이면서 교원을 위한 정책이라는 의미를 내포하고 있다. 교원에 관한 정책으로서 교원정책은 '교원의 전문성 신장'을 목적으로 교원의 수급, 양성, 자격, 임용, 연수, 승진, 평가 등 7가지 인사관리의 영역들이 유기적으로 연계되어 관련 법규에 근거하여 운용된다. 한편, 교원을 위한 정책으로서 교원정책은 '교원의 교직생활의 질을 제고'하기 위한 목적으로 교원의 근무여건, 보수, 후생복지, 사기 등 직업으로서 교직생활을 영위하는 데 관련된 조건들을 법규에 근거하여 개선하는 것이다. 이와 같이 교원정책은 전문성 신장이라는 합리적인 목적과 교직생활의 질 제고라는 당위적인 목적을 동시에 추구하는 중의적인 교육정책으로서의 성격을 갖는다.

중의적인 교원정책은 다른 교육정책들과 달리 추진 과정에서 몇 가지 분별력이 요구된다. 즉, 다른 정책과 동일시하여 정책의 우를 범하지 않도록 정책의 특수성을 충분히 감안해야 한다는 것이다. 이를 교원정책에 대한 개념 정의로부터 유추하여 살펴보면 다음과 같다.

첫째, 교원정책의 개별 영역들에 관련된 방안이 정책의 과정을 통해서 정책으로 추진되는 과정에서 지켜야 할 원칙을 지켜야 한다. 그 원칙은 다음 두 가지로 제시할 수 있다. 첫째는 타당성의 원칙이다. 개별 영역의 새로운 방안 혹은 기존에 대한 수정안이 합목적적이어야 한다는 것이다. 예를 들어, 교원양성체제 개편에 관한 논의가 교원의 전문성 신장이라는 제1원칙을 도외시한 채 정치적인 이해관계에 따라 이루어진다든지 혹은 교원 인센티브가 정치적인 흥정에 의해 결정되어서는 안 될 것이다. 둘째는 연계성의 원칙이다. 교원정책의 각 영역은 서로 유기적으로 연계되어 있기 때문에 방안이 연동되어 제시되어야 궁극적인 효과를 얻을 수 있다. 예를 들어, 교원양성체제의 개편은 필연적으로 교원수급계획의 변화를 필두로 양성 및 임용체계의 변화와 함께 모색되어야 한다. 새로운 교원정책 방안이 모색될 때 이러한 원칙이 지켜지고 있는지를 분석해 보면 향후 그 방안의 정책적 가치와 효용성을 어느 정도 예측할 수 있다. 교원정책의 이러한 추진원칙은 교원정책의 평가에서도 정책의 공과를 따지기에 앞서 우선적으로 고려되는 것이 마땅하다.

둘째, 교원정책의 주체로서 정부의 역할에 대한 새로운 해석이 필요하다. 국가주의(nationalism)하에서 정책은 정부가 주도하는 '가치의 권위적인 배분'과정이다. 아직도 여전히 유효한 것으로 인식되고 있는 국가주의 정책 모형은 적어도 교원정책 분야에서 변화를 위한 실험을 거친 바 있다. 노무현 정부에서 교원 관련 각종 쟁점들을 해소하기 위하여 교직단체를 비롯하여 각계각층의 대표들로 구성된 위원회의 구성과 위원회에 상당한 권한을 위임한 것은 조합주의(corporatism)적 정책 모형의 실험이라고 보기에 충분하다. 이러한 실험은 일차적으로 1998년 교원노조 합법화 이후 막강해진 전교조와 한국교총의 정치적 투쟁력이 동반 상승하여 교원정책의 장면에서 정부의 정책 주도권을 견제할 수 있을 정도로 커짐에 따라 가능한 것으로 해석된다. 또한 정권 차원에서 정부는 과거처럼 이익집단의 요구에 아랑곳하지 않고 국가의 권위를 앞세워 정책 의지를 일방적으로 표출하는 국가중심주의적 방식으로부터 탈피하고자 하였다. 그리하여 정부는 능동적으로 집단 간 합의된 의견을 도출할 수 있는 장을 부여하고, 국가와 집단 간 타협과 협상을 통해 필요하다고 생각되는 방안을 정책에 반영하는 방식을 취하였다. 전형적인 사회조합주의 정책 모형에 부합되는 방식이다. 다원주의 사회에서 이익집단이 자신들의 의견을 주장하면 국가가 이를 전적으로 수용하는 다원주의(multiculturalism) 정책 모형에서의 방임형 정부 역할과 국가주의 정책 모형에서의 통제적 정부 역할 사이에서, 현 정부는 교원정책 장면에서 어떤 역할을 담지할 것인지 거버넌스(governance) 차원의 고민이 필요하다.

셋째, 법규에 근거한 교원정책 추진의 한계와 이를 극복할 대안적 시스템의 설계를 고민할 필요가 있다. 정책과 법은 필요 불가분의 관계에 있다. 정책은 법에 의해 추진되지만 그렇다고 법이 정책의 속성을 모두 제어하지는 못한다. 그것은 정책이 갖고 있는 정치와 행정의 속성 때문이기도 하고, 법이 갖고 있는 규칙성이 생활 영역에서 적용될 수 있는 제한적 성격에 기인하기도 한다. 법에 의존하는 정책은 확실한 법치의 실현을 구현하는 데 도움을 주는 것이 분명하지만, 법의 제·개정을 둘러싼 지루한 정치적 공방은 「사립학교법」 개정과 교원평가 법제화에서 보듯이 때론 정책 추진을 마비시키기도 한다. 또한 통과된 법에 의한 정책 추진은 합리적 법치를 보장하는 듯하다. 하지만 정책 목표와 법적 수단 간에 목적전도(goal displacement) 현상이 나타나거나 법전에만 의존하는 무사안일과 관료적 게으름을 야기할 수도 있다. 법에만 의존하는 정책과 행정은 정책 추진자들에게 가장 안전하고 쉬운 길이다. 그러나 정책 목표를 주어진 기간 내에 달성하고 소기의 정책 효과를 거두어 정책 수요자의 만족을 이끌어 내는 것과는 별개의 일이다. 요점은 법에 근거한 정책 추진을 부정하는 것이 아니라 법이 정치적 대립에 의해 막혀 있을 때 이를 넘어서거나 우회할 수 있는 대안적인 정책 추진 전략을 갖고 있느냐 하는 것이다. 국가주의 정책 모형에서 정책 추진의 원천으로서 성문적 법규에 의해 보장된 합법적 권위(legal authority)를 넘어서는 절차적 정당성(procedural legitimacy)에 의한 합의적 권위(consensual authority)에 근거한 정책 추진을 모색할 필요가 있다.

넷째, 교원정책의 특수성과 일반 정책의 보편성을 함께 고려한 정책 추진의 설계가 필요하다. 그동안 교원정책은 교육과 교직의 특수성에 비추어 일반 정책과 구별되어야 하며 통제 중심의 정책보다는 조성 중심의 정책이 유효하다는 것이었다. 이에 따라 교육계에서는 교육논리를 주장하며 지나치게 정치논리나 경제논리가 개입되는 것을 경계하고 대립각을 세워 왔다. 특히, 교육논리의 중핵적 가치가 다르기는 하지만 한국교총과 전교조는 그동안 교원정책에 있어 외부 논리의 침투를 최일선에서 방어해 왔다. 그러나 이러한 교육계의 정책적 반향은 교원정책의 추진을 더디게 했고, 국민과 시민사회에게는 집단이기주의로 보여 반감을 야기하는 계기가 되기도 하였다. 가장 대표적인 예가 교원평가제 실시와 교장공모제를 둘러싼 교원자격제도 개편에 대한 논의다. 교원정책은 개방적인 정치체제 속에서 이루어진다. 교원정책이 폐쇄적인 교육체제 속에서 이루어진다면 교육과 교직의 특수성이 당연히 강조되어야겠지만, 개방된 정치체제 속에서의 교원정책은 작동 공간이 사회 전반이기 때문에 정책 고객은 교육계를 포함한 모든 국민이어야 한다. 따라서 국민이 정책에 대해 갖는 일반적인 기대를 정책당국은 어느 정도 충족시켜 주어야 할 책무가 당연히 존재한다. 바람직한 것은 교원정책을 추진하는 과정에서 일반적으로 정책이 갖는 보편적인 요구 조건을 수용하면서 교육과 교직이 갖는 특수한 측면을 적극적으로 실현해 나갈 수 있도록 하는 것이다. 이 과정에서 이해집단 간의 갈등과 대립이 예견되지만 정부는 정책의 주도자로서 다양한 소통기제를 활용하여 적극적으로 문제해결에 임할 필요가 있다.

이러한 네 가지 교원정책의 관점에서 이 책은 우리나라에서 추진되어 온 주요 교원정책을 추출하여 정책의 배경과 내용을 분석하고 분석결과를 토대로 문제점을 지적하고 이에 대한 정책적 대안을 제시하고자 노력하였다. 일종의 우리나라 교원정책의 사례분석 논고라고 할 수 있다.

이 책은 우리나라의 교원정책을 '각 정부의 교원정책'(제1부), '직전 단계의 교원정책'(제2부), '현직 단계의 교원정책'(제3부), '근무환경의 교원정책'(제4부) 등 4개의 영역으로 크게 분할하고, 각 부의 제목에 부합하는 개별 교원정책들을 다양한 접근 방법에 의해 분석하고 진단하였다. 우선, 제1부 '각 정부의 교원정책'에서는「국민의 정부」「참여정부」「이명박 정부」의 교원정책 방향과 정책 방안들을 분석 · 진단하였다(제1장~제3장). 제2부 '직전 단계의 교원정책' 에서는 이 단계에 해당되는 교원수급, 교원양성, 교육실습, 임용정책을 문헌 및 조사 분석 방법에 의해 분석하고 대안을 제시하였다(제4장~제7장). 제3부 '현직 단계의 교원정책'에서는 이 단계에 해당되는 교원연수, 평가, 근무성적평정, 교원승진제도를 신제도주의적 접근, 정치학적 분석, 조사 분석 방법 등 다양한 관점에서 조망하였다(제8장~제11장). 마지막으로, 제4부 '근무환경의 교원정책'에서는 교원의 근무여건에 해당되는 교원업무, 교원보수, 교직단체 등에 대해 문헌 분석 방법을 통해 사안을 분석하고 대안을 제시하였다(제12장~제14장). 특히, 각 정부의 교원정책에 대한 입문적 분석에 이은 교원정책의 직전 단계, 현직 단계, 근무환경별 장 구성은 Castetter와 Webb 등의 교육인사행정 과정 영역 분류 방식을 저자가 우리 현실에 맞게 응용적으로 시도한 것임을 밝혀 둔다.

이 책은 지난 10여 년 동안 교원정책 분야에 관심을 갖고 발표했던 글들을 위의 분류 방식에 따라 집성해 놓은 것이다. 첨삭과 보완을 거쳐 분류 방식에 맞게 체계적인 일관성을 갖추고자 노력하였음에도 불구하고 발견되는 미흡한 부분은 전적으로 저자의 비재에 기인한다. 이

책은 저자가 기획하고 있는 '교육개혁정책 연구총서'의 세 번째 저서로 제1권 『한국의 교육개혁정책』(학지사, 2000), 제2권 『한국의 고등교육 개혁정책』(학지사, 2005)에 이어 5년 만에 출간되었다. 앞으로도 계속 이어질 이 연구총서는 우리나라의 각 분야 교육개혁정책을 분석하고 진단하여 우리의 체질에 부합하는 교육정책 대안을 지속적으로 발굴하여 '한국적' 교육정책의 정착에 기여하고자 하는 개인적인 소망에서 비롯되었다.

이 책이 출간되기까지 많은 사람들이 기여하였다. 우선 각 장의 글이 완성되기까지 저자와 함께 시종 학구적인 노력을 기울인 동학들과 현장의 교원에게 아낌없는 찬사를 보낸다. 특히, 그동안 한국의 교원정책을 같이 연구해 온 박균열(제9장), 전상훈(제8장, 제11장), 이경호(제7장, 제13장, 제14장) 박사는 학문탐구의 동반자로서 이 책이 완성되는 데 많은 기여를 하였다. 이 외에도 황호진(제3장), 가신현(제6장), 박천순(제10장) 선생은 학문과 실제의 장에서 귀중한 도움을 준 학문적 동료이자 교육현장의 실천가다. 또한 저자가 안정된 가정에서 연구에 전념할 수 있도록 뒷받침해 준 아내와 참스승이 되도록 항상 기도하시는 부모님께 이 책을 바치고 싶다. 이 책이 출간되기까지 수차례의 번거로운 교정에 노고를 아끼지 않은 이경호 박사 그리고 고려대학교 대학원의 이준희, 엄준용, 최보윤, 정주영, 김진미, 권소연, 남소정, 양지운, 우선영, 장나영 석·박사과정생들에게 고마움을 전하고 싶다. 마지막으로, 이 책이 연구총서의 일환으로 출간될 수 있도록 지원을 아끼지 않으신 학지사 김진환 사장님과 직원들에게 깊은 감사를 드린다.

2010년 2월
안암동 연구실에서
신 현 석

차 례

제1부
각 정부의 교원정책

제1장 「국민의 정부」의 교원정책

제2장 「참여정부」의 교원정책

제3장 「이명박 정부」의 교원정책

제 **1** 장

「국민의 정부」의 교원정책

제1장에서는 「문민정부」로부터 시작된 신자유주의적 교육정책의 관점에서 「국민의 정부」의 교원정책을 조망하고 평가하였다. 「국민의 정부」 교육정책은 「문민정부」의 정책 기조와 틀을 유지하면서도 일련의 획기적인 정책들로 인해 교직사회에 많은 동요를 불러일으켰다. 5·31 교육개혁 이래 교육 분야에 본격적으로 투영되기 시작한 신자유주의는 지금까지 추진되었던 교육정책의 기조에 변화를 줄 만큼 커다란 영향력을 발휘해 왔다. 특히, 「국민의 정부」 들어 정부 초기에 단행된 '교원정년 단축'과 같은 조치는 그 표면논리로 경제적 효율주의를 내세울 정도로 정부정책에서 신자유주의적 접근이 보편화되는 듯했다. 그러나 '교원노조의 합법화' 이후 전교조로부터 발원된 신자유주의 교육에 대한 반대는 이제 대다수의 교원에 의해 신자유주의 교육정책에 대한 반대로 이어지고 있는 실정이다. 이처럼 신자유주의와 교원정책의 불완전한 결합으로 인해 야기되고 있는 교육현장의 혼란과 정책의 난맥상을 해결하는 것이 한국 교원정책의 과제라는 문제인식하에 본 연구는 우리나라 교원정책이 갖고 있는 맥락과 특성에 대한 분석을 바탕으로 신자유주의가 교원정책에 투영되는 과정에서 나타나는 현상과 실제 정책 사례들을 분석·진단하였다.

주제어 **신자유주의, 교원정책, 정책평가**

* 본 장은 "「국민의 정부」 교원정책의 분석과 진단"(한국교원교육연구, 20(1), 2003)의 내용을 수정·보완하였음.

1. 교원정책의 난맥상

흔히 '교육의 질은 교원의 질을 능가할 수 없다.'라는 말을 한다. 이는 교육의 질이 학교체제 내 교원의 질, 생산적인 인간관계가 인식되는 정도, 교원의 질적 향상을 위한 능력 발전이 행해지는 정도에 달려 있다고 할 때, 그중에서도 교원의 질이 교육의 성패를 가늠할 수 있는 가장 중요한 요소라는 것이다. 이러한 거의 보편에 가까운 명제가 지켜져 온 가운데 우리의 교원정책은 지금까지 교원의 품위와 자질을 향상시키고 근무환경을 점진적으로 개선하는 방향으로 진행되어 왔다. 그러나 교원인사제도의 경직성과 직무 구조의 단순성으로 인해 정체된 교직사회가 교육의 발전을 저해하고 있으며, 급기야는 '교원 질의 저하가 교육을 통해 학생 성취의 약화'로 이어지는 악순환이 거듭되고 있다는 외부의 비판마저 공공연히 제기되고 있는 실정이다. 특히, 자율과 경쟁을 모토로 하는 새로운 시장질서의 형성을 통해 교육 구도를 재편하려는 신자유주의가 「문민정부」의 중요 교육개혁 이념으로 자리 잡은 이후 시장적 아이디어와 기제로 장착한 교육정책과 제도들이 실험되고 있는 가운데 교원정책도 예외일 수는 없었다.

실제로, 「국민의 정부」 들어 초대 교육부장관인 이해찬은 취임 직후 신자유주의적 교육정책을 펼치겠노라고 공언하면서 '교원정년 단축'을 통해 교원 구조조정을 실행하는가 하면, 성과급제의 도입 등을 통해 교단개혁에 추진력을 발휘하였다. 그러나 평소 정치 · 경제논리와는 별도의 교육논리가 존재한다고 믿는 교원의 세계에서 시장적 접근에 기초한 교원정책의 감행은 교원로 하여금 생경함으로 인한 인식 부족 이상의 조직적인 반발과 저항을 불러일으키는 결과를 초래하였다. 특히, 1999년 교원노동조합의 합법화 이후 전교조와 한교조의 집단적인 저항은 교육당국의 입장에서 정책을 펴 나가는 데 부담으로 작용하고 있다. 그리고 전문직 단체인 한국교총도 주로 '교원정년 단축'으로 인해 촉발된 교원의 정책 불신을 단체행동의 동력으로 삼는 과정에서 많은 부분 정부의 교원정책과 상충하고 있다.

이와 같이 「국민의 정부」의 교원정책은 「문민정부」가 펼쳐 온 신자유주의적 경향성을 유지 · 실천하는 듯했으나, 이러한 경향에 반대하는 목소리로 인해 야기된 교육현장의 혼란으로 말미암아 정책의 난맥상이 나타나게 되었다. 이에 본 장에서는 이러한 난맥상이 나타나게 된 거시적인 배경으로서 우리나라 교원정책이 갖고 있는 맥락과 특성에 대한 분석을 바탕으로 신자유주의가 교원정책에 투영되는 과정에서 나타나고 있는 현상을 진단하고, 「국민의 정부」에서 실행된 실제 정책 사례들을 평가하고자 추진되었다. 이러한 분석과 평가를 바탕으로 향후 교원정책을 전망해 본다.

2. 한국 교원정책의 이념적 맥락

정부 수립 이후 우리나라의 교원정책은 적어도 1990년대 중반까지는 교육정책의 다른 영역에 비해 외부 환경의 변화에 관계없이 가장 안정적인 기조 속에서 진행되어 왔다. 학생을 가르치는 교원을 어떻게 양성하고 임용할 것인가, 교원의 관심사인 승진 구조를 합리적으로 운영하기 위한 방안은 무엇인가 혹은 교원의 보수 및 근무여건을 어떠한 방법으로 개선할 것인가에 대한 방안을 마련하여 관련 법규를 제정, 개폐하고 이를 실천하는 것이 교원정책의 최대 관심사였다. 이러한 교원정책은 교육정책의 테두리를 넘어서는 범국가적인 중대 사안으로 등장하여 사회적인 반향을 불러일으키기보다는 교육계의 관심과 의지를 담아 이를 정태적으로 풀어내는 합리적 메커니즘에 의해 추동되는 것이었다. 뿐만 아니라 일반적으로 정책이 갖는 보편성보다는 교육활동이기에 특별한 정책적 의미가 담겨 있다는 특수성이 보다 강조되었다.[1] 따라서 당시 교원정책은 교육계의 서클 내에서 민주주의의 기본 이념인 인간 존중, 기회 균등 그리고 참여적 결정의 기본 원리를 실현하는 데 주안점을 두었다(곽영우 외, 1993: 261-262). 구체적으로, 교원정책은 무엇보다도 교육행위의 주체인 인간을 대상으로 하는 분야이므로 인간을 주체적인 인격체로 보고 이들의 활동과 권리를 존중하고 지원해야 하며(인간 존중), 인격의 평등사상에 기초하여 자격과 능력을 갖춘 사람에게 빈부귀천에 관계없이 균등한 기회를 주어야 하고(기회 균등), 인사와 관련된 사항이 소수 특권층에 의해 독점적으로 결정될 것이 아니라 다수의 의견을 폭넓게 수렴하여 민주적으로 결정되어야 한다는 것이다(참여적 결정).

오랫동안 교원정책에서 유지되어 왔던 교육적 특수성의 이념적 지배 구조는 「문민정부」 들어 5 · 31 교육개혁방안의 발표로 균열의 조짐이 나타나기 시작하였다. '세계화 · 정보화 시대를 주도하는 신교육체제 수립을 위한 교육개혁방안'이라는 제하의 개혁안은 교육기관과 교원을 '교육 공급자'로, 학생과 학부모를 '교육 수요자'로 분류하면서 종래 교육 공급자 중심의 교육적 병폐를 치유하기 위하여 '교육 공급자 간에 다양한 교육 프로그램의 경쟁을 통해 교육 수요자인 학생과 학부모의 교육 선택권을 확대'하는 이른바 소비자 주권이 확보되는 교육체제의 구축을 천명하였다(교육개혁위원회, 1995. 5. 31). 이러한 수요자 중심의 교육론은 「교육개혁위원회」를 주도했던 시장주의자들에 의해 교육 문제 치유와 발전을 위한 정책 대안으로 제기되어 이후 교육정책의 중요한 기조로 자리 잡으면서 학습자의 학습권 존중, 시장경쟁을 통한 교육

---

1) 교육정책의 특수성은 교육활동이 추구하는 고유의 본질적 속성과 가치에 기인하여 발생하는 것으로, ① 미성숙한 학생의 교육적 사회화, ② 국가, 사회적으로 합의된 가치 있는 내용의 교육과정화, ③ 교수-학습 활동의 전문성, ④ 교육 효과의 장기적 회임성, ⑤ 교육활동의 정치적 중립성 등은 일반 정책이 처해 있는 조건과 구별되는 특성이다.

의 질 향상, 교육 공급자의 사회적 책무성 제고 등을 위한 세부 정책의 밑거름으로 작용하고 있다(이차영, 1998: 133-136). 수요자 중심의 교육론은 많은 부분 신자유주의의 이념을 정책적으로 표현하고 있기 때문에 신자유주의(적) 교육정책으로 불리기도 한다. 교원정책 분야에서도 예외가 아니어서 종래 교육 공급자 중심으로 운위되던 교육적 특수성을 고려한 정책에서 수요자의 선택권을 확대하려는 방안(예, 담임선택제), 공급자 간 경쟁을 통한 책무성 제고 방안(예, 교원성과급제, 각종 교육(행정)기관 평가) 등이 실행되었다. 이와 같은 교원정책 분야에서 신자유주의에 입각한 수요자 중심 교육론의 투영은 교원정책의 목적이 평등성 기조에서 수월성 기조로, 정책의 특수성 추구보다는 보편성 추구의 양태로 성격이 전이되는 양상으로 전개되는 계기를 마련해 주었다.

수요자 중심의 교육론이 교원정책에 미친 영향은 그동안 기회 균등과 평등이 강조되던 교원의 세계에 경제논리의 침투로 교육논리가 희생되는 것으로 비쳐졌다. 특별히, '교원정년 단축'이 표방한 '고령 교사 1인 퇴출에 젊은 교사 2.6인 임용'은 단순히 경제적 수치만으로 교육활동을 재단하려는 처사로 교심이반을 야기한 결정적인 계기로 작용하였다. 이로 인해 교육 분야에서 경제논리 대 교육논리 간의 갈등이 첨예하게 대립하는 가운데 정부의 교원정책은 번번이 교심을 획득하는 데 실패하여 정책의 난맥상이 자주 연출되기에 이르렀다. 특히, 1999년 교원노조의 합법화 조치로 인해 교원노조 활동이 점차 조직적인 노동운동화되어 가는 경향 속에서 정부의 교원정책은 다양한 이해집단들의 첨예한 대립 속에서 과거 합리적 수단에 의한 정책 기제의 작동이 더 이상 유효하지 않는 상황에 직면하게 되었다. 이에 따라 교원정책의 대부분 사안들은 교원노조 그리고 한국교총과의 교섭 대상이 되어 정치적인 합의를 통해 결정되고, 다음 해에 교원정책에 반영되는 정책 기제의 변화가 뚜렷이 나타나기에 이르렀다.

표 1-1 **교육부와 교직단체 간 2001년도 교섭 사안(교원정책 분야 중심)**

교육부-교원노조 교섭 사안	교육부-한국교총 교섭 사안	2002년도 교육부 주요 교원정책
• 자율 출 · 퇴근제 -단위학교별 탄력적 근무시간제 • 초 · 중등교원 및 유치원교원 법정 정원 확보 • 과목 상치교사 해소 • 교과전담교사제 활성화 • 소규모 초등학교의 교과전담교사 배치 • 교원 사무보조인력 배치 • 기간제 교원 처우 개선 • 농 · 어촌 지역의 교원 사택 지원 • 교원인사에 있어 양성 평등한 기회 보장 • 여성 교원의 육아시간 활용을 위한 제반 여건 조성 • 교원의 문화활동 지원 • 교원의 성과상여금 수당화 또는 폐지 등 전면적인 개선안 마련(단체교섭 외의 합의사항)	• 교직수당가산금(학급담당수당 및 보직교사수당) 인상 추진 • 교원자녀 대학 학비보조수당 지급 추진 • 교원 호봉 산정 불이익 해소 -산업체 근무경력이 있는 실업계 교원 등의 교직임용 전 경력 80% 수준에서 인정 • 교원 연수기회 확대 및 연수비 지원 • 교원 자율연수비 지급 지원 • 연수성적 평정 방법 개선 -교육공무원 승진규정상 필요한 직무연수 3개 중 성적평정은 1개만 반영하도록 추진 • 수석교사제 도입 • 교원 부족 사태 해결을 위한 교원 증원 • 교원의 일 · 숙직제도 폐지 추진 • 교무실과 행정실 간 업무 조정 • 교원의 주택 마련 지원 확대 · 추진 • 교감 직급보조비 인상 • 교원성과상여금제도 개선 • 별거 부부 교원의 동일 지역 근무를 위한 특별전보 실시 • 교원 법정 정원 확보 • 자율연수파견제 도입을 위한 법령 개정 • 교원 장 · 단기 해외연수 기회 확대	• 교직수당가산금 인상 -담임수당(월 8만 → 월 10만, 월 5만 → 월 6만) • 초 · 중등교원 증원 • 교원 장기 해외유학 실시 -시 · 도교육감 추천과 어학 검증을 통해 2년 이내의 해외 파견 • 신규교사 연수제도 -임용 전 2주 이상 실시 • 원격교육 연수 내실화 -원격교육연수원 지정 · 인가 기준에 적합한 연수기관 지속적으로 확대 · 지정, 교원 원격연수의 기회 확대 · 지원 • 단위학교별 탄력적 근무시간제 -교원 출 · 퇴근 단위학교별 자율화(3.1부터 시행) • 호봉 산정 시 교원임용 전 산업체 등 근무경력 상향 인정 -교원임용 전 산업체 등에서의 근무경력을 호봉 산정 시 적정 수준으로 상향 조정(30~50% → 80%)할 수 있도록 공무원보수규정 개정 추진 • 연구 및 복지시설 확충(2001~2005) • 교원 사무보조인력 연차적으로 배치(~2005) • 사립학교 교직원 자녀 국고학자금 지원 • 교원 국내 고용휴직제 • 순회교사 활성화 • 승진 · 평가제도 개선 -직무수행 기준 마련을 검토 • 성과상여금제 개선 -자율연수비로 지급 적용 방침 전환(2. 25)

출처: 교육인적자원부, 전국교직원노동조합, 한국교총 홈페이지

이상과 같은 우리나라 교원정책의 맥락적 이해로부터 뚜렷이 알 수 있는 것은 교원정책의 근간을 이루는 이념적 지형의 변화가 명백한 가운데 기존의 이념과 5 · 31 교육개혁 및 교원노조 합법화로 발아된 새로

운 이념들이 혼재하는 양상으로 교원정책의 이념적 분화가 촉발되고 있다는 것이다. 이와 같이 교원정책에서 다양한 이념적 지형이 나타나게 된 원인은 직접적으로는 수요자 중심의 교육론과 교원노조의 합법화가 자리 잡고 있지만, 보다 거시적으로는 신자유주의 이념의 교육정책에의 수용과 ILO, OECD 등 국제기구의 가입에 따른 노동조건의 변화와 삶의 질 보장에 대한 여건의 성숙을 들 수 있다. 물론, 다원주의 사회에서 표출되는 개인과 집단의 선호하는 가치의 다양한 분출로 표현되는 포스트모더니즘 시대의 삶의 양식 또한 거시적인 환경 요인으로 빼놓을 수 없다.

구체적으로 나타나고 있는 다양한 이념적 지형의 판도는 우선, 교원정책의 목적 면에서 평등성과 수월성이 한 축을 이룬다. 교원정책의 목적으로서 평등성은 기회 균등을 통해 참여적 결정을 통한 민주주의 실현에 무게중심을 두고, 궁극적으로 교원공동체의 전반적인 질 제고를 꾀한다. 이는 오랫동안 우리의 교원정책이 견지해 왔던 것으로 교육논리를 바탕으로 교육인사행정의 세부적인 기능의 작동을 통해 구현된다. 반면에, 수월성은 자율성의 보장을 통해 경쟁을 유발시켜 책무성을 증진하는 시장논리에 따른 질 제고를 의미한다. 이는 5 · 31 교육개혁 이후 교원정책 분야에 그 실체를 드러낸 후 각종 평가를 통해 선택과 집중의 차등적인 지원체계를 설정하여 적자생존의 법칙에 따라 교원 및 관련 기관의 경쟁력 강화를 도모한다.

두 번째, 이념적 지형의 구도는 교원정책에서 활용되는 수단과 관계 있다. 즉, 교원정책의 수단 면에서 합리성과 정체성이 한 축을 이룬다는 의미다. 교원정책의 정책 추진 수단으로서 합리성은 정책의 결정 과정에서 '최적의 대안'을 찾는 기조로서 유용성을 준거로 한다. 반면에, 정치성은 정책 형성 단계에서 다양한 이해관계의 조정과 타협을 시도하고 합의를 통해 '만족할 만한 대안'을 정책 결정의 결과로 채택하는 과정에서 발휘된다. 교원정책의 수단상의 변화는 교원노조 합법화로 인해 정치성의 약진이 두드러진 가운데, 최근 교원정년 단축 여파로 인한 교원 수급 등의 초등 교원정책에서도 나타난 바 있다. 교원정책의 활용 수단은 정책에 관계하는 집단에 따라 다르게 나타난다.

세 번째, 이념적 지형의 축은 교원정책의 성격에 따라 형성된다. 즉, 추진되는 교원정책이 정책의 일반적 가치에 근거하고 있느냐, 아니면 교육의 특수한 가치에 근거하고 있느냐에 따라 보편성과 특수성으로 구분할 수 있다. 교원정책의 보편성은 모든 종류의 정책이 갖는 일반적인 조건을 바탕으로 교원정책의 과정에서 보편적인 정책의 준거가 적용되는 경우다. 반면에, 특수성은 교육정책에서만 추진되는 특별한 가치와 교원정책이 갖는 독자적인 기준이 교원정책의 과정에서 적용되는 경우를 말한다. 교원정책의 성격상의 변화는 5 · 31 교육개혁 이후 신자유주의에 입각한 시장원리를 정책적으로 수용하는 과정에서 뚜렷이 나타나고 있다. 하지만 교원정책의 보편성과 특수성은 과거에도 그랬듯이 여전히 혼재하고 있으며 정책 사안에 따라 다르게 나타나는 경향이 있다.

구체적으로, 교원정책의 이념적 지형도를 현 「국민의 정부」에서 활동하고 있는 관련 집단과 정책 사안별로 나누어 제시하면 다음과 같다.

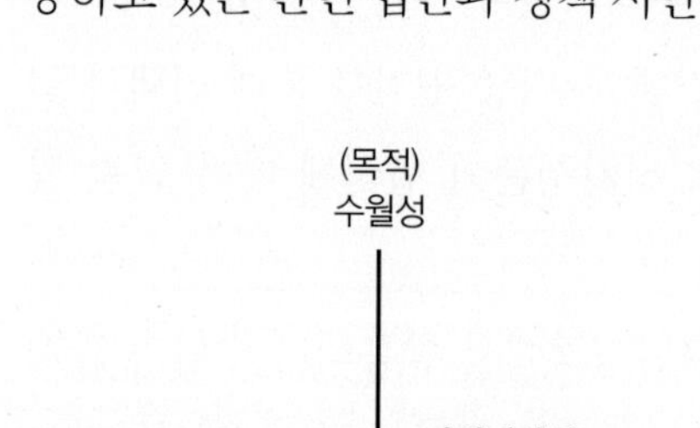

[그림 1-1] 관련 집단별 이념적 구도

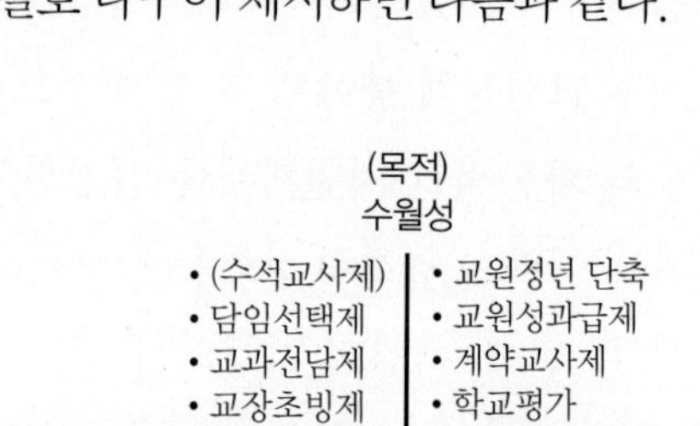

[그림 1-2] 교원정책 사안별 이념적 구도

교원정책 관련 집단별 이념적 구도([그림 1-1] 참조)에서 교육부는 대체로 정책의 목표를 교원의 전문성 및 질 제고에 두면서 목표를 달성하기 위한 수단의 동원과정에는 합리성과 정치성의 양 측면에 모두 관계한다. 정책 대안의 형성과 관련 예산의 확보 면에서는 합리성에, 정책방안의 결정 및 추진 과정에서는 교직단체 간의 협상에 의한 정치성에 근거하는 양면성을 갖고 있다. 세 교직단체는 모두 정책수단으로 정치성을 고려하고 있다. 그러나 전교조와 한교조는 노동조합으로서 평등성을 정책의 목표로 삼는 경향이 있고, 한국교총은 전문직 단체로서 수월성을 추구한다. 물론, 한국교총도 교원노조 합법화와 교원정년 단축 이후 점차 활동의 강도를 높이면서 회원의 공통적인 관심사(예, 교원정년 환원, 복지 문제)를 이슈화하여 정치적인 활동을 벌이는 경우도 있으나, 대부분의 정책 대안들은 교육부의 입장과 그 궤를 같이하고 있다(조흥순, 2002). 이는 한국교총의 정책 자문에 응하고 있는 대부분의 교수·전문가들이 정부의 정책 연구활동과 각종 위원회 활동에 참여하고 있는 것으로부터도 알 수 있다. 한편, 교원정책의 추진에 필요한 예산 조달과 관계 있는 기획예산처나 교원수급에 관계하는 행정자치부는 수월성에 의한 정책 목표를 바탕으로 교직의 경쟁력 강화를 위한 합리적인 기제들로 구성된 교원정책 대안들을 선호하고 지원한다. 한국개발연구원(KDI)이나 한국교육개발원(KEDI)과 같은 국책연구기관들도 정부부처의 이념적인 틀 속에서 교원정책 대안들을 발굴하고 있다. 마지막으로, 교직단체 활동에 적극적으로 참여하고 있지 않은 대부분의 교원은 교원정책이 장기간 유지해 왔던 평등성의 정책 목표를 그대로 유지하면서 합리적인 방법으로 정책을 추진하는 것을 선호할 것으로 보인다. 물론, 이러한 판단은 객관적인 증거에 의하기보다는 교직단체의 호전적인 활동에 대한 교원의 상징적인 거리감, 교직은 성직이라는 전통적인 교사관, 교사에 대한 사회의 높은 도덕적·윤리적 기대감, 교육적 사표로서의 사회적 책임의식, '점잖음'과 '절제'로 표현되는 선비정신 등 교직에 대해 갖고 있는 일반적인 이미지에 근거한 것이다. 교직의 이러한 성향은 곧 교직사회가 방어적 특성을 나타내게 하는 조건을 형성한다(류방란, 2001).

[그림 1-2]의 교원정책 사안별 이념적 구도에서 5 · 31 교육개혁안 발표 이후 현재에 이르기까지 대부분의 정책들은 수월성 추구를 목적으로 하고 있다는 것을 알 수 있다. 그중에서도 「문민정부」와 「국민의 정부」를 통해 추진된 여파가 큰 정책들은 목적 면에서 수월성을, 성격 면에서 보편성에 입각한 것들이다. 이처럼 상대적으로 파급 효과가 큰 교원정책이 이러한 이념적 틀 속에서 이루어진 이유는 「문민정부」 이래 수요자 중심의 교육론을 요체로 하는 신자유주의의 영향 때문이다. 이들 정책들은 한결같이 교육 공급자들의 경쟁을 통해 성과와 질을 제고하는 데 초점을 맞추고 있으며, 시장논리의 도입에 따른 경제적 효율성의 증진이 밑바탕에 깔려 있다. 한편, 평등성의 이념을 추구하는 정책들은 보편적인 성격의 교원노조 합법화와 교장선출보직제 그리고 특수직적인 성격의 교원정년 환원, 중 · 초등교사 임용, 자율연수휴직제 등을 들 수 있다. 물론, 이들 정책 중 교장선출보직제는 실현되지 않고 있지만 전교조의 중점 교섭방안으로 주창되고 있고, 교원정년 환원은 한국교총의 중점 정책 방향으로서 실현되지는 않았지만 2001년 전국교원 서명을 통해 국회 교육위원회까지 통과되어 현재 계류상태에 있는 사안이다. 특히, 한국교총은 교원정년 환원을 유력한 대통령 후보들로부터 대선공약으로 이끌어 내는 등 교원정년 단축을 교원의 정책 불신의 주요 원인으로 보고 있는 만큼 단체활동의 추동력을 밀도 있게 전개하는 데 중요 원천으로 삼고 있다. 전반적으로 교원정책의 성격 구도상에서 볼 때 국가, 사회적으로 정책의 파장이 큰 거시적인 정책 방안들은 보편성의 차원에서 이루어졌고, 학교나 교원 등에 국한된 비교적 정책의 여파가 작은 미시적인 방안들은 교육(교직)의 특수성을 강조하는 차원에서 실행되었다는 것을 알 수 있다.

이상의 논의로부터 교원정책의 이념적 지형이 형성되는 과정에 따라 한국의 교원정책을 시기별로 구분하면 ① 안정기: 교육과 교직의 특성이 우세하게 작용하던 시기(1948~1995), ② 준비기: 신자유주의의 이념이 도입되어 정책이 준비되는 시기(1995~1999), ③ 갈등기: 이념적 다양성에 의해 집단 간 갈등이 노정되고 정치적으로 이 정책들이 본격적으로 추진되면서 정책 관련 집단 간 갈등이 본격화된 시기다. 이러한 갈등이 본격화하게 된 직접적인 계기는 교원정년 단축과 교원노조 합법화를 통한 교직단체의 적극적인 활동이었다. 그렇지만 이미 준비기에서 수요자 중심의 교육론을 통해 의식이 성장한 학생 및 학부모, 시민단체가 가세하면서 정책 이슈에 따라 교직단체 간, 교직단체와 정부 간, 정부와 학생 간, 학부모단체 간, 교직단체와 학부모단체 간, 학부모단체와 정부 간 등 집단 간의 갈등은 점차 복잡한 양상으로 나타났다. 이에 따라 정부는 교원정책의 형성 및 추진 단계에서 정치적 성격의 합의 도출이 중요하다는 것을 인식하게 되었다.

3. 신자유주의와 교원정책

자유주의의 진화 과정에서 20세기에 새로운 모습으로 탄생한 신자유주의는 자유주의의 이념을 고스란히 계승하면서 고전적 자유주의가 탄생했던 19세기와는 다르게 규정되는 오늘날의 공간 속에서 새로운 모습으로 재탄생하였다. 물론, 신자유주의는 고전적 자유주의와 탄생의 사회적 조건, 시장환경의 구성 방식 그리고 달성하고자 하는 과제 등의 차이를 내포하고 있지만, 자유주의의 20세기 결정판으로서 오늘날 정치, 경제, 사회, 문화 등 전 분야에서 막강한 위세를 떨치고 있다. 신자유주의의 탄생은 무엇보다도 고전적 자유주의가 그려 낸 자본주의 사회의 병폐를 치유하기 위해 등장한 케인즈주의적 복지국가체제의 불활성과 깊은 관계가 있다. 즉, 자본주의 사회의 독점화 경향과 주기적 불황 그리고 대량실업 사태를 치유하기 위하여 국가에 의한 유효 수요의 확대를 통해 생산과 소비의 안정적 결합을 꾀하는 케인즈적 복지국가 모델이 국가의 시장 개입을 통해 어느 정도 성과를 보이는 듯했으나 자본의 과잉 축적과 편중 그리고 오일 사태 등 국제환경의 변동으로 인해 경제 불황과 침체가 장기화되면서 위기를 맞게 되는 가운데 신자유주의가 출현한 것이다. 이렇듯 신자유주의는 자본의 축적이 세계화되는 과정에서 자본주의의 구조적인 불황에 대한 대응 이념으로 등장하였다. 이러한 신자유주의는 기본적으로 시장과 이윤 추구 활동을 제한하는 국가의 개입을 철폐하여 자본의 자유로운 활동을 보장하고 시장에 자본주의 재생산 활동의 조절 기능을 위임해야 한다는 입장을 견지한다. 그러면서 케인즈주의 모델의 '정부 실패'에 따른 대응 정책으로 공공 부문의 예산 삭감과 민영화, 복지정책의 축소, 노동 구조의 유연화 등 시장원리와 경제적 효율주의를 바탕으로 하는 방안을 사회 전 부문에 걸쳐 적용하는 방식으로 전개되고 있다. 이러한 신자유주의의 국가정책 기조로서의 차용은 영국의 대처리즘과 미국의 레이거노믹스로 대표되는 영미식 신자유주의로부터 발원되어 오늘날 자본과 경제 구조의 세계화 그리고 정보화의 네트워크를 통해 전세계적으로 확산되고 있다.

우리나라에서 신자유주의가 교육 영역에 투영된 것은 1995년 5·31 교육개혁안의 발표 전후이지만, 전 세계적으로는 이미 1980년대 후반부터 영국과 미국을 중심으로 신자유주의에 입각한 교육개혁이 시작되었다.[2] 신자유주의가 이들 국가들에서 국정 운영의 이념으로 자리 잡은

2) 영국에서는 1979년 보수당 대처 정부가 집권하면서 교육의 질을 향상시키기 위한 경쟁체제의 구축과 교육에 대한 국가 역할의 강화를 내세웠다. 이를 구체적으로 실천한 것이 1988년의 「교육개혁법(Education Reform Act)」인데, 이 법에서는 학교 간 경쟁, 중앙정부의 교육관리 기능 강화, 국가공통교육과정 도입, 학부모의 학교 선택권 강화 등의 개혁방안이 담겨 있다. 이후 지금까지 이 법은 영국 교육개혁의 교범이 되고 있다. 미국에서는 레이건 정부가 들어서면서 만성적인 재정적자와 경제침체의 한 돌파구로서 공립학교의 교육개혁이 본격적으로 추진되었다. 교육개혁의 핵심은

이래 국가 내부적으로 기존 교육 시스템의 비효율성과 질 저하로 인해 경제 발전에 미치는 위해의 심각성이 지적되며 교육체제 운영의 효율성과 교육의 수월성을 강조하는 대대적인 교육개혁의 필요성이 제기된다(The National Commission on Excellence in Education, 1983). 이에 정부는 국가 수준의 교육개혁안을 수립하고, 교육 공급자 간의 경쟁 유발과 차등적 재정 지원을 위한 평가 그리고 소비자의 교육 선택권 강화를 교육문제 해결 대안으로 제시하면서 시장원리의 도입을 골자로 하는 교육개혁을 추진한다.

우리나라에서는 「문민정부」가 들어선 후 대통령 직속 교육 분야 자문기구인 '교육개혁위원회'의 활동을 통해 신자유주의의 이념이 교육영역에 본격적으로 발을 내디뎠다. 당시 '교육개혁위원회'의 핵심 구성원이 중심이 되어 발간한 책자에서 우리나라의 교육이 규제에 의한 교육행정 기관의 권위적 지배, 공급자 중심의 교육 풍토, 교육활동에 대한 책임 부재 등으로 인해 경쟁력을 상실하고 있다면서 '세계화 시대의 교육을 위한 발상의 전환'이 필요하다고 주장하였다(나라정책연구회, 1995). 그들이 제시하는 새로운 발상이란 '공급자 중심의 교육에서 수요자 중심의 교육으로' '규제에서 탈규제로'의 전환을 말하며, 이러한 발상은 곧이어 5 · 31 교육개혁 방안에서 주창된 '신교육체제 수립'을 위한 교육개혁의 대전제로 자리 잡았다. 「문민정부」는 5 · 31 개혁안 이후 신교육체제 수립을 위한 개혁방안을 세 차례 더 발표하면서 교육 수요자의 교육권 확대를 위한 정책(예, 학교운영위원회 설치, 열린교육, 자립형 사립고등학교 도입, 새 대학입시제도 등)과 교육 공급자의 책무성 강화를 위한 정책(예, 학교 및 교육행정기관 평가, 교원성과급제 도입, 대학설립준

역시 교육의 수월성 제고로서, 이를 위해 학업성취 수준을 높이기 위한 학생 간, 학교 간 경쟁체제의 구축, 국가교육 성취 기준의 설정, 학교 선택권 강화 등의 논의가 활발하게 전개되었다. 시장원리를 도입하여 교육의 수월성을 높이려는 신자유주의의 교육개혁은 이후 부시 행정부와 클린턴 행정부에서 계속되면서 단위학교 책임경영, 공교육 민영화, 학교 선택권 강화 등의 방안이 실행되고 있다.

칙주의 등) 등 신자유주의의 이념이 영국과 미국에서 교육적으로 실천된 경우와 유사한 방안을 추진하였다.

「국민의 정부」는 「문민정부」와 성격적으로 다르게 규정될 수도 있지만 적어도 교육정책의 측면에서 보면, 대부분 기획 단계 내지는 초기 추진상태에 있던 「문민정부」의 교육개혁 방안이 「국민의 정부」에서 본격적으로 실천되었다는 점에서 신자유주의의 교육적 수용을 계승했다고 볼 수 있다. 실제로, 「국민의 정부」는 「문민정부」에서 마련된 교육개혁 방안을 일관성 있게 지속적으로 추진하기 위하여 교육개혁의 현장 실천과 착근을 목표로 하는 「새교육공동체위원회」라는 대통령 교육자문기구를 설치하였다. 그리고 「국민의 정부」 초대 교육부장관인 이해찬은 신자유주의에 입각한 교육정책을 충실히 수행하겠다고 공언하였다. 이해찬 장관은 재임 1년 2개월 동안 교원정년 단축, 교원노조 합법화, 교원성과급제 도입 등 대단위 교육정책을 과감하게 추진하여 신자유주의 교육정책을 선도해 나갔다. 이후 「국민의 정부」의 교육정책 전환은 교육부가 교육인적자원부로 승격 · 개편되면서 계기가 마련되었다. 종래 학교 중심의 폐쇄적인 교육 개념은 이제 세계경쟁시대의 평생교육적 구호에 부적합하다는 논리에 따라 '인적자원 개발' 개념이 교육과 결합하면서 교육의 외연이 크게 확장되었고, 교육의 경제적 관점의 논리와 해석이 본격적으로 공인되기에 이르렀다. 이에 따라 2000년 9월에 새롭게 구성된 대통령 직속 교육자문기구인 「교육인적자원정책위원회」는 국가 인적자원 개발에서 요구되는 범정부 차원의 교육 및 인적자원 혁신방안을 마련하여 이미 세 차례에 걸쳐 발표한 바 있다. 이로써 교육영역에서 경제적 효율주의는 교육의 성과를 판단하는 중요한 교육 지표로 자리 잡게 되었고, 비록 인적자원 개발을 위한 혁신방안이 아직 기획 단계이기는 하지만 '선택과 집중의 원리'에 의한 경쟁체제의 구축과 평가 결과에 따른 차등적 지원 구조가 많은 부분 운위되는 것으로 보아 신자유주의의 개혁적 아이디어는 차후에 보다 공세적으로 활용될 것으로 보인다.

신자유주의가 「문민정부」 이래 우리나라 교육정책의 보편적인 이념으로 자리 잡고 있는지 아니면 작금의 특별한 교육적 상황을 대처하기 위한 정책 대안의 편린적인 수단을 정당화하는 논리로서만 작용하고 있는지의 여부는 우리의 교육정책 기조가 '신자유주의 교육정책'이냐 아니면 신자유주의 아이디어가 가미된 일부 '신자유주의적 교육정책'이냐의 판단과 깊은 관계가 있다. 「문민정부」의 교육개혁은 신자유주의를 개혁의 중심적 아이디어로 포섭하여 교육개혁의 이념으로 채택하였다. 물론, 신자유주의가 지향하는 이념에 따라 일관성 있게 교육정책 방안이 마련된 것은 아니지만 적어도 교육개혁 및 정책의 이념적 틀이 신자유주의를 표방하고 있는 것만큼은 사실이다. 한편, 「문민정부」가 신자유주의에 입각한 교육개혁 논리에 따라 구체적인 개혁 방안을 준비한 시기라면, 「국민의 정부」는 신자유주의적 교육개혁 방안(특히, 교육정책 분야에서)을 구체적으로 실천한 시기였다. 물론, 「국민의 정부」 초기에 대통령이나 교육부장관이 모두 신자유주의의 신봉자임을 대내외적으로 공언하지 않을 수 없었던 사정(주로 IMF 구제금융 여파로 인해서)을 감안하자면 그것은 당연한 선택에 의한 실천이었다. 그러나 문제는 이러한 급진적인 실천의 여파가 의외로 심각한 데서 비롯된다. 예를 들어, 「국민의 정부」 초기에 단행된 교육정년 단축은 정년 단축이 미칠 여파—교육정책의 측면에서 교원수급의 불균형 초래와 교원양성의 균열 그리고 이로 인한 교원임용 구조의 변화, 교육여건의 측면에서 교원 근무 부담의 증가와 교직 정체성과 전문성의 위기의식 그리고 이로 인한 상실감과 패배의식 등을 사전에 충분히 고려하지 않은 채 정치, 경제논리에 의해 추진됨으로써 교직사회의 정책이반과 일탈 현상이 초래되었다. 이후 후속 6명의 교육부장관은 이반된 교심의 회복에 대한 부담을 정책적으로 담아 내기에 주력하는 과정에서 적어도 교원정책 분야에서 신자유주의적 기조는 퇴색하는 기미를 보여 주었다. 이렇게 된 데는 교원노조의 합법화로 정치적 영향력이 배가된 교직단체의 신자유주의적 성향의 교원정책에 대한 견제와 균형이 적지 않게 작용하였다.

결국, 신자유주의와 양대 정부의 교육정책(혹은 개혁)의 결합 방식을 종합하면, 「문민정부」 시기에는 신자유주의를 교육정책의 기조로 채택하여 '신자유주의 교육정책'을 준비했지만, 대부분 기획 단계에 머물렀고 구체적인 정책 방안도 이념과 상치되는 경우가 많았다. 한편, 「국민의 정부」 시기에는 신자유주의 교육정책을 적극적으로 펼치겠다는 약속을 정부 초기에 강력하게 실천하였으나, 후반기로 갈수록 그 위세가 꺾이면서 일부 신자유주의적인 교원정책의 강행으로 인한 현장의 불만과 이의 정책적 수습으로 이어지는 후유증이 나타났다.[3] 이렇게 신자유주의의 이념이 교육정책(특히, 교원정책 분야)에서 퇴조하게 된 것은 신자유주의가 「문민정부」 교육개혁 주도 세력에 의해 채택되는 과정에서의 일방통행성과 학계의 부정적 이미지 형성에 의한 정(부)·학(계)의 대립에서 발원하여, 「국민의 정부」에서 신자유주의를 신봉하는 교육정책 추진 세력의 현장친화적이지 못한 일부 신자유주의적 교육정책의 성급한 실천으로 인한 교육현장의 반발과 이로 인해 촉발된 교(원)·정(부)의 대립적 한계를 극복하지 못했기 때문이다. 작금의 교육계에서는 전교조와 일부 진보적 성향의 학자들 사이에서 신자유주의 교육정책에 대한 비판의 목소리는 드높은 대신 이제 더 이상 신자유주의를 신봉한다거나 적어도 신자유주의적인 정책 대안을 제시하는 집단은 소수로 전락한 느낌이다. 전자(신자유주의 비판론자)는 신자유주의의 프리즘을 통해 정부의 교육정책을 판단하고 비판하며, 한국 교육이 취할 교육정책의 방향은 신자유주의의 극복을 통한 교육의 공공성과 민주성의 강화라

3) 「국민의 정부」 후반기에 교육정책이 인적자원 개발 모드로 바뀌면서 다양한 교원정책 방안이 제안되고 있다(노종희, 2001). 그러나 대부분 특별히 인적자원 개발의 관점에서 교원정책이 갖는 독특성을 발견하기 힘들 뿐더러 이전과 유사한 틀에 의한 방안이 기획되는 경향이 있어 신자유주의 이념과의 연계 정도에 대한 분석과 판단은 유보적일 수밖에 없다.

고 본다(천보선, 김학한, 1998). 전교조는 '참교육' 실현을 위해 현재 가장 큰 걸림돌인 신자유주의에 입각하고 있는 정책들을 폐기해야 한다고 주장하며, 이를 활동의 동력으로 삼고 있는 듯하다. 한편, 후자(신자유주의 옹호론자)는 국책연구기관의 연구자들이나 교육부의 정책 연구과제 수행집단을 중심으로 형성되고 있지만 발굴된 정책 아이디어가 교육계—학계와 현장을 포함한—의 현실적인 장벽을 넘기에는 힘겨워 보인다. 여기에 바로 정책당국(주로, 교육부)의 고민이 존재한다.

신자유주의의 교육적 채택 과정에서 정부가 안고 있는 현실적인 고민은 한마디로 '좋은 의도의 교육정책이 왜 현장에서 왜곡되고 있는가'다. 이러한 왜곡은 교육정책의 밑바탕에 신자유주의적인 색채가 강하면 강할수록 더 심하다. 자율성의 보장을 통해 경쟁을 유발하고 이를 통해 교육의 질을 높이겠다는 '자율과 책무의 조화'의 원리와 이를 실천하기 위한 평가 및 지원제도의 마련이 결국 '교육의 경쟁력 강화'를 위한 좋은 의도임에도 불구하고 왜곡되고 있다고 정부는 보고 있는 것이다. 한편, 교육현장에서는 교육활동이 시장원리에 의해 재단될 수 없는 특수한 영역이라는 것을 감안하지 않고 공동체적 '협동'과 평등의식이 강한 학교와 교원에게 적자생존의 경쟁원리를 도입하려는 것은 교육논리를 무시한 정부의 탁상공론식 정책에 불과하다고 폄훼한다. 이러한 갈등 · 대립 구도 속에서 교육부 내에서조차 이제는 신자유주의의 색조가 이해찬 장관의 퇴임으로 엷어지는 듯하다. 실제로, 이해찬 장관 이후 교육부가 추진하고자 했던 신자유주의적 성향의 정책으로 분류되는 자립형 사립고등학교 추진, 교원성과급제 등의 방안이 저항을 받거나 본래 의도가 변질되고, BK21처럼 예상 수준을 넘을 정도로 취약점이 과도하게 노출되는 경우가 발생하면서 신자유주의 교육정책은 시련을 맞고 있다. 반면에, 공교육 내실화 방안, 중학교 의무교육의 실시, 고교 평준화의 확대 실시 등 평등주의적 이념 성향의 정책들은 큰 무리 없이 추진되고 있다.

교육(원)정책의 공간 속에서 신자유주의의 위상이 자꾸 추락하고 있는 현실에서 정부는 신자유주의에 입각한 교육정책을 포기할 것인가? 그렇지 않을 것 같다. 일부 급진적인 집단이나 연구자들에 의해 신자유주의가 그들의 눈을 통해 들여다본 프리즘을 통해 거의 일방적으로—부정적인 의미가 포함된—확대 · 재생산되는 과정을 불신하고 정치적으로 계산된 프로퍼갠더로 인식하고 있는 한 그리고 무엇보다도 정부 국정 운영의 큰 줄기가 신자유주의적 시장경제의 활성화에 놓여 있는 한 교육부의 신자유주의적 정책 방향의 고수는 계속될 것으로 보인다. 최근의 자립형 사립고등학교 추진, 자율학교의 확대, 학교예산회계제도와 같은 정책 사례에서 엿볼 수 있듯이 교육부는 본격적인 경쟁 구도의 확립에 따른 책무성 체제의 구축에 앞서 교육현장의 자율성과 학부모의 학교 선택권을 우선 보장하여 신자유주의적 교육정책을 연착륙시키고자 한다. 교원정책 분야에서도 교원정년 단축에 의해 이탈된 교직사회의 민심의 회복을 위해 마련된 '교직발전종합방안'에서 교원의 근무여건과 처우 개선을 통해 사기를 진작하면서 교원의 전문성 신장을 위한 의무적 정책 과제들이 제시되는가 하면, 교원성과급제를 지속적으로 보완하여 추진하려는 등 자율과 책무 그리고 전문직적 특성의 인정과 경쟁력 강화가 동시에 기획되고 있다.

이렇게 볼 때 우리의 교육(원)정책은 당분간 정책의 목적적 가치로서 수월성과 평등성의 고전적인 긴장관계를 넘어 상호 보완적인 관계 속에서 동시적으로 추구하는 경향을 보일 것으로 예상된다(문용린, 2002. 8). 이러한 경향은 미국 부시 행정부에서 통과된 'No Child Left Behind'라는 교육개혁 방안에서도 나타난다. 즉, 전반적으로 미국 교육의 수월성 제고에 관심을 갖고 있으면서 차별적 평등을 용인하고 보상하려는 입장을 취하고 있는 것이다. 이러한 입장의 바탕에는 '모든 사람은 최소한의 기본적 교육을 받을 수 있어야 하며, 학습자의 교육 선택권이 보장되어야 한다.'는 '평등한 교육권의 원칙'과 '교육차등은 차등을 위한 기준의 적합성이 확보되는 가운데 불리한 자의 이익이 최대화되는 방식으로 이루어져야 한다.'는 '교육차등의 원칙'이 작용하고 있다(나병현, 2000: 2237). Rawls의 '정의의 원칙'[4]으로부터 차용된 이 '교육정의의 원칙'은 종래 개인적 자유주의에 입각한 교육개혁을 주창하던 KDI 연구진들에 의해 수용되면서 기존 신자유주의의 교육정책 이념에 자유주의적 평등론이 가미되는 양상으로 나타나고 있다. 이때 범자유주의의 틀 속에서 발아된 수월성과 평등성의 정책 목적 가치가 상호 보완되는 최근 국가 교육정책 이념의 변화가 신자유주의 교육정책의 포기인가, 수정인가, 아니면 위장인가의 여부는 신자유주의의 이념과 실천 사이의 정합의 순도 그리고 시각에 관한 문제로서 치밀한 현실 분석을 바탕으로 판단되어야 할 것이다.[5]

4. 교원정책의 분석

「국민의 정부」는 우리나라 헌정 사상 최초로 여야 간 정권교체에 의해 탄생한 정권으로 IMF 구제금융 사태로 인한 내우외환 속에서 탄생하

---

4) Rawls가 상정하는 '사회적 기본 가치'들인 자유, 기회, 소득, 부 등은 서로 갈등을 일으킬 수 있기 때문에 거기에는 일정한 분배의 규칙이 존재해야 하는데, 이러한 사회적 기본 가치들의 분배 규칙이 바로 '정의의 원칙'이다(박호성, 1994: 117). 구체적으로, Rawls(1971: 316)의 '정의의 원칙'은 다음과 같다.
- 제1원칙: 각자는 모든 사람의 유사한 자유체계와 양립할 수 있는 동등한 기본적 자유의 가장 광범위한 전체 체계에 대해 평등한 권리를 가져야 한다.
- 제2원칙: 사회적 · 경제적 불평등은 다음 두 가지, 즉 ① 그것이 정의로운 저축 원칙과 양립하면서 최소 수혜자에게 최대 이득이 되고, ② 공정한 기회 균등의 조건 아래 모든 사람에게 개방된 직책과 직위에 결부되도록 분배되어야 한다.

5) 「교육인적자원정책위원회」(2002)는 2년간의 교육 인적자원 개발 분야의 대통령 자문활동을 마감하는 최종 보고에서 '국립고교의 자율학교화' '협약학교 도입-공립고교 민간위탁' '자립형사립고 확대' '연공과 실적을 병행하는 보수체제 개선' '고교평준화제도 보완' 등 신자유주의적 교육정책 대안들을 대거 제시하였다. 교육정책으로 추진될 수 있을지의 여부는 향후 교육부의 판단을 지켜보아야 하겠지만, 최근 교육부가 보여 온 정책 추진 행태로 보아 채택 여부는 미지수다. 이들 정책은 신자유주의 연착륙화를 시도하는 교육부에 큰 부담을 안겨 줄 것으로 생각된다.

였다. 일찍이 김대중 대통령은 시장경제 원리를 적극적으로 도입하겠다고 천명하는 등 신자유주의에 입각한 국정개혁이 취임 초부터 예상되었다. 이에 부응하여 이해찬 장관은 생면부지인 교육계의 수장으로서, 신자유주의적 교육개혁을 재임기간 동안 충실히 수행하였다. 교원정년을 65세에서 62세로 낮춘 '교원정년 단축', 노사정 합의에 따라 허용된 '교원노조 합법화', 교원 간 경쟁을 통해 질 제고를 꾀하기 위한 '교원성과급제' 도입 등 교육논리보다는 정치 · 경제논리에 의한 거시적인 교원정책을 14개월이라는 짧은 재임기간 동안 단행하였다. 사전에 충분히 교육계 내에서 공론화를 통한 여건 조성이 되지 않은 상태에서 갑작스럽게 취해진 이러한 정책들은 「국민의 정부」 내내 그 후유증에 시달리게 만들었다. 이에 따라 이해찬 장관 이후의 교육부장관들은 등 돌린 교원을 달래는 묘수를 찾는 데 골몰해야 했다. 2001년에 확정 발표된 '교직발전종합방안'은 이 후유증을 종합적으로 치유하기 위한 대표적인 정책 방안이다. 여기서는 지금까지 언급된 이들 네 가지 교원정책의 목표와 추진 경과를 알아보고 긍정적 · 부정적 측면에서 평가를 한다. 이들 정책에 대한 평가 기준은 기본적으로 정책의 '목표 달성도'이나, 아직 정책의 결과를 최종 판단하기에는 시기상조라는 판단하에 지금까지 나타난 성과와 문제점을 중심으로 평가한다.

1) 교원정년 단축

「국민의 정부」 초기에 교육예산을 절감하고, 교원임용 적체를 해소하여 교직사회를 활성화하며, 일반 공무원과의 형평성을 유지하고, 학생과 교사의 세대 차를 해소하며, 사회적 여론을 적극 반영할 필요성이 제기됨에 따라 교원정년 단축이 검토되었다. 즉, 학생들이 좋아하지 않는 고령 교사들을 명퇴 조치함으로써 교직사회의 체질을 개선하기 위한 토대를 마련하자는 것이 취지다. 정부는 이 정책을 통해 고령 교사를 명

퇴시켜 부족한 교원을 신규 임용하면 교직사회가 젊어져 그만큼 신선해질 것이며, 인건비 절약 차원에서도 1인의 고령 교사의 인건비를 가지면 2인의 교사를 신규로 임용할 수 있다는 논리를 적용하였다. 교원정년 단축의 구체적인 정책 추진 과정은 다음과 같다.

- 기획예산처에서 교원정년 단축 문제 논의 시작(1998. 6)
- 교육공무원법 개정 법률안 국회 본회의 통과(1999. 1. 6)
- 교육공무원법 개정(1999. 1. 29)
- 한국교총 중심의 교원정년 환원/연장운동 전개
- 정치권의 교원정년 환원/연장 추진(2000. 11): 한나라당(65세), 자민련(63세) 정년환원 개정안 제출
- 초등정년 교원 수 급감(2002. 2. 86명) 등으로 교단 안정화(2001)
- 부전공 과목 연수제도 정비 및 개선방안 시행(2001. 3. 29)
- 2004년까지 1천 99개 초·중·고교를 신설하고 교원을 2만 2천 명 충원하는 방안을 추진

교원정년 단축은 현재 중등교원의 경우 개방적(혹은 간접) 교원양성 체제를 통해 배출되기 때문에 그동안 수요에 비해서 공급 과잉으로 인한 수급 불균형을 다소 해소할 수 있다는 점에서는 긍정적이다. 그러나 교원 초봉은 연 1천 8백만 원, 60세 이상 고령 교원은 평균 4천 5백만 원으로 1만 명의 고령 교원이 퇴직하고 2만 명을 새로 채용할 경우 예산이 4천 5백억 원에서 3천 6백억 원으로 줄어 9백억 원 정도를 교육시설, 환경 투자에 사용할 수 있다는 논리는 잘못된 경제논리에 치우친 것이다. 교원정년 단축 비용은 예산상 실익이 없으며 오히려 국가재정 부담 초래, 특히 연금기금을 크게 위협하여 2001년에는 연금이 바닥나게 될 것으로 분석되고 있다. 이러한 공무원연금 기금 위기 해결을 위해 행정자치부에서는 「공무원연금법」 개정을 준비하기에 이르렀다.

교원정년과 관련하여 '교육의 질' 향상을 위한 우수 교원 확보의 필요에 따라 교원정년은 65세로 오랫동안 적용되어 왔다. 그러나 교육부에서 일반직 정년과 같은 61세를 건의하였고, 기획예산위에서도 일반직과 같은 60세를 고집하여 교직의 특수성을 무시하였다. 결국, 교원정년은 62세로 확정되면서 교직의 유인가 약화 → 우수 자질을 갖춘 교직 희망자가 교직을 기피 → 신규 교원의 질 저하와 현직 교사들의 자존심과 사기 저하 → 교육의 질 저하로 이어져 교직사회의 활성화를 기대하기 어렵다는 지적이 대두되었다. 이로 인해 교원의 특수성과 전문성을 무시한 교원정년단축정책은 수십 년 동안 교육의 질을 저하시키는 요인으로 작용할 수도 있다고 평가되고 있다. 또한 학교현장에 유능한 고령 교사가 나간 자리에 자질 검증이 미흡한 교사가 충원되는 문제가 발생한 것도 또 다른 교육 질 저하의 문제로 대두되곤 하였다.

정년 단축으로 교직사회의 활성화를 기대하는 것은 문제의 본질에서 벗어난 것이며 편의주의적인 발상으로 근본적 대안이 될 수 없다. 우수한 자질 갖춘 사람이 교단에 투신할 수 있도록 하고, 자기계발에 노력하는 학교현장에서 제 목소리를 낼 수 있는 구조를 만들어 주어야 교직사회의 활성화를 기대할 수 있는 것이다. 이와 함께 교원정년 단축은 정책의 우선순위에 대한 고민이 부족했다고 지적할 수 있다. 국민들이 교단에서 떠나기를 원하는 대상은 고령 교사가 아니라 학생지도에 무능한 교사, 나태한 교사, 열의가 없는 교사, 비도덕적인 교사, 인간성이 나쁜 교사, 비양심적인 교사들임에도 불구하고, 연령기준 퇴출과 유능한 교사의 계약직 근무 발상은 '행정편의주의적 발상'인 것으로 실제 수요자 중심의 교육과는 거리가 먼 것이다.

교원정년 단축과 관련하여 지적할 수 있는 가장 큰 문제점은 교원수급의 실패를 들 수 있다. 2000학년도 공립 초등교사 임용시험 원서접수 결과 대도시를 제외한 대부분 지방에서 대규모 미달 사태로 초등교사 수급에 비상이 걸리게 되었다. 절대 부족한 초등학교의 경우 퇴직교원

2,800여 명을 기간제로 재임용하는 등 임시처방 조치를 하였다. 또한 중등교사 자격증 소지자를 기간제로 선발한 신규 초등교원 5,700명을 임용고시를 거쳐 정규교사로 발령함에 따라 교육의 질 저하를 부채질한다는 지적이 제기되기도 하였다. 여러 과목을 가르쳐야 하는 초등학교 담임을 하기에는 무리라는 것이 초등교육 전문가들의 지적이다.

2) 교원노조 합법화

교원노조 합법화의 정책 목표는 보편화된 국제노동 기준을 준수하여 국제사회의 신인도를 제고하고, 다양한 교직단체 설립 및 노동기본권 보장으로 교직사회의 활력을 제고하는 것이다. 교원노조 합법화의 구체적인 정책 추진 과정은 다음과 같다.

- 「교원의 노동조합 설립 및 운영 등에 관한 법률」 제정안 의결(국무회의, 1998. 11. 23)
- 교원노조법안 정기국회 제출(1998. 12. 1)
- 국회 환경노동위원회에서 교원노조법안 가결(1998. 12. 29)
- 국회 본회의에서 여당 의원만 참석한 가운데 통과(1999. 1. 6)
- 교원노조법안 공포(1999. 1. 29)
- 「교원의 노동조합 설립 및 운영 등에 관한 법률」 시행규칙 【제정(1999. 6. 26) 노동부령 제152호】
- 교원노조법안 발효와 더불어 전교조 합법화(1999. 7. 1)
- 「교원의 노동조합 설립 및 운영 등에 관한 법률」 시행령 【일부개정 2001. 1. 29 대통령령 제17115호】

교원노조 합법화는 그동안 교원지위의 특수성, 교원직무의 자주성 · 전문성, 교육제도의 구조적 특성과 전통 등을 이유로 교원의 노동

기본권을 인정하지 않았던 현실을 상기해 볼 때 근로자로서의 위치, 노동직관이 교원의 법적 지위에 반영된 것이라는 의미를 부여할 수 있다. 즉, ILO의 권고를 비롯한 국제사회의 노동관계에 대한 보편적인 규범을 수용하였다는 측면에서 교원법규와 국제규범과의 조화를 도모하였다는 의의를 지닌다.

그러나 이번 교원노조합법화정책은 여러 가지 한계가 드러나고 있는 바, 이를 구체적으로 살펴보면 다음과 같다. 우선 입법체계의 원칙상 교원노조의 합법화는 교원의 노동기본권의 제한 근거가 되었던 헌법상 공무원의 노동기본권 제한 규정을 개정하여 이에 근거한 법률을 제정하는 것이 바람직하나, 기존 교원단체의 조직과 교섭 · 협의권을 포용할 수 없는 노동조합 형태의 교원단체에 국한되었다. 특별법에 의한 교원노조의 설립 및 운영 내용도 일반 노동조합과 구별되는 특별한 권한 부여보다는 제한의 성격이 강하다는 점에서 특별한 차이가 없어 입법체계상의 혼란을 가중시킨다. 입법 절차상에 있어서는, 발안자가 교원이나 행정당국 및 국회가 아닌 임의 자문기구였던 노사정위원회였다는 것과 그 동기 역시 교육 현안의 타결보다는 고용조정제 도입 과정에서의 정치적 배려로서 논의되었다. 국회의 입법 심의 과정 또한 내용에 대한 본격적인 심의에 이르지 못하고 소관 상임위원회 배분 문제로 논쟁을 벌였으며, 다수결 원칙에 편승한 심의 과정상의 문제는 규범적 정당성과 사실적 실효성 확보에 부정적 영향을 미쳤다고 평가된다. 또한 입법 영향 면에 있어서 교직단체 이원화 방침에 따라 법률체계 정비를 위한 법안의 재검토가 필요하며, 이에 따라 교원에 대한 법적 지위체계는 더욱 복잡해질 것으로 전망된다. 이러한 문제로 인해 교육현장은 정치적 각축장이 되어 버렸고 이념 차이에 따른 교원 간의 갈등과 교원과 학부모 간의 갈등, 교원과 정부 간의 갈등이 심화되었다.

3) 교원성과상여금제

교원성과상여금제의 정책 목표는 공직사회에 경쟁원리를 도입하여 유능하고 근무 실적이 우수한 공무원에게 보다 많은 인센티브를 부여함으로써 행정의 생산성을 제고하고, 열심히 일하는 공직 분위기를 조성하는 것이다. 교원성과상여금제의 구체적인 정책 추진 과정은 다음과 같다.

- 박영식 교육부장관, 성과급 도입 의사를 국회교육위서 개진(1995. 6)
- 성과급제 도입(1998. 10. 26)
  - 업무량과 능력을 기준으로 보수나 인사상 차이를 두는 교사차등제 도입
  - 평균시간보다 많이 수업하는 교사나 한 과목 이상을 담당하는 교사에게 차등 지급
- 교원성과금 차등 지급(2001. 9. 21)
  - 4등급 차등 방식을 기준으로 하고 지역이나 학교 특성에 따라 3등급 지원도 허용
  - 잔여 예산을 교원복지비로 균등 배분해 사용토록 허용
- 교원성과금 반납 전국 확산
  - 전교조를 중심으로 반납 투쟁 전국 확산 – 교원 성과상여금의 수당 전환 계획에 차질
- 자율연수비로 지급 적용 방침 전환(2002. 2. 25)

교원성과상여금제는 도입 취지 면에서 보아 교원 간의 선의의 경쟁과 교원의 전문성 신장을 유도하여 교육의 질을 높이는 계기가 될 수 있다. 그러나 교육의 성과는 장기적, 복합적으로 나타나므로 객관적 평가척도가 개발되지 않는 한 평가의 공정성 시비로 비화되어 오히려 교직

사회를 위축시키고, 교원의 사기를 떨어뜨리는 결과를 가져올 가능성이 크다는 것이 가장 큰 문제다. 현 교원평가체제는 다분히 주관적이어서 본질적으로 신뢰할 수 없고 현실적으로 불공정하게 운용되고 있다. 한편, 성과급제는 교원통제 수단으로 악용될 가능성이 있으며, 지나친 경쟁을 조장하여 교직사회의 갈등마저 유발할 수 있다는 점도 간과할 수 없다. 비용효과성의 차원에서도 수업의 개선은 보장하지 못하면서 교원의 보수로 지급되는 비용을 증가시키고, 교원평가제도의 도입 · 운영과 관련한 행정비용, 즉 평가자 연수비용과 피평가자 수업관찰 및 면담, 기록 등에 대한 시간적 재정이 추가적으로 소요됨으로써 그 효과성이 떨어진다. 경쟁을 바탕으로 하는 성과급 보수제도는 일부 교원에 대해서만 보상할 뿐 교수행위의 수준을 전반적으로 향상시키지 못하면서 교원의 사기를 떨어뜨리고 동료의식을 약화시킬 것이 우려된다.

4) 교직발전종합방안

교직발전종합방안의 정책 목표는 전문적으로 교원의 위상을 강화하고, 자율과 참여의 교육공동체를 형성하며, 교육활동에 전념할 수 있는 교육여건을 조성하는 데 있다. 정부는 이를 위해 교원인력의 형성 · 배분 · 활용 · 능력 발전 · 동기부여 등 교원정책 전반에 걸친 종합적인 방안을 마련하여 실천하고자, 교직종합발전방안을 추진하였다. 추진 과정은 다음과 같다.

- '교직발전종합방안' 시안 발표(1999. 1~12)
  - 부 내 정책 토론 및 시 · 도 교육청 관계자 회의
  - 전문가 의견 수렴(KEDI, 교육정책심의회 등)
  - 현장 교원과의 대화
- '교직발전종합방안' 시안 발표(1999. 12. 24)

• 여론 수렴, 정책 연구, 전문가 토론 및 협의(2000. 1~8)
  – 과제별 정책 연구 실시 - 전국적 설문조사 실시
  – 지역별, 시안별 공청회 및 전문가 토론회 추진
  – 전산망을 통한 의견 수렴
• '교직발전종합방안' 최종안 확정 · 발표 예정이었음(2000. 9)
• '교직발전종합방안' 최종안 확정 · 발표(2001. 7. 20)
  – 교원의 사기 진작 - 교원의 전문성 신장

교직발전종합방안은 교직 우대, 자율과 교권 중시, 자율연수 · 교원노조 역할 중시, 제도개혁적인 측면을 중시했다는 점에서 기존의 교원정책 대안보다는 긍정적 요소가 있다. 방대한 내용을 교육인적자원부가 세부 사안의 포함 여부를 놓고 장기간에 걸쳐 일곱 차례의 지역 공청회를 개최한 것과 교직단체와의 협상을 통해 최종 방안을 확정한 것은 그 과정에서의 많은 문제점에도 불구하고 예전의 모습과 상당히 달라진 정책 형성 과정을 보여 주는 것이었다는 점에서 긍정적으로 평가된다. 그러나 교원양성 · 자격제도 개선(수석교사제, 교원양성 · 자격제도 개선, 대학원 수준의 교원양성체제 도입, 교육전문 박사학위 도입, 교원연수 · 연구실적 학점화 활성화, 교원병역특례제도 도입)과 승진 · 평가제도 개선(직무수행 기준 마련, 교원인사자문위원회 구성, 교장연임제, 보수체계 개편 추진) 등 교원 전문성 향상에 핵심적인 내용들은 교직단체 간의 이견 등으로 합의점을 찾지 못해 최종 성안 과정에서 누락시킴으로써 종합계획으로서의 의미가 퇴색된 한계를 지닌다. 이들 중 일부는 교직발전종합방안 발표 이후 다시 추진되고 있어 정부의 정책 추수활동도 예전과는 다른 모습을 보여 주었다.

결과적으로, 교직발전종합방안은 교원정책의 핵심적인 일부 과제가 보류되기는 했지만 정책의 추진 과정에서 보여 준 이해 당사자 간의 민의를 반영하려는 민주적인 정책 형성 절차 그리고 교원정책의 특성상 종합적인 접근이 필요하다는 정책의제들 간의 연계화 노력 등은 새로운 정책 추진체계 정립에 대한 가능성을 보여 주었다고 할 수 있다. 물론, 정책 추진 과정에서 결함으로 드러난 이해 당사자 간의 합의점 도출 지연으로 인한 정책 실기와 실기에 따른 정책의 추가비용 발생과 적절한 대응 실패는 향후 교원정책의 추진과정에서 보완되어야 할 과제로 등장하였다.

5. 향후 방향

「국민의 정부」 5년간에 걸쳐 기획되고 추진된 교원정책은 역대 어느 정부보다 수적인 면에서나 질적인 면에서 앞서 있다. 그러나 현장의 교원에게는 이들 정책이 전혀 환영받고 있지 못하는 분위기다. 교직단체의 각종 여론조사를 보아도 정부의 교원정책에 대한 불만과 교원의 심리적 이반 현상이 극심하다는 것을 알 수 있다(윤정일, 1999; 한국교원단체총연합회, 1998). 왜 이러한 현상이 나타나고 있는가? 교직단체는 「국민의 정부」 초기 단행된 교원정년 단축, 촌지추방운동 등 교직의 특수성과 교원의 정서를 무시한 채 교원을 개혁의 대상으로 몰고간 정책의 실패를 꼬집는가 하면, 교원정책의 기조가 교육논리에 의하지 않고 신자유주의가 표방하는 시장논리 더 나아가 정치 · 경제논리에 바탕을 두고 있기 때문이라는 정책의 이념문제까지 지적하기도 한다(한재갑, 2001; 한만중, 2001). 이차영(2001)은 교원정책이 정부 주도로 진행되는 과정에서 손실된 자존심과 권위가 교원의 사기저하를 불렀고, 시장주도 방식의 교원정책이 교원의 위기의식을 불러일으켜 '집단적 자기방어 심리를 고착'시켰기 때문이라고 진단한다. 한편, 노종희(2002)는 '교원정책 개혁 과제의 추진 평가'에서 어느 정도의 성과도 있었지만 ① 경제논리에 의한 조급한 정책 결정, ② 교원부족 사태 야기, ③ 교원 사기의 저하,

④ 교원정책의 핵심 과제 보류 등의 문제점이 노정되었다고 주장하였다. 이렇게 볼 때, 교직단체나 학계의 대체적인 시각은 정부의 '정책 실패'로 통칭할 수 있는 교원정책의 문제점을 공통적으로 지적하는 경향이다.

정부는 「국민의 정부」 집권 초기 이해찬 장관의 무리한 교원정책의 강행으로 인한 폐해를 의식하여 무력감 속에 빠진 교원의 이반된 정서를 추스르기 위해 '교직발전종합방안' 등 후속정책 대안들을 연이어 발표하였다. 그러나 한 번 등 돌린 교심을 되돌리는 데는 한계가 있었으며 교육부가 내놓는 정책은 교직단체의 의심어린 분석과 진단 속에서 본래의 의도와는 달리 확대 해석되거나 오도되는 현상이 발생하기도 하였다. 예를 들어, 교원수급의 원활한 이행을 위해 '전문성 제고'를 표방하면서 정부가 시도한 '교원직급 및 자격체제의 개편방안'[6]은 전교조에 의해 교원정년 단축에 의한 부작용(교원수급 문제)을 '교직 유연화'라는 신자유주의적 정책[7]으로 뒷막음하려 한다는 비판을 받았다. 또 한편으로는, 교사가 능력을 발휘할 수 있도록 유인을 제공하지 못하는 '평등주의적' 교사인사제도를 개혁해야 한다는 주장도 개진되었다(이주호, 우천식, 1998). 주로 KDI 연구진들에 의해서 주장되고 있는 교원정책의 문제

---

6) '교원직급 및 자격체제의 개편'은 원래 교직발전종합방안(2001) 속에 포함된 것으로 한국교육개발원 연구진에 의해 연구된 결과에 의하면 ① 수석교사제 도입, ② 학교급 간 연계자격제도의 도입, ③ 타 직종 종사자에 대한 교직 개방, ④ 기간제교사의 확대, ⑤ 초등교과 전담교사제 활성화, ⑥ 복수자격제도 개선 등의 방안이 제안되었다(김혜숙 외, 2000)

7) '교직유연화정책'에 대한 우려는 다음과 같이 정리된다(이차영, 2001: 69). "교직 개방(전문직 교직 임용)은 계약제 · 연봉제를 전면 도입시키면서 교사의 서열화를 부추길 것이고, 특히 특정 교과 내 교사 서열화도 전면화시킬 것이다. 복수(부)전공 강화는 전문성을 떨어뜨릴 뿐 아니라, 적응하지 못하는 다수의 부전공 교사를 양성시킬 것이고, 지속적인 퇴출 압력 속에서 자연스럽게 구조조정의 효과를 가져올 것이다. 또한, 순회 · 기간제 교사 활용은 교사들에게 신분 불안정과 노동 강도 강화를 요구하게 될 것이다. 기간제는 비정규직의 다른 이름일 뿐이며 이를 확대한다는 것은 교사의 상당수가 비정규직으로 전락한다는 것을 의미한다. 이러한 교원정책은 근본적으로 교사들의 노동조건 및 신분 구조를 변화시켜 신분 불안정, 근무조건의 악화, 노동 강도의 강화, 교사 간 경쟁체제 본격화의 형태로 갈 수밖에 없다." 이에 대해 이차영은 ① 교원의 일반사회 교육수요 변화에 대한 둔감, ② 정부 발표에 대한 불신과 과장된 엄살, ③ 교사 이익의 우선 고려, ④ 교사 신분의 불안정이라는 이유로 교육행정기관의 당연한 임무소행에 반대 등의 이유를 들어 왜곡되고 있다고 지적하였다.

들은 정체된 교직사회를 전문화 · 활성화시키기 위해 교직단체와는 입장이 다른 '교사 신분의 지방공무원화' '교장중임제 철폐' '교사의 순환근무제 폐지' '교원의 노력을 유인하고 평가하기 위한 교원직급의 다단계화' 등 경쟁을 유발하는 교원인사제도를 교육부가 과감하게 정책적으로 수용하지 못하는 데 있다는 것이다. 이들의 주장은 교직단체 사이에서도 그 반응이 엇갈리고 있는 바 향후 교원정책으로의 수용 여부를 놓고 이념과 성향 차이에 따라 교원 간, 교직단체 간, 학부모와 교원 간, 교원과 정부 간, 갈등의 폭이 심화될 것으로 전망된다.

이와 같이 신자유주의 교원정책을 옹호하는 쪽, 신자유주의적 정책을 묵시적으로 지지하는 단체 그리고 신자유주의(적) 교원정책에 대한 부정을 활동의 동력으로 삼고 있는 단체 모두 교원정책에서 '정부의 실패'를 지적하고 있다. 이처럼 각 집단마다 견해차가 있기는 하지만 한목소리를 내고 있는 저변에는 다원주의 사회에서 나타나는 정부에 대한 불신현상이 자리 잡고 있다(Nye, Jr., 1998). 즉, 복잡한 사회적 관계와 세계 경제체제 속에서 정부의 역할에 대한 요구와 기대는 상승하는 데 비해 국민의 다양한 집단적 성향이 점차 개인주의화되어 가는 흐름 속에서 정부가 미처 대응하지 못하거나 과도한 개인 영역에의 침범 현상이 빚어져 정부에 대한 부정적인 인식이 발생하게 되는 것이다. 정책에 대한 높은 기대를 표명하면서도 자신의 이익을 침범하지 말 것을 요구하는 정책 수혜자들의 이율배반적인 태도, 다양한 집단들 간의 요구가 서로 교차하는 가운데 이에 적절하게 대응하지 못하는 시대에 뒤떨어진 정부 형태와 정책 이념 및 작동기제의 부재, 이들은 모두 오늘날 정부에 대한 국민의 불신과 정책에서의 '정부 실패'를 야기하고 있다. 따라서 향후 교원정책의 방향은 이러한 한계와 특성을 고려하여 재설계되어야 할 것이다.

제2장

「참여정부」의 교원정책

제2장에서는 1990년대 교원정책의 경과와 내용을 「문민정부」와 「국민의 정부」에 국한하여 종합적으로 살펴본 후, 「참여정부」 출범을 전후하여 제안되었던 다양한 교원정책안들을 비판적으로 검토하고 새로운 교원정책의 설계를 위한 과제를 제시하였다. 1990년대 이전의 교원정책에 대한 분석 결과, 교원정책의 기조를 좌우하는 이념과 정책 실제 사이에 상치 현상이 빈번하게 나타났다. 그리고 교육체제가 환경의 변화에 민감하게 반응하는 경향이 뚜렷해지면서 교원정책도 환경과의 상호작용 속에서 점차 개방화되어 가는 모습이 나타났다. 이와 함께 교원정책 관련 집단의 이해와 관심이 점차 다양해지면서 집단 간 갈등이 자연스럽게 표출되었다.

교원정책의 대내외적인 환경이 역동적인 상황에서 출범한 「참여정부」는 교육인적자원부가 발표한 '교육인적자원 개발 혁신 로드맵' 중 '교원정책추진계획'을 발표함으로써 교원정책의 방향을 정립한 듯 했다. 「참여정부」의 이 추진 계획은 이전 정부의 교원정책안을 어느 정도 충실히 반영하고 있다는 점에서 그리고 대통령의 교원 분야 공약을 반영하려는 의지를 표명하고 있다는 점에서 정책평가의 중요한 지표 중 하나인 일관성, 계속성이 보장된 것이라 할 수 있다. 그러나 「참여정부」 출범을 전후한 새로운 교원정책의 제안에서도 공히 발견되는 것처럼 ① 교원정책의 이념적 기조 정립, ② 교원정책의 구성 영역 간 유기적 연계성을 강조하는 횡적 메커니즘의 설계, ③ 교원정책 추진 절차의 재설계 부문에 대한 논의는 생략되어 있다. 마지막으로, 이들이 향후 교원정책의 발전적인 구상에서 핵심 과제가 되어야 한다는 것을 밝히면서, 교원정책을 포함한 교육정책의 핵심 이념으로서 교육논리가 범사회적인 상생의 논리로서 개발되어야 함을 제안한다.

주제어 **신자유주의, 교원정책, 교육개혁, 교육논리**

* 본 장은 "한국 교원정책의 발전 구상과 과제" (한국교육연구, 30(3), 2003)를 수정 · 보완한 것임.

1. 정부 출범 전후의 상황

교육의 핵심적인 3요소가 교사, 학생 그리고 교육 내용(혹은 교육과정)으로 구성될 때, 교원정책은 교사를 중핵으로 하는 인사관리 그리고 관련 제도를 국가가 권위를 갖고 적합한 가치를 배분하는 정부적 활동이다. 교원정책은 공공관리의 측면에서 볼 때, 교육조직에서 교원인사관리의 주요 기능인 교원수급 계획, 양성, 자격 부여, 임용, 연수, 평가, 인사이동에 대한 국가의 방침으로서 법규 · 제도에 의한 공공적 운영과 교육조직에서의 효율적인 인사관리라는 두 측면을 내포하고 있다. 교원정책은 교육인사행정의 양태로 교육(행정)조직에서 실천된다. 일반적으로 교육행정이 교육 목적을 달성하는 데 필요한 인적 · 물적자원을 확보 · 정비하고 교육 목적이 효과적, 효율적으로 달성되도록 지원하고 관리하는 수단적 · 봉사적 기능을 한다고 정의할 때, 교육행정 영역 중의 하나인 교육인사행정은 그중에서도 교육에 관계된 인적자원(주로 교원)의 효율적인 관리에 관계한다. 흔히 교육행정에 대한 접근에서 '교육'에 무게중심을 두는 교육 중심적 관점과 '행정'에 비중을 두는 행정 중심적 관점 간의 견해차가 존재하지만, 교육계의 정서는 '교육의 행정'보다는 '교육적 행정' 내지는 '교육을 위한 행정'의 견해가 당위적인 관점에서 주류를 이룬다. 이런 점에서 교육인사행정은 교육적 가치의 고려와 함께 교원을 위한 행정이 중심이 되어야 하며, 이는 소위 '교육논리'를 주장하는 교육계의 중심적인 아이디어로 자리 잡고 있다. 따라서 교원정책은 이러한 교육논리를 바탕으로 정책의 기조가 형성되어야 하며, 그 기조에 따라 교원인사관리의 주요 기능들이 제도화의 과정을 통해 교육조직에서 공공성의 실현과 효율성 제고라는 다소 이중적인 목적을 달성해야 하는 부담을 안고 있는 셈이다.

「참여정부」 출범을 전후하여 교원정책의 방향과 과제를 제안하는 많은 논의가 있었다. 우선, 「국민의 정부」 막바지에는 교육개혁포럼(2002. 11. 12) 주최로 그동안 추진되어 왔던 '교원정책의 추진 실상 및 보완 방향'에 대한 심포지엄 발표가 있었다. 곧이어 「교육인적자원정책위원회」(2002. 11. 14)는 '국가인적자원개발정책보고서 III'에서 현 단계의 교원정책 등을 진단하면서 차기 정부의 교원정책 방안을 제시하였다. 제 16대 대통령 선거전이 펼쳐지고 각 당 후보들의 공약이 발표되면서 교원정책 분야의 공약 진단 토론회가 개최되는가 하면(한국교육행정학회, 2002. 12), 한국교원단체총연합회(2002. 12)에서는 각 당 후보초청 정책토론회를 통해 교원정책 분야의 청사진을 점검하는 장을 마련하였다. 대통령 선거 결과 노무현 후보가 제16대 대통령으로 당선된 직후에는 교육인적자원부를 비롯한 각계의 '신정부 교원정책안'이 잇달아 제안되었다. 우선적으로 교육인적자원부(2003. 1. 13)는 「대통령직인수위원회」에 주요 교육인적자원정책의 방향을 보고하면서 교원정책의 과제들을 제시하였다. 한국교원개발원(2003. 1. 14)은 '차기 정부 교원정책 방향과 과제 제안서'를 통해 교원정책의 목표와 과제를 제안하였다. 비슷한 시기에 한국교원단체총연합회(2003. 1)도 공교육 내실화를 위한 차기 정부의 교육정책 방향 속에서 '교원의 전문성과 사기 앙양'을 목표로 하는 교원정책 과제를 건의하였다.

「참여정부」의 교원정책 방향 수립과 과제 설정에 대한 제안은 대통령 취임 후에도 계속되었다. 「참여정부」 출범 직후 한국교육행정학회(2003. 2. 5)가 주최한 '새 정부의 교육개혁 과제'라는 제하의 세미나에서 '교원정책의 개혁 과제'가 제시되었다. 이어 5월에는 「교육혁신위원회」의 출범을 앞두고 교육인적자원부 주최로 '「참여정부」 교육개혁의 방향과 과제'를 주제로 한 공청회가 열렸고 이 자리에서 교원정책의 방향과 과제가 제안되었다. 또한 한국교원교육학회(2003. 5. 23)는 '「국민참여정부」 교원정책의 과제'를 아예 학술대회의 대주제로 잡아 교원정책의 영역별 추진 과제를 제시한 바 있다. 이즈음에 한국교육학회(2003.

5. 30)도 학회 창립 50주년 기념 학술대회 주제를 '「참여정부」의 교원정책 과제와 방향'으로 설정하여 이 가운데에서 '교원정책의 과제와 방향'을 소주제로 설정하고 새로운 교원정책안을 제안하였다. 이와 같은 공식 기관이나 학회 차원에서의 교원정책 제안 이외에도 개인적인 수준에서 「참여정부」의 교원정책 방안이 제안되기도 하였다(정태범, 2003. 4; 허병기, 2003. 5).

이렇게 「참여정부」 출범을 전후하여 봇물처럼 제안된 새로운 교원정책 방안들은 정책의 방향과 기조를 제시하는 것에서부터 세부적인 추진과제와 이의 실행 전략을 제시하는 것에 이르기까지 다양한 형식을 취하고 있다. 현 단계에서 이러한 새 정부의 교원정책 제안을 반영한 정부의 공식적인 교원정책 추진 계획이 바로 교육인적자원부(2003. 8. 6)에서 최근 발표한 '「참여정부」 교육인적자원개발 혁신 로드맵'에 담겨 있다. 「참여정부」 5년간 교육인적자원부가 역점을 두고 추진해야 할 주요 정책 방향과 주요 과제 및 과제별 추진 계획을 담은 이 로드맵은 18개의 주요 정책 추진 과제들을 모두 6개의 기본 방향 속에서 분류하고 있다. 이 중 교원정책 추진 계획은 '교원의 전문성 및 사기 진작'이라는 과제 하에 모두 4가지의 세부 추진 과제들로 구성되어 있다.

지금까지 열거한 「참여정부」의 교원정책 제안과 대선 공약들은 교육인적자원부가 교원정책의 로드맵을 기획하는 데 일정 부분 기여했음에 틀림없다. 교원정책의 방향을 설정하는 데 기여했을 뿐 아니라 핵심적인 교원정책의 방안을 선별해 내고 이를 일관성 있게 추진해 나가려는 계획을 성안하는 데 각계의 제안은 중요한 정보의 원천으로 활용되었다. 그럼에도 불구하고 수많은 교원정책의 제안들과 교육정책 로드맵에서조차 교원정책의 특수성을 감안하지 못한 채 기존의 '방안 나열식' 접근과 방안의 '개별화된 독립 과제식' 접근을 탈피하지 못하는 현상이 두드러지게 나타나고 있다. 이러한 접근에 의한 그동안의 교원정책은 개별 과제의 목표 달성 여부는 차치하고서라도 전반적인 성과 면에서 정책 수요자는 물론이고 전문가들조차도 바람직하지 못한 것으로 인식하고 있다는 것이다. 이에 본 장에서는 교원정책이 소기의 성과를 거두기 위해서는 새로운 교원정책을 설계하는 과정에서 ① 교원정책의 이념적 기조 정립, ② 교원정책 구성 영역 간의 유기적 연계 · 조율 메커니즘의 설계, ③ 추진 절차의 재설계가 필요하다는 전제하에, 이러한 설계조건들이 기존의 교원정책과 제안된 교원정책 방안 속에서 어떻게 부족한지 그리고 이 조건들이 왜 필요한지를 밝히고자 한다. 아울러 교원정책을 둘러싼 다양한 이념적 공방 속에서 교육논리가 교육정책 추진에 있어 상생을 위한 근본 논리가 되어야 함을 결론적으로 밝히고자 한다.

2. 1990년대 교원정책의 경과와 내용

「문민정부」의 교원정책은 1995년 5 · 31 교육개혁안이 발표된 이래 이후 세 차례에 걸친 교육개혁안을 통해 이루어졌다. 제1차 교육개혁안(1995)은 '품위 있고 유능한 교원 육성'을 정책 목표로 ① 교원양성 및 연수제도 개혁, ② 능력 중심 승진 · 보수체계로의 개선, ③ 교사의 연구환경과 효율적 근무조건 조성 등 3개 영역에 걸쳐 총 11개의 개혁 과제를 제시하였다. 제2차 교육개혁안(1996. 2)에서는 '초 · 중등학교 교육과정 개혁'의 일환으로 '교사제도의 탄력적 운영'이 개혁 과제로 제시되었다. 제3차 교육개혁안(1996. 8. 20)은 '교직사회 활성화'를 정책 목표로 설정하고 이를 위한 총 16개의 개혁 실천 과제를 ① 교원자질 향상을 위한 양성제도 개혁, ② 교원임용시험의 타당도와 변별력 제고, ③ 교직의 개방화 · 다양화, ④ 현장교육의 전문성과 질적 향상을 위한 제도 개선, ⑤ 교원복지체계의 혁신 등 5개 영역 속에서 분류 · 제시하였다. 마지막으로, 제4차 교육개혁안(1997)에서는 '초 · 중등학교의 혁신과 고등교육체제의 개선'의 일환으로 '단위학교의 자율권 확대 및 교원 업무 부담 경감'이 제시되었다. 이와 같이 「문민정부」의 네 차례에 걸친 교육개혁안에서 총 28개의 교육개혁 과제가 확정되어 교육부의 교원정책을 통해 추진되었다. 「문민정부」에서 교원정책의 방안은 「교육개혁위원회」에서 기획되고 추진은 교육부가 담당하여 '기획'과 '추진'이 비교적 엄격하게 분리되었다. 「문민정부」에서 발표된 이들 교원정책 추진을 위한 개혁방안을 과제별로 제시하면 〈표 2-1〉과 같다.

「국민의 정부」는 「문민정부」와 달리 교육부가 정책 자문을 구하여 독자적으로 교원정책을 기획하고 추진하였다. 우선, 정부 출범 첫해에 교육부(1998)는 '교육비전 2002: 새학교 문화창조'를 위한 교육개혁 방안에서 '교원의 전문성 · 책무성 신장'을 위해 ① 교원인사제도의 개선 및 탄력적 운영, ② 교원연수 기회의 확대 및 연수 방법의 개선, ③ 교원의 교수활동 강화, ④ 교실수업 혁신을 위한 교과연구 공모제의 지속적인 실시, ⑤ 학년 교과담임의 전문화, ⑥ 수업우수교사 유인체제 강화 등 6가지 실천 전략을 제시하였다. 이러한 전략은 새로운 것이라기보다는 「문민정부」의 교원정책안을 계승한 것이다. 다음 해에 교육부(1999)는 '교육발전 5개년 계획'을 발표하고 '가르치는 보람과 긍지가 충만한 교직사회 건설'을 정책 목표로 하는 ① 학교현장 중심의 우수교원양성체제 확립, ② 신축적이고 개방적인 임용제도 구축, ③ 교직인력 및 직무관리의 효율화, ④ 능력과 실적 중심의 인사 및 보수제도 정착, ⑤ 생애에 걸친 교원연수체제 구축, ⑥ 교원의 권익과 전문성 신장을 위한 여건 개선' 등 6개 영역 23개의 개혁 추진 과제를 제시하였다. 역대 개혁안과 달리 추진 방법과 시기 그리고 재원 확보 방안까지 곁들인 이 계획은 사실적이고 체계적이었으나, 상세한 추진 계획은 곧 있을 '교직발전종합방안'에서 구체화될 것이라는, 예고와 함께 선언적인 의미로 전락하였다.

'교직발전종합방안'은 교원정년 단축으로 인해 이반된 교심의 회복을 위해 일 년여에 걸친 시안의 마련과 공청회 그리고 교직단체와의 협

표 2-1 「문민정부」 교육개혁안의 교원정책 목표와 과제

구 분	목표	영역	추진과제
제1차 교육개혁안 (1995. 5. 31)	품위 있고 유능한 교원 육성	• 교원양성 및 연수제도 개혁 • 능력 중심 승진 • 보수체계로의 개선 • 교사의 연구환경과 효율적 근무조건 조성	• 교사양성 기관의 교육과정 개편 • 교원임용제도의 개선 • 교원연수 강화 • 교원의 연수기관 선택권 부여 • 능력 중심의 승진체계 마련 • 일의 양과 어려움에 따른 차등 보수 • 특별연구교사제 도입 • 교과별 또는 학년별 연구실 확충 • 교무실 사무자동화 • 자율 출퇴근제 • 교장 명예퇴직제의 실시
제2차 교육개혁안 (1996. 2. 9)	초·중등학교 교육과정 개혁		• 교사제도의 탄력적 운영
제3차 교육개혁안 (1996. 8. 20)	교직사회 활성화	• 교원 자질 향상을 위한 양성제도의 개혁 • 교원임용시험의 타당도와 변별력 제고 • 교직의 개방화, 다양화 • 현장교육의 전문성과 질적 향상을 위한 제도 개선 • 교원복지체계의 혁신	• 양성기관에 대한 평가인정제 도입 • 중등교원의 수급정책 전환 • 교육대학 양성체제의 개혁 • 대학원 수준에서의 교원양성 및 연수체제 모색 • 임용시험제도의 개선 • 계약직 교원의 다양화 • 교육청 전속교사의 확대, 다양화 • 교원자격증제도의 개선 • 교육전문직 자격 및 임용 방법 개선 • 교원의 현장 연구비 및 연구지원제도 도입 • 우수교원을 위한 특별 연수과정 개선 • 교원양성기관과 초·중등학교와의 교원 상호 교류제도 도입 • 교감직의 확대와 전문성 제고 • 교원복지 관련 기관 기능 확충 • 시·도교육청 단위의 교원복지 활성화 • 학교 안전사고 대비를 위한 지원체제 구축
제4차 교육개혁안 (1997. 6. 2)	초·중등학교의 혁신과 고등교육 체제의 개선		• 단위학교의 자율권 확대 및 교원 업무 경감

의를 통해 확정된 「국민의 정부」 교원정책의 결정판이다(교육부, 2001. 7. 26). 시안이 발표된 지 15개월 만에 최종 확정 발표된 '교직발전종합방안'은 21세기 지식기반사회에 대비하는 교원정책의 방향을 '범사회적인 교원 존중 풍토 조성' '처우 및 근무여건 개선 등을 통한 교원의 사

기 진작' '전문직으로서 교원의 위상 강화를 위한 전문성 신장'으로 설정하고 이를 위한 총 10개 영역 32개 추진 과제를 담고 있다. 교육부는 특별히 '교직발전종합방안' 최종안에는 포함되지 않았지만 ① 교원양성 · 자격제도 개선(수석교사제/교원양성 · 자격제도 개편/대학원 수준의 교원양성체제 도입/교육전문 박사학위과정 도입/교원연수 · 연구실적 학점화 활성화/교원 병역특례제 도입), ② 승진 · 평가제도 개선(직무수행 기준 마련/교원인사자문위원회 구성/교장연임제/보수체계 개편 추진) 등 2개 영역 10개 과제는 추후 검토할 과제로 추진을 보류하였다. 추후 검토 과제 대부분은 「문민정부」 이래 교육부가 관심을 갖고 추진하고자 하는 과제들이었으나 교직단체 간의 협의 과정에서 첨예한 대립으로 최종 단계에서 보류되었다.

교육부는 교육인적자원부로 개편된 후에도 직접적으로 교원정책을 위한 대단위 계획은 아니지만 '교육여건개선추진계획'이나 '공교육내실화대책' 등을 통해 간간이 교육정책 방안을 제시하였다. 교육부(2001. 7. 20)는 '교육여건개선추진계획'에서 학급당 학생 수 감축으로 인해 부족한 초 · 중등교원을 2004년까지 23,600명 증원한다고 발표하였다. 또한 교육부(2002. 3)는 공교육 위기에 대한 사회의 고조된 여론에 부응하여 공교육의 실태를 진단하고, 이를 바탕으로 '공교육내실화대책'을 발표하면서 '교원의 사기 진작 및 전문성 제고'를 5가지 대책 중의 하나로 제시하였다. 이 대책의 기본 방향은 '교직발전종합방안'을 차질 없이 추진하여, 교원이 보람과 긍지를 가지고 교육활동에 전념할 수 있도록 교원의 사기를 진작시키고, 전문성 신장을 도모하는 것으로 되어 있다. 구체적으로, '교원의 사기와 자긍심 고취'를 위해 6개의 정책 방안, '지식기반사회에 걸맞은 교원의 전문성 신장'을 위해 5개 방안 등 모두 11가지 세부 정책 방안이 제시되었다.

「국민의 정부」는 당시까지 밝힌 교육부 자체 내에서 구안된 교원정책 방안들 외에도 '교원정년 단축(1999)' '교원노조 합법화(1999)' '교원성과급제 도입(1999) 및 실시(2001)' 등 교육부와 관련 정부 부처와의 긴밀한 협조 속에서 정부 차원의 교원정책을 개혁적 차원에서 추진하였다.[1] '국민의 정부에서 발표된 교원정책의 목표(혹은 방향)와 세부 추진 영역 및 과제(혹은 전략)를 제시하면 〈표 2-2〉와 같다.

「참여정부」의 교원정책 방향과 과제를 제시하는 많은 연구와 제안들은 이전 두 정부의 교원정책의 문제점을 제시하면서 그 같은 문제를 완화하고 새로운 정책이 소기의 성과를 거두기 위한 방안을 제시하고 있다. 노종희(2002)는 우선 이전 교원정책은 ① 교원정책 결정 과정의 개방화 · 합리화, ② 교원정책에 대한 종합적 · 체계적 접근 시도, ③ 교원 근무환경의 점진적 개선, ④ 교원에 대한 실질적인 우대책 제공 면에서 성과를 인정하였다. 그러나 ① 경제논리에 의한 조급한 정책 결정, ② 교원 부족 사태 야기, ③ 교원 사기의 저하, ④ 교원정책의 핵심 과제 보류 등은 문제점으로 지적하였다. 박영숙(2003)도 이전 정부에서 실시된 교원정책을 공과 양 측면에서 논하였다. 즉, 교육개혁에 대한 강한 의지와 교육개혁의 효율적 추진을 위한 추진체계의 개선 등과 같은 긍정적인 면도 있지만, 교직사회 전반에서 예기치 않게 나타날 수 있는 갈등과 부적응 등에 대한 능동적인 대처가 미흡했다는 것이다. 그러면서 교원정년 단축 이후 교직 전반에 침체된 분위기를 반전시켜 교원의 사기를 진작하기 위한 정부의 노력이 적극적이지 못한 점을 지적하였다. 한편, 정태범(2003)은 교원정책의 세부적인 문제점에 초점을 맞추어 기존의 교원정책이 ① 교직의 사회경제적 지위의 하락과 유인체제 미흡으로 인한 교사후보생의 우수인재 확보 실패, ② 중등교원양성기관의 난립으로 인한 교사 수급의 불균형, ③ 교원양성 대학교육과정의 학교현장 요구 반영 미흡, ④ 교원자격증의 남발로 인한 자격증 소지자 폭증,

1) 이들 교원정책은 우리나라 교원정책의 맥락과 특성을 이념적으로 이해하는 데 직접적인 연관이 있는 영향력이 큰 정책들로, 이에 대한 분석과 진단은 신현석(2003a)을 참조할 것.

표 2-2 「국민의 정부」 교원정책의 목표와 과제

구 분	교원정책의 목표(방향)	세부 추진 영역 및 과제(혹은 전략)
교육비전 2002: 새 학교 문화 창조 (1998)	• 교원의 전문성, 책무성 신장	• 교원인사제도의 개선 및 탄력적 운영 • 교원연수 기회의 확대 및 연수 방법의 개선 • 교원의 연수활동 강화 • 교실수업 혁신을 위한 교과 연구공모제의 지속적인 실시 • 학년 교과 담임의 전문화 • 수업우수교사 유인체제 강화
교육발전 5개년 계획 (1999)	• 가르치는 보람과 긍지가 충만한 교직사회	• 학교현장 중심의 우수교원양성체제 확립 • 신축적이고 개방적인 임용제도 구축 • 교직 이력 및 직무관리의 효율화 • 능력과 실적 중심의 인사 및 보수제도 정착 • 생애에 걸친 교원연수체제 구축 • 교원의 권익과 전문성 신장을 위한 여건 개선 등 6개 영역의 23개 추진 과제
교직발전 종합방안 (2001. 7. 26)	• 범사회적인 교원 존중 풍토 조성 • 처우 및 근무여건 개선 등을 통한 교원의 사기 진작 • 전문직으로서 교원의 위상 강화를 위한 전문성 신장	• 교원의 사기 진작 – 교원 존중 풍토 조성 – 업무 부담 완화 – 처우 개선 – 복지후생 증진 – 정책 과정 참여 확대 – 교육공동체 형성 • 교원의 전문성 신장 – 우수교원양성 – 교원연수 강화 – 공적인 제7차 교육과정 운영 – 사회 체험 기회 확대 등 10개 영역의 32개 추진 과제
교육여건 개선추진 계획 (2001. 7. 20)	• 학급당 학생 수 감축에 따른 초 · 중등교원 정원 증원(2004년까지 23,600명 증원)	• 신 증설되는 학교의 담임 및 최소한의 교과목 담당 교원 증원 • 계약제 교사, 순회교사의 활용 등 전문직종의 교직 입직 기회 확대
공교육 내실화 대책 (2002. 3)	• 공교육 내실화 • 교직발전종합방안을 차질 없이 추진하여, 교원이 보람과 긍지를 가지고 교육활동에 전념할 수 있도록 교원의 사기를 진작시키고, 전문성을 신장	• 교원의 사기와 자긍심 고취 – 교권 존중 풍토 조성 – 교육정책의 현장 적합성 제고를 위한 교원의 참여 기회 확대 – 교원 업무 부담 완화를 위한 보조인력 배치 확대 및 시범학교 운영 – 교원 처우 및 근무여건 개선 지속 추진 – 교직 특성이 반영된 교원 성과상여금제 개선 및 교원복지카드의 교원우대 부가 서비스 확대 – 교육현장의 우수교원 교육활동 사례 발굴 · 연중 홍보 • 지식기반사회에 걸맞는 교원의 전문성 신장 – 교원양성 내실화 – 교원임용시험제도 개선 – 교원연수의 발전적 운영 – 교육활동에 충실한 교원이 인정받을 수 있는 승진평점제도 개선 – 학교 실정에 적합한 교사 배치 방법 개선 등 11개 영역의 30개 추진 과제

⑤ 교원양성대학의 정비 노력 미흡, ⑥ 교원양성기관의 예비 교원 교육 문제 등을 포함하고 있다고 지적하였다.

신현석(2002. 12)은 우리나라 교원정책의 역사를 일견하면서 특히 「문민정부」와 「국민의 정부」의 교원정책 추진 과정에서 나타난 한국 교원정책의 이념적 구도와 맥락의 변화에 주목하면서 다음과 같이 교원정책의 특성을 도출하였다. 첫째, 교원정책의 기조를 좌우하는 이념과 정책의 실제 사이에 상치 현상이 빈번하게 나타났다. 교육부는 교직의 수월성과 전문성을 추구하는 이념적 선택을 분명히 하고 있지만 정책의 형성 및 결정 과정에서 교직단체의 영향을 무시할 수 없는 실정이기 때문에 조정과 합의에 의한 정치적 수단에 의존하는 경우가 많다. 이 경우에 종종 합리적으로 추진되리라 기대되던 교원정책은 정부와 관련 단체 간 합의에 의해 정책의 원래 의도가 왜곡되는 경향이 있다. 일례로, 교원 간의 경쟁을 통해 교육의 질을 높이려는 의도에서 비롯된 교원성과급제가 도입 초기부터 교직단체의 극심한 반발로 정부와의 합의를 통해 일종의 부가급으로 전락하고 만 경우를 들 수 있다. 이렇듯 정책 이념과 실제와의 상치는 정책의 추진 과정에서 일관성 결여라는 문제를 야기한다.

둘째, 교육체제가 환경의 변화에 민감하게 반응하는 경향이 뚜렷해지면서 교원정책도 환경과의 상호작용 속에서 점차 개방화되어 가는 모습이 나타났다. 교육과 교직의 특수성 그리고 교원의 예사롭지 않은 신분상의 특성이 강조되던 교직 안정기의 교원정책은 다소 폐쇄적인 관점에서 정책이 형성 · 집행되는 모습을 띠었다. 이때의 정책 운용 기제는 단순하면서도 예측 가능한 것이 특징이다. 그러나 1990년대 들어 탈산업사회화, 세계화, 정보화, 다원주의화의 경향이 본격화되면서 경쟁을 통한 수월성의 제고가 공공 부문에까지 적극적으로 적용되기 시작하였다. 교원정책도 예외가 아니어서 경제논리에 입각한 정책 방안이 설계되고 추진되는 등 국가사회의 변화 요구를 점차 반영하는 경향을 보여 준다.

셋째, 교원정책 관련 집단의 이해와 관심이 점차 다양해지면서 집단 간 갈등이 자연스럽게 나타나게 되었다. 교직 안정기의 교원정책은 비교적 교원 간의 동질성은 물론 소위 교육 수요자로 분류되는 학생 · 학부모들에 이르기까지 교육의 특수성과 교직의 전문성을 존중하는 분위기 속에서 예측 가능하게 추진되었다. 그러나 교육의 시장적 접근으로 인해 교육 공급자(교원)와 수요자(학생 · 학부모) 간의 분리 현상이 나타나고, 교원노조 합법화로 인해 전문직 교원단체와 교원노조 사이에 차별화가 본격화되었다. 교육논리가 이제 더 이상 교원정책의 지배적인 논리로서 작용하지 못하고 경제논리 또는 정치논리와 경쟁하는 논리로 존재하게 되면서, 각 집단은 저마다 선호하는 가치를 관철시키기 위하여 특유의 논리로 무장한 채 교원정책 사안에 따라 서로 대립 · 갈등하는 양상을 연출하고 있다. 오늘날 교원정책 추진의 성공 여부는 이러한 집단 간 갈등의 원만한 조정과 해소에 있다 해도 과언이 아닐 정도로 정책의 과정에서 큰 비중을 차지하고 있다.

3. 「참여정부」 출범 전후의 교원정책안

1) 「참여정부」 출범 전의 교원정책안

제16대 대통령 선거전 당시 각 정당의 대선후보들은 저마다 집권 시 정국운영의 청사진을 담은 각 분야 공약을 발표하고 민심을 획득하고자 노력하였다. 대선후보의 공약은 차기정부의 정책 방향과 실천 과제들을 포함하고 있다는 점에서 대통령 후보들의 정국 운영 구상을 엿볼 수 있게 한다. 마찬가지로 교육공약 중에 포함된 교원정책 분야의 공약을 분석해 보면 차기정부의 교원정책 방향을 어느 정도 짐작할 수 있다. 여기서는 여러 대선후보 중 각 분야의 공약이 비교적 체계적으로 구성되어 있는 한나라당 이회창 후보와 민주당 노무현 후보의 공약을 중심으로 교원정책 분야의 향후 방향을 진단해 본다.[2)]

한나라당 이회창 후보의 교원정책 분야 대선공약은 교육 전문성을 확보하기 위하여 ① 수석교사제 도입 검토, ② 교사안식년제 도입 검토, ③ 교사의 장 · 단기 해외연수 확대, ④ 교사 연수비 지원, ⑤ 교사 잡무 완화, ⑥ 교사연수기관 평가인증제 도입 등을 제시하고 있다. 그리고 교원의 자긍심을 고취하기 위한 공약으로는 ① 교원정년 단계적으로 환원, ② 교권 확립과 존중을 위한 법 · 제도적 정비, ③ 교육공무원 보수규정 별도 제정하여 교사 보수 인상, ④ 교사 자녀의 교육비 지원 확대, ⑤ 학교안전공제회제도 개선, ⑥ 여 교직원을 위한 편의시설 확대 등을 제시하였다.

한편, 민주당 노무현 후보는 교원의 전문성 신장을 위하여 ① 교원의 수업 외 업무 부담 감축, ② 교육행정 전산화 합리적 추진, ③ 교수행정업무 전담 인력을 작은 학교부터 순차적 배치, ④ 수석교사제와 교장보직제의 장점을 살릴 수 있는 방안 협의 검토, ⑤ 교대 · 사대 교원양성 교육과정 대폭 개편, ⑥ 교원전문대학원 도입 검토, ⑦ 교원연수와 재교육 기회 확대 및 행 · 재정 지원 확대 등의 방안을 약속하고 있다. 그리고 교원의 자긍심을 고취시키기 위한 공약으로는 ① 일반 공무원과 구별하여 교원 증원 및 보수 기준 우대, ② 담임수당 인상 등 실질적인 처우 개선 추진, ③ 「우수교원확보법」 제정 검토, ④ 교원 정치활동 보장 등을 제시하였다.

두 대선 후보의 교원정책 분야 공약은 기본적으로 「국민의 정부」에

2) 민주당 노무현 후보가 제16대 대통령으로 당선되어 「참여정부」가 2003년 2월 25일 공식적으로 출범하였다. 그럼에도 불구하고 여기서 한나라당 이회창 후보의 공약까지 살펴본 이유는 노무현 대통령이 취임 직전 "한나라당 대선공약과 일치하는 공약을 우선적으로 추진하겠다."라고 밝힌 바 있기 때문이다. 따라서 두 당의 교원정책 분야 대선공약을 함께 검토하는 것은 시제상의 차이는 있지만 아직 유효한 면이 있음을 밝혀 둔다.

서 발표한 '교직발전종합방안'의 큰 틀을 벗어나지 않은 채 교원의 전문성 제고와 자긍심 고취를 위한 보다 적극적인 방안을 제시하고 있다는 것을 알 수 있다(http://www.kfta.or.kr/event/0211271317.htm). 두 후보의 공약에 대한 비교 · 분석에서 진동섭(2002)은 결론적으로 다음과 같이 밝혔다.

> 교원 관련 공약에서 가장 준비를 잘했고 적극성을 보인 후보는 이 후보였지만 최근의 공약집에 의하면, 이 후보는 「우수교원확보법」 제정 입장 철회, 대기업 평균 수준으로 처우 개선에서 교사 보수 인상으로 후퇴했다. ……노 후보는 교육 관련 정책과 공약에서 시간에 따른 변화는 없는 것 같다.

결국, 두 후보 모두 세부 안에 대해서는 구체적으로 언급하고 있지만 「우수교원확보법」 제정과 교원보수의 실질적인 개선 등과 같은 획기적인 공약 등은 '적극 검토' 선으로 일보 후퇴한 인상이고, 수석교사제나 교장선출보직제와 같이 두 교직단체가 첨예하게 대립하고 있는 사안에 대해서는 '협의 검토' 선으로 한 발 물러나 있다는 것을 알 수 있다. 그런데 정작 두 후보의 공약에서 나타나고 있는 한계는 교원정책의 이념 설정과 추진체제와 같은 가시적인 정책 기조의 구상은 생략된 채 주로 교원정책의 각론 부분, 그것도 교원의 근무여건 개선과 같은 실제적인 방안 중심으로 공약이 구성되어 있다는 것이다. 이런 경우는 두 후보 공히 기존 교원정책 운영 기조를 수용한 채 그 연속선상에서 교원정책을 추진하겠다는 것인지 아니면 메타적 교육정책의 구도에 관해서는 미쳐 관심을 갖지 못해서인지는 모르지만, 총론을 무시한 각론의 집착은 그간 우리의 교원정책이 보여 준 정책 실패의 관행을 답습할 수 있다는 점에서 우려할 만한 일이다. 특히, 두 후보의 공약에서 나타난 안만 보면 향후 어느 누가 대통령이 되더라도 적어도 교원정책 분야에서 신자유주의는 종말을 고할 것이라는 예견이 가능할 것 같다. 이러한 교원정책 분야에서의 특이성은 교육공약 전반에 걸쳐 이회창 후보는 '자율과 책임의 강화'를, 노무현 후보는 '형평성과 자유의 확충 그리고 연대와 협력의 가치를 강조'한 것과 묘한 대조를 이룬다. 두 후보 중 신자유주의적 성향의 공약을 내건 후보는 '교사연수기관 평가인증제 도입'을 내세운 이회창 후보다. 그러나 단일 공약 하나만 가지고 신자유주의 교원정책을 펴 나갈 것이라고는 누구도 상상할 수 없다.

이러한 탈 신자유주의적 경향은 그 당시 대통령 자문 「교육인적자원정책위원회」(2002. 11. 14)가 대통령께 보고한 「국가인적자원개발정책보고서 III」에서 제시한 차기 정부의 교원정책 방안과 정책의 기본적인 방향 면에서 큰 차이를 보이고 있다. 즉, 동 위원회는 현 교원정책의 문제점을 ① 교원양성기관의 교육여건 미흡으로 인한 교원의 전문성 함양 기능 약화, ② 유능한 학교행정가 확보를 위한 임용체제 미흡, ③ 교원 전문성 신장을 유도하지 못하는 교원평가 및 연수체제, ④ 교원의 사기를 진작시킬 수 있는 보상체제의 미흡에 있다고 하면서, '교원정책 개선을 위한 정책 과제의 우선순위'를 묻는 설문[3]을 통해 교원의 전문성 제고 및 사기 진작을 위한 정책 방안을 다음과 같이 제시하였다(pp. 23-27).

3) 설문 결과는 다음과 같다.

표 2-3 교원정책 개선을 위한 정책 과제의 우선순위

구분	응답자 수(명)	응답자 비율(%)
• 교육 전문성 신장을 위한 보수규정 제정	456	24
• 교원 및 교육 전문직 연수 강화	442	23
• 신임교사, 수석교사제 신설	324	17
• 우수교원확보법 제정	258	13
• 신규 채용의 합리화	237	12
• 교원양성체제 개편	177	9
• 기타	24	2
계	1,918	100

출처: 「교육인적자원정책위원회」 의견 조사, 2002. 9.

□ 교원양성기관에 대한 평가인증제 도입
- 교원양성기관 운영 및 교육 내실화를 위한 평가인증체제 구축
- 수업 내용, 교육과정 운영, 교수, 교육여건 등에 걸쳐 공정하고 신뢰할 수 있는 평가보증 기준 개발
- 평가인증 결과에 따른 행 · 재정 차등 지원

□ 유능한 학교행정가 확보를 위한 임용 방법의 개선
- 교장초빙제 확대
- 유능한 학교행정가 확보를 위한 임용체제 확립

□ 교원의 전문성 신장을 유도하는 교원평가체제 확립
- 교육의 전문직 자질 향상에 초점을 둔 종합적인 교원평가체제 확립
- 교장 능력 개발의 일환으로 교장 평가 방안 강구
- 직무능력 부족 교원을 위한 지원 · 관리체제 확립

□ 직무능력 제고를 위한 연수강화
- 신규 임용교사를 위한 직원 직무연수(induction program) 강화
- 교직원의 필요와 요구에 따른 다양한 연수 프로그램 개발 · 운영
- 수준별 교육과정 운영을 위한 연수 실시
- 업무 수행의 효율화를 위하여 학교행정가, 교육 전문직, 일반직의 통합 연수 프로그램 개발 · 운영

□ 교원의 사기 진작을 위한 보상체제 확립
- 교원의 전문성 신장을 유도 · 촉진하기 위한 교원보수체계 개선
- 보수체계의 안정성을 확보하기 위해 교직수당, 기말수당, 정근수당 등을 봉급(기본급)으로 통합
- 수당 신설 및 확충

「교육인적자원정책위원회」의 교원정책 분야 대통령 보고사항은 비록 동 위원회가 15대 대통령의 임기와 함께 해체되었지만 「문민정부」의 「교육개혁위원회」가 제안했던 개혁안이 대체로 「국민의 정부」에서 계

속 추진된 것과 마찬가지로 차기 정부에서 그대로 추진될 가능성이 있다. 그러나 위원회의 보고 내용이 그동안 교육부가 추진해 온 교원정책 방안과 비교해 볼 때 교원의 전문성 제고를 위해 경쟁과 평가를 통한 책무성 신장에 주력하고 있기 때문에 차별화되고 있다는 점에서 차후 교원정책으로 추진될지는 좀 더 지켜봐야 할 것이다. 특히, 동 위원회의 방안은 그동안 국가 인적자원 개발을 위한 정책 제안에서 일관성 있게 유지되었던 '선택과 집중을 통한 경쟁력 강화'를 그 바탕에 깔고 있기 때문에 만일 교원정책으로 차기 정부에서 추진될 경우 전례로 보아 교직사회는 경제논리, 더 나아가 '신자유주의의 부활'이라고 반박할 것이 자명하다. 예를 들어, 교장초빙제 확대, 평가 결과를 보상과 연계하는 교원평가체제 확립, 직무능력 부족 교원에 대한 특별연수 실시, 전문성 신장을 위한 교원보수체계 그리고 교원양성기관에 대한 평가인증을 통한 행 · 재정 차등 지원 등은 적어도 신자유주의 교육에서 강조하는 논리들을 부차적으로 가미하고 있어 특별히 교직사회의 갈등을 유발할 가능성이 크다. 그러나 또 한편으로는 교원이 '경쟁'과 '평가'가 가미된 정책 방안에 대해서 거부반응을 보이는 것은 일부 교직단체의 집단이기에 불과하며 이것에 의해 교원정책에 갈등이 노정된다면 교직사회에 대한 사회적 신뢰의 추락도 배제할 수 없다는 점에서 정부는 지금까지 그랬던 것처럼 '중간 지점의 선택'과 같은 중도적 기조에 의해서 교원정책 방향을 계속 유지할 가능성도 배제할 수 없다.[4]

정작 「교육인적자원정책위원회」의 교원정책 방안에서 나타나고 있는 근본적인 결함은 정책의 기조가 이념적으로는 신자유주의적 성향으

---

4) 실제로 「참여정부」 출범을 전후해서 발표된 교육인적자원부(2003. 1. 13; 2003. 8. 6)의 교육정책 방안을 보면 '교원의 전문성 강화'와 '교원의 사기 진작 및 근무여건 개선'을 위한 긍정적인 전략과제들을 포함하고 있어 「교육인적자원정책위원회」가 제시한 일부 신자유주의적 과제들은 배제되어 있다는 것을 알 수 있다. 단, 교원승진제도의 개편을 통해 교사임용 방식을 다양하게 하는 방안은 교육인적자원부에서 채택하여 「교육현장안정화대책위원회」에서 핵심적인 추진 과제로 활발하게 논의된 바 있다(교육인적자원부, 2003. 8. 25).

로 기울고 있다고 해도 이들 개별적인 방안이 추진되는 횡적(정책 간 유기적 연계) · 종적(정책의 추진체계) 메커니즘의 설계에 대한 복안이나 기존 시스템의 변화 노력이 전혀 보이지 않는다는 것이다. 이러한 교원정책 시스템의 설계는 정책 기조에 대한 이념적 설정(혹은 선택)을 바탕으로 이에 따른 정책의 횡축 및 종축 메커니즘에 대한 현재의 문제로부터 시작되며, 근본적으로 기존의 정책 시스템에 대한 발상의 전환을 요구한다. 이러한 새로운 시스템의 구상은 두 대선 후보의 공약에서도, '교직발전종합방안'에서도, 「교육인적자원정책위원회」의 보고서에서도 전혀 찾아볼 수 없다. 이러한 경향은 「참여정부」 출범을 전후하여 발표된 교원정책 방안의 새로운 제안들에서도 나타나고 있다.

교육인적자원부(2003. 1. 13)는 「대통령직인수위원회」에 대한 '주요 교육인적자원정책 방향' 보고에서 교육정책의 대강을 '공교육의 정상화와 신뢰 회복'이라는 중점 정책 과제에 포함시켜 발표하였다. 교원정책의 기본 방향을 '활기차고 미래지향적인 교직사회'에 두고 교원의 전문성 강화를 위하여 ① 교원양성 · 자격제도의 개편, ② 교원의 연수 · 연구 지원 확대를, 교원의 사기 진작 및 근무여건 개선을 위하여 ① 「우수교원확보법(가칭)」 제정 추진, ② 교원승진제도의 합리적 개선 및 학교장 임용제도 다양화, ③ 표준수업시수 법제화, ④ 교원 업무보조인력 배치 확대와 「학교안전사고예방 및 보상에 관한 법률(가칭)」 제정 등을 세부 추진 과제로 제시하였다.

한국교육개발원(2003. 1. 14)도 '학습하는 사회, 함께하는 교육: 교육공동체 형성과 지식기반사회 교육체제 구축'이라는 슬로건과 함께 '12대 교육정책 목표와 과제'를 '차기 정부 교육정책 방향과 과제에 관한 제안서'로 발표하였다. 이 제안서에 따르면 교원정책 방안은 '교원 사기와 전문성, 책무성 제고'를 정책 목표로 삼고 교원의 사기 진작을 위해서는 ① 교사의 수업 부담 경감을 위한 전문업무 담당교사와 보조교사제 활용, ② 교원 잡무 경감을 위한 교무행정 보조요원 배치 및 사무자동화 활용, ③ 교직 특성을 반영하는 독자적인 교육공무원 보수규정 제정, ④ 연공서열 중심의 단일호봉제에서 개인의 업적을 반영하는 독자적인 복선형 보수체제로의 전환, ⑤ 교권 침해 보도를 규제하는 법적 근거 마련, ⑥ 교사의 수업 및 학생 평가, 훈육권 강화를 보장해야 한다고 밝히고 있다. 한편, 교원의 전문성을 제고하기 위한 과제로는 ① 교과별 교사연구실 및 교과별 전문교실 설치, ② 수석교사제 도입, ③ 교장초빙제 확대, ④ 교원양성기관 평가인증제도 도입, ⑤ 교육전문대학원 개설, ⑥ 교원연구 안식년제 및 연구기관 파견근무 인정 확대, ⑦ 교육 실습의 강화 등을 제시하였다. 마지막으로, 교원의 책무성 강화를 위한 과제에는 ① 교원의 전문직 자질 향상에 초점을 둔 종합적인 교원평가체제 확립, ② 학교별로 직무 수행 과중을 고려한 교원성과상여금제 운영 방법의 개선이 포함되어 있다.

교육인적자원부의 인수위 보고안에 비해 한국교육개발원의 정책 제안은 훨씬 포괄적이고 망라적이다. 그리고 많은 부분 「교육인적자원정책위원회」의 대통령 보고 내용을 받아들이고 있어 기존의 '교직발전종합방안'의 내용보다 진보적이며 진일보한 것이라 볼 수 있다. 특히, 한국교육개발원의 교원정책 제안은 상당 부분 신자유주의적 자율 · 경쟁체제 혹은 자유주의적 평등론에 입각한 차등적 보상체제와 책무성의 도입을 적극 권하고 있다는 점에서 어느 정도까지는 교육인적자원부의 보고안에 비해 뚜렷한 정책적 이념 · 기조를 띠고 있다. 그러나 정책 메커니즘의 재설계를 위한 대안은 '탈규제를 통한 현장의 자율성 강화'와 에에 따른 책무성의 제고에 초점을 맞추고 있지만 이 또한 정책의 횡적 · 종적 메커니즘 설계에서 요구되는 필요충분조건은 충족시키지 못하고 있다는 점에서 교육인적자원부의 안과 마찬가지로 정책 과제의 파편적 접근이라는 한계를 넘어서지 못한 것으로 판단된다. 더군다나 한국교육개발원의 교육정책 관련 제안은 평등주의적 기조를 바탕으로 하는 한 교직단체로부터는 '신자유주의적 경향성'의 폐해를 무시한 것이라는 비판을, 전문주의적 관점을 견지하는 또 다른 교직단체로부터는 '범경제논리에 매몰되어 교직의 특수성을 경시'했다는 비판으로부터 자유로울 수 없을 것이다. 물론, 이들 교직단체도 교원정책의 이념적 기조는 분명하지만 상대적으로 횡적 · 종적 정책 메커니즘의 대안 빈곤이라는 비판으로부터 자유로울 수는 없다.

2) 「참여정부」 출범 후의 교원정책안

「참여정부」 출범 이후에 선보인 교원정책 방안은 주로 학술대회나 공청회를 통해 개인 연구자들에 의해 발표된 것이 대부분이다. 이들 방안은 주로 학회 차원에서 마련된 새 정부의 교육개혁(혹은 정책) 과제를 종합적으로 살펴보는 학술대회 프로그램의 한 영역의 분과로서 새롭게 출범한 정부의 교원정책 과제를 제시하는 형태로 구성된다. 구체적으로 각 연구자가 제안한 「참여정부」의 교원정책 과제를 표로 정리하면 〈표 2-4〉와 같다.

표 2-4 「참여정부」 이후 제안된 교원정책 과제

발표	박영숙	이종태	윤정일	노종희
주관기관	한국교육행정학회 (2003. 2. 5)	교육인적자원정책위원회 교육개혁추진단(2003. 5. 21)	한국교원교육학회 (2003. 5. 23)	한국교육학회 (2003 .5. 30)
교원정책의 방향 및 과제	1. 교직 발전에의 다양한 의견 수렴을 통한 교원정책의 다원화추구 • 정책 추진 과정의 체계적이고 합리적인 구축(추진협의회 등 구성) • 정책 반영을 위한 의견 수렴 장치 마련(인터넷 전용 사이트 개설 등) 2. 교직발전종합방안의 '검토 후 추진 과제'의 신속추진지원 • 수석교사제 도입	공교육 내실화와 교육복지 확대: 교원의 전문성 강화 및 승진제도 개선 1. 교원의 전문성 신장기반 조성을 위한 제도 정비 • 적정 수업시수 법제화로 공교육 질 제고 및 수업 부담의 합리적 조정 • 교원연수 · 재교육 기회 및 교원연수 휴직제 대폭 확대 • 교사 연구모임 등에 대한 연구지원 확대	1. 교직단체 간 갈등 해소 2. 교원정년 철폐 3. 초등교원수급 대책 강구 4. 교장선출보직제보다는 수석교사제를 통해 승진 경쟁 완화 5. 교사회 · 학생회 · 학부모회 법제화의 신중한 접근	1. 시급히 해결해야 할 교원 문제의 측면 • 초등교원수급의 정상화 방안 마련 - 교대 입학정원의 현원 유지 - 한시적인 교육대학 학사 편입제 확대 - 초등교원양성체제의 부분 개방형으로 전환 • 기간제 교사제도의 합리적 운영방안 강구 • 교직사회의 갈등 치유를 위한 '교직안정화종합대책'

<table>
<tr>
<td>교원정책의 방향 및 과제</td>
<td>• 교원양성 · 자격제도 개편
• 대학원 수준의 교원양성체제 도입
• 교육전문 박사학위과정 도입
• 교원연수 · 연구실적 학점제 활성화
• 교원 병역특례제 도입
• 직무수행 기준 마련
• 교원인사자문위원회 구성
• 교장연임제 도입
• 보수체계 개편 추진

3. 국가인적자원정책과 연계된 교원인력 개발체제 확립
• 교원연수 개발체제 수립
• 교원양성 과정의 내실화와 평가인증제도 마련
• 질 높은 양성체제 확립과 자격관리를 위한 질 관리체제 확립
• 수급과 양성, 자격, 연수, 임용 등의 정책과 연계된 교원의 전문성 제고

4. 단위학교에서의 책임제도가 가능한 균등한 근무여건 조성
• 교원의 특성별 직무수행 기준 마련
• 근무 부담을 완화하는 교원배치 기준 마련
• 초 · 중 · 등 수업시수 법제화 및 초과 수업수당 지급
• 단위학교의 교육과정 운영에 적합한 교육여건의 균등 확보
• 표준적인 학교 · 학급 규모 기준설정
• 교직 특성을 반영하는 교원성과상여금제 수립과 평가제도 개선</td>
<td>2. 교원양성 · 임용체제 개선
• 교원의 전문성 신장을 위한 종합적 교원양성 대책 마련
• 교원양성 대 임용 비율 적정 조정, 교원양성기관의 연계체제 구축 등 교원수급의 안정성 제고

3. 교원승진제도의 합리적인 개선
• 현행 점수제에서 능력 위주 승진제도 마련
• 초빙제 · 보직제 도입 등 학교장 임용제도의 다양화

4. 비정규직 교원의 신분 보장 강화 마련
• 기간제 교원의 신분 보장과 처우 개선을 통한 교원의 질 제고
• 사립학교의 과도한 기간제 교원비율 적정화</td>
<td>6. 교육공무원 지방직화의 재검토

7. 교원의 처우 개선

이 외 NEIS, 교원성과급제, 종합교원양성대학의 문제 해결</td>
<td>의 조속한 수립
• 교원의 사기 진작을 위한 우선적인 정책 배려
– 우수교원확보법의 조속한 제정
– 교육행정기관과 학교조직의 재구조화
– 잡무 근절책 마련
• 중등교원의 만성적 수급 불균형 구조 해소 방안 마련
– 시도교육청별로 '과목별 임용예정인원예고제' 실시 등을 통한 대학의 구조조정 유도
– 교원양성 기관 평가 기준의 상향 조정과 엄격한 시행, 결과 공개

2. 「참여정부」가 제시한 교원정책의 측면
• 교장 승진 및 교장임용제도의 합리적 개선
– 일부 승진인원의 공모선발제 도입
– 다단계 전형 절차와 다기준 전형 요소 도입
– 학교장 양성연구를 전담하는 전문기관 설치
• 능력 개발을 위한 근무평정제도의 전면 개편
– 타당한 평정 요소와 기준설립
– 목표관리 기법의 도입
– 근무평정제도의 합목적성 제고
• 수석교사제를 재개념화하여 도입
– 수석교사가 포함된 교원자격 체제의 개편
– 임상장학사제 도입
– 수석교사제의 자격 및 역할의 재개념화</td>
</tr>
</table>

전문적인 학술단체에서 정책 현안을 주제로 분석 · 평가하고 대안을 제시하는 학술활동에 대하여 시류 영합적이라는 비판도 있지만 교육행정학의 경우 학문의 특성상 이러한 비판은 교육행정학의 존립 근거에 대한 오해와 학술활동에 대한 고답적이고 폐쇄적인 관점의 소치에서 비롯된 것이다. 분명 〈표 2-4〉에 제시된 교원정책의 가제들은 연구자들이 오랫동안 이 분야에 관계해 오면서 전문적인 판단과 예지에 의한 결과이기 때문에 실물 정책에의 기여뿐만 아니라 학술적인 측면에서도 정책 연구의 대상으로 가치가 있다고 판단된다. 구체적으로 박영숙(2003)의 제안은 「국민의 정부」에서 발표된 '교직발전종합방안'의 지속적 실천과 국가 인적자원 개발정책의 범주 내에서 교원인력 개발을 강조한다는 점에서 정책의 일관성과 체계성에 무게중심을 두고 있다는 것을 알 수 있다. 이종태(2003)는 「대통령직인수위원회」(2003. 2)의 12대 국정 과제 중 하나인 '교육개혁과 지식문화 강국 실현'에 포함된 교원정책 관련 추진 과제를 그대로 인용 · 제시함으로써 노무현 대통령의 대선공약을 대부분 그대로 승계하고 있다. 또한 이들 과제 중의 상당 부분은 교육인적자원부(2003. 1. 13)의 교원정책안에 그대로 포함되어 있다. 윤정일(2003)은 「참여정부」가 시급하게 해결해야 할 교원정책의 당면 현안을 단기적 과제 형태로 제시하고 있다. 이러한 현안 중 일부는 현 정부가 출범하는 과정에서 제안한 교원정책 방안과 교육인적자원부의 추진방침 혹은 과제들과 상충하는 것들을 포함하고 있는 점이 특이하다. 마지막으로, 노종희(2003)의 제안은 윤정일의 경우와 마찬가지로 시급히 해결해야 할 교원정책 과제를 제시하면서, 이와 함께 「참여정부」가 제시한 교원정책 과제의 검토를 통해 우선순위가 높은 3가지 과제의 추진방안을 구체적으로 언급하고 있다.

본 장의 주요 관심사인 교원정책의 이념 · 기조, 정책의 유기적 연계성 그리고 정책 추진체계에 논의가 얼마나 충실하게 각 연구자의 제안 속에 담겨 있는가에 대해 분석해 보면 다음과 같다. 우선 박영숙(2003)

의 제안은 비교적 충실하게 교원정책의 세 가지 총론을 포함하고 있다. 이념적으로는 교원을 인적자원의 관점에서 개발해야 할 필요성을 역설함으로써 경제적 마인드를 분명히 하고 있다. 이런 관점에서 교직의 전문적 발달은 구호적이라기보다는 전문성의 합리적인 기준과 절차를 세우고 이를 철저하게 실행함으로써 이룩할 수 있다. 박영숙(2003)의 제안은 특히 교원정책의 유기적 연계성을 강조한다.

> …… 따라서 교원인력을 국가의 인적자원으로 개발시키기 위해서는 국가수준의 질 관리체제를 수립해야 하며, 수급과 양성, 자격, 연수, 임용의 연계 증진방안을 마련할 것을 제안한다. (중략) 인력개발체제는 수급과 양성, 활용과 연계되어 수립되어야 함을 다시 한 번 강조한다(p. 21).

박영숙(2003)의 제안은 또한 '교직 발전에의 다양한 의견 수렴을 통한 교원정책의 다원화 추구'를 강조함으로써 기존의 교원정책이 추진되어 왔던 관료적 · 권위적 방식에 변화를 모색하고 있다. 그는 교원정책의 수립 과정에서 절차적 합리성을 높이는 방안으로 '교직 발전을 위한 교육계 안팎의 변화와 흐름을 공유하도록 정보를 제공하고, 논의 과정과 정책 수립 과정을 투명하게 보여 주는 것'을 제안하고, 이를 실천하기 위한 구체적인 장치로 의견 수렴을 위한 인터넷 전용 사이트와 각종 정책추진협의회 등을 설치할 것을 제시하고 있다. 이렇게 다양한 의견 수렴을 위한 합리적이고도 객관적인 추진 절차가 마련될 경우, 교원정책의 신뢰성이 구축될 뿐 아니라 정책이 더 이상 획일적이지 않고 다양한 방식으로 추진될 것으로 그는 기대한다(pp. 117-118).

이종태(2003)가 거듭 제의한 「대통령직인수위원회」의 교원정책안은 '교직발전종합방안'을 마련하는 과정에서 많은 논의를 가졌음에도 불구하고 결론을 내리지 못한 채 보류되었던 민감한 과제들을 다수 포함하고 있어 교원정책에 좀 더 적극적으로 접근하고 있는 것이 특징이다.

뿐만 아니라 '비정규직 교원의 신분 보장 강화 마련' 과제는 줄곧 신자유주의적 교육개혁에 대한 비판을 활동의 동력으로 삼아 왔던 전교조의 아이디어와 일치한다는 점에서 지금까지 어느 교원정책안에서도 찾아보기 힘든 것이었다. 「대통령직인수위원회」의 교원정책안을 「교육혁신위원회」 출범의 산파역을 담당했던 「참여정부」 교육개혁추진단이 그대로 계승한 것은 이 방안에 포함된 과제들이 정권 차원에서 추진될 것임을 예고하는 것이라 하겠다. 이보다 앞서 교육인적자원부(2003. 1. 13)는 노무현 후보의 교육 부문 대선공약을 적극 수용하여 교원정책을 포함한 주요 교육인적자원정책 방향을 「대통령직인수위원회」에 보고한 바 있다.

이종태(2003)가 제의한 「대통령직인수위원회」의 교원정책 방안은 '연공서열보다는 능력을 중시하면서 동시에 다양성, 전문성, 책무성을 담보하는 방향으로의 제도 개선에 초점을 두고 있다.'(노종희, 2003: 46)는 점에서 기존의 교육인적자원부의 교원정책 기조에서 크게 벗어나지 않고 있다. 그러나 자세히 살펴보면 교원의 전문성 제고가 합리적 기준의 명세화를 통한 인적자원의 개발을 통해서라기보다는 최소 수혜에 대한 '복지'적 자원과 기득권의 분산을 통한 다양한 접근(예, 승진제도 개편)에 의해 모색되고 있다는 점에서, 그동안 교육인적자원부가 추구해 왔던 신자유주의적 교원정책의 연착률을 위한 접근 형식으로서 자율과 책무 그리고 다양성을 전제로 한 전문성과는 구별해서 이해할 필요가 있다. 한편, 이종태(2003)의 제의에서는 교원정책의 횡적 메커니즘에 해당되는 타 부문과의 유기적 연계성을 찾아보기 힘들다. 그러나 정책의 추진체계는 비록 자세한 언급은 없지만 '참여'를 강조하는 정부인 만큼 이러한 교원정책 과제가 추진되는 과정에서 정책 이해집단 간의 대화와 모색을 강조하는 협의체 기구의 발족 그리고 일반 국민들의 참여를 강조하게 될 것이라고 예측할 수 있다.

윤정일(2003)이 제시한 교원정책 과제는 시급히 해결해야 할 현안 중심으로 되어 있다. 따라서 교원정책의 이념 및 기조에 대한 이해는 단지 그가 제안하고 있는 현안의 접근 방식에 대한 해석으로부터 가능할 뿐이다. 윤정일(2003)이 제시하고 있는 현안의 문제해결책은 상당 부분 한국교총(2003. 1)의 교원정책 건의안과 중첩된다. 물론, 한국교총의 교원정책이 좀 더 포괄적이기는 하지만 '교원정년 철폐'나 '수석교사제 도입' 등은 서로 이해를 같이하는 부분이다. 그는 '교사회'의 법제화, '교장선출보직제' '교육공무원 지방직화' 등 현 정부에서 추진을 고려하고 있는 교원정책 현안에 대해 교육의 특수성과 교직(원)의 전문성을 해칠 우려가 있다는 점을 분명히 함으로써, 경제(시장)논리에 의한 전문성 제고와 복지 및 권력 해체를 통한 전문성 제고의 기조와는 구별되는 '교육논리'에 의한 전문성 제고의 관점을 견지하고 있는 것으로 보인다. 한편, 교원정책의 영역 간 유기적 연계성에 대한 고려는 윤정일(2003)의 제안에서 찾아보기 힘들다. 다만 그가 "교육정책 과제의 성격상 각 과제가 독립적이라기보다는 상호 관련성을 맺고 있지만 여기서는 독립적으로 기술한다."(p. 10)라고 한 것으로부터 정책 과제의 관련성을 직접 다루지는 않았지만 교원정책 과제의 유기적 연계성에 대한 인식은 확고한 것으로 판단된다. 교원정책의 추진체계와 관련하여, 윤정일(2003)은 구체적으로 언급하고 있지는 않지만 정부가 특정 교직단체를 지지 · 지원하는 것을 경계하고 사회적 변화에 부합되는 탈권위주의적인 행정을 강조하는 것(p. 11)으로 보아 '법과 제도에 의한 합리적 추진'을 상정하고 있는 것으로 보인다.

노종희(2003)가 제안한 교원정책 과제는 지난 정부에서부터 누적되어 온 심각한 교원 문제와 「참여정부」가 이미 발표한 교원정책안을 추진할 때 검토해야 할 과제로 이분하여 제시되고 있다. 그는 윤정일(2003)과 마찬가지로 교원정책 과제의 정책 추진에서 '우선순위'를 부여함으로써 부분적으로나마 추진 전략을 상정하고 있다. 그러나 '기간제 교사제도의 운영 합리화'를 제외하고는 윤정일(2003)이 제안한 과제들과 대동소이하다. 이것은 그만큼 「참여정부」에서 우선적으로 추진해야 할 교원정책의 과제들이 어느 정도 윤곽을 잡아 가고 있다는 뜻일 것이다. 노종희(2003)가 제안한 「참여정부」의 교원정책 과제는 '교직발전종합방안'의 미해결 과제와 교육인적자원부(2003. 1. 13)의 과제 그리고 「대통력직인수위원회」의 안 가운데 중요한 과제를 추출하여 제시하고 있어 교원정책의 이념적 성격을 한마디로 논하기는 힘들다. 그렇지만 그가 「국민의 정부」에서 추진된 교원정책의 문제점에 대해 '경제논리에 의한 조급한 정책 결정'이라고 지적한 것으로 보아 '교육논리'를 강조하고, 단순히 복지적 관점에서 온정주의적 교원사기 앙양을 꾀하기보다는 교원 승진 및 임용제도에서 합리적인 기준과 절차를 조건화하고 제도 개선을 제안한다는 점에서 교원정책의 기조와 방향을 개략적으로 추론할 수 있다. 한편, 노종희(2003)가 제안한 교원정책 과제에는 과제 간의 상호 유기적인 연계에 대한 논의가 생략되어 있다. 다만 교원정책의 추진체계 면에서, 교직사회 갈등 치유를 위한 '교직안정화종합대책'의 조속한 수립이 ① 교육공동체 구성원의 고른 참여, ② 교육 주체의 권한과 책임 그리고 권리 · 의무관계를 법령과 제도에 의해 정비, ③ 교육부와 교원단체, 교육청과 단위학교 그리고 교원단체 간의 관계가 온정적 관계에서 법률적 관계로의 전환을 제안하고 있는 것으로 보아 제도적 합리성이 보장된 추진체계를 상정하고 있는 것으로 보인다.

지금까지 「참여정부」 출범을 전후하여 제안된 교원정책안을 분석한 결과를 토대로 ① 교원정책의 이념 및 기조의 지향성을 기본적으로 근거하고 있는 논리(경제논리-교육논리)와 ② 공통적으로 추구하고 있는 전문성 제고의 관점(온정주의-합리주의)에 따라 사분도상의 지점으로 그 경향성을 표현하면 [그림 2-1]과 같다.[5)]

---

5) 4분도상의 분포 지점은 두 가지 준거(경제-교육논리, 온정-합리주의)에 따른 대체적인 경향에 의해 분류된 것이다. 실제로는 각 안들이 분포된 상한을 넘어서는 과제도 포함하는 경우가 많고, 또한 각 상한 내에 위치한 안 간에도 과제 내용의 성격과 관련하여 지향성에 편차가 있을 수 있음을

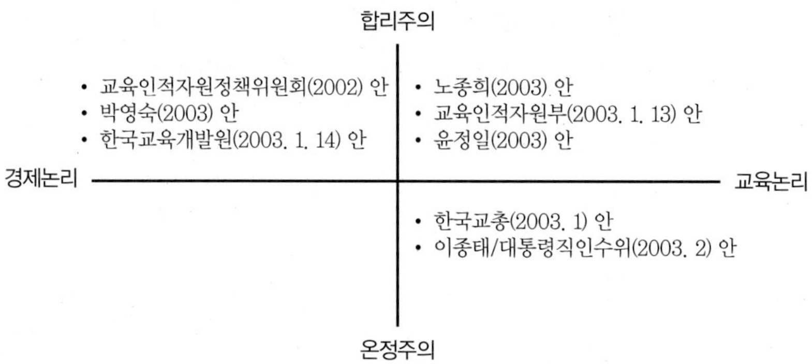

[그림 2-1] 「참여정부」 출범 전후한 교원정책안의 정책 지향성

「참여정부」 출범을 전후하여 발표 · 제안된 교원정책안은 교육인적자원부(2003. 8. 6)가 발표한 '교육인적자원 개발 혁신 로드맵' 중 교원정책 방안의 전주곡이었다. '교육의 본질을 추구하는 초 · 중등교육'이라는 기본 방향에서 '교원의 전문성 및 사기 진작'을 위한 4개의 추진과제로 구성된 이 방안은 「참여정부」 5년간 교육인적자원부가 추진해야 할 핵심 교원정책 과제를 추진 일정과 함께 열거한 것이다. 그 구체적인 과제 내용을 살펴보면 다음과 같다.

• 교내 안전사고 시 교원의 보호 장치 마련
  – 교내 안전사고에 대한 교원보호법 제정('04)
• 능력과 책무성 중심의 교원인사제도 혁신
  – 교원승진체제 재확립('03~'04)

밝혀 둔다. 예를 들어, 「대통령직인수위」(2003. 2) 안은 교육논리-온정주의 상한에 묶여 있지만 합리성을 담보로 하는 과제도 포함하고 있다. 그렇지만 '비정규직 교원의 신분보장 강화' 와 같은 특출한 과제의 경우를 고려하여 이 상한에 분류하였다. 또한 합리주의-교육논리 상한의 경우, 노종희(2003) 안 〉 교육인적자원부(2003. 1. 13) 안 〉 윤정일(2003) 안 순으로 경제논리적 아이디어에 경도되어 있다. 윤정일(2003) 안, 「대통령직인수위원회」(2003. 2.) 안, 한국교총 9(2003. 1) 안 등은 합리주의와 온정주의의 경계선에 위치하고 있는 것으로 판단된다. 여기서 본 장의 다른 두 가지 관심인 교원정책의 유기적 연계성(횡적 메커니즘)과 추진체계(종적 메커니즘)를 다루지 않은 것은 대부분의 제안에서 본격적으로 논의되지 않았기 때문이다.

– 우수교원확보법 제정('03~'04)

– 계약제 교원제도 개선('03~'04)

• 담임 및 보직수당 현실화('03)

• 교원연수체제 정비('04)

이상과 같은 '로드맵' 중 교원정책안은 「참여정부」 5년 기간 중에서도 단기적인 시급 현안 중심으로 구성되었다는 것을 알 수 있다. 이는 교육인적자원부(2003. 1. 13)가 이미 발표한 과제 가운데서도 정책 추진의 우선순위를 부여하여 추출한 것이다. 일부 과제(예, 계약제 교원제도 개선)를 가미한 것에 불과하다. 따라서 '교원의 전문성 및 사기 진작'을 위한 부분적인 개선책은 될지언정 '교육 본질 추구'의 기본 방향이나 '교육인적자원 개발 혁신 로드맵'의 주제에 근접하기에는 함량 미달인 것으로 보인다. 물론, 「참여정부」 출범을 전후하여 제안된 다양한 교원정책 과제 중 시급한 현안을 우선적으로 선별하여 집중 추진하겠다는 의지와 종래의 종합청사진에 의한 망라적 접근의 한계를 피하면서 종합방안의 틀을 일관성 있게 유지하겠다는 접근 방식의 측면에서는 나름대로의 의미를 부여할 수 있다. 그러나 윤정일(2003), 노종희(2003) 등이 제안한 시급 현안 과제 중 상당 부분이 빠져 있고, 「참여정부」 존속 5년간의 정책 추진 로드맵이 종합적으로 제시되지 못한 점은 교육인적자원부(2003. 8. 6)의 교원정책 발표안을 미완성으로 볼 수밖에 없는 근거로 작용하고 있다. 게다가 교원정책의 이념적 기조가 불분명하고, 정책 과제 간의 유기적 연계성과 추진체계에 대한 충분한 논의가 생략되어 있어 지금 현재로서는 「국민의 정부」 당시 발표된 '교직발전종합방안'의 연장선상에서 과제를 추진할 것이라는 상정을 할 수밖에 없는 실정이다.

교원정책의 종합적인 구상 차원에서 비롯된 것은 아니지만 교육인적자원부(2003. 8. 25)가 교육현장 갈등의 심각성을 인식하고 '교육현장 안정화종합대책(안)'을 마련하여 추진 목표, 전략 그리고 과제를 제시하고, 「교육현장안정화대책위원회」라는 대책기구를 설치한 것은 그나마 다행이다.[6] 물론, 대책기구에 의한 능력 범위의 한계 그리고 교육현장 안정화 영역별 추진 과제의 망라적이면서도 유기적 연계가 부족한 분절적 접근이 갖는 효력의 한계 등은 문제점으로 지적될 수 있다. 그렇지만 '안정화 대책 수립 · 추진 과정에 국민 참여를 적극 활용'한다든지, '교육공동체 구성원 간 상호 신뢰 회복 및 공익 지향 가치를 추구'한다든지의 추진 전략 설정은 시류 변화에 대한 합당한 대처로 보인다. 현재로서는 '교육현장안정화종합대책(안)'을 통한 교원정책 방안이 계획 추진 단계에 있기 때문에 교원정책의 이념과 기조 그리고 교원정책의 연계 및 추진체계와 관련한 분석과 평가는 유보적일 수밖에 없다. 차후 이 종합대책의 진행 경과에 따른 성과 점검을 통해 교원정책 전반의 발전적 구상을 종합적으로 재기획하는 것이 필요할 것으로 보인다.

---

6) 교육인적자원부(2003. 8. 25)의 '교육현장안정화종합대책(안)'은 '각종 교육 현안을 중심으로 교직단체, 교장단, 학부모 등 교육공동체 간 갈등관계가 심화되고 있어 학생의 학습권 보호 및 국민들 간의 교육 갈등에 대한 우려를 해소하기 위하여 교육현장 갈등 원인을 종합적, 심층적으로 진단하고 교육공동체의 여론을 수렴하여 범정부적인 교육현장 안정화 대책을 마련'하는 데 목적이 있다. 이런 점에서 이 안은 교원정책의 발전적 수상을 종합적, 체계적으로 담고 있기보다는 그 동인 자체가 교육현장의 갈등을 해소하기 위한 현안 문제의 타개에서 비롯되었다. 교육인적자원부는 동년 4월 29일 부총리 및 손봉호 교수를 공동위원장으로 하는 「교육현장안정화대책위원회」와 차관을 단장으로 하는 「교육현장안정화대책기획단」을 구성하여 '교육현장안정화종합대책(안)'을 마련해 왔다. 안정화종합대책 수립은 국민 제안, 유관단체(교직단체, 사학법인, 교육개발원 등), 시 · 도교육청, 교육부 실 · 국 제안 등 다양한 경로로 교육현장의 갈등 해소를 위한 제안을 접수하여, 접수된 11개 과제 제안을 실 · 국에서 검토하여 최종 16개 과제를 확정하였다(별도 추진 과제 2개 포함). 교육인적자원부는 이들 과제의 추진 방향으로 ① 교육공동체 구성원이 공감할 수 있는 교육현장 안정화대책추진, ② 즉흥적 · 단기적 접근보다는 지속적 · 장기적 관점에서 대책 마련, ③ 개별과제 위주의 단편적인 접근보다는 근원적인 과제에 대한 체계적 접근을 통한 효과 극대화, ④ 형평성과 수월성의 이념을 조화시키면서 교육의 국가 경쟁력을 강화할 수 있는 교육현장안정화정책의 지속적 발굴 · 추진 등으로 설정하고 있다. 여기에는 정책의 이념과 기조, 추진 과제 간의 유기적 연계성, 추진체계 등을 직 · 간접적으로 담겨 있어 정책 과제의 실천 과정에서 이들이 어떻게 표출될지 관심을 불러일으키기에 충분하다. 구체적으로, 교육현장안정화대책 과제는 크게 ① 법과 원칙이 지켜지는 건전한 교원노사관계 조성(4과제), ② 교원인사제도 혁신을 통한 교원의 전문성 · 책무성 강화(5과제), ③ 자율과 참여를 통한 교육공동체 형성(5과제), ④ 별도 과제(2과제) 등 3개 영역과 별도 과제 등으로 구성되어 있다. 처음 2개 영역의 과제는 교원정책에 포함될 수 있는 과제로 교육현장안정화대책을 마련하게 된 주요 동인이 교직사회의 갈등에서 주로 비롯되었다는 것을 알 수 있다.

4. 교원정책의 새로운 설계

교원정책의 설계에 있어서 정책의 이념 · 기조에 대한 문제의식의 희박과 정책 추진 과정에서 필수적으로 요구되는 횡적 · 종적 메커니즘에 대한 총론적 고려는 「참여정부」 출범 이전에도 지속적으로 나타났던 문제다. 이러한 문제들은 기관 · 단체의 방안 및 보고서에서뿐만 아니라 개별 연구자들에게 있어서도 마찬가지로 나타난다. 즉, 교원정책에 대한 방향들이 주로 세부적인 정책 대안의 제시에 국한되다 보니 총론에 해당되는 정책 기조와 메커니즘에 대한 논의가 부족하였고(노종희, 2000; 김혜숙, 2001; 송광용, 2001), 정책의 이념적 설정 조건은 어느 정도 갖춰졌지만 메커니즘에 대한 설계가 부족했다(노종희, 2001; 서정화, 2001; 이주호, 우천식, 1998; 이차영, 2001). 이러한 문제점에 착안하여 차후 정부의 교원정책 방향은 교원 관련 현안 문제를 해결하는 것도 중요하지만 교원정책의 큰 틀을 구성하는 정책 이념 차원의 기조와 정책 추진과 관련된 메커니즘의 설계를 통해 제시되어야 한다. 즉, 교원정책의 각론(개별 정책방안) 개발에 몰두하기에 앞서 총론(정책의 메타적 체제) 구상이 선행되어야 양자 간의 협응 속에서 정책을 예측 가능하게 그리고 순조롭게 성공적으로 이끌 수 있다. 교원정책의 총론 구상을 위한 방향을 제시 · 논의하면 다음과 같다.

첫째, 교원정책의 이념적 기조를 정립해야 한다. 그동안 우리의 교육개혁과 정책은 수단만 존재했지 철학이 없다는 말을 많이 했다(김인회 외, 1997; 신현석, 2002. 4). 철학은 우리가 현재 이 시점에서 교원정책이 지향해야 할 방향을 정립하는 데 조타수 역할을 해 준다. 이러한 점에서 철학적으로 논구된 이념의 뒷받침 없는 교원정책은 사상누각이 될 수밖에 없다. 현재 논의되고 있는 교육개혁의 이념은 논란의 여지가 있지만 신자유주의다. 여기서 굳이 논의되고 있다는 표현을 쓴 이유는 합의에 이르지 못한 부유 중인 이념이기 때문이다. 물론, 정부가 교육의 시장화를 기치로 세계화에 대응할 수 있는 교육의 운영 기조로서 신자유주의를 「문민정부」에서 선택한 이래 「국민의 정부」에서는 이를 공고화하기 위한 선언이 있었고 예정된 프로그램에 따라 몇몇 신자유주의적 교육정책이 실행된 적이 있다. 그러나 현시점에서 신자유주의는 교육계에서 '실패한 논리' 혹은 '거부되어야 할 이념'으로 믿겨지고 있는 상황이며 정부 내에서조차 신자유주의적 교육(원)정책에 대한 언급을 회피하고 있는 실정이다.

'21세기 지식기반사회' '지식강국을 선도하는……' '세계화 시대에 대비하는……' '국가경쟁력 제고를 위한……' 등등의 거대 수사가 각종 개혁의 접두어로 등장하고 이를 위한 교육(원)정책 방식이 '자율과 책무의 제고' '다양성과 특성화'의 강조 형태로 제시되는 작금의 정부 교육(원)정책이 전적으로 신자유주의가 이념적으로 지향하는 논리에 부합되는지는 유보적이다. 「국민의 정부」 초기의 정책 실패로부터 야기된 교직사회의 위기의식과 이에 따른 교육계의 조직적이면서도 집단적인 정책 반감은 정부로 하여금 신자유주의의 교육적 적용과 그 결과에 대해 회의를 가져와 정책의 추진 방식이 관련 집단과의 대화를 통한 자율조정 방식으로 변화를 보이기 시작했다. 이에 따라 당초 신자유주의가 지향하는 가치의 왜곡이 신자유주의적 성향의 정책에서 나타나고, 교직의 전문성과 특수성을 고려하는 정책 방안이 나오게 되었다. '교직발전 종합방안'에서도 보듯이 정부의 교원정책에서 신자유주의적 성향을 보여 주는 방안은 찾기 힘들 정도로 정부는 교직의 자율성과 전문성을 보장하면서 점진적으로 경쟁과 평가를 통한 합리적인 책무성 체제에 접근하려 한다. 이러한 경향은 신자유주의의 극단적 비판론자 입장에서 보면 여전히 '신자유주의적 정책 기조'에 입각하고 있는 것이고, 그 기조는 시간이 흐를수록 노골화될 것이라고 보기 십상이다. 또한 이들의 시각에 따르면 정부의 정책은 여전히 신자유주의에 근거하고 있으며, 그에 따른 불평등의 심화와 교육 피폐 그리고 인간성의 황폐화가 불가피하다. 그러나 신자유주의의 이념적 실천의 과정에서 동원될 수 있는 편린 혹은 그와 전혀 관련이 없는 듯한 개념에 대해서 '신자유주의'로 일방적으로 해석하고 예정된 비판의 길로 가는 것은 논리의 비약을 넘어 이념적 편견 혹은 편식으로 인해 합의에 의한 정책 기조의 설정 과정에서 역으로 합리적 인식의 불평등을 초래해 사회적 정의의 기초를 어렵게 할 수도 있다.

최근 교원정책 분야에서 정부가 보여 주고 있는 정책의 변화 조짐은 신자유주의의 한계에 대한 인식이 바탕에 깔려 있는 듯하다. 특히, 교원정책에서 시장적 조건 형성 노력이 자꾸 벽에 부딪치고 경쟁과 평가를 통한 수월성 제고 전략이 교육논리 주장에 의해 차질을 빚으면서 종래 정부 주도의 관료적 권위주의 그리고 시장주도의 경제적 효율주의도 아닌 교원정책 구성원 간의 협의를 통한 정책 방안의 도출이라는 '전문적 자율주의'에 입각한 정책 기조의 경향을 엿볼 수 있게 한다. 그 예로, 「국민의 정부」 당시 초등교원수급의 난맥상으로 인한 학생 소요의 일환으로 향후 초등교육의 중요 정책 방안을 논의하기 위한 다자간 협의체로서 「초등교육발전위원회」의 발족을 들 수 있다. 그리고 모든 교원의 초미의 관심사인 교원 승진 문제를 논의할 「승진제도개선위원회」의 설치도 또 다른 예다. 「참여정부」에 들어서는 한층 격렬해진 교육현장의 갈등 해소를 위해 「교육현장안정화대책위원회」의 설치를 들 수 있다. 이들 위원회는 종래 정부정책의 거수기 역할을 했던 위원회와 달리 교원정책 분야의 정책 형성과 결정 그리고 추진에 이르기까지 전반적인 사항을 정부와 교직단체 그리고 관련 이해집단이 모여 합의를 통해 정책의 추진 절차를 마련한다는 점에서 교직의 전문적 · 자율적 판단을 중시한다. 교원정책의 전문적 · 자율적 판단과 합의에 의한 전문적 자율주의의 정책 기조는 종래 관료적 권위주의와 시장적 경쟁주의에 의한 기존의 정책 추진상의 한계를 뛰어넘을 수 있다. 물론, 이 위원회의 향후 경과를 예의 주시해야 하겠지만, 위원회에 참여하는 집단 간에 '헤게모니적 성향의 권력작용'이라는 구태가 재현되지 않는다면 자유주의적 평등론에서 지향하는 사회적 정의의 기초는 마련될 수 있을 것으로 예상된다.

둘째, 교원정책의 구성 영역 간의 유기적 연계를 조율할 횡적 메커니즘의 설계가 필요하다. 교원정책은 교원수급정책을 필두로 교원양성정책, 교원자격 및 임용정책, 교원현직연수정책, 교원평가정책, 교원인사이동정책 등 교육인사행정의 주요 기능을 중심으로 한 정책들의 유기적인 연계와 교원 복무, 복지후생, 보수, 근무 부담 등 근무환경과 관련된 정책들과의 상호 협응 속에서 이루어져야 한다. 현재 정부와 정부산하 위원회 그리고 개별 연구자들이 제시하고 있는 교원정책 방안은 나름대로 '교원의 전문성과 자긍심 고양'(교육부 2001. 7. 26; 한국교총, 2002), '교직 경쟁력 강화'(문용린, 2002. 5; 윤종건, 2002), '공교육 위기 해소'(한재갑, 2002; 한만중, 2002; 이차영, 2002; 교육부, 2002. 3), '인적자원 개발'(노종희, 2001), '교원의 권위 회복 및 자질 향상'(서정화, 2001), '활기차고 미래지향적인 교직사회'(교육인적자원부, 2003. 1. 13), '공교육 내실화와 교육복지 확대'(대통령직인수위원회, 2003. 2; 이종태, 2003. 5) 등을 목적으로 세부적인 정책방안을 제시하고 있다. 그러나 이들 정책방안은 교원정책의 '유기적 연계성과 협응'이라는 속성을 무시한 채 평면적으로 나열되어 있어, 설령 추진되더라도 방안 간의 모순에 의한 충돌로 예정된 실패의 길로 치달을 수밖에 없다.

우리는 이미 교원수급계획의 대안 마련 없이 교원정년 단축을 결행하는 과정에서 야기된 수급정책의 실패, 그로 인한 양성 및 임용정책의 난맥상 등 연계된 기능의 정책이 줄이어 파행적으로 운영되는 경험을 한 바 있다. 이와 같은 우를 범하지 않기 위해서는 묘기백출의 교원정책 대안을 만들어 내는 데 주력하기보다는 기존에 제시하는 방안 간의 우선순위 결정과 독립 및 종속관계의 파악 그리고 방안을 서로 조율할 조정체계의 구성과 운영에 심혈을 기울여야 한다. 이러한 정책의 유기적 연계성과 협응을 조절하는 조정체계는 교원정책의 기조를 수행하는 정책 시스템의 횡적 메커니즘에 해당된다. 교원정책의 횡적 메커니즘의 작동은 현재와 같은 정부 구조상에서는 정상적으로 이루어지기 힘들다. 제한된 인원으로 제기되고 있는 현안을 처리하기에 급급한 실정에서 이러한 메커니즘의 설계는 자칫 이상론이기 쉽다. 이런 점에서 현재 정부의 교원정책이 법규 해석적인 관점에서 관료적 권위주의 성향을 보이는 것은 현재의 정책 여건으로 보았을 때 당연하다. 따라서 현재 양 대통령 후보가 공통적으로 제시하고 있는 초정권적 차원의 국가교육위원회 조직 산하에 교원정책을 심의 · 조율할 수 있는 기구를 두어 교원정책의 유기적 조정체계를 구축하도록 하는 방안을 생각해 봄직하다.

셋째, 교원정책 추진 절차의 재설계가 필요하다. 지금까지 교원정책이 추진되는 방식을 보면 정부에서 자체 개발되었거나 산하 연구기관의 제안 혹은 정책개발 전문가에 의해서 마련된 방안이 여론조사나 형식적인 공청회를 거쳐 관련 법령을 제 · 개정하는 입법활동을 통해서 실행에 옮겨지는 패턴이었다. 이러한 행정과정은 법규에 근거한 합리적 행정이라는 장점도 있지만 그보다는 행정의 소통이 상명하달식이어서 관료적 권위주의의 폐해가 워낙 크기 때문에 정책의 기획 의도가 현장의 실천 단계에서 왜곡되는 현상이 나타나는 것이 치명적인 단점이다. 이리하여 행정 개선을 통한 법규 해석적 메커니즘은 교원정책의 추진 과정에서 '기획과 실천의 괴리'가 심화되어 더 이상 정책의 성공을 보장하는 수단체계로서의 기능을 거의 상실하기에 이르렀다. 「국민의 정부」 들어 실시된 교원정년 단축이 그랬고, 교원성과상여금제가 그랬다.

이제 교원정책의 수단체계를 더 이상 현장과의 괴리감만 배가시키는 고전적인 법규 해석적 추진 절차로 고집할 하등의 이유가 없다. 이미 수없이 '기획 단계의 화려한 정치적 수사'에 의한 정책의 제시와 '실천 단계에서의 냉소적 시니시즘'이 반복되는 경험을 통해 교원정책의 새로운 추진체계로서 '종적 메커니즘'의 설계가 필요하다는 인식이 확산되고 있다. 이의 예로서 아직은 초기 단계이지만 교원정책의 관련 집단으로 구성된 「초등교육 발전위원회」「승진제도개선위원회」「교육현장안정화대책위원회」 등을 통한 정책과정에서의 공유를 들 수 있다. 이들 위원회는 정책당국과 정책의 수혜자가 함께 정책의 형성 및 집행 단계를 직접 통제한다는 점에서 기존의 정부 자문기구나 위원회와 그 성격이 구별된다. 아직 그 성과를 지켜봐야겠지만, 이 방식이 성공한다면 교원정책에서 종래의 정부 주도 방식이나 시장 주도 방식에서 나타나는 한계를 극복할 수 있는 새로운 정책 추진의 메커니즘으로서 자리 잡을 수 있을 것이다. 이러한 메커니즘이 원활하게 작동하기 위해서는 집단간 헤게모니 쟁취를 위한 정치적 이전투구 대신에 우선 상대 집단의 존재와 나와의 차이를 '인정'해야 한다. 합리적 의사소통을 통해 합의된 공정한 정책 추진 절차와 방법에 따라 정책이 추진되는 과정에서 나타날 수 있는 차별성에 대해 그것이 최소 수혜자의 이익을 보장하는 것인 한 정당한 것으로 인식할 수 있어야 한다.

5. 교원정책의 논리적 기저 방향

현재 주창되고 설득력을 얻고 있는 교육개혁의 주요 논리는 자유주의의 기본권 차원에서 운위되고 있다. 그것이 보수적 자유주의든 신자유주의든 교육개혁에서 기본 전제로서 작용하고 있는 자유주의는 근본적으로 우리의 정체가 지향하는 방향과 부합된다. 그러나 자유주의에 입각한 교육개혁의 논리 가운데 정치와 경제논리는 존재해도 교육논리는 그 모습을 점차 찾기 힘들어지고 있다. 물론, 교육논리의 실체는 현재까지 무정형이다. 윤곽은 있지만 그 정수(essence)는 없다는 뜻이다. 그러나 그 가능성은 항상 열려 있다. 정치논리가 인간의 수를 중심으로 한 권력이동의 향배에 관심이 있고, 경제논리가 인간 이성의 합리성을 바탕으로 효율성이 상황 판단의 절대기준으로 작용하는 과정에서, 정치 · 경제논리는 논의의 출발이 개인의 자유이지만 논리가 적용되는 과정에서는 개인을 희생한 채 집단(혹은 조직)의 역동성에 초점을 맞추고 있다. 그러나 교육은 우선 인간 개인의 삶 자체가 목적이며 그 삶의 방향 하나하나에 바람직한 가치를 부여한다. 그리고 공동체에 대한 논의에서조차 개인을 희생한 공동선은 교육이 희구하는 목표가 아니라는 점에서 정치 · 경제논리와 차별화될 수 있다. 집단이나 조직은 필연코 다수의 개인으로 구성된 것이고, 서구의 정치 · 경제적 자유주의에서 보듯이 이성적인 개인의 대화와 접촉에 의한 보편적 이성의 존재 가능성을 전제로 자유와 평등 그리고 정의가 논의된다. 이렇듯 근대적 자유주의 논의에 있어서 인간의 위치는 모든 담론과 철학의 출발점이자 최대공약수다.

최근 세계적 자본에 의해 경제질서가 결정되는 세계화의 논리가 지배적인 이데올로기로 등장하면서 부익부 빈익빈 현상의 가중이 국가 간, 국내적으로 두드러진 가운데 신자유주의에 대한 비판이 거세게 일고 있다. 심지어 신자유주의 내부에서조차 신자유주의의 다음 활로는 '어떻게 인간이 포함된 세계화를 기획할 것인가'에 초점이 모아지고 있는 현실이다. 특히, 그동안 지역 공동체 형성을 목표로 탄생된 블록경제체제와 지방화의 논리가 세계화의 대안 내지는 발전 방안으로 논의되는 가운데 이제는 한 걸음 더 나아가 세계체제의 인간화가 정치 · 경제적으로 가능한지조차 운위되고 있다. 이러한 상황에서 인간을 위한 활동 영역으로 가장 근접해 있다고 판단되는 교육의 독자적인 논리 개발은 비단 근시안적으로 단위국가의 교육개혁의 중심으로 제자리 잡기 위한 포석에서뿐 아니라 오늘날 신자유주의가 보여 주는 인간 상실의 세계화를 대신할 정치 · 경제 · 사회 · 문화의 근본적인 논리 구성의 가능성조차 엿볼 수 있게 한다. 이때의 교육논리는 정치 · 경제논리와 배타적인 관계 속에서 존재하는 절해고도의 논리가 아니라 개인의 중요성과 가치에 대한 합리적인 논의의 확장을 통해 조직과 집단으로 연결되는 포괄적 합의의 논리여야 한다. 이것은 자칫 다원주의 사회에서 자신의 이익과 관심을 쉽게 감정적으로 노출하는 집단이기 중심의 논리를 개발하려는 역사성에 입각한 특수주의를 고수하는 공동체주의자가 경계해야 할 대목이다. 뿐만 아니라 오늘날 세계화가 보여 주는 힘을 바탕으로 한 의사적 합리성의 보편주의와 강요된 이성적 합의에 근거한 신자유주의자 또한 주목해야 할 경구다.

따라서 교육논리는 헤겔적 역사주의와 칸트적 보편주의를 철학적으로 아우르는 동시에, 자유주의자와 공동체주의자에게서 흔히 나타나는 논리의 한계를 통합할 수 있으며, 인간 생활의 주요 요소로서 개인권과 공동선의 동시적 추구라는 도덕 · 윤리 틀의 정합을 통한 사회 담론, 더 나아가 규범으로 개발되어야 한다. 교육개혁과 정책이 교육 문제보다 근본적으로는 인간이 개재된, 우리 인간의 문제를 해결하기 위한 의도적인 변화 기획인 만큼 교육논리에 의한 교육개혁정책은 당연한 것이다. 앞에서 밝힌 방향으로 개발된 교육논리에 의한 교육개혁정책은 정치 · 경제의 논리와 상충되지 않을 뿐더러 그들의 기초 논리로서 정치 · 경제논리의 운위에 앞서 보다 근본적으로 논의될 수 있는 일종의 전제로서 자리 잡을 수 있을 것이다.

제3장

「이명박 정부」의 교원정책

제3장에서는 「이명박 정부」의 교원정책의 주요 쟁점을 검토하고 정책 진단을 통해 교원정책의 주요 과제를 제시하고 향후를 전망해 보았다. 이 정부 교원정책의 주요 쟁점으로 전문직으로서 교직, 교직에서 경쟁의 의미 그리고 교원정책의 효과적인 접근 방법에 대해 검토하였다. 이어 교원정책을 시스템 부문과 교원교육 부문으로 나누어 진단해 보았다. 그 결과 「이명박 정부」는 향후 다음과 같은 과제를 해결해야 할 것으로 나타났다. 첫째, 교원정책의 비전과 방향을 새롭게 정비하여 교원의 능력 제고와 자율성 확보로 교직 경쟁력을 제고하기 위한 로드맵의 기획과 이를 추진하기 위한 교원정책 거버넌스의 재설계가 필요하다. 둘째, 교원의 전문성 개발과 관련하여 양성 단계의 교원교육과 현직 단계의 교원교육 공히 근본적인 발상의 전환이 필요하다. 셋째, 대다수 교원의 의식과 행태를 지배하면서 교직문화를 규정하고 있는 교원승진제도와 관련된 방향 설정과 제도 정비가 필요하다. 넷째, 현재 시 · 도에 있는 새로운 교원능력 개발평가는 교원의 전문성 개발에 실질적인 도움이 될 수 있는 방향으로 정교하게 재구조화하여 운영하는 것이 필요하다.

주제어 **「이명박 정부」, 교육공약, 교원정책, 교직, 교원능력 개발평가**

* 본 장을 완성하는 과정에서 "교육개혁의 핵심적 요소로서 교원정책 방향의 대안적 검토"(황호진, 2008. 2)가 많은 도움이 되었음.

1.「이명박 정부」교원정책의 방향

2008년 출범한「이명박 정부」는 지난 정부의 교육정책 기조와 차이가 큰 정책 방향을 제시하고 있다. 이 정부의 교육에 대한 기본 인식은 개인의 잠재능력 개발을 통해 인생의 선택 기회를 확대하고, 삶의 질을 높이며, 국가 인적자원의 질을 높여 국가 경쟁력을 제고하는 것이다(김성렬, 2008). 이러한 인식은 과거 정부와 크게 다르지 않다. 그러나 보다 구체적으로「이명박 정부」는 개인에게 학교 선택권을 보장하고, 단위학교의 자율 역량을 강화하여 다양한 교육 프로그램 운영능력을 갖추도록 하며, 국가는 교육 주체에 대한 규제를 완화하여 책무성 확보에 필요한 최소한의 규제만을 유지하고자 한다. 또한 교육제도 운영에 관한 권한을 지방에 이양하고, 대학에 대한 관치의 완전 철폐를 내세우고 있다. 이러한 점은 지난 정부의 '형평성'과 '복지' 중심의 교육정책 기조와 근본적인 차이를 보이는 것으로 '자율'과 '경쟁' 그리고 '다양화'를 기조로 삼고 있다는 것을 알 수 있다.

대통령 선거 당시 이명박 후보가 제시한 교육공약을 주요 국정 과제로 설정하여 교육정책의 근간으로 추진하고 있는 것이 역대 다른 정부와는 다른 현 정부 교육정책의 특징이다. 주요 개별 정책으로는 '고교 다양화 300' 프로젝트를 통해 기숙형 공립고교 150교, 자율형 사립고 100교, 마이스터고 50교를 육성하고, 동 프로젝트에 포함되지 않는 고등학교를 위해서 '고교 특색 살리기 플랜'을 실시하고자 한다. 영어 공교육 완성을 위해 영어로 하는 수업을 확대하고, 이를 위해 영어수업 교사를 매년 3천 명씩 양성하며 원어민 보조교사를 확보하고자 한다. 이 밖에 기초학력 미달 제로 플랜, 학교별 정보공시, 미래형 교육과정 개편 등이 있다(한국교원단체총연합회, 2007).

교원정책의 경우 종합적이지는 않지만 대통령 후보 공약으로 '교원의 경쟁력과 전문성 신장'을 위하여 ① 교원평가 입법화로 좋은 교육을 위한 교원 간 경쟁 유도, ② 평가 결과를 연수, 자격 등과 연계하여 교사의 전문성 제고 지원, ③ 5~10년 주기의 연구년 제도(6개월~1년)로 전문성 심화 기여 부여를 제시하였고, '영어 공교육 완성 프로젝트의 일환으로 교원양성 및 연수 강화'를 위하여 ① 영어 수업을 영어로 하는 교사 매년 3천 명 양성 배치(영어를 영어로 수업하는 교사자격제도를 마련하고, 신규 초중등교사 1천 명, 현직교사 중에서 2천 명 양성), ② 원어민 보조교사 확보체계 확립, ③ 교사 국제 교류 프로그램 도입(외국의 정부나 교원단체와의 협력을 지원하여 양국 교사들의 국제이해 및 교육 교류를 촉진하는 프로그램을 도입하고, 영어전용 수업 가능 교사 우선 선발 파견) 등을 제시한 바 있다.

새 정부 출범 후 교육과학기술부(2008a)는 교육공약의 추진에 교원정책의 초점을 맞추어 2008년에는 ① 교장 임용 방식의 다양화 및 학교단위 교원 채용 확대, ② 교원능력 개발평가 확대 실시를 위한 조기 법제화, ③ 교원능력 개발평가와 연계한 맞춤형 연수제 시행, ④ 교원 사기 진작을 위한 '학습연구년제' 추진을 주요 업무로 확정한 바 있다. 그리고 2009년에는 역시 그 연장선상에서 ① 교장공모제 확대, ② 교장 양성 전문과정 도입, ③ 교원양성기관 평가 및 초 · 중등 교원양성제도 개선, ④ 교원능력 개발평가 결과에 따라 맞춤형 연수 및 인사자료로 활용, ⑤ 「교원노조법」 및 교원노조 전임자 허가 지침의 합리적 개정 등을 주요 업무로 제시하였다(교육과학기술부, 2008b). 이러한 교육과학기술부의 교원정책의 관련 업무는 '교원의 능력 제고와 자율성 확보로 교직 경쟁력을 제고'하기 위한 교원정책의 목표와 연결되어 있으며, 궁극적으로 공교육의 신뢰 확보를 통한 학교교육의 만족도를 제고하려는 정부의 교육정책 방향에 맞추어져 있다.

2. 교원정책의 주요 쟁점

1) 전문직으로서의 교직

교직은 다른 어떤 전문직과도 대비되는 독특한 특성을 가지고 있으며, 이러한 특성은 교육개혁을 추진하는 과정에서 어려움을 야기하는 주요 원인이 되기도 한다. 이러한 전문직으로서 교직의 특성은 대체로 다음과 같은 '수업의 속성에 영향을 미치는 요소'에서 연유하는 것으로 볼 수 있다(Zaltman et al., 1977: 5).

〈수업의 속성에 영향을 미치는 요소〉

- 고도로 대인적인 수업의 속성
- 고립된 교실(교사와 학생집단의 자족적인 단위)
- 동료 사이의 지원과 교류의 제한성
- 효과적인 수업에 관해 합의된 성취 표준 또는 기준의 미흡
- 배정된 학생들의 다양한 특성
- 탄력성의 요구 대 이와 대립되는 획일성의 압력
- 상응하는 권위, 제도적 지원 및 유인이 없이 향상된 수행 요구
- 봉사해야 하는 고객의 다양성

교직은 폭넓게 전문직으로 인식되고 있으며, 전문직은 지식근로자(knowledge worker), 상징분석가(symbolic analyst) 등으로 정의되기도 한다. 여기서 지식근로자는 '지식의 생산과 활용'을 주된 역할로 하는 고숙련 근로자를 지칭하고 있다(OECD, 2001: 107). 이러한 교직의 전문성은 정선된 학문과 지식으로 조직된 교육과정을 학생의 수준에 맞게 통합적으로 재구성하고, 적절한 현실세계의 소재를 택하여 가장 효과적인

방법으로 학습지도를 행하는 교직 수행의 전 과정을 통하여 요구된다. 즉, 교직의 전문성은 '끊임없이 새로운 지식을 창출하는 과정'을 수행하는 직업으로서 이해할 수 있으며, 교육과정의 재구성, 학습자료 개발, 학습지도 방법의 지속적인 개선 등은 현장에서의 끊임없는 시행착오를 통해 '지식을 창출'해 가는 과정이라고 할 수 있다.

이러한 특성을 가진 전문직은 일부 지식기업과 함께 병원, 교향악단, 대학 등의 조직에 근무하며, 이들에 대한 통제는 직접적인 지시 · 감독이 아니라 직무수행 결과에 대한 피드백과 자율 통제에 의해 이루어진다. 외부적 통제기제는 일반적으로 매우 제한적으로 활용된다(Drucker, 1998: 1). 이러한 조직에서 활동하는 전문가의 경력 개발 기회는 대체로 전문 분야 내에서의 기회에 한정되며, 중간관리직이 많지 않으므로 관리직 진출은 매우 제한적이다. 따라서 이들 전문가에 대한 동기부여는 일류의식과 직업의식을 통해 가능하다고 할 수 있다(Drucker, 1998: 16). 이러한 특성은 교직에 그대로 적용된다고 하겠다. 즉, 전문가로서 교원은 지속적인 전문성 개발을 통해 동 분야에서 가장 뛰어나다는 일류의식과 함께 교직의 수행 과정 자체에서 의미를 발견하고 보람을 느끼는 직업의식을 확보하는 것이 중요하다는 것이다. 교직에서도 관리직으로의 승진을 통해서가 아니라 이러한 일류의식과 직업의식을 고양해 가는 과정에서 경력을 개발하는 것이 보다 바람직하다고 하겠다.

이런 점에서 향후 교원교육의 정책 방향은 전문가로서의 교원을 양성 · 교육하고, 이를 통해 전문직으로서 교직을 함양해 나가는 외향적인 접근 방법을 채택하는 것이 바람직해 보인다. 이에 따라 교직에서 전문성을 개발하는 방법으로는 교육대학원 등의 형식적인 계속교육과정, 교원연수기관의 연수 프로그램, 학생지도 과정 및 교원 간 상호작용을 통한 현장연수 등 3가지 방법을 상호 보완적으로 활용하려는 로칼 중심의 교원교육 전략이 필요하다(OECD, 1998: 30). 이 중에서도 가장 효과적인 전문성 개발 방법은 학교현장에서 학생지도 과정과 교원 간의 지적인 상호작용, 경험 및 전문성의 공유를 통한 현장연수라고 할 수 있다.

2) 교직에서 '경쟁'의 의미

교원정책에 있어 주요 공약의 하나는 '교원평가 입법화로 좋은 교육을 위한 교원 간 경쟁 유도'이며, 향후 교원평가제의 조속한 입법이 추진될 것으로 예상된다. 따라서 교직에 있어서의 경쟁의 의미와 접근 방식, 시사점을 분석해 보는 것이 필요하다.

시장경제는 기본적으로 완전한 정보와 경쟁을 전제로 하고 있으며, 시장경제체제에서의 많은 논의가 '경쟁'을 키워드로 하고 있다. 인간은 태어나면서부터 생존경쟁을 하게 되듯이, 경쟁은 막연하지만 일상적이며 동 용어 또한 일반적으로 사용되고 있다. 특히 세계화가 진전됨에 따라 많은 분야에서 경쟁이 전 세계적으로 보편화되고 있다. 경쟁은 속성상 과정에서의 공정성을 전제로 하여 결과에 따라 차별적 보상이 주어진다.[1] 여기서 경쟁을 통해서 얻고자 하는 보상은 대부분 대상 행위의 본질적 요인과 관련된 것이라기보다는 경제적 보상이나 승진 또는 명예와 같은 사회적 · 수단적 보상이 대부분이다. 교직에서도 승진, 보수 등의 수단적 가치 역시 중요한 요소이기는 하지만, 더욱 중요한 것은 직무수행 자체에서 얻게 되는 보람, 가치 등 내재적 보상이라고 할 수 있다. 이러한 관점에서 보면, 일반적으로 논의되는 '경쟁'의 교직에서의 유용성은 제한적이라고 할 수 있다.

근래 기업조직에서도 조직운영의 새로운 실험이 이루어지고 있다. 조직의 지식경영이 가능하려면 지식을 공유해야 하며, 이러한 공유는 구성원 간의 신뢰를 전제로 하며 동료가 직접적인 경쟁상대가 아닐 경

1) 교원 또는 학교의 '경쟁력'은 경쟁과는 다른 의미로 사용되며, 이는 보통 또는 단위학교의 개인적 자질과 성과뿐만 아니라 관련된 제도적 장치와의 연계가 강조되면서, 교육체제의 효과성 또는 부가가치를 지칭하는 것으로 볼 수 있다.

우에 가능할 것이다. 즉, 경쟁이 필요하기는 하지만 개인 간 경쟁보다는 팀 간 경쟁이 보다 유효한 것으로 볼 수 있다. 일부 기업에서는 다른 직원과 협력하지 않고 혼자서 높은 성과를 올리는 직원은 별도로 관리하거나 아예 해고하기도 한다(박용승, 2008).

이와 같은 경쟁의 효용과 함께 '경쟁이 어느 정도 가능한가' 하는 것도 검토가 필요하다. 교육활동의 성과는 아동의 인성 함양을 포함하여 전인적 성격을 띠는 것으로 간접적, 비가시적이라고 할 수 있다. 이와 같은 성격의 교육활동을 수행하는 교직을 대상으로 하여 비교하고 경쟁하도록 하는 데는 한계가 있다고 할 것이다. 학생의 학력에 한정하여 비교 평가하는 경우에도 교사가 평가 문항을 중심으로 교육하게 될 경우, 아동의 창의적이고 다양한 교육이 제약 받을 수 있을 것이다((사)좋은교사운동, 2008. 2). 또한 '평가 결과 정보를 공개'하고자 하는 새로운 정책 방향은 학교 간 책무성 이행을 위한 경쟁을 유발하는 효과를 가지는 것으로 기대할 수 있지만, 부작용이 수반될 수도 있다. 평가 결과에 따르는 인센티브로 인해서 평가 내용에 지나치게 중점을 두어 학교를 운영하거나 자칫 평가 자체를 왜곡할 수도 있을 것이다. 모범적인 교육 사례로 자주 인용되고 있는 핀란드의 경우, 교사 개인에 대한 평가 또는 장학은 물론, 학교에 대한 평가도 없다. 하지만 학교교육의 성과는 지속적으로 최상으로 나타나고 있다. 학생과 교사, 학부모, 사회가 높은 수준의 교육 · 학습 표준을 공유하고 있고, 이를 통해 교육체제가 간접적이고 정교하게 관리되고 있는 것으로 볼 수 있다. 이와 같이 교직에서의 경쟁과 평가, 보상은 가능한 범위에서 간접적이고 포괄적인 방식이 적절하다. 따라서 경쟁단위를 개인 간 경쟁에서 팀 간 경쟁으로, 학교 전체에서 '프로그램' 단위로 이행하는 방안을 검토하는 것이 필요하다고 하겠다.

3) 교원정책의 효과적인 접근 방법

교원정책은 교육정책의 일환으로 진행되며, 교육정책은 큰 규모의 교육 변화를 수반하기 마련이다. 우선 과거 정부에서 교육 변화를 위한 교육개혁의 접근 방법이 얼마나 효과적이었는지 검토해 보자. 1995년 문민정부에서 시작하여 지속적으로 추진되어 온 교육개혁은 일부 성과를 거두기도 하였지만, 전체적으로 그 성과가 제한적인 것으로 나타났으며 많은 경우 시행착오와 사회적 비용을 감수해야 했다(정봉근, 2008). 우리의 경우 교육개혁 의제의 설정에서 개혁 과제의 마련에 이르기까지 문민정부의 교육개혁위원회 등 교육 전문가들로 구성된 기구를 활용하여 왔다. 그러나 개혁 과제를 마련하는 과정에서 현장의 필요나 여건을 제대로 분석하거나 의견을 반영하지 못하고, 지극히 직관적이고 규범적인 방법에 의존하여 왔다. 더욱이 이러한 개혁 과제를 마련하는 과정에서 교육개혁 과정의 전체적인 틀을 분석해 보거나 추진 전략을 염두에 두지 않았다. 물론 문민정부에서는 국무총리를 위원장으로 관련 부처 장관으로 구성된 교육개혁위원회가 구성되어 개혁 과제의 추진력은 확보하였으나, 교직사회 등 시행과정에 중요한 다양한 변인을 고려하지 못하였다. 또한 참여정부에서는 '교원인사제도 혁신을 위한 국민의견 수렴사업'을 시행하여 교원단체, 학부모 단체, 시민단체, 교육전문가 등이 '현장 참여형'으로 논의를 진행하였으나, 각 단체가 전문적인 입장이나 현장의 시각에서 건설적으로 참여하기보다 단체별로 배타적 이해관계만을 주장하면서 제대로 된 성과를 거두지 못하였다(한국교육개발원, 2004). 이러한 점은 많은 교육개혁 과제가 시행착오를 겪을 수밖에 없는 배경이 되어 왔다.

효과적인 교육개혁을 설계하고 추진하기 위해서는 우선 개혁 과제를 마련하는 단계에서부터 교육개혁의 전 과정을 포괄하는 주요 요소와 과정을 체제적 관점에서 분석하여야 한다. 다음으로 개혁 과제를 효과적으로 추진하기 위한 전략을 검토하고, 개혁 과제를 전략적으로 추진하는 데 활용할 수 있는 구체적인 수단, 즉 전술을 검토하여야 할 것이다. 구체적으로, 효과적인 교육개혁의 합리적 설계와 추진의 관점에서 각 단계별로 문제점 중심으로 살펴보면 다음과 같다.

첫째, 교육개혁의 전체적인 틀, 즉 교육개혁 모형의 측면에서 보면 교육개혁 과정의 주요 요소에는 조직, 조직의 하부단위, 조직의 환경, 조직의 통제 구조 등이 포함되며, 이러한 요소 중 하나 또는 이들의 관계에 유의하지 않으면 교육에서의 의도적 변화를 가져오고자 하는 많은 노력이 실패하는 근본적인 원인이 된다(Zaltman et al., 1977: 51). 모든 교육정책과 교육 목표는 교단 교사를 통해 구체화되며, 따라서 모든 교육정책의 추진에 있어서 '교원'은 결정적인 요인이라고 할 수 있다. 새 정부 공약에서 기숙형 공립고교의 경우 기본적으로 교원의 시간제한 없는 헌신적인 노력이 요구되며, 고교 특색 살리기 플랜의 경우에도 단위학교에서 특색 있는 프로그램을 개발하고 운영할 수 있는 교원의 창의적 역량과 노력이 요구된다.

변화에 관한 많은 연구는 변화 또는 혁신의 개인 채택자를 지나치게 강조한다는 편견이 있을 정도로 개인, 즉 사람 요인을 중요시하는 경향이 있다(Zaltman & Duncan, 1977; Katz & Kahn, 1966). 이런 점에서 지금까지 우리는 교육개혁 과정에 있어서는 변화를 수용하고 추진해야 하는 결정적으로 중요한 사람 요인, 즉 '교원'을 소홀히 해 왔다는 비판이 가능하다. 또한 이러한 원인은 많은 노력에도 불구하고 교육개혁의 제한적인 성과로 나타났으며, 앞으로도 반복될 우려가 있는 것이 사실이다. 사실 대부분의 국가에서 교원이 교육개혁을 추진하는 과정에서 '개혁 대상'으로 인식되거나 또는 '교원의 저항에도 불구하고' 개혁을 추진하는 입장을 취하고 있거나, 개혁과정에서 교원이 아예 빠져 있기도 하다(OECD, 1998: 27).

지금까지 기존의 교육개혁 정책은 주로 교육제도 개혁을 중심으로 추진되어 왔다. 제도 변화를 통해 특정 개혁정책을 추진할 수는 있지만, 개혁의 성과를 확보하는 데 한계가 있을 수 있다. 특히, 교육개혁에 있어서는 중요한 교원이라는 요소를 소홀히 할 우려가 크다. 또한 특정 제도가 그 자체로는 효과를 거둘 수 있는 것으로 기대할 수 있는 경우에도, 개혁 과정에 동원하는 다양한 제도 변화와의 복잡한 상호작용으로 기대한 효과를 구현하지 못할 수도 있다.[2)] 예를 들어, 「이명박 정부」는 가장 먼저 추진한 정부조직 개편을 통해, 교육개혁에 있어 중요한 요소인 조직의 문제를 먼저 다루었다. 하지만 조직 개편을 뒷받침하는 철학을 토대로 관련 법제의 정비가 이루어져야 한다(정봉근, 2008). 즉, 교육을 관장하는 행정 부처의 조직의 존재와 역할, 행동양식의 근거를 법 재정비를 통해 변화시켜야 하는 것이다. 이러한 중앙정부의 기능과 역할에 대한 철학적 정립과 법 재정비가 뒤따르지 않을 경우, 중앙정부 기능의 지방 이양을 지향하면서도 중앙정부가 지방 이양에 주도적인 역할을 하고 모니터링하는 과정에서 오히려 지방 조직에 대한 지시와 통제가 증가할 우려가 있다.

둘째, 교육개혁 전략을 마련하는 과정에서 우리나라의 경우 대안적 방안을 충분히 분석하지 않고 추진하는 경우가 대부분이다. 그 결과 교육개혁이 체계적이지 못하고 돌출적 성격을 띠게 된다. '대다수의 교육 변화의 관리는 직관 및 감에 기초하고 있다.'고 볼 수 있는 것이다(Deal & Baldridge, 1974).

교육개혁 전략은 권력적 접근, 조작적 또는 설득적 접근, 합리적 접근의 3가지로 분류할 수 있다(Zaltman et al., 1977: 73). 그동안 우리의 교원 분야 교육개혁 추진 전략에는 대부분 인사이동, 금전적 보상, 징계

2) '고교 특색 살리기 플랜이 좋은 학교 만드는 것으로 구체화될 것이기 때문에 고교 다양화 300 프로젝트에 속하는 학교들과의 서열화 우려를 불식할 수 있을 것'으로 기대할 수 있지만, 능력 있고 여유 있는 배경의 학생들이 자율형 사학 등으로 흡수되는 경우 동 플랜이 기대한 효과를 가져오지 못할 수도 있다.

등 강제적 방법이 주로 사용되었다. 교육개혁의 과정이 본질적으로 조직 내외의 비공식적 관계의 영향을 받는 사회적 성격을 띠는 점을 감안하면 설득적인 방법, 즉 조작적 접근 방식을 적극 활용하는 것도 필요하다. 교육개혁 과제를 원만하게 추진할 수 있도록 적절한 재정 지원, 자료 개발 제공, 능력 개발을 지원하는 등 다양한 수단, 즉 전술을 활용할 수 있을 것이다. 예를 들어, 설득력 있는 의사소통을 위해 단순히 공문 등을 통해 전달하기보다는 대중매체 광고를 하거나 전자우편 등을 통해 교원의 이해를 구할 수 있다. 이러한 수단은 조작적 접근 전략을 가능하게 하며, 개인이 자발적으로 동 방안을 수용하여 실행을 선도할 수 있도록 하는 데 유용하다.

3. 교원정책의 진단

1) 시스템 부문

현 시점까지 이루어진 정부의 교원정책은 아직 진행형이기 때문에 그 성과를 속단하기 힘들지만 추진 과정에 대한 평가는 교육공약의 단계적인 실천과 단위학교의 자율성 확대를 위한 학교장의 권한 강화 등에서 비교적 잘 진행되고 있는 것으로 보인다. 그러나 교원정책의 청사진 없이 정치적 성격이 짙은 대통령 공약을 중심으로 정책을 추진하는 것은 차후 성과의 유무에 따른 결과적 판단에만 집중하여 앞서 언급한 추진 과정에서 고려해야 할 교원정책의 고려 사항을 간과하기 십상이다. 그 예를 들어 보자. 우선 현재 다시 논의되고 있는 교원양성체제 개편과 관련하여 교원정책 추진의 타당성과 연계성의 원리에 대한 논의는 생략된 채 교육대, 국립대, 사립대, 교육대학원별로 여러 대안을 경쟁적으로 내놓고 있고, 이들 기관 내에서조차 개별 입장에 따라 서로 다른 방안을 쏟아내고 있다. 이해관계에 따라 개편 방향을 두고 정치적 각축이 벌어지고 있는 것이다. 그동안 정부는 교원양성체제 개편에 대해 정책 연구 추진과 교원양성기관 평가에 따른 양성 인원 축소 이외에 체제 개편에 관한 어떠한 공식 입장도 표명한 바 없다. 따라서 정부가 이 정치적 소용돌이 속에서 어떤 입장을 견지할 것인지, 더 나아가 어떤 역할을 하는 것이 바람직한지에 대한 논의는 오히려 멋쩍을 수도 있다. 그러나 이와 같은 정책적 요구와 수요에 직면하여 정책당국은 교원정책의 주체로서 정부의 역할을 어떻게 설계할 것인지 그리고 이해집단 간 정치적 갈등이 첨예하게 대립될 경우 대안적인 정책 추진 전략은 무엇인지 구상할 필요가 있다.

현 교원정책의 상황에서 보다 근본적으로 정책 시스템 재설계 차원에서 고민해야 할 것은 '교원의 전문성 신장'과 '교직생활의 질 제고'와 같은 정책 목표는 눈에 안 들어오고 '자율' 혹은 '경쟁'과 같은 목적 달성을 위한 절차적 방편만 눈에 띈다는 것이다. 예를 들어, 교육 경쟁력을 강화하기 위해 교원양성기관 평가와 초·중등 교원양성제도를 개선한다든지, 학교 자율화를 위해 학교장의 인사권을 강화하는 것 등이다. 어느덧 정책의 수단이 목적이 되고 목적이 수단의 방편이 되는 목적전도 현상이 관행화되어 가고 있는 실정이다. 물론 정권의 국정 이념이 정부정책의 키워드로 자리 잡는 것은 어느 정도 당연한 일이지만, 중요한 것은 목적과 수단의 위치 선정이 정치권력적 요구에 편승하는 일은 없어야 한다는 것이다.

한편, 정책 시스템의 재설계는 교원정책의 추진 방식 면에서도 제기될 수 있다. 학교 및 대학의 자율화가 이 정부 교육정책의 최대 화두임에도 불구하고 교원정책의 추진 방식은 과거 국가주의 정책모형에서의 상명하달식 정책 추진 관행이 여전하다는 것이다. 학교 자율화를 위한 어느 수준까지의 법적·제도적 환경을 정부 차원에서 정비해 줄 책임은 분명히 있다. 그러나 중앙정부에서 설정한 국정 과제 중에 자율화 방안이 법령 정비와 제도 개선을 통해 모든 학교에 지침으로 시달되는 상황을 통해 학교의 자율화가 실현될 수 있을지 의문이다. 자율화를 위한 타율적이고 획일적인 지시는 과거 정책 추진 행태와 다를 것이 없다. 법규 해석적 접근에 의한 정책 추진이 빚은 상명하달과 획일화를 극복할 수 있는 정책 추진체계의 설계가 필요하다. 적어도 자율화를 실현하기 위한 정책 과제의 추진에서만이라도 말이다.

현 정부에서 정책 추진체계의 재설계 필요성은 정책이 발원되는 원천에서도 발견된다. 교원정책의 아젠다로 확정되기 전까지 무수한 정책 아이디어가 중앙 수준의 다양한 교육 권력기구로부터 표출되고 있다. 이들 기구는 나름대로 합법성이 보장된 명분 있는 교육 권력의 소유자이며 거시적 교육정책 장면의 주요 당사자다. 대통령 직속 두 자문기구인 「미래기획위원회」와 「교육과학기술자문회의」, 국회 「교육과학기술위원회」 소속 국회의원 등은 저마다 교원정책을 비롯한 교육정책 아이디어를 쏟아내고 있다. 정당 소속이 다른 국회의원을 빼고 이들은 대체로 정권의 핵심 국정논리를 교육정책 방안에 담고 있으며, 정책 아젠다로 확정될 수 있도록 전문적인 활동을 통해 세부 추진방안을 마련하기도 하고 정책 추진체인 교과부에 정치적인 압력을 행사하기도 한다. 문제는 이들의 정책 아이디어가 각론에서 서로 충돌하는 것은 물론이고 정책의 주도적 추진체로서 교과부와 아젠다 설정을 두고 정치적 힘겨루기가 빈번하여 정책의 '과도한 정치화로 인한 교육논리의 희생'과 정책의 '초기 피로 증후군' 그리고 아젠다 설정과정에서 '진정한 정책 고객의 배제' 현상이 나타난다는 것이다. 정책 초입 단계에서 중앙 교육 권력기구 사이의 과도한 트래픽은 보다 구체적으로 정책의 목적전도 현상, 교육 거버넌스의 부재, 비효율적인 정책 추진 등을 초래하기에 중앙 수준의 교육 통치 시스템을 정권 차원에서 정비하려는 노력이 필요하다.

2) 교원교육 부문

우리 교원교육의 역사는 대한민국 정부 수립 이후로만 보더라도 어언 60년이 되어 가고 있다. 그동안 교원교육은 각급 학교에서 필요로 하는 교원의 양성과 연수를 통해 학교의 교육적 기능이 바람직하게 유지될 수 있도록 중추적인 역할을 해 왔다. 교육 외적으로도 압축적인 성장을 통한 국가의 발전과 그에 내재되어 있는 역동과 격변 속에서도 교원교육은 시대적 소임을 다해 왔다고 볼 수 있다.

그러나 최근 들어 교원교육이 실제로 이루어지고 있는 방향과 내용 그리고 방법이 학교교육의 실제와 국가사회적 요구에 얼마나 부응하고 있는지 의문시된다. 교원양성교육만 보더라도 주관이 뚜렷하고 개인주의적 성향이 강한 예비 교사들에게 수십 년 전부터 변함없이 유통되어 오고 있는 정체된 지식을 고정된 교육과정을 통해 습득하도록 강요하는 경향이 여전하다. 이런 양성교육을 받고 교사임용을 위한 극심한 경쟁을 거친 후 입직한 교사들은 그들이 양성교육을 통해 배운 내용과 학교교육의 현실 간의 괴리가 너무 크다는 데 놀라지 않을 수 없을 것이다. 이들의 놀라움은 교직에서 고민과 갈등으로 표출되곤 하지만 정체된 교직문화의 흐름에 흡수되는 데 그리 오랜 시간이 걸리지 않는다. 그리고 우리의 교원교육은 교원의 양성과 연수를 통해 국가사회가 기대하고 요구하는 교원을 제대로 교육시키고 있는지도 반문해 본다. 저만치 앞서가 있는 국민들의 교육적 기대와는 달리 학교라는 건물에서 정형화된 지식을 전수하는 수동적인 교원을 양성하고 있는 것은 아닌지 고민해 볼 때다.

우리 교원교육의 역사를 통해 볼 때 교원교육의 현실과 교육 실제 간의 괴리는 1990년대 중반부터 누적되어 온 것이라 볼 수 있다. 5 · 31 교육개혁을 통해 전통적인 (교원)교육관에 경제적인, 심지어 상업적인 가치를 견착하는 계기가 마련되었고, 교원노조의 합법화는 교원이 더 이상 '점잖은 훈장'이 아니라 자기의 몫을 주장할 줄 아는 '보통의 직업인'이라는 것을 각인시켜 주었다. '문민정부'를 통해 교원(교육)의 세계에서 경제적 가치를 타산적으로 계산할 수 있게 만들었다면, '국민의 정부'를 통해서는 교원도 얼마든지 세상일에 관심이 많은 '정치가'일 수 있다는 것을 보여 주었다. 이와 같이 세기말을 전후해 거의 10여 년 동안 교원교육의 세계에 정치적 · 경제적 가치가 끊임없이 밀려들고 이에 따른 내용과 갈등이 점철되면서 이른바 '점착된 내밀성'과 '심정적 동감'을 특징으로 하는 교원(교육)의 정서가 분열과 해체의 길로 들어서게 되었다. 이것은 곧 교원교육의 세계에도 다원적 가치가 내재되어 있으며, 그것을 현실적으로 확인하는 것은 거의 우리 일상의 한 부분이 되어 버렸다.

교원 정서의 해체와 분열이 남긴 가장 큰 상처는 동질적 집단으로 이해되던 교원 사이에서의 분열이나 교원과 외부 세계와의 갈등 그 자체라기보다는 '교원(혹은 교직, 교육) 전문성의 해체'가 아닌가 싶다. 이러한 해체의 의미는 포스트모더니즘의 시각에서 단순히 'decomposition'이 아니라 'deconstruction'을 뜻하기에 더욱 섬뜩하다. 지난 10년 이상 외발성 정치적 · 경제적 가치(혹은 정치 · 경제논리)는 지속적으로 내밀하면서도 정형화하기 힘든 교육적 가치(혹은 교육논리)를 서서히 변질 · 왜곡하면서 교원(혹은 교직, 교육)의 핵심적인 가치인 전문성의 일탈과 그를 통한 세속화를 재촉해 왔다. 교원의 전문성은 교직 및 교육의 존립 근거이지만 이러한 가치 자체가 일반으로부터 인정받지 못하고 심지어 희화화되고 있다. 또 우리 자체도 시대사회적 상황에 부합하는 그 존립 근거와 그것을 논증하기를 게을리하고 있는 현실은 교원의, 교직의, 교육의 존재 위기감을 더욱 부채질하고 있다. 이런 점에서 교원교육은 심각한 위기상태에 놓여 있는 셈이다.

이러한 교원교육이 처한 현실적 위기를 어떻게 타개해 밝은 교직 및 교원의 미래를 예비할 것인가? 이를 위해 바로 지금, 각자의 자리에서 고민하고 방향을 설정해야 할 것이다. 일례로, 교원교육과 관련된 대학의 교수들은 교원양성교육의 내용에 대한 현실 정합성을 심도 있게 시정한 후 교육과정의 편성과 운영 방식을 새로운 교원교육의 방향에 따라 재구성해야 할 것이다. 우리는 단순히 교육과정 이론의 한 편린이나 기술적 설계의 정형화된 형식이 필요한 것이 아니라 교육 현실에 대한 냉철한 분석을 바탕으로 정립된 새로운 교원교육의 철학과 현실적 요구를 반영한 교원 교육과정의 근본적인 수술이 필요하다. 이런 점에서 교원양성 교육과정의 개편은 단순히 교육과정 전공 혹은 교과교육 전공 교수만의 작업이 아니며 교육철학, 교육평가, 교육행정 전문가 간의 학제 간 접근에 의해 이루어져야 할 것이다. 한편, 교원 현직교육과 관련하여 교원연수 관련 전문행정가는 우선 현직 교원의 자기 발전과 교육적 요구에 대한 면밀한 검토를 해야 한다. 현실적으로 필요한 내용과 교직의 미래를 응시할 수 있는 안목이 서로 접목되어 교원연수의 골간이 계획되어야 한다. 교원연수의 소프트웨어의 구성 방식도 문제다. 교원이 필요로 하는 내용과 알아야 할 내용을 찾아냈다고 하더라도 지금과 같은 나열식 구성은 전문 트레이너의 관점에서 이루어진 것이라고 보기 어렵다. 현장 교육 전문가로서 교원이 아까운 시간을 투자해서 응당의 가치와 자부심을 느낄 수 있는 연수의 내용과 운영이 절실하다.

전문성의 해체에 따라 촉발된 교원교육의 위기는 '도전'으로 우리에게 다가왔지만 슬기롭게 극복한다면 교원에게는 새로운 자신감을, 교직에는 전문직으로서의 소명의식을, 교육에는 정치적·경제적 가치를 대승적으로 포용하면서 교육적 가치의 중요성을 인정받는 계기를 마련하게 될 것이다. 이런 점에서 교원교육의 위기와 도전은 이명박 정부 이후 새로운 도약을 위한 기회인 셈이다.

4. 교원정책의 주요 과제

그동안 「이명박 정부」의 교원정책 관련 업무는 '교원의 능력 제고와 자율성 확보로 교직 경쟁력을 제고'하기 위한 교원정책의 목표와 연결되어 있으며, 궁극적으로 공교육의 신뢰 확보를 통한 학교교육의 만족도를 제고하려는 정부의 교육정책 방향에 맞추어져 있다. 교원정책의 주요 구체적인 과제는 정책의 기본 방향과 함께 단계별 추진 과제 형태로 로드맵화되어 있지 않은 상태에서, 대통령 선거 당시의 공약(예, 교원평가 입법화, 자율화에 따른 학교단위 교원인사권 강화)과 임기 중 발생한 교원정책 관련 현안 문제에 대한 처방(예, 학교장 초빙제) 그리고 루틴하게 지속되어 온 관련 업무의 속도 조절(예, 교원양성기관 평가의 결과 활용 강화) 등을 통해 각개 약진하고 있다. 교원정책의 사안별로 보면 전 정부에 비해 정책 목표와의 일관성 유지 그리고 정책 영향력의 강화 측면에서 보면 분명 많은 진보가 있는 것이 사실이다. 그러나 정책 사안의 전반적인 구조와 연계 면에서 볼 때 계열성과 응집력이 빈약하다. 그것은 교원정책의 비전과 목표 그리고 전략적 추진으로 이어지는 합리적 추진체계의 미비와 교원정책의 철학에 대한 근본적인 성찰의 부족에서 비롯되고 있다. 따라서 여기서는 향후 「이명박 정부」가 교원정책을 추진하는 데 있어서 주요한 대강의 과제를 제시하여 바람직한 정책 추진을 논의하는 데 있어 시사점을 제공하고자 한다.

첫째, 교원정책의 비전과 방향을 새롭게 정비하여 교원의 능력 제고와 자율성 확보로 교직 경쟁력을 제고하기 위한 로드맵의 기획과 이를 추진하기 위한 교원정책 거버넌스의 재설계가 필요하다. 현 정부의 교원정책은 앞에서 언급한 바와 같이 근본적이면서도 시급한 난제가 간과된 상태에서 교육공약을 중심으로 단기적이고 단편적인 정책 추진을 주로 하고 있다. 이 시점에서 보면 이미 어느 정도 정비되었어야 할 기본적인 정책 이슈임에도 불구하고 진척이 늦은 것에 대해 누구를 탓하기보다는 지금부터라도 정책 방향의 설계와 시스템의 재구축이 필요하다. 2010년대가 시작되는 현 시점에서 미래지향적인 교원정책을 구상하기 위하여 현재 어떠한 변화가 모색되어야 하는지, 변화의 지향점을 무엇인지를 진지하게 모색하는 중앙의 권력지향형 '교육권력' 기구가 아닌, 교육의 이상 실현을 위한 '교육 비전' 기구의 건설적인 논의가 필요하다. 이와 함께 교육과학기술부는 미래 교육 비전을 바탕으로 교원정책의 종합적인 중장기 로드맵을 확정하고, 단계적으로 교원의 전문성 신장과 교직생활의 질 제고를 위한 방안을 '자율화'에 부합되는 새로운 정책 거버넌스 시스템에 따라 추진해 나가는 의욕을 보여야 할 것이다.

둘째, 교원의 전문성 개발과 관련하여 양성 단계의 교원교육과 현직 단계의 교원교육 공히 근본적인 발상의 전환이 필요하다. 우선, 교원수급 문제와 양성 프로그램의 현장 연계성 문제를 드러내고 있는 양성체제의 교원교육에 대한 개선이 시급한 과제라고 할 수 있겠다. 양성 프로그램의 현장 연계를 강화하고, 이러한 기준 등을 토대로 평가인증 시스템을 도입하는 것이 양성체제의 구조개혁에 앞서 추진하는 것이 합리적인 방향이 될 것이다. 그다음, 현직 단계의 교원교육은 교육대학원 등의 형식적인 계속교육과정, 교원연수기관의 연수 프로그램, 학습 조직화된 학교에서의 현장 연수 등 3가지 방법을 상호 보완적으로 실시하는 것이 필요하다.[3)] 이 중 여러 선진 외국 및 국제기구에서 근래 가장 효과적인 방법으로 인식되고 있는 현장 중심의 연수로 교원교육의 중점을 이동하는 것이 요구된다(OECD, 1998: 32). 여기서 학습 조직(learning organization)은 '지식의 창조, 획득 및 전파하고 새로운 지식 및 통찰을 반영하여 행동을 수정하는 데 능숙한 조직'을 지칭한다(Garvin, 1998: 47-80).

3) 예를 들어, 「이명박 정부」의 대통령 공약 사항인 교원연구년제도는 다양한 연수 형태로 운영될 수 있을 것이며, 이와 함께 재원 확보 및 기간제 교사 확보 등 여건 마련이 선행되어야 할 것이다.

단위학교를 이러한 학습 조직으로 전환하는 것은 학교장의 리더십과 구성원의 신뢰가 전제가 되어 구성원 상호 간에 지식과 경험을 공유할 수 있을 때 가능하다. 이러한 학습 풍토를 조성하고 실제 효과적인 현장 연수로 이어지기 위해서는 학교장과 구성원의 높은 수준의 합의 및 자발적 노력을 전제로 한다. 이와 함께 인증 받은 계속교육과정을 이수하거나 창의적인 학생지도 노력 등을 포트폴리오로 제시할 경우에도 합리적인 기준에 따라 인센티브를 제공하는 것도 필요하다고 할 수 있다.

셋째, 대다수 교원의 의식과 행태를 지배하면서 교직문화를 규정하고 있는 교원승진제도와 관련된 방향 설정과 제도 정비가 필요하다. 그동안 교원승진제도는 역량을 갖춘 관리자를 활용하여 교육체제의 성과를 최대화하는 것보다, 제한된 가치를 공정하게 배분하는 기제로서 기능하여 왔다고 할 수 있다. 이와 같이 가치 배분에 중점을 두어 구축된 교원승진제도는 학교교육의 성과를 높이기 위해 전문성과 리더십을 구비한 역량 있는 관리자를 양성하고 임용하는 방향으로 개선되어야 할 것이다. 또한 현재 시범운영되고 있는 교장공모제의 성과를 분석하여 동 제도의 도입 여부와 도입 방안을 검토해야 할 것이다. 교장공모제에 대해서 교직단체 일부의 반대 의견도 있지만, 기존 승진제도에 따른 기대 이익을 존중하는 방향에서 도입을 검토할 수 있을 것이다. 다만 교직경력이 없는 인사의 교장 임용은 임용의 필요성이 크고 동시에 교직에 특수한 전문성의 요구를 훼손하지 않는 경우에 한하여 제한적으로 도입하는 것이 바람직하다. 한편, 관리직 선호의 사회문화적 원인이 강한 성취 욕구와 함께 사회적 인정 욕구에 있다는 가설을 전제로 할 경우, 교원의 '전문성'을 중심으로 하여 이러한 욕구를 충족할 수 있는 방안을 강구할 수 있을 것이다. 즉, 전문직의 일류의식과 직업의식을 토대로 하여 사회적 인정이 가능한 경력 개발을 할 수 있도록 하는 방안이다. 여기에는 현재 법제화가 추진되고 있는 일명 수석교사제의 전면 도입을 생각할 수 있으며, 수석교사의 요건과 선정 기준 및 기능과 처우 등 효과적 운영 방안을 마련할 경우 하나의 대안이 될 수 있을 것이다.

넷째, 현재 시범운영되고 있는 새로운 교원능력 개발평가는 교원의 전문성 개발에 실질적인 도움이 될 수 있는 방향으로 정교하게 재구조화하여 운영하는 것이 필요하다. 새로운 교원평가는 자칫 학생 지도 능력이나 노력의 정도와 관계없는 요인에 의해 좌우되거나 학내 신뢰를 해치는 형태로 운영되어서는 안 될 것이다. 일부에서 제기되고 있는 새로운 교원평가의 인사 및 보수와의 연계 그리고 근무성적 평정과의 통합 여부는 교원능력 개발평가의 발안 취지에 어긋나는 것으로 장기 과제로 검토하는 것이 적절한 것으로 판단된다. 이와 함께 일부 교직단체에서 조직적으로 교원능력 개발평가를 무력화시키려는 정치적인 의도에 대해서도 교원평가의 입법화 이후에 어떻게 정책적으로 대응할 것인지에 대한 명확한 운용 방안을 강구해 놓아야 한다. 교원능력 개발평가의 성공적인 정착은 학교 내외에서 나타날 것으로 예견되는 정치적인 부작용을 얼마나 합리적인 시스템으로 무력화시킬 수 있느냐에 따라 결정될 수밖에 없기 때문에, 평가방안의 합리성 제고와 함께 제도(운영)의 합법적 권위를 제고하는 일 또한 중요하다는 것을 정책당국은 명심해야 할 것이다.

5. 향후 전망

「이명박 정부」에서 제시하고 있는 교원정책은 종래 교원이 견지하고 있던 가치와 교직에서 중요하게 동감되던 감정과는 다른 관점에서 추진되는 경향이 농후하다. 여기에 교원정책의 주체는 정부이고, 대상은 교원이라는 전통적인 국가 중심적 정책 구도가 그대로 견지되는 가운데 정부는 '자율화'를 교육정책의 기조로 내걸고 있어 정책 추진의 패러독스 현상이 나타나고 있다. 그러면서도 여전히 교원정책의 중대한 사안이 정부 주도로 추진되고 있으며, 한편에서는 이러한 교원정책을 추진하는 과정에서 현장 교원이 핵심적인 역할을 수행해야 한다고 누구나 쉽게 말하고 있다. 어느덧 「이명박 정부」도 임기 중간 지점에 와 있다. 이런 방식으로 이 정부의 임기 말까지 교원정책을 이끌어 나갈 것인가, 아니면 이 시점의 의미를 '임기 중반'이라는 정치적인 관점 대신 '새로운 10년'을 시작하는 시대적인 관점을 새롭게 부여하여 교원정책 전반의 리모델링을 통한 미래지향적인 교원정책을 구상할 것인가? 본 장에서는 결론적으로 후자의 관점이 필요한 시점이고, 이를 위해 정부와 학계가 노력해야 할 시대사회적인 소명에 직면해 있다는 것을 제기하고자 하였다.

교육정책에 있어 기본적인 수준의 문제인식이기도 하지만, 교원정책의 효과적인 추진을 위해서는 조직 및 제도 변화와 함께 각기 다른 인성과 욕구를 가지고 있는 사람 요인에 중점을 두는 것이 바람직하다. 이러한 과정에서 교원은 새로운 정책을 자발적으로 수용하고 노력을 경주할 경우 교육개혁을 선도하면서 존중받을 수 있지만, 외국 및 과거의 사례에 비추어 볼 때 정반대로 개혁의 대상이 될 가능성도 있다. 따라서 교원은 교원정책에 직면하여 현장 교육 발전의 선도적 역할을 수행할 수 있도록 자발적인 각성과 스스로를 변화시키려는 노력이 요구된다고 하겠다. 아울러 교원정책을 추진하는 정부 당국은 '교원이 정부의 교육(원)정책에 얼마나 호응하는가?' '얼마나 교직사회에 수용되는 분위기가 조성되어 있는가?' 하는 점을 면밀하게 분석하고(서정화, 2008), 교원이 교육개혁의 견인차가 될 수 있도록 사회적 · 국가적 지원을 하면서 이에 적절한 교원정책을 개발하여 추진해 나가야 한다. 특히, 교원정책은 그 민감성과 파급효과를 감안하여 개혁정책을 개발하는 단계에서부터 관련된 변인을 포괄하는 체제적 분석과 추진 전략 및 전술을 세심하게 마련하여 추진하여야 할 것이다.

제2부

직전 단계의 교원정책

제4장

교원수급

제4장에서는 「7 · 20 교육여건개선추진계획」에 따라 새롭게 취해진 당시 「국민의 정부」의 교원정원 증원 대책을 소개하고, 이에 따른 교원수급정책의 쟁점을 교원수급의 원리에 입각하여 분석하고자 하였다. 아울러 쟁점 분석을 통해 도출된 논점은 향후 국가적 수준의 교원수급정책의 바람직한 대안을 모색하는 데 귀중한 시사점을 제시해 줄 수 있을 것으로 보고, 이에 대한 논의를 전개하였다. 교원수급정책의 기본 원리이자 명제로, 교원수급정책은 ① 교원정책의 최우선 과제, ② 교원수급에 관한 합리적인 계획과정, ③ 교육현장에서 필요로 하는 교원을 안정적으로 공급하는 과정, ④ 양질의 교원을 충분히 공급하는 정책으로 보았다. 이러한 원리에 따라 현안과 관련하여 교원수급정책의 위상 문제, 교원수급정책의 합리성 문제, 교원수급의 양적 균형 문제, 공급되는 교원의 질 문제 등의 쟁점이 발생하고 있어, 이에 대한 분석을 통해 향후 교원수급정책 수립 시 고려해야 할 대안을 마지막으로 제시하였다.

주제어 **교원수급, 「7 · 20 교육여건개선추진계획」, 교원수급정책, 교원**

* 본 장은 "교육여건개선사업과 교원수급정책: 쟁점의 분석"(한국교원교육연구, 18(3), 2001)의 내용을 수정 · 보완하였음.

1. 문제의 소재

대한민국 건국 이래 요즘처럼 교육의 문제가 대다수 국민들의 주목을 받은 적이 없었던 것 같다. 공교육의 위기, 학교 붕괴, 교육 이민, 왕따 현상, 최근의 교단 붕괴에 이르기까지 최근의 교육 이슈를 볼 것 같으면 하나같이 국가사회의 여러 집단 사이에 의견이 분분한 가운데 뜨거운 논쟁거리였다. 이러한 가운데 교육 문제 해결의 주도권을 행사해 온 정부는 여전히 국민으로부터 정책 입안과 추진을 통해 문제해결 요구를 받고 있으면서 사실은 정책의 이니셔티브를 주도하지 못하고 우왕좌왕하는 모습을 연출해 왔다. 그리하여 정부는 현장의 시급한 요구에 대해 정책 결정을 유보하는 가운데 정책 개입의 적기를 놓치는 경우가 발생하거나 충분한 정책 대안의 검토가 미비한 상태에서 섣불리 추진하다가 현실 교육 문제의 해결책으로서 제대로 기능하지 못하는 현상을 빚어내곤 하였다. 이로 인해 국민은 정부의 무능력을 질타하거나 더 이상 정부를 신뢰하지 않는 일까지 벌어지게 되었다. 이런 상황이다 보니 정부에 대한 요구는 커지면서도 정부에 대한 부정적 인식이 오래 누적된 탓에 정부가 이를 이뤄 줄 것이라는 기대와 희망이 점점 떨어지게 되는 것이다.

훌륭한 인재, 엄격한 규율, 제도화된 운영 시스템으로 특징지어지는 정부가 어쩌다 이 지경에 이르게 되었는가? 혹자는 관료사회의 뿌리 깊은 무사안일주의와 보신주의, 잘못된 유교적 가치의 발로로 인한 정실주의의 탓으로 돌리기도 하고, 서구사회에서는 사회적 선택이론과 공공선택이론에 의하여 공공조직의 운영상 한계를 들어 설명하기도 한다. 일본에서는 정부 실패의 원인을 규명하여 실패의 확인을 통해 성공의 지름길을 찾는 실패학의 탐구에 열정을 쏟기도 한다. 어쨌든 중요한 것은 정부의 정책이 실패로 귀결될 가능성이 과거보다 더 커지고 있다는 것이다. 이렇게 정부 정책의 실패 가능성이 높아진 원인을 반드시 부정적인 요인에서만 찾는 것도 때로는 정당화되기 어렵다. 즉, 다원주의화되어 가는 사회 속에서 자꾸 분절되어 가는 소집단의 자아의식이 성장함에 따라 많은 요구가 한없이 분출되고 정부 정책에 대한 지속적인 압박 요인으로 작용하는 과정에서도 실패는 예견될 수 있는 것이다. 이제 이 소집단의 자기 목소리 내기는 점차 조직화되어 본격적인 시민운동 차원에서 전개되기 시작했고, 타 집단과의 연대를 통해 국가사회의 중요한 한 섹터를 구성하기에 이르렀다. 이들의 힘은 종래 정부가 가지고 있었던 강한 공권력에 필적할 만한 것으로 성장하게 되었다. 이와 같이 정부 정책의 환경이 예전 같지 않아 복잡해지고 권력의 중심추가 반드시 정부의 손에 놓여 있지 않은 상황에서 특정 정책을 성공으로 종결시키기란 대단히 어렵게 되었다.

최근에 정부가 추진해 온 교육정책 가운데서도 교원수급정책은 한 번 잘못된 정부의 결정으로 인해 연이은 정책 실패를 경험하게 하였다. 또한 정부가 가진 공권력의 한계를 체험할 수 있도록 해 준 정책으로 향후 정책 입안/추진자들이나 정책 분석/평가자들이 귀감으로 삼아야 할 훌륭한 실패학의 소재이자 반면 교사다. 교원수급계획의 기본 원리와 원칙을 무시한 채 교육 외적인 논리에 의해서 단행된 교육정년 단축 조치는 그동안 변수가 거의 없었던 교원수급계획에 일대 평지풍파를 불러일으켰다. 뒤이어 「공무원연금법」 개정에 대한 우려로 인한 명예퇴직자의 급증으로 초등교사의 부족이 본격적으로 정책 쟁점화되기 시작했다. 한편으로는 교원수급이 단지 시 · 도 교육청별로 부족 교사 분(수요)을 허용된 예산의 범위 내에서 충원하는(공급) 일상적인 업무에서 중요한 정책임을 깨닫게 하는 계기가 되기도 하였다.

뒤이어 제7차 교육과정이 학교현장에 적용되기 시작하면서 학급당 학생 수 감축을 위해 학교를 신설하고 교실을 증설하기 위한 대대적인 교육여건개선사업이 추진되었다. 학교(급)의 신(증)설은 곧 교사의 대량 수요 발생을 의미하고, 이로 인해 다시 한 번 교원수급정책에 변화가 야기되었다. 당장 학교(급)의 신(증)설에 대비하여 많은 교사가 필요하게 되었고, 중 · 초교사 임용 등과 같은 일시적 대안으로 말미암아 교대생과 교직단체의 집단적인 반발을 초래하였다. 한마디로 교원수급정책은 정책의 기조가 없는 임시변통적인 방편의 편린으로 전락하게 되었고, 정부 정책의 신뢰성에 결정적인 손상을 입히는 요인으로 자리 잡기에 이르렀다. 어디서부터 교원수급 해법의 실마리를 찾아야 분쟁이 종식될지 현재로서는 보이지 않는다. 이제 더 이상 정책의 합리성을 주장하면서 집단이기주의를 탓하기에는 논리도 명분도 없는 듯하다. 그러나 이러한 교원수급정책의 실패에 대한 책임문제와 감정적인 비난은 누구든지 할 수 있는 것이다. 따라서 정책의 실패를 본능적으로 선언하기 전에 교원수급정책의 어떤 측면에서 정책의 방향과 내용이 잘못되었는지를 좀 더 냉철하게 분석할 필요가 있다. 그리고 이러한 실패의 분석 결과는 현재의 교원수급정책을 수정하고 발전시킬 수 있는 귀중한 정보로 재투입되어야 한다.

이런 점에서 본 장에서는 「7 · 20 교육여건개선추진계획」에 따라 새롭게 취해진 정부의 교원정원증원대책을 소개하고, 이에 따른 교원수급정책의 쟁점을 교원수급의 원리에 입각하여 분석하고자 하였다. 아울러 쟁점 분석을 통해 도출된 논점은 향후 국가적 수준의 교원수급정책의 바람직한 대안을 모색하는 데 귀중한 시사점을 제시해 줄 수 있을 것으로 본다.

2. 교육여건개선사업과 교원수급정책

우리나라에서 교원수급정책은 각 시 · 도 교육청에서 보고된 ① 학교 신설 및 학교 증설에 따른 필요 교원 수, ② 현재 기준량에 부족한 교원을 보충하기 위한 교원 수, ③ 퇴직 교원을 보충하기 위한 교원 수를 기초로 작성된 교원 수요에 대한 보고를 바탕으로(교원 수요 측면), 교육부가 이를 취합하여 차년도에 전국적으로 필요한 교원의 수요와 공급 규모를 시 · 도별로 결정하여 필요한 교원 자격을 갖춘 자 중에서 재원이 허락하는 범위 내에서 선발과 임용이 시 · 도 교육청별로 이루어짐으로써 종료된다(신현석, 1999: 139-152). 사실 엄격히 말하자면 우리나라의 교원수급정책은 정책적 측면보다는 '자격을 갖춘 교원을 필요한 수대로 적기에 공급하는 데 주안점을 두는 정형화된 교원수급에 관한 행정'의 견지에서 이루어져 왔다. 그동안 교원수급정책의 기초 정보에 해당되는 교원 수요 요인과 공급 요인의 변동이 거의 없었기 때문에,[1] 비교적 안정적으로 교원수급이 이루어져 왔다. 따라서 우리의 교원수급 정책은 장단기 전략적인 계획하에 혹은 교직 세계의 변화를 위한 전문적인 정책의 견지에서 구안될 필요 없이 항상 해 왔던 행정의 일환으로 취급되어 왔던 것이다.

이러한 교원수급의 기본적인 구도에 일대 파격을 가져온 것이 1999년에 단행된 교원정년 단축 조치다. 교원정년이 65세에서 62세로 줄어들면서 갑자기 교원 수요 요인이 발생하게 되었다. 곧이어, 공무원연금법 개정시한을 앞두고 수혜연금에 대한 우려로 인해 명예퇴직 교원이 급증하면서 교원 수요가 급팽창하기에 이르렀다. 이러한 사태에 직면하여 중등교원의 경우 개방형 양성체제 운영으로 인한 기존의 교원 공급 과잉 문제가 다소 해결될 수 있을 것이라는 희망을 가져볼 수도 있었지만, 폐쇄적인 양성 방식을 취하는 초등교원의 경우 제한된 공급 인원으로 말미암아 대규모 교사 부족 사태가 불가피하게 되었다. 급기야는

1) 물론, 교원의 공급 요인 중에서 교원자격증 소지자의 경우 중등교원양성체제가 개방형을 취하고 있기 때문에 중등교사 자격 취득자가 과잉 공급되어 중등교원수급에 불균형이 초래되고 있다. 그러나 우리의 교원수급정책 현실에서 교원 공급 〉 교원 수요 현상은 교원 공급 〈 교원 수요 현상에 비해 수급 불균형에 대한 문제 인식이 덜 심각하게 받아들여지고 있는 실정이다.

1999~2001년까지 지역에 따라서는 초등교사 임용을 위한 응시 경쟁률이 1 : 1에 훨씬 못 미치는 초등교원 부족 현상이 계속되기에 이르렀다.[2] 특히, 이러한 초등교원 과부족 현상은 대도시 지역보다는 지방 도시 지역에서 더욱 심하게 나타났다. 이에 정부는 1999년 2학기부터 기간제 교사의 채용과 중등교사 자격 소지자의 초등교원 임용, 교대 편입생들의 선발 등의 일시적 방안을 마련하여 초등교원 부족 사태를 완화시키고자 노력해 왔다.

이렇게 2001년까지 근 3년 동안 교원수급정책을 파행적으로 운영해 오던 중에 또다시 교원수급에 결정적인 변화의 계기를 가져올 획기적인 정책이 발표되었다. 그것이 바로 「7 · 20 교육여건개선추진계획」이다(교육인적자원부, 2001. 7). 이 계획은 '국민의 정부' 교육개혁의 핵심인 제7차 교육과정이 학교 여건의 미비로 시행 첫해부터 파행 운영과 부작용이 잇달아 현장교원로부터 전면 수정 또는 시행 보류 요구가 비등하는 가운데 마련되었다. 즉, 현 수준의 학급당 · 교원 1인당 학생 수로는 지식기반사회에서 요구되는 창의적 인재 양성을 위하여 추진하고 있는 제7차 교육과정의 실효성을 확보하기 힘들다는 판단 아래 구안되었다. 교육인적자원부의 대통령 업무 보고 형태로 발표된 「7 · 20 교육여건개선추진계획」은 초 · 중등 · 대학을 망라한 6개 사업에 2001~2004까지 총 165,596억 원의 정부예산이 소요될 것으로 추정되었다.

교육여건 개선 추진을 위한 6개 사업 중에서 역시 핵심 사업은 제7차 교육과정의 핵심인 수준별 · 선택중심 교육과정 운영의 안정적 정착을 위한 선결 과제인 학급당 학생 수 감축을 통한 적정 학급 규모 확보와 초 · 중등 교원정원 증원사업이다. 두 사업은 필요 불가분의 관계를 지닌다. 즉, 학급당 최대 학생 수를 '00년 초등학교 35.7명, 중학교 38.0명,

---

2) 이러한 초등교사 부족 현상은 1999년에 6,963명, 2000년에 3,758명, 2001년에 4,972명 등 3년 동안 모두 15,693명의 초등교원이 정년 단축으로 퇴직하는 데다 명예퇴직 등으로 인해 2만 명 이상의 신규 초등교원 수요가 발생한 데서 비롯되었다.

고등학교 42.7명에서, 고등학교는 '02년까지 초 · 중학교는 '03년까지 모두 35명으로 감축하는 것을 골자로 하는 학급당 학생 수 감축 계획에 따라 교원 증원이 불가피해진 것이다.[3] 구체적으로, 학급당 학생 수 감축을 목표치로 맞추기 위하여 정부는 '01~'04년까지 1,208개 학교(36,120개 학급)를 새롭게 신설하고, '02~'03년까지 14,494개 학급을 증설할 계획을 갖고 있다.[4] 이미 이 사업은 지금 학교현장에서 추진되고 있다.

「교육여건개선추진계획」에 따른 초 · 중등 교원 증원 대책은 교원정년 단축으로 인한 교원수급계획을 대대적으로 수정하는 계기를 가져왔다. 그도 그럴 것이 정년 단축과 명예퇴직으로 인한 자연적인 교원 수요 발생에 덧붙여 갑작스러운 교육개선사업 추진으로 말미암아 새로운 교원 수요 요인이 정책적으로 추가되었기 때문이다.[5] 초 · 중등교원정원 증원 대책의 골자는 '학급당 학생 수 감축을 위한 학교(급) 신 · 증설 및 제7차 교육과정 시행에 따른 적정 교원 배치를 위하여 '02~'03년도에

3) 교육의 기본 요건인 학급당 학생 수는 OECD 국가 중 우리나라가 가장 많다. '95년 기준으로 학급당 학생 수는 일본 31명, 프랑스 25명, 미국 23명, 영국 22명 등인 데 비해 우리나라는 '00년 현재 37.9명에 이른다(한국교육개발원, 2000). 그런데 학급당 학생 수에 대한 이러한 평균치가 갖는 의미가 이전보다 심각한 것은 36명 이상의 과밀 학급이 전체 학급 수의 74.1%나 된다는 것이다(초등학교 69.1%, 중학교 71.9%, 고등학교 87.7%). 이러한 과밀 학급은 고등학교에서 특히 심한데, 지역별로는 서울 · 인천 · 경기 등의 수도권 지역과 광역시 등의 고등학교에서 특히 과밀 학급의 수와 학급당 학생 수가 높았다.

4) 학교 신설의 경우 해당 기간 동안 초 594교, 중 363교, 고 251교가 신설되는데, 신설 계획에 차질이 없도록 개발제한구역 내 고등학교 이하 학교 설립이 용이하도록 추진하고, 운동장 없는 학교, 도심지 소규모 학교, 기존학교 부지 내 2개 학교 건립 등을 추진하고자 한다. 한편, 학급 증설의 경우 해당 기간 동안 '02년에 고교 5,220학급, '03년에 초 · 중 9,274학급 증설을 목표로 하고 있으며, 철저한 안전진단 후 철근 콘크리트근 증축 또는 학교 옥상에 철골조로 증설할 계획이다. 이들 학교(급) 신(증)설을 위해 필요한 소요액은 12조 2,797억 원으로 추정되고 있으며, 이 중 9조 9,200억 원은 기확보액이다(교육인적자원부, 2001. 7).

5) 사실 교육여건개선추진사업은 갑작스러운 것이 아니다. 학급당 학생 수 감축은 교육계의 오랜 숙원사업이었지만 그동안 정책당국의 무관심과 재정 여건의 미비 등으로 인해 지금에 이르고 있다. 교육여건 개선은 보다 가깝게는 '국민의 정부' 들어 계속 공교육 내실화를 위한 대책의 하나로 거론되어 왔다(교육인적자원부, 2001. 4). 그럼에도 불구하고 '갑작스럽다' 혹은 '번개사업이다' 하는 이유는 제7차 교육과정의 실효성을 확보하려면 교육과정 개정 작업과 동시에 마련되었어야 하고, 고등학교의 학급당 학생 수를 선택교육과정 시행에 맞추어 일 년 사이에 목표 달성하겠다는 밀어붙이기식 사업 방식으로부터 비롯되었다.

23,600명의 교원을 증원한다.' 는 것이다(교육인적자원부, 2001. 7).[6] 구체적으로 '02년에 11,000명(초등 2,540명, 중등 1,590명, 고등 6,870명), '03년에 12,000명(초등 7,250명, 중등 5,350명)을 증원할 계획이며, 이에 소요되는 재원은 '02~'04년까지 총 1조 1,640억 원('02년 2,200억 원, '03년 4,720억 원, '04년 4,720억 원)으로 추정하고 있다.

초 · 중등교원 정원 증원은 우선 학급당 학생 수를 초 · 중 · 고 모두 35명으로 감축하는 계획에 따라 신 · 증설되는 학교의 담임 및 최소한의 교과목 담당 교원의 증원을 기본 추진 방향으로 하고 있다. 그런데 중등의 경우 '98~'00년간 사대 졸업자, 교직과정 이수자 등 양성 인원 75,668명 가운데 임용 인원은 16,582명으로 평균 21.9%만 임용되어 갑작스러운 수요 발생 요인에도 불구하고 교원 공급 부족 사태를 면할 수 있지만 초등의 경우는 완전히 사정이 다르다. 초등교원수급은 이미 정년 단축과 명예퇴직 등으로 인해 돌발적인 수요가 발생되어 교사 공급 부족 현상이 누적되어 왔기 때문에 학급당 학생 수 감축으로 인한 교원 증원은 사실상 엎친 데 덮친 격이 되었다. 이에 교육인적자원부는 계약제 교사, 순회교사를 활용하고, 전문직종의 교직 입직 기회를 확대하는 등의 새로운 계획을 발표하였다. 장기적으로는 교원자격제도를 개편하여 초등과 중등을 겸하는 광역 자격증제를 도입하자는 연구 보고도 있었다(김혜숙 외, 2000). 구체적으로, 「교육여건개선추진계획」에서 제시된 초등교원충원계획은 '02년도에 총 4,856명의 교원이 필요한데, 교대 졸업생 4,705명 이외의 부족 인원 151명을 기간제 교사로 임용하는 것으로 되어 있다. '03년도에는 총 9,975명의 초등교원이 필요한데, 교대

6) 초 · 중등교원 정원의 증원은 학교(급) 신 · 증설 및 제7차 교육과정(수준별 수업, 선택과목 확대)의 원활한 운영 외에도 최근 수년간 교원 배치 기준에 의한 정원 확보율 감소로 교원의 수업 부담이 가중되고(연도별 교원 확보율이 '99년 91.9%, '00년 91.3%, '01년 90.3%로 감소됨), 수도권 등 인구 유입에 따른 교원 수요 급증 지역의 교원 부족이 심화되어 인구 감소 지역의 교원 감축에 의한 시 · 도 간 정원 조정만으로는 부족한 것도 그 요인으로 자리 잡고 있다(교육인적자원부, 2001. 7).

졸업생 5,355명 이외의 부족 인원 4,620명은 기간제 교사와 중등자격증 소지자, 교과전담교사 등으로 임용할 계획이라고 밝혔다.[7] 아울러 정부는 이러한 초등교원 부족 현상이 당분간 계속될 것으로 판단하여 교육대학의 입학 정원을 연차적으로 확대하여 양성 인원을 120%로 조정할 것이라고 밝혔다(교육인적자원부, 2001. 7).

「7 · 20 교육여건개선추진계획」은 가장 핵심 사업인 학급당 학생 수 감축 계획에 약간의 변동이 있은 후 금년 8월 14일 최종 확정되었다. 이로부터 일주일 후 교육인적자원부는 전국 시 · 도 부교육감 회의를 소집하여 「7 · 20 교육여건개선계획」의 후속 조치를 시달하였다. 이때 시달된 사항 가운데 하나가 '교원정원 증원에 따른 초등교원수급계획 수립 철저'였다(교육인적자원부, 2001. 7). 이날 회의를 통해 학급당 학생 수 감축을 위한 학교(급) 신 · 증설 및 제7차 교육과정 시행에 따른 적정 교원 배치를 위하여 '02~'03년도에 23,000명의 교원 증원을 계획함에 따라 충원 방안을 마련할 필요성이 재차 강조되었다. 이와 함께 교육인적자원부(2001. 8)는 각 시 · 도에서 초등교원수급계획을 수립할 때 다음과 같은 사항을 지켜 주도록 당부하였다. 첫째, 교원정년 증원 규모 추정을 교육청별 학생 수용계획에 따른 학교(급) 신 · 증설계획을 고려하되, 신설 지역 기존 학교의 학급 수 감소를 반영하고, 최근 3~4년간의 학교 신 · 증설계획 대비 실적을 고려해서 한다. 둘째, 교과전담교사 중 정규교사는 학급담임 지원으로 우선 전환하고, 중등교사 자격증 소지자를

7) 중등교사자격증 소지자의 초등교사 임용(중 · 초등교사 임용)은 '99년 1월 6일 교원정년을 62세로 단축하기로 한 「교육공무원법」 개정안이 국회를 통과한 후 '99년 5월에 처음으로 중등교사자격증 소지자 3,886명을 선발(동년 9월 1일자 임용)하였고, 동년 10월에는 '더 이상 중 · 초교사 임용 없다' 고 교육인적자원부가 공언한 바 있다. 그러나 이 발표가 있은 지 한 달도 못돼서 중등자격자 2,400명을 선발('00년 3월 1일자 임용)하였다(한국교육신문, 2001년 11월 26일자). 교육여건개선사업에 따른 초등교원 수요가 급증함에 따라 교육인적자원부는 다시 중 · 초등교사를 선발할 계획(교대 3학년 편입이나 교과 전담교사 채용이 아닌 단기 집중 연수 후 즉시 임용)을 발표했으나 교대생의 집단적인 저항과 교직단체의 집단적인 저항, 교직단체의 반발에 직면하여 '교대 3학년 편입생 선발과 2년 양성 교육 후 임용'이라는 종래의 방식으로 환원한다는 안을 최근 확정지었다.

교과전담강사로 충원한다. 셋째, 기간제 교사 등의 확보가 용이한 수도권 및 광역시 지역은 모집인원을 최소화하여 도농 간 원활한 교원수급에 협조하고, 최근 3~4년간의 모집인원 대비 합격인원, 시 · 도별 배정인원 비율 등을 고려하여 신규 교사의 선발 규모를 적정화한다.

시 · 도 부교육감 회의에서 예고되었던 것처럼 교육여건개선계획추진에 따른 '02~'03년도 초등교원수급대책이 금년 11월 2일 발표되었다.[8] 이 대책은 학교(급) 신 · 증설계획에 따라 향후 2년간 9,790명('02년 2,540명, '03년 7,250명)의 초등교사가 추가로 증원되어야 하기 때문에 초등교원의 일시적인 부족 현상이 초래되고, 아울러 농어촌 지역이 많은 도의 경우 그 지역의 교대 졸업생조차도 임용시험 응시를 기피하는 현상에 직면하여 발표된 것이다.[9] 뿐만 아니라 현직 초등교원이 도시지역 근무를 위해 사직하는 경향까지 나타나 초등교원 부족 현상이 새로운 국면에 접어들고, 인구 유입의 급증에 따라 학교 신 · 증설이 많은 경기도의 경우 특히 충원 자원 확보에 어려움을 겪고 있어 초등교원수급대책이 절실한 시점이었다(교육인적자원부, 2001. 11).

교육인적자원부(2001. 11)가 '02~'03학년도 초등교원수급대책을 통해 밝힌 수급 전망은 〈표 3-1〉과 같다.

8) 초등교원수급대책('01. 11. 2)이 발표되기까지의 경과를 살펴보면, ① 교원정원증원계획 발표(7. 20), ② 교원단체, 시민단체, 교대 교수 및 학생 대표 등 16명으로 조직된 초등교원충원대책협의회 운영(9. 18, 9. 25), ③ 각계 의견 수렴을 위해 교대총학생회 대표 면담(8. 28, 10. 15, 10. 17), 교대총장회의(10. 8, 10. 29), 교대교수협의회 대표 면담(10. 17), 시 · 도 교육청 관계관 회의(10. 12), 교원단체와 협의(9. 1, 10. 15, 10. 17), 교대총장협의회 초등교원 전문성 확보 보완책 건의(10. 22) 등의 과정을 거쳐 초등교원수급대책이 확정 발표되었다.

9) 2001학년도 임용시험 선발 인원 확보율은 경기 48.6%, 강원 26.6%, 충북 39.5%, 충남 21.0%, 전남 13.0%, 경북 26.0%로 이들 지역의 임용 기피율이 매우 높았다. 이로 인해 초등교원 공급이 전체적으로 부족한 데다 이 부족 현상은 지역에 따라 그 편차가 너무 심해 지방 초등교육의 공동화 문제가 대두되고 있는 실정이다.

표 3-1 2002, 2003학년도 초등교원수급 전망

구분 연도	필요 인원					충원 인원			
	퇴직	교원 증원	휴직 등	기존 기간제 (퇴직 교원 등)	계	신규 임용	복직 등	기간제 교사 등	계
2002	1,745	2,540	874	4,517	9,676	5,211	712	3,753	9,676
2003	2,091	7,250	861	3,753	13,955	5,568	689	7,698	13,955

〈표 3-1〉에서 2002학년도에 실질적으로 부족한 교원은 3,753명, 2003학년도에는 7,698명이다. 이 부족 교사 분을 충원하기 위하여 교육인적자원부는 단기적으로 기간제 교사와 교과전담강사로 충원할 계획이다. 그리고 중기적으로는 2002년에 한시적으로 교육대학 편입학 정원을 2,500명 정도 증원하여 초등교사로 양성한 후 2004년부터 기간제 교사 및 교과전담강사를 대체해 나갈 예정이다. 아울러 교육인적자원부(2001. 11)는 중등교사자격증 소지자를 대상으로 한 편입생 선발 및 교육계획을 밝혔다. 이 계획에 따르면 선발 절차는 교육감이 특별전형 대상자를 추천하고 교대총장이 선발하는 형식을 취한다. 선발 인원은 지역 교육청별로 최소규모로 선발하되, 충원 자원 확보에 어려움을 겪고 있는 도단위 교육청(경기, 강원, 충북, 충남, 전남, 경북 등)에서 필요한 인원을 추천하면, 지역 소재 교육대학에서 선발하게 된다. 정확한 선발 인원은 교육인적자원부와 해당 교육청 · 교대가 사전 협의하여 최종 결정하기로 하였다.[10] 추천 대상자(선발시험 응시 대상자)는 중등교사 자격증 소지자 중 초등교과와 연계성이 높은 표시과목으로 하는 것을 원칙으로 하되, 구체적인 과목은 해당 지역 교육감이 '99년 실시한 보수교육 결과와 지역 실정을 고려하여 결정하게 된다. 추천 대상자 선발시험(교육감 주관)은 2002학년도 중등교사 신규 임용시험과 동 일자에 실시하며, 편

10) 교육인적자원부가 공시한 전체 편입생 수는 2,500명이다(교육소식, 2001년 11월 5일자). 이들은 2년의 교육대학 교육과정을 이수한 후 2004년 3월에 초등교사로 임용될 예정이다.

입생 특별전형(교대총장 주관)은 교육감이 추천한 자를 면접 등 세부 전형 방법을 교대총장이 정하여 실시하도록 하였다. 최종 편입이 결정된 중등자격 소지 편입생은 응시 지역 교육대학에서 2년의 편입과정을 이수하게 되며, 교육 방법은 교육대학의 여건을 고려하여 계절제 · 야간제 등의 방식으로 이루어진다.

3. 교원수급정책의 원리[11)]

교원수급은 단지 교원의 수요와 공급을 의미한다. 그런데 여기에는 많은 의미가 내포되어 있다. 우선 교원수급은 발달이론의 측면에서 볼 때, 교원의 생성, 성장, 소멸의 전 과정에 걸쳐 관계된다. 교원 수요의 발생은 내부 학교현장은 물론이고 거시적으로 국가적, 사회적인 맥락에 이르기까지 포괄적인 요인에 의해 나타난다. 그런데 이에 비해 교원의 공급은 국가가 공인한 기관에서 예비 교원의 양성과정을 통해 부여받은 자격을 획득함으로써 이루어진다. 이렇게 볼 때 교원수급은 교원정책 전반에 걸쳐 관계한다는 것을 알 수 있다. 한편, 교원수급에서 중요한 것은 질 높은 교원을 얼마나 안정적으로 공급하느냐다(National Citizens Commission for the Public Schools, 1954; NEA, 1986; Grace & Lawn, 1991). 즉, 교원수급에서 수요를 정확하게 예측해서 적기에 공급하는 양적인 균형의 유지뿐 아니라 공급되는 교원의 질 측면을 중시해야 한다는 것이다. 사실 교원 수요를 미리 예측한다는 것은 쉬운 일이 아니다. 왜냐하면 수요를 발생시키는 많은 요인을 미리 통제할 수 없기 때문에 수요

11) 신현석(1999: 139-152)은 교원정년 단축에 따른 교원수급정책의 진단을 위해 성공적인 교원수급정책을 위해 지켜야 할 일반적이고도 기본적인 원칙을 5가지로 밝힌 바 있다. 여기서 교원수급정책의 원리는 교원수급정책의 개념 정의를 분석하여 구체적인 4개의 하위 개념 요인으로 제시된다.

예측은 항상 어느 정도 편차를 감수할 수밖에 없다. 따라서 교원수급에서 공급의 바탕이 되는 수요 예측은 합리적인 틀 속에서 계획적으로 이루어지되, 예기치 않은 변수의 발생에 대비한 운영의 묘를 살펴야 하는 기예적인 측면 또한 간과할 수 없다. 물론, 교원수급을 계획할 때 가급적이면 예기치 않은 변수나 운영의 묘를 발휘할 여건을 최소화하고 이들 또한 교원수급계획이라는 큰 틀 속에 포함시켜 예외 발생을 줄여 나가는 것이 가장 바람직하다.

이상과 같은 논의로부터 교원수급정책은 '양질의 교원을 안정적으로 수급하기 위한 합리적인 계획의 과정으로서 교원정책의 최우선 과제'라고 정의 할 수 있다. 이 정의로부터 교원수급정책의 4가지 원리를 도출해 낼 수 있다. 각 원리는 교원수급정책의 과정에서 준수되어야 할 정책 운용의 기본 방향에 해당된다. 구체적으로, 각 원리를 소개하고 내포하는 의미와 내용을 해제하면 다음과 같다.

1) 교원수급정책은 교원정책의 최우선 과제다

교원수급정책은 교육인사행정의 관점에서 볼 때 인적자원계획(human resource planning)에 해당된다. 교원정책을 교육인사행정의 과정 측면에서 ① 인적자원계획(planning), ② 양성(educating), ③ 자격 부여(licensing), ④ 채용(employing), ⑤ 현직교육(traing), ⑥ 평가(evaluating), ⑦ 인사이동(moving)의 단계로 나누어 볼 때, 인적자원계획은 그 첫 순위에 위치할 만큼 이하의 모든 단계를 통합·조정하는 지렛대 역할을 한다. 교원수급의 관점에서 인적자원계획을 정점으로 양성, 자격 부여, 채용은 공급의 측면에 관련되고, 현직교육, 평가, 인사이동은 수요의 측면에 관계된다. 따라서 인적자원계획에 의한 교원수급정책은 공급에 관련된 교원정책과 수요에 관련된 교원정책의 정점에 있다는 것을 알 수 있고, 교원정책의 방향을 결정짓는 기조적인 틀의 역할을 한다고 볼 수 있다.

이러한 교원수급계획이 갖는 교육인사행정에서의 위상으로부터 역시 교원수급정책은 교원정책의 최우선 과제라는 사실을 도출해 낼 수 있는 것이다(신현석, 1994; Castetter & Young, 2000; Rebore, 2001).

교원수급정책이 교원정책의 최우선 과제라는 의미는 장기적인 교원 수급정책의 틀과 계획이 우선적으로 확립된 상태에서 여러 단계 및 종류의 교원정책이 입안·추진되는 방식으로 국가의 교원정책이 이루어지는 정책의 우선순위를 명확하게 확립해야 한다는 의미가 내포되어 있다. 즉, 교원수급정책은 독립변인으로서 다른 교원정책에 영향을 주기 때문에 국가 교육정책의 기조와 함께 병행 수립·관리되어야지, 이러한 선후관계가 뒤바뀌어 다른 정책으로 인해 교원수급정책이 영향을 받게 된다면 교원정책 자체가 혼돈상태에 빠지게 될 가능성이 크다. 왜냐하면 교원정책은 교원수급정책을 중심축으로 하여 서로 얽히고 설켜 있기 때문이다. 교원수급 문제를 단기적인 처방에 의해 막아 보려는 어떠한 시도는 필연적으로 또 다른 교원정책에 영향을 미쳐 교원정책 전체를 혼돈에 빠뜨릴 우려가 있고, 더 나아가 교육정책의 기조를 뒤흔들어 교육의 난맥상이 펼쳐질 수도 있는 것이다.

2) 교원수급정책은 교원수급에 관한 합리적인 계획 과정이다

교원의 수요와 공급에 관한 인적자원의 계획으로서 교원수급정책은 여느 정책처럼 단순히 교육 문제를 치유하기 위한 사후 발생적 성격의 정책이 아니라 사전 예방적 성격의 정책이다. 이런 점에서 교원수급정책은 정책적 관점보다는 기획의 관점에서, 그것도 단순히 결과적인 단위 계획을 산출하기 위한 단순한 기획이 아니라 미래의 교육 목표를 효과적으로 달성할 수 있도록 전략적인 장기적 계획의 차원에서 이루어져야 한다(신현석, 1999: 130-152). 여기서 전략적인 인적자원계획(strategic human resource planning)이란 정책의 목적을 효과적으로 달성하기 위하여 인적자원을 사전에 정비 · 조정하는 일련의 단계와 절차를 의도적으로 세우고 준비하는 과정이다. 구체적으로, Castetter(1981)는 교원수급을 포함한 인적자원계획의 과정을 ① 인적자원계획의 가정 설정, ② 미래의 조직 구조와 인적자원의 수요 예측, ③ 인적자원의 인벤토리 준비, ④ 현존 인적자원의 변화 예측, ⑤ 인적자원계획의 실행, ⑥ 인적자원계획의 통제 등 6단계로 제시하였다. 이와 같이 교원수급정책은 사전에 치열하고도 의도적인 전략적 계획하에서 이루어져야 성공할 수 있다.

그런데 교원수급정책은 잘 구안된 교원수급계획의 전략적인 틀과 계획이 있다고 해서 항상 성공이 보장되는 것은 아니다. 교원수급정책의 목적은 '질 높은 교원을 안정적으로 수급'하는 것이기 때문에 이를 위한 전략적인 수급 틀과 계획은 합리적인 수단으로서 다른 수단보다 좀 더 확률적으로 성공할 가능성이 높은 역시 하나의 수단에 불과할 뿐이다. 사실 사시각각으로 변하는 교육환경 속에서 인적자원계획에 영향을 미치는 모든 외생 변수를 통제하기란 거의 불가능하다. 또한 인력의 양적인 측면뿐 아니라 질적인 측면도 고려해야 하기 때문에 질과 양의 조화를 통해 안정적으로 교원수급계획을 세운다는 것은 매우 어려운 일이다. 그리고 설령 필요한 정보와 자료의 수집을 통해 과학적인 방법으로 수급 예측을 했다 하더라도 그 예측이 빗나갈 가능성이 적지 않다. 이렇게 될 경우, 교원의 과잉 공급이나 부족 사태가 발생되어 교원수급에 균열이 생기게 된다. 이와 같이 교원수급계획은 기본적으로 합리적인 과정이지만 통제 불능의 돌발 변수가 많기 때문에 과학적인 수급 기법의 개발과 적용에 한계가 있다. 이런 점에서 교원수급정책은 합리적 기획의 기본 관점과 방법이 우선적으로 적용되어야 하지만, 이와 함께 정책 활용 시 수급정책의 기조와 틀에 무리를 가하지 않는 범위 내에서 운영의 묘를 발휘할 필요가 있다.

3) 교원수급정책은 교육현장에서 필요로 하는 교원을 안정적으로 공급하는 과정이다

교원수급정책의 일차적인 목표는 학교에서 요구하는 교원을 필요한 수만큼 적기에 공급하는 것이다. 이러한 양적인 측면에서 수급에 중요한 것은 공급의 타이밍이다. 이때 타이밍은 두 가지 의미로 해석될 수 있다. 첫째는 교원 수요의 발생이 일정치 않은 현실조건에도 불구하고 적으면 적은 대로, 많으면 많은 대로 필요한 만큼 공급 과잉과 공급 부족을 야기하지 않으면서 적절하게 공급하는 단기적 관점에서의 타이밍이다. 둘째는 교원 수요에 대한 장기적인 예측 결과를 바탕으로 예비 교원 풀을 탄력적으로 운용하면서 안정적인 교원 공급을 항상적으로 유지하는 장기적 관점에서의 타이밍이다. 이 두 가지 타이밍은 서로 분리될 수 없다. 즉, 이 두 타이밍에 맞추어 교원을 과부족 없이 공급할 수 있을 때, 양적인 측면에서의 교원수급정책은 성공했다고 할 수 있다.

양적인 측면에서의 교원수급은 수요와 공급이라는 두 요인의 상호 보완적인 역동에 의해 이루어진다. 먼저, 교원 수요는 교직에서 요구되는 교원 수, 즉 교원의 필요량을 말한다(김선종, 1988: 25-48). 박덕규 등(1985)은 교원 수요의 결정 요인을 ① 취학생 수, ② 교육과정의 변화, ③ 교원의 퇴직률 변화 등 세 변수로 제시하고, 이들은 인구 변화, 학교체제 및 제도의 변화, 학급활동의 변화, 수업 방법의 변화, 학교교사의 조직 구조 변화, 경기 전망, 타 직종의 상대적 처우 변화 등 다양한 요인에 의해 영향을 받는다고 보았다. 한편, 교원 공급은 주로 교원양성기관을 졸업한 교사자격 취득자를 지칭하는 것으로 주로 교원양성체제 및 자격제도 등 정책적인 요인에 의해 크게 영향을 받는다. 교원 수요와 공급의 요인을 확인한 후 해야 할 일은 각각 양적 추정 모델을 개발하여 수요와 공급의 균형을 양적으로 이루게 하는 것이다. 교원수급의 양적 추정은 체계적으로 수집된 데이터베이스를 토대로 국가 수준(NCES,

1991; Haggstrom, Darling-Hammond, & Grissmer, 1988; Shin, 1995; 김현철, 2000), 지방 수준(The Coordinating Council for Higher Education, 1971; 이미숙 외, 2001)에서 행해질 수 있다. 다양한 교원수급 모델의 개발과 적용은 교원수급정책을 체계적이고 합리적으로 그리고 전략적으로 이끌어 가는 데 필요한 최소한의 조건이다(National Research Council, 1992; 신현석, 1995). 그런데 교원의 수요와 공급을 개발된 과학적인 모델에 의하여 예측하여 계획한다 해도 수급 사이에는 장기간의 시차가 있기 때문에 교육 내·외적인 상황 변동에 따라 수요와 공급 간에는 격차가 나타나기 마련이다. 특히, 인구이동, 경기변동에 의한 교원 이직률의 변화, 교육예산의 배분 및 개혁에 대한 정책 결정자의 의지 등 교육 외적인 요인에 의해 수급의 불균형이 야기될 수 있다(김선종, 1988: 29). 이러한 교육 외적인 요인 외에도 교원수급의 불균형 또는 수급 격차는 교원 수요 추정의 오차에서 기인하기도 한다(이미숙 외, 2001: 73). 따라서 교원 수요와 공급은 비교적 통제가 가능한 교육 내적인 요인 이외에 많은 변수가 복합적으로 작용할 개연성이 항상 열려 있기 때문에 교원수급정책은 점증주의적 관점에서 부분적으로 계속 수정·활용되는 신축성을 띠어야 한다.

4) 교원수급정책은 양질의 교원을 충분히 공급하는 정책이다

교원수급정책이 지나치게 수요와 공급의 양적인 균형에만 초점을 맞추다 보면 공급되는 교원의 질을 소홀히 할 우려가 있다. 교원수급에 있어서 양과 질의 관계는 마치 동전의 앞뒤 면과 같아서 불가분의 관계에 있으며, 이 둘은 교원수급계획을 성공적으로 이루기 위한 필요조건과 충분조건을 형성한다. 따라서 교원수급정책의 성패 여부는 양적으로 교원수급의 안정적인 균형을 계속 유지하는 가운데 공급되는 교원의 질이 보장되느냐에 달려 있는 것이다. 교원수급정책의 어려움은 바로 양적인 측면에서 만난을 무릅쓰고, 수요와 공급의 균형을 이루었다 하더라도 교원의 질에 문제가 있다고 한다면 교원수급정책의 최선의 준거인 '충분한 양질의 교원 확보'(Grace & Lawn, 1991)를 충족시킬 수 없기 때문에 정책은 결국 실패한 것으로 평가될 수밖에 없다. 질적으로 미흡한 교원이 교육현장에 공급될 때 빚어질 수 있는 부작용은 결국 학생에게 미칠 수밖에 없으며, 장기적으로는 국가 전체적인 교육의 질을 떨어뜨리는 결과를 빚게 된다(신현석, 1999: 151).

그런데 '교원의 질' 문제는 그리 간단한 문제가 아니다. 우선 '교원의 질을 무엇으로 규정할 것이냐'에 대한 합의가 도출되어야 하는데, 보는 관점에 따라 개념 정의가 다를 수 있어 질 개념의 합의 도출은 물론이고, 그에 대한 계량화를 통해서 과학적인 방법으로 인력수급계획을 수립한다는 것은 가능해 보이지도 않는다. 이러한 상황 속에서 교원의 질에 대한 통제는 교원자격제도에 의해서 일차적으로 이루어지고, 보완적으로 자격 소지자 가운데 선발경쟁시험을 통해서 이루어진다. 물론, 이러한 두 가지 간접적인 질 보증장치가 자족적으로 교원의 질을 보장한다고 보기는 현실적으로 어렵다. 왜냐하면 자격제도의 운영이 특히 개방적인 경우와 임용시험의 타당도와 신뢰도가 부족하여 선발의 변별기능이 미흡한 경우에 교원의 질 확보는 더욱 난망하기 때문이다. 이런 점에서 교원의 질을 계량적으로 측정가능한 도구나 척도의 개발이 현실적으로 어려우므로 '교원 자격의 해당 분야에서의 전문성'으로 환치할 경우 적어도 교원수급정책 운용 시 다소 분명해지는 측면이 있다. 물론, 교원의 전문성 개념 역시 다양한 해석이 가능하지만 수준 높은 능력(지식, 기술, 인성, 가치 등 포괄적인 능력, 전문능력의 발휘로 일이 잘되는 성질 정도)과 수월성(독자성, 정체성을 전제로 우수한 상태)으로의 해석이 우세한 만큼(조석훈, 1998: 422-455) 교원의 질 개념과 일맥상통한다고 볼 수 있다. 따라서 교원수급정책에서 공급되는 교원의 질이 충분한가의 문제는 그들의 전문성이 보장되어 있는가에 대한 판단의 문제라고 볼 수 있겠다.

4. 교원수급정책의 쟁점 분석

교원정년 단축과 명예퇴직자의 급증 그리고 최근의 제7차 교육과정의 정착을 위한 교육여건개선계획에 이르기까지 현 정부에서 단행된 교육정책은 교원수급정책에 일대 변혁을 가져왔다. 그럼에도 불구하고 교원수급정책 문제를 심도 있게 분석 · 평가하는 연구는 손꼽을 정도였다(신현석, 1999; 황정현, 1999). 많은 교직단체와 개별 연구자들이 교원수급정책의 문제점에 대해 지적해 왔지만 '어떤 면에서, 무엇이, 왜 잘못되었는지'에 대한 체계적인 분석이 미흡했다. 그리고 그들은 또 대안 제시에 소홀했다. 여기에서는 「7 · 20 교육여건개선추진계획」에 따른 정부의 교원수급정책을 앞서 제기한 정책의 원리에 비추어 쟁점을 중심으로 분석하고자 한다.

1) 교원수급정책의 위상 문제

인적자원계획이 교육인사행정의 선행 과정으로서 조직행정의 전 단계에 영향을 미치듯이, 교원수급정책은 교원정책의 최우선 과제로서 교원의 양성, 자격, 채용, 현직교육, 평가, 인사이동에 이르기까지 널리 영향을 미친다. 따라서 교원수급정책은 교원정책의 실마리이자 독립적인 영향 요인으로서 정책의 순위 고려에 있어서 우선적으로 취급되어야 하며, 교원수급정책의 기본 틀에 따라 장 · 단기 수급계획이 수립되어야 한다.

그런데 우리의 교원수급정책은 어떠한가? 우리의 교원수급정책은 교원정책의 과정 속에서 중심적인 역할을 하지 못하고 필요한 교원 수를 각 시 · 도별로 추정하여 허용된 예산의 범위 내에서 공급 인원을 결정하는 틀에 박힌 행정의 관점에서 행해져 왔다. 교원 수요와 공급에 대한 누적된 데이터베이스와 우리의 상황에 맞는 수급 모형의 개발 없이 그때그때 필요한 교원을 일 년 단위로 산정하여 공급하는 단기 수준에만 전념해 왔다. 이러한 수급 방식은 다른 교원정책을 선도하기는커녕 오히려 여타의 교원정책 혹은 예기치 않은 정책 결정자의 교육개혁이나 정책에 의해 좌지우지됨으로써 교원정책의 독립적 영향 요인이 아닌 영향을 받는 종속 요인으로서의 기능밖에 할 수 없다. 이런 점에서 우리의 교원수급정책은 교육인사행정의 원리 면에서 볼 때, 본말이 전도된 전형적인 전치 현상의 극치를 보여 준다. 사실, 교원수급의 혼란을 최소화하려면 교원수급의 정책적 기조와 계획이 먼저 마련된 상황 속에서 교원정년 단축과 교육여건개선계획이 마련되고 추진되었어야 했다. 한마디로 정부의 정책은 '교원정년 단축에 따른 교원수급대책', '학급당 학생 수 감축으로 인한 교원수급대책'이 아니라 교원수급의 장 · 단기 계획 속에서 '실행되는 교원정년 단축', '교원수급정책의 기조에 따라 추진되는 학급당 학생 수 감축'이었어야 했다. 그럼에도 불구하고 우리의 교원수급정책은 교원정책 전반에 걸쳐 안정적 기조로서의 역할보다는 여타의 정책에 수반되는 부수적인 미봉책으로서 사후 발생적 대처 차원에서 운용되는 도구적 정책에 불과하다.

2) 교원수급정책의 합리성 문제

교원수급정책은 미래의 교육 목표를 효과적으로 달성할 수 있도록 전략적인 계획 속에서 장기적으로 이루어져야 한다. 여기서 전략적인 계획이란 교원의 질과 양을 고려하여 안정적으로 수급을 조절하기 위하여 인적자원을 사전에 정비 · 조정하는 일련의 단계와 절차가 의도적으로 설정되는 것을 말한다. 이러한 전략적 계획의 과정에는 기본적으로 합리성이 전제되어 있다. 따라서 교원수급정책은 인적자원의 수요와 공급에 관한 합리적인 계획 과정이다. 교원수급정책의 합리성은 양적인 측면에서 교원수급을 과학적으로 예측하여 수요와 공급의 균형을 안정적으로 이루게 하는 것과, 질적인 측면에서 우수한 자원을 적기에 교직에 공급하는 질·양 조화의 법칙에 의해 결정된다.

그런데 우리의 교원수급정책은 어떠한가? 한마디로, 우리의 교원수급정책은 단기적인 관점에서 무계획하게 이루어져 왔고, 교원수급 결정요인에 변동이 있을 때마다 임시변통적으로 일관성 없는 교원수급계획을 운영해 왔다(신현석, 1999: 147-148). 교원정년 단축을 통해 2.6명의 신규교사를 임용하겠다던 계획이 수포로 돌아간 예나, 1999년도에 초·중등교사 임용을 금하겠다던 장관의 약속이 지켜지지 못한 사례는 교원수급정책의 기본 틀이 아예 존재하지 않는다는 의미이고, 이 상황에서 정책의 합리성·일관성 운운하는 것은 어불성설이 아닐 수 없다. 물론, 교원수급정책과 관련된 정부의 정책 결정 메커니즘이 행정자치부(국가공무원 정원관리)와 기획예산처(교원 증원에 따른 예산 확보)에 중요한 권한이 주어져 있는 상황에서 교육인적자원부의 교원수급정책 결정권은 제한될 수밖에 없다(박남기, 2001: 58). 교육부가 아무리 OECD 국가의 교육여건 지표를 내세워 교원을 충원하려 해도 행정자치부가 교육공무원 정원을 타 부처와의 형평성 관점에서 동결하고, 기획예산처가 신자유주의의 원칙을 앞세워 시장경제 원리에 부합되지 않는다고 예산 편성에 난색을 표한다면 수급정책의 아무리 좋은 의도도 좌절을 겪을 수밖에 없는 현실이다. 이에 따라 교육인적자원부는 교원수급정책을 합리성의 차원보다는 정치적인 차원에서 수립·추진할 수밖에 없고, 수급정책의 질·양 조화의 법칙은 부차적인 소인으로 전락하고 만다. 다행히 교육여건개선계획에 따른 초·중등교원 증원(23,600명)은 당해 연도인 2002~2004년에 각각 증원하기로 행정자치부 및 기획예산처와 합의하였다고 한다(교원인적자원부, 2001. 7).

교원수급정책이 교육 내적인 요인보다는 교육 외적인 정치적 · 경제적 요인에 의해서 좌지우지되는 현실 자체도 정책의 합리성을 추락시키는 결과를 초래하지만, 이에 못지않게 합리성에 타격을 가하는 요인은 교원수급계획의 전략적인 절차와 단계를 무시한 채 졸속으로 정책이 이루어진다는 것이다. 교원의 공급조건은 도외시한 채(공급되는 교원의 질은 말할 것도 없고) '02~'03년 2년 사이에 모두 23,600명의 교원을 새롭게 증원하겠다는 발상은 교원수급정책의 기본적인 원리와 원칙인 수급의 안정성에 치명타를 입힌 셈이다. 물론, 교원수급계획은 수급 요인을 합리적으로 통제할 수 없는 외생적 변수가 많이 작용하기 때문에 교원의 질적 · 양적 조건을 모두 충족시키기란 대단히 어렵다. 그렇다 하더라도 교원수급정책의 기조와 기본적인 틀을 무시해 가면서까지 운영의 묘를 살리라는 뜻은 아니다. 현재의 교원수급정책은 합리성이 전제된 기본적인 수급 틀이 부재한 상태에서 교육여건개선사업의 추진을 위해 임시방편적으로 교원 증원을 반드시 성사시켜야 하는 졸속정책에 불과하다. 이 과정에서 교직단체와 교대생들은 대통령 선거를 의식한 정치논리에 따라 무리하게 정책을 수립하고 졸속적으로 추진하고 있다는 비판을 하고 있다(교육희망, 2001년 11월 7일자). 결론적으로, 교원수급정책은 전략적인 계획의 과정을 통해서 질 · 양의 조화를 보장하면서 안정적으로 운영되는 합리적인 수급 틀이 존재하지 않으면 언제든지 정치적 · 경제적 외세논리에 취약할 수밖에 없다는 것을 알 수 있다.

3) 교원수급의 양적 균형 문제

교원의 수요와 공급을 추정 모형에 의해 예측하여 수급의 불균형 없이 정책을 안정적으로 운용하는 일은 교원수급정책의 성패를 가늠하는 일차적인 관건이다. 따라서 교원수급정책을 성공적으로 이끌기 위해서는 기본적으로 교원 공급과 수요의 모델 개발이 선행되어야 하고, 이의 운용에 필요한 범국가적인 수준의 교육통계 데이터베이스가 구축되어 있어야 한다. 이러한 가정은 비교적 기술적이고 합리적인 교육 내적 요인에 의해 이루어지기 때문에 얼마든지 관심과 지원만 따른다면 안정적인 수급 시스템의 구축이 가능하다. 이러한 시스템의 구축은 교원수급정책이 교원정책, 더 나아가 교육정책에서 차지하는 위상에 대한 확신과 적극적인 행 · 재정적 차원에 의해 가능하며, 교육 인프라 구축 차원에서 접근되어야 할 중요 국책사업으로 취급되어야 한다.

그런데 우리의 실정은 어떠한가? 우리의 교원수급정책은 수급 계획을 체계적으로 수립하기 위한 종합적인 데이터베이스가 구축되지 않은 상태에서 각 시 · 도 교육청별로 최근 교원 수요발생 통계와 매년 교원 자격 획득자 통계가 고작일 정도로 제한된 통계 자료를 통해 단기적으로 운용된다. 그나마 교육인적자원부의 위탁을 받아 한국교육개발원에서 매년 조사 발표하는 교육통계는 우리나라의 교육 자료를 포괄적으로 밝혀 주고 있지만 교원수급계획을 수립하는 데 제한된 정보 제공밖에 할 수 없다. 이에 따라 지금까지 우리나라의 교원수급계획에 대한 연구는 학생 수나 교원 수의 시계열 자료에 통계 모형을 적용한 기술적인 분석 모형이 사용되지 않고 규범적 판단을 통한 제도나 정책에 대한 이론 위주의 연구가 주류를 이루어 왔다(김현철, 2000: 92). 다행인 것은 최근 제한된 통계 자료를 통해서나마 진보된 교원 수요의 계량 모형을 적용하여 예측치에 대한 논리적 · 실증적 근거를 부여하는 연구가 잇달아 나오고 있다는 것이다(김현철, 1999, 2000; 심숙영, 김현철, 2000). 이들 교원수급 예측 연구는 주로 시계열회귀분석(time series regression) 모형과 ARIMA(Auto Regressive Integrated Moving Average) 모형을 채택하여 이루어졌다. 한편, 미국에서는 NCES(National Center for Education Statistics)가 시계열회귀분석법을 사용하여 교원 수요를 포함한 주요 교육 통계치를 10년 앞서서 발표하고 있다. 그러나 NCES 모델 역시 제한된 영역의 교원 통계치를 발표함으로써 교원 수요의 일반적인 동향은 파악이 가능하지만 교원의 구체적인 특성별 수요 예측은 가능하지 않다(신현석, 1993: 131-162). 이에 NCES는 교원수급에 필요한 다양한 변수의 정보 수집을 위해 여러 다른 종류의 국가적 차원이 데이터베이스를 운용하고 있다.

현 정부 들어 교원정년 단축과 교육여건개선계획을 통해 나타난 교원수급정책(사실은, 대책)은 교원수급의 합리적 · 기술적 측면을 도외시한 채 운용되고 있다. 수급 계획의 기초를 수립하는 데 요구되는 수급 예측 모형의 개발과 적용은 연구 차원에 머무르고 있다. 모형 운용에 근간이 되는 종합적인 데이터베이스의 구축은 연구자의 희망사항일 뿐, 정책적 실현은 요원한 지경이다. 이는 우리의 교원수급정책이 부족한 교원의 땜질식 충원에만 관심을 기울여 왔다는 데서 정책의 연약성과 정책적 비전의 한계를 읽을 수 있다. 작금의 「7 · 20 교육여건개선추진계획」과 관련해서 교원 증원 대책을 발표하면서 '중등은 양성 인원의 20%만이 임용되고 있어 충원에 문제가 없으나 초등교원은 일시적인 부족 현상 초래'(교육인적자원부, 2001. 11)라고 표현한 것부터 정부의 교원수급정책에 대한 시각을 고스란히 읽을 수 있다. 중등교원의 수요 대비 과잉 공급과 초등교원의 수요 대비 공급 부족은 교원수급의 전형적인 불균형상태를 의미하는 것이다. 이는 곧 정책의 실패를 의미하나 정부는 중등교원의 경우 '문제가 없는 것'으로, 초등교원의 경우에는 '일시적인 현상'으로 판단하고 있다. 결국, 정부는 아직도 교원수급정책이 어디서 잘못되었는지 문제의 소재 파악은 물론 무엇이 잘못되었는지 문제의 내용 파악조차도 못하고 있는 듯하다. 그나마 작금의 초등교원수급 대책에 따른 파동으로부터 교육대학 총장협의회, 교육대학 교수협의회, 교육대학 학생 대표가 합의하여 건의한 '임시교원양성소 규정 폐지' 및 '초등교육발전특별위원회 설치'를 수용하고 중 · 장기적인 초등교원수급 방안을 마련하기로 한 것은 다행한 일이다.

4) 공급되는 교원의 질 문제

교원수급정책에서 우선적으로 갖춰야 할 것은 수요와 공급의 양적 균형이지만 정책의 마침표를 찍는 것은 공급되는 교원의 질이 보장되어야 한다는 것이다. '질적으로 충분한 교원의 확보'는 교육 발전의 밑거름이고 교원의 질은 필연적으로 교육의 질과 연관되어 있다. 그런데 교원의 질을 정의한다는 것은 대단히 어렵다. 왜냐하면 질에 대한 해석이 학자에 따라, 연구에 따라 구구각색이기 때문이다(신현석, 1998a: 100-120). 현재로서 교원의 질 개념과 가장 근접한 개념은 '전문성'이다. 교원의 전문성은 우선 교원의 '질'을 담보로 형성된 개념이라 할 정도로 교직의 독자성과 특수성 그리고 교직에서 필요한 능력을 대표적으로 표현하고 있다. 따라서 교원수급에 있어서 공급되는 교원의 질 보장 문제는 그들이 교직에 입직한 후 교원의 전문성을 충분히 발휘할 수 있느냐의 여부에 관한 문제라고 할 수 있다.

교육여건개선사업 추진에 따른 초등교원 증원 대책을 둘러싸고 벌어지고 있는 교육인적자원부, 교대학생, 교수, 교직단체 간의 힘겨루기의 최대 쟁점은 '초등교육의 전문성'에 관한 것이다. 학급당 학생 수 감축에 따라 증원된 교원을 단시일 내에 충원해야 할 정부의 입장과 장기적인 교원수급정책의 수립 없이 그때그때 필요한 교원은 '중·초 임용' '기간제 교사 채용' '계약제 순회교사 활용' '전문직종의 교직 입직 기회 확대' 등의 묘안을 통해 공급하려는 발상은 초등교육의 전문성을 무시한 처사라는 입장이 팽팽히 맞서고 있다. 정부가 이렇게 임시방편적인 묘수를 통해 초등교원 부족 사태를 모면하려는 저의에는 '우리 교육의 학문중심주의적 전통에 따라 초등교원은 심화된 학문 영역이 없다는 사회 인식'이 짙게 깔려 있고, '초등교직은 누구나 다 할 수 있는 보편적인 업무 수행 구조'를 갖고 있다는 의식이 배어 있다(박인기, 2001: 11). 만일 교육여건개선계획에 따라 초등교원의 증원 대책이 현재와 같이 실행되면, '학급당 학생 수 감축을 통해 교육의 질이 상승하는 것이 아니라 오히려 교육의 질 저하'를 야기하여 결국 교육여건 개선은 교육여건 개악이 될 수밖에 없으리라는 해석도 제기하고 있다. 그 이유는 역시 초등교원의 질 문제에 귀착되는데, ① 중 · 초교사 임용을 통해 '무늬만 초등교사'가 양성되는 과정에서 기존 초등교원의 교육의 질이 저하될 우려가 있고, ② 단기간에 교원을 충원하는 과정에서 지원자의 질이 급감할 수밖에 없으며, ③ 임시변통적인 초등교원수급 대책으로부터 기존 교사의 자긍심이 손상을 입어 그에 따른 교원 사기 저하는 교육의 질을 떨어뜨리게 할 것이라는 것이다(박남기, 2001: 56-58). 결국, 정부가 발표한 초등교원 충원 대책은 초등교원의 전문성을 무시한 처사이며, 이로 인해 교원의 자긍심이 여지없이 무너져 정부와 교원 간의 교원의 질 문제에 대한 시각차 문제가 이제는 감정 대립으로 이어지는 경향을 보여주고 있다.

교육여건개선계획에 따른 초등교원수급 대책이 공급되는 교원의 질 문제를 도외시한 채 미봉책으로 일관했기 때문에 문제가 발생하기도 했지만, 보다 근본적으로 우리의 교원정책은 교원의 질을 체계적으로 관리하는 데 소홀히 해 왔다. 우선 교원양성제도의 경우, 전문화된 교직수행 구조에 따라 연계 운영되고 양성교육의 심화 과정을 통해 전문성 신장이 가능하도록 되어야 하는데, 그렇지 못하다. 자격제도 역시 질 관리를 위한 유용한 통제 기제임에도 불구하고 졸업과 동시에 자격이 부여되는 무시험 검정이기 때문에 거름장치가 없다. 임용시험의 경우 본질적으로 보장된 교사를 선발하는 데 변별된 도구로서의 기능을 제대로 발휘하고 있지 못한 실정이다. 결국, 이러한 교원 공급 시스템 속에서 충원되는 교사의 질은 자족적일 수 없으며 입직 후 전문성 발휘는 전문적 능력을 발휘할 수 없는 교직직무 구조 속에서 기회조차 가질 수 없는 게 현실이다. 이러한 교원 공급 시스템상의 잘못 이외에 교원수급의 안정성을 해치는 교원수급정책의 한계에서도 비롯된다. 교원수급이 합리적으로 통제 가능한 교육 내적인 요인 외에 교육재정 배분과 정치적 의도에 의한 교육개혁과 같은 교육 외적인 요인에 의해 주로 영향을 받는 현실이기 때문에 수급의 양적 불균형이 초래되고 있다. 갑작스러운 교원 수요 요인의 발생으로 인해 일시에 많은 교원이 충원되는 과정에서 교원 공급 시스템이 유연하지 못해 정규적인 공급 구조를 통해 교원 공급이 이루어지기 어렵다. 이에 임시 미봉책에 의존할 수밖에 없어 교원의 질 저하 문제가 항상 대두될 수밖에 없는 것이다.

5. 정책적 대안

지금까지의 교원수급정책 쟁점 분석으로부터 어느 것 하나 제대로 갖춰진 상태에서 정책이 입안·추진되어 왔다는 것을 발견하기 힘들다. 이러한 정책의 한계 상황 속에서 제기되어 온 교원수급정책의 개선안은 나름대로의 원인 진단을 통해 대안을 제시하고 있다. 박남기(2001: 59-61)는 교원정책의 결정 과정에서 교육부의 교육정책 사유화를 막기 위해 유관 기관이 참여할 수 있도록 보장하고, 아울러 정당과 정부를 설득하여 교원에 관한 정책을 수립하기 위한 교원수급조절위원회 혹은 교원정책위원회를 범국가적 차원에서 설치해야 한다고 주장한다. 그는 교원정책이 사회적으로 민감한 사안이 많은 만큼 집단 간 이해 상충을 최소화하기 위하여 정책 결정 과정과 범국가 기구에 정부 부처는 물론 교직단체, 학부모단체, 기업가단체 등이 포함되는 것이 바람직하다고 하였다. 초·중등교사 임용 분쟁 과정에서 교육대학 관계자들(총장협의회, 교수협의회, 학생 대표)은 '초등교육발전특별위원회'의 설치와 중·장기적인 초등교육수급방안의 수립을 요구하고 있다. 한국교총은 교원수급 문제를 교원정년 환원을 통해 해결할 수 있으며 범국가적 교육정책 기구의 설치를 주장하고 있다. 이에 대한 정부의 입장은 향후 교육

현안(교육정책 결정 및 집행) 문제해결 과정에서 교사, 학부모, 학생, 교육단체의 의견을 충분히 수렴할 것이고, 교대 관계자들의 제안을 대부분 수용하는 선에서 교원증원대책에 따른 분규를 마무리하자는 것이다.

교원수급 갈등을 둘러싼 각계의 기본 인식과 해결책이 제시되는 과정을 보면 수급 문제를 교원수급정책의 합리성보다는 정치적 성격에 비중을 두고 협상의 안건 정도로 취급하고 있는 듯한 인상이다. 정부의 입장에서는 소위 교원(수급)정책의 기조라고 내세울 만한 것도 없었고, 더욱이 교원수급의 중 · 장기 전략적 계획은 아예 존재하지도 않았다. 정치적 성격이 짙은 교육개혁 조치로 인해 원리와 원칙 없이 교원수급을 마련하는 과정에서 정책의 합리성과 교원수급의 전략적 계획은 실종되고 말았다. 이로 인해 일관성 없는 교원수급정책이 남발되고 교원수급은 거듭된 좌절과 갈등을 겪을 수밖에 없게 되었다. 이 모든 것이 교원수급정책의 일차적 관건인 합리적 수급 계획의 전략과 기조의 부재, 교원수급정책의 인프라 구축 실패로부터 야기되었고, 게다가 정치에 종속된 행정으로부터 비롯되었다. 이에 따라 교원수급 문제를 합리적으로 해결하려는 시도 대신 미봉책을 놓고 정치적 협상을 통해 풀어 나가려 하다 보니 자기 집단의 논리만 이 과정에서 무성하고 정부 정책의 일관성은 실종되고 말았다.

교원수급정책의 쟁점으로부터 도출해 낼 수 있는 대안이란 한마디로 교원수급정책이 원리와 전제에 충실하자는 것이다. 즉, '질적으로 보장된 교원을 안정적으로 수급 조절하는 것'이 교원수급정책의 목표인 만큼, 이를 위해서는 ① 공급되는 교원의 질 보증 기제(양성, 자격, 선발)에 대한 통제를 통해 교원의 전문성을 우선적으로 확보하고, ② 교원수급의 양적 균형을 안정적으로 유지하기 위하여 교육 및 교육통계 데이터베이스를 국가 차원에서 관리하고, 우리 실정에 맞는 교육 수급 모형을 개발 · 적용하여 과학적인 수급 예측을 하며, ③ 교원수급의 질과 양의 조화를 위한 교원수급계획의 합리적 전략을 마련하여 교원정책의 기조로 삼아 교육 외적 요인의 공세에 대응 명분을 축적하고, ④ 궁극적으로 교원수급정책을 교원정책, 더 나아가 교육정책의 비전을 실현하는 출발점에 놓아야 한다는 것이다.

물론, 이상의 대안은 하루아침에 성사될 수 있는 것이 아니다. 장기적 관점에서 시간의 여유를 두고 꾸준히 실천해야 할 것들이다. 따라서 교육여건개선사업 추진에 따른 교원수급의 난문제는 즉각적으로 해결하기는 힘들다. 현실적으로 현행과 같은 교원수급정책 상황 속에서 어떠한 단기적 대안도 그 효과는 미지수이고, 이해집단 모두의 만족을 이끌어 내기란 불가능하다. 보다 중요한 것은 일시적 처방을 마련하여 현재의 위기를 모면하려는 '대책'의 마련이 아니라 이러한 정책 실패의 현실을 반성하고 차제에 교원수급정책의 기조와 비전을 새롭게 설정하고 교육 인프라 구축 차원에서 일관성 있게 추진하는 것이다. 이런 과정에서 본 장에서 제시된 대안은 그 진가를 발휘할 수 있을 것이다.

제5장

교원양성

제5장에서는 교원양성체제 개편이 정책의 합리적 근거에 의해 추진될 수 있도록 관련 배경을 고찰하고, 기존의 개편 방안을 합리적인 정책 모형에 따라 재구조화하여, 그 방안이 점진적이고 체계적으로 실행될 수 있는 방향과 전략을 탐색하였다. 교육인사행정과정의 단계와 원리 그리고 사회체제론의 요소와 원리를 활용하여 양성체제 개편을 위한 정책 모형을 도출하고 기존의 개편방안을 모형의 요소별로 나눠 보았다. 정책 모형에 따라 양성체제 개편을 추진하고자 할 때 기본 방향은 자율과 책무 그리고 전문성의 이념 조화, 정책의 합리적 기반 확충, 전략적 추진으로, 정책의 목표는 자율과 책무를 통한 교원양성교육의 전문성 제고로 설정하였다. 이러한 방향과 목표에 따라 양성체제 개편을 위한 추진 전략은 단기적 전략으로 우선순위가 높은 방안을 단계적으로 추진하고, 방안의 연계와 결합에 의해 추진하며, 양성체제 개편을 위한 중장기 종합 계획의 수립과 정책 추진체계의 재구성이 필요하다고 하였다. 한편, 중장기 전략으로는 교원양성체제의 전반적인 재구조화를 종합적인 계획에 따라 추진하며, 교원정책 전반의 운영 구조 변화를 모색하는 것이다.

주제어 **교원양성체제, 교원정책, 정책 모형, 교원의 전문성**

* 본 장은 한국교원교육학회 제54차 학술대회(공주대학교, 2009. 4)에서 발표한 논문을 수정 · 보완한 것임.

1. 문제의 제기

교원양성체제가 또다시 술렁이고 있다. 정권이 바뀔 때마다 빠지지 않고 등장해 왔던 교원양성체제의 개편이 이명박 정부에서도 어김없이 논의되고 있는 중이다. 현 정부는 이미 전년도에 이루어진 2009년 교육과학기술부 업무 보고에서 '초·중등교원양성기관의 개편 등 구조개혁 방안 수립 추진'을 예고한 바 있다(교육과학기술부, 2008b). 역대 정부에서 추진된 교원양성체제 개편에 동인도 가지각색이다. 문민정부에서는 시대사회적인 변화에 대응하기 위하여 교원의 자질을 향상하고(교육개혁위원회, 1996. 8. 20) 학교현장과 연계된 교원양성교육을 위하여(1995. 5. 31), 국민의 정부에서는 교원의 전문성 신장을 위한 대학원 수준의 교원양성체제 도입을 위하여(교육부, 2000) 그리고 참여정부에서는 지식기반사회에 요구되는 교원의 능력 함양과 교원양성의 전문화와 특성화 필요(교육인적자원부, 2003. 4. 9; 교원양성체제개편추진단, 2004)에 의해 교원양성체제 개편이 추진되었다. 한편, 이명박 정부에서는 대학의 구조조정 차원에서 교원양성체제 개편을 추진하겠다고 하는데, 그 동인은 특이하게 경제 난국을 타개하기 위한 효율성 제고 차원이다(교육과학기술부, 2008b: 9).

그동안 교원양성체제의 개편 논의는 주로 정부와 대통령 직속의 교육 자문기구에 의해 이루어져 왔다. 교원교육학회를 비롯한 교육 관련 학회는 교원양성체제를 개편하는 데 독립적인 주창자라기보다 정부 개편안이 발표되면 그것의 추진방안을 논의하는 입장이었다. 물론, 학회 차원에서 새 정부의 출범에 즈음하여 새 정부의 교원정책의 방향을 제시하는 가운데 교원양성체제의 개편을 논의하기도 하였다(한국교원교육학회, 2003. 5. 23). 교원정책 혹은 교원교육 개별 연구자들은 교원양성체제 개편과 관련된 정부 혹은 대통령위원회에 참여하여 이들의 안을 형성하는 데 일조해 왔다. 따라서 학문 탐구의 일환으로 교원양성체제의 개편을 독자적으로 연구한 경우는 외국의 교원양성체제를 고찰하면서 우리에게 주는 시사점을 탐색하는 일부 비교교육 연구를 제외하곤 찾아보기 힘들다. 이처럼 교원양성체제 개편에 관한 논의가 주로 정부 차원에서 비롯되다 보니 정책 형성의 과정에서 합리적 동인에 의하기보다는 정치적 의도에 의한 개편이 우세하게 작용할 수밖에 없다. 이러한 경향은 최근에 더욱 심화되는 양상으로 나타나고 있다.

모든 정책은 합리성과 정치성이라는 두 개의 논리 구조의 조합에 의해 형성되고 추진된다(김성렬 외, 1994; 신현석, 2000a). 정책의 성격에 따라서 합리성이 우세하게 작용하여 추동되는 것도 있고, 그 반대의 경우도 있다. 정치적 성격이 짙은 교육정책은 대체로 정치권의 관심이 높은 대국민적 파장이 넓은 것들로 정권이 바뀔 때마다 항상 등장하는 정책이다. 대표적으로 대학입시정책과 지방교육자치제 등을 들 수 있다. 교원정책의 경우 과거에는 주요 정책 고객이 교원으로 인식되어 전문성 제고 혹은 교원의 질 향상이라는 합리적 요인이 정책의 주요 작동기제로 작용하였다. 그러나 문민정부 이후 교원정책의 수요자가 학부모와 일반 국민으로 확대되어 교원의 자질 향상과 책무에 대한 요구가 증대되면서 교원양성체제에 대한 평가와 교원평가 등이 추진되기에 이르렀다. 교원양성체제 개편도 이러한 추세와 무관하지 않으며 점차 정치적인 기제에 의한 정책 추진의 경향을 보여 주고 있다.

교원양성체제의 개편 논의가 이처럼 정치적인 성격을 띤다는 것은 정치적 파당성의 의미보다 영향력이 있는 정치적 집단의 권력 행사에 의해 독점되는 경향을 말한다. 즉, 교원양성의 보편적이고 합리적인 원리나 이론보다는 특정 이해 당사자의 관점과 요구가 권력관계에 의해 정책에 주로 반영되는 경우를 일컬음이다. 어떤 정책이든 이러한 정치적 경향이 불가피하게 나타날 수는 있지만 문제는 정책의 성격상 합리성 측면이 강하거나 적어도 반드시 고려되어야 할 합리성이 지나치게 정치적인 요구나 권력 관계에 의해 지배되는 경우다. 사회적 요구 혹은 국민의 이름으로 교원양성체제 개편이 정권이 바뀔 때마다 추진되나, 정작 방안의 도출은 교육계의 이해 당사자 간 권력관계에 의해 이루어진다. 그러다 보니 교원양성의 기간을 고려해 볼 때 중장기적이고 단계적 추진이 불가피한 교원양성체제의 개편이 짧은 시간에 근시안적으로 현재의 관심 이슈 중심으로 이루어지는 경향이 있다. 그리고 이는 매 정권 때마다 일어나는 현상이다.

최근 교원양성체제 개편의 정치지향적 경향은 교원양성의 보편적인 원리와 정책의 합리적인 추진 방식을 고려하지 못하고 있다는 데서 문제의식을 가질 수 있다. 이러한 문제의식에 더하여 본 장에서는 교원양성체제 개편이 정책의 합리적 근거에 의해 추진될 수 있도록 배경을 고찰하고, 기존의 개편방안을 정책 모형에 따라 재구조화하여, 그 방안이 점진적이고 체계적으로 실행될 수 있는 방향과 전략을 탐색하고자 하였다. 이를 위해 먼저 교원양성체제 개편의 배경을 이론적 · 실제적 관점에서 고찰하고, 이를 토대로 체제 개편 모형을 도출하여 개편의 방향과 전략을 제시하고자 한다.

2. 이론적 배경

1) 개념의 이해

교원양성이란 교원의 직무수행을 위한 지식과 방법, 기술 그리고 올바른 가치관을 교육하여 길러 내는 것을 의미한다. 교원교육(teacher education)을 예비 교원을 훈련시키는 직전 교육(pre-service education)과 현직의 교원을 재교육시키는 현직 교육(in-service education)으로 나누어 볼 때, 교원양성은 전자에 해당된다. 교원은 법규에서 요구하는 자격을 갖춘 교육공무원을 뜻하지만 '교원양성'이라는 단어에서 '교원'이 함축하고 있는 의미에 따라 '예비 교원을 미리 훈련시켜 길러 낸다.'는 것과 '자신의 직무를 효율적으로 수행할 수 있는 자질과 품성을 갖춘 현직의 교원이 될 수 있도록 전문적으로 준비시킨다.'(서정화, 1989: 72)는 두 가지 해석이 가능하다. 즉, 교원양성에서 교원의 의미를 '양성을 위한 대상'으로 보느냐(예비 교원) 아니면 '양성을 위한 목적'으로 보느냐(현직의 교원)에 따라 해석에 차이가 있을 수 있다. 그러나 실제에서 '교원양성'은 교사를 양성하는 것으로 그리고 예비 교사를 입직에 대비하여 교사로서의 직무수행에 필요한 사항을 교육시켜 배출하는 것으로 통용된다. 따라서 교원양성은 '예비 교사를 대상으로 장차 교사의 직무수행을 잘할 수 있도록 필요한 지식과 기술 그리고 가치관을 교육시키는 것'으로 정의할 수 있다.

교사는 학생을 교육하기 위한 충분한 교과 지식, 학생을 이해하고 지도하는 방법과 기술 그리고 교직에 대한 사명감 등 자질과 품성을 갖추어야 한다. 이러한 교사의 자질과 품성은 직전 교육(pre-service education of teachers)인 교원양성과정을 통해 체계적으로 교육되어야 한다. 교원양성과정은 사범대학이나 교육대학 등 교사양성을 목적으로 하는 고등교육기관에 설치된다. 교원양성을 위한 기관의 설치에서부터 예비 교원을 양성하기 위한 양성과정의 운영에 관한 모든 사항은 법규에 의해 정해져 있으며 국가의 공식적인 제도로 기능한다. 신제도주의에서 말하는 제도는 포괄적으로 '정치와 경제 각 부문에서 개인 간의 관계를 구조화시키는 공식적인 규칙, 순응 절차, 표준화된 관행'(Hall, 1986: 19)으로 정의된다. 그리고 좁은 의미의 제도는 '공공조직의 표준화된 관행, 규정, 일상적 절차'로 정의될 수 있다(Hall, 1992: 96-97). 따라서 교원양성제도란 좁게 말하면 '교원을 양성하기 위한 제반 절차와 과정이 국가의 법규에 의해 규율되는 공식적이고 표준화된 형식'을 말한다.

교원양성제도는 흔히 실제에서 교원양성체제와 구별 없이 혼용하여 쓰이는 경향이 있다. 그러나 여기서는 학술적인 의미에 따라 체제와 제도를 구별하고자 한다. 교원양성체제는 교원양성제도와 유사한 용어이지만 '체제(system)'라는 말이 그렇듯이 좁은 의미의 제도(institution)보다 훨씬 복잡하고 다양한 양상을 띠는 복합적인 현상을 포괄한다. 물론, 체제는 이러한 현상에 체제의 구성 요소(예, 투입, 과정 산출)를 적용하여 정형화된 형식으로 변환시키는 분석적 관점으로도 이해될 수 있다. 따라서 교원양성체제는 '교원을 양성하는 과정에서 나타나는 공식적 · 비공식적 절차와 과정을 포괄하는 제반 현상을 종합적으로 조망하고 분석적으로 이해하기 위한 체계적인 관점 혹은 틀'로 개념화할 수 있다.

한편, '교원양성체제의 개편'이라는 개념은 교원양성체제를 교원양성제도와 동일시했을 때 제도로서 운영되는 교원양성의 제반 절차와 과정을 의도적으로 고치는 활동을 말한다. 점진적으로 보다 바람직한 상태를 지향하는 '개선'과 달리, '개편'은 가치판단이 개입되지 않은 '기술적인 상태(descriptive state)'의 용어로서 개선보다는 변화의 폭이 클 경우 사용된다. 그러나 교원양성체제를 하나의 관점이나 틀과 같은 광의로 볼 때, 교원양성체제를 개편한다는 것은 종래의 체제를 이해하기 위한 관점이나 틀을 달리한다는 의미로 해석된다. 따라서 교원양성체제의 개편은 '교원을 양성하는 제도적 형식을 폭넓게 바꾼다는 의미와 함께 체제의 구성이나 운영의 기본적인 틀에 관한 관점에 근본적인 변화를 도모한다.'는 의미를 함축하고 있다고 볼 수 있다.

2) 교원양성의 학문적 접근

예비 교원을 교육하는 현상으로서 교원양성은 매우 복잡하게 전개된다. 그만큼 탐구 분야로서 교원양성은 다양한 관점에서 연구될 수 있다. Doyle(1990: 3-24)은 당시 교사교육의 주요 탐구 주제를 분류하면서 전통적으로 교사교육의 인구통계학적 접근과 교사교육의 환경적 맥락에 대한 탐구가 지속되는 가운데 새롭게 교사의 질 문제가 핵심 주제로 떠오르면서 효과적인 교사교육 방법, 지식기반, 교사교육의 현장성 강화 등이 많이 연구되는 경향이 있다고 하였다. 그로부터 15년 후 미국교육학회(American Educational Research Association)의 '교수 및 교사교육' 분과 학회에서 주도한 '교사교육 패널'은 모두 9개의 교사교육 관련 핵심 주제를 설정하고 이에 관한 주제의 배경, 주요 의제, 연구 성과, 향후 연구과제 등에 관해 논의한 바 있다. 그 9개의 핵심 주제는 교사의 인구통계학적 특징, 교사의 질 특성, 교과교육 프로그램의 효과, 방법론 교과와 현장실습의 성과, 교사교육의 교육학적 접근, 다문화사회에 대비한 교사교육, 장애우를 위한 교사교육, 교사교육의 책무성, 교사교육 프로그램의 기반 등이다(Cochran-Smith & Zeichner, 2005). 지난 15년간의 간격을 두고 공통적인 주제도 있었지만 시대의 변화에 따라 연구주제가 그만큼 확대되었고 다양한 접근이 가능해졌음을 알 수 있다.

교원양성은 복합적인 현상으로 다학문적 접근이 가능한 탐구 영역이다. 일찍이 Urban(1990: 59-71)은 교사교육의 역사적 접근으로부터 과거의 경험에 대한 성찰을 바탕으로 현재의 교사교육 개혁과 실제에 관한 지혜를 얻을 수 있다고 하였다. 또한 Cochran-Smith와 Fries(2005: 69-109)는 교사교육의 문제를 훈련의 문제(1950년대 후반~1980년대 초반), 학습의 문제(1980년대 초반~2000년대 초반), 정책의 문제(1990년대 중반~2000년대)로 보면서 이들 문제에 대한 연구 동향을 살펴보고 미래 교사교육의 연구 방향을 제시한 바 있다. 교사교육에 대한 철학적 접근은 교사교육의 개념과 지식의 문제 그리고 교사교육 현상에 대한 보다 근본적인 탐구를 통해 교사교육의 목적을 현실에 맞게 세우도록 하는데 도움을 주고, 실제의 교사교육 관행에 대한 반성적 사고를 통해 정책적 변화의 단초를 제공하기도 한다(Floden & Buchmann, 1990: 42-58). 그리고 정치학적 접근은 교사교육 개혁의 배경과 과정을 이해하고, 현상 진단을 통해 정책을 기획하고 추진하는 데 도움을 준다(Sikula, 1990: 72-

82; Dede, 1990: 83–97).

교원양성의 교육학적 접근은 교원양성의 근본적인 문제를 다루는 데 유용하다. 그중에서도 어떤 교수 방법과 수업 전략을 통해 예비 교사들을 가르칠 것인가 그리고 이러한 방법과 전략은 교사교육에 어떻게 기여했는지에 관한 주제는 전형적인 교육학적 접근의 관심사다(Grossman, 2005: 425–476). 그만큼 교사교육에서 '무엇을 어떻게 가르치고 배울 것인가'에 관한 교수–학습의 방법과 전략은 교원양성교육이 대학이라는 교육체제에서 이루어진다고 할 때 체제의 핵심 기술(technical core)에 해당된다(Hoy & Miskel, 2005: 29). 교수–학습과 함께 중요한 교육의 3요소 중 하나인 교육과정은 '예비 교사에게 무엇을 가르칠 것인가', 즉 지식의 내용과 구성 방법에 관한 것이다. 교육학의 한 분야인 교육과정학은 직전교육을 통해 예비 교사들이 배워야 할 전문적 지식의 기반과 내용 그리고 지식과 실제와의 연관성을 탐구한다. 미국의 교사교육기관 인정평가협의회(National Council for Accreditation of Teacher Education: NCATE)에서는 전통적인 학문 탐구의 형식과 교직 실제와 연계된 이론의 개발 등 두 가지 유형의 지식기반을 인정 기준으로 설정하고 있다(Tom & Valli, 1990: 373–392).

전통적으로 교육심리학은 교수 및 교사교육 과정 연구의 기초 학문으로서 개인에 관한 이론과 행동과학적 접근에 의한 방법을 통해 교사교육의 중심 학문 분야였다. 그러나 점차 교사교육이 개인의 행동보다는 상황과 맥락을, 일반적인 인지 과정보다는 영역별로 구체적인 지식구조를 이해하는 쪽으로 강조되면서 교수–방법, 교육과정 등이 새롭게 관심 영역으로 독립하게 되었다. 또한 교사의 지식과 교실 생활 그리고 교수의 실제가 점차 복잡해지면서 다양한 학문 분야로부터의 이론과 해석적 연구 방법이 증가하게 되었다(Doyle, 1990: 3–24). 미국에서는 교사교육의 기초과목으로 다양한 교육학의 하위학문 분야를 개설하고 있는데, 100개 공·사립대학을 대상으로 조사한 연구에서 교육철학과 다문화교육이 가장 많이 개설되고 있는 것으로 나타났다(Bauer & Borman, 1988). 그 뒤를 이어 교육사, 교육의 쟁점과 동향, 교육사회학, 교육학개론 등의 순으로 많이 개설되고 있었다. 전통적으로 교사교육의 주류적 접근이었던 교육심리학은 교육학 하위 학문 분야 중 15위에 해당되는 5개 과목밖에 개설되지 않은 것으로 나타났다.

교원양성의 교육행정학적 접근은 교원양성의 현상을 사회과학적 및 교육학적으로 모두 접근할 수 있다는 점에서 유용하다. 즉, 교원양성을 정치적, 경영적 관점에서 탐구할 수 있을 뿐 아니라 교육의 전문성 관점에서도 이해할 수 있다는 장점이 있다. 구체적으로 교육행정학이 교원양성 현상에 적용될 수 있는 대표적인 예로 교원양성제도를 운영하는 법규의 개폐와 해석, 교원양성의 문제를 개선하기 위한 정책, 교원양성체제의 관리와 운영 등을 들 수 있다. 이러한 교원양성의 교육행정학적 접근은 미국의 경우 1980년대 초 교육개혁이 본격화되면서(Sikula, 1990; Cochran-Smith & Fries, 2005), 우리나라에서는 문민정부 이후 교육개혁의 일환으로 활발하게 채택되어 오고 있다. 교원양성의 교육행정학적 접근을 지향하는 본 연구는 교원양성이 교육인사관리의 한 단계로 인식되고, 체제적 관점에서 조망되고 개편이 추진될 때 상대적으로 합리성이 증가된 교원양성정책이 가능하다는 입장을 취한다.

한편, 1990년대 이후 교원양성이 이루어지는 영역별로 특수한 상황과 맥락이 중시되는 경향에 따라 교과교육학의 학문적 특성이 강조되고 교과 특유의 현장성을 강조한 질적 연구와 내러티브 연구가 나타나기 시작하였다. 교원양성의 교과교육학적 관점에서 우선적인 관심은 해당 교과의 지식을 무엇으로 구성할 것인가 그리고 어떻게 그 지식을 교육과정으로 만들어 예비 교사들을 가르칠 것인가에 있다(Ball & McDiarmid, 1990: 437-449). 교원양성과정에서 교과교육학의 학문적 정체성 논의는 지식의 내용 구성 면에서 가장 치열하다. 교과교육학은 내용 면에서 교과의 모학문과 어떻게 다른지 그리고 교육학의 하위 학문 분야와 어느 정도까지 지식 내용을 공유할 수 있는지는 오래된 논쟁거리다. 우리나라에서도 1990년대 중반 이후 교과교육학의 교육학으로부터 독립을 의미하는 정체성에 대한 논란이 시작되었다. 교과교육학의 정체성을 확보하려는 움직임은 구체적으로 교육학의 하위 학문 분야로 구성된 교직과목의 축소와 교과교육학 전공에서 교과 내용과 교과 방법의 학문적 독자성을 추구하는 방식으로 전개되었다.

3) 교원양성체제 개편의 합리적 관점

교원양성체제의 개편이 정책적으로 지나치게 대중의 요구에 민감하게 반응하여 추동되거나 특정 이해 당사자의 관심과 이익을 수용하여 추진되는 것은 합리성을 희생한 채 정치적으로 경도된 경우에 해당된다. 정책에 관련된 이해 당사자의 협상과 합의가 정책 추진에 중요한 다원주의 모형이나 조합주의 모형 같은 경우 이들의 권력관계에 의한 정책의 형성과 집행이 당연하다. 그러나 우리의 경우 아직 정부가 주도적으로 정책을 추진하는 국가주의 모형이 우세하기 때문에 국가가 정치적으로 어느 한편으로 기울어진 정책을 펴 나갈 경우 포퓰리즘 혹은 특정 대리인의 역할 수행으로 인한 정부 실패에 빠질 위험에 노출될 수 있다. 어떻게 해서든지 정책의 합리적 기반을 상승시키는 것이 중요하고, 정책의 성격에 따라 차이는 있겠지만 적어도 정책의 형성에 있어서 합리성과 정치성의 균형을 추구하는 것이 바람직하다.

정책의 합리적 기반은 합리성의 정의가 그렇듯이 '목적의 보편타당성'과 '수단의 객관화'가 충족될 때 구축될 수 있다. 물론, 정책 실제에서 절대적 합리성을 충족시키기 힘든 환경적 제약 요인이 많기 때문에 제한된 합리성을 추구하는 이론이 보다 현실적이라는 Simon의 지적도 있다. 따라서 본 연구에서도 교원양성체제 개편의 합리적 기반에 해당되는 이론적 토대 역시 '완벽한' 합리성의 입장이 아니라 합리성을 '지향하는' 중범위이론의 수준에서 제시한다. 중범위이론은 행동과학에서 추구하는 절대 보편적 이론으로서 '단일의 최상이론(one best theory)'의 현실적 한계를 인정하고 상황 맥락의 공간적 범위 내에서 최적으로 적용될 수 있는 이론을 뜻한다. '상황적합적 이론(contingency theory)'으로서 중범위이론은 교원양성체제라는 제한된 영역과 우리나라라는 특수한 상황의 맥락적 조건에서의 정책적 노력(개편)에 적합한 이론 형태다.

먼저, 교원양성체제의 개편을 위한 합리적 관점의 이론으로 체제이론이 있다. 교원양성체제라는 말 속에 이미 교원양성의 현상이 '체제'적으로 이루어진다고 인정하고 있다는 점에서 체제이론의 관점은 개편을 위한 정책의 근본으로 자리 잡을 수밖에 없다. 체제이론은 역사적으로 모든 학문 분야에서 적용될 수 있는 보편타당한 이론으로 출발하였다(Bertalanffy, 1968). 그러나 사회현상의 다양성은 체제이론이 세분화된 영역의 현상을 분석하고 종합하는 데 응용될 수 있는 기회를 제공하였고, 그 결과 분야별로 다양한 체제이론이 생성되었다. 교육행정학 분야만 해도 Getzels와 Guba(1957: 423-441)는 학교를 일종의 사회체제로 보고 체제에서 관찰되는 인간의 행위는 규범적 차원의 역할과 개인적 차원의 인성 간의 상호작용에 의해 설명될 수 있다고 하였다. Owens(1991: 59)도 사회체제적 관점에서 학교교육이 이루어지는 과정을 사회로부터의 투입(지식, 가치, 목적, 재정), 교육적 과정(구조, 인간, 기술, 과업의 하위체제로 구성), 사회로의 산출(개인의 능력, 기능, 의식의 성장)의 유동적 흐름 속에서 파악하였다.

사회체제로서 학교의 체제적 구성 요소와 그것의 작용을 보다 세밀하게 완성시킨 것은 Hoy와 Miskel의 모형이다. 그들은 선행의 학교 사회체제에 관한 문헌을 종합적으로 고찰하여 11가지의 사회체제 모형의 가정을 도출하고, 이러한 가정으로부터 학교는 조직행동에 영향을 미치는 중요한 요소 혹은 하위체제로 구성되어 있다고 하였다(Hoy & Miskel,

2005: 22-23). Hoy와 Miskel 모형의 장점은 종래 블랙박스로 여겨졌던 체제의 과정 요소를 하위체제 간의 역동적인 상호작용으로 구체화했다는 데 있다. 즉, 그들은 투입 요소를 산출로 변환시키는 과정을 학교의 핵심 기술을 둘러싼 하위체제 간의 상호작용으로 보고 있다. 이들은 학교의 핵심 기술은 교수-학습 활동으로 보았고, 그 외의 활동은 교수-학습의 목적에 부차적인 것으로 보았다. 한편, 변환 과정의 하위체제로는 구조체제, 정치체제, 개인체제, 문화체제를 제시하였고, 이들 하위체제는 서로 상호작용하는 가운데 투입 요소를 변환하여 결과를 산출한다.

Hoy와 Miskel의 모형은 학교의 조직적 활동을 염두에 둔 것이지만 교원양성체제의 개편을 위한 정책 모형으로도 활용될 수 있다. 교원양성체제도 교원양성대학이라는 교육기관을 통해서 이루어진다는 점에서 일종의 사회체제로 볼 수 있다. 즉, 교원양성체제는 교원수급계획과 양성의 목적과 사명 그리고 사회로부터의 인적 · 물적 지원을 투입요소로, 양성활동 자체를 변환 과정으로, 예비 교원에게 자격을 부여하고 임용을 원활하게 하는 산출로 구성된다고 볼 수 있다. 이때 변환 과정은 양성교육 활동의 3요소인 교수, 학습, 교육과정의 핵심 기술을 기본적 활동으로 하여 양성체제의 하위체제인 구조체제, 정치체제, 개인체제, 문화체제로 구성된다. 물론, 여기서는 교원양성체제 개편이라는 역동적인 흐름 속에서 하위체제가 존재하기 때문에 각 하위체제의 의미에 부합되는 방안이 제시된다. 구체적으로 구조체제는 양성의 조직과 형식을 의미하며, 정치체제는 양성의 거버넌스와 권력관계의 측면을, 개인체제는 양성체제의 주요 구성원인 교수와 학생 그리고 문화체제는 양성기관의 풍토와 구성원의 의식을 뜻한다. 이러한 Hoy와 Miskel의 모형과 유사한 관점에서 2004년 교원교육학회에서는 '교원양성체제 개편의 쟁점과 방향'이라는 제하에 교원양성체제의 개편을 구조적 측면, 내용적 측면, 평가적 측면, 거버넌스적 측면, 보완적 측면으로 나누어 쟁점과 방향을 조망한 바 있다.

교원양성체제의 개편 과정에서 정책의 합리성을 증가시킬 수 있는 또 다른 근거는 교육인사행정의 관점에서 찾을 수 있다. 교육인사행정은 공적인 교육조직에 관련된 인사를 법규와 인사관리의 원칙에 따라 운영하는 것으로, 그 운영 과정은 몇 개의 핵심적인 기능을 중심으로 절차화되어 있다. Rebore(2001: 11)는 교육인사(교육인적자원)행정의 기능을 인적자원계획, 교육인사의 모집과 선발, 교육인사의 배치, 전문적 능력 개발, 평가, 보상, 단체협상으로 제시하였다. Webb과 Norton(1999)은 교육인적자원행정의 영역으로 모집, 선발, 인적자원 역량의 극대화, 성과 평가, 보상, 지원 프로그램을 들고 이들이 인적자원행정의 구체적인 과정을 구성한다고 하였다. Castetter와 Young(2000)은 인적자원 기능의 차원은 조직, 환경, 문화 등 5개 차원으로 나눌 수 있다고 포괄적으로 보면서 모집과 선발, 유인, 교직원 개발, 성과 평가, 보상 등이 각각의 과정을 통해 이루어진다고 보았다. 한편, 서정화(1989: 38-39)는 교육인사행정의 기능론을 종합하여 교육인사행정의 영역은 교육 및 교육행정 활동에 종사하는 교직원의 신분과 자격, 수급, 교육 훈련, 신규 채용, 승진, 전보 및 전직, 보수, 근무 부담, 복지 후생, 징계 및 퇴직 등의 내용을 관리하는 전 과정을 총칭한다고 하였다. 특별히, 그는 교육인사행정의 영역은 각각 상호 의존하면서 상호작용하는 밀접한 관계를 맺고 있으므로 하나의 과정으로 통합되어 총체적인 체계를 형성한다고 하였다.

김성렬 등(1994)은 교육인사행정의 기능과 영역에 대한 광범위한 고찰을 토대로 교육인사행정을 교육인사행정의 기초, 교육행정의 과정 그리고 교육인사행정의 환경 등 세 범주로 나누고 각 범주별로 구체적인 영역을 제시한 바 있다. 특히, 교육인사행정의 과정은 교육인사행정을 중심으로 각 영역을 통합한 총체적인 과정으로서 인적자원계획, 양성, 자격, 채용(모집, 선발, 임용), 현직 교육, 평가, 인사이동 등 7개의 절차적 단계로 구성된다고 하였다. 이러한 각 단계는 교육인사행정의 핵심적인 기능에 해당되며, 서로 유기적으로 밀접하게 연계되어 있다(서정화, 1989: 39; Rebore, 2001: 6-13). 여기서 각 단계가 유기적으로 연계되어 있다 함은 본 연구의 주제와 연결하여 볼 때 교원수급계획에 따라 교원양성체제의 변화가 도모될 수 있으며, 교원양성체제의 변화에 따라 자격과 임용에 있어서 변화가 불가피하다는 것이다. 따라서 교원양성과정은 교원수급계획에 따라 예비 교사에게 자격을 부여하고 필요한 인원을 선발 임용하는 중간에 위치하며, 계획부터 임용까지 일련의 연속된 인사행정 과정의 한 단계다. 이들 인사행정의 단계는 서로 유기적인 관계 속에서 발전적인 협의와 상호 협조체제가 이루어질 때 정책의 실효성이 배가될 수 있다(신현석, 2002; 김명수, 2003: 63). 보다 세밀하게 합리성에 기반을 둔 교원정책은 이러한 일련의 교육인사행정의 순차적인 관계를 고려하고, 단계 간의 연계된 정책방안을 설계할 수 있어야 한다.

교원양성은 인적자원계획, 즉 교원수급계획의 종속변수이면서 자격과 채용의 독립변수로서 기능한다. 따라서 교육인사행정이나 정책에서 개별 단계의 변화를 독립적, 폐쇄적으로 도모한다는 것은 연계된 주변 단계의 예기치 못한 변화를 야기하여 교육인사행정 전반의 연쇄적인 균열을 초래한다. 교원양성체제의 개편도 마찬가지다. 교원양성체제의 개편은 단지 양성의 관점에서만 폐쇄적으로 추진할 것이 아니라 장기적으로는 교원수급계획과 단기적으로는 투입 요소에 해당되는 체제의 목적과 사명에 대한 폭넓은 검토 그리고 물적자원의 지원을 염두에 둔 개편이 정책적으로 이루어져야 한다. 또한 교원양성체제의 산출 요소로서 예비 교사에 대한 자격 부여와 선발 및 임용을 연계하여 개편하는 것이 바람직하다. 즉, 교원양성체제의 개편은 체제적 관점이나 교육인사행정의 관점에서 교원양성체제의 투입 요소(혹은 독립변수)인 교원수급계획과 체제의 목적 그리고 물적자원의 지원을 염두에 두어야 하고, 체제의 산출 요소(혹은 종속변수)인 자격과 채용을 연계하여 추진되는 것이 합리적이다.

3. 교원양성체제 개편을 위한 정책 모형

지금까지 교원양성체제 개편을 위한 정책은 정책 고객의 확대를 통해 정치적 이해관계를 고려하거나 경제적 · 사회적 요구를 반영하여 이루어지는 경우가 많아 정책의 형성 과정에서 양성 주체의 전문성과 정책의 합리적 기반이 미약해지는 경향이 있었다. 이에 이 연구는 양성체제 개편이 보다 합리적 기반 위에서 이루어질 수 있도록 이론적 배경을 탐색하였다. 그 결과, 교원양성체제의 개편 과정은 사회체제적 관점에서 체제의 하위 구성요소 간의 결합과 상호작용으로 파악할 수 있고, 교육인사행정의 관점에서 교원양성은 인사행정이 이루어지는 과정 속에서 연계되는 전후의 단계(혹은 기능)와 함께 그것의 개편이 논의되어야 함을 알게 되었다. 결국, 교원양성체제의 개편은 교육인사행정 과정의 단계 간 연계성을 고려하여 이루어져야 하고, 양성체제의 핵심 기술과 하위체제에 해당하는 방안의 상호작용을 감안하여 정책적으로 설계되어야 한다는 것을 알 수 있다.

교원양성체제 개편을 위한 정책 모형은 사회체제적 관점에서 투입, 과정, 산출로 구성되고 각각은 그 단계를 특징짓는 몇 개의 하위요소로 구성된다. 구체적으로 투입 요소는 중장기적인 교원수급계획, 양성체제의 사명과 목적, 물적자원의 지원 등으로 구성된다. 투입 요소를 받아 산출을 위해 변환시키는 과정에는 교수, 학습, 교육과정으로 구성되는 체제의 핵심 기술과 이를 위한 4개의 하위체제가 있다. 양성체제의 핵심 기술은 양성교육의 3요소로 교육의 본질을 구성한다. 이들 핵심 기술의 환경적 맥락과 상황을 의미하는 하위체제는 구조체제, 정치체제,

개인체제, 문화체제로 구성된다. 구조체제는 양성체제의 형식에 해당되는 외형적 조건을 의미한다. 정치체제는 양성체제의 정치적 관계를 나타내는 거버넌스와 관계된 집단 간의 권력관계를 나타낸다. 개인체제는 교원양성체제를 양성기관의 관점에서 보았을 때 교육적 주체인 교수와 학생으로 구성된다. 한편, 문화체제는 양성기관의 풍토와 구성원의 의식 혹은 교육적 가치관을 의미한다.

구체적으로 교원양성체제 개편을 위한 정책 모형을 그림으로 나타내면 [그림 5-1]과 같다. 문민정부 이후 각 시기별로 살펴본 교원양성체제의 개편 방안은 양성체제 개편을 위한 정책 모형의 투입, 과정, 산출의 하위 구성 요소로 재분류될 수 있다.[1)] 왜냐하면 양성체제의 개편 방안은 구체적으로 교원양성체제의 구성 요소 각각의 문제에 대한 개선책

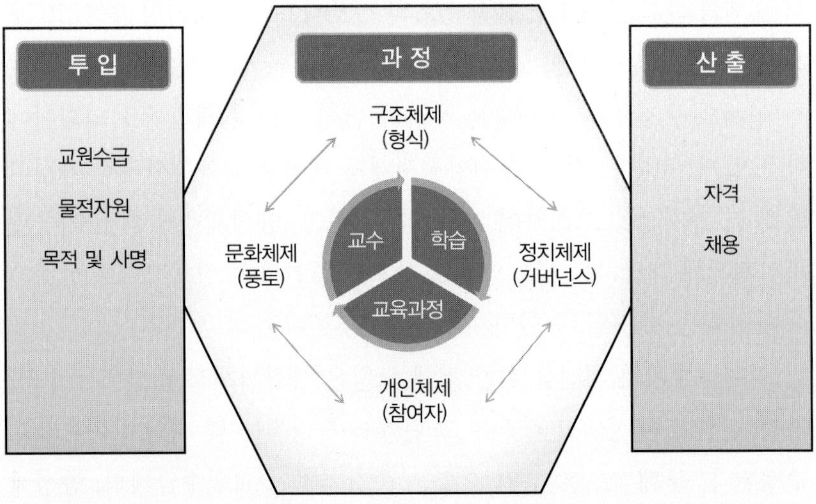

[그림 5-1] 교원양성체제의 개편 모형

1) 원래의 발표 논문에서는 문민정부 이후 현 정부에 이르기까지 발표된 교원양성체제 개편 관련 정부방안과 정책보고서 그리고 개인 연구물 총 35편을 고찰하고 이를 바탕으로 〈표 5-1〉을 산출하였음. 이들 자료는 참고문헌에 제시되어 있음. 자세한 내용은 한국교원교육학회 제45차 학술대회 자료집을 참고할 것.

으로 제시된 것이기 때문이다. 구체적으로 문민정부 이후 교원양성체제 개편을 위한 정부기관의 개편방안(7개)을 비롯하여 연구보고서(6개), 개인 연구(22편) 등 총 35건에서 제안된 방안을 모형의 구성 요소와 정부 시기별로 분류하여 제시하면 다음의 〈표 5-1〉과 같다.

표 5-1 교원양성체제 개편방안의 모형 요소 및 시기별 분류 1

체제 요소		개편방안	
		문민정부	국민의 정부
투입	교원수급계획	• 중등교원의 수급정책	• 중장기적 교원수급계획 수립(2)
	물적자원	• 교육여건 개선(2)	• 실습실 및 종합교육센터 설립
	목적 및 사명	• 품위 있고 유능한 교원 육성(2)	• 교원의 전문성 신장 • 현장 적합성이 높은 교사양성
과정	교수-학습	• 학교현장과의 연계 강화	• 이론의 실천적 검증(교육실습 강화)
	교육과정	• 교육과정 운영의 내실화 • 프로그램 질적 수준 제고	• 교육과정 다양화 및 개선(2) • 교육실습 강화(3) • 양성과 연수의 통합체제 구축
	구조체제(형식)	• 평가인증제 도입 • 대학원 수준에서의 양성 • 교육대학 양성체제 개편	• 교육양성기관의 통폐합 및 연계성 강화(7) • 교원전문대학원 설립(4) • 평가인증제 도입(3)
	정치체제(거버넌스)	• 질 관리체제 수립 • 양성기관의 기능과 역할 재조정	• 국가기관에서 질 관리
	개인체제(참여자)		• 현장 경력자 교수 채용 • 교육 관련 인사 의견 수렴
	문화체제(풍토)		• 개별 대학의 특성에 따라 교원교육체제 발전
산출	자격	• 교원자격증제도 신축적 운영 • 교원양성의 정예화	• 교원자격, 임용체제 유연화 및 개방화(2)
	임용	• 현장교육 능력 중시(2)	• 평가 방식 개선(교직 적성과 자질 비중 강화)

*( ) 안의 숫자는 제안된 횟수임.

표 5-2 교원양성체제 개편방안의 모형 요소 및 시기별 분류 2

체제 요소		개편방안	
		문민정부	국민의 정부
투입	교원수급계획	• 교원수급의 탄력성 확보(5)	• 임용 인원 대 양성 인원의 적정 비율 유지
	물적자원	• 행정 재정적 지원 강화	
	목적 및 사명	• 질적 우월성 제고 • 교원의 사회적 책무성 제고 • 교원의 전문성 향상(2)	• 전문성 향상
과정	교수-학습	• 양성기관 간의 학점 교류 • 교수진 능력 개발 프로그램 도입 및 지원 강화(3)	
	교육과정	• 목표 설정에 따른 교육과정 구성 운영 • 교육과정의 개선 • 교육과정 표준화(2) • 교육실습 내실화(2) • 현장 적합성 강화(6)	• 시대의 변화와 사회의 요구 반영
	구조체제(형식)	• 교원종합양성기관 설립 등 초·중등교원양성체제의 재구조화(6) • 교원전문대학원의 도입(4)	• 교원양성기관 평가인증제 도입(3) • 교육전문대학원 설립(2)
	정치체제(거버넌스)	• 권한 이양 · 자원 공유 • 상호 의존 · 권한의 다양화와 분산	
	개인체제(참여자)	• 예비 교사의 지식 이해 태도의 성장	
	문화체제(풍토)	• 교직관 비중 확대	• 인성이나 성격을 중시하기 위해 면접 강화
산출	자격	• 국가 기준에 의한 자격 취득 및 질 관리 강화(6), 학년별 자격제도 확립(2)	• 개방적 교원자격증제도(2) • 교원 자격 갱신제 • 수석교사제 운영 등 교원 자격체제의 이원화
	임용	• 선발 방법 다양화 등 교원임용시험제도 개선(3) • 수습교사제 도입(3)	• 임용체제 다양화 • 수습기간 확대 • 임용 시 교원용 공직적성평가 적용

*( ) 안의 숫자는 제안된 횟수임.

〈표 5-1〉과 〈표 5-2〉의 결과를 분석해 보면, 교원양성체제의 개편모형에서 과정에 해당되는 교원양성과정에 대한 개편방안이 가장 많은 것으로 나타났다. 그중에서도 구조체제, 즉 교원양성제도의 구조와 형

식에 대한 개편방안이 가장 많았다. 그리고 양성체제의 핵심 기술 중 하나인 교육과정에 대한 개선방안이 많았는데, 이는 주로 제7차 교육과정과 연계된 양성교육의 변화에 대한 요구가 많았기 때문이다. 한편, 개편모형의 산출에 해당되는 자격과 임용에 대한 개선방안도 많이 제안되었는데, 이 방안은 교원양성제도 개편과 연계되어 있다. 이에 비해 제안된 횟수는 적지만 개편 모형의 투입에 해당되는 교원수급계획 측면에서도 개선방안이 적지 않게 제안되어 교원양성체제를 개편하기 위한 과정에서 수급계획과 자격 및 임용이 양성과정과 연계되어 모색되고 있음을 알 수 있다(김명수, 2003; 권오현, 2003; 김재복, 2004; 김이경 외, 2004a; 김태완 외, 2008). 이는 교원양성체제 개편에서 교육인사행정 과정의 단계 간의 연계가 고려되고 있음을 나타내는 것이며, 정책의 합리성 제고에 대한 인식이 점차 늘어나고 있음을 알 수 있게 해 준다. 그러나 교원양성체제 내 구성 요소 간 결합을 통한 개편방안의 모색은 여전히 부족한 것으로 보인다. 특히, 핵심 기술과 하위체제 간 결합에 의한 개편방안의 도출은 이해관계가 첨예하게 대립하는 정치지향적인 구조 및 형식 중심의 양성체제 개편방안 모색에 묻혀 정책의 합리성을 약화시키는 요인으로 작용하고 있다.

4. 교원양성체제의 개편 방향과 전략

이미 교원양성체제의 개편은 〈표 5-1〉과 〈표 5-2〉에서 제시된 바와 같이 정부기관, 정책 연구 그리고 개인 연구의 방안을 통해 많이 발표되어 왔고, 실제로 제도적 개선이 도모되어 오기도 했다. 본 연구에서는 이들 선행 개편방안을 거의 전수에 가까울 정도로 고찰하고 분석했으므로 여기서 또다시 이들 선행연구와 방안에서 제시되었던 실질적인 개편방안의 주장을 되풀이하지 않는다. 이 연구는 교원양성체제의 개편이 앞으로도 계속 진행될 정책 사안이라는 점에 착안하여 현재 양성체제 개편방안이 도출되고, 정책에 반영되어 추진되는 방식에서 나타나는 기존의 문제점을 해소하기 위한 방향과 전략을 제시하는 일종의 메타적 정책 연구의 성격을 띤다. 이들 방향과 전략은 이론적 · 실제적 배경의 고찰로부터 도출된 교원양성체제 개편을 위한 정책 모형의 실천적인 운용을 위한 것으로, 왜 이들이 타당한지는 기존의 문제점과 대비되어 제시된다.

1) 기본 방향

본 연구에서 교원양성체제 개편을 위한 정책은 근본적으로 앞의 [그림 5-1]의 모형에 근거해서 이루어질 것으로 상정한다. 이때 교원양성체제의 개편은 다음과 같은 세 가지 기본 방향을 견지하면서 추진될 수 있을 것이다. 여기서 기본 방향은 개편 정책의 전제 혹은 추진 원리에 해당되는 것으로 정책이 추진되는 지향점을 향도한다.

첫째, 교원양성체제 개편을 추진하는 정책은 이념적으로 자율과 책무 그리고 전문성의 조화를 지향한다. 이명박 정부의 교육정책 기조는 자율과 경쟁이다. 자율과 경쟁을 통해 교육의 경쟁력을 높일 수 있다는 가정이다. 지금까지 나타난 교원정책의 방향도 교원평가를 중심으로 제시되고 있는 것으로 보아 교원 능력의 제고를 통한 교직의 경쟁력 강화를 꾀하고자 한다는 것을 알 수 있다(교육과학기술부, 2008a; 신상명, 2008). 여기에 초 · 중등교원양성기관의 개편을 대학 구조조정 차원에서 실시하고자 한다(교육과학기술부, 2008b). 명분은 학령인구 급감에 따른 대학 운영의 효율성 제고 차원이고, 강제로 추진하기보다는 양성기관 통합을 대학의 자율적인 판단에 맡기고 추진 대학에 대한 재정지원을 약속했다. 또한 다양한 전문인력이 교직에 진출할 수 있는 기회를 확대하기 위하여 이들의 교원자격 취득을 위한 특별과정을 운영하고 이것이 교직의 경쟁력을 강화하는 데 연결된다고 보고 있다(교육과학기술부, 2008b).

현 정부의 교원(양성)정책 방향은 이념적으로 일견 자율과 책무 그리고 전문성이 두루 가미된 것처럼 보인다. 그러나 이러한 이념은 정책의 기저에 배경철학으로 기능하기보다는 정책을 포장하고 있는 듯한 느낌이다. 자율은 정책 수요자의 주체적 판단에 의한 자발적인 선택이 가능해야 하는데, 재정 지원을 수단으로 정치적인 영향과 심리적인 압박을 주는 방식으로 작동하기 십상이다. 부여된 자율에 대한 반대 급부로서 책무를 확보하기 위해 평가를 하고 이를 통해 경쟁력을 제고하려는 정부의 판단은 책무의 조건으로서 자율의 조성이 불충분한 가운데 대학과 교원에게 부담만 안길 수 있다. 전문성은 자율과 경쟁이 강조되는 가운데 희생된 것처럼 보이고, 그것이 논의되는 수준은 전문인력의 영입을 통해 이루어지는 소극적이고 부차적인 수준이다.

정책의 이념으로서 자율은 타의에 의해 부여되는 것이 아니라 당사자의 독립적이고 주체적인 판단과 선택이 가능한 환경의 조성을 필요로 한다. 이러한 상황에서 자율에 따른 책무가 논의될 수 있다. 교원양성기관에 대한 평가가 성공적으로 소기의 성과를 거두기 위해서는 합리적으로 완벽한 평가도구의 개발도, 평가 결과에 따른 상벌체계의 확립도 아닌, 기관의 자율성 보장 및 전문성 개발 중심의 평가가 되어야 한다. 많은 연구에서 교원양성기관에 대한 평가의 강화를 주장하면서 상벌체계와의 긴밀한 연계를 강조한다. 평가를 책무와 연계하여 기관의 효율차원에서 교원양성체제 개편과 이를 통한 경쟁력 제고에만 관심이 있지, 평가의 조건으로서 자율과 목적으로서 전문성 제고에는 무관심하다. 양성체제의 개편을 위한 정책도 이제 '무엇을 어떻게 할 것인가'에 대한 관심 이전에 '왜 해야 하고, 하기 위해서 필요한 것은 무엇인가'에 먼저 초점이 맞추어져야 한다. 더 이상 '포장된 실용'을 위한 정치적 수사가 아닌, 건전한 정책 이념으로서 자율과 책무 그리고 전문성에 대한 재해석을 통해 양성체제 개편의 정책 추진 배경논리로 작동할 수 있어야 하겠다.

자율은 책무의 조건이면서 책무의 결과에 따라 보장받고 강화되는 경향이 있다. 책무는 일견 전문성을 확인하기 위한 절차나 과정으로 볼 수 있지만 제한된 능력에 대한 확인이라는 점에서 전문성의 부분적 개념이다. 더욱이 교원양성체제 개편의 과정에서 책무는 지향점으로서 전문성 개발을 위한 수단으로 작용하기 때문에 책무를 개편의 목적 개념으로 보는 것은 바람직하지 않다. 따라서 교원양성체제 개편의 궁극적인 지향점으로서 교원양성의 전문성 제고는 정책 수단의 이념으로서 자율과 책무를 통해 모두 가능하지만, 우열의 비교를 통한 배타적 선택의 문제가 아니라 상호 보완적인 협응과 조화를 통해 이루어지는 것이 바람직하다.

둘째, 교원양성체제 개편을 추진하는 정책은 그 배경논리로서 합리적 기반의 확충을 도모한다. 〈표 5-1〉과 〈표 5-2〉에서 보는 바와 같이 그동안 제안된 교원양성체제 개편방안은 구조체제의 개선에 주로 집중되어 있다는 것을 알 수 있다. 이에 따라 교원양성체제를 개편한다는 것은 교원양성의 구조와 형식에 변화를 주는 것이 전부이고, 이를 빼놓고는 말이 안 되는 것처럼 논의되는 경향이 있어 왔다. 문민정부 이래 모든 정부에서 양성기관 통폐합을 통한 교원종합양성기관 설립, 교육(원) 전문대학원 설립, 양성기관 평가인증제 방안이 제안되었다. 이들 방안은 기존의 양성체제에 대한 획기적인 변화를 초래하는 것으로 그만큼 정치적 파급력이 클 수밖에 없다. 정책 연구를 통해 그 결과를 정부위원회에서 논의하고 실제 정책방안으로 정부가 발표하기도 했지만 시행은 아직 요원한 것으로 보인다. 이와 같이 연구는 꾸준히 진행되어 왔지만 정부의 정책 채택을 통한 실행이 자꾸 지연되는 이유는 이 방안으로 인한 정치적 갈등에 대한 부담 때문이다. 갈등을 잠재울 수 있는 합리적인 묘수나 방법을 마땅히 찾을 수 없고, 이러한 노력과 능력도 부족한 상태에서 도상 계획으로만 존재한 지 벌써 십수 년이 흘렀다. 여기에 개인 연구자들은 정책토론회 발표나 정부위원회에서 자기가 소속된 기관의 입장에 따라 방안의 선호도를 달리하는 경향이 있어 양성체제 구조개혁의 정치성을 부채질하고 있다. 즉, 교육대학 교수는 사범대로의 통합보다는 교대 중심의 교원종합대학화 혹은 교육전문대학원 설립을 선호하고 있으며, 사범대 교수는 교육대학을 종합대의 한 단과대로의 통합 혹은 사범대 소속으로 통합하거나 지역별 교원종합대학안을 선호한다. 사립 사범대는 교육전문대학원 설립에 따른 양성기관 구조조정의 범위와 자신의 존폐 문제에 민감하게 반응한다.

구조체제 중심의 교원양성체제 개편은 비록 그 방안의 장단점이 사실적인 연구를 통해 제시되었다 하더라도 다양한 이해 당사자가 방안을 논의하는 자리에서는 정책 선택에 따른 손익계산을 할 수밖에 없기 때문에 정치성을 띠게 된다. 문제는 이러한 지리한 논의 때문에 교원양성체제 개편을 위한 정책의 합리적 측면이 희생된다는 것과 교원양성의 핵심 기술에 해당되는 교수-학습 및 교육과정 개선에 관한 양성체제 개편의 본질적인 사안이 간과되고 있다는 것이다. 따라서 정부는 정책의 합리성 기반이 비교적 잘되어 있는 교원양성의 핵심 기술에 대한 개선에 정책의 우선순위를 두고 실행하며, 체제의 구조나 거버넌스 등 정치적으로 민감한 사안은 정책의 합리적 기반을 점진적으로 구축해 나가면서 추진하는 것이 바람직하다. 양성체제 개편을 위한 정책의 합리적 기반은 정책 목표의 타당성과 정책 수단의 정당성으로부터 보장될 수 있다. 기술적 합리성이 어느 정도 보장된 교원양성의 교수-학습 및 교육과정에 대한 개편정책은 목표의 타당성보다는 수단의 정당성 확보가 정책 성공의 관건이다. 교원양성기관의 평가가 규제와 통제보다는 지원과 조장을 위한 것일 때 정당성 확보에 유리하다. 한편, 양성체제의 구조나 형식처럼 이해관계에 따라 정치적 갈등이 불가피한 양성체제 개편방안은 합리적 기반의 확보를 위해 우선 정책 목표의 타당성에 대한 이해를 공유하는 것이 중요하다. 즉, '왜 이 방안을 추진해야 하는가'에 대한 합의와 동의를 합리적으로 이끌어 내는 노력이 필요하다. 그럼에도 불구하고 정부나 연구자들은 주로 지금까지 '어떻게 할 것인가'에 관한 정책 수단의 마련에 골몰해 왔다. 이로 인해 수단이 목적에 선행하여 목적이 전도되는 가운데 방안은 표류할 수밖에 없었다.

셋째, 교원양성체제 개편을 위한 정책의 실행 방법은 전략적이어야 하고, 체제의 구성 요소에 해당되는 방안이 종합적인 교원양성체제 계획에 따라 상호 연계, 결합되는 합리적인 방식으로 추진된다. 그동안 정부의 교원양성체제 개편을 위한 정책의 추진 방식은 개편방안을 정책연구를 통해 도출하고 이를 위원회나 추진단에서 논의하여 여론 수렴 후 정부에 건의하면 정부는 이를 수용하여 발표하는 식이었다. 정책의 비전과 목표는 있지만 목표별로 추진 과제를 나열하는 식이고(교육혁신위원회, 2006), 설령 방안별 추진 계획이 시기별로 제시되었다고 해도 정책 추진의 우선순위에 대한 언급이 없다(교육부, 1999, 2000; 교원양성체제개편추진단, 2004). 종합적으로 교원양성체제 개편방안을 담은 교원정책 개선계획은 정치적인 일정 혹은 추진 예산의 확보 문제로 인해 정책 실제에서 실행되지 못한 채 도상 계획으로 종결되는 경우가 많았다(교육부, 1999, 2000; 교육혁신위원회, 2006). 그나마 최근에는 양성체제 개편이 종합적인 교원정책의 부재 속에 분절적으로 논의되고 있는 형편이다.

그동안 교원양성체제 개편을 위한 정책이 성과 면에서 부실했던 것은 정치적 갈등으로 인해 실물 정책화되는 비율이 낮은 이유도 있었지만 추진 방식 또한 비효율적이었다는 데도 있다. 따라서 향후 교원양성체제 개편을 효율적으로 추진하기 위해서는 종합적인 교원양성체제 개편 계획에 따라 개편을 위한 방안 혹은 과제의 추진 계획의 우선순위가 분명하게 설정되어야 하고, 이에 따른 방안의 추진 일정과 예산 확보 가능성이 담보되어야 한다. 정책방안의 우선순위는 정치적으로 민감한 사안보다는 합리적 기반 구축이 용이한 사안이 먼저 실행될 수 있도록 하여 정책방안의 실제 채택률을 높이는 것이 바람직하다. 그리고 양성체제 개편방안이 합리적으로 추진되기 위한 방법으로 종래 방안의 과제를 담당 부서별로 나누어 추진하는 부서 중심의 폐쇄적인 정책 추진보다는 교육인사행정 과정의 원리에 따라 교원수급계획과 자격 및 임용과 긴밀하게 연계되어 추진되고, 체제 운영의 원리에 따라 체제 내 서로 다른 성격의 방안이 결합을 통해 상호작용에 의한 시너지 효과를 낼 수 있는 방식으로 추진되는 것이 바람직하다. 물론, 이때 방안 추진의 연계와 결합의 방식은 종합적인 교원양성체제 개편 계획에 의거하여 우선순위에 따라 실행된다.

2) 추진 전략

교원양성체제 개편을 위한 정책의 기본 방향에 따라 정책의 목표가 수립된다. 정책 목표는 정책의 이념을 구체화한 상태로 설정된다. 그동안 교원양성체제 개편의 정책 목표는 '질 높은 교원의 양성'(교육개혁위원회, 2006: 18), '교원양성 교육의 질 제고'(교원양성체제개편추진단, 2004: 7), '교육 수요에 부응하고 전문직으로서 교직의 특성에 부합하는 제도 수립'(교육부, 2000: 12), '대학 운영의 효율성 제고'(교육과학기술부, 2008b: 9) 등 다양하게 설정되어 왔다. 본 연구에서는 개편정책의 이념을 '자율과 책무 그리고 전문성의 조화'로 보았으므로 교원양성체제 개편의 정책 목표는 '자율과 책무를 통한 교원양성 교육의 전문성 제고'로 상정할 수 있다.

교원양성체제의 개편을 위한 정책은 전략적으로 추진해 나가는 것이 중요하다. 여기서 전략이란 정책 목표를 달성하기 위하여 제안된 방안에 대해 우선순위를 판단하여 실행에 옮기고 이에 필요한 수단을 동원하는 과정을 의미한다. 따라서 추진 전략은 정책의 기본 방향에 따라 설정된 정책 목표를 달성하기 위한 방법적 절차로서 기능한다. 본 연구에서 개편 정책의 추진 전략은 합리성 확보의 용이성, 추진 기간, 파급 효과에 따라 단기적 전략과 중장기적 전략으로 나눌 수 있다.

(1) 단기적 전략

단기적 전략은 양성체제 개편을 위한 정책을 2~3년 내에 추진할 수 있을 때 적용할 수 있는 전략을 말한다. 여기에 포함될 수 있는 개편방안은 합리성의 확보가 용이하고, 추진 기간이 길지 않으며, 개편의 파급 효과가 비교적 적은 것이다.

첫째, 교원양성체제의 개편정책은 양성체제 문제의 시급성에 따라 우선순위가 높은 방안을 선정하여 추진하는 부분적 · 점진적 처방을 통해 개편의 실효성을 증가시킨다. 간혹 정책당국은 시급성을 요하는 정책으로 민원이 빈발하여 여론이 좋지 않거나 대통령이나 국회 등에서 정치적으로 요구되는 사안으로 간주하여 이들을 현안으로 우선해서 다루기도 하였다. 모든 정책이 갖고 있는 정치적 배경의 측면에서 볼 때, 정부는 정책이 형성되는 과정에서 관여된 집단 간 권력관계의 일부이기 때문에 정책 부서가 정부 외적인 영향력을 무시하기는 사실상 불가능하다. 문제는 이러한 정치적 현안이 합리적 관점에서 시급성이 높은 방안의 추진을 지연시키거나 왜곡시킨다는 데 있다.

정책의 시급성을 판단하는 기준은 정책 목표의 본질에 부합하면서도 문제가 여전히 잘 해결되지 않고 있는지의 여부다. 교원양성체제 개편을 위한 정책의 경우 정책 목표는 '자율과 책무를 통한 교원양성 교육의 전문성 제고'이기 때문에 정책의 추진 우선순위는 양성교육의 전문성 제고에 직접적으로 관련이 있는 방안에 두어야 한다. 양성교육의 전문성을 직접적으로 촉발시키면서 비교적 합리적 정책 추진이 용이한 분야는 교원양성체제의 핵심 기술에 해당되는 교수-학습과 교육과정이다. 그러므로 교원양성 교육의 과정에서 가르치고 배우는 활동과 그 매개체인 교육 내용의 형식과 운영의 개선을 우선적으로 추진하는 것이 바람직하다. 구체적으로, 교수-학습 측면에서는 학교현장과 연계된 교수-학습의 운영, 교수 능력 개발 프로그램 도입, 양성기관 간 학점 교류 등이, 교육과정 측면에서는 교육 프로그램의 질적 수준 강화, 교육과정의 다양화와 표준화, 교육실습의 내실화 등(송광용, 2004; 황규호 외, 1999: 65-71; 조주연, 2000: 68-69)이 합리적 기반 위에서 우선적으로 추진될 수 있을 것이다.

교수-학습 및 교육과정 분야의 개선이 개편정책의 우선순위로 추진될 때 유의할 것은 교원양성 교육의 전문성 신장이라는 개편의 목표에 부합하고 일관성이 유지되어야 한다는 것이다(송광용, 2004: 57). 이러한 교원양성의 핵심 기술에 대한 개편의 중요성은 2008년부터 교육과학기술부에서 추진해 온 '대학교육역량강화사업'의 확대에서도 알 수 있다. 우수한 인력을 양성하기 위해서는 교수가 잘 가르쳐야 하는 것이 기본이라는 취지에서 비롯된 이 사업은 교원양성체제의 개편 시 체제의 핵심 기술에 정책의 우선순위가 주어지는 것과 일맥상통한다고 볼 수 있다. 향후 교원양성기관의 교수-학습 개선이나 교육과정의 내실화를 위한 방안은 교원양성체제 개편의 일환보다는 대학교육의 역량 강화 차원에서 연계해 추진해 나가는 것도 바람직해 보인다. 따라서 정책당국은 정치적으로 민감한 방안을 정책으로 추진하려는 과정에서 소모적인 정쟁을 통해 추진 동력이 떨어져 정작 정책 목표를 실현하는 데 직접적이면서도 시급한 방안을 놓치지 않도록 유의해야 한다. 이는 정책의 우선순위를 잘못 설정한 경우이므로 정책의 추진 계획과 일정을 수정하는 것이 바람직하다.

둘째, 교원양성체제 개편을 위한 정책의 추진 방식은 정책 추진의 합리적 기반을 확장하기 위하여 방안의 연계와 결합을 채택하고, 정부가 이를 조정하고 관리할 수 있도록 한다. 교원양성체제의 개편을 위한 방안은 합리적 추진이 비교적 용이한 것부터 점진적으로 실행하는 것이 바람직하다. 그러나 많은 방안이 집단에 따라 이해관계가 대립되는 것이기 때문에 정치적 갈등을 피할 수는 없다. 예를 들어, 교원양성체제의 구조나 형식 그리고 거버넌스와 관련된 방안과 자격제도의 변화에 따라 양성체제의 변화가 불가피한 경우 집단 간의 이해가 상충되기 마련이다. 이미 개편방안의 정치적 민감성으로 인해 양성체제 개편을 위한 방안이 표류하거나 자연스럽게 폐기되는 정책의 실패를 거듭 경험해 오고 있는 상황에서 정책의 합리성을 확보하기 위하여 방안 추진의 합리적 기제를 구안하는 것은 정책을 보다 원활하게 이끌어 나가는 데 중요하다.

교원양성체제 개편을 위한 정책을 추진하는 과정에서 추진의 합리적 기반을 확장하는 방법은 크게 두 가지 측면에서 이루어질 수 있다. 첫째, 정책 목표의 타당성을 확보하는 일이다. 개편을 위한 추진 방안이 정책의 목표에 부합하는지 점검할 수 있어야 하고, 그 이전에 정책 목표에 대한 정책 구성원 간 기술적 수준의 합의가 전제되어야 한다. 예를 들어, 교원양성기관 평가인증제를 도입하려는 경우 인증제를 도입하려는 취지와 목적이 '교원양성 교육의 전문성 제고'라는 정책 목표에 부합되는지 우선 점검해야 하고 이에 따라 실행을 위한 세부 방안이 논의되어야 할 것이다. 둘째, 정책 수단의 정당성을 확보하는 일이다. 정책 수단의 정당성은 정책 목표를 달성하기 위한 수단의 기술적 합리성을 보장함으로써 도달될 수 있다. 기술적 합리성을 보장하는 방법은 교육인사행정 과정의 연계성의 원리와 사회체제론에서 구성 요소 간 결합과 상호작용의 원리를 적용하는 것이다. 예를 들어, 중장기 적정 교원수급계획에 따라 중등교원양성기관의 통폐합이 추진된다든지, 교사자격의 검정 및 부여에 제도적 변화를 주어 양성체제 개편의 정책 모형상 투입, 과정, 산출 요인을 서로 연계하여 정책을 추진하는 경우다. 또한 정책 추진의 합리성을 증가시키기 위하여 교원양성체제의 과정에서 하위체제 요소에 해당되는 방안과 핵심 기술에 해당되는 방안을 결합하여 추진할 수도 있다. 예를 들어, 양성과정 교수-학습의 현장 연계성과 교육실습 내실화가 중요한 만큼 이를 교원양성기관 평가인정제의 중요한 평가 항목으로 반영하는 경우다.

교원양성체제 개편을 위한 정책 추진 과정에서 정부의 역할은 중요하다. 여전히 정책의 추진 주체는 정부이며, 정부는 방안의 우선순위를 결정하고 갈등 중인 방안을 조정하고 관리하는 주도자다. 정부가 양성체제 개편을 위한 정책의 합리적 기반을 제고할 수 있는 힘은 막강한 공권력의 기세나 자율적 방임으로부터 나오는 것이 아니라 특정 이해집단으로부터 휘둘리지 않는 관료조직의 무사 공평성(impersonality)과 공적 권위의 정당성으로부터 나온다(Weber, 1947). 이런 점에서 최근 교원정책의 추진 모형으로서 다원주의, 조합주의 방식의 부분적 채택과 정책 대리인에 의한 정책 집행 방식의 활용과 분권적 거버넌스 방식의 지향은 신중하게 이루어져야 한다. 정부는 여전히 정책의 이성적인 주체로서 국민으로부터 합리적으로 정책을 추진할 것으로 기대되고 있다. 특히, 교원양성체제와 같이 전문성이 중요한 특수 목적체제는 공동의 이익에 부합하도록 운영 · 관리하는 것이 곧 정부가 주도하는 정책의 합리성을 제고할 수 있는 길이기 때문에 정부의 역할은 다원화되어 가는 사회에서조차 중요하다.

셋째, 교원양성체제 개편을 위한 종합적인 중장기 계획을 수립하고, 정책의 추진체제를 구상한다. 종합적인 중장기 개편 계획의 수립은 정책의 추진 일정에 따라 예측 가능하게 정책을 추진할 수 있다는 장점과 함께 방안의 중복을 방지하고 방안 추진의 우선순위를 전략적으로 설정할 수 있다는 점에서 바람직하다. 반면에 정권의 변동에 영향을 받아 일관성 있게 추진하기 어렵다는 약점도 지니고 있다. 그럼에도 불구하고 무계획하게 정치적인 요구에 따라 현안 중심으로 무질서하게 정책을 추진하기보다는 종합적인 계획의 수립을 통해 방안의 추진 우선순위를 정하고, 합리적인 원리를 적용하여 방안의 연계와 결합을 통해 정책을 추진해 나가는 것이 바람직해 보인다. 교원양성체제의 개편을 위한 정책의 방안 구성은 정부가 주도하되, 각계의 전문가가 공동으로 참여하여 방안의 대표성을 확보하는 것이 바람직하다. 구체적으로, 종합적인 개편방안은 교원양성의 계획 부문(수급 계획, 행 · 재정 지원, 환경 조성), 교육 부문(목표, 교수-학습, 교육과정), 인적자원 부문(교수, 학생), 구조체제 부문(구조, 거버넌스), 성과 부문(자격, 임용) 등 [그림 5-1]의 개편방안 정책 모형의 요소별로 구성하는 것이 바람직하다. 그 이유는 이런 방식이 정책 추진의 합리적 원리인 부문(요소) 간 연계와 결합의 적용이 원활하기 때문이다.

교원양성체제의 종합적인 중장기 계획의 수립에 따라 효율적인 정책 추진체계를 구상할 필요가 있다. 앞서 기본 방향에서 언급했듯이 방안을 부서별로 분담하여 독립적으로 추진하는 방식보다는 방안의 연계와 결합이 빈번함에 따라 방안별로 유동적인 추진 팀을 구성하여 방안 중심으로 추진체계를 만드는 것이 바람직하다. 물론, 기존의 행정 부서에서 독립적으로 추진해도 가능한 방안은 별도의 팀을 구성할 필요 없이 원래대로 추진해도 무방할 것이다. 무엇보다 중요한 것은 정책의 이념에 따라 자율적으로 대학에서 추진할 수 있는 방안에 대해서는 지나치게 책무성의 확인을 요구하지 말고 대학이 책임지고 추진할 수 있도록 자율을 보장해 주는 것이다. 예를 들어, 양성교육의 목적과 사명 그리고 교수-학습 및 문화체제(풍토) 부문은 대학의 고유한 자율적인 영역으로서 스스로 책임을 느낄 수 있도록 기회와 명분을 부여하는 것이 바람직하다. 따라서 교원양성체제의 개편을 위한 종합적인 계획은 과거처럼 정부 행정 부서가 모든 것을 주도하고 책임지고 추진하는 중앙집중화된 일괄 추진체계를 탈피하여, 방안의 성격에 따라 추진 주체가 분산되는 방식을 취한다. 이러한 추진체계가 개편정책의 이념과 목표에 부합되는 것이기도 하다.

(2) 중장기적 전략

중장기적 전략은 개편방안이 정치적으로 민감하여 정책의 합리적 기반을 확대하는 데 시간이 필요한 경우이거나 좀 더 장기적인 전망이 요구되는 방안을 정책적으로 추진할 때 적용될 수 있는 전략이다.

첫째, 교원양성체제의 전면적인 재구조화를 종합적인 추진 계획에 따라 실행한다. 현 정부에서 또다시 교원양성기관 통폐합이 추진될 예정이다. 매 정권 출범 초기에 제기되어 왔던 교원양성체제의 구조 변화가 이제는 효율성 제고를 위하여 구조조정의 이름으로 추진되기에 이르렀다. 이러한 구조조정의 목표는 양성체제 개편의 정책 목표와 부합하지 않으며, 이념적으로 다른 근원에서 출발하였다. 또한 현재의 양성기관 통폐합뿐 아니라 지금까지 양성체제의 구조 변화를 꾀해 왔던 구조개편안은 그 양태에 따라 저마다의 논리를 갖추고 있으며 논자의 이해관계에 따라 선호도가 달랐다. 그리고 권력관계를 이용하여 원하는 방향으로 정책이 추진되도록 정치 게임을 서슴지 않았다. 양성체제 개편의 공적인 기반을 도외시하고 합리적 방식을 외면한 채 정치권력에 호소하는 경우다. 진정 시대사회적인 변화에 따라 교원양성체제의 구조적 개편이 필요하다면 정부는 지금이라도 제각기 중구난방으로 난립해 있는 안들에 대해 중지를 모아 양성체제 재구조화를 위한 종합적인 계획을 세우고 단계적으로 추진해 나가야 한다. 또한 정부는 양성체제 개편의 정책 목표를 실현하기 위한 양성기관 재구조화임을 분명히 하고 재구조화의 합리적 기반과 명분을 축적해 가면서 장기적인 안목에서 점진적으로 추진해 나가는 것이 바람직하다.

둘째, 교원정책의 장면에서 교육인사행정 과정의 영역이 유기적인 연계 속에서 작동하도록 교원정책 전반의 운영 구조 변화를 도모한다. 교육인사로서 교원은 행정적으로 관리되는 대상이면서 교육 발전을 주도하는 귀중한 인적자원이다. 그동안 교원의 전문성, 경쟁력, 사기를 제고하기 위한 많은 정책방안이 제안되었고 추진되어 왔다. 때로는 교직의 특수성이라는 보호막 속에 안주하면서 전문적 능력을 의심받아 이를 확인하기 위한 방안이 논의되기도 하였다. 그런 가운데 '교원에 대한 정책'에 대한 교원의 심리적 이반 현상이 나타나고 '교원을 위한 정책'을 요구하곤 한다. 이와 같이 정책의 수요자가 정책 장면에서 소외되고 이탈하는 현상이 가중되는 가운데 교원정책은 종합적인 계획만 세워 놓고 정책 채택이 미진하여 추진이 지지부진하거나 현안 중심의 미봉책으로 끝나는 경우가 많았다.

장기적으로 교원정책의 전반적 재구조화를 꾀하는 교원정책의 청사진이 세워져야 한다. 그리고 재구조화를 위한 방안을 가동시킬 새로운 작동기제가 필요하며, 추진 방식의 정비가 필요하다. 새로운 작동기제는 정책의 합리적 기반을 증대시킬 수 있어야 하고, 교원정책 과정의 단계 간 유기적인 연계와 결합 그리고 체계적인 관리를 가능하게 할 수 있어야 한다. 예를 들어, 교원양성교육과 현직 교육의 연계, 교원평가와 현직연수의 연계 등이 교원의 전문성 신장이라는 목표하에 추진될 수 있어야 한다. 정책의 추진 방식도 정부가 주도하고 책임지되, 자율적 추진이 가능한 부분을 찾아내어 책무의 분산을 꾀할 필요도 있어 보인다. 이때 교원정책 전반의 운영 구조 변화를 도모하는 궁극적인 목적은 교원의 전문성 신장이다.

5. 정부와 대학의 과제

본 장에서는 교원양성체제 개편이 정책의 합리적 근거에 의해 추진될 수 있도록 배경을 고찰하고, 기존의 개편방안을 정책 모형에 따라 재구조화하여, 그 방안이 점진적이고 체계적으로 실행될 수 있는 방향과 전략을 탐색하는 데 목적을 두었다. 교육인사행정 과정의 단계와 원리 그리고 사회체제론의 요소와 원리를 활용하여 양성체제 개편을 위한 정책 모형을 도출하고 기존의 개편방안을 모형의 요소별로 나누어 보았다. 정책 모형에 따라 양성체제 개편을 추진하고자 할 때 기본 방향은 자율과 책무 그리고 전문성의 이념 조화, 정책의 합리적 기반 확충, 전략적 추진으로, 정책의 목표는 자율과 책무를 통한 교원양성교육의 전문성 제고로 설정하였다. 이러한 방향과 목표에 따라 양성체제 개편을 위한 추진 전략은 단기적 전략으로 우선순위가 높은 방안을 단계적으로 추진하고, 방안의 연계와 결합에 의해 추진하며, 양성체제 개편을 위한 중장기 종합 계획의 수립과 정책 추진체계의 재구성이 필요하다고 하였다. 한편, 중장기 전략으로는 교원양성체제의 전반적인 재구조화를 종합적인 계획에 따라 추진하며, 교원정책 전반의 운영 구조 변화를 모색해야 한다.

교원양성체제 개편에 관한 선행 연구는 공통적으로 개편이 필요한 배경과 이유를 제기하고 현황과 문제점을 제시한 후 문제해결을 위한 방안을 밝히는 방식을 취한다. 이들 방안은 대통령 교육자문기구의 안으로 발표되기도 하고 정부의 방안으로 채택되기도 한다. 그러나 정부 방안으로 발표되었다 하더라도 현장에서 실제 정책으로 집행되지 않는 경우가 허다하다. 정치적 갈등을 빚고 있는 정책에 대한 정부의 부담 때문이기도 하고 더 큰 권력에 의한 좌절일 수도 있다. 뿐만 아니라 정책의 형성 과정에서 합리성은 정치적으로 변질되거나 압도당하기 일쑤다. 방안의 성격 때문에 정치적 이해관계의 차이에 의한 갈등이 어쩔 수 없다 하더라도 권력관계를 이용하여 정책의 공적 기반을 사유화하는 이해집단의 행태는 합리적 정책 추진의 주체로서 정부의 공신력을 와해하는 작용을 한다. 그렇기 때문에 정책의 주체로서 정부가 어떤 역할을 수행할 것인가가 중요하다. 교원양성체제 개편의 정책 이념과 목적에 따라 정책의 합리적 기반 확충을 통해 정책을 주도적으로 추진해 나가는 정부, 종합적인 청사진의 계획에 따라 전략적으로 정책을 추진해 나가는 정부의 역할 수행이 그 어느 때보다도 필요한 시점이다.

한편, 교원양성기관은 양성체제 개편과 관련하여 교수-학습 및 교육과정 운영의 주체로서 부여받은 자율성에 대한 책무의식이 충만해야 한다. 대학은 양성기관의 특수성을 고려하여 교육환경의 개선과 교수 확보 그리고 엄격한 학사관리를 통해 자격증의 질을 스스로 유지 · 관리할 수 있어야 한다. 이러한 노력이 지속적으로 이루어지는 가운데 양성기관의 자율성이 보장되고 인정되는 것이며, 타율적 책무성 확인 이전에 자발적인 전문적 책무성이 확립될 수 있을 것이다. 양성기관 교수들은 양성교육의 전문성을 향상시키기 위한 핵심 기술의 발전적 변화에 최선을 다해야 한다. 자신이 소속한 대학에 유리한 양성체제의 개편을 관철시키기 위해 목소리를 높이거나 정치권력에 편승하는 것은 교육 전문가로서 미래의 교사를 가르치고 교육 연구자로서 그리고 지식을 탐구하는 학자-교수로서 바람직하지 않다. 물론 교육 전문가 그리고 연구자로서 교수들은 정부 양성정책의 방안 형성에 일조할 수 있고, 양성기관 평가에 평가자로 참여할 수 있다. 그러나 이는 어디까지나 전문가로서의 양심과 합리적 판단을 전제로 하는 참여이지, 개편을 위한 정책의 과정에 이해 당사자로 참여하는 것과는 구별된다. 자율과 책무의 시대에 교원양성체제의 개편은 대학과 교수 자신이 정책의 수요자가 아닌 합리적이고 주도적인 실천자일 때 정책 목표가 달성될 수 있다.

제6장

교육실습

제6장에서는 교육실습의 중요성에 비추어 부실하게 운영되고 있는 교육실습의 실태를 조사 · 분석하여 문제점을 진단하고 이를 바탕으로 교육실습 운영의 내실화를 도모하기 위한 방안을 제시하고자 하였다. 여기서는 교육실습이 운영되는 과정을 그 시기에 따라 실습 전, 실습 중, 실습 후 등 3단계로 나누고 각 단계별로 실습의 운영 실태와 문제점에 관한 사항을 실습 대상 학생에게 설문하여 자료를 수집하였다. 조사 결과, 실습생들은 교육실습이 이루어지기 전에는 교육실습에 대한 기대가 매우 높은 것으로 나타났다. 실습이 실제로 진행되는 과정에서 실습생에게 도움이 되었던 것은 교직과정의 교육 내용과 실습 동료였으며, '교재연구법'이나 '교과지도법'과 같은 강좌는 실질적인 도움이 되지 않았던 것으로 나타났다. 교육실습이 끝난 후 전체 교육실습에 대한 만족도는 60% 이상을 상회하여 대체로 긍정적인 평가를 하고 있는 것으로 나타났다. 이러한 조사 결과를 바탕으로 교육실습의 운영을 개선하기 위한 제언이 제시되었다.

주제어 **교육실습, 직전교육, 교사자격, 양성교육**

* 본 장은 "교육실습 운영 개선을 위한 연구"(교육발전논총, 21(2), 2000)의 내용을 수정 · 보완하였음.

1. 교육실습의 중요성

교육실습은 교사양성과정의 일환으로서 교직에 관한 이론적 연구를 심화하고, 실제적 체험을 통하여 교육의 실제에 대한 이해와 아울러 교육정신을 진작시켜 유능한 교육자로서 갖추어야 할 기본적인 자질을 실습자 자신의 주체적인 활동과 자기성찰을 통하여 갖추도록 하는 교직과정의 한 영역이다(신용일, 1993: 24). 보다 구체적으로 교육실습은 예비교사가 교육실습 이전까지의 교사양성교육을 통해 습득한 제반 이론을 실제로 교육현장에서 적용해 보고 또한 양성교육 단계에서 접하기 힘들었던 교수 방법, 의사결정자로서의 역할, 인간관계, 학교조직의 일원으로서 요구되는 사무 처리 능력 등에 관한 태도와 기술 등을 직·간접적으로 배울 수 있는 계기를 마련해 준다. 이와 같이 교육실습은 공식적인 교사양성 교육과정의 일부로서 강의실에서 배운 이론과 지식을 실제에 접목하고 또한 배울 수 있는 기회와 경험을 제공한다는 측면에서 예비교사의 성장과 발달에 중요한 영향을 끼치고 있다고 보고되어 왔다(Campbell & Williams, 1983; Goodman, 1985).

이와 같은 교육실습의 중요성 때문에 교육 관계 법령은 교원양성기관에서 교사자격을 취득하고자 할 때 필수적으로 교육실습을 이수하도록 명시하고 있다. 즉, 「교원자격검정령 시행규칙」 제12조에 따르면 교직과정을 이수하는 과정에서 2학점, 4주 이상의 교육실습을 반드시 이수해야 각급 학교 교사자격 취득을 위한 무시험 검정 대상이 될 수 있다. 따라서 교육실습은 형식적인 면에서 교사자격증을 획득하기 위해 이수해야 할 필수 교직과정이며, 이는 바로 교육실습의 형식적 목적에 해당된다고 볼 수 있다.

사실 교육실습의 형식적인 목적은 교육실습이 갖고 있는 진정한 의미를 교사자격증 취득요건의 일부로 제한함으로써 그 가치 자체를 폄하

하고 있는 셈이다. 교육실습은 단순히 교사자격증 취득을 위한 법적 요건의 충족뿐 아니라 대학에서 배운 지식과 이론을 교육현장에서 실천하는 기회를 제공하고, 이 기회를 통하여 교사로서의 품성과 능력을 기르며, 교사로서의 자질을 스스로 평가하거나 객관적으로 평가받으며, 교육현장의 실태와 문제를 파악하고, 이를 연구하고 해결하는 능력을 배양함으로써 한 사람의 교사가 되기 위한 준비 과정으로서의 의미를 갖고 있다(남정걸, 1993: 20). 이렇게 볼 때, 교육실습은 ① 교사자격 취득을 위한 요건의 충족, ② 기초이론의 실제적 적용, ③ 현장실습을 통한 교육 경험의 기회, ④ 교사로서의 품성과 자질의 확립, ⑤ 교육현장의 실태와 문제의 이해, ⑥ 예비 교사로서의 자기평가와 능력 검증 등 6가지의 목적을 갖고 있다는 것을 알 수 있다.

이러한 목적을 실현하기 위해 실행되고 있는 교육실습은 교사를 양성하는 과정에서 없어서는 안 될 가장 중요한 요소임에도 불구하고 그동안 교원교육의 연구 분야에서 상대적으로 소홀히 취급되어 왔다(Guyton & McIntyre, 1990; Heath, 1994). 이로 인해 교육실습은 체계적이고 과학적인 연구와는 무관한 실제에서의 경험법칙에 의해 좌우되는 비이론적인 분야로 인식되기에 이르렀다. 이에 따라 교육실습의 정의 및 목적은 물론이고, 어떻게 운영할 것인가에 대한 모델의 개발 그리고 평가에 관한 전반적인 이론적 토대의 부족이 오늘날에 이르기까지 계속되어 오고 있다. 교육실습의 이와 같은 지식 기반의 취약성은 교육실습이 예비 교사의 준비 과정에서 중요할 뿐 아니라 현직 지도교사의 성장과 발달에도 중요한 영향을 준다는 연구 결과 보고로 인하여 더욱 아쉽게 느껴진다(Grant & Drafall, 1996; 임승렬, 1998).

교육실습에 대한 체계적인 연구의 부족은 교육실습의 운영 효과를 극대화하는 데 있어서 문제가 아닐 수 없다. 교육실습의 이론적 기반과 지식의 폭이 제한되어 있어서 교육실습의 기획, 운영 내용과 방법, 그리고 평가 활동 시 참고할 만한 근거가 마땅치 않아 이 분야에 대한 체계적인 교육을 어렵게 하고 있다. 이로 인해 교육실습은 한 학기 동안 진행되는 학과목이지만 4주간의 학교현장 실습으로 마감하는 교과로 인식되고 있고, 교육실습 참여자로 하여금 형식과 관행의 함정으로부터 헤어 나오지 못하게 하고 있다. 즉, 교육실습 교과를 담당하는 교수는 무엇을 가르쳐야 할지 몰라 실습 전에는 실습 시 주의사항을 주지시키고, 실습 중에는 일회성 임상지도로, 실습 후에는 실습 소감 발표 후 조기에 종강하는 관행을 되풀이하고 있다. 교육실습생인 학생은 4주 실습을 문제없이 해내면 쉴 수 있는 교과라는 인식을 갖고 있고, 실습 지도교사는 가능한 한 방해를 덜 받고 일 부담을 덜어 보려는 이중적인 태도 속에서 교육실습생을 대하려 한다.

이처럼 교육실습은 그 중요성에도 불구하고 실습 참여자들은 실습의 효과에 대해 부정적이고 이로 인해 실습 운영의 난맥상이 펼쳐지고 있다. 이러한 교육실습이 처한 운영상의 문제점에 터하여 본 장에서는 교육실습의 수요자인 실습생을 대상으로 실습 전, 실습 중, 실습 후 등 교육실습 전 과정에 걸쳐 수집된 교육실습 운영 관련 실태 자료를 분석하여 교육실습 운영을 개선하기 위한 방안을 제시하고자 하였다.

2. 논의의 배경

1) 교육실습의 성격

교육실습은 교원양성기관에 재학하고 있는 예비 교사들이 대학에서 배운 교육 관련 이론과 지식을 학교현장에 적용해 보고 이를 연구 · 심화하여 교육기술을 연마하고 체득할 뿐 아니라 교육자로서 자신을 올바로 이해하고 교원으로서 전문적 자질을 함양시키기 위한 일종의 수련과정이다. 오늘날 대개의 전문직이 그렇듯이 직업의 준비 단계에서 교육 프로그램은 대체로 직업과 관련된 이론과 지식의 학습 그리고 이의 실제 응용 등 두 가지로 구성되는 것이 보통이다. 그중에서도 우리는 후자를 '실습' 혹은 '인턴십'이라 부르며, 이를 통해 습득한 이론이나 지식을 실제로 경험하고 적용해 보는 기회의 장으로 삼고 있다.

역사적으로 교육실습은 중세의 도제제도(apprenticeship) 모델에서 출발했다고 볼 수 있다. 그 후 1685년에 프랑스의 Jean Baptiste de la Salle이 사범학교를 세워 교사 준비를 위한 교육과정을 개설함으로써 근대적인 형태의 교육실습이 시작되었다. 17~18세기의 교육실습은 단지 특정 방법의 모방 혹은 반복이 대부분이었다. 미국의 경우 1920년대까지 교육실습은 예비 교사에게 요구되는 직업 오리엔테이션 교과로 인식되었고, 그나마 중등교사는 전문적인 준비 과정 없이 인문대학을 졸업한 후 교직으로 진출하였다. 오늘날과 같이 교육실습이 교사자격 취득을 위한 필수교과로 부과된 것은 1920년부터 1940년 사이에 각 주들이 교육실습을 필수 전문교과로 법제화하면서부터였다(Guytone & McIntyre, 1990: 515). 한편, 우리나라에서는 1895년 고종칙령 제79호에 의하여 한성사범학교가 설립되고 같은 해 부속 소학교가 설치되면서 교수법에 대한 실제적인 연습이 시작되었을 것으로 추측된다(안상원, 한홍우, 1974: 16).

오늘날 전 세계적으로 교직 입문을 위한 예비 교사의 양성과정에서 필수교과로 인정되고 있는 교육실습은 국가가 표방하는 교육의 목적에 따라 그 강조점이 다르다. 예를 들어, 미국에서는 교육기술 면에 치중하여 사회성과 통합성을 강조하고 있으며, 독일에서는 기독교적인 교직적 자각을 제일로 하여 교직적 식견과 전문적 학문을 중시한다. 한편, 구소련에서는 정치 · 경제 · 사회에 대한 공산주의적 이해가 근본이고 교육 방법의 숙달에 중점을 둔다(김형태, 1997: 26). 각국의 특색에 따라 비록 교육실습이 강조하는 바는 다를지 몰라도 교육실습은 다음과 같은 공통적인 성격을 갖고 있다.

첫째, 교육실습은 교원이 되기 위한 준비 교육과 교원이 된 후에 이루어지는 현직 교육을 접속시키는 역할을 한다(한국교사교육연구협의회, 1987: 11). 교육실습은 일반적으로 교육이론 과정을 이수한 후에 혹은 교직교과의 학습이 진행되는 기간 내에 부분적으로 실시되지만, 단순히 교원이 되기 위한 직전 교육일 뿐 아니라 교직에 진출한 후 이루어지게 되는 현직 교육을 위한 토대가 된다는 점에서 교량 역할을 한다.

둘째, 교육실습은 교육활동의 일환으로서 '실습'에 중점을 두기보다는 '교육'에 중점을 둔다(최용섭, 김규형, 1981: 17-22). 교육실습생의 입장에서 교육실습은 예비 교원의 현장친화 과정 혹은 교육적 경험을 얻기 위한 연습활동으로 여겨질지 모르지만, 학생의 입장에서 볼 때 기성 교사의 지도나 교생의 지도는 동일한 교육활동으로 여겨진다. 따라서 학생들은 교생의 실험 혹은 연습 대상이 아니기 때문에 교육실습은 치밀한 사전준비와 계획을 통해 진행되어야 하고, 그래야 교생의 지도로 인한 학습의 단절과 분위기 해이 등과 같은 비효과적인 측면을 억제할 수 있다.

셋째, 경험실습으로서 교육실습은 교육이론과 교육실천이 상호 교차하여 작용하는 장이다(함종규 외, 1992: 16-17). 교육실습은 교직과정에서 학습한 이론을 실제에 적용할 수 있게 해 줄 뿐 아니라 실제 체험을 통하여 교육 경험을 습득하게 함으로써 교직의 이론과 실제를 통합하여 접목할 수 있는 근거를 마련해 준다.

넷째, 교육실습은 예비 교사가 실천적인 연구를 통해 반성적인 개인으로 성장하는 계기로서의 역할을 한다(Quick & Dasvoich, 1994). 예비 교사들은 교육실습을 통해 대학에서 습득한 이론을 적용할 뿐 아니라 이론 외적인 교육현장의 메커니즘을 새롭게 배울 수 있다는 점에서 실습 과정에서 응용과 학습이 동시에 이루어진다고 볼 수 있다. 이렇게 볼 때 실습생들은 자신의 교직에 대한 이해를 고양시키는 과정에서 연구자가 될 수밖에 없으며, 이 연구의 과정은 결국 '지식의 형태나 신념에 대한 적극적이고 인내심 있는 조심스러운 이해'로서 반성적 행동의 연속으로 채워지게 된다(Zeichner & Liston, 1987).

다섯째, 교육실습은 실제에 필요한 이론적 준비를 먼저 한 후 실제에 임하도록 하는 전문적 교육 방법(professional method)을 따른다(김형태, 1997: 23). 전문적 교육 방법은 먼저 그 직업에서 요구되는 전문적 지식을 체계적인 절차와 방법을 통해 가르친 후 이를 현장에 적용 · 발전시키는 과정으로 진행된다는 점에서 전문적 지식의 전달 없이 처음부터 실제 장면에서 스승이나 선배의 조수로서 시행착오를 거치면서 체험 중심으로 학습이 이루어지는 도제적 교육 방법(apprentice method)과 구별된다.

2) 교육실습의 과정

교원양성을 위한 교육과정은 크게 교양교육과정, 전공교육과정 그리고 교직교육과정 등 세 부분으로 구성되어 있다. 이 가운데서 교육실습이 포함되어 있는 교직교육과정은 교직이론과정과 교육실습과정으로 구성된다. 교육실습과정은 교직교육과정 내에서 2학점 필수교과로 지정되어 운영되고 있다. 따라서 교육실습은 1차적으로 교직 필수과목으로서 예비 교원이 교원자격을 취득하기 위하여 반드시 이수해야할 단일의 교과로 이해될 수 있다. 이렇게 볼 때 교육실습의 교과 운영에 있어서도 역시 핵심은 4주간에 걸쳐 이루어지는 학교 실제에서의 현장실습이라고 할 수 있으며 교육실습 교과는 이를 중심으로 운영될 수밖에 없다는 것을 알 수 있다.

그렇다고 해서 현장실습이 교육실습의 전부이며, 실습 전의 사전교육과 실습 후의 추수교육이 중요하지 않다는 것은 아니다. 체제론적 관점에서 볼 때, 실습 전의 사전교육은 투입 요인이고, 실습 중에 이루어지는 현장교육 활동은 과정 요인에 해당되며, 실습 후의 추수적 교육활동은 산출 요인에 해당된다. 교육실습체제를 구성하는 이들 세 요인들은 각각 교육실습의 부분 요소로서 개별적인 의미를 갖지만 세 요인이 바람직하게 결합 · 작용해야 소기의 교육실습 운영 효과를 거둘 수 있다. 따라서 교육실습의 전체 과정은 ① 실습 전(사전준비), ② 실습 중(실습 실시), ③ 실습 후(추후활동) 등 시간의 경과에 따라 세 가지 단계의 결합으로 나타낼 수 있다. 연구자에 따라 단계의 구체적인 표현 방식을 두고 표현상의 차이가 약간씩 존재하지만 대체로 연구자들은 교육실습의 3단계 구성논리에 대해 합의하고 있다(Guyton & McIntyre, 1990; 한국교사교육연구협의회, 1987; 남정걸, 1993; 신용일, 1993). 구체적으로 교육실습의 각 단계별로 이루어지는 교육의 목표와 내용, 방법, 평가 등 교육실습운영 내용과 문제점을 논의하면 다음과 같다.

(1) 실습 전 단계

교육실습의 과정에서 실습 전 단계는 현장실습을 위한 사전 준비 기간에 해당된다(신용일, 1993). 거시적으로 볼 때 실습 전 단계에 해당되는 기간은 현장실습이 이루어지기 전까지 교사양성과정에서 받은 모든 교육 기간을 포함한다. 그러나 미시적으로 볼 때 실습 전 단계는 교육실습 교과의 운영과정에서 교생으로 현장실습을 임하기 전까지 대략 한 달 정도의 기간을 지칭한다. 본 연구에서는 주로 미시적인 관점에서 실습의 전 단계에서 행해지는 주요 교육활동과 운영의 실제를 살펴보기로 한다.

교육실습을 앞둔 학생들은 일반적으로 새로운 경험에 대한 기대와 함께 다소의 불안감과 초조감을 갖게 된다. 구체적으로 Murwin과 Matt(1990)은 교생들이 실습 전에 갖고 있는 우려를 ① 훈육의 사용 방식, ② 학생들과의 관계 유지, ③ 교사와의 관계 형성, ④ 수업 계획의 작성, ⑤ 동기 유발 방법, ⑥ 타인의 기대에 부응할 만한 이미지 형성 등이라고 보고한 바 있다. Schwebel 등(1992: 18-20)은 교생들을 대상으로 한 광범위한 조사로부터 교생의 실습 전에 갖고 있는 우려를 주로 자신과 학생들에 관한 우려의 두 가지 범주로 나누고 자신에 관한 우려 사항으로는 ① 지도교사, 지도교수, 학부모와의 관계 유지, ② 개인적인 적응 문제, ③ 교과에 대한 지식, ④ 학생 통제와 학급 관리 등이 있고, 학생에 관한 우려 사항으로는 ① 학생에 맞게 교과를 운영하는 것, ② 학습동기를 유발하는 것, ③ 학생의 학습력 신장을 들었다.

실습 전 단계에서 이루어지는 교육 운영의 목표는 무엇보다도 실습을 앞둔 학생이 실습에 대해 갖는 불안과 우려를 최소화하는 데 두어야 한다. 이를 위해서는 학생이 무엇을 어떻게 실습해야 하는지를 분명히 숙지할 수 있도록 교육실습에 대한 철저한 사전지도를 해야 한다. 사전지도가 얼마나 충실하게 이루어지느냐에 따라서 교생 개인이 성공적으로 실습을 마칠 수 있는지의 여부는 물론, 전체 교육실습의 효과 여부를 판가름하는 데 중요한 영향을 미친다. 구체적으로 사전지도에는 ① 교육실습의 목적, ② 교육실습의 내용, ③ 교육실습의 방법, ④ 실습 학교의 학생 및 학교에 대한 소개 등이 기본적으로 포함되어야 한다(정태범 외, 1987: 27). 그러나 현재 각 대학에서 이루어지고 있는 사전지도는 실습할 학생을 대상으로 실습 시 주의사항을 전달하는 식으로 진행되어 소홀히 취급되고 있다. 이는 송용의와 조주희(1985: 349-350)의 연구에서도 입증된 바 있다.

사전지도의 접근 방법은 크게 분산적 방법과 집중적 방법 등으로 분류해 볼 수 있다(정태범 외, 1987: 27-28). 분산적 방법은 대학의 모든 관련 학과에서 교육실습과 관련된 내용을 분담하여 지도하는 경우로서, 예를 들어 교직 과목과 교과교육 과목에서 적절히 교육실습의 내용을 분담하여 사전지도하는 것을 말한다. 이러한 방법을 사용할 경우 체계적인 사전연구와 교수들의 합의가 있어야 한다. 한편, 집중적 방법은 교육실습의 내용을 특정의 단원이나 독립 교과로 설정하는 경우에 해당되는 것으로, 정해진 교과에서 교육실습의 목표, 내용, 방법에 관련된 독립된 내용을 체계적으로 조직하여 지도하는 경우다. 이 경우에 강의를 담당하는 교수는 교육학에 관한 풍부한 현장 경험 그리고 교과목에 관한 일반적인 원리를 이해하고 있어야 한다. 분산적 방법과 집중적 방법의 양쪽에 공히 사용되고 있는 사전지도의 대표적인 방법이 교육실습 실시 직전에 행해지는 교생을 위한 오리엔테이션 프로그램이다(남정걸, 1994: 61). 주로 대학의 교직과나 사범대학교 학과에서 주관하여 실시하는 오리엔테이션 프로그램은 ① 교생으로서의 근무 자세와 태도 및 용모, ② 실습교에 대한 안내, ③ 교직원과 학생과의 인간관계에 대한 내용을 주로 담고 있다. 오리엔테이션을 맡는 자는 주로 교수와 담당 직원인데, 전자는 교육실습 전 과정에 대한 내용을 소개하는 데 비해 후자는 주로 교생과 실습교 간에 구비해야 할 서류나 기타 사무 절차에 관한 것을 알려 준다.

물론, 실습 전 단계에서 가장 중요한 것은 교육실습에 임하는 학생들에 대한 사전지도이지만 이보다 앞서 행해져야 할 것이 교육실습 대상 학교의 선정이다. 교육실습 대상 학교의 선정은 교육실습을 시작하는 첫 번째 단계인 동시에 실습의 효과를 어느 정도 가늠할 수 있는 척도이기도 하다. 현재 교육실습 대상 학교는 대학부설 초 · 중등학교, 부속학교, 각 대학이 자체적으로 선정한 학교를 중심으로 이루어지고 있으며, 이 외에 교생이 스스로 선정한 학교도 이에 포함된다. 교육실습 대상 학교의 선정은 학교의 제반 여건을 고려하여 ① 교생이 학교별, 교과별로 편중되지 않도록 하고, ② 대학에 근접하여 순회지도가 용이하며, ③ 체계적인 교육실습을 하고 있는 학교를 중심으로 이루어지는 것이 바람직하다(남정걸, 1994: 60-61).

교육실습 대상 학교의 선정과 사전지도가 끝난 후 실습 전 단계에 마지막으로 해야 할 일은 실습 대상 학교를 예비 방문하는 것이다. 실습할 학교를 미리 방문하는 이유는 출퇴근 시 교통편과 소요시간을 추정한다는 개인적인 이유에서뿐만 아니라, 지도교사와의 사전면담을 통해 담당 학년과 학급을 확인하고 필요한 조언을 사전에 구해 적응을 순조롭게 하려는 의도가 담겨져 있다.

(2) 실습 실시 단계

교육실습의 핵심은 학생이 배정받은 실습 학교에서 교생으로서 4주간 생활하는 현장실습이라고 할 수 있다. 좁은 의미에서 교육실습은 곧 이 현장실습을 의미한다. 이 현장실습 기간 동안 교생은 대학에서 습득한 교육이론을 실제에 적용하고, 다양한 교육 경험과 교직기술을 체득하며, 교육의 제반 조건을 이해하여 건전한 교육철학과 교사로서의 자질을 키워 나가게 된다. 따라서 현장실습을 실행하는 기간 동안에 실습 운영을 담당하고 있는 사람들은 이러한 점에 각별히 유의하여 실습 프로그램을 제공하여야 한다.

현장실습 기간 동안 교생에게 부과되는 실습 내용은 크게 관찰실습, 참가실습, 수업실습 등 세 가지로 나눌 수 있다(함종규 외, 1992: 19-30; 남정걸, 1993: 79-89; 신용일, 1993: 111-189). 관찰실습은 실습 초기에 교과지도, 생활지도, 학급 및 학교 경영 전반에 걸쳐 교육현장의 실제를 있는 그대로 관찰함으로써 나름대로 현장교육을 이해하고 궁극적으로 교육실습을 성공적으로 하기 위하여 정보를 얻는 활동을 말한다. 수업실습은 관찰과 참가실습이 어느 정도 진행된 후 교생이 지도교사의 지도와 상호 협의에 따라 학급경영과 교과지도 및 생활지도의 보조자 혹은 조력자로서 교육 실제 장면에 구체적으로 참여하는 것을 말한다. 수업실습은 관찰과 참가실습이 어느 정도 진행된 실습 기간 후반부에 그간의 경험을 바탕으로 실제로 수업을 처음부터 끝까지 독자적으로 이끌어 나가는 것을 말한다. 교생의 현장실습은 이상의 세 가지 실습 내용을 중심으로 4주간 진행되며 실습의 단계를 구성하게 된다. 따라서 교육실습은 좁은 의미에서 관찰 단계, 참가 단계, 실습 단계 등 3단계로 구성된다고 말할 수 있다.

정태범 등(1987: 29-36)은 전국의 13개 대학에서 실시하고 있는 교육실습의 내용을 분석하여 주로 ① 참관실습, ② 수업실습, ③ 실무실습 등 세 분야에서의 실습이 주를 이루고 있다고 하였다. 그들에 따르면 참관실습의 목적은 수업실습과 실무실습을 보다 효율적으로 수행할 수 있도록 사전에 학교교육 전반에 걸쳐 여러 교육활동을 구체적으로 파악하게 하려는 데 있다. 구체적으로 참관실습의 대상에는 수업관찰, 생활지도관찰, 학급경영관찰, 특별활동관찰, 학교환경관찰 등이 포함된다고 하였다. 수업실습은 대학에서 배운 교직이론, 교과교육이론 및 관찰 실습의 경험을 기초로 교육현장에서 학생의 학습활동을 교육적 측면에서 책임지고 지도하는 단계다. 수업실습의 내용에는 학습지도, 연구수업 및 공개수업, 생활지도 및 특별활동 지도, 학급경영, 연구조사 및 연구활동 참여 등이 포함된다. 마지막으로, 실무실습은 참관실습과 수업실습의 토대 위에 교사가 교육상 수행해야 할 실무를 수행해 보는 최종 단계의 실습이다. 이 단계의 실습은 수업을 직접 담당하는 것은 물론, 학급경영이나 학교 업무에 필요한 제 장부의 기록, 작성, 과외활동의 지도, 평가 문항의 작성과 결과 처리, 직원협의회에 참여 등 광범위한 업무로 구성된다. 이러한 과정을 거쳐 학교교육 및 교육활동에 관한 일체의 실무적인 면에 이해를 돕고, 실무 처리 능력을 함양하며, 교육자로서의 사명감과 교육적 신념을 확립시키고자 하는 것이 실무실습의 목적이다.

우리나라의 현장실습 과정에 대한 연구가 주로 교육활동 전반에 걸친 내용을 어떻게 교생에게 부과하고 운영해 나가느냐에 관심을 보이는 종합적인 방식을 취하고 있는 반면에, 미국에서의 연구는 주로 교육실습을 수업실습에 초점을 맞추어 보다 미시적이고 분석적인 경향을 띠고 있다. Glickman과 Gordon은 교육실습생의 발달적 접근에 관심을 갖고 실습의 단계에 따라 실습생의 발달단계가 다르며, 각 발달단계에 따라 나타나는 실습생의 특성에 맞는 장학 프로그램을 운영해야 한다고 하였다(임승렬, 조경희, 1999: 272-274). 구체적으로, 실습 초기 단계에서 실습생은 흥분상태에 있고 변화에 대한 불안과 자신의 존재를 정립하는 데 관심이 있기 때문에 칭찬이나 격려 혹은 충고 등을 통해 수업에 대한 불안을 해소시켜 주고 수업 모델을 계획하게 함으로써 수업에 대한 확신감을 갖게 해 준다. 실습 중기 단계에서 실습생은 학급의 운영과 교수기술에 관심이 있기 때문에 실습 운영자는 실습생이 대학에서 배운 이론과 실제에서의 수업이 서로 부합될 수 있도록 많은 질문과 격려를 해 준다. 마지막으로, 실습 후기에 접어들게 되면 실습생은 자신의 교수기술에 대한 평가에 관심을 갖고 있기 때문에 실습 담당자는 임상장학 등의 방법을 통해 시범수업 운영 전반에 걸쳐 실습생과 상호 협의하여 수업기술의 개선을 이끌어 내어 궁극적으로 자신의 교수기술에 대해 만족해할 수 있도록 해야 한다.

임승렬(1998: 135)은 Guyton과 McIntyre(1990) 그리고 McIntyre, Byrd와 Foxx(1996)의 연구 결과를 토대로 교육실습 과정 중 본 실습, 즉 현장실습의 내용을 실습 참여자인 실습생, 실습 지도교사, 실습 지도교수별로 분류·제시하였다. 구체적으로 본 실습에서 실습생은 수업실습과 실무실습을, 실습 지도교사는 교사 역할 시범, 교수활동 지도, 관찰/협의회, 교수활동 평가 등을 그리고 실습 지도교수는 세미나, 관찰, 임상지도 등의 내용을 수행한다는 것이다. 또한 4주간 계속되는 본 실습은 첫째 주에는 활동 계획의 수립(수업관찰 및 학급운영), 둘째 주에는 활동의 수행(부분수업 및 연결수업), 셋째 주에는 활동의 평가 그리고 마지막 넷째 주에는 본격적인 활동의 수행(종일수업 및 실무실습) 등으로 구성·운영된다고 하였다.

실습을 실시하는 과정에서 실습생과 실습 지도교사 그리고 실습생과 실습 지도교수 사이에 활용되는 방법은 실습의 내용에 따라 매우 다양하다. 그중에서도 Guyton과 McIntyre(1990)는 수업실습에 초점을 맞추어 실습생 혹은 지도교사의 시범수업에 대해 논의하는 방법으로 수업관찰 후 협의회(conferences)와 세미나를 들고 있다. 장학의 한 모델인 임상장학에서도 이와 같은 방법이 활용될 수 있으며, 이 과정에서 수업에 대한 평가와 피드백은 실습생의 수업능력을 개선하는 데 있어서 빠져서는 안 될 중요한 활동이다. 그런데 실습의 내용을 수업실습에 국한하지 않고 실무실습의 영역으로 확대할 경우 보다 다양한 실습 방법이 동원될 수 있다. 예를 들어, 학급경영과 생활지도 분야에서의 실습지도는 시범, 오리엔테이션, 연수 등의 방법이 활용될 수 있다.

현장실습 기간 동안에 실습생의 실습활동에 대한 평가는 시범수업 등과 같은 단위활동에 대한 형성적 평가와, 4주간의 실습활동 전체에 대한 총합적 평가로 구분해 볼 수 있다. 형성평가는 단위수업에 대한 평가활동 차원에서 이루어지는 만큼 수업능력에 대한 결과적 평가가 아니라 궁극적으로 수업능력을 개선하기 위한 과정적 평가로 진행되어야 한다. 총합평가는 실습생의 형성평가의 누적적인 결과에 근거하여 실습활동 전반에 걸친 평가여야 한다. 이때 평가의 준거는 교육실습의 목적과 내용에 비추어 설정되어야 하며, 객관적 타당성과 신뢰성이 보장되어야 한다(정태범 외, 1987: 42). 평가의 준거를 설정하는 것만큼 중요한 것이 누가 실습생의 실습활동을 평가하느냐다. 일반적으로 일차적으로는 실습 지도교사가 평가하고, 교무 혹은 연구부장교사가 이를 최종 확인 · 평가하는 것이 실습생의 관리체계상 원칙이다. 그러나 대부분은 실습 지도교사가 전적으로 평가하고 있으며, 간혹 실습 지도교수가 참여하여 평가하기도 한다. 교육실습생을 대상으로 한 설문조사에서는 75% 이상의 학생들이 '실습 학교 지도교사가 평가하는 것이 바람직하다.'는 반응을 보인 바 있고, 실습 지도교사는 95% 이상이 절대적으로 실습생의 효율적인 관리 차원에서 실습 지도교사에게 평가 권한이 주어져야 한다고 주장한다(송용의, 조두호, 1985: 355).

(3) 실습 후 단계

현장실습이 끝난 후 실습생은 다시 대학으로 복귀하여 교육실습 교과의 수업에 계속 임하게 된다. 현장실습을 교육실습의 핵심적인 활동으로 볼 때, 실습 후 대학에서의 교육활동은 현장실습에 대한 추후활동으로서 교육실습이 표방하는 소기의 목적을 달성하기 위한 추후지도의 방식으로 진행되어야 한다. 여기서 추후지도란 교육실습을 마친 후에 실습생이 경험한 교육활동이나 문제를 성찰하도록 지도하여 경험 자체가 교육적 의미를 갖도록 하는 지도를 말한다(정태범 외, 1987: 44). 추후지도는 경험에 의한 학습(learning by doing)을 내면화시키는 데 중요한 역할을 하기 때문에 교육실습의 과정에서 현장실습만큼 중요하다. 그러나 현재 현장실습 후 각 대학의 교육실습 교과에서 행해지는 추후지도는 학생들의 실습 경험담 발표와 소감 청취를 1~2회 한 후 마치는 것이 고작이거나, 몇 명의 대표자가 실습지도 책임자와 문제점을 논의하고 마치는 것이 일반적이어서 소기의 목적을 달성하지 못하고 있는 실정이다. 게다가, 추후지도는 실습생으로 하여금 대학에서 배운 이론을 현장에서 적용한 결과에 대한 진지한 논의를 통해 교육실습을 반성하고 교직생활의 준비를 위한 발전적인 방식으로 이루어져야 하나, 대개의 경우는 결과적인 평가 그 자체에 머무는 경향이 있다(함종규 외, 1992: 167-192).

교육실습의 과정에서 현장실습이 끝났다고 해서 교육실습의 모든 활동이 종료된 것이 아니다. 현장실습 후에 추후활동으로서 교육실습에 대한 반성과 평가가 진지하고 체계적으로 이루어져야 하고, 실습생뿐 아니라 대학의 실습 지도교수도 보다 나은 교육실습을 위해 계획적인 추후활동을 전개해야 한다. 이런 관점에서 임승렬(1998: 135-139)은 교육실습의 각 참여자들이 전개해야 할 현장실습 후 추후활동의 내용과 방향을 주로 수업활동에 초점을 맞추어 다음과 같이 구체적으로 제시하였다. 실습생은 추후활동에서 ① 교직관/태도 형성, ② 교수능력의 향상, ③ 반성적 사고의 증진을 꾀할 수 있어야 하며, 실습 지도교수는 세미나, 마이크로티칭 등을 통해 수업의 개선된 여부를 점검 · 확인할 필요가 있고 그 결과에 따라 적절한 피드백을 제공해야 한다. 추후활동의 과정에서 실습지도(혹은 담당) 교수는 실습생으로 하여금 자신의 실제적인 교수 경험을 보다 분명하게 분석하고 반성해 볼 수 있는 기회를 갖게 함으로써 실천적 지식을 발달시켜 나갈 수 있도록 지도한다. 이러한 반성적 사고를 통해 예비 교사들은 실습 기간 동안 자신이 직접 경험했던 활동을 단순히 모방하는 한계를 벗어나 다양한 철학과 전문성을 지닌 교수활동을 펴 나갈 수 있을 것이다.

임승렬은 주로 수업활동의 측면에서 이루어지는 교육실습의 추후활동을 조망하였으나 사실 현장실습의 효과 여부를 판단하기 위한 기본 요소는 반드시 수업기술의 개선에만 국한되지 않는다. Guyton과 McIntyre(1990: 527)는 수업기술 이외에 실습생의 태도, 실습 경험에 대한 만족, 성과, 수업에 대한 반성적 접근 등도 현장실습의 결과로서 중요하다고 하였다. 이들 결과 요인은 양적인 척도, 관찰, 상호작용 분석, 투입 및 결과 척도의 비교, 인터뷰 등 질적 · 양적 도구를 통해 측정 · 평가될 수 있다고 하였다. 이렇게 볼 때 실습 후 추후활동의 과정에서 핵심적인 활동은 역시 교육실습에 대한 평가라고 볼 수 있다. 이 단계에서의 평가는 교육실습 프로그램 전반에 대한 평가뿐 아니라 실습생 개인의 실습 성과에 대한 평가를 포함한다. 그러나 평가의 대상이 무엇이든지 간에 교육실습 추후활동의 한 영역으로서 평가는 교육평가의 일반적인 원리에 따라 진행되어야 한다. 즉, ① 평가의 목적, ② 평가의 내용, 범위, 영역 선정, ③ 평가의 영역별 비중과 기준 설정, ④ 평가 기준의 자료 수집 및 분석, ⑤ 평가 판정 및 결론에 이르는 과정을 통해 평가가 이루어져야 한다. 일례로, 한국교사교육연구협의회(1987)는 실습생의 실습활동 평가 영역과 배점을 ① 근무태도(10점), ② 일반 자질(15점), ③ 학습지도 능력(50점), ④ 연구 · 조사활동(15점), ⑤ 학급경영 및 사무처리 능력(10점) 등으로 제시한 바 있다.

한편, 정태범 등(1987: 45)은 실습 후 사후지도의 대상이 꼭 실습생일 필요는 없다면서 실습 지도교사와의 세미나를 통해서 실습에서 겪게 되는 어려운 점을 허심탄회하게 교환하고 그에 대한 대안을 검토하는 기회를 실습 지도교수 및 학생과 함께 가짐으로써 추후지도의 효과를 배가시킬 수 있다고 하였다. 또한 실습 지도교수는 교과 지도교수 1인에 한정될 필요는 없으며, 생활지도와 교육심리학을 전공한 교수 또는 교육학 전공교수 등이 팀을 형성하여 팀티칭을 하는 것도 바람직하다고 주장하였다.

3) 분석 모형의 구성

교육실습의 과정이 그 진행 시간의 경과에 따라 실습을 사전준비하는 단계인 실습 전 단계, 현장실습이 실제로 이루어지는 실습 실시 단계 그리고 현장실습을 종료한 후 추후지도를 중심으로 하는 실습 후 단계 등 3단계로 구성된다는 것은 선행 문헌의 고찰로부터 알 수 있었다. 본 장에서는 이러한 교육실습의 단계에서 주로 행해지는 실습활동을 평가하여 궁극적으로 교육실습의 운영을 개선하기 위한 기초 자료로 활용하고자 시도되었다. 구체적으로 교육실습의 활동을 평가하기 위한 요소를 실습의 각 단계별로 제시한 분석 모형을 그림으로 나타내면 [그림 6-1]과 같다.

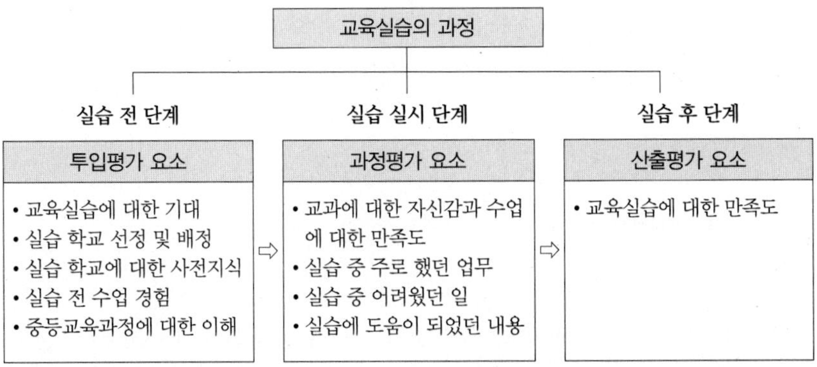

[그림 6-1] 교육실습 활동의 평가를 위한 분석 모형

[그림 6-1]의 분석 모형에서 실습 전 단계의 실습활동에 대한 평가는 ① 교육실습에 대한 기대, ② 실습 학교 선정 및 배정, ③ 실습 학교에 대한 사전지식, ④ 실습 전 수업 경험, ⑤ 중등교육과정에 대한 이해의 5가지 요소에 대해 이루어진다. 실습 실시 단계의 실습활동에 대한 평가는 ① 교과에 대한 자신감과 수업에 대한 만족, ② 실습 중 주로 했던 업무, ③ 실습 중 어려웠던 일, ④ 실습에 도움이 되었던 내용의 5가지 요소에 대해 이루어진다. 여기서 실습 중 주로 했던 업무와 실습 중 어려웠던 일에 대한 평가는 현장실습의 실제 내용과 그 비중을 알아보기 위한 것이며, 실습에 도움이 되었던 내용은 교육실습의 과정에서 실습생에게 제시되는 많은 활동 중 어느 것이 실질적으로 유용한지를 알아보기 위한 것이다. 마지막으로, 실습 후 단계에서의 평가는 전체 교육실습에 대한 만족 여부를 묻는 것으로 단일화하여 전체 교육실습에 대한 진단을 대신하도록 하였다.

본 분석 모형은 교육실습이 전개되는 시간적 추이에 따라 3단계로 구분하였다(남정걸, 1993; 함종규 외, 1992; McIntyre, Byrd, & Foxx, 1996; 임승렬, 1998). 그리고 각 단계에서 전개되는 실습활동은 체제이론에 따라 투입, 과정, 산출의 세 요소로 구분하였다(Bertalanffy, 1968: 55-56). 또한 교육실습의 각 단계에서 실습활동을 평가하기 위한 구체적인 요소는 선행 문헌에서 제시된 각 단계에서의 활동 내용을 중심으로 추출하였다(Guyton & McIntyre, 1990; 송용의, 조주호, 1985; 정태범 외, 1987; 남정걸, 1993; Schwebell et al., 1992).

3. 분석 방법

분석 대상은 ○○대학교 사범대학 4학년 학생들로 150명을 단순무선표집(simple random sampling)하여 교육실습 전, 교육실습 중, 교육실습 후 등 3단계에 걸쳐서 설문조사하였다. 질문지는 모두 150부 작성되어 배포되었으나 이 중 120부가 회수되었다. 이 가운데 통계 처리가 불가능한 10부를 제외한 110부를 최종 분석 자료로 활용하였다.

설문지는 교육실습의 과정 단계별 특성에 맞게 각 단계에서 주로 이루어지는 활동과 실태를 알아보는 데 적합한 문항들로 구성되었다. 이에 따라 설문 문항은 실습 전 활동에 관한 5문항, 실습 실시 중 활동에 관한 5문항 그리고 실습 후에 교육실습 전반에 대한 1문항 등 모두 11문항으로 이루어졌다. 구체적으로 질문 문항의 설문 방식은 내용선택형과 평가척도형의 두 가지로 구성되었다. 질문 문항의 구체적인 내용은 [그림 6-1]에 제시된 바와 같다. 회수된 자료를 분석하기 위하여 사용된 통계 방법은 문항별로 빈도의 차이를 분류하고 이에 대한 유의도를 검증하는 Chi-square(x^2) test다.

4. 분석 결과 및 해석

1) 실습 전

교육실습 전 실습생의 준비상태를 알아보기 위해 교육실습에 대한 기대 수준, 실습 학교 선정 · 배정의 어려움, 실습 학교에 대한 사전지식의 정도, 실습 전 수업 경험 유무, 중등교육과정에 대한 이해의 기회 정도 등에 관해 질문하였다. 응답자들의 반응분포를 분석한 결과는 다음의 〈표 6-1〉에 제시된 바와 같다.

우선 교육실습에 대한 기대 수준을 살펴보면, 대부분의 학생들이 교육실습에 대한 높은 기대를 갖고 있음을 알 수 있다. 즉, '매우 기대가 컸다'는 반응과 '조금은 기대를 했다'는 반응이 각각 26%, 62%로서 전체 응답자의 82.8%가 높은 기대감을 가지고 있었던 것으로 나타났다.

표 6-1 교육실습 전 실습생의 준비 상태

구분		사례 수	백분율	비고
교육실습에 대한 기대	매우 기대가 컸다	26	23.6	$df=3$ $\chi^2=63.24$ $p=.000$
	조금은 기대했다	62	56.4	
	그저 그랬다	10	9.1	
	별로 기대하지 않았다	12	10.9	
	계	110	100.0	
실습 학교 선정 및 배정의 어려움	매우 많았다	17	15.5	$df=4$ $\chi^2=18.18$ $p=.001$
	많은 편이었다	32	29.1	
	보통이다	7	6.4	
	별로 없었다	27	24.5	
	전혀 없었다	27	24.5	
	계	110	100.0	
실습 학교에 대한 사전지식	매우 많이 알고 있었다	26	23.6	$df=3$ $\chi^2=15.24$ $p=.002$
	약간 알고 있었다	40	36.4	
	별로 알지 못했다	32	29.1	
	전혀 몰랐다	12	10.9	
	계	110	100.0	
실습 전 수업 경험	있었다	94	85.5	$df=1$ $\chi^2=55.31$ $p=.000$
	없었다	16	14.5	
	계	110	100.0	
중등교육과정에 대한 이해의 기회	매우 많았다	4	3.7	$df=4$ $\chi^2=41.96$ $p=.000$
	대체로 많았다	27	24.8	
	보통이다	31	28.4	
	별로 없었다	39	35.8	
	전혀 없었다	8	7.3	
	계	109	100.0	

반면에 '별로 기대하지 않았다'는 반응은 10.9%로서 상대적으로 낮은 비율을 나타냈다. 따라서 대부분의 실습자들은 실습 전 교육실습에 대한 기대가 높다는 것을 알 수 있다. 교육실습은 그동안 대학에서 배운 지식과 이론을 교육현장에서 실천함으로써 교사로서의 자신의 능력과 자질을 평가해 본다는 측면에서 실습자의 이러한 높은 기대 수준은 매

우 바람직하다고 할 수 있다.

다음으로, 실습 학교 선정 및 배정에 있어서 어려움의 정도를 보면 〈표 6-1〉에서 알 수 있듯이 '매우 많았다'는 반응과 '많은 편이었다'는 반응이 각각 15.5%, 29.1%로서 전체 응답자의 44.6%가 실습 학교 선정 및 배정 과정에서 많은 어려움을 겪었음을 알 수 있다. 또한 어려움이 '별로 없었다'는 반응과 '전혀 없었다'는 반응은 전체의 49.0%로, 나머지 51.0%의 학생은 실습 학교 선정 및 배정 과정에서 어려움을 겪었음을 보여 준다. 따라서 실습 학교 선정 및 배정 과정에서 전체 응답자의 절반 정도가 어려움을 겪었다고 판단할 수 있다. 현재 우리나라의 교육 관계 법령은 교원양성기관에서 교사자격을 취득하고자 할 때 교육실습을 필수적으로 이수하도록 명시하고 있다. 그러나 교육실습 과정을 원활히 진행하기 위한 대학과 일선 실습 학교 간의 행정적 지원체제의 확립이 미흡한 실정이다. 더욱이 일선 교육현장에서는 학생들의 학습 분위기 저해 등을 이유로 실습 학생의 인수를 꺼리고 있는 형편이다. 각 대학들은 일선 중등학교와 협력체제를 구축하는 등 자체적으로 교육실습 대상 학교를 발굴하고 있지만, 전체 실습생을 충당하기에는 많은 어려움이 있다. 따라서 실습자는 교육실습 직전까지 실습 학교를 배정받지 못해 애를 태우기도 하고 실습자 스스로 실습 대상 학교를 선정하도록 대학당국으로부터 강요받기도 한다. 이러한 현실은 본 연구의 분석 결과에서 보여 주듯이 실습자의 절반 정도가 실습 학교 선정 · 배정 과정에서 어려움을 겪었던 것을 통해 알 수 있다.

한편, 실습 학교에 대한 사전지식의 정도에 있어서는 응답자의 60.0%가 실습 학교에 대한 정보를 어느 정도 가지고 있었음을 보여 준다. 그렇지만 실습 학교에 대한 사전지식이 전혀 없었다는 반응도 10.9%를 나타내고 있다. 따라서 실습 학교를 배정받은 후에도 실습 대상 학교에 대해 전혀 관심을 가지지 않은 학생들도 상당수 있음을 알 수 있다.

실습 전 수업 경험에 있어서는 응답자의 85.5%가 자신이 직접 수업을 진행한 경험이 있다고 반응했으며, 14.5%는 실습 과정에 임하기 전에 자신이 직접 수업에 참여한 경험이 없다고 응답했다. 따라서 대부분의 학생들이 실습 과정에 임하기 전에 자신이 직접 수업을 진행한 경험이 있음을 알 수 있다. 이러한 경험은 수업실습 시 갖게 될 수도 있는 실습생의 실제 수업에 불안과 공포를 완화시켜 준다는 점에서 긍정적이라 할 수 있다.

마지막으로, 중등교육과정에 대한 이해의 기회 정도에 있어서는 '기회가 없었다'는 부정적인 반응이 '있었다'는 긍정적인 반응에 비해 약간 높았다. 즉, '매우 많았다'와 '대체로 많았다'는 반응은 각각 3.7%, 24.8%로서 긍정적인 반응이 38.5%인 데 비해 '별로 없었다'와 '전혀 없었다'는 반응이 각각 35.8%, 7.3%로서 부정적인 전체 반응이 43.1%로 나타났다. 따라서 현재 대학에서 학생들이 실습 과정에 임하기 전에 중등교육과정에 대해 이해할 수 있는 기회를 제대로 제공하고 있지 못함을 알 수 있다.

2) 실습 중

교육실습 과정의 실태를 파악하기 위해 교과에 대한 자신감 및 수업 진행 만족도, 실습 중 주로 했던 업무, 실습 중 어려웠던 업무 그리고 실습 과정에서 도움이 되었던 것은 무엇인지에 대해 알아보았다.

(1) 교과에 대한 자신감 및 수업 진행 만족도

실습 과정에서 자신이 담당한 교과에 대해 어느 정도 자신감이 있었으며, 수업을 진행했을 경우 자신의 수업 진행에 대해 어느 정도 만족하는가에 대한 응답자들의 반응은 다음의 〈표 6-2〉에 제시된 바와 같다.

표 6-2 교과에 대한 자신감 및 수업 진행에 대한 만족도

구분		사례 수	백분율	비고
교과에 대한 자신감	매우 많았다	14	12.7	$df=4$ $\chi^2=89.00$ $p=.000$
	많은 편이었다	59	53.6	
	보통이다	24	21.8	
	별로 없었다	11	10.0	
	전혀 없었다	2	1.8	
	계	110	100.0	
수업에 대한 만족도	매우 만족한다	1	.9	$df=4$ $\chi^2=44.92$ $p=.000$
	대체로 만족한다	38	35.5	
	보통이다	23	21.5	
	불만족스럽다	34	31.8	
	매우 불만족스럽다	11	10.3	
	계	107	100.0	

우선, 실습 과정에서 자신이 담당한 교과에 대한 자신감을 보면, 대체로 많은 학생들이 자신이 담당한 교과에 대해 어느 정도 자신이 있었다고 응답하였다. 즉, '매우 많았다'와 '많은 편이었다'는 응답이 각각 12.7%, 53.6%로 교과에 대한 자신감을 나타낸 긍정적인 반응이 전체의 66.3%로 나타났다. 반면에, '별로 없었다'와 '전혀 없었다'는 부정적인 응답은 각각 10.0%, 1.8%로서 전체의 11.8% 정도의 학생들만이 자신이 담당한 교과에 대해 자신감이 없다고 하였다. 따라서 많은 학생들이 자신이 담당한 교과에 대해 자신감을 가지고 교육실습에 임했음을 알 수 있다.

또한 수업을 진행한 경우 자신의 수업 진행에 대해 어느 정도 만족하는가에 대한 반응을 보면 '매우 만족한다'와 '대체로 만족한다'는 응답이 각각 0.9%, 35.5%로서 만족한다는 긍정적인 반응이 44.5%로 나타났다. 반면에, '불만족스럽다'와 '매우 불만족스럽다'는 응답은 각각 31.8%, 10.3%로 불만족스럽다는 부정적인 반응은 42.1%로 나타났다. 따라서 만족스럽다는 반응과 불만족스럽다는 반응이 각각 절반 정도 차지하고 있음을 알 수 있다.

(2) 교육실습 중 주 업무

수업, 학습지도안 작성, 교재 연구, 서류 및 일지 작성, 학생상담 및 생활지도, 수업 참관 등 실습생들이 주로 했던 업무의 비중에 대한 응답자의 반응을 분석한 결과는 다음의 〈표 6-3〉과 같다. 실습생이 주로 수행한 업무의 비중을 알아보기 위해 각 업무별 '매우 많았다'와 '대체로 많았다'는 반응 결과를 통합해서 보면, 수업 참관의 경우가 46.3%로서 가장 높았으며, 다음으로 서류 및 일지 작성(42.0%), 수업 진행(41.8%), 교재 연구(36.4%), 학습지도안 작성(34.5%), 학생상담 및 생활지도(20.6%)의 순으로 이어졌다. 따라서 일선 중등학교에서 교육실습생에게 가장 많이 부여하는 업무는 수업 참관활동이라고 판단할 수 있으며, 반면 학생상담 및 생활지도 영역활동에 있어서는 상대적으로 적은 기회가 주어지고 있음을 알 수 있다.

표 6-3 교육실습 영역별 업무 수행 수준

구분		사례 수	백분율	비고
수업	매우 많았다	16	14.5	$df=4$ $\chi^2=51.36$ $p=.000$
	대체로 많았다	30	27.3	
	보통이다	47	42.7	
	별로 없었다	13	11.8	
	전혀 없었다	4	3.6	
	계	110	100.0	
학습지도안 작성	매우 많았다	13	11.8	$df=4$ $\chi^2=56.55$ $p=.000$
	대체로 많았다	25	22.7	
	보통이다	50	45.5	
	별로 없었다	19	17.3	
	전혀 없었다	3	2.7	
	계	110	100.0	
교재 연구	매우 많았다	12	10.9	$df=4$ $\chi^2=56.46$ $p=.000$
	대체로 많았다	28	25.5	
	보통이다	49	44.5	
	별로 없었다	18	16.4	

	전혀 없었다	3	2.7	
	계	110	100.0	
서류 및 일지 작성	매우 많았다	6	5.6	$df=4$ $\chi^2=45.48$ $p=.000$
	대체로 많았다	39	36.4	
	보통이다	37	34.6	
	별로 없었다	16	15.0	
	전혀 없었다	9	8.4	
	계	107	100.0	
학생상담 및 생활지도	매우 많았다	5	4.7	$df=4$ $\chi^2=29.68$ $p=.000$
	대체로 많았다	17	15.9	
	보통이다	27	25.2	
	별로 없었다	39	36.4	
	전혀 없었다	19	17.8	
	계	107	100.0	
수업 참관	매우 많았다	14	12.7	$df=4$ $\chi^2=43.91$ $p=.000$
	대체로 많았다	37	33.6	
	보통이다	40	36.4	
	별로 없었다	14	12.7	
	전혀 없었다	5	4.5	
	계	110	100.0	

(3) 교육실습 중 어려웠던 일

교육실습 과정에서 수업, 학습지도안 작성, 교재 연구, 서류 및 일지 작성, 학생상담 및 생활지도, 수업 참관, 인간관계 영역에 있어서의 어려움 정도는 어떠했는가에 대한 응답자의 반응을 분석한 결과는 다음의 〈표 6-4〉와 같다.

수업 영역의 경우를 보면, '매우 많았다'와 '대체로 많았다'가 각각 2.7%, 25.5%로서 전체 응답자의 28.2% 정도가 실습 과정에서 어려움을 겪었다고 응답했다. 반면에, '별로 없었다'와 '전혀 없었다'는 응답은 각각 22.7%, 3.6%를 보여 전체적으로 26.3%의 학생이 별 어려움이 없었다고 응답했다. 따라서 수업 영역에 있어서 어려움을 겪은 학생은 전체 응답자의 약 30% 미만으로서 많지 않다고 판단할 수 있다. 학습지도안 작성의 경우에 있어서는 어려움을 겪은 학생이 그렇지 않은 학생에 비해 더욱 적었다. 즉, 학습지도안 작성에 있어서 어려움을 겪었다는 반

표 6-4 **교육실습 과정에서 어려웠던 일**

구분		사례 수	백분율	비고
수업	매우 많았다	3	2.7	$df=4$
	대체로 많았다	16	14.5	$\chi^2=51.36$
	보통이다	30	27.3	$p=.000$
	별로 없었다	47	42.7	
	전혀 없었다	13	11.8	
	계	4	3.6	
학습지도안 작성	매우 많았다	110	100.0	$df=4$
	대체로 많았다	13	11.8	$\chi^2=56.55$
	보통이다	25	22.7	$p=.000$
	별로 없었다	50	45.5	
	전혀 없었다	19	17.3	
	계	3	2.7	
교재 연구	매우 많았다	110	100.0	$df=4$
	대체로 많았다	12	10.9	$\chi^2=56.46$
	보통이다	28	25.5	$p=.000$
	별로 없었다	49	44.5	
	전혀 없었다	18	16.4	
	계	3	2.7	
서류 및 일지 작성	매우 많았다	110	100.0	$df=4$
	대체로 많았다	6	5.6	$\chi^2=45.48$
	보통이다	39	36.4	$p=.000$
	별로 없었다	37	34.6	
	전혀 없었다	16	15.0	
	계	9	8.4	
학생상담 및 생활지도	매우 많았다	107	100.0	$df=4$
	대체로 많았다	5	4.7	$\chi^2=29.68$
	보통이다	17	15.9	$p=.000$
	별로 없었다	27	25.2	
	전혀 없었다	39	36.4	
	계	19	17.8	
수업 참관	매우 많았다	107	100.0	$df=4$
	대체로 많았다	14	12.7	$\chi^2=43.91$
	보통이다	37	33.6	$p=.000$
	별로 없었다	40	36.4	
	전혀 없었다	14	12.7	
	계	5	4.5	

응('매우 많았다'와 '대체로 많았다')은 전체 응답자의 20.1%인 데 비해, 어려움이 없었다는 반응('별로 없었다'와 '전혀 없었다')은 전체 응답자의 38.5%나 되었다. 따라서 학습지도안 작성 시 별 어려움을 느끼지 못한다는 학생이 어려움을 느끼는 학생보다 많아 이에 대한 대학에서의

지도가 적절히 이루어짐을 알 수 있다. 또한 나머지 영역인 교재 연구, 서류 및 일지 작성, 학생상담 및 생활지도, 수업 참관, 인간관계 등에 있어서도 어려움을 느끼지 않았다고 응답한 비율이 어려움을 느꼈다고 응답한 비율에 비해 상대적으로 높았다. 특히, 수업 참관의 경우에는 어려움을 느꼈다고 응답한 학생들은 전체의 13.1%인 데 비해 어려움이 없었다고 응답한 학생들은 50.4%로서 큰 차이를 보였다.

전체적으로 볼 때, 실습에 참여했던 학생은 교육실습 과정에서 학생상담 및 생활지도 영역에 있어 상대적으로 가장 많은 어려움을 겪은 것으로 나타났다. 즉, 각 영역에서 '매우 많았다'와 '대체로 많았다'는 긍정적 반응을 통합해 볼 때 '학생상담 및 생활지도'에 있어서 어려움을 겪었다는 반응은 전체의 29.9%로 가장 높았으며, 다음으로 '수업'(28.2%), '교재 연구'(23.0%), '인간관계'(22.2%), '서류 및 일지 작성'(20.2%), '학습지도안 작성'(20.1%)의 순이었다. 한편, '수업 참관'의 경우는 어려움을 겪었다는 응답이 전체의 13.1%로서 가장 낮았다.

(4) 교육실습 과정에서 도움이 되었던 내용

교육실습 과정에서 전공지식, 교직과정, 실습 오리엔테이션, 선배의 경험담, 실습 학교 교사의 지도 · 조언, 실습 지도교수의 방문과 조언, 실습 동료 등의 도움 정도는 어떠했는가에 대한 응답자의 반응을 분석한 결과는 다음의 〈표 6-5〉에 제시된 바와 같다.

전공지식의 경우 '매우 많은 도움이 되었다'와 '도움이 되었다'는 응답이 각각 11.0%, 17.4%로서 전체 응답자의 28.4%가 도움이 되었다는 긍정적인 반응을 나타냈다. 반면에, '별로 도움이 되지 않았다'와 '전혀 도움이 되지 않았다'는 부정적인 반응은 33.0%로서 긍정적인 반응에 비해 약간 높았다. 교직과정의 경우에 있어서도 전공지식과 비슷하게 긍정적인 반응이 24.6%, 부정적인 반응이 33.1%였다. 또한 실습 오리엔테이션, 선배의 경험담, 실습 학교 교사의 지도 · 조언, 실습 지도교수의

표 6-5 실습 과정에서 도움이 되었던 내용

구분		사례 수	백분율	비고
전공지식	매우 많은 도움이 되었다	12	11.0	$df=4$ $\chi^2=33.98$ $p=.000$
	도움이 되었다	19	17.4	
	보통이다	42	38.5	
	별로 도움이 되지 않았다	28	25.7	
	전혀 도움이 되지 않았다	8	7.3	
	계	109	100.0	
교직과정	매우 많은 도움이 되었다	6	5.7	$df=4$ $\chi^2=51.45$ $p=.000$
	도움이 되었다	20	18.9	
	보통이다	45	42.5	
	별로 도움이 되지 않았다	29	27.4	
	전혀 도움이 되지 않았다	6	5.7	
	계	106	100.0	
실습 오리엔테이션	매우 많은 도움이 되었다	5	4.6	$df=4$ $\chi^2=68.94$ $p=.000$
	도움이 되었다	12	11.1	
	보통이다	50	46.3	
	별로 도움이 되지 않았다	33	30.6	
	전혀 도움이 되지 않았다	8	7.4	
	계	108	100.0	
선배의 경험담	매우 많은 도움이 되었다	6	5.6	$df=4$ $\chi^2=37.25$ $p=.000$
	도움이 되었다	25	23.4	
	보통이다	39	36.4	
	별로 도움이 되지 않았다	29	27.1	
	전혀 도움이 되지 않았다	8	7.5	
	계	107	100.0	
실습 학교 교사의 지도 · 조언	매우 많은 도움이 되었다	–	–	$df=3$ $\chi^2=50.12$ $p=.000$
	도움이 되었다	19	17.8	
	보통이다	53	49.5	
	별로 도움이 되지 않았다	32	29.9	
	전혀 도움이 되지 않았다	3	2.8	
	계	107	100.0	
실습 지도교수의 방문과 조언	매우 많은 도움이 되었다	4	3.7	$df=4$ $\chi^2=38.84$ $p=.000$
	도움이 되었다	12	11.2	
	보통이다	34	31.8	
	별로 도움이 되지 않았다	19	17.8	
	전혀 도움이 되지 않았다	38	35.5	
	계	107	100.0	
실습 동료의 도움	매우 많은 도움이 되었다	8	7.5	$df=4$ $\chi^2=38.19$ $p=.000$
	도움이 되었다	37	34.6	
	보통이다	35	32.7	
	별로 도움이 되지 않았다	20	18.7	
	전혀 도움이 되지 않았다	7	6.5	
	계	107	100.0	

방문과 조언 등에 있어서도 도움이 안 되었다는 반응이 도움이 되었다는 반응에 비해 상대적으로 높게 나타났다. 그러나 실습 동료의 도움에 있어서는 도움이 되었다는 긍정적인 반응이 도움이 되지 않았다는 부정적인 반응에 비해 높게 나타났다. 구체적으로, 실습 동료의 도움에 대해 '매우 많은 도움이 되었다'와 '도움이 되었다'는 응답이 각각 7.5%, 34.6%로서 전체 응답자의 42.1%가 도움이 되었다는 긍정적인 반응을 나타냈다.

반면에, '별로 도움이 되지 않았다'와 '전혀 도움이 되지 않았다'는 부정적 반응은 25.2%로 나타나 상대적으로 낮았다. 전체적으로 볼 때, 실습에 참여했던 학생은 실습 과정에서 실습 동료의 도움이 가장 컸던 것으로 보고 있다. 즉, 실습 과정에서 실습 동료가 많은 도움이 되었다는 반응이 42.1%로서 가장 높았으며, 다음으로 '선배의 경험담'(29.0%), '전공지식'(28.4%), '교직과정'(24.6%), '실습 학교 교사의 지도 · 조언'(17.8%), '실습 오리엔테이션'(15.7%)의 순이었다. 그리고 실습 지도교수의 방문과 조언이 도움이 되었다는 긍정적 반응은 14.9%로서 가장 낮았다. 따라서 실습 지도교수의 방문과 조언은 형식적으로 이루어지고 있다는 것을 간접적으로 알 수 있다.

3) 실습 후

교육실습 후 교육실습에 대한 만족도는 어떠한가에 대한 응답자들의 반응을 분석한 결과는 다음의 〈표 6-6〉과 같다. 〈표 6-6〉에서 보는 바와 같이 '매우 만족한다'와 '대체로 만족한다'는 응답이 각각 27.1%, 38.3%로서 전체적으로 만족한다는 긍정적인 반응이 65.4%로 나타났다. 반면에, '불만족스럽다'와 '매우 불만족스럽다'는 응답은 각각 9.3%, 0.9%로서 부정적인 반응은 전체의 10.2%에 불과하였다. 따라서 교육실습에 참여했던 대부분의 학생은 교육실습을 장래 교사로서 자신

표 6-6 교육실습에 대한 만족도

구분		사례 수	백분율	비고
교육실습에 대한 만족도	매우 만족한다	29	27.1	$df=4$ $\chi^2=47.16$ $p=.000$
	대체로 만족한다	41	38.3	
	보통이다	26	24.3	
	불만족스럽다	10	9.3	
	매우 불만족스럽다	1	.9	
	계	107	100.0	

의 가능성과 교육현장을 이해하는 데 있어 유익한 기회로 평가하고 있음을 알 수 있다.

5. 교육실습 개선을 위한 제언

본 장에서는 교육실습의 중요성에 비추어 부실하게 운영되고 있는 교육실습의 실태를 조사·분석하여 문제점을 진단하고 이를 바탕으로 교육실습 운영의 내실화를 도모하기 위하여 시도되었다. 이 연구는 교육실습이 운영되는 과정을 그 시기에 따라 실습 전, 실습 중, 실습 후 등 3단계로 나누고, 각 단계에서 실습활동을 평가하기 위한 구체적인 요소를 선행 문헌에서 추출하였다. 각 단계별로 실습의 운영 실태와 문제점에 관한 사항을 분석한 결과를 바탕으로 결론과 그에 따른 제언을 제시하면 다음과 같다.

첫째, 교육실습 전 단계에 있어서 대부분의 실습자는 교육실습에 대한 기대감이 매우 높았으며, 대부분 자신이 직접 수업을 진행한 경험이 있는 것으로 나타났다. 교육실습을 대학에서 이론적으로 배운 내용을 현장에서 실습하고 장래 교사로서 자신의 가능성을 평가하는 데 있어서 매우 중요한 과정으로 볼 때, 교육실습에 대한 실습자의 높은 기대 수준은 바람직하다고 할 수 있다. 그러나 실습자는 실습 학교 선정 및 배정

과정에서 많은 어려움을 겪고 있으며, 중등교육과정에 대해 이해할 수 있는 기회가 제대로 제공되고 있지 못한 것으로 나타났다. 현재 우리나라의 교육 관계 법령은 교원양성기관에서 교사자격을 취득하고자 할 때 교육실습을 필수적으로 이수하도록 명시하고 있다. 그러나 교육실습 과정을 원활히 진행하기 위한 대학과 일선 초·중등학교 간의 행정적 지원체제가 확립되어 있지 않아서 실습생들이 실습 학교를 선정·배정 받는 과정에서 많은 어려움을 겪고 있는 형편이다. 따라서 대학에서는 일선 초·중등학교와 확고한 실습협력체제를 갖출 수 있도록 좀 더 적극적으로 노력해야 한다. 그리고 일선 초·중등학교는 단순히 행정 업무의 증가나 학생들의 학업 분위기 저해 등을 이유로 실습생들을 기피할 것이 아니라 오히려 교육실습을 통해서 교사들의 수업의 질 개선은 물론, 거시적으로 교육의 발전을 기할 수 있다는 긍정적인 자세를 견지해야 할 것이다. 또한 대학의 양성교육과정에서 「교재연구법」이나 「교재연구 및 지도법」 등의 교과는 학생들이 중등교육과정을 이해할 수 있는 충분한 정보를 제공해 주지 못하고 있다. 따라서 이러한 강의가 형식적으로 이루어져서는 안 되며, 실제 현장에서 이루어지고 있는 내용을 중심으로 다루어질 필요가 있다.

둘째, 실습 실시 단계에서 실습생들은 자신이 담당할 교과에 대한 자신감이 대체로 높았으나, 수업을 진행한 후 그 수업에 대한 만족 수준은 높지 않았다. 이러한 결과는 실습생이 교과 내용에 대한 자신감을 가지고 있더라도 아직까지 자신만의 교수법을 개발하지 못한 상태에서 단순히 모방에 의한 수업을 진행하기 때문으로 보인다. 따라서 실습 지도교수와 지도교사는 이러한 실습생의 현실을 감안하여 수업 진행에 대한 발전적인 지적과 조언을 해 주어야 하고, 실습생 스스로가 자신만의 교수법을 개발해 나갈 수 있도록 지도·격려해 줄 필요가 있다. 그리고 실습 과정에서 실습자가 가장 많이 수행하는 업무는 수업 참관이며, 서류 및 일지 작성, 수업 진행 등도 많은 비중을 차지하는 것으로 나타났다.

반면에 학생상담 및 생활지도는 상대적으로 적은 비중을 차지하고 있는 것으로 나타났다. 참관 실습은 수업실습과 실무실습을 보다 효율적으로 수행할 수 있도록 학교교육 전반에 걸친 여러 교육활동을 사전에 구체적으로 파악하게 하는 데 목적이 있다. 따라서 일선 학교에서 실습생을 지도할 때 수업 관찰에만 너무 큰 비중을 두어서는 안 되며 생활지도 관찰, 학급경영관찰, 특별활동관찰, 학교환경관찰 등의 기회도 제공해 줄 필요가 있다. 실습자는 실습 과정에서 학생상담 및 생활지도 영역에서 가장 많은 어려움을 겪는 것으로 나타났는데, 이것은 실습생에게 학급경영 및 생활지도관찰 기회가 충분히 제공되지 않았기 때문일 수 있다. 한편, 교육실습 과정에서 실습 동료가 가장 큰 도움이 되었으며, 선배의 경험담과 전공 · 교직과정 내용 등도 도움이 된 것으로 나타났다. 반면, 실습 지도교수의 방문과 조언은 실습 과정에 있어 큰 도움이 되지 못한 것으로 나타났다. 따라서 실습 과정에서 실습 지도교수가 실습현장을 방문 · 지도할 때 일회성의 형식적인 임상지도에 그쳐서는 안 되며, 실습생들이 겪고 있는 어려움을 해결해 주기 위한 좀 더 세밀하고 지속적인 지도가 요청된다.

셋째, 실습 후 교육실습에 참여했던 실습생은 교육실습에 대해 대체로 만족하고 있다. 실습생은 교육실습 과정이 미래 교사로서 자신의 가능성을 확인하고 교육현장을 이해하는 데 있어서 좋은 기회로 평가하고 있다. 이것은 현재의 교육실습 운영이 대체로 순조롭게 진행되고 있다는 것을 말해 준다. 그러나 실습 전 단계와 실습 실시 단계에서 실습생이 지적했던 교육실습의 문제점이 실습 후 실습생이 보여 준 일반적인 수준에서의 만족 속에 그대로 묻혀서는 안 될 것이다.

제7장

교원임용

제7장에서는 현행 신규 교원임용제도의 현안과 쟁점을 살펴보고, 교원임용제도 개선을 위한 방안을 모색하였다. 신규 교원임용제도는 우수교사를 확보할 수 있는 장치로, 적정 수준의 전문적 능력과 자질을 갖추고 부과된 직무를 성공적으로 수행할 것으로 기대되는 교원 적격자를 선발할 수 있는 안정적인 장치가 되어야 한다. 그러나 현행 신규 교원임용은 교원자격의 질 관리 미흡, 교원임용 공개전형제도의 효용성 부족, 교육실습의 부실 그리고 임용제도의 획일성 등의 문제점이 지적되고 있다. 이러한 문제점을 해결하기 위한 신규 교원임용은 전문적 자질과 인성적 자질을 겸비한 유능한 교사를 효율적으로 선발, 교육시키는 것이 핵심이 되어야 한다. 이를 위한 방안으로 ① 교원 인력 양성의 질 관리를 위한 자격 검증 강화, ② 교원교육평가인정제 실시와 교원임용 공개전형 제도의 효용성 증대, ③ 교육실습 내실화 방안 수립, ④ 중앙통제적인 교원임용제도의 자율화를 제안하였다.

주제어 **교원임용, 교원임용고사, 교원자격검정, 수습교사제, 교원교육평가인정제**

*본 장은 "신규 교원임용의 쟁점과 과제"(인력개발연구, 9(2), 2007)의 내용을 수정 · 보완하였음.

1. 정책 현안으로서의 교원임용

교육의 질은 교사의 질을 능가할 수 없다는 말과 같이, 교육에 있어서 교원은 교육의 질을 결정하는 관건이고 그 성패를 좌우하는 핵심적인 요소다. 그런 만큼 교육의 문제는 궁극적으로 교원의 문제라고 볼 수 있으며, 따라서 교원의 양성과 임용정책은 교원의 교육과 활동 지원을 포함하는 교원정책 중에서도 가장 핵심적 정책이라 말할 수 있다(윤정일 외, 1996: 573). 그래서 교육이 국가경쟁력인 지식기반사회에서 학교교육의 주체인 교사를 어떻게 양성하고 확보할 것인가가 교육정책의 핵심 과업이 되고 있다. 왜냐하면 교육의 성패는 교원의 자질과 의지에 달려 있기 때문에 교직을 수행하는 데 있어서 우수한 교원을 확보하는 일이 무엇보다 중요하며, 교육개혁 과제의 성공적 시행을 위해서도 교원의 질적 수준을 확보하는 것이 일차적인 과제라 할 수 있기 때문이다. 교육의 질적 수월성을 통한 국가 경쟁력 확보가 부각될수록 교육활동의 주체가 되는 교원의 역할은 더욱 강조될 수밖에 없다. 아무리 좋은 교육목표와 교수-학습 자료가 제공된다고 하더라도 이러한 요소를 활용하는 교원의 능력이나 태도, 동기 또는 행동에 따라 교육의 과정이나 결과가 달라지기 때문이다.

학교붕괴나 교실붕괴 논란에서 보는 것처럼, 최근 공교육에 대한 총체적 위기 문제가 사회적 이슈로 부각되고 있다. 그 위기의 원인은 다양하게 제시되고 있는데, 교원의 자질과 능력 문제가 그중 하나로 중요하게 제시되고 있다(윤정일 외, 2003). 이종재 외(2004: 60)의 연구에 나타난 여론조사에 따르면 교사에 대한 학생 및 학부모의 신뢰가 상당히 낮은 것으로 나타났다. 학생의 경우, '교사가 열심히 가르친다'에 55.5%, '학업지도를 열심히 하고 있다'에 44.8%, '인성교육과 생활지도를 열심히 하고 있다'에 38.7%가 동의하고 있으며, 학부모의 경우, 교사가 '학업지도를 열심히 하고 있다'에 14.1%, '인성교육과 생활지도를 열심히 하고 있다'에 18% 동의하고 있다. 이에 교육 수요자의 신뢰를 회복하기 위한 방안의 하나로 교원양성과 선발 과정에 대한 사회적 관심이 고조되고 있으며, 교육 관계자를 중심으로 교원임용 과정의 개편 문제가 의미 있게 부각되고 있다.

학교교육을 내실화하기 위해 학교현장에서 필요로 하는 유능한 교사의 자질과 요건은 무엇이고, 유능한 교사양성을 위해 교육과정은 어떻게 개선되어야 하며, 현장에서 필요로 하는 인력을 확보하기 위한 임용 방법과 절차는 어떠한 구조로 개선되어야 하는가에 관한 논의가 활발히 이루어지고 있다. 신규 교사 임용 단계에서도 우수한 교사를 선발해야 한다는 논의가 촉구되면서 임용고사의 전형 과정이 우수한 교사를 선발할 수 있는 방법과 절차로 개선되어야 한다는 요구가 높다(박영숙, 2002: 34-41). 이러한 요구에 따라 지난 반세기 동안 여러 가지 구체적인 제도와 정책을 통해 우수한 교사를 확보하기 위한 노력을 계속해 왔다. 그러나 최근에 제기되고 있는 신규 교원임용 관련 문제에서 보는 바와 같이 교원정책 전반에 관한 철학 없이 졸속 대책을 통해 임용이 이루어져 왔다는 비판을 면하기 어렵다. 이와 같이 임용 문제는 아직도 수많은 논쟁점과 미결의 문제를 안고 있다. 따라서 교원의 선발 및 신규 임용 과정에서 질 높은 교사를 확보하기 위하여 현행 교원임용에 대한 전체적인 재검토가 이루어져야 할 것이다. 교육인적자원부(2007. 9. 28)는 21세기 지식기반사회를 주도할 인적자원을 양성하고 우수한 교사 선발을 위한 장치로 발전시키고자 현행 교원임용시험제도 개선안을 발표하였다. 그동안 지적되어 온 임용고사의 일부 미비점을 개선 · 보완하여 교원으로서의 자질과 품성 그리고 전문성을 갖춘 우수한 교직적격자와 수업능력이 우수한 교원을 선발하기 위하여 현행 2단계 전형 방식을 제1차 선택형 필기시험, 제2차 논술형 필기시험, 제3차 교직적성 심층면접과 수업능력 평가 방식으로 개편하고, 외국어 교사 선발 기준을 강화할 것을 주요 골자로 하고 있다.

본 장에서는 교육현장에서 이루어지고 있는 현재의 임용 실태를 종합적으로 재검토하고 이를 기초로 교원의 자질과 전문성을 신장시키기 위한 신규 교원임용제도 개선방안을 모색하고자 한다. 구체적으로, 신규 교원임용제도의 의의와 변천 과정 그리고 현황을 살펴보고, 현행 교원임용제도의 쟁점을 분석 · 진단한 후 그에 기초하여 신규 교원임용제도의 내실화를 위한 합리적 방안을 모색하고 장기적으로 신규 교원임용제도를 발전시키기 위한 방안을 탐색 · 제시해 보고자 한다.

2. 교원임용제도의 변천과 현황

1) 교원임용의 의의

일반적으로 임용이라고 하면 조직의 결원을 조직 외부로부터 보충하는 신규 채용과 동일한 개념으로 사용하는 경향이 있다. 따라서 교사의 신규 채용이란 교육조직에서 부족한 교사를 교육조직 외부로부터 일정한 절차를 거쳐서 보충하는 좁은 의미의 임용활동으로 정의된다(이윤식 외, 1992: 40). 본 연구에서는 연구의 목적상 초등 및 중등교사의 신규 채용 과정에 한정하여 신규 교원임용제도의 의의를 법률적 · 인사관리적 · 체제적 측면에서 살펴보고자 한다.

첫째, 법률적 측면에서 임용이 가지는 의미다. 신규 교원임용제도와 관련된 주요 관련 법규에는 「교육공무원법」 「교육공무원임용령」 및 「교육공무원 임용후보자선정 경쟁시험규칙」 등이 있으며, 임용의 정의와 방식 그리고 임용시험의 기준과 방법 등이 법제화되어 있다. 신규 교원의 임용이란 교원의 결원을 충원하는 것으로 「교육법」 제2조 제5항에 규정된 신규 채용, 승진, 승급, 전직, 전보, 겸임, 파견, 강임, 휴직, 직위해제, 정직, 복직, 해임 및 파면 등 교원의 신분에 관한 대부분의 조치를 포함하는 교육인사행정의 포괄적 · 중심적 개념이다. 법령상 임용에는 신규 임용, 승진, 승급, 전직, 전보, 겸임, 파견, 강임, 휴직, 직위해제, 정직, 복직, 해임 및 파면을 포함하는데, 충원 과정은 신규 임용만을 의미하며, 승진과 전보는 능력 계발과 관련하여 다루는 것이 일반적이다(윤정일, 2004: 276).

둘째, 인사관리적 측면에서 임용이 가지는 의미다. 교원인사관리(행정)는 학교교육을 담당할 인적자원을 확보, 교육, 배치, 관리하고, 그들을 위한 근무조건을 확립하며, 전문성 향상을 위한 일련의 행정지원활동을 의미한다(한국교육행정학회, 1995: 10). 그 대상 영역에는 교원의 신분과 자격, 수요 · 공급, 양성, 연수, 선발과 임용, 근무평정, 승진, 전보, 전직, 보수와 후생, 근무 부담, 신분 보장, 징계, 퇴직, 사기, 인간관계, 교직단체, 윤리강령 등 광범위한 영역이 포함된다(김종철, 1982: 300-366). 인사관리의 목표 중 하나는 인적자원을 가장 효율적으로 활용하는 데 있는데, 임용은 그 첫 단계로서 자질이 우수하고 교육에 대한 이해 및 열의가 충분한 교원을 충원할 수 있어야 한다. 교육의 질 향상을 위한 필수 요소가 교원이라는 측면에서 교원의 임용은 교육정책의 가장 중요한 부분이라 할 수 있다. 따라서 자질 있는 교사의 충원은 이들에 의한 적극적이고 수준 높은 교육활동을 보장하며, 교육의 질을 향상시키는 출발점이다. 이런 점에서 신규 교원임용은 교육활동의 주체를 선발하여 교직에 입직시키는 것으로 어떤 면에서 교육과정, 학습지도, 교과목의 개선보다 교육의 질을 향상하는 데 보다 근원적인 역할을 한다.

셋째, 체제적 측면에서 임용이 가지는 의미다. 교육인사행정은 교직을 희망하는 학생을 선발하는 일부터 교원의 양성, 채용, 연수, 승진, 전보, 퇴직에 이르기까지 교원관리의 전 과정을 포괄하는 것으로 이러한 교원인사행정의 모든 영역은 어느 하나도 독립적으로 다룰 수 없는 밀접한 상호 관련성을 가진 총체적 체제(system)를 형성하고 있다. 여기서

체제는 하나의 전체를 구성하는 부분들의 유기적인 결합체라고 할 수 있다(서정화, 1994a: 45). 교원양성기관에 지원한 교직 후보자는 일정한 선발 과정을 거친 후에 정해진 교육과정을 이수하면 자격증이 수여되고 임용고사를 거쳐 합격되면 교사로 신규 임용되므로, 신규 임용은 인력 수급계획, 모집 · 선발, 양성과정, 자격 수여, 채용시험 등과 밀접하게 관련되어 있다. 이런 점에서 신규 임용은 교육인사행정체제 투입의 마지막 절차이자 채용 후 현직에서의 활동(과정)으로 이어지는 관문 역할을 한다고 볼 수 있다. 신현석(2005)은 교육체제의 질 결정은 투입, 과정, 산출의 어느 한 요인에 의해서 이루어지는 것이 아니라 체제의 세 가지 요소가 총체적으로 유지 · 관리됨으로써 가능하다고 하였다. 마찬가지로 신규 교원임용 역시 교육인사행정체제의 투입, 과정, 산출의 전 단계가 총체적인 안목에서 유지 · 관리되어야만 성공할 수 있다. 훌륭한 교사가 임용되더라도 연수, 평가 등을 통해 총체적으로 관리되어야만 교사의 전문성과 책무성이 제대로 확보될 수 있다.

2) 교원임용제도의 변천

교육경쟁력을 확보하고 공교육에 대한 신뢰를 확보하기 위해 우수한 교원을 확보하는 일은 무엇보다 중요하며, 교육개혁 과제의 성공적 시행을 위해서도 교원의 질적 수준을 확보하는 것이 무엇보다 중요하다. 여기에서는 질적으로 우수한 교원을 선발하기 위한 개선방안을 논의하기 전에 신규 교원임용제도의 변천 과정과 현황에 대해 고찰하고자 한다. 우리나라 교사의 신규 임용제도는 시기별, 학교급별 또는 설립별로 약간씩 차이가 있었으나 자격증 소지자에 대한 자동임용 방식을 근간으로 해 왔다. 이것은 계속적으로 증대되는 신규 교사의 수요를 충족시키기 어려운 상황에서 자연적으로 채택된 제도라고 하겠다. 그러나 교사양성기관이 난립하고 자격증 소지자가 대량으로 배출되면서 교사의 신규 임용은 특별한 전형이나 시험을 통해 이루어지게 되었다(한국교육행정학회, 1995: 92).

신규 교원임용의 전개 과정은 우선 임용 위헌 결정 이전과 교원임용시험 도입 이후로 크게 구분할 수 있다. 교원임용의 경우 능력의 검증에 의한 공개전형을 원칙으로 하였으나 교원수급 상황에 따라 변화를 겪었다. 그리고 1973년부터 국·공립학교 교원 충원 시 부족한 교원의 경우 사립 사범대와 교직과정 출신자를 대상으로 순위고사를 치러 선발·임용하였다. 1990학년도까지는 공립 초·중등학교에 교사를 신규로 채용할 때 국립 교대·사대의 졸업생을 우선적으로 채용하였다. 그리하여 국·공립 양성기관 출신자의 경우는 무시험으로 우선 배정·임용되었고, 사립 양성기관 출신자와 교직과정 출신자 등의 경우는 선정 경쟁시험을 거쳐 임용되었다. 그러나 1990년 10월 8일 헌법재판소의 「교육공무원법」 제11조 제1항(국립사범대 졸업생 우선 채용)에 대한 헌법소원에서 이 법률조항이 "헌법상 평등의 원칙이나 직업 선택의 자유에 위반한다."고 위헌 판결(헌법재판소, 1990: 350-351)이 남에 따라 1991학년도부터 공개경쟁시험제도가 도입되었다. 모집 정원의 70% 정도를 국립사범대 졸업생을 우선 선발하는 1991~1993년의 유예 기간(「교육공무원법」 개정 법률 제11조 제2항, 법률 제4303호, 1990. 12. 31)을 거쳐 1994년부터 교사의 신규 채용은 완전 공개경쟁체제로 전환하게 되었다. 유예기간은 교원임용시험제도 도입 이후 교원양성을 목적으로 하는 사범대학의 정체성을 보장하기 위한 조치로, 1990년 12월 「교육공무원 임용후보자선정 경쟁시험규칙」 제8조의 전문 개정을 통해 사범대학 출신자들에게 임용시험 시 가산점을 부여한 것이다. 이후 가산점 비율 조정 조치(15%~10%) 등도 있었으나, 결국 2004년 3월 또다시 이 규정은 위헌 결정을 받아 사범대학 등의 가산점 조항 역시 2004년 9월 「교육공무원법」 개정을 통하여 법적 근거를 마련하는 한편, 2005학년도 입학생까지만 2010년도에 실시되는 임용시험까지 한시적으로 가산점을 적용토록 하였다(초등의 경우는 계속 적용). 이 가산점은 10%의 범위로 부여하고 있으며, 시 · 도 교육청별로 다소간 차이가 있다.

우리나라 교사의 신규 교원임용제도는 공개경쟁제도가 도입되기 전에는 교원양성기관을 통한 자격증 수요와 자격증 소지자에 대한 자동임용 방식을 근간으로 해 왔으므로, 그 변천 과정은 양성제도의 변천과

표 7-1 신규 교원임용정책의 변천 과정

순	연도	신규 교원임용정책의 주요 사건 및 정책 형성 과정
1	1953. 11. 1	교육공무원임용령(대통령령 제828호). 국립교원양성기관 졸업자 우선 채용
2	1963. 12. 5	교육공무원법(법률 제1463호로 개정). 국공립교육 사범대 우선임용의 교원인사법 체계
3	1985	한국교원대 설립과 사범대 확충 및 교직이수자 확대로 교원수급 불균형 문제 확대
4	1990. 10. 8	헌법재판소 국 · 공립 사범대학 출신자에 대한 공립학교 우선임용 규정에 위헌 결정
5	1990. 12	교육공무원 임용후보자 선정경쟁시험규칙 제8조에 사범대 가산점 15% 부여 근거 마련
6	1991~1993	교원임용시험(공개경쟁 전형) 실시(국립대 졸업생 70%, 사립대 졸업생 30% 할당 선발)
7	1995. 6. 8	사범계 졸업자로 교원 경력이 있는 자는 사범계 가산점 적용에서 배제
8	1996. 4. 25	제1차 필기시험 방법에 논문형 추가
9	1998	병역가산점 폐지
10	2000. 12. 19	제2차 시험에도 실기시험을 실시할 수 있도록 규칙 변경
11	2001. 7	21세기 지식기반사회에 대비하는 「교직발전종합방안」(교육인적자원부)
12	2002. 11. 5	가산점 배점비율 15%→10%로 하향 조정(교육인적자원부령 제809호)
13	2003. 7. 25	대법원이 임용고사 응시자격 제한(퇴직 후 2년 경과 후 응시가능 조항)에 위법 관결
14	2003. 10. 29	인천지방법원 사범대 가산점제도에 대해 위법 판결
15	2004. 1. 20	'국립사대 졸업자 중 교원 미임용 채용에 관한 특별법' 제정
16	2004. 6. 28	국가인원위원회 결정문(응시연령 40세 이하 규정은 평등권 침해 행위임 인정)
17	2004. 10. 15	교원공무원법 개정(사범대 가산점과 부전공 가산점 규정 개정)
18	2004. 10. 29	「교원양성체제개편 종합방안(시안)」(교육인적자원부)
19	2005. 5. 31	국립사범대학 졸업자 중 교원 미임용자 임용 등에 관한 특별법 제정
20	2005. 9	「우수교원 확보를 위한 교원양성체제 개편방안」(교육인적자원부)
21	2007. 10. 1	현행 2단계 전형 방식을 3단계 방식으로 개편 및 논술과 면접 비중 강화

출처: 정태범(1999: 269)과 「교육공무원 임용후보자 선정경쟁시험규칙」 등을 참조하여 재구성.

밀접히 관련되어 있다(한국교육행정학회, 1995: 92). 현행의 신규 교원임용정책이 시행되기까지의 변천 과정을 주요 사건 및 정책 형성 과정을 중심으로 시간적으로 배열하면 〈표 7-1〉과 같다.

3) 교원임용제도의 현황

우리나라 국 · 공립 초 · 중등학교 교사 신규 채용제도의 주축인 현행 교육공무원 임용후보자선정 경쟁시험의 기준과 방법은 「교육공무원법」(법률 제7537호, 2005. 5. 31)을 근거로 하여 「교육공무원 임용령」(대통령령 제19043호, 2005. 9. 14) 및 「교육공무원 임용후보자선정 경쟁시험규칙」(교육인적자원부령 제914호, 2007. 10. 1)에 그 구체적인 내용을 담고 있는데, 주요 내용은 다음과 같다.

「교육공무원법」 제11조 제1항에 "교사의 신규 채용은 공개전형에 의한다."라고 명시함으로써 교사 신규 채용의 공개전형 원칙을 천명하고 있다. 그리고 공개전형에 있어서 담당할 직무수행에 필요한 연령, 기타 필요한 자격요건과 공개전형의 절차, 방법 및 평가 요소 등 공개전형의 실시에 관하여 필요한 사항은 대통령령으로 정하도록 위임하고 있다(「교육공무원법」 제11조). 교사의 임용권은 대통령이 교육인적자원부장관에게 위임하고, 장관은 이를 다시 교육감에게 위임한다(「교육법」 제33조 제2항, 임용령 제3조 제5항). 그리고 교사임용시험은 임용권자(위임받은 자 포함)가 실시하되, 국립학교의 경우 당해 학교가 소재하는 교육감에게 위탁하여 실시할 수 있도록 하였다(임용령 제9조 제2항, 규칙 제4조 제1항). 공개전형의 응시자격은 채용 예정직에 해당하는 교사자격증을 취득한 자(졸업예정자 또는 수료예정자 포함)로 하고 있다(임용령 제11조의 3). 한편, 당초에 응시연령을 40세 이하로 제한하였으나, 이는 「헌법」 제11조의 평등권을 침해하는 차별행위이므로 시정이 요구된다는 국가인권위원회의 권고를 받아들여 이 조항을 삭제함으로써 2006학년도 공개전형부터 응시연령에 대한 제한이 없어졌다(임용령 제11조의 2, 대통령령 제18782호, 2005. 4. 15).

교원 신규 채용 공개전형은 필기시험, 실기시험 및 면접시험 등의 방법에 의하여 실시하도록 하였으며, 필기시험 성적에는 우수한 교사 임용후보자의 선정을 위하여 재학 기간 중의 성적 등 필요하다고 인정하는 평가 요소를 점수로 환산하여 가산할 수 있도록 하고 있다(임용령 제11조). 임용시험은 제1차 시험, 제2차 시험 및 제3차 시험으로 구분하여 실시하되, 시험 실시 기관은 시험일정 등을 고려하여 필요하다고 인정할 때는 제1차 시험, 제2차 시험 및 제3차 시험을 통합하여 실시할 수 있다(규칙 제6조). 시험 방법으로 제1차 시험은 선택형의 필기시험으로, 제2차 시험은 논술형의 필기시험으로, 제3차 시험은 교직적성 심층면접과 수업능력(실기 · 실험을 포함한다) 평가로 한다. 제1차 시험에서는 교육학과 전공을 평가하고, 제2차 시험에서는 전공에 대한 종합적 이해와 교직수행 능력을 평가하며, 실기 · 실험시험은 예 · 체능과목, 과학 교과 등 실기 · 실험시험이 필요한 경우에 실시한다. 교직적성 심층면접 시험은 교사로서의 적성, 교직관, 인격 및 소양을 평가하며, 수업능력 평가는 수업의 실연 등을 통하여 교사로서의 의사소통 능력과 학습지도 능력을 중점 평가한다(규칙 제7조). 시험에는 대학 성적을 반영할 수 있도록 사범계 대학의 졸업자 및 졸업예정자에 대하여 재학 기간 중의 성적에, 비사범계 대학 졸업자는 제1차 시험성적에 대하여 일정비율로 환산한 점수를 제1차 시험성적에 가산할 수 있다. 그리고 교원 경력이 없는 사범계 대학 졸업자로서 교육감이 정하는 지역에서 응시하는 자와 교육감이 정하는 도서 · 벽지지역에서 근무할 것을 조건으로 응시하는 자 그리고 기타 시험 실시기관이 인정하는 기준에 해당하는 자에 대하여는 제1차 시험성적 만점의 10%의 범위 안에서 가산점을 부여할 수 있도록 가산점제도를 두고 있다(규칙 제8조). 제1차 시험 및 제2차 시험 합격자의 결정은 시험 단계별 매 과목 4할 이상을 득점한 자 중에서 시험성적의 다득점자 순으로 하되, 제1차 시험 합격자는 임용 예정 인원의 2배수 이상으로, 제2차 시험 합격자는 임용 예정 인원의 1.5배수 이상으로 한다. 최종 합격자는 제1차 시험, 제2차 시험 및 제3차 시험의 성적을 각각 100점 만점으로 환산하여 합산한 시험성적의 다득점자 순으로 결정한다(규칙 제17조).

이상과 같이 각 시 · 도 교육청이 임용권자와 시험 실시 기관이 되어 관계 법령에 규정된 사항을 근간으로 하여 자체 실정에 맞게 교원임용 시험실시계획을 수립하여 시행하고 있다. 교육부는 교원임용고사 개선안을 발표한 바 있는데, 2007년도 교원임용고사 시험과목 및 배점과 2008년도 개선안은 〈표 7-2〉와 같다.

표 7-2 2007년도 교원임용고사 시험과목 및 배점과 2008년도 개선안

구분	현행(2007년도)	개선안(2008년도)
1차 시험	• 선택형 필기시험(100점) 〈초등〉 –교육학(30점, 4지선다) –전공(70점, 서술 · 단답형) 〈중등〉 –교육학(20점, 4지선다) –전공(80점, 서술 · 단답형) · 대학 재학 성적(20점) · 가산점(10점)	• 선택형 필기시험(100점) –교육학 및 전공(초등은 교과교육과정): 5지선다형(신속한 OMR 채점)으로 비중 있는 2, 3차 시험 일정 확보 가능 *중등(영어): 영어 듣기 포함 • 대학 성적(20~40점) • 가산점(5~10점) *배점 비율은 각 교육청이 결정
	130% 선발(규칙상 2배수 이내)	2배수 이상 선발(소수 선발과목의 우수자원 확보)
2차 시험	• 논술 • 면접 • 실기평가 *교육청별 총 50~60점 부여	• 논술형 시험(100점) –전공(교과내용학 및 교과교육학)에 대한 종합적 이해 및 교직 수행능력 *중등(외국어): 외국어로 실시
	120% 선발	1.5배수 이상 선발
3차 시험	—	• 교직적성 심층면접 및 수업능력 평가(100점) *예체능 · 과학 · 교과 등 실기 · 실험 평가 포함 가능 *중등(외국어): 외국어로 실시 *초등: 영어 포함 실시
합격자 사정	1차 + 2차 시험 합산	1차 + 2차 + 3차 시험 합산

출처: 교육인적자원부 발표자료(2007. 9. 28) 재구성.

3. 교원임용의 쟁점

신규 교원임용제도는 교직의 전문성 향상에 기여하고, 보다 종합적인 평가에 기초하여 교사를 선발할 수 있어야 하며, 교사양성기관의 교육과정 발전 및 교육현장의 요구를 반영할 수 있는 방향으로 발전해야 한다. 그러나 현행 신규 교원임용제도에 대해 많은 문제점이 지적되어 논의가 이루어지고 있는데, 주요 쟁점으로는 신규 교원임용자격에 관한 쟁점, 교원임용고사제도에 대한 쟁점, 교육실습 내실화 방안에 대한 쟁점 그리고 임용제도의 획일적 운영에 대한 쟁점 등이 있다. 그동안 선행연구와 정책 실제를 통해 다뤄져 온 쟁점을 확인하여 이를 해제하면 다음과 같다.

1) 신규 교원자격증 부여에 대한 쟁점

교원자격제도는 교원임용과 직접적으로 관련되어 있기 때문에 우수교원 확보라는 측면에서 중요한 의미를 지닌다. 교원임용(신규 임용)은 교육법이 정하는 자격 기준에 해당하는 자로 대통령령이 정하는 바에 의하여 교육인적자원부가 수여하는 교사자격증을 받은 자에 대하여 입직을 허가하는 공식적인 행위다. 따라서 교원자격의 취득은 교원임용에 필요한 최소한의 전제조건에 해당된다(신현석, 2002: 115). 자격은 어떤 직무를 수행하는 데 필요한 특정의 능력이나 자질을 제도적으로 규정한 것(김종철, 1982: 305)이므로, 전문직으로서의 교직도 조직의 전문성을 보장하고 사회적 공신력을 높이기 위한 제도적 장치로서 자격증을 요구한다.

우리나라의 교사자격에 대한 국가 기준은 초 · 중등교육법 제21조에 규정되어 있는데, 이 기준은 교사자격 취득을 위한 법적 · 제도적 기준만 제시되어 있고, 교사자격 취득을 위해 이수해야 할 교육과정의 내용이나 교사가 갖추어야 할 자질 및 능력은 제시되어 있지 않다. 특히, 교원자격검정이 무시험검정 중심으로 실시되고 있는 현실에서 무시험검정을 위한 기준은 교직과정에 대해서만 제한적으로 제시되어 있으며, 사범대학의 교육과정 내용이나 졸업자가 갖추어야 할 자질과 능력에 대해서는 교과별 '기본 이수 영역' 외에는 명시적인 규정이 제시되어 있지 않다. 이러한 상황에서 극단적으로 말하면 양성기관만 졸업하면 대학별 무시험검정을 통해 교사자격증을 취득할 수 있다(정진곤 외, 2004).

교원자격의 의미와 중요성에 비추어 국가가 그동안 교원자격의 질을 체계적으로 관리해 왔는가에 대해 의문이 제기되어 왔다. 서정화(1994: 123-126)는 교원자격제도와 관련하여 ① 교원자격증의 양산, ② 교원자격 구분의 단순성, ③ 교원자격증 효력의 무기한제, ④ 비현실적인 상위자격 취득 기준, ⑤ 자격증 표시과목이 아닌 과목상치 교사의 과다, ⑥ 중 · 고등학교 교사자격 기준의 동일, ⑦ 자격증 상호 간의 연계성 미흡 등을 지적하였고, 한국교육행정학회(1995: 54-62)는 ① 교원양성기관의 난립과 질적 통제장치의 결여, ② 부적절한 법적 자격 기준의 상존, ③ 행정관리직 우위의 자격제도 등을 문제점으로 지적한 바 있다. 그리고 신현석(2002: 130)은 ① 교원양성기관의 난립으로 인한 교사자격증의 남발, ② 교사자격증의 남발로 인한 자격의 질 저하, ③ 신규자격 취득과정에서의 질적 통제장치 결여, ④ 교원자격증의 무기한적 효력 등을 들고, 이들 문제의 발생으로 인해 현행 교원자격제도는 교직의 전문성을 확보하고 사회적 공신력을 획득하는 데 한계를 보이고 있다고 주장하고 있다. 그리고 신상명(2002: 141)은 초등교원양성기관에서도 교원자격제도와 관련해서 다양한 문제가 제기되기는 하지만, 특히 중등교원양성기관이 매우 다원화되어 있어 대학마다 교육 프로그램이 다양하고 교수진 및 교육여건 등에서 매우 심한 격차를 보이고 있기 때문에 양성기관의 책무성 제고의 측면에서 자격증 발급에 대한 문제를 신중히 검토해야 한다고 주장한다.

앞서 언급된 학자들 논의의 핵심은 교직에 대한 적성 검증 여부나 적절한 질적 통제장치 없이 졸업자 모두에게 무시험검정을 통해 교원자격을 부여하는 것은 교원의 수급 문제를 유발함과 동시에 교원의 자질 저하 및 전문성 부족이라는 문제를 야기하고 있으므로 현행 신규 교원자격증부여제도는 재검토되어야 한다는 것이다.

2) 신규 교원임용고사제도에 대한 쟁점

1991년 헌법재판소가 직업 선택의 자유 보장이라는 이유를 들어 국 · 공립사범대학교 졸업생의 우선 임용을 위헌이라고 판결한 데서 기인한 현행 교원임용고사제도는 현장에 적합한 우수교원을 제공하는 최적의 방안이 아니라는 주장이 제기되고 있다. 신규 교원임용고사제도에 대해 논의되고 있는 쟁점은 신규 교원임용고사의 실시 여부, 효용성 부족 그리고 가산점제도의 합리성 부족 등인데, 구체적으로 살펴보면 다음과 같다.

첫째, 현행의 공개전형제도가 우수한 교원을 확보하는 데 있어 최적의 대안인가에 대한 논의다. 공개경쟁시험인 임용고사는 양성기관 간의 차별임용의 철폐와 기회 균등의 보장이라는 측면에서 그리고 현실적으로도 보다 우수한 교원을 선발하고 교원적체 문제를 해소할 수 있는 유일한 방안으로 제안되어 시행되고 있다. 공개시험을 통한 전형은 기회 균등을 위한 가장 타당한 제도로, 양성기관의 과잉 양성과 사학에 대한 정원 감축을 강제할 수 없는 상황에서 가장 합리적인 제도다(윤정일 외, 1995: 613). 그러나 현행 임용고사가 질적으로 우수한 교원 적격자를 선발하고 있는가에 대해 많은 의문이 제기되면서 교원임용고사가 교원임용을 위한 최적의 방안이 아니라는 주장이 있다. 왜냐하면 현행의 교원임용고사는 우수한 실력과 자질을 겸비한 교원 적격자보다는 단편적 지식인을 선발할 수밖에 없는 부정적인 면을 많이 지니고 있어서 우수한 교원 확보라는 근본적인 문제를 해결하는 것이 아니라 과잉 양성과 양성기관 간의 갈등 문제를 선발에 초점을 맞춰 피상적으로 해결하고 있기 때문이다.

둘째, 신규 교원임용고사제도 운영의 불합리성에 대한 논의다. 그동안 임용고시에 대한 다양한 연구(최희선 외, 2000: 123; 박영숙, 2002: 40-41; 교육인적자원부, 2003)에서 다음과 같은 문제가 지적되고 있다. 첫째, 시험 공고 시기의 부적절성이다. 시험 공고가 촉박하게 발표됨으로써 시험 준비생들의 체계적인 준비가 곤란하며 시험 출제 기간이 짧아 출제 오류가 발생하고 있다. 둘째, 교원으로서의 적성과 능력을 평가하는 논술, 면접점수에 비하여 객관식 및 단답형 배점이 너무 높다. 셋째, 대부분의 시 · 도에서 수업실기 능력평가를 위하여 학습지도안을 작성하도록 하는 수준이며, 일부 시 · 도교육청에서 수업 시연을 부과하고 있으나, 현장에서 필요한 자질을 갖춘 교사를 선발하는 기능이 미흡하다. 넷째, 형식적인 면접이 실시되고 있다. 5분 내외의 짧은 시간에 면접시험이 실시됨으로써 교육자로서의 자질과 인성, 교직교양 및 교육과정에 대한 전문성을 적절히 평가하지 못함으로써 지원자의 인지적 · 정의적 특성 파악에 한계가 있다는 것 등이다. 즉, 1994년부터 시행된 교원임용고사는 우수한 교사의 기초적 자질을 평가하는 목표지향적인 평가라기보다는 오히려 신규 채용에 필요한 인원의 선발에 더 중점을 두는 규준지향적인 평가였기 때문에 교원에 대한 질적 통제의 기능을 발휘하지 못하고 있다(한국교육행정학회, 1995: 115).

셋째, 가산점의 합리적 부여 미흡에 대한 논의다. 교원임용시험에서는 교원임용 주체인 각 시 · 도 교육청에서 보다 우수한 교사를 선발하려는 취지로 일정한 자격을 갖춘 응시자에게 일정 부분의 특혜를 부여하는 가산점제를 시행하고 있는데, 가산점제는 그동안 교원임용시험에서 합리성과 타당성 부족을 이유로 많은 논란이 있어 왔다. 이런 논란

가운데서 '병역을 마친 자'에게 부여되었던 가산점은 1999년 12월 23일 헌법재판소가 이 규정을 위헌으로 결정함으로써 2001년부터 폐지되었고, 사범대 출신자와 복수 · 부전공 가산점 규정도 2004년 3월 헌법재판소가 위헌 결정을 내림에 따라 2004년 10월 15일 「교육공무원법」 개정법안에서는 사범계 대학 출신자에 대한 가산점 부여 근거를 법률에서 명확하게 규정하되, 사범대는 2009년까지 한시적으로 적용하고 교대는 계속 적용하는 것으로 결정되었다. 허종렬(2004)은 사범계 가산점제도의 실체적 정당성을 헌법 제31조 제1항의 능력에 따른 균등한 양질의 교육을 받을 권리 보장과 제4항의 교육의 전문성 보장 조항에 비추어 능력주의 원칙에 대한 예외로 인정하고 있다. 이에 반해 고전(2004)은 지역의 균등 여건 조성과 교육의 전문성 보장을 이유로 차별의 헌법적 근거로 삼는 것은 다수 무리라고 주장하면서, 같은 자격자를 대상으로 한 임용검정에서 가산점을 부여하는 것은 상대적 평등의 원리에도 적합하지 않으므로 위헌 결정을 계기로 비사범계에서의 교사자격 검정의 재검토가 필요하다고 주장한다.

3) 교육실습 내실화 방안에 대한 쟁점

교육실습은 교원양성기관에서 습득한 교사로서의 역할 수행에 필요한 이론과 기술, 지식들을 실제 학교현장에 나아가 직접 실행해 봄으로써 보다 원활한 교원자격자로서의 역할을 수행하도록 하는 과정이다(김남순, 1999: 9). 따라서 이러한 교육실습 과정은 교원자격증을 부여하기 위한 필수적인 조건일 뿐 아니라 이론과 실제가 만나는 중요한 계기이기도 하다. 그런데 현행 교육실습은 실습 기간이 지나치게 짧고 피상적이며, 실습 학생에 대한 지도가 제대로 이루어지지 않아 예비 교원이 교직에 대한 적응성을 기르는 데 미흡하다는 지적이 끊임없이 제기되어 왔다. 여러 학자들(안세화, 1996: 230; 김명수, 2003: 50; 조동섭, 2005)은 교육실습과 관련하여 다음과 같은 문제점을 지적하고 수습교사제 도입을 제기한다. 우선, 양성기관에 따라 차이는 있는데, 대체적으로 8주 4학점의 교육실습 운영은 필요한 교직 경험과 기술을 제대로 익히기에는 교육실습 기간이 너무 짧다. 그리고 교육실습의 계획, 실시, 평가가 전문적이거나 체계적으로 실행되지 못하고 있어 양성기관과 실습 협력 학교 간에 유기적인 연계체제가 미흡하다. 따라서 현행 실습제도의 미비점을 보완하면서 교원의 전직 교육과 현직 교육을 유기적으로 연결시켜 줄 수 있는 교육제도가 절실히 필요하다는 데서 수습교사제 도입이 제기되고 있다. 그러나 교직단체는 대체로 수습교사제에 대해 수습교원의 신분 불안정, 교원임용의 다단계화에 따른 우수인재 지원 유인 감소 그리고 새로운 수습교사제 도입에 따른 시행착오 우려 및 제도 효과 검증이 미흡하다는 점을 들어 대체로 반대한다(허숙 외, 2004).

4) 신규 교원임용제도의 획일성에 대한 쟁점

현재 교원의 임용권은 대통령(교장임용권)과 교육인적자원부장관(교사임용권)으로부터 교육감에게 위임되어 있고, 임용후보자 선정을 위한 공개경쟁시험은 전국 교육감이 한국교육과정평가원에 의뢰하여 필답고사를 실시하고 있으며, 그 이후 전형은 각 교육청이 주관이 되어 실시하고 있다. 그러나 전형관리의 어려움 때문에 16개 시 · 도 교육청이 공동 관리하는 등 우리나라의 교원임용정책은 지나치게 획일적이고 중앙집중적이다. 따라서 대부분의 시 · 도 교육청에서 거의 동일한 기준과 절차, 방법으로 교사를 임용하고 있다. 이러한 규정은 신규 임용 과정에서 나타날 수 있는 제반 불합리한 점을 없애고 임용의 객관성과 공정성을 제고하려는 조치로 풀이되지만, 지역적인 특수성을 살려 자율적으로 다양한 인력을 확보하는 데 그다지 적합한 방법으로 보기는 어렵다(서정화 외, 2002: 133).

교원임용제도 선발 주체에 관한 논쟁에서 임용권 자체를 교육감의 고유 권한으로 하는 문제는 교원의 신분을 지방공무원화하거나 국가가 부담하여야 할 의무교육기관 교원의 봉급을 지방자치단체에 부담시킨다는 면에서 교육의 질 개선과는 직결되지 않는 다소 소모적인 논쟁으로 비화될 수 있으므로 신중하게 접근할 필요가 있다(고전, 2004: 188). 만약에 교원임용 검정의 주체를 단위학교로 바꿀 경우, 학교의 특성에 맞는 교원을 영입함으로써 수요자의 만족도를 높인다는 긍정적인 측면도 없지 않지만, 결국 대학과 같이 교원 고정화 내지는 기피 학교 심화로 이어질 우려가 높다. 다만, 특수한 시범학교 및 지정학교에서 단위학교의 자율권을 확대하는 차원에서 학교 구성원의 의사결정 과정을 거쳐 학교장의 교원추천권 및 지명권에 갈음하는 권한을 행사토록 하는 것은 실질적인 '학교단위선발체제'를 시도하는 효과가 있다고 본다.

OECD 보고서(2003)도 우리나라 임용제도에 대한 권고사항으로 학교의 요구와 특성에 맞는 교원을 충원하기 위해 단위학교와 지역사회가 선발에 참여할 수 있는 권한을 부여할 필요가 있다고 권고하고 있다. 다만 순환전보제도를 근간으로 하는 우리의 교원인사 시스템에서는 학교의 특성을 반영한 교사임용은 통합되기 어려운 면이 있다고 지적한다.

4. 교원임용제도의 개선 과제

1) 교원자격증의 질적 통제 강화

현재의 교원자격증제도는 그 통제장치의 미비로 교원양성기관의 졸업이 곧 교원자격증 수여가 되어 교원자격증의 실효성에 의문이 제기되고 있으므로 교직의 전문성과 사회적 공신력을 높이기 위해 교원자격증제도의 엄격한 관리를 통해 예비 교사의 자질을 향상시킬 필요성이 있다. 현행 교원자격증제도의 문제점에 터해 그동안 이의 개선을 위해 많은 방안이 제기되어 왔다(서정화, 1994a: 126–131; 한국교육행정학회, 1995: 62–75; 송광용, 2000: 103–108; 서정화, 2001). 신현석(2000: 131)은 이들 연구자들의 개선방안을 참고하여 교원자격증 발급 과정에서 질적 통제를 강화하는 방안으로 다음의 네 가지 안을 제시한다. 첫째, 교원양성기관이 구조조정을 통해 통폐합을 정책적 차원에서 추진하여 교원양성기관의 입학 정원을 대폭 줄여 국가가 관리한다. 둘째, 구조조정이 현실적으로 힘들 경우 교원양성기관 평가를 통해 교사자격증을 수여할 수 있는 기관인증제를 통해 자격증 수여를 엄격하게 통제한다. 셋째, 정부가 현재 계획하고 있는 교원전문대학원 설립 유도를 통해 교원양성교육의 내용과 기간을 강화하여 새로운 교원양성 시스템 속에서 자격증 관리체제를 전면적으로 개편한다. 넷째, 이러한 적극적인 방법이 현실적으로 불가능하다면 현행 교원양성과정을 유지하는 가운데 교원자격검정을 무시험제에서 시험제(교원자격 국가고시제)로의 전환을 제안하고 있다.

앞서 언급된 교원자격 국가고시제는 현행 교원자격제도의 여러 문제점을 해결하고 보다 합리적으로 교원의 질을 관리하자는 취지에서 제기된 것이다. 교원자격 국가고시제는 교원양성기관의 질적 차이와 무관하게 무시험검정을 통해 대부분 졸업과 동시에 동일한 교원자격을 부여받고 있는데, 교육의 질적 차이에 따른 교원의 질 하락을 방지하기 위하여 최소한 그 자격요건을 국가에서 보장한다는 의미에서 강구할 필요가 있다. 하지만 이 제도에 대한 반론도 제기되고 있다. 우선 자격고시는 교원의 자질 향상과 우수교원 확보를 위한 근본적인 방안이 아니라는 것이다. 시험제도는 교원이 지식을 통하기보다는 수범을 통해 가르쳐야 하는 교원의 자격 통제장치로서는 타당한 것이 아니어서 임용고사처럼 양성기관의 학원화가 우려되며, 양성기관의 서열화 가속, 서울과 지방의 교육격차의 노정과 같은 교사에 대한 국가 통제의 강화에 따른 문제가 발생할 것이 우려된다(윤정일 외, 1995: 612).

교원자격 국가고사제와 같은 혁신적인 변화가 현실적으로 어렵다면 현행의 무시험검정을 강화하여 운영하면서 자격 취득을 위한 요건을 강화하는 방향으로 나가야 한다(고전, 2004: 188). 임용제도는 이러한 자격검증 이후 교원으로 공개임용시험에 의한 선발을 중심으로 하고 있다. 자격자의 대량 양산으로 임용률이 저조하여 임용시험이 자격검정을 대신하고 있는 상황에서 교원양성은 교원양성대학에서 자격검정을 강화하고, 임용은 수급을 조절하는 측면에서 풀어 가는 것이 바람직하다고 본다. 그리고 이러한 방향에서 효과를 얻기 위해서는 교원양성기관 입학생 선발 과정과 4년간 교육과정의 전문성이 절실히 기대된다. 양성기관의 입학 과정에서 특별히 교직적성을 갖춘 후보자를 선발하는 데 더 엄격한 기준이 적용되어야 하고, 교원양성기관은 엄정한 과정을 거쳐 선발된 인재에 대해서는 4년간의 재학 기간을 통해 철저한 지도를 통해 교육자적 자질과 능력 및 인성을 함양할 수 있도록 최선을 다해야 한다.

2) 신규 교원임용제도의 효용성 제고

(1) 엄정한 학사관리를 통한 '책임의무발령제' 도입

교원임용고사를 통해 교원 적격자를 선발하는 것이 최적의 대안인가라는 지적에 대해 '교원교육평가인정제도'와 '책임의무발령제' 도입이 논의되고 있다. 먼저, 교원자격의 질 관리 및 양성기관 평가 결과 공개를 통해 교원양성기관의 질적 수준을 제고하기 위한 교원교육평가인정제도 도입이 제안되고 있는데(윤정일, 1989: 78-79; 교육인적자원부, 2001), 이는 교원양성 및 임용 기준에 미달한 양성기관을 자격 부여 기관에서 배제함으로써 교원자격의 질 관리를 도모하고 양성기관 간의 경쟁을 유도해서 전반적으로 질적 수준을 제고할 수 있어 교원양성기관에 대한 사회적 공신력을 확보하고 교원 자질에 대한 신뢰성을 확대할 있다는 논리에 기초한다. 그리고 평가에서 받은 등급을 바탕으로 교원 수요에 따라 적정한 교원양성 정원을 배당함으로써 교원적체 문제를 해소하고 공개임용제도의 역기능을 보완할 수 있을 것이다.

더 나아가 초등은 교대, 중등은 사범대학을 중심으로 '책임의무발령제'를 도입하고 임용시험을 폐지하는 안이 제기되고 있다(허숙 외, 2004). 책임발령에 의한 교원임용제도 도입은 교원양성기관 평가를 통해 우수한 교원양성기관을 선별하는 등의 질 관리를 통한 교원양성 경로와 규모가 정비되어야 한다는 전제하에 논의될 수 있다. 즉, 국공사립 사범대학의 정비가 이루어지고 기타 교원양성기관에 대한 엄격한 평가를 통해 교원양성기관의 규모를 축소할 것이 전제되어야 하며, 더불어 교원양성교육 프로그램의 질과 정체성을 보장하기 위한 기준도 마련되어야 한다.

(2) 신규 교원임용고사제도의 합리적 운영

현행 임용고사의 문제점을 해소하고 교직 적격자를 선발하기 위해서는 우선 교원임용고사의 평가 및 운영 방식을 개선·보완하여 그 수준과 변별력을 높여야 한다. 그 방안으로 지필고사 비중을 축소하고, 다단계 전형 방식을 도입하며, 면접과 수업 실기능력의 평가 비중을 강화해야 할 것이다. 「교육력 제고를 위한 교원정책개선방안」(교육혁신위원회, 2006)에서는 교원선발제도의 적합성을 제고하기 위한 방법으로 ① 현행 2단계 전형을 3단계 전형으로 확대, ② 1단계 시험 성적은 예비합격자 선발에만 사용, ③ 2차(논문형) 및 3차(면접, 수업 실기능력) 시험에서는 교사의 자질 및 교직 수행능력을 중점 평가, ④ 1단계 시험에서 가산점 및 대학 재학 성적 비율을 시·도 교육청별 자율 조정 등을 제안하였다. 이러한 제안을 바탕으로 교육인적자원부(2007. 10. 1)는 교사로서의 자질과 품성, 전문성을 갖춘 우수한 교직 적격자를 선발하기 위해 교사임용공개전형제도를 개선하는 내용으로 「교육공무원 임용후보자 선정경쟁시험규칙」(교육인적자원부령)을 개정·공포하였는데, 임용시험제도 개선의 주요 내용은 다음과 같다. 먼저, 2009학년도(2008년 하반기 시행) 임용시험부터 현행 2단계 전형 방식을 제1차 선택형 필기시험, 제2차 논술형 필기시험, 제3차 교직 적성 심층면접과 수업능력 및 실기·실험시험의 3단계로 강화하여 평가할 수 있도록 한다. 그리고 선발 배수는 1차 시험에서 당락이 결정되는 문제점을 해소하기 위하여 제1차 시험 합격자는 임용 예정 인원의 2배수 이상으로, 제2차 시험 합격자는 임용 예정 인원의 1.5배수 이상으로 시험 실시 기관이 적정 수준에서 정하되, 최종합격자는 제1차 시험, 제2차 시험 및 제3차 시험의 성적을 각각 100점 만점으로 환산하여 합산한 시험성적의 다득점자 순으로 결정하도록 한다. 이 개선안은 제2차 시험 및 제3차 시험에서 교사로서의 자질과 수업 능력을 집중 검증함으로써 교직 적격자 및 수업능력이 있는 우수한 교사를 선발하고, 초·중등 교육현장과 교사양성대학의 교육과정 간의 괴리를 좁혀 현장 적합도를 더욱 높일 것으로 기대된다.

우수한 교직 적격자를 선발하기 위해서는 다음과 같은 방향에서 다양한 임용 방법과 절차가 구안되어야 한다. 단순·암기 위주의 필답고사는 지양되어야 하며 문제의 내용은 근본적인 원리의 적용과 문제해결력을 다루는 것이어야 한다. 그리고 형식적인 면접 및 실기고사가 아닌 교사로서 적합한 신체적·정서적·사회적·교직적 특성을 가지고 있는지를 제대로 평가하는 심층적인 시험이어야 하며, 현장 적합성이 높은 유능한 교원을 검증하기 위해 면접시험위원에 현직 교사의 참여 기회를 확대해야 한다(박영숙, 2002: 40-41). 또한 교원의 선발행위는 교원양성기관의 교육 정상화를 적극적으로 유도하는 기능을 수행해야 한다.

(3) 가산점의 합리적 부여

가산점제도는 교원임용시험 실시 초부터 시행된 것으로 현행 「교육공무원 임용후보자 선정경쟁시험규칙」(교육인적자원부령 제914호)에 의하면 제1차 시험성적 만점의 10%의 범위 안(2002년까지는 15%)에서 부여할 수 있게 되어 있다. 시 · 도 교육청의 필요에 따라 해당 시 · 도 사범대 출신자, 복수자격증 소지자, 부전공 이수자, 기타 시 · 도의 필요에 따라 일정 점수를 부여하도록 하고 있다. 그런데 교 · 사대 출신 가산점과 지역 가산점에 대한 합리성과 타당성이 부족하고, 전문 교과 성적에 의한 합격보다는 가산점 취득을 통한 합격을 위해 주전공을 소홀히 하는 현상이 발생한다고 하여 가산점 부여에 대한 타당성 문제가 제기되고 있다. 이러한 문제를 합리적으로 해결하기 위해서는 전국 공통 부여 가산점을 통일하고, 기타 가산점은 시 · 도 교육청별로 지역 실정에 맞게 자율적으로 부여하도록 관련 「교육공무원법」 개정을 통해 법적 근거를 마련해야 한다. 현행 가산점을 재검토하여 반드시 가산해 주어야 할 필요가 있는 핵심적인 사항으로 가산점 항목을 축소하고, 그 비중을 점진적으로 축소하여야 한다. 예를 들면, 해당 지역 소재 교대 · 사범계 대학 출신자를 보호하기 위해 부여하는 지역 가산점제도는 그 비중을 줄이고 정보화 능력, 외국어 구사 능력 그리고 의사소통 능력 등 지식 · 정보화 사회가 요구하는 우수한 인력을 유치하기 위한 가산점은 강조될 필요가 있다. 그러나 지역가산점제도의 경우 그동안 교원수급의 균형과 지역교육의 활성화에 적잖은 기여를 해 왔는데, 이 제도가 폐지되거나 비중이 축소되면 지방 소재 사범대 출신이 대도시로만 몰려들 것이 예상돼 교육여건이 열악한 농 · 어촌 학교의 교사 부족 현상이 심화될 가능성이 높다. 따라서 각 시 · 도별 가산점 반영 요소 및 비율을 지역적 특성에 따라 융통성 있게 조정할 수 있도록 하여 해당 지역 출신의 유능한 교사 후보자가 그 지역에서 봉사할 수 있도록 하는 제도를 정착시켜 나감으로써 교원수급의 불균형 문제를 해결할 수 있을 것이다.

3) 교육실습 내실화 및 수습교사제 도입

교사의 전문성을 지속적으로 개발 · 함양하고 교원양성 교육의 현장 적합성을 제고하기 위해 교육실습의 내실화와 수습교사제 도입과 같은 정책 과제를 수립하여 추진할 것이 요구된다. 교육실습 내실화 방안으로 교육인적자원부는 실습 기간을 단계적으로 현재보다 배로 늘려(초등 현행 8~11주에서 15주 이상, 중등 현행 4~6주에서 8주 이상) 양성 단계에서 현장 적응력 체득 기회를 확대하는 방안(교육인적자원부, 2004a)을 제시한 바 있으나, 장기적으로 교사로서의 종합적인 자질과 능력을 평가해 볼 수 있고, 교직에 대한 적응성을 높여 줄 수 있는 방안으로서 수습교사제의 도입을 고려해 볼 수 있다. 수습교사제도의 시행은 신규 임용을 위한 공개전형에서 합격한 자를 대상으로 일정 기간 동안 가임용상태에서 수업 참관, 수업 교재 준비, 수업 담당, 학생지도, 학급관리 등의 실무를 배우도록 한다(신광호, 2001: 157-158). 일정 기간 동안 복무시킨 후 수습 기간이 종료될 때, 그동안 근무한 학교의 교장과 교원에 의해 관찰된 교사로서의 능력과 자질에 대한 평가를 기초로 하여 임용권자인 교육감 또는 임용위원회의 의결을 거쳐 정식 임용 여부를 확정한다.

수습교사제는 재정 부족으로 학급당 학생 수 감축도 어려운 현실에서 정식 교사가 아닌 예비 교사를 채용한다는 점에서 많은 재정 소요를 가져오는 단점이 있다. 이에 따라 현실적인 대안으로는 교원양성 교육과정을 현재의 4년에서 5~6년으로 늘려 교육실습 기간을 대폭 강화하자는 방안에서부터 현재의 4~6주 교육실습 기간을 8~9주까지 늘려 강화하자는 방안을 제시할 수 있다. 그리고 수습교사제의 경우도 신규 채용 시에는 일종의 임시계약제를 도입하여 1~2년의 수습 기간을 두고 그 능력과 자질을 평가하여 정식 채용을 하는 방안(윤정일 외, 1996: 611) 등 절충적인 방안을 제시할 수 있다.

4) 신규 교원임용에 대한 시 · 도 교육청의 자율성 확대

앞으로 국가의 권력을 분산시키고 이양하며 자율적으로 운용되도록 하는 지방자치제의 활성화를 전망할 때 교원임용을 국가에서 일률적으로 관장하는 방식은 타당하지 않다. 획일적인 국가 주도의 운영 방식에서 탈피하여 교원임용은 임용권자에게 원칙적으로 맡겨야 한다(서정화, 1989: 152). 즉, 교사의 임용권자인 교육감이 그 지역의 학교교육 및 교원 수급상의 필요와 요구 등 여러 가지 특수한 여건을 감안하여 합리적인 수준에서 공통적인 임용 기준을 설정하고 공개전형을 실시하여 적격자를 선발할 수 있도록 자율성이 최대한 보장되어야 한다. 다시 말해서 교원임용을 위한 공개전형에 있어서도 그 절차나 방법 및 배점 비율, 가산점 부여, 응시연령의 제한, 합격자 결정 방법 등에서 교육감에게 최대한 자율성을 부여함으로써 지역적인 특수성도 살리면서 각 지역의 관점에서 우수한 교사를 선발하고 확보할 수 있도록 해야 한다. 그 하나의 방법으로 지역별로 특성화된 선발 방법을 검토할 수 있는데, 필기시험 문항에서 지역적 특수성과 여건을 반영하는 문항을 출제하고, 대학 성적 반영 시에도 특정한 교과 이수에 대해 가중치를 반영하는 방식으로 지역에 적합한 교사 양성 및 임용을 유도하도록 하는 방안을 강구할 수 있다(정진곤 외, 2004). 그러나 이처럼 시 · 도 교육청의 자율성을 확대하기 위해서는 교원 인사에 관련된 권한이 교육인적자원부로부터 시 · 도 교육청에 더 위임되어야 하며, 지방 재정과 지방 교육재정의 자립도가 지금보다 훨씬 더 향상되도록 노력해야 한다.

5. 향후 방향

우리나라 교원임용정책의 문제는 학생의 교육을 올바로 책임질 수 있는 자질과 능력을 갖춘 교사를 확보하기 위한 체계적인 관리체제의 미흡으로 요약될 수 있다(윤정일 외, 1996: 617). 관리체제의 미흡은 교원의 선발에서부터 자격 부여, 임용에 이르는 전 과정에 걸쳐 나타나고 있는데, 교원양성체제는 너무나 다원화되어 어떤 품성과 자질을 갖춘 교사를 양성할 것인가에 대한 합의점을 찾지 못하고 있으며, 교원양성기관으로서의 독특한 교육 목표나 교육 내용 등을 찾아보기 힘들게 되어 있다. 우수한 교원 확보의 출발점으로 볼 수 있는 우수한 학생의 선발은 그나마 있던 국 · 공립 교원양성기관에 대한 특혜 조치의 폐지로 어려움을 겪게 되었으며, 방만하게 난립해 있는 양성기관에 대한 별도의 조치 없이 경쟁시험을 통한 임용 과정에서의 우수교원 선발만을 추구함으로써 부실화된 교원교육 문제는 그대로 방치되어 있는 상황이다.

우리나라는 교원임용 전 단계나 교직 입문 이후에 교원의 질을 관리하고 통제하는 제도적 장치가 미흡하고, 교원임용제도가 거의 유일한 교원의 질을 관리하는 주요 기제로 작용하고 있으며, 교원임용제도는 교원의 양성, 자격, 다양한 질 관리 기제 등과 밀접하게 연계되어 있기 때문에 교원의 질을 높이고 양성교육을 통해 배출된 예비 교사의 자질과 능력을 확인하기 위해서 다양한 방법과 절차가 구안되어야 한다. 향후 교원임용제도 개선과 임용정책의 방향은 교원에게 요구되는 전문적 자질 및 소양을 확보하는 것이 핵심이므로 전문적 자질과 인성적 자질을 겸비한 유능한 교사를 효율적으로 선발하는 방법으로 개선되어야 한다. 개선방안으로는 교원양성의 질 관리를 위한 자격검증 및 면접과 수업 실기 능력의 평가 비중을 강화하며, 교육실습 내실화 방안을 강구하고, 현행의 획일적이고 중앙집중적인 임용제도의 자율화와 지역화를 도모해야 한다.

우수교사 선발을 위한 교원임용정책은 임용제도 개선만으로 해결될 수 없으며, 양성 단계와 유기적으로 연계되어야 한다. 교원양성 및 교원자격 부여 과정, 교원임용시험 그리고 교육실습 간의 밀접한 연계와 조율 없이 주로 객관식 문항으로 구성되는 필기시험 위주의 임용시험만으로 우수교사를 선발하는 것은 커다란 한계가 있을 수밖에 없기 때문이다. OECD 보고서(2003)에서도 우리나라 교원임용제도에 대해 전형 방법의 개선 등 기술적인 문제보다는 교원양성기관 평가, 자격 부여, 교원임용시험을 연계하여 학교현장에 적합한 우수한 교원을 양성하고 선발할 수 있도록 종합적인 제도를 마련할 것을 권고하고 있다. 이는 우수한 교원의 선발은 임용 단계만이 아니라 교원양성에서 임용 그리고 수습 단계까지의 전 과정이 유기적으로 연결되어야 한다는 논리에 기초하고 있다.

우수한 교사 확보를 최우선으로 하는 교원임용제도가 제 기능을 발휘하기 위해서는 먼저 교육정책 당국의 제도 개선에 대한 정책 연구가 선행되어야 하고, 이를 바탕으로 관계 법령의 정비, 행정적 · 재정적 지원 그리고 각 시 · 도 교육청의 의지와 노력이 요구된다. 더불어 우리나라 신규 교원임용제도가 더 발전하기 위해서는 기존의 틀과 제도적 한계 내에서 이루어져 온 제도 개선에 대한 논의가 보다 개방되고 확대되어야 하며, 단계적 추진을 통해 제도의 변화에 따른 충격의 폭을 최소화하는 것이 바람직하다.

제3부

현직 단계의 교원정책

제8장

교원연수

제8장에서는 역대 정부의 교원연수제도 개선의 노력에도 불구하고 쉽게 개선되지 않는 원인과 그에 대한 교원의 반응 행위에 대해 분석하고자, 역사적 신제도주의의 구조, 제도, 행위자의 통합적 접근을 사용하였다. 구조 수준의 분석 결과, 연수제도 개선의 정책적 실기와 성과 기준을 강조하는 책무성 기반의 학교개혁 방향은 연수제도 개선의 정책적 실현을 정책의 우선순위에서 뒤로 밀려나게 만들었다. 이것은 성과 확인이 쉽지 않은 반면에, 막대한 예산과 교원연수 시스템의 근본적인 변화를 필요로 하는 연수 프로그램의 다양화와 내실화에 소극적으로 대응하도록 영향을 미친 것으로 분석되었다. 제도 수준의 분석 결과, 막대한 예산과 근본적인 체제의 변화를 요구하는 새로운 교원연수 시스템을 마련하는 대신, 참여정부 이후 연수 이수를 의무화하는 정책을 표명함으로써 행위자인 교사의 노력 부족을 지적하고 있다. 행위자 수준의 분석 결과, 행위자인 교사는 현장의 요구에 부응하지 못하는 교원연수제도에 대해서 불신과 회피로 대응할 뿐만 아니라 적극적인 대안적 행위로 반응하고 있었다. 이러한 대안적 행위는 자발적인 연수 모임의 형태로 표출되고 있다. 이러한 분석 결과를 바탕으로 볼 때, 수업현장의 요구를 반영하는 연수 프로그램의 개선과 평가를 통한 교원연수의 질 관리체제의 도입이 필요하다. 그리고 연수 이수 의무화와 같은 정책적 기제는 승진을 목표로 하지 않는 대다수 교원의 연수 참여를 활성화하는 방안이 되어야 하며, 이를 위해서는 연수 프로그램의 다양화와 질적 향상이라는 근본적 변화를 전제로 시행되어야 할 것이다.

주제어 **교원연수제도, 역사적 신제도주의, 수업현장의 요구**

* 본 장은 "교원연수제도의 문제와 개선에 대한 역사적 신제도주의적 분석"(교육문제연구, 32, 2008)의 내용을 수정 · 보완하였음.

1. 개선과 실패의 반복

교원연수제도는 교원의 전문성 신장을 위하여 계속적인 훈련, 교육, 연구, 수양을 하도록 하는 제도라고 할 수 있다. 단순히 부족한 지식이나 기술을 보충하는 것에 머무르는 것이 아니라, 교사의 지속적인 성장과 자아실현을 통해 교원의 전문성을 향상시키고 그를 바탕으로 학교교육을 발전시키고자 하는 제도를 의미한다. 역대 정부는 교원연수제도의 개선을 위해 많은 노력을 기울여 왔다. 「문민정부」에서는 원격연수의 도입과 확산의 계기를 마련하였고, 시 · 도 교육연수원, 국립 사범대학과 교육대학이 독과점하던 연수를 다양한 연수기관으로 분산하는 계기를 마련하였다. 「국민의 정부」에서는 신규 교사연수를 강화하는 계기를 마련하였고, 장기해외유학제 등의 정책을 추진하였다. 「참여정부」에서는 직무 연수 이수학점제, 연수기관 평가인증제를 추진하였고, 교장 자격 연수를 강화하였다(교육혁신위원회, 2006a).

교원연수제도 개선을 위한 역대 정부의 노력에도 불구하고 선행 연구들(권이종, 2000; 윤종건, 2001; 김혜숙, 2002; 손병길, 2004; 김이경 외, 2004b)은 지속적으로 교원연수제도에 대한 많은 문제점을 지적하고 있다. 수업현장의 요구를 반영하지 않아서 실질적으로 도움이 되지 않는 연수 프로그램, 전통적인 강의 전달식 등 연수 방법의 적절성 미흡, 다양한 연수 프로그램의 부족, 과도한 기관 중심 연수에의 의존, 연수 참여를 활성화하는 유인체제의 부족, 교원의 생애 단계에 따라 요구되는 연수과정의 부족, 연수의 활성화를 목적으로 한 정책적 기제의 부족 등을 지적하였다.

이처럼 교원연수제도의 개선을 위한 정부의 노력이 계속되는 가운데 여전히 문제의 개선이 실질적으로 이루어지지 않아 연수에 대한 교원의 인식은 매우 부정적이다(신현석, 안종광, 1998; 김혜숙, 2002; 손병길,

2004). 특히, 전문성 향상을 위해서는 전문 서적이나 동료 혹은 커뮤니티의 활용이 연수보다 높은 것으로 나타났고, 현장 중심, 사례 중심 연수에 대한 요구가 높은 것으로 나타났다. 그리고 개인 중심 연수에 대한 선호도가 높은 반면, 기관 중심 연수와 학교 중심 연수가 취약하다는 의견이 많았다. 또한 교사의 의견이나 제안이 제대로 반영되지 않아서 실질적인 도움이 되지 못한다는 의견이 많았다.

본 장에서는 역대 정부의 수많은 교원연수제도 개선의 노력에도 불구하고, 연수현장의 제도적 개선이 잘 이루어지지 않는 현상과, 그 결과 연수에 대한 교원의 부정적 인식이 고착화되는 현상 그리고 그에 대한 행위자(교원)의 대안적 행위를 역사적 신제도주의 관점에서 분석하고자 한다. 역사적 신제도주의는 제도의 역동적 · 단절적 · 본질적 · 비의도적 변화를 설명할 수 있는 유용한 접근으로 제도의 변천 과정을 거시적인 구조, 제도의 맥락, 행위자의 반응행위의 통합적 접근 속에서 살필 수 있는 유용한 접근 방법이다(김윤권, 2005). 지금까지 교원연수제도의 개선을 위한 방안 연구와 문제점에 대한 분석 연구는 주로 제도 그 자체에 관찰의 초점을 맞추고, 제한된 범위 내에서 문제점을 지적하고, 그에 따른 개선책을 제시하곤 하였다. 본 장에서는 기존의 문제인식과 이에 따른 개선책에도 불구하고 연수에 대한 교원의 부정적인 인식이 반복되는 현상은, 현재의 제한된 제도 처방적인 접근보다는 제도의 역사적 맥락 속에서 제도 그 자체와 구조적 변동 그리고 교원의 반응행위를 통합적으로 분석할 때, 문제의 본질과 실질적 개선을 위한 단초를 마련할 수 있다는 데 착안하고 있다. 제도의 역사적 맥락을 이해하기 위해서는 제도 그 자체에 대한 분석 혹은 개인의 행위와 속성에 한정된 분석으로는 불가능하며 구조, 제도, 행위자의 통합적 고찰로써 가능하다. 따라서 본 장에서는 분석의 틀로서 역사적 신제도주의의 구조, 제도, 행위자의 통합적 접근을 사용하여 세 가지 수준에서 교원연수제도를 분석하고자 한다.

2. 교원연수제도 개선의 역사와 교원의 인식

1) 교원연수제도

'교원현직연수' '교원현직교육' '교원연수' 등의 용어는 일반적으로 우리나라에서 특별한 구별 없이 같은 의미를 갖는 것으로 상호 교환적으로 사용된다. 외국에서도 현직교육(in-service education), 현직교육훈련(in-service education and training of teachers: INSET), 교직원 개발(staff development), 전문적 개발(professional development), 교원계속교육(continuing education) 등의 용어가 명확한 구별 없이 학자에 따라 다양하게 사용되고 있다. 이러한 용어는 모두 교원이 가르치는 과정 중에 보다 전문성을 높이기 위해 계속적으로 재교육을 받아야 함을 나타내는 용어다(한국교육개발원, 1993: 19). 교원이 그 직무를 수행하는 데 필요한 지식·기능·태도 등은 임용 이전에 장기적인 직전 교육(pre-service education)을 통하여 습득되어야 하며, 재직 기간 중에도 계속적인 현직훈련(in-service training)을 통하여 보충·개선·강화되어야 한다는 것은 오늘날 세계 각국에서 하나의 정설로 인정받고 있다(김종철, 이종재, 1994: 472). 전자와 관련된 제도를 교원양성제도, 후자와 관련된 제도를 교원연수제도라고 할 수 있다.

교원현직연수는 교원이 교직에 종사하고 있는 동안에 그들의 전문적인 성장을 위하여 실시하는 계속교육이다. 아무리 자격을 구비한 교원을 임용하였다 하여도 기하급수적인 지식의 팽창과 변화에 대응할 전문적이고 창의적인 능력을 기르기 위해서는 계속적인 현직연수가 필요한 것이다(조남두 외, 2006: 277). 「교육공무원법」 제38조 제1항에 "교육공무원은 직책을 수행하기 위하여 부단한 연구와 수양에 노력하여야 한다."라고 규정하고 있어서 직무수행을 위한 교원연수의 필요성에 대해 강조하고 있다. 과거에는 교사연수나 직원연수라고 하여 교사를 피동적인 존재로 보고, 교사의 결핍이나 부족한 부분을 채워 줘야 한다는 입장, 교사의 병을 찾아내어 고쳐 줘야 한다는 입장이었다. 그러나 이제는 교사를 인간자원론의 입장에서 긍정적이고 적극적인 존재로 보아 교사의 능력을 최대한 발휘하게 하여 교사의 자아실현을 도와주어 교사로 하여금 교직에서 행복을 찾을 수 있게 해 주자는 의미에서 용어 자체를 '능력 개발'로 바꿔 부르기도 한다(주삼환, 2007: 261).

구체적으로, 교원(현직)연수를 지칭하는 유사 용어의 용례를 살펴보면 다음과 같다. 교원에 대한 지속적인 전문적 개발은 초기 입직 시에 갖추어야 할 어떤 능력이라기보다는 지속적인 과정을 통해 이루어지는 활동을 의미한다. Gardner에 의하면, 이 용어는 단순히 몇 개의 강좌를 통해서 얻어지는 계속교육이 아닌 그 이상을 의미하며, 교육(education)과 실제 업무(practice)를 구분하지 않고 업무의 과정에서 얻을 수 있는 우연적 학습까지도 가치 있게 여기는 의미를 가진다(Todd, 1987: 4-5 재인용). 교직원의 능력 개발을 의미하는 교사 개발은 교사가 교육현장에서 필요로 하는 지식과 기술의 개발, 자기이해의 개발, 지속적인 성장을 위한 개발 등 세 가지로 구분할 수 있으며, 특히 교실기반 교사 개발은 실제적인 교실에서의 삶 속에서 교사의 전문적 성장을 강조하는 의미를 가진다(Hargreaves & Fullan, 1992). Billing에 의하면, 교직원 개발이란 교사의 직무 만족과 학교 기관의 목표를 조화롭게 달성하기 위하여 개별 교사와 학교 기관의 현재와 미래의 요구를 규명하고 논의하는 지속적인 과정을 의미한다(Main, 1985: 4 재인용). 교직원 개발을 통해 교직원과 학교 기관 그리고 지역사회 간의 협력적인 파트너십을 가져올 수 있게 되면, 교육의 효율성과 효과성뿐만 아니라 교사의 자신감과 직무 만족 역시 얻을 수 있게 된다. 국내외의 교원연수 관련 용어를 살펴본 결과를 종합해 보면, 교원연수제도는 교원의 전문성 신장을 위하여 계속적인 훈련, 교육, 연구, 수양을 하도록 하는 제도다. 과거에는 부족한 지식이나 기술을 보충하는 소극적인 의미가 강조되었으나, 지금은 지식 · 기술의 개발은 물론이고 교사의 자기이해를 통한 지속적인 성장과 자아실현을 통해 교원의 전문성을 향상시키는 적극적인 의미가 강조되고 있다.

현직교육의 유형은 연수의 성격에 따라 자격연수, 직무연수, 특별연수, 자기연수로 구분된다. 자격연수는 1, 2급 정교사, 교감, 교장 등 상위자격 취득을 위한 연수와 교도교사, 사서교사와 같은 특수자격을 취득하기 위한 연수가 있다. 자격연수는 다른 연수에 비해 경비와 시간이 많이 소요될 뿐만 아니라 상위자격을 수여하기 때문에 현재 교원현직교육의 중심을 이룬다. 직무연수는 각 교과와 직무 그리고 전문지식 · 기술을 배양하기 위해 실시된다. 일반 연수과정에는 유치원 겸직 교사연수, 보건교사 겸직 교수연수, 교육과정의 개편 · 개정에 따른 연수, 각 교과에 관한 단일과목의 집중연수 등이 있다. 특별연수는 전문지식 습득을 위해 국내외에서 제공되는 특별 프로그램을 의미한다. 교원을 대상으로 외국 교육기관에서 일정 기간 집중적으로 행해지는 국외연수가 대표적인 예다. 자기연수는 교원 스스로 전문적 지식을 습득하기 위해 교육을 받는 것을 의미한다. 대학이나 교육대학원에 등록하여 다닌다거나, 개인 연구를 수행하는 것도 이에 해당한다(박종렬 외, 2007: 171). 현직교육의 종류를 임용연수, 일반연수, 자격연수, 학교자체연수, 자율연수로 구분하거나(교육행정학연구회, 1993) 직무연수, 자격연수, 특별연수로 구분하는 견해(윤정일 외, 2007)도 있다. 이상의 논의를 토대로 교원연수제도는 교원의 직무와 관련하여 부족한 지식이나 기술을 보충하고, 더 나아가 교사의 지속적인 성장과 자아실현을 꾀할 뿐 아니라 임용, 자격, 승진, 평가 등 교원인사행정의 전반에 걸쳐 깊은 관련이 있음을 알 수 있다.

2) 교원연수제도의 문제와 개선의 역사

우리나라 교원연수제도의 공통적인 문제점으로는 승진을 위한 연수기회의 수단화, 다양한 연수제도의 부족, 연수 프로그램의 전문성 결여, 연수기관의 획일성, 운영 방법의 적절성 미흡 등이 지적되고 있다. 이는 현직교육의 중심을 차지하고 있는 연수가 교원의 계속적인 자기성장 욕구를 충족시켜 주지 못하고 있다는 것을 의미한다(권이종, 2000: 2). 그나마 교원의 현직연수 참여도가 높은 것은 연수 결과가 승진을 위한 점수로 반영되기 때문이다. 현실적으로 자격연수를 제외하고 일반연수는 교원이 참여를 기피하는 실정이다. 그 주요 원인은 연수 내용 자체에 교원들이 충분한 매력을 느낄 수 없으며, 방법 또한 구태의연한 강의식 일변도이고, 연수시설과 환경이 열악하여 연수를 받는 동안 육체적 · 정신적 고통을 수반하기 때문이다(윤종건, 2001). 우리나라의 교원연수는 기관연수에 과도하게 의존하는 경향이 있다. 그리고 자격연수를 제외하고 교원의 연수 참여를 활성화하기 위한 적극적인 유인체제가 부족한 실정이다. 또한 교원연수 기관의 교육여건이 절대적으로 미흡할 뿐만 아니라 높은 질적 수준을 유지하기 위한 평가관리체제가 미흡하다(김혜숙, 2002).

한편, 손병길(2004)은 교원의 직급별, 경력별 특성과 요구를 반영한 차별화된 연수과정이 부재한 실정이고, 양적으로 팽창하고 있는 특수분야 연수기관에 대한 질 관리 강화가 필요하며, 시 · 도 교육연수원의 연수 인력 부족으로 연수 수요 충족이 미흡한 실정이라고 지적하였다. 그리고 e-Learning을 통한 교수-학습 전문 역량 강화 연수 프로그램이 미흡한 실정이라고 하였다. OECD는 우리나라의 경우 상대적으로 우수한 인재가 교직에 입문하고 있으나, 이들이 교직에 머무는 동안 지속적으로 자기계발에 힘쓰고 전문성을 신장시킬 수 있도록 하는 정책적 기제가 부족하다는 점에 상당한 우려를 표명하고 있다(김이경 외, 2004b:

20). 구체적으로 현직연수 제공 기관, 프로그램 내용, 연수 담당자의 훈련 및 개발, 연수 제공 방식 전반에 문제가 있다고 지적하였다. 대체로 교원현직연수와 관련된 국내의 여러 연구에서는 현직연수를 유도할 수 있는 '제도적 장치'가 부족하다는 문제를 제기하기보다는 오히려 개별 교사의 '자발성'이나 '관심 부족'을 지적하고 있다. 그런 점에서 현직연수와 관련된 OECD의 권고는 연수 공급자의 책무를 강조하고 있으며, 이러한 관점은 기존 우리나라의 연구에서는 충분히 부각되지 못했던 부분이다(김이경 외, 2005: 309).

비교적 최근에 교육혁신위원회(2006a)에서는 연수에 대한 동기유발이 부족하여 교원의 주기적인 자기계발 노력이 저조하고, 교과지도 능력 함양을 위한 연수 프로그램이 부족하며, 특히 사립학교 교원의 연수 참여가 저조하다고 문제점을 지적한 바 있다. 또한 교원의 요구를 수렴하기 위한 노력 부재로 학교현장의 필요와 괴리된 연수의 운영이 상존하고 있으며, 공급자 중심의 연수로 교원의 자발성과 주도성 촉발이 곤란하고, 학교 및 개인 단위 자율연수에 대한 지원이 부족하다고 하였다.

교원연수제도의 문제점에 대한 선행 연구를 종합하면, 수업현장의 요구를 반영하지 않아서 실질적으로 도움이 되지 않는 연수 프로그램, 전통적인 강의 전달식 등 연수 방법의 적절성 미흡, 다양한 연수 프로그램의 부족, 과도한 기관 중심 연수에의 의존, 연수 참여를 활성화하는 유인체제의 부족, 교원의 생애 단계에 따라 요구되는 연수과정의 부족, 연수의 활성화를 목적으로 한 정책적 기제의 부족 등으로 요약할 수 있다. 이러한 문제점을 개선하기 위하여 역대 정부는 정책적으로, 제도적으로 많은 노력을 기울여 왔다. 교원연수제도 개선을 위한 역대 정부의 개선 노력에 대한 역사적 고찰은 구조 수준의 분석에서 자세히 다루고자 한다. 역대 정부의 교원연수제도 개선 노력 가운데 교직원의 필요와 요구에 따른 연수 프로그램의 다양화와 내실화, 참여식 연수 방법 적용 등 연수 방법의 다양화, 연수비 혹은 연구비의 지원, 원격연수의 확대와 다양화 등은 지속적으로 개선 방향에 포함되어 있다(교육혁신위원회, 2006b). 이를 통해 역대 정부의 교원연수제도 개선의 지향성을 확인할 수 있다.

한편, 교원연수제도 개선을 위한 역대 정부의 개혁 및 정책 노력에 따른 현장 연수제도 개선의 성과는 다음과 같이 정리할 수 있다(김혜숙, 2002; 김경화, 김재웅, 2002; 손병길, 2004). 첫째, 원격연수의 도입으로 시간과 공간의 제약 없이 연수를 받을 수 있는 환경이 조성되고 있으며, 연수 경비 절감, 연수의 질적 향상 측면에서 긍정적인 효과를 보인다. 둘째, 교원연수에 대한 지원 수준이 양적인 면에서 증대되고 있다. 셋째, 교원연수 · 연구실적 학점화의 시행에 따라 교원연수 기관의 다양화와 양적 팽창이 이루어졌으며, 이것은 1990년대 중반까지 문제시되었던 교원연수의 기회 부족 문제를 해결했다. 넷째, 맞춤식 연수의 도입으로 교사의 필요에 부응하는 연수 프로그램이 시도되고 있다. 다섯째, 일부 교사에게 국한되어 실시되고는 있으나, 국내 및 해외 대학과 연구기관에 파견하여 연구 관련 활동을 할 수 있도록 지원하고 있다.

3) 교원연수에 대한 교원의 인식

교원연수제도에 대한 문제 인식을 바탕으로 역대 정부에서 제안된 연수제도 개선방안이 일정 부분 성과를 거둔 것은 분명하다. 그럼에도 불구하고 현장 교원의 연수에 대한 인식은 그리 호의적이지 못하다. 신현석과 안종광(1998)의 연구에서는 설문 대상 교사 중 약 60%의 교사들이 교내 현직연수 계획 수립 시 교사의 의견 · 제안이 제대로 반영되지 않고 있다고 응답하고 있다. 그리고 학교에서 이루어지고 있는 교내 현직연수에서 가장 많이 사용하는 연수 방법은 전통적인 방법인 강의 전달식 혹은 관련 유인물 배부 등인 것으로 나타났다. 또한 교장 · 교감이 갖고 있는 연수에 대한 관심에 비해 교사들의 관심이 적고, 전반적으로 현직연수를 하기 위한 교내의 분위기가 제대로 조성되어 있지 못하기 때문에 교내연수 운영에 대한 교사들의 불만이 많은 실정이다. 김혜숙(2002)의 '교원연수체제 개선을 위한 설문 조사'에서는 개인 중심 연수에 대한 선호도가 높은 반면, 기관 중심 연수와 학교 중심 연수가 취약하다는 의견이 많았다. 시·도 교육청 지정 특수 분야 연수기관 운영 개선에 대해서는 '지정 기준을 강화하고 적극적인 질 관리를 해야 한다'는 의견이 가장 많았다. 또 교원연수 의무 사항 도입에 대한 의견은 매우 또는 약간 필요하다는 의견이 50.6%로 반대하는 의견 27.0%보다 압도적으로 많았다.

한편, 손병길(2004)의 연구에서 교사들은 교원연수를 받는 가장 주된 이유를 '교수-학습 방법의 습득'으로 들고 있으며, 교사로서의 교양 증진, 새로운 교과 지식의 습득이 그다음으로 높게 나타났다. 전반적으로 교원연수의 개선이 필요한 부분에 대해 교원연수의 현장 중심, 사례 중심 등 시대에 맞는 교육 방법에 대한 요구가 높았다. 그리고 교원연수의 시설, 교육 방법, 강사진, 평가 방법 중 시설에 대한 만족도가 가장 높은 것으로 나타났는데, 이는 교원연수의 문제가 시설 등과 같은 '인프라'의 문제가 아닌 '연수과정'의 질적인 측면에 있음을 보여 주는 것이다. 2006년 통합민주당 김교흥 의원이 교사 900명에게 설문 조사를 한 결과, 교육청이나 부속 기관에서 하는 연수가 '학생 지도에 도움을 준다'고 답한 교사는 25.7%에 불과했다. '연수 내용은 충실하지만 학생 지도에는 도움이 안 된다'는 응답자는 39.8%에 달했고, '연수 내용이 형식적이며 학생 지도에도 도움이 안 된다'는 응답자도 26.7%에 달했다. 교육당국이 아니라 민간에 위탁된 연수에 대해서도 교사들은 만족하지 못한 것으로 나타나고 있다. '학생 지도에 도움이 안 된다'는 응답자는 전체의 50.2%에 달했고, '도움이 된다'는 응답자는 21.4%에 불과했다. 반면 '교사단체나 교사 자율적인 모임이 주도한 연수가 도움이 된다'는 답은 전체의 43.3%나 됐고, '도움이 안 된다'는 응답은 전체의 19.7%였다(조선일보 2008. 3. 11. A3면). 결국, 기존의 획일적인 연수에 대해 교사들은 많은 불만을 가지고 있으며, 학생 지도에도 별 도움이 되지 않는 것으로 인식하고 있다.

이상의 선행 연구 분석 결과를 종합해 보면, 역대 정부에서 교원연수제도를 개선하기 위한 많은 노력과 투자에도 불구하고 연수제도에 대한 교원의 인식은 매우 부정적임을 알 수 있다. 특히, 교원연수 프로그램이 수업현장의 필요에 부응하지 못하고 연수 방법이 효과적이지 못하여 실제 수업 전문성을 향상시키는 데 큰 도움을 주지 못한다는 인식이 지속적으로 나타나고 있다.

3. 역사적 신제도주의의 분석 틀

본 장에서는 역대 정부의 교원연수제도 개선을 위한 노력에도 불구하고 현장의 연수 관행이 잘 안 바뀌는 이유와 이에 따른 교원, 즉 행위자의 반응행위를 역사적 신제도주의의 관점에서 분석하고자 한다. 왜냐하면 현재의 교원연수제도는 정권 혹은 경제의 변화와 같은 거시적 구조 수준, 교직 문화 · 정책 이념과 같은 제도 수준, 회피 · 대안 마련 등 전략적인 행위를 통해 제도 변화를 도모하는 행위자 수준의 상호작용의 산물이기 때문이다. 또한 이들 중 어느 한 가지 수준의 분석에만 치우칠 경우 교원연수제도를 제대로 파악하기 어려우며, 도출된 정책적 시사점 역시 한계를 가지게 되기 때문이다.

교원연수제도는 오랜 기간 동안 지속되어 온 역사적 산물이다. 연구협의회 방식에 의한 현직훈련은 1952년 제1차 미국 교육사절단의 내한을 계기로 시작되었고, 1953년 「교육공무원법」 제정 당시부터 "교원은 그 직책을 수행하기 위하여 부단히 연구와 수양에 힘써야 한다."라고 명시되어 있었다. 1964년 교원연수원령 공포를 전후하여 교육공무원을 위한 특수 훈련기관으로서의 교육행정연수원, 중등교원연수원, 초등교원연수원 등이 설치되어 교육공무원의 현직훈련이 강화되었다(김종철, 1991: 350). 우리나라 교원정책의 역사적 산물인 교원연수제도를 분석하기 위해서는 역사적 맥락을 이해하는 것이 필요하며, 이를 위해서는 역사적 신제도주의의 관점에서의 분석을 가능하게 하는 구조, 제도, 행위자 수준의 통합적 고찰이 요구된다. 이에 따라 본 장에서는 구조, 제도, 행위자의 상호작용에 대한 통합적인 분석을 토대로 하는 역사적 신제도주의의 관점에 입각하여 교원연수제도를 분석하고자 한다.

신제도주의는 인간의 행위를 설명하는 데 있어서 사회적 맥락과 완전히 유리되어 존재하는 '원자화된 개인'으로부터 사회현상을 설명하려는 행태주의 등 기존의 지배적인 사회과학이론에 대한 비판에서 출발한다. 신제도주의라고 포괄적으로 부를 수 있는 학문 분야는 매우 다양하지만 광범위하게 사용하는 용어로서는 역사적 제도주의, 합리적 선택 제도주의, 사회학적 제도주의를 들 수 있다. 역사적 제도주의에서는 맥락에 대한 적절한 이해 없이 사회현상 혹은 정책을 설명하기란 불가능하며, 이러한 맥락을 형성하는 것이 다름 아닌 역사라고 주장한다. 합리적 선택 제도주의에서는 제도의 기원, 제도의 효과 그리고 제도의 안정과 변화를 설명하는 데 있어 효용 극대화를 추구하는 합리적인 개인에 초점을 맞추는 것이 가장 중요한 특징이다. 사회학적 제도주의는 개인의 합리성 추구 과정, 의사결정 과정 그리고 조직 형태의 설계 과정 등을 인지적 · 문화적 요인에 초점을 맞추어 설명하는 것이 특징이다(하연섭, 2003). 교원연수제도의 경우 오랜 기간의 역사적 맥락을 가지고 있으며, 제도의 형성과 유지 · 변화 과정에 대한 맥락을 이해하기 위해서는 역사적 과정에 기초한 분석이 필요하다. 이러한 이유 때문에 본 장에서는 역사적 신제도주의를 이론적 배경으로 하여 교원연수제도를 분석하고자 한다.

교원연수제도의 문제와 개선을 분석하기 위해서는 역사적 신제도주의에서 말하는 제도(institution), 경로 의존(path dependence), 역사적 전환점(historical juncture)이라는 개념과 제도 변화의 통합적 접근에 대한 이해가 필요하다. 제도의 정의에 대하여 많은 연구와 논의를 하고 있는데(Thelen & Steinmo, 1992; 장지호, 2003; 하연섭, 2003), 특히 Hall(1986)은 제도를 '정치와 경제 각 부문에서 개인 간의 관계를 구조화시키는 공식적 규칙, 순응 절차, 표준화된 관행'이라고 정의하고 있다. 본 연구에서는 이와 비슷한 관점에서 교원연수제도의 개선이 초래되는 다양한 배경과 그것의 결과적 특성을 고려하여 제도를 '집단과 개인을 포함하는 행위자를 제약하거나 행위 변화의 기회를 제공하는 공식적 · 비공식적 이념 및 역사적 맥락'으로 정의하고자 한다. 역사적 신제도주의에 의하면 기존의 제도가 큰 틀을 유지한 채 지속된다면 경로 의존 현상으로 이해할 수 있고, 제도의 모습이 급격하게 근본적으로 변화한다면 역사적 전환점을 맞이한 것으로 이해할 수 있다. 중대한 전환점은 단일한 과정에 고립적으로 초점을 두는 미시 수준의 분석에서는 결코 주목되지 않는다(Pierson & Skocpol, 2002). 역사적 신제도주의와 관련된 최근의 연구(노명순, 2006; 조홍순, 2006)는 구조, 제도, 행위에 대한 통합적 접근을 활용하고 있다. 특히, 역사적 신제도주의의 통합적 접근을 통해 교원승진제도의 변화는 구조, 제도, 행위자 수준의 상호작용을 통하여 역사적으로 이루어진 산물임을 확인한 연구도 있다(신현석, 전상훈, 2007).

본 장에서는 위의 선행 연구를 참고하여 교원연수제도를 분석하기 위한 틀을 [그림 8-1]과 같이 제시하고자 한다. 분석의 틀에서 가로축은 역사적 맥락을, 세로축은 수준별 맥락을 의미한다. 정권의 변화, 경제적 위기 등 구조 수준의 변화는 축적되어 온 갈등과 문제에 큰 충격을 주어서 중대한 전환점에 이르도록 한다. 기존의 정책, 이념, 문화와 같은 제도는 지속성과 안정성을 위해 행위자를 구속하거나 통제하여 경로 의존성을 보인다. 그러나 새로운 이념과 정책은 구조적 변화에 힘입어 제도 변화를 도모하므로 구조와 제도 수준의 상호작용에 대한 분석이 필요하다. 또한 행위자는 제도의 제약 속에서 그 행동과 선택이 제한되지만, 잠재된 상태에서 부정적 인식, 갈등을 꾸준히 축적하다가 중대한 전환점 시기에 연대, 충돌, 협상, 회피, 대안 마련 등의 전략적 행위를 통해 제도 변화를 도모한다. 이에 따라 본 장에서는 교원연수제도와 관련된 역사적 맥락을 이해하기 위해 거시적 구조 수준, 제도 수준, 행위자 수준 등 수준 간의 통합적 고찰을 통해 분석하고자 한다. 특히, 구조 수준에서 정권의 변화와 경제 상황의 변화가 제도 수준에 미친 영향, 제도 수준에서 역대 정부의 교원연수제도 개선을 위한 노력에도 불구하고 연수 관행이 잘 바뀌지 않는 이유 그리고 행위자 수준에서 연수에 대한 행위자의 대응행위 변화를 분석하고자 한다.

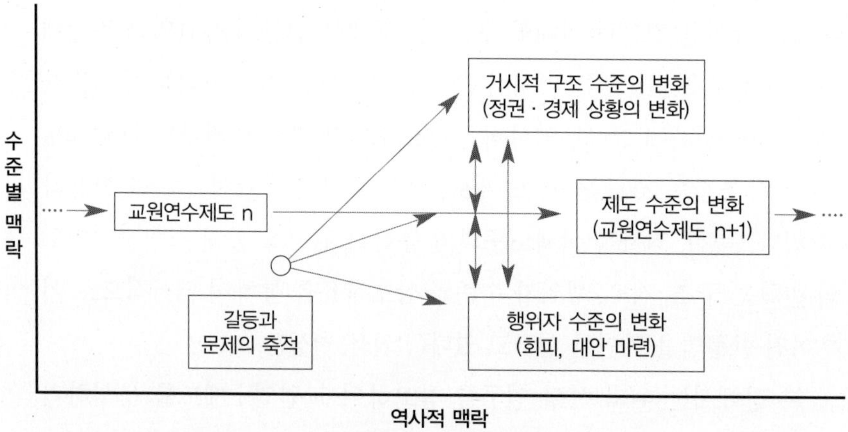

[그림 8-1] 분석의 틀

4. 교원연수제도에 대한 역사적 신제도주의적 분석

1) 구조 수준의 분석

구조 수준의 분석에서 주로 정치적 변화와 급격한 경제 상황의 변화가 교원연수제도에 미친 영향에 대해 논의하면 다음과 같다. 먼저, 정치적 변화, 즉 정권의 변화에 따른 교원연수제도의 개선방안을 역대 정부 대통령 교육자문기구의 교육개혁 방안을 중심으로 살펴보도록 한다. 먼저, 제5공화국 교육개혁심의회(1987)의 교원연수제도 개선방안은 연수의 다양화, 내실화, 방송 통신 등 다양한 매체를 통해 모든 교원이 시공간적 제약 없이 연수에 자발적으로 참여할 수 있는 환경 조성, 참여교육 행정요원의 연수체계 구축, 시 · 도별 교원연수원 및 교육연구원의 기능 강화로 정리할 수 있다. 그러나 교육개혁심의회에서 제안한 교원연수제도 개선안은 이 안 자체가 정권 말기에 발표되었기 때문에 구체적인 정책으로 실현되지 못한 채 사장되고 말았다. 지금까지도 연수의 다양화 · 내실화의 문제는 해결해야 할 과제로 남아 있다. 그리고 방송 통신 등 다양한 매체를 통해 모든 교원이 시공간적 제약 없이 연수에 자발적으로 참여하는 방안 역시 원격연수의 확대와 다양한 원격연수 프로그램의 마련 그리고 질적 향상 등이 여전히 요청되고 있는 실정이다.

제6공화국 교육정책자문회의(1991)는 교원연수제도 개선방안으로 연수 대상자의 요구를 사정하여 교육과정 구성에 반영, 다양한 교수공학 매체와 교육 방법을 활용, 5년 단위 주기별 연수 이수 의무화, 연수기관의 역할 조정, 연수 내용 및 방법의 쇄신 추구, 교사의 연수과정을 다양화하기 위하여 기초과정, 정착과정, 발전과정, 심화과정으로 교원의 생애 주기별 연수과정 신설 등을 제안하였다. 그러나 교육정책자문회의 연수제도 개선방안 역시 정권 임기 만료 일 년 전에 발표되어 방안이 실제 정책으로 현실화되는 데까지는 이르지 못하였다. 연수 대상자의 요구 반영, 다양한 교육 방법 활용, 연수기관의 역할 조정, 연수 내용 및 방법의 쇄신, 5년 단위 주기별 연수 이수, 교원의 생애 주기별 연수과정 신설 등은 여전히 개선이 필요한 상태로 남아 있게 되었다.

「문민정부」 교육개혁위원회(1996)의 교원연수제도 개선방안은 우수 교육대학원을 중심으로 현장연구와 연수 기능 활성화, 연구비 지원, 우수교원을 확보하기 위한 특별연수과정 개설, 국내 및 해외 대학과 연구기관에 파견하여 연구 관련 활동 지원 등으로 정리할 수 있다. 교육개혁위원회의 연수제도 개선방안은 이전 정부의 방안들과 달리 교육부와 긴밀한 공조하에 구체적인 정책 집행 계획으로 세워져 실제 개선을 위하여 실천되었다. 교육대학원의 연수 기능 활성화, 연구비 지원 등은 제한된 기간이나마 실행되었다. 그러나 다음 정권으로 넘어가면서 소수의 교사를 대상으로 하는 파견제도를 통한 연구활동 지원 외에는 여전히 개선의 과제로 남아 있다(교육혁신위원회, 2006b).

「국민의 정부」의 교육인적자원정책위원회(2002. 11. 14)는 교원연수제도 개선방안을 신규 임용 교사를 위한 직전 직무연수 강화, 교직원의 필요와 요구에 따른 다양한 연수 프로그램의 개발 운영, 수준별 교육과정 운영을 위한 연수 실시, 통합연수 프로그램의 개발 운영 등으로 제시하였다. 이 중 임용직전 직무연수의 강화와 수준별 교육과정 운영을 위한 연수 등은 정책적으로 실행되었지만 다양한 연수 프로그램의 개발 운영, 통합연수 프로그램의 개발 운영 등은 여전히 개선이 필요한 상태로 남아 있다(교육혁신위원회, 2006b). 교육인적자원정책위원회의 교원연수제도 개선안 역시 정권 후반부에 발표된 관계로 대부분 선언적 의미 이상의 효과를 거두기 힘들었다.

「참여정부」의 교육혁신위원회(2006a)의 교원연수제도 개선방안은 교장 · 교감 자격 연수의 개선, 직무연수 이수학점제 도입, 맞춤형 연수

운영, 자발적으로 운영되고 있는 교원의 소규모 연수 프로그램을 직무연수로 인정, 참여식 연수 방법 적용, 연수기관 평가인증제 실시, 원격연수 확대 등으로 정리할 수 있다. 직무연수 이수학점제의 경우 제도화를 위한 준비 단계에 있으며, 맞춤형 연수 운영은 많은 호응을 얻고 있다. 그러나 참여식 연수 방법 적용, 연수기관 평가인증제 실시, 원격연수 확대 및 다양화 등은 여전히 개선의 과제로 남아 있다. 원격연수의 경우 많은 교사들이 참여하고 있으나, 수업현장의 필요에 부합되는 다양한 프로그램의 개발과 질적 향상은 여전히 개선이 필요한 상황이다.

교육과학기술부(2008. 3. 20)는 2008년 대통령 업무보고에서 교원연수제도 개선의 방안을 교원 평가 결과와 연수 및 학습연구년제와의 연계, 소규모 연수과정 확대, 연수 방법의 다양화, 학습연구년제 도입 등으로 제시하였다. 소규모 연수과정 확대, 연수 방법의 다양화 등은 새로 출범한 정부마다 개선의 목표로 정하였으나 지금까지도 여전히 미흡한 상태다. 교원평가 결과와 연수 및 학습연구년제와의 연계, 학습연구년제 도입 등은 새롭게 제안된 교원연수제도의 개선방안이라고 할 수 있다. 현재 이들 방안은 정책 연구를 통하여 세부 실천 방법을 모색하고 있는 중으로, 실제 제도 개선으로 연결될지는 지켜볼 일이다.

20여 년이 넘는 역대 정부의 교원연수제도 개선방안을 살펴본 결과, 교직원의 필요와 요구에 따른 연수 프로그램의 다양화와 내실화, 참여식 연수 방법 적용 등 연수 방법의 다양화, 연수비 혹은 연구비의 지원, 원격연수의 확대와 다양화 등이 지속적으로 개선방안에 포함되었음을 확인할 수 있다. 그럼에도 불구하고 여전히 실질적인 제도 변화로 연결되지 못하고 있다는 것을 선행 연구를 통해 확인할 수 있다. 특히, 다양한 연수제도의 부족, 운영 방법의 적절성 미흡, 강의식 일변도의 연수, 열악한 연수시설과 환경, 연수 활성화를 위한 유인체제 미흡, 교원연수기관의 평가관리체제 미흡, 경력별 특성과 차별화된 연수과정의 부재, e-Learning을 통한 교수-학습 전문역량 강화 프로그램의 미흡, 교원의 전문성 향상을 위한 정책적 기제의 부족, 즉 연수공급자의 책무 강조, 학교현장의 필요와 괴리된 연수 등은 선행 연구에서 제기된 교원연수제도의 문제점이다(권이종, 2000; 윤종건, 2001; 김혜숙, 2002; 손병길, 2004; 김이경 외, 2004b; 교육혁신위원회, 2006c). 20여 년이 넘는 역대 정부의 교원연수제도 개선의 방향을 살펴본 바와 같이, 정권의 변화 때마다 교원연수제도 개선에 대한 강한 의지 표명과 노력이 있었음을 확인할 수 있다. 그러나 선행 연구의 고찰을 통해 이러한 정권 차원의 연수제도 개선의 의지와 노력은 대부분 정권 말기에 표명되어 실질적인 연수제도의 변화로 이어지지 못한 채 차기 정부로 이월되고, 차기 정부는 새롭게 문제를 인식하고 개선안을 제기하는 반복된 패턴을 통해 연수제도의 많은 문제점이 여전히 지속되고 있는 사실을 확인할 수 있었다.

정권의 변화, 경제 상황의 변화 등 구조 수준의 변화는 축적되어 온 갈등과 문제에 큰 충격을 주어서 제도의 중대한 전환점에 이르도록 한다. 교원승진제도의 경우, 과거의 정권과 차별화가 필요했던 김영삼 정부는 세계화, 정보화 사회를 목표로 교육개혁을 실시하고 연공서열 위주의 교원승진제도를 능력 중심으로 개혁하기 위해서 경력평정 기간을 25년으로 축소하였다. 30여 년 동안 경로 의존성을 보여 주던 교원승진제도가 중대한 전환점을 맞이한 것이다(신현석, 전상훈, 2007). 그러나 교원연수제도의 경우, 정권의 변화 때마다 교원연수제도 개선의 의지 표명은 강하게 있었지만, 그것이 실질적인 제도 변화로 연결되지는 못했음을 확인할 수 있다. 제도 개선을 위한 정권의 영향력이 제도 변화의 중대한 전환점을 형성하려면 시점의 선택이 변화의 요구를 수렴하기 위한 최고점에서 이루어져야 한다. 그런데 교원연수제도의 개선안은 역대 정권을 통하여 제도 개선의 의지를 의심할 수 있을 정도로 대부분 후반부에 발표되어 제도 변화의 타이밍을 실기한 것으로 나타났다. 이로 인해 교원연수제도의 문제점이 개선되지 않은 채 새 정부마다 별 차이 없는 문제 인식을 바탕으로 반복된 형태의 보장 없는 처방전이 제시되는 문제의 경로 의존성이 유지되고 있는 것으로 나타나고 있다.

또 한 가지 교원연수제도의 개선되지 않는 문제의 지속성은 IMF 경제 위기 이후 성과 기준을 강조하는 책무성 기반의 학교개혁 방향에서 그 원인을 찾을 수 있다. Hargreaves와 Goodson(2006)은 1970년대부터 1990년대까지의 교육 변화에 대한 장기 분석을 실시한 바 있다. 대부분의 교육 변화 이론이 변화의 정치적 · 역사적 장기적인 측면을 간과하고 있음을 지적하였고, 교육 변화는 대규모의 경제적 · 인구통계학적 변화에 기인하고 있음을 밝혔다. 전 세계적으로 진행되고 있는 교육개혁의 주된 관심은 학교교육의 성과와 생산성 제고를 위한 학교개혁에 집중되고 있다. 특히, 지출 기반의 학교 재정 시스템은 교육의 적정성을 확보하지 못하기 때문에 성과 기준을 강조하는 책무성 기반의 학교 재정 시스템으로 변화하고 있다(Reschovsky & Imazeki, 1997; Duncombe & Yinger, 1998). 학교개혁의 일환으로 단위학교에 보다 많은 자율성과 책무성을 고양하고 실질적인 학교 자치를 실현하기 위하여 여러 나라에서는 학교단위책임경영제(school-based management)를 도입하고 있다. 학교단위책임경영제의 핵심은 의사결정 권한을 교육부나 교육청과 같은 중앙부서에서 단위학교로 이전하는 것이다(Cranston, 2001). 학교단위책임경영제는 학교교육 개선을 주된 목적으로 하지만, 그 이면에는 한정된 자원을 보다 잘 활용하자는 의도도 깔려 있다. 즉, 일선 학교에 예산의 자율권을 부여하고 그에 따르는 책무를 묻고자 하는 것이다(박종필, 2004). 이와 같은 책무성 기반의 학교개혁 방향은 쉽게 가시적인 성과로 연결되지 못하는 교원연수제도의 개선에 소극적인 영향을 끼친 것으로 분석할 수 있다. IMF 경제 위기는 성과 기준을 강조하는 책무성 기반의 학교개혁 방향을 초래하였고, 이것은 막대한 예산과 교원연수 시스템의 근본적인 변화를 필요로 하는 연수 프로그램의 다양화와 내실화에 부정적인 영향을 끼칠 수 있다. 실제로 제5공화국 이후 대통령 교육자문기구로부터 제안된 교원연수제도 개선방안이 교육정책 당국을 통해 예산과 결부되어 실제 정책으로 추진된 경우는 극히 적었다. 구체적으로, 제5공화국, 제6공화국의 경우 연수제도 개선을 위한 다양한 방안이 제시되었으나, 정권 말기에 발표된 관계로 실제 정책으로 발전되지 못하였다. 그나마 교원연수제도 개선안이 대부분 교육부의 정책으로 집행된 「문민정부」에서도 정책의 우선순위에서 뒤로 밀려 대부분 정권 말기에 실행되었으며, 대대적인 연수제도 개선이 이루어질 만큼 재정투자가 많이 요구되는 사안도 아니었다(교육혁신위원회, 2006b). 이러한 이유 때문에 정권의 변화 때마다 교원연수제도에 대한 문제 인식을 바탕으로 제도 개선에 대한 강력한 의지 표명은 있었으나, 그것이 쉽게 제도 변화로 연결되지 못했던 것이다.

2) 제도 수준의 분석

제도 수준에서는 정책, 이념, 사회의식 등과 같은 제도가 제도의 지속성과 안정성을 확보하기 위해 행위자를 제약하거나 구속하는 통제 메커니즘을 통하여 교원연수제도에 어떠한 영향을 미치고 있는가를 살펴보고자 한다. 교원연수제도의 경우, 정권의 변화 때마다 교원연수제도 개선의 의지 표명은 강하게 있었지만, 그것이 실질적인 제도 변화로 연결되지는 못했다. 그 원인으로는 신제도주의에서 강조하고 있는 경로의존성의 개념과 현직연수를 유도할 수 있는 '제도적 장치' 마련에 대한 인식의 부족 등을 들 수 있다.

경로의존성 개념이 넓은 의미로 쓰일 때는 시간적으로 사전적 단계가 그다음 단계에 인과론적인 영향을 미친다는 것을 의미한다. 어떤 현상에 도달하게 된 경로를 이해해야만 그 변수의 중요성을 제대로 이해할 수 있다는 것을 뜻한다. 경로 의존성 개념이 좁은 의미로 사용될 때는 '역사가 중요하다.'는 명제에 더하여, 사회현상이 일단 어떤 경로를 택하게 되면 다른 경로로 전환되는 데 소요되는 비용이 시간이 지나면

지날수록 점점 더 커지기 때문에 그 경로로부터 이탈하기가 더더욱 어려워진다는 의미를 아울러 가진다. 즉, 다른 대안적인 경로가 발견되었다 하더라도 그리고 그 경로가 장기적으로는 훨씬 더 효율적인 대안이었다 할지라도 초기의 선택을 뒤집기에는 너무 많은 비용이 들어가기 때문에 이미 선택한 경로로부터 벗어나기가 대단히 어렵다는 것이다(하연섭, 2003).

경로의존성 개념을 토대로 교원연수제도에 대해 논의하면 다음과 같다. 교원이 가르치는 과정 중에 보다 전문성을 높이기 위해 계속적으로 재교육을 받아야 하는 필요에 부응하여 교원연수 프로그램이 마련되었다. 초기의 연수 프로그램은 모든 교사에게 공통적으로 필요한 가장 중요하고 일반적인 프로그램부터 신설되었고, 다수의 교사를 대상으로 강의식으로 진행되었다. 시간이 지나면서 정보화 시대를 맞이한 학교현장의 급격한 변화는 교사들의 다양한 필요를 가져왔고, 이에 따라 현장의 요구에 부합하는 다양한 연수 프로그램과 참여식 연수와 같은 다양한 방법의 연수 프로그램이 요구되었다. 그러나 경로의존성은 막대한 예산과 근본적인 체제의 변화를 요구하는 새로운 교원연수 시스템을 마련하는 대신, 개선의 방향만을 제시하고 기존의 연수제도는 크게 변화되지 않는 결과를 가져왔다. 이로써 기존의 연수체제와 방식 그리고 이에 터한 문제점이 근본적으로 개선되지 않은 채 연수제도 본래의 경로가 지속되는 현상이 나타나게 되었다. 이러한 연수체제의 근본적인 변화 없는 정부의 개선안에 대해 행위자인 교사는 현장의 필요에 부응하지 못하는 연수에 대해 불만과 회피로 대응하였다. 참여정부 이후 연수 이수를 의무화하는 정책을 표명함으로써 정부는 행위자인 교사의 노력 부족을 지적하고 있다. 그러나 교사가 교원연수에 적극적으로 참여하지 않는 원인이 노력의 부족에서 기인하는 것인지, 아니면 수업현장의 필요에 부응하지 못하는 연수 프로그램의 내용과 방법에서 기인하는 것인지는 더 많은 논의를 필요로 한다.

서울특별시 교육연수원의 2008년도 연수과정을 살펴보면, 〈표 8-1〉에서와 같이 초등과 중등의 직무연수 프로그램의 경우 각각 107개, 183개의 연수과정을 제공하고 있다. 초등의 직무연수에서는 영어와 논술, 독서, 토론 및 ICT 활용 연수 프로그램이 강조되고 있고, 중등의 직무연수에서는 논술지도와 각 교과별 연수 프로그램이 강조되고 있다. 2002년의 경우와 비교해 보면, 초등의 경우 2002년도에 54개의 연수 프로그램이 2008년도에 107개로 늘어났고, 중등의 경우 2002년도에 52개의 연수 프로그램이 2008년도에 183개로 늘어났다. 유치원의 경우에는 2002년도에 4개의 연수 프로그램이 2008년도에 2개로 오히려 줄어들어서, 유치원 연수 프로그램 과정이 아직 정착되지 못하고 있는 상황을 확인할 수 있다. 이에 따라 유치원 연수 프로그램의 다양화를 위한 노력이 필요하다고 지적할 수 있다. 초등과 중등의 경우 양적인 면에서는 다양하고 폭넓은 연수 기회를 제공하고 있으나, 이것이 수업현장의 필요에 연결되고 있는가에 대해서는 의문이다. 특히, 선행 연구는 연수 프로그램의 전문성 결여와 운영 방법의 적절성 미흡을 지적하고 있으며, 공급자 중심의 연수로 교원의 자발성과 주도성 촉발이 곤란함을 지적하고 있다(권이종, 2000; 교육혁신위원회, 2006a).

표 8-1 2002년과 2008년도 서울특별시 교육연수원의 직무연수 프로그램 비교

연도	학교(급)	인원(명)	시간	프로그램 수(개)
2002년	유치원	241	210	4
	초등	5,760	2,758	54
	중등	5,677	2,467	52
2008년	유치원	100	90	2
	초등	7,129	2,857	107
	중등	11,019	4,309	183

출처: 서울특별시 교육연수원의 홈페이지 내용을 재구성함.

다음으로 교원의 현직연수를 유도할 수 있는 '제도적 장치' 마련에 대한 인식의 부족에 대해서 논의해 보면, 그동안 교원현직연수는 개별 교원의 책임으로만 인식해 왔다. 현직연수를 개별 교원의 책임이 아닌 학교나 국가 차원에서 적극적으로 담당해야 할 책무의 하나로 인식할 필요가 있다는 점은 OECD 정책 권고에서 확인할 수 있는 중요한 시사점이다(김이경 외, 2005). 그동안 정권이 변할 때마다 교원연수제도의 개선에 대한 논의는 많았지만, 그것이 제도화되어 실질적인 변화로 이어지지 않은 이유 중의 하나는 교원연수에 대한 궁극적인 책임을 개별 교원에게만 있는 것으로 인식했기 때문이다. 「교육공무원법」 제38조 제1항에서도 "교육공무원은 직책을 수행하기 위하여 부단한 연구와 수양에 노력하여야 한다."라고 규정하고 있어서, 직무수행을 위한 교원연수에 대한 교사 개인의 책임을 강조하고 있다. 이러한 인식은 교원연수 프로그램을 제공하는 국가 차원 혹은 지방교육행정기관 차원의 연수기관 그리고 단위학교 차원의 연수 담당자의 개선의 노력을 더디게 만들었다.

여기에 덧붙여서 교원연수는 승진을 위해서는 반드시 필요한 도구가 되었고, 승진을 목표로 한 경력 교사와 교감에 의해 주로 사용되었다(손병길, 2004). 승진을 목표로 한 경력 교사나 교감은 질적인 수준과 현장 적합성이 부족한 연수라도 반드시 받을 수밖에 없는 상황이다. 이와 같이 연수기관에서는 일정한 수요층이 확보된 상태여서 굳이 막대한 예산과 대대적인 체제 변화가 요구되는 연수제도의 개선에 집중하지 않아도 되는 실정이다. 교원연수에 대해 학교나 국가 차원에서 적극적으로 담당해야 할 책무의 하나로 인식할 필요가 있다는 OECD 정책 권고는 승진을 목표로 하지 않는 교사의 연수 참여를 유도할 수 있는 '제도적 장치' 마련을 제안한 것으로 이해할 수 있다. 이러한 '제도적 장치'는 참여정부 이후에 연수 이수를 의무화하고자 하는 정책으로 제안되고 있다. 그러나 연수 이수의 의무화에 앞서서 선행되어야 할 일은 수업현장의 필요와 요구에 부응하는 연수 프로그램의 마련이다. 승진을 목표로 하는 교원과는 달리, 승진을 목표로 하지 않는 교원은 연수의 주된 목적이 수업 관련 전문성의 향상이기 때문에 근본적인 교원연수제도의 변화 없이 연수 이수의 의무화가 제도화될 경우, 새로운 갈등과 대안 마련의 행위가 뒤따를 것으로 예견된다. 이에 대한 논의는 행위자 수준의 분석에서 다시 논의하고자 한다.

3) 행위자 수준의 분석

행위자 수준에서 교원연수제도를 분석하기 위해서 행위자를 교사, 연수기관, 교사의 자발적인 연구 모임 등으로 구분하여 논의하고자 한다. 교사의 경우는 승진을 목표로 하는 교사와 그렇지 않은 교사로 나누어서 논의할 필요가 있다. 왜냐하면 승진을 목표로 하는 경력 교사나 교감의 경우는 현재의 연수제도하에서도 높은 참여율을 보이고 있기 때문이다. 승진을 목표로 하지 않는 교사의 경우 연수 이수의 주된 목적은 교수-학습 방법 습득으로 나타났다. 교사로서의 교양 증진, 새로운 교과지식의 습득이 그다음으로 높게 나타났다. 연수과정에 대한 요구는 교과 전문 지식 및 교수-학습 방법에 대한 요구가 가장 높게 나타났으며, 이는 교사의 직무와 직접적으로 연결된 부분이기 때문으로 이해할 수 있다(손병길, 2004).

역대 정부의 교원연수제도 개선을 위한 노력에도 불구하고 현장 연수기관의 연수 관행이 잘 바뀌지 않고 있다(김혜숙, 2002; 김이경 외, 2004b). 이는 역대 정부의 교원연수제도 개선안이 정책적 실행으로 옮겨진 것이 많지 않아서이기도 하지만, 시 · 도 연수기관의 연수제도 개선에 대한 심각한 문제의식의 결여에 기인한 것이기도 하다. 연수 후 교원으로부터 개선을 위한 피드백을 받고는 있지만 시설 설비의 개선과 확충 외에 연수 프로그램 콘텐츠에 대한 근본적인 개선에까지는 이르지 못하고 있는 실정이다. 연수 환경 및 하드웨어의 개선은 있지만 소프트웨어의 개선은 더딘 상태에서 과거와 별반 다르지 않은 연수가 그대로 유지되고 있다. 이에 따라 교원의 연수에 대한 인식이 부정적으로 되는 악순환이 되풀이되었다. 교실 수업에 필요한 교과 전문 지식 및 교수-학습 방법을 얻을 수 있는 연수 프로그램이 제공될 때, 비로소 승진을 목표로 하지 않는 교사도 현직연수에 적극적으로 참여하게 될 것이다. 역사적 신제도주의의 구조 차원의 변화 요인이 제도 차원으로 연결되지 않았으며, 이에 대한 행위자, 즉 교사는 연수에 대한 불신과 회피로 대응하여 왔다. 선행 연구에 의하면, 연수의 내용과 방법이 구태의연하고 강의식 일변도여서 교원이 일반 연수에의 참여를 회피하고 있으며, 시 · 도 교육연수원의 연수 인력 부족으로 연수 수요 충족이 미흡한 실정이고, 공급자 중심의 연수로 교원의 자발성과 주도성 촉발이 곤란하기 때문에, 교원이 연수에 대해서 불신과 회피로 대응하고 있음을 지적하고 있다(윤종건, 2001; 손병길, 2004; 교육혁신위원회; 2006a). 그러나 행위자의 행위에는 갈등, 협상, 대안 마련 등 다양한 방식으로 존재한다. 교원연수제도에 대한 행위자의 대안적 행위 중 하나로 교사의 자발적 연수 모임으로 나타나고 있다.

구체적인 예로 전국국어교사모임과 전국과학교사모임의 경우를 홈페이지 내용을 중심으로 살펴보면 다음과 같다. 먼저, 전국국어교사모임(http://www.naramal.or.kr)은 올바른 국어교육을 실현하고자 하는 초 · 중 · 고 교사의 연구 실천 모임으로 1988년 '국어교육을 위한 교사모임'으로 창립하여 7천여 명의 국어교사가 함께해 왔다. 그동안 『우리말 우리글모임』의 발간과 보급, 『국어시간에 고전 읽기』 『문학시간에 시 읽기』 등 학생의 눈높이에 맞는 다양한 읽기 자료의 출판에 힘써 왔으며, 2004년 들어 '사단법인'을 설립하여 모임의 틀을 새롭게 바꾸고, 우리말교육대학원 설립을 추진하고 있다. 연구 사업으로는 중학교 2학년, 중학교 3학년, 고등학생을 위한 『우리말 우리글』을 발행하였고, 고등학교 문학 교재 『문학시간에 시 읽기』 『문학시간에 소설 읽기』를 만들었다. 그리고 연구 모임 과제 지원을 통한 연구 실천 강화와 시청각 자료 개발에 힘쓰고 있다. 출판 사업으로는 '나라말' 출판사를 등록하여 『현장수업 실천사례』 『나라말 중학생 문고』 『국어시간에 고전 읽기 시리즈』를 펴내는 등 충실한 수업 자료를 발간하고 있다. 교사연수 활동으로는 여름, 겨울 방학에 전국연수나 지역별 대중연수를 통해 현장 교사의 수업사례 발표나 연구 발표를 중심으로 많은 정보와 의견을 교환할 수 있는 장을 마련하고 있다. 그리고 매년 신임 교사를 중심으로 국어수업을 위한 다양한 내용을 워크숍 형태로 진행하고 있다. 지역 모임에서는 정기적으로 문학기행 및 자체 연수, 수업발표회, 학생과 함께 하는 캠프 등 많은 활동을 이끌고 있다.

다음으로 전국과학교사모임(http://science.eduhope.net)은 학교현장에서 아이들을 가르치면서 문제점을 느끼던 개별 교사들이 서로 의견을 나누며 해결책을 찾아보기 위해서 1986년부터 물리, 화학, 생물, 지구과학 교사들이 개별 교과 모임을 만들면서 시작되었다. 이후 각 영역을 통합하여 1991년부터는 과학교사 모임으로 각 영역 교사가 모여 운영되고 있다. 과학교사 모임에서 하는 일 중 연구활동에는 교과서 분석 및 교육과정 연구 · 개발, 과학수업에 활용할 수 있는 실험연수, 과학수업과 관련한 과학교육, 과학사, 과학 철학 등 이론 연구, 과학수업과 관련한 수업 및 특별활동 자료 개발 등이 있다. 모임 자체 연수로는 연 1~4회 탐조, 지질탐사, 생태탐사 등 현장체험 연수 등이 있다. 그리고 각종 과학 축전 조직 및 참여 활동, 학생들을 위한 과학 캠프 실시, 연 2회의 회지 제작, 연 1회 정도의 자료집 제작, 연 1회 여름 직무연수 실시, 겨울 참교육 실천대회 과학 분과 운영, 신임교사 연수 활동을 하고 있다.

이러한 기존 교원연수제도에 대한 교원의 대안적 행위는 새로운 지식과 교수 방법에 목마른 교사가 정부에서 제공하는 기존 연수의 틀에 의존하지 않고 전문성 개발을 위해 자발적으로 노력하고 있음을 의미한다(조선일보 2008년 3월 12일자 A8 면). 교사의 자발적인 연구 모임은 교사로 하여금 기존의 연수제도로부터 얻을 수 없는 다양한 학습 경험을 갖게 하여 수업에 새 바람을 불러일으키고 있다는 반응을 얻고 있다. 이상에서 살펴본 바와 같이 현장의 요구에 부응하지 못한 교원연수제도에 대한 행위자의 대안적 행위는 자발적 연수 모임의 형태로 표출되고 있다. 이렇게 볼 때 교사들이 교원(일반)연수에 자발적으로 참여하지 않거나 마지못해 참여하는 이유는 교사의 노력 부족보다는 학생 지도와 학교 업무를 수행함에서 있어서 실질적으로 도움이 되는 연수 프로그램이 부족했기 때문으로 이해할 수 있다.

5. 정책적 함의

역대 정부의 수많은 교원연수제도 개선의 노력에도 불구하고 연수 현장의 제도적 개선은 잘 이루어지지 않고 있다. 이로 인해 연수에 대한 교원의 부정적 인식이 고착화되는 현상조차 보이고 있다. 이에 본 장에서는 역대 정부의 교원연수제도 개선의 노력에도 불구하고 쉽게 개선되지 않는 원인과 그에 대한 교원의 반응 행위에 대해 분석하고자 하였다. 이러한 분석을 위해 역사적 신제도주의의 구조, 제도, 행위자의 통합적 접근을 사용하였다. 그 이유는 제도의 역사적 맥락을 이해하기 위해서는 개인의 행위와 속성에 한정된 분석에서는 불가능하며 구조, 제도, 행위자의 통합적 고찰에서만 가능하기 때문이다.

구조 수준의 분석 결과, 교원연수제도의 경우 정권의 변화 때마다 교원연수제도 개선의 의지 표명은 강하게 있었지만, 그것이 실질적인 제도 수준의 변화로 연결되지는 못했다. 즉, 정권의 변화와 같은 거시 구조의 변화가 곧바로 제도 변화로 이어지지 못하였음을 확인할 수 있었다. 그 이유로는 매 정권 때마다 연수제도 개선이 대부분 정권 말기에 발표되어 정책적 실행의 타이밍을 실기한 것과 IMF 경제 위기와 같은 급격한 경제의 변화 상황을 들 수 있다. 이러한 연수제도 개선의 정책적 실기는 정부의 정책 개선 의지를 의심케 하는 것이며, 그만큼 정책의 우선순위에서 밀려나 있음을 의미한다. 아울러 경제 위기 상황은 성과 기준을 강조하는 책무성 기반의 학교개혁 방향을 초래하였고, 이것은 성과 확인이 쉽지 않은 반면에, 막대한 예산과 교원연수 시스템의 근본적인 변화를 필요로 하는 연수 프로그램의 다양화와 내실화에 소극적으로 대응하도록 영향을 미친 것으로 분석되었다.

제도 수준의 분석 결과, 연수제도의 경로의존성은 막대한 예산과 근본적인 체제의 변화를 요구하는 새로운 교원연수 시스템을 마련하는 대신, 개선의 방향만을 제시하고 기존의 연수제도는 크게 변화되지 않는 결과를 가져왔다. 이에 대한 행위자로서의 교사는 현장의 필요에 부응하지 못하는 연수에 대해 불만과 회피로 대응하였다. 참여정부 이후 연수 이수를 의무화하는 정책을 표명함으로써 행위자인 교사의 노력 부족을 지적하고 있다. 그러나 교사의 노력을 유인하는 정책 마련은 연수 프로그램의 현장 적합성 제고와 함께 이루어질 때 보다 효과적으로 집행될 수 있을 것이다. 그리고 정권이 변할 때마다 교원연수제도의 개선에 대한 논의는 많았지만, 그것이 제도화되어 실질적인 변화로 이어지지 않은 또 다른 이유 중의 하나는, 교원연수에 대한 궁극적인 책임을 개별 교원에게만 있는 것으로 인식했기 때문이다. 이러한 인식은 교원연수 프로그램을 제공하는 국가 차원 혹은 지방교육행정기관 차원의 연수기관 그리고 단위학교 차원의 연수 담당자의 개선의 노력을 더디게 만들었다.

행위자 수준의 분석 결과, 역사적 신제도주의의 구조 차원의 변화 요인, 즉 정권의 연수 개선 노력은 제도 차원으로 연결되지 않았으며, 행위자인 교사는 연수에 대한 불신과 회피로 대응하여 왔다. 그러나 현장의 요구에 부응하지 못한 교원연수제도에 대한 행위자의 대안적 행위는 자발적 연수 모임의 형태로도 표출되고 있다. 이것은 교사가 교원연수에 참여하지 않는 원인이, 교사의 노력 부족보다는 현실 요구를 제대로 반영하고 있지 못한 연수 프로그램의 내용 자체에 문제가 있음을 보여주는 것으로 이해할 수 있다.

역대 정부의 교원연수제도 개선을 위한 많은 노력에도 불구하고 제도 개선이 잘 이루어지지 않고, 기존의 문제가 상존해 나타나며, 이로 인해 교원의 연수에 대한 인식이 고착화되는 현상은 역사적 신제도주의의 한 관점인 구조, 제도, 행위자의 통합적인 분석으로부터 그 원인을 종합적으로 찾을 수 있다. 즉, 교원연수제도 개선안은 대체로 각 정권의 말기에 발표되어 시간적인 제약 속에서 정책으로 실행되지 못하였고, 여기에 1998년의 경제위기 이후 변모한 정책 방향으로 인해 정책의 우선순위에서 밀리는 과정에서 연수제도의 실제 개선이 제대로 이루어지지 않거나, 이루어지더라도 제도의 근본적인 개혁보다는 부분적인 개선에 만족해야 했다. 이로 인해 기존의 제도적 문제가 근본적으로 치유되지 않은 채 상존해서 나타나게 되었고, 교사는 기존의 연수 관행이 유지되는 것에 대해 불만과 회피로 대응하여 연수에 대한 부정적인 인식이 장기간에 걸쳐 고착화되는 현상을 초래하게 되었다. 이와 함께 교원의 기존 연수제도에 대한 대안적 행위로는 자발적인 연수 모임을 통한 연수 프로그램의 개선과 참여가 나타나고 있다. 기존의 연구는 개인 행위자 수준의 분석 혹은 제도 수준의 분석에 한정하여 논의함으로써 근본적인 제도 개선의 방안을 제시하지 못하였다. 본 연구에서는 역사적 신제도주의의 구조, 제도, 행위자의 통합적 접근을 사용함으로써 정권의 개선 의지가 실행되기 위해서는 구체적인 연수제도 개선 계획과 함께 예산과 인력의 확보가 필요하다는 점, 경로 의존성으로 인한 연수제도의 현장 적합성 향상을 위해 국가 차원의 질 관리 체제 도입이 필요하다는 점, 교사의 자발적 연수 모임과 같은 학교의 학습조직을 지원하고 활성화하는 방안이 필요하다는 점 등을 개선방안으로 제시할 수 있다는 점에서 그 의의를 찾을 수 있다.

분석의 결과를 토대로 교원연수제도 개선의 정책적 시사점을 제시하면 다음과 같다. 첫째, 연수 프로그램의 다양화와 내실화에 충실한 교원연수제도의 변화는 교사의 전문성 향상에 필수적이며, 이것은 다시 학교교육의 발전에 직결되므로 실질적인 연수제도의 개선을 위한 정책적 지원이 반드시 필요하다. 교원연수제도의 개선을 위한 3개년 혹은 5개년 계획을 마련하고 그 실행에 필요한 예산과 인력을 확보할 필요가 있다.

둘째, 수업현장의 요구를 반영하는 연수 프로그램의 개선과 평가를 통한 교원연수의 질 관리체제의 도입 등 국가 차원의 제도적 장치 마련이 필요하다. 연수 이수 의무화와 같은 정책적 기제는 승진을 목표로 하지 않는 대다수 교원의 연수 참여를 활성화하는 방안이 되어야 하며, 이를 위해서는 학교현장의 필요에 부응하는 연수 프로그램의 마련과 프로그램의 질적 향상이라는 근본적인 변화를 전제로 시행되어야 할 것이다.

셋째, 부족한 지식이나 기술을 보충하는 소극적인 의미의 연수가 아닌 교사의 지속적인 성장과 자아실현을 통해 교원의 전문성을 향상시키는 적극적 의미의 교원연수제도 마련이 요구된다. 이를 위해 궁극적으로 자발적 연수 모임과 같은 교직사회의 학습 조직화가 필요하며, 이를 위한 지원이 절실하게 필요한 상황이다. 자발적 연수 모임과 같은 학교의 학습 조직화를 지원하는 체계적인 정책적 방안이 마련되어야 한다. 이러한 방안은 많은 비용이 요구되며, 기존 연수 체제의 근본적인 개혁을 필요로 한다. 그러나 그 결과는 학교 · 학생 · 학부모 · 지역사회 · 교사 모두에게 커다란 결실로 돌아갈 것이기 때문에, 학교의 학습 조직화를 지원하는 체계적인 정책적 방안은 반드시 실행되어야 할 것이다.

제9장

교원평가

제9장에서는 「참여정부」 교육부총리의 교원평가제 도입 발언 이후를 중심으로 각 이해관계 집단이 나타내는 갈등의 양상과 입장을 역사적으로 고찰하고, 이를 정치학적으로 분석하였다. 교원평가 문제가 사회적 쟁점으로 부각되면서 교육인적자원부는 '학교교육력 제고를 위한 협의회'를 구성하여 학생의 학습권과 해당 교원의 권익을 보호할 수 있는 대책을 마련하고자 하였다. 그러나 교원평가를 어떻게 할 것인가에 대한 기준 설정을 둘러싼 이해관계 집단 간의 갈등으로 인해 난항을 거듭할 수밖에 없었다. 정치학적 분석을 위해 본 장에서는 교원평가의 쟁점과 관련하여 각 집단이 지지하는 가치와 갈등관리 전략을 파악하고, 이들의 입장이 시기적으로 어떻게 변하여 왔는지를 분석하며, 이를 통해 정책적 함의를 도출하고자 하였다.

주제어 **교원평가, 이해관계 집단, 갈등관리**

* 본 장은 "교원평가의 정치학: 쟁점에 대한 이해관계 집단들의 입장 변화를 중심으로"(한국교육, 35(2), 2008)의 내용을 수정 · 보완하였음.

1. 교원평가를 바라보는 시각

1980년대 이래 각국의 교육개혁에서는 교원교육과 현직교육의 질 관리 그리고 교원의 전문성 제고를 위한 평가가 일반화되고 있다(박도순 외, 2005). 우리나라에서도 학교교육의 위기 현상이 곧 교직의 위기로 공론화되면서 교육의 경쟁력을 높이기 위해서는 교원의 전문성 향상과 질 관리가 중요 과제라는 동의가 확산되고 있다. 아울러 교원평가 문제가 자연스럽게 정부의 각종 개혁보고서와 연구 주제를 통해 이슈화되어 왔다. 그러나 우리 교육계에서 교원평가는 간단하게 도입 여부가 결정될 정책 사안이 아니다. 그 이유는 교원평가제를 둘러싼 각 단체와 이해관계자의 입장이 매우 다양하게 표출되고 있기 때문이다.

교원평가제의 도입을 적극적으로 지지하는 학부모단체는 학부모와 학생도 교사평가에 참여하는 다면평가제를 요구한다. 반면, 교직단체는 충분한 준비 없이 도입할 경우 엄청난 혼란과 파장을 겪게 될 것이라며 수석교사제 등을 통해 능력을 갖춘 교사에게 승진 기회를 주는 등 보상제도의 도입이 먼저 이루어져야 한다고 주장하고 있고, 교사평가의 목적이 교사의 구조조정으로 왜곡되어서는 안 된다는 우려를 표시하고 있다. 또한 교사평가 이전에 현행 근무평정제와 열악한 교육환경의 개선이 필요하다고 지적하고 있다.

교육 관련 집단은 자신들의 이념과 이해관계를 정책에 반영하기 위하여 정책의제 설정 과정과 형성 과정, 채택 단계의 교육정책 결정 과정의 각 단계에 영향력을 행사하려는 경향이 많고, 이는 자연스럽게 집단 간의 갈등을 촉발시키게 된다. 이와 같은 맥락에서 교원평가제는 정책 결정 과정의 현상에서 일어나는 이해관계와 갈등 구도를 잘 설명해 주는 사례라고 할 수 있다.

그렇다면 왜 이렇게 교원평가제에 대해서 서로 다른 판단을 하고 각기 다른 처방을 내리는 것일까? 정부가 발표한 교원평가제는 「문민정부」하에서의 교육개혁위원회의 제안에서부터 현 정부의 공약 사항에 이르기까지 교직의 전문성과 질 관리의 연장선상에서 정책의 일관성을 확보하고 있고, 교직의 위기를 극복하고 교육의 경쟁력을 높이기 위해서 교원의 전문성 확보, 부적격 교원의 퇴출을 통한 교원의 질 관리라는 뚜렷한 명분을 갖고 있다. 그럼에도 불구하고 이 안에 대한 자체의 이견과 함께 추진 성과에 대한 회의적 견해 저변에는 합리적 설명 이외에 다른 관점이 개재되어 있다는 것을 간접적으로 말해 준다.

이와 같은 맥락에서 본다면, 지금까지 교원평가와 관련된 국내의 선행 연구는 주로 효율적인 평가를 위한 이론적 담론을 제시하는 수준이었다고 할 수 있다. 즉, 평가의 필요성, 목적 등과 관계된 평가 자체에 더 의미를 둔 연구였다(신상명, 2004; 이종재, 2004; 전제상, 2004; 강인수, 2005; 박도순 외, 2005). 그러나 이제는 교원평가제와 관련된 교육 주체의 이해와 관심 그리고 이들이 지지하는 가치를 중심으로 평가의 실제에 무게 중심을 두는 연구가 필요한 시점이다. 즉, 이들 집단의 평가에 대한 입장과 그 차이로 인한 갈등을 어떻게 봉합해야 할 것인가에 대한 실제적인 문제에 관심을 기울여야 할 것이다.

따라서 본 장에서는 교원평가제의 중요한 국면을 시기적으로 구분하여 고찰하고, 교원평가를 시행하겠다고 교육부가 발표한 이후 교원평가 시행을 둘러싼 집단 간 쟁점이 어떻게 변화되어 왔는가를 시기적으로 분석하고자 한다. 또 이 과정에서 구분되는 시기별로 각 집단은 어떤 입장을 취하였고, 교원평가제의 쟁점을 둘러싼 갈등이 어떻게 표출되며, 처음에 이들이 견지하였던 입장이 어떻게 변화되어 왔는지를 귀납적으로 분석하고 정책적 함의를 도출하고자 한다.

2. 교원평가의 역사

우리나라에서 지금까지 교원평가제 정책이 추진되어 온 역사는 외국 선진국과 비교해서 일천하다. 예를 들어, 미국에서는 1980년대부터 교원평가제의 시행을 위한 철저한 준비를 강조하는 연구가 많이 진행되어 왔다(Beach & Reinhartz, 1984; Crews, 1981; Larson, 1984). 이 외에 영국, 호주, 독일, 일본 등에서도 다양한 형태로 교원평가제가 연구되어 왔다. 우리나라에서 교원평가제에 관한 연구가 본격적으로 논의되기 시작한 시기는 2004년 이후부터라고 할 수 있다. 본 연구에서 교원평가제의 역사를 본격적으로 도입되기 이전과 이후의 과정으로 크게 구분하여 그 추이를 고찰하되, 본 연구의 주된 관심은 도입 이후의 과정에 있기 때문에 후자를 중심으로 자세히 고찰하고자 한다.

이를 위해 교원평가제 도입 이전의 시기는 성격상 맥락이 비슷한 교육공무원 승진규정과 교원근무평정제도의 변천 과정을 간략하게 살피고, 도입 이후의 시기는 구체적으로 정책의제 설정 단계(사회문제 제기 및 쟁점화, 공공의제화, 공식의제화), 정책 형성 단계, 정책 채택 단계로 구분하여 그 경과를 살피고자 한다. 이는 교원평가제가 교육정책 결정체제의 구조와 그 구조 속에서의 일정한 규칙과 질서를 지닌 교육정책 결정 과정이라는 이유에서 기인한다. 본 장에서는 관련 집단 간에 여러 가지 이견(異見)이 있을 수 있는 교원평가제의 정책 결정 과정을 좀 더 구체적으로 세분하여 분석할 필요가 있다고 보고 Anderson(1984)의 견해에 따라 교원평가제의 정책 결정 과정을 다음의 3단계로 구분하여 그 경과를 제시하고자 한다.

1) 평가제도 도입 이전 단계(2004년 2월 이전)

우리나라에서 적용되고 있던 교원 근무성적평정제는 교육공무원 승진규정의 개념적 틀 속에서 교원 근무성적평정이라는 용어가 한정적으로 사용되어 왔다. 교육공무원 승진규정은 1964년 7월 8일 대통령령 제1863호로 제정·공포된 이후 2002년 6월 25일까지 모두 26차례에 걸쳐 개정되었다. 이 중에서 중요한 변천과정을 정리하면 〈표 9-1〉과 같다.

표 9-1 교육공무원 승진규정의 변천 과정

기준＼연도	1964년 제정	1972년 개정	1986년 개정	1990년 개정	2002년 개정
평가 목적	• 승진과 이에 따른 임용에 있어서 인사행정의 공정을 기함				
평가 내용	• 근무 실적(30점) –학급운영(8점) –학습지도(8점) –생활지도(8점) –교육연구(6점) • 직무수행(30점) –기본실력(5점) –지도력(5점) –창의력(5점) • 직무수행 태도(30점) –책임감(5점) –협조성(5점) –준법성(5점)	40점 20점 20점	• 평가 요소별 배점을 일률적으로 8점으로 함	• 자질 및 태도(24점) –교육자로서의 품성(12점) –사명의식(12점) • 근무 실적(56점) –학습지도(24점) –생활지도(16점) –학급경영(16점)	• 자질 및 태도(24점) –교육자로서의 품성(12점) –사명의식(12점) • 근무 실적 및 근무 –수행능력(56점) –학습지도(24점) –생활지도(16점) –교육연구 및 업무 담당(16점)
평가 방법	우: 20% 양: 70% 가: 10%	수: 10%(74점 이상) 우: 30%(58~73) 양: 50%(32~57) 가: 10%(31점 이하)	수: 10%(74점 이상) 우: 30%(58~73) 양: 50%(32~57) 가: 10%(31점 이하)	수: 20% 우: 40% 미: 30% 양: 10%	
평가 결과	1년 단위의 비공개 원칙	3년 단위	2년(1994년부터) 단위	비공개 원칙	비공개 원칙

출처: 전제상(2000), 강인수(2003a)을 재구성.

이와 같은 변천 과정을 통해 알 수 있는 점은 계량화된 점수체계를 통해 승진에 관련된 자료를 교사에게 제공하고 있다는 것이다. 특히, 변천 과정에서 평가 내용과 방법이 개정 이전의 하위요소와 큰 차이가 없다는 것을 알 수 있다. 이는 교육공무원 승진규정의 변천 과정이 기존의 제도 모습에 의해 제약되기 때문에 통상적으로 기존의 패턴을 답습하여 약간의 수정을 가한 것으로 여겨진다. 1995년 교육개혁위원회는 '신교육체제 수립을 위한 교육개혁방안'에서 교원에 대한 종합적인 평가와 함께 능력이 우수한 교원을 우대할 것을 제안하였고, 2000년 3월 교육부도 교직발전종합방안 수립 시 학교별 교원평가위원회의 구성·운영 방안을 검토한 바 있었으나, 이에 대해 학부모단체는 찬성을 하고 교직단체는 반대하여 결국 보류되었다(교육인적자원부, 2005).

2) 정책의제 설정 단계

(1) 사회문제 제기 및 쟁점화

교원평가제를 둘러싼 사회문제 제기는 어느 날 갑자기 이루어진 것이 아니다. 1995년과 2000년의 교원평가제 도입 시도와 함께 현행 교원 근무성적평정제도는 교원의 승진에 초점이 맞추어져 있어 능력 개발 지원에는 도움을 주지 못한다는 비판이 지속적으로 제기되어 왔다. 즉, 이와 같은 교원인사제도는 승진 적격자를 선발하는 유일한 평가제도임에도 불구하고 능력을 갖춘 교원을 선발하는 기제로서 제 역할을 다 하지 못한다는 것이다. 특히, 최근의 평가 문화가 '선발' 기능에서 그치는 것이 아니라 '자기계발' 기능을 강조한다는 점에서 교원인사제도가 한계에 이르렀다는 인식이 교원들에게 확산되었다. 또 국민들 사이에서 '사회문제'로서의 학교교육 붕괴, 사교육비 증대와 같은 공교육 전반에 관한 위기위식이 팽배해지면서(권대봉, 신현석, 2003b; 윤정일, 정수현, 2003) 우려와 관심이 학교교육을 담당하고 있는 교원에게 집중되었다.

이에 따라 정부는 사회문제의 다양한 해결책을 찾기 위한 원인과 대책을 교육의 질(質)에서 찾고자 하였으며, 교원의 전문성 신장을 촉진하는 여러 가지 대안 중에서도 학생의 교육의 질을 담보하는 강력한 기제로서 새로운 교원평가제 도입을 계획하였다. 즉, 새로운 교원평가제가 정책 입안자나 국민, 지역사회로 하여금 학교의 책무성을 증진하고 교원의 질을 향상할 수 있다는 믿음을 실현하는 전략과 교육개혁 추진의 수단으로 활용(Beerens, 2000)되어야 한다는 것이다.

2004년 2월 2일 「참여정부」 안병영 교육부총리는 학교교육 정상화 추진대회에서 교원 경쟁체제 도입을 통한 학교교육 정상화를 위해 교원평가제를 시행할 것이라는 입장을 밝혔다. 이와 함께 반대 입장을 가진 교육집단과 찬성 입장의 학부모단체 및 시민단체의 갈등으로 인한 사회 쟁점화가 촉발되었다. 구체적인 과정을 살펴보면, 교육부는 교육혁신위원회와의 협의를 거쳐 '2 · 17 사교육비경감대책'의 10대 추진 과제 중 하나로 교원평가제 개선안을 발표하였다.

수업을 잘하고 학생지도에 헌신을 다하는 교원이 우대받을 수 있도록 하기 위해 교장 · 교감뿐 아니라 동료 교원 및 학부모가 교원을 평가할 수 있는 다면평가제를 도입하여, 평가 결과는 교원의 자기계발과 연수에 반영한다는 내용이었다(교육인적자원부, 2004b). 이에 따라 2004년 4월 23일에는 '교원인사제도 개선방안 공청회'를 열었으나 교직단체의 방해로 무산되었다.

2004년 6월 3일에는 교육부총리가 원격 영상 특강을 통해 교원평가제에 대한 의지를 표현하였고, OECD 교원정책검토단의 권고사항을 소개하면서 우리나라 교원제도는 우수자원이 교직에 입직하고 안정적인 교육활동에 임할 수 있는 장점을 지닌 반면, 지속적으로 능력을 계발할 수 있는 기제가 부족하므로 새로운 교원평가제의 도입이 필요하다고 하였다. 이와 같이 2003년에 방문한 OECD 교원정책 전문가의 교원평가제도의 도입 권고에 따라 교육부는 2004년부터 별도의 교원평가개선대책팀을 구성 · 운영하면서 8월에는 3개 학회(한국교육학회, 한국교육행정학회, 한국교육평가학회)에 연구 용역을 의뢰하고 2006년 본격 도입을 계획하였다.

한편, 한국교육개발원은 2004년 11월에 교원근무평정제도 개선에 대한 설문을 실시한 결과, 94.3%의 교원이 필요성을 공감하였다며 새로운 교원평가제의 당위성을 밝혔다. 이에 따라 전국교직원노동조합의 집행부는 2004년 11월 30일 교육부를 항의 방문하였고, 같은 해인 12월 29일에는 3개 학회의 주관으로 '학교교육력 제고를 위한 교원평가제도 개선방안' 서울 공청회에서 전국교직원노동조합을 비롯한 교직단체가 강력히 반발하였다. 2005년에는 1월 27일에 김진표 교육부 총리가 취임하였고, 2월과 3월에는 교원평가제 매뉴얼 개발과 검토 및 수정 작업이 이루어졌다. 이어서 교육부는 2005년 3월 23일에 교직 3단체와 협의를 가졌고, 이틀 후인 2005년 3월 25일에 개선방안을 마련한 이후에, 2006년 법제화를 추진할 계획으로 대통령에게 업무 보고를 하였으며, 2005년 4월 6일에는 교직 3단체에 개선방안을 제시, 2005년 4월 7일에는 시민단체인 교육공동체시민연합, 인간교육실현학부모연대, 참교육학부모회와의 협의를 거쳤다.

이상의 과정을 요약하면, 사회문제 제기 및 쟁점화 시기에 공교육의 위기 현상, 교원평가의 목적, 평가 결과의 적용 문제 등에 대한 쟁점이 부각되면서 교육부, 시민단체, 교직단체 간의 갈등이 생겨났다. 특히, 교육부의 교원평가제를 적극 지지하는 시민단체는 수요자의 요구 충족을 주장하며 부적격 교원을 걸러내는 장치로서의 교원평가 방안에 대해 적극적인 찬성을 하면서 보다 강력한 평가를 요구하며 교직단체와의 향후 마찰의 강도가 더 심해질 것이라는 점을 예고하였다.

(2) 공공의제화

교육부와 일부 교직단체를 중심으로 논의되었던 교원평가정책이 본격적으로 다양한 교육집단의 문제로 확대되면서 집단 간의 보다 많은 갈등이 표출되었다. 이는 교육부가 일부 교직단체와 정책 협의를 거치는 과정에 다른 교육 관련 집단이 정책의 실효성과 절차상 문제를 지적하며 자신들의 입장을 대변하기 시작한 것으로 해석된다(정지선, 2006). 특히, 공공의제화 단계는 정책 관련자를 비롯한 일부 주요 집단 이외에도 보다 많은 집단이 의제 설정 과정에 관여한다. 그 이유는 사회 쟁점화를 거치면서 폭넓게 인지된 문제에 대해 많은 참여 집단이 의견을 제시하면서 다양한 갈등 양상을 보이기 때문이다.

이와 같은 맥락에서 교육부는 3차례의 토론회, 공청회를 통해 교직단체, 학부모단체, 일반국민의 의견을 수렴하였으며, 2005년 2월에는 교원평가제도 개선방안이 담긴 보고서가 제출되었다. 이에 따라 보고서를 근간으로 교원평가 시범운영 시안을 마련하고, 교직단체 등의 의견을 다시 수렴하여 반영하였다.

2005년 5월 2일 교원평가제의 시안이 발표되면서 시안의 한계점에 대한 각 이해관계 집단의 반발이 극에 달하였다. 같은 해인 5월 3일의 공청회에서는 전국교직원노동조합(이하 전교조)이 무력으로 이를 저지하며 3개 교직단체가 반발하였고, 학부모연대는 성명을 발표하고 전교조의 행위를 비난하며 교원평가를 촉구하였다. 이어 2005년 5월 6일에는 참교육학부모회와 좋은교사운동의 대국민 선언 및 기자회견이 있었고, 같은 해인 5월 11일에는 학부모연대, 교육과 시민사회, 기독교윤리실천운동이 공동 기자회견을 가졌다.

한편, 전교조는 2005년 5월 12일에 장외집회를 시작으로 하여 2005년 5월 18일에는 결의대회를, 2005년 5월 23일에는 한국교원단체총연합회(이하 교총)와 한국교원노동조합(이하 한교조)과 더불어 교직단체 공동 기자회견 및 공동선언문을 발표하면서 시민단체와 교육부에 맞섰다. 2005년 5월 24일에는 교육부가 2005년 6월 시범학교 실시 계획과 2005년 9월 본격 실시를 발표함에 따라 전교조는 교사 서명용지를 전달하여 교육부와 마찰을 빚었고, 좋은교사운동은 기자회견 및 교직사회를 향한 호소문을 발표하였다(연합뉴스, 2005. 5. 24).

교육부총리가 2005년 5월 27일에는 일선 교원 및 학부모에게 발송한 서한문에서 학부모와 학생에 의한 평가를 실시하지 않겠다고 밝히자, 시민단체는 서한문에 반발하여 졸속적인 교원평가를 철회하라는 요구를 하였다(한겨레신문, 2005. 5. 27). 이에 맞서 전교조는 2005년 5월 28일에 전국 분회장 대회를 열어 투쟁 가결을 선포하였다. 교육부는 2005년 5월 30일 시민단체와의 협의를, 2005년 6월 1일에는 교직단체와의 협의를 하였고, 같은 해인 6월 2일에는 교직단체 간부급, 교육위원회 당정위원회, 교육혁신위원회, 열린우리당 당정위원회와 협의를 가졌다.

이처럼 갈등이 표출되어 대립되었던 공공의제화 단계에서는 평가의 효과 문제, 평가 주체, 평가 내용, 평가 방법, 평가의 운영체제, 평가 결과 처리 및 활용이 주요 갈등의 쟁점이 되었다. 특히, 이 중에서 평가 주체와 평가 결과의 처리 및 활용에 관한 쟁점은 각 이해관계 집단이 불만족을 드러내며 갈등을 심화시킨 쟁점 사안이 되었다.

(3) 공식의제화

교원평가제 논의가 '학교교육력제고특별협의회'로 재구조화되면서 교육부는 교육 문제에 관한 논의를 교원의 평가로만 국한하지 않고 학교교육력을 향상시키기 위한 제반 조건으로 확대하겠다는 접근을 시도하게 되었다. 이와 같은 접근을 위해 교육부는 2005년 6월 3일 학교교육력 제고 협의체를 제안하였고, 교직단체는 공동위원회 선언문을 발표하였다. 2005년 6월 4일부터 2005년 6월 13일까지 교육부는 협의체 구성과 관련하여 이해관계 집단과 협의를 전개하였고, 2005년 6월 20일에 '학교교육력제고특별협의회'를 발족시켰다. 2005년 6월 23일에는 특별협의회 구성 방식 및 운영 계획을 제시하였고, 같은 해인 6월 24일에는 제1차 특별협의회 협의를 거쳐 부적격 교원 문제의 연내 추진 계획과 공동발표문을 협의하였다.

2005년 7월 19일에는 제2차 특별협의회 협의를 하고, 같은 해인 7월 22일에는 교육부총리가 광주교육청을 방문하여 강의를 하던 중에 교원평가의 필요성을 언급하였으며, 2005년 8월 3일에는 교육부총리가 교육 관련 NGO와 간담회를 하는 중에 2005년 7~8월경에 교원평가제 합의를 거친 이후에 9월부터 실시할 계획이라고 밝혔다. 이에 따라 2005년 8월 5일 교직단체는 교육부총리의 발언에 대해 항의를 하기 위한 방문을 하였고, 부총리가 사과를 하며 발언을 수정하였다. 2005년 8월 9일부터 2005년 8월 30일까지 교육부는 실무지원팀 협의를 거쳐 2005년 9월 5일에 부적격교원대책을 발표하였고, 8개 학부모 및 시민단체는 공동기자회견을 열고 합리적인 교원평가를 조속히 실시하라고 촉구하였다.

한편, 2005년 9월 23일에는 교육부총리가 국정감사에 참여하여 시범학교 실시 의지를 표명하였고, 같은 해인 10월 4일부터 10월 29일까지 시민단체와 교직단체의 협의회 복귀 여부의 갈등과 근무평정 문제에 대한 교육부와 교직단체 간의 합의 실패 등이 있었으며, 2005년 10월 28일에는 교육부총리가 서울시교육청 기자간담회에서 시범 실시 이후 교원평가제를 2006년 하반기에 전면 실시한다는 계획을 밝혔다. 결국, 2005년 11월 1일 최종 실무협상이 무위로 돌아갔고, 2005년 11월 3일 전교조는 당시 부산에서 열린 APEC 회의를 두고 이에 반대하는 수업운동을 벌였고 공동수업안 파문을 일으켰다. 이는 교원평가제와 무관한 사안이었음에도 불구하고 시기적인 상황 때문에 교원평가와 함께 다른 이해관계집단의 공격을 받는 계기를 제공하였고, 지나친 편향된 교육이라는 문제가 제기되면서 또 다른 갈등의 국면을 맞았다(정지선, 2006).

이처럼 공식의제화 단계의 갈등은 특별협의회 성격을 둘러싸고 관련 이해집단 간의 서로 다른 해석과 교육부의 교원평가제에 대한 재구조화의 논의로 점철되었다. 또한 교원평가제가 원래의 방향대로 실시되지 못할 것이라는 시민단체의 입장과 우려가 교직단체와의 갈등 구도를 심화시켰고, 이들은 교원평가제와 관련하여 필요에 따라 공동 대응하거나 각 단체의 입장에 따른 여러 가지 대응 방식을 취해 왔다. 이 단계에서의 갈등의 쟁점은 시범학교 실시의 문제, 부적격 교원 문제, 교육 여건 개선 등으로 도출될 수 있다.

3) 정책 형성 단계

교원평가제의 문제해결에 이바지할 수 있는 실현가능한 대안을 발전시키기 위해서는 교원평가제의 목표 설정, 정보와 자료의 수집 및 분석, 대안의 작성 및 평가 그리고 여러 단계의 토론이 이루어져야 한다. 교육부는 공식의제화 단계에서 대부분의 사안에 대한 합의를 도출하였다고 판단하였고 일부 교직단체가 여전히 이의를 제기하고 있지만 더 이상 정책 도입을 미룰 수 없다는 취지하에 시범학교 선정과 관련한 세부 일정을 추진하였다.

2005년 11월 3일부터 11월 6일까지 합의안을 대표자회의에 상정하는 과정에서 전교조의 선행조건을 받아들일 수 없다는 입장을 정리하고 시범운영 계획에 관한 보도자료를 발표하였고, 2005년 11월 7일 시범학교운영계획을 공식 발표하였으며, 교육부총리가 교원 및 학부모에게 서한문을 보냈다. 이에 따라 교총은 교육자 총궐기대회를 계획하였고, 전교조는 연가 투쟁 및 부총리 퇴진운동, 집회 및 농성계획으로 맞서며, 전교조 위원장의 삭발식으로 강경 대응하였다. 그러나 교총은 2005년 11월 10일 투쟁을 중단하고 방향을 전환하여 같은 해인 11월 14일 시범학교 비협조 공문을 발송하였고, 시민단체는 교육부의 교원평가제에 대해 찬성의 입장을 표명하였다.

이어 교육부는 2005년 11월 15일 시 · 도 교육청 시범학교 대상을 추천하여 전국 103개교에서 신청을 받았고, 같은 해인 11월 17일에는 48개교의 시범학교 지정 결과를 통보하는 동시에 각 단체의 의견을 조율하여 교원평가제 복수안을 수정, 발표하였으며, 2005년 11월 26일에는 교원평가 매뉴얼을 발표하였다. 이 과정에서 전교조는 시범학교의 선정 문제의 의혹을 제기하였고 일방적 지정 결과를 철회하라고 촉구하였다. 문화일보의 보도는 시범학교 선정 문제와 관련하여 다음과 같은 보도를 하기도 하여 각 이해관계 집단 간의 갈등 구도가 얼마나 심각한지를 반영하였다.

"시범학교 신청 학교의 교장에 대해 교정 곳곳에 '참 부끄럽지 않나' '민주 절차 무시하는 ○○○ 떠나라' 라는 내용의 낙서를 휘갈겨 써 대는가 하면, 심지어 휴대전화를 통한 협박조차 서슴지 않는다고 한다. 누구의 소행인지 아직 드러나지 않고 있다. 또 일부 학교 당국에 따르면 전교조 소속 교사들이 '(학교가) 전교조를 이길 수 있다고 생각하느냐' 라는 폭언으로 공격하고 있다고 한다." (문화일보, 2005. 11. 22)

한편, 2005년 12월 2일 교육부는 교원평가를 포함한 '학교교육력 제고 시범학교' 컨설팅팀 워크숍을 개최하였다. 그리고 교육부는 2006년 필수과제 운영 보고서 제출, 시범학교 운영 보고서, 시범학교 결과 분석 및 평가, 공청회 및 대국민 의견 수렴 등의 일정을 예고하였다. 이상의 내용에서 이들 집단 간의 주요 쟁점은 시범학교 선정 문제, 평가제의 A안과 B안 문제로 도출되었다.

특히 교원평가제의 복수안에 대한 교장, 교감의 참여 문제는 각 이해관계 집단의 복잡한 이익이 반영된 것으로서, 교총과 학부모연대는 교장이나 교감이 평가자로 참여하는 동시에 평가위원회의 구성원으로 참여할 것을 주장하였고, 전교조와 참교육학부모회는 교장이나 교감을 배제하여 평가의 객관성을 확보하자는 제안을 하기도 하였다. 이에 따라 교육부는 A안은 관리자에게 권한을 부여하고, B안은 관리자를 배제하는 원칙으로 구성한 최종 2개의 안을 발표하는 등 갈등의 중재 역할을 하기도 하였다.

4) 정책 채택 단계

교원평가제의 최종 평가와 채택이 이루어지는 단계로서 최종적으로 간추려진 대안을 분석하고 평가한 이후 가장 적절하고 합리적인 시안을 마련하여 공개하고 최종적으로 의견을 수렴한 뒤 정책을 결정하는 단계가 정책 채택 단계다. 즉, 교원평가 시안의 선정, 공개 토론과 의견 수렴, 정책의 확정, 입법화 과정을 거쳐야 한다는 의미다. 이와 같은 맥락에서 2006년 1월 18일 교육부는 시범학교 19곳을 추가로 지정하여 2006년 2월까지 48개교 1차 시범학교 운영을 하였고, 그 결과의 문제점을 보완하여 2006년 3월부터 8월까지 2차 교원평가 67개의 시범학교를 운영할 계획이라고 밝혔다. 2006년 3월 6일에는 한국교육개발원이 분석한 시범운영 중간 점검 결과를 교육부가 발표하였으나, 교직단체가 평가 방법과 분석 과정에 대한 신뢰성에 의문을 제기함에 따라 문제점을 보완하겠다고 밝혔다.

교육부는 교원평가 2차 시범운영에 참여한 학교가 초등학교 27개교, 중학교 19개교, 고등학교 21개교로 총 67개교이며, 그중 A안(교장 · 교감이 교사평가에 참여)을 선택한 학교는 38개교, B안(교장 · 교감이 교사평가에 참여하지 않음)을 선택한 학교는 29개교라고 밝혔다. 2006년 8월 11일에는 교육혁신위원회가 근무성적평정제에 적용될 교원평가에 학생과 학부모의 참여가 완전히 배제된 평가 개선방안을 내놓자, 시민단체는 강력히 반발하였다. 교직단체 역시 공정성 확보를 위해 시범운영 기간의 연장을 요구하였고, 특히 전교조는 교육 공공성 강화를 위해 2006년 9월 22일과 9월 23일 국제 심포지엄을 개최하기도 하였다.

한편, 2006년 9월 26일 교육부는 전국 67개교에서 운영한 교원평가 시범학교 운영 결과와 개선방안에 대한 정책 포럼(주관: 한국교육개발원)

을 개최하였고, 교장 · 교감이 참여하는 안에 대한 선호도가 높게 나타나 이를 입법에 반영할 계획이라고 밝혔다. 이에 따라 교직단체는 여전히 공정성 확보의 미비에 따른 각각의 입장 차이를 밝혔고, 교육부는 뒤이어 2006년 10월 20일 교원평가제 법제화를 위한 교원능력개발평가 정책 추진 방향 공청회(주관: 교육인적자원부)를 개최하였고, 연내에 입법 예고를 거쳐 2007년 2월에는 국회에 법안을 제출해 법제화를 확정, 시범학교를 500개로 확대하여 2007년 말까지 시행령을 마련한 이후에 2008년부터 3년 주기로 전면 시행에 들어간다는 계획을 발표하였으며, 평가 결과와 인사는 연계하지 않을 방침이라고 하였다(교육인적자원부, 2006a).

이에 따라 교직단체는 전교조를 시작으로 강력히 반발하였고, 이 과정에서 25명의 교원이 연행되었으며, 교총은 불충분한 시범운영 결과를 바탕으로 졸속 법제화를 강행하는 교육부의 평가방안에 대해 반대 입장을 밝혔다. 또한 시민단체는 해마다 평가하지 않는 형식적인 평가로서 연봉, 승진과 연계된 인사와의 연계를 촉구한다는 입장을 밝히는 등 갈등 구도가 첨예하게 대립되어 나타났다.

2006년 11월 1일 교육부는 초 · 중등교육법 개정안을 입법 예고하였고 구체적인 사항은 대통령령으로 정하겠다고 밝혔다(교육인적자원부, 2006a). 즉, 교원평가제라는 명칭은 교원능력개발평가제로 변경하고, 평가자는 학생과 학부모를 포함하나 평가 결과는 인사나 승진에 반영하지 않으며, 주기는 3년으로 한다는 내용이었다. 교직단체는 반대 입장을 표명하였고, 특히 전교조는 연가 투쟁, 단식 농성, 불복종운동도 불사하겠다는 방침을 밝혔다. 이를 실천하는 첫 단추로 전교조는 2006년 11월 22일 2700여 명이 참여한 가운데 교원평가 입법 예고 철회를 위한 연가 투쟁을 벌였고, 교육부는 이들을 경중 여하에 따라 처벌하는 등 극한 대립을 하였다.

이처럼 정책 채택 단계로서 교원평가제에 대한 각 이해관계 집단 간

표 9-2 교원평가제 주요 일정

년/월	내용
2004/2	• 안병영 교육부총리 교원평가제 발언 → 전교조 교총 반대성명 발표, 시민단체 찬성 입장 발표, 2 · 17 사교육비 경감 대책 10대 추진 과제 중 하나로 발표
2004/4	• '교원인사제도 개선방안 공청회' (한국교육개발원 주관) → 파행 끝에 중단
2004/6	• 교육부총리 원격 영상 특강 → 강연회에서 교원평가 의지 표현
2004/8~ 2005/2	• 교육부 교원평가제도 개선 정책 연구 추진(한국교육학회, 한국교육행정학회, 한국교육평가학회)
2005/2	• 교육부 교원평가제도 개선방안 · 매뉴얼 검토 · 수정 작업
2005/3~ 2005/4	• 교육부 교총 · 전교조 · 한교조 · 학부모단체 · 열린우리당 · 교육혁신위 · 국무조정실 등과 협의 • 전교조 · 교총 등 교직단체의 강력한 반발
2005/5	• 교원평가제 공청회 시도 → 전교조 저지로 무산 • 학부모단체 · 시민단체 · 좋은교사운동 교원평가 촉구 • 교총 · 전교조 · 한교조 등 교직단체 교원평가 반대
2005/6	• 교원평가 시범사업을 학교교육력 제고 협의체로 전환 • 특별협의회 구성(교육부, 교총, 전교조, 한교조, 시민단체 대표 등 7명)
2005/11	• 김진표 교육부총리, 교원평가 시범실시 강행 의지 피력 • 전교조 강경 반대 투쟁/교총 각 학교에 적극적 협조 말라는 공문 발송 • 시민단체 교원평가 실시 촉구 • 103개교 시범 실시 신청, 교육부 48개교 시범학교 지정 통보 • 전교조 내부 갈등, 위원장 사퇴
2005/12	• 전교조 교원평가 저지 입장 표명(총 67개 시범학교 운영)
2006/3	• 시범운영 중간 점검 결과 발표
2006/7	• 시민단체 교원평가제 조속히 도입할 것을 촉구
2006/8	• 전교조 교원평가제 실시 저지 위한 연가 투쟁 결정
2006/9	• 교총 시범운영 기간 연장, 평가의 공정성 확보 주장 • 전교조 교원평가 비판 국제 심포지엄 개최 • 교육부 67개교 시범학교 운영 결과 발표 및 개선방안에 대한 정책포럼 개최 → 교총, 전교조 반대 의견 제시
2006/10	• 교육부 공청회 개최, 교원능력 개발평가 정책 추진 방향(시안) 발표 • 전교조의 격렬한 항의 → 교육부 전교조 25명 연행, 3명 구속 • 교총 → 전교조 교원평가 법제화 반대 성명, 전교조 분회장 조퇴 투쟁
2006/11	• 교육부 2008년 교원평가제 전면 실시하는 초 · 중등교육법 개정안 입법 예고 • 교총 반대 입장 표명/전교조 삭발식, 단식 농성, 불복종운동 전개 예고 • 전교조 교원평가 반대 연가 투쟁

의 갈등과 대립은 시안의 공론화 과정을 위한 여론 수렴 문제, 평가 결과의 활용 문제, 평가자 구성 문제, 평가 방법의 공정성 확보 문제와 같은 쟁점에서 초래되었다고 할 수 있다. 따라서 이들 쟁점은 이해관계 집단 간의 입장 차이로 인해 새로운 갈등 양상을 생성하고 있으며, 본 연구의 의도에 부합하는 중요한 단초로 여겨진다. 이상의 내용을 요약하면 〈표 9-2〉와 같다.

3. 교원평가의 정치학적 분석 틀

1) 교원평가제의 주요 이해집단과의 갈등

(1) 교원평가제 관련 주요 이해집단

1990년대 이후 우리 사회에서는 교육 주체의 권리의식 신장과 참여민주주의 확산에 힘입어 다양한 교육 · 시민단체가 구성되어 교육정책의 결정 과정에 참여하는 한편, 각종 교육 현안과 정책 방향에 대해 나름의 목소리를 내 왔다(한국교육개발원, 2003: 62-63). 그러나 그 정도가 지나쳐서 교직단체 간의 반복적 갈등, 이러한 갈등의 전개 과정에서 드러난 대화와 타협의 부재는 국민적 우려와 불신의 대상이 되고 있다.

이익단체는 일반적으로 공식적으로 조직되어 공공정책에 영향력을 행사하려는 조직이나 개인의 연합체다(Thomas & Hrebenar, 1996). 특히, 교원의 이익집단은 상대적으로 쉽게 조직화되며 이러한 조직력을 이용하여 자신들의 목적을 달성하려고 한다. 그 결과 교육정책 결정이 현실적인 힘을 지닌 이익집단 위주로 결정되기도 하고, 상대적으로 조직화되지 못한 이익집단이나 학생과 학부모의 요구와 이익이 경시되는 결과가 나타나기도 한다.

이와 같이 교육 관련 이익집단 간의 파워의 양상이 갈등과 대립을 야기하고 그 이념적 편차는 교육계 갈등의 한 원인으로 작동될 수 있다. 그 대표적인 예로 교직단체인 교총이나 전교조가 추구하는 이념, 경쟁을 통한 질 관리를 선호하는 교육부 주도의 신자유주의적 교육개혁의 원리, 정부의 교육개혁 방향에 보다 긍정적으로 반응하는 시민단체의 이념 등을 들 수 있다. 주요 이해관계 집단의 이념과 원리를 비교해 보면 〈표 9-3〉과 같다.

이와 같은 맥락에서, 교원평가정책 결정 과정에서 영향을 주었던 주요 이해관계 집단 역시 제도적 행위자로서의 임명된 행위자인 교육부와 비제도적 행위자로서의 이익집단인 교총, 전교조 그리고 비제도적 행위자로서의 비영리조직인 시민단체로 구분할 수 있다. 실제로 이들 집단은 교원평가정책 도입에서부터 시행까지 전반에 걸쳐 각기 다른 입장을 취해 왔다. 교원평가제와 관련하여 교총이나 전교조는 교육부와 갈등과 대립 구도를 만들었고, 시민단체는 교원단체 내지 교사집단과 갈등을 일으킬 소지를 갖고 있는 입장 차이를 나타냈다.

물론 이들 행위자 이외의 다른 행위자 변수가 교원평가정책 결정 과정에 직·간접적으로 영향을 주고 있으나, 주요한 영향을 미치는 핵심 변수로 보기에는 갈등의 상황이나 입장 차이 면에서 본 연구의 의도와는 거리가 있다고 판단된다. 따라서 본 연구는 교원평가제와 관련하여

표 9-3 교육부와 교직단체 간 2001년도 교섭 사안(교원정책 분야 중심)

이념과 원리 \ 단체	교육부	한국교원단체 총연합회	전국교직원 노동조합	시민단체
추구 이념	• 경쟁을 통한 질 관리 • 신자유주의 원리(수요자 중심 교육, 다양화, 자율화, 정보화, 수월성, 평등성)에 긍정적임	• 신자유주의와 공동체주의의 중간 입장(학부모 및 학생의 학교 선택 찬성, 교사 간 경쟁 반대) • 교직 전문가주의 선호	• 교육과 학교 운영 등에 있어서 공동체주의에 기초한 공동선의 추구, 평등성의 추구, 경쟁보다 협력을 중시 • 민주적 통제를 선호함	• 교육의 과정에서 인간주의적 접근과 공동체주의를 지향함 • 교직의 유연화 및 교사 간 경쟁을 선호함
신자유주의 원리	찬성	소극적	반대	긍정적

출처: 한국교육개발원(2003: 62-82)을 재구성.

이해관계를 달리 갖고 있다고 판단되는 주요 집단을 중심으로 교원평가의 쟁점에 대한 이들 간의 입장 차이를 정리하고 정책 결정 과정의 각 시기별로 이들의 입장이 어떻게 변화되어 왔는지를 살펴보고자 한다.

① 교육부

교원평가정책 결정자는 교육부 및 교육부총리에 해당한다. 우리나라 교육정책의 대부분은 교육부를 중심으로 입안·집행되어 왔고 교육부총리의 개인적 신념과 실현 의지에 의해서 적지 않게 영향을 받는다. 교육부는 여러 가지 교육 문제 중에서 핵심적이거나 시급한 해결이 요구되는 것부터 우선순위를 정하여 정책을 의제화한다. 이와 같은 맥락에서 교원평가정책의 행위자로서 교육부는 교원평가제 실시 의도를 갖고 정책을 추진하는 역할을 수행하여 왔다.

2004년 2월 안병영 교육부총리의 교원평가제 시행 입장 표명 이후, 2·17 사교육비경감대책의 10대 추진 과제 중 하나로 교원평가체제 개선안을 발표했고, 3월 11일부터 교원평가 T/F팀을 구성하여 운영하였다. 한편, 2004년 5월부터 5회에 걸쳐 교원평가 관련 협의회를 개최하였고, 2004년 6월에는 '사이버 현장교원 자문팀'을 통한 현장교원 의견 수렴을 실시하였으며, 2004년 8월부터 2005년 2월까지는 3개 학회 공동연구로 '교원평가제도 개선' 정책 연구를 추진하게 하였다.

안병영 부총리의 사임 이후 2005년 1월 28일에 취임한 김진표 교육부총리는 교육의 경쟁력 강화와 실효성 있는 교육개혁의 강조라는 취지의 일환으로 교원평가제 실시를 위한 구체적 시안과 매뉴얼 등을 개발하는 등의 일을 꾸준히 추진하였다. 이 과정에서 교직단체 및 시민단체와의 협의를 진행하였고, 교직단체의 저지로 공청회가 무산되는 등의 일련의 시련을 겪어 왔다. 결국, 교원의 능력 개발을 목적으로 한 교원평가 실시라는 타협안이 제시되었고, 2006년 1월 총 67개의 시범학교를 운영하였으며, 2006년 3월에는 중간 점검을, 2006년 9월에는 운영 결과를 각각 발표하였다. 즉, 교장과 교감이 교원평가에 참여하는 A안이 38개교, 참여하지 않는 B안이 29개교에서 실시되었는데, 교장과 교감이 참여하는 안에 대한 선호도가 높게 나타나 이를 입법에 반영할 계획이라는 점을 밝혔다.

2006년 10월 20일에는 교원평가제 법제화를 위한 공청회를 열고 '교원능력개발평가정책 추진 방향(시안)'을 발표하였고, 11월 1일 교원평가제를 2008년 3월 1일부터 실시하는 내용의 초·중등교육법 개정안을 입법 예고하였다. 초·중등학교 교원의 능력 개발을 지원하기 위해 상급자(학교장, 교감), 동료 교사, 학생 및 학부모가 참여하는 평가를 실시할 수 있는 근거를 마련하고자 교원능력개발평가 시행에 관한 근거 규정을 신설한다는 내용이었다.

② 한국교원단체총연합회

교총은 전문직 이익단체로서의 활동에 주력하고 있는 교직단체이고 최근에는 교육정책 과정의 주요 참여자로 활동하면서 노조와는 다른 차별성을 부각시켜 왔다. 2004년 2월 2일 안병영 부총리의 발언 당일에 교총은 학생, 학부모의 교원평가가 교육현장을 왜곡시킬 수 있으므로 도입에 반대한다는 성명서를 발표하였고, 2004년 2월 26일에는 '교원평가 어떻게 봐야 할 것인가'라는 주제로 토론회를 개최하였다. 즉, 현행 근무평정제도 개선에는 찬성하나 교원평가는 교직의 특수성에 부합하지 않는 제도이며, 오히려 교원 법정 정원 확보와 같은 교단 지원체계 확립이 급선무라는 점을 주장하였다. 이어 2004년 11월 25일에는 전문가 자문회의를 개최하여 학교현장의 여론은 교원평가에 대해 부정적이라는 점을 밝혔으며, 2004년 12월에 개최된 3개 학회 토론회 및 공청회에서 교원 법정 정원 확보, 동료 장학의 활성화를 위한 수석교사제 도입, 정부 주도의 교원평가보다는 교원의 자발적 학생·학부모 대상 수업 의견조사가 더 바람직하다는 입장을 제시하였다.

2005년 3월에는 학교현장을 대상으로 25,000여 명에게 설문조사를 실시하여 교원평가제는 교사의 수업 전문성 향상에 큰 도움이 되지 않을 것이고, 객관성, 공정성 보장이 쉽지 않으므로 신중하게 추진되어야 하며, 교원 구조조정으로 연결될 수 있어 저지해야 한다는 것에 대해 60%가 그렇다고 반응하여 교직사회가 교원평가를 구조조정과 연관시키고 있었다는 점을 밝혔다. 또한 총 5차례에 걸쳐 교원 3단체의 교원평가대책협의회를 추진하였으며 교육부와 협의를 추진하였다. 이를 통해 교육부가 교원평가안을 학교현장에 강행했을 경우 공정성, 객관성이 부족한 평가를 토대로 우수교원과 부적격 교원 구별하는 부작용을 초래하고 교원 간 불신 조장, 교직사회 혼란 등의 결과를 초래할 것이라고 주장하였다.

2005년 5월에는 '정부가 추진하고 있는 교원평가제를 즉각 철회할 것을 촉구하고 이를 받아들이지 않을 경우 물리력을 동원하는 등 강력한 투쟁을 전개하겠다.'는 성명서를 밝혔고, 2개 교원단체와 함께 '졸속 교원평가 저지와 학교교육 정상화를 위한 공동대책위원회' 발대식을 열고 연대 투쟁을 하겠다고 선언하기도 하였다. 이어, 2005년 11월 4일에 있었던 교육부의 교원평가 강행 의지 천명 이후 교총은 교원총궐기대회를 개최하여 합의가 이루어지지 않은 시범평가를 저지하겠다고 밝혔다. 그러나 교총은 2005년 11월 12일 오후로 예정되어 있던 집회의 명칭을 '교육실정 규탄 및 파탄 교육 재정 살리기 전국교원총궐기대회'로 정하여 전교조와는 달리 투쟁 방향을 선회하며 교원평가 반대의 입장을 조절하였다.

한편, 2006년 3월 교육부의 시범학교 운영 중간 결과에 대한 발표에 대해 교총은 평가 방법과 신뢰도에 대한 문제가 제기된다고 하였고, 2006년 9월 26일의 교원평가 시범학교 운영 결과 및 개선방안에 대한 정책 포럼에서는 평가의 공정성 확보가 미흡하다고 밝히며 교육여건과 인프라 구축 등에 필요한 시간을 확보하여 추진되어야 한다는 입장을 밝혔다(김동석, 2006). 이어 2006년 11월 1일에는 교육부의 초·중등교육법 개정안 입법 예고에 대한 반대 입장을 밝혔다.

2007년 11월 6일에는 2008년부터 다면평가 결과가 근무평정 점수로 반영됨에 따라, 그 점수까지 공개될 경우 소규모 학교 재직 교원을 비롯한 교원 간의 갈등과 불신 확산으로 심각한 학교현장의 혼란과 잡음이 예상되자, 교총은 다면평가의 점수가 근무평정 점수에 합산되기 전 '교육자로서의 품성, 공직자로서의 자세' 등 주관적인 평가지표에 따른 선의의 피해자가 발생하지 않도록 근무평정 항목과 기준에 대한 합리적인 방안을 모색할 것을 주장하였다. 이와 함께 근무평정 점수의 비공개, 평가단 구성의 부작용을 최소화하기 위해 초등의 경우 동 학년 교사 간, 중등의 경우 담당 교과 교사 간으로 실시하는 방안 등을 포함(단, 소규모 학교와 유치원 교사, 보건·영양·실기·전문상담 교사의 합리적 평가 방법 보완)해 2007년 시범 실시 결과 등을 참고하여 2008년 초에 현장교사 및 전문가로 다면평가제도개선위원회(가칭)를 구성·운영하여 개선방안을 마련, 교육부와 교섭 등을 통해 본격 시행 단계 이전에 합리적 시행 방안을 마련토록 하겠다는 입장을 밝혔다.

이상을 요약하면, 교총은 처음에는 교원평가제에 대한 반대 입장을 취하였으나 점차 입장의 변화가 있었다는 것을 알 수 있으며, 현재 입장은 충분히 보완한 후 시간을 확보하여 신중히 평가를 시행해야 한다는 입장을 갖고 있다. 특히, 교총은 주로 교원평가제의 시범 실시나 법제화 추진 과정에서 졸속으로 추진되는 방식에 반대한다는 입장을 표명해 왔다. 또한 교원평가 저지를 위한 타 교직단체와의 공동 대응, 전문가 협의회 개최와 여론 조사에 의한 분석 결과 제시, 회원의 서명 확보 등의 활동을 전개하였다.

③ 전국교직원노동조합

전교조는 교직단체 중에서 노동조합의 성격을 표방하고 있는 단체로서 1999년 1월 '교원의 노동조합 설립 및 운영에 관한 법률'과 그해 6월 동법 시행령이 공포되면서부터 합법적인 단체로 인정받았다. 최근의 교육정책 과정의 주요 참여자로서 전교조는 교총과 구분되는 활동을 나름대로 전개해 왔다. 전교조는 2004년 2월 2일 안병영 부총리가 교원평가제 시행 의지를 표명한 직후에 반대 성명을 발표하였고, 같은 해인 4월 23일에는 '교원인사제도 혁신방안 수립을 위한 공청회'를 물리력으로 무산시켰으며, 집행부가 교육부를 항의 방문하여 전면 중단을 요구하였다.

교육부가 2004년 11월 26일 '교원평가종합방안' 발표와 함께 교원평가제를 강행한다는 방침에 따라 전교조는 2004년 11월 30일에 대표단이 교육부장관을 항의 방문하였다. 2004년 12월에 개최된 3개 학회 토론회 및 공청회에서 전교조는 다음과 같이 제안하였다.

> "시안에서 소개한 4개국 모두 교원평가를 보수와 인사제도 개편을 목적으로 도입했다는 점에서 시안에서 제시한 시사점에 동의할 수 없고, 시안에서 제시한 수업의 전문성 향상은 명시적 목적일 뿐, 실제 방식에 있어서는 인사고과 방식을 취하고 있다는 점에서 학교교육을 더욱 왜곡할 것이고, 교육부와 학회가 서로에게 책임을 전가하고 있는 어처구니없는 행태에 지나지 않는다. 따라서 3월 시범학교 강행을 그만두고 전교조가 제시하는 현장의 대안을 중심으로 교원 노조와 책임 있게 논의하자."

2004년 12월 15일 신구 집행부가 함께한 제 272차 중앙집행위원회에서 전교조는 교원평가제 공청회 대응과 관련해 교원평가 반대 방침을 분명히 하되, 이에 대한 최종적인 판단과 대응은 신집행부에 맡기도록 하고 선거 기간 제대로 진행되지 못한 교원평가 반대 서명운동은 방학

전까지 계속 진행할 것을 결정하였다.

한편, 2005년 5월 3일 전교조는 교원평가제 공청회를 무력으로 저지하였고, 그해 5월 24일에는 교직 3단체(전교조, 교총, 한국교원노동조합)의 입장을 공동으로 밝혔다. 이들은 정부의 졸속 시범 실시 방침을 철회하고 정부와 교직단체, 학부모단체, 시민단체 등으로 구성된 (가칭) '학교교육 발전을 위한 범국민협의회'를 구성 · 운영하여 학교교육 발전은 물론 교원의 전문성 신장을 위한 다양하고 실효성 있는 논의를 전개해 나갈 것을 제안하였다. 2005년 6월 20일 교육부가 교원평가시범사업을 학교교육력제고사업으로 전환하여 특별협의회를 구성한 것에 대해 전교조는 자체 평가에서 교육부가 교원평가안 백지화 또는 철회를 하였다고 해석하였고, 전교조의 종합대책안 수립 요구를 교육부가 수용한 것이라고 의미를 부여하였다.

2005년 6월 24일 학교교육력 제고를 위한 특별협의회 구성 · 운영(안)이 발표되었고 학교교육력 제고를 위한 정부, 교직단체, 학부모단체 간의 사회적 합의를 위한 한시적 특별기구로 그 성격을 규정하였다. 이어 2005년 6월 25일에는 교원평가 저지와 표준수업시수 쟁취를 위한 전국교사결의대회를 진행하였다. 2005년 11월 4일 합의안의 타결 시도가 결렬된 채 교육부가 교원평가 시범 실시 강행 의지를 밝히자, 전교조는 2005년 11월 8일 교원평가 완전 저지를 위한 단식철야 농성 투쟁을 전개하였고, 민주노총의 지지를 얻어 연가 투쟁을 가결하였다. 그러나 2005년 12월 1일로 계획되었던 연가 투쟁은 전교조 내부의 갈등으로 인해 연기되었고, 2006년 3월 교육부의 시범운영 중간 점검 결과에 대한 신뢰성에 의구심을 제기하였고, 2006년 9월에는 교원평가 비판 국제 심포지엄을 개최하였으며, 67개교 시범학교 운영 결과 발표 및 개선방안에 대한 정책 포럼에서 반대 의견을 제시하였다.

2006년 10월 20일 열린 공청회에서 전교조는 교육부가 공청회 전 교원평가제 시행방침을 발표했던 점에 대해 납득할 수 없는 조치라고 판단하여 공청회 중단을 요구하였으며, 이 과정에서 25명이 연행되는 사태를 겪었다. 2006년 11월 1일 교육부가 초·중등교육법 개정안을 입법예고하자 이에 반발하였고, 그해 11월 20일에는 제1회 교원평가 대안 토론회를 개최하여 교원평가를 넘어 학교자치를 주장하였으며, 2006년 11월 22일에는 서울시청 앞 광장에서 약 2,700명의 교원이 모인 가운데 연가 투쟁에 돌입하였다.

이상에서 살펴본 바와 같이, 전교조는 교원평가제에 대한 반대 입장을 처음부터 시종일관 고수하여 왔고, 투쟁을 앞세워 물리력을 동원해 저지해 왔다. 물론, 전교조는 내부 갈등 속에서 우여곡절을 겪었지만 성명 발표, 연대 투쟁, 조퇴 및 연가 투쟁 등의 강도 높은 저지 방법을 동원하여 투쟁 수위를 높여 왔다.

④ 시민단체

시민단체는 주로 학부모단체로 대표되는데, 교육의 공정성과 수월성이라는 대립적 가치를 사안에 따라 다르게 적용하는 경향이 많이 있고, 교원의 경쟁력에 대한 수월성을 강조하는 입장을 취하여 왔다. 특히, 2004년 2월 2일 교육부총리의 교원평가제 발언 직후부터 이들은 질 높은 수업을 위해 학생과 학부모라는 수요자의 실질적인 참여를 보장하는 교원평가제를 보장하라는 요구를 하였고, 보다 강력한 평가가 필요하다고 주장하면서 교육부의 교원평가 방안에 대해 적극 찬성하였다. 그러나 시민단체는 2005년 5월 3일 교육부가 제시한 교원평가 시안에 대해 그동안 시민단체가 요구한 교원평가제의 성격과 전혀 다른 것이라고 주장하였다. 참교육학부모회는 부적격 교원 문제해결 방안이 제시되지 않았고 학부모의 참여를 보장하지 못하는 시안에 대해서 반대의 입장을 표명하고 참여가 보장된 교원평가제를 촉구하였고, 인간교육실현학부모연대는 '일부 교사들이 합법적 공청회를 무산시켜 논의의 장을 아예 막음으로써 학부모나 일반시민까지 듣고 말할 권리와 기회가 침해됐을 뿐 아니라 교원 전체에 대해 국민의 부정적 시각이 형성되고 있음을 염려한다.'는 내용의 성명을 발표하였다. 교육과 시민사회는 '교원단체가 절대 다수의 학부모와 국민이 요구하는 교원평가제 거부 투쟁에 시간을 낭비하기보다 실제 교원을 옭아매 교육에 전념하지 못하게 하는 승진제도 개혁에 매진하는 것이 낫다.'고 비판하였다.

학교를 사랑하는 학부모 모임 역시 공청회를 무산시킨 교원을 징계할 것을 촉구하며, 교육부총리를 대상으로 직무유기에 대한 책임을 묻겠다고 강경 입장을 밝혔으며, 좋은교사운동의 송인수 상임총무는 교원의 전문성 향상을 위한 평가만능주의에 대해 지적하면서 교사가 평가받기 싫어하는 이기적인 집단으로 여겨지기보다는 평가를 받으면서 근무평정 폐지와 승진제도 개혁을 주장하는 것이 의미가 있다고 밝혔다(동아일보, 2005. 5. 11). 한편, 시민단체는 2005년 5월 11일과 5월 12일에 교원평가제에 대한 토론회 및 이와 관련한 전국지부, 지회장 연석회의를 개최하여 교원평가제는 학생과 학부모가 실질적으로 참여하는 전제하에 도입되어야 한다는 입장을 확인하였다. 또한 이들은 교원평가제가 실효성을 가지기 위하여 교장선출보직제의 도입과 학교자치기구의 법제화를 통한 학교 운영의 민주성 확보를 주장하여 전교조와 유사한 입장을 보이기도 하였다.

한편, 2005년 5월 27일에 시민단체는 교육부총리가 발송한 서한문에 대해 동료평가를 중심으로 하는 교원평가는 국민을 우롱하는 처사라고 비판하였으며, 2005년 6월 특별협의회 구성 이후에 가진 기자회견에서는 교원평가를 둘러싼 대립과 갈등을 중단하고 학교교육발전방안을 위한 논의를 시작하자고 교육부와 교직단체에 제안하였다. 2005년 11월에는 교육부 및 교직단체의 협상 결렬에 대한 책임을 묻고 교원평가의 실시를 주장하였고, 시민사회단체 기자회견을 열고 교육부와 교직단체에 교원평가 실시에 대한 대다수 국민의 여론을 반영할 것을 촉구하였다. 2006년 7월에도 학부모단체를 포함한 시민단체는 조속한 시일 내에 교원평가제를 실시하라고 재촉하였고, 2006년 10월 20일의 공청회에서 인간교육실현학부모연대는 3년 주기의 평가시기에 대한 불만을 표명하였으며, 학교를사랑하는학부모모임은 평가 결과를 승진과 연봉에도 반영할 수 있어야 한다고 주장하였다.

이상을 요약하면, 시민단체는 학교교육의 질을 제고하기 위해서는 학생과 학부모의 참여가 보장되고 부적격 교원을 걸러내는 제도적 장치로서의 실질적인 교원평가가 이루어져야 한다는 입장을 견지하고 있다고 할 수 있다. 이를 통해 이들은 교원의 전문성이 신장되고 학교가 경쟁력을 갖출 수 있다는 논리를 전개하여 교원평가의 실시에 대한 당위성을 홍보하는 일련의 활동을 수행하였다.

(2) 교원평가제 관련 이해집단 간 갈등

교원평가제를 둘러싼 갈등은 당사자 사이의 관점의 차이에서 출발하지만 순수하게 시각의 차이만 개재된 것이라면 그렇게 심각한 것이라고 볼 수는 없다. 왜냐하면 관점의 차이는 합리적 논의를 통해 조정될 수도 있고, 우열이 가려질 수도 있기 때문이다. 문제의 심각성은 그러한 관점의 차이를 단지 시각의 차이로만 바라보지 않고 정치적 이해관계의 상충 때문에 생긴 것이라고 해석하는 데서 발생하고, 더 나아가 이해관계 집단의 갈등을 더욱 심화시키는 요인은 서로 다른 주장을 만나면 논거로서 경합하는 것이 아니라, 정치적 적대 세력을 대하는 것처럼 힘으로 굴복시키려 하거나 논의의 장을 뛰쳐나가 상대방을 공개적으로 비난하는 독선적 자세를 취하는 것이라 할 수 있다.

민주주의 사회에서 개인이나 집단 간에 이념적 차이가 있다는 것은 지극히 당연한 일이라고 볼 수 있다. 특히, 교육의 사회적 역할 등을 둘러싼 견해 차이는 교육의 획일화를 막고, 사회적 다양성의 공존이라는 측면에서 중요한 의미를 갖는다. 그러나 지나친 집단 간의 과도한 대응은 오히려 독선과 아집이 될 수 있다. 따라서 그 어느 때보다도 교육계 갈등의 뿌리와 양상을 올바르게 진단하고, 소모적인 갈등을 생산적인 갈등으로 전환시킬 수 있는 사회적 중지를 모으는 일이 중요하게 되었다. 이와 같은 맥락에서 교원평가제의 쟁점에 대한 이들 집단의 입장 차이를 분석하고 무엇이 갈등을 유발하는지 그리고 정책 형성 과정에서 어떻게 이들의 입장 차이가 변해 왔는지를 살피는 것은 본 연구의 핵심이라 할 수 있다.

교원평가의 쟁점에 따른 각 단체의 입장 차이는 대체로 교직단체와 교육부의 갈등, 교직단체와 시민단체의 갈등 구도로 정리될 수 있다. 교원평가제의 목적과 활용에 대한 최근의 교육부 입장은 교원에게 수업의 질 개선에 활용하도록 정보 제공 차원으로 국한한다고 하지만, 교사는 이를 왜곡된 교직사회의 구조조정이라는 시각으로 받아들이고 있는 실정이다. 또한 시민단체는 부적격 교원에 대한 거름 장치로서의 평가제를 요구하고 있으며, 교육부는 겉으로는 수업의 전문성 향상을 목적으로 하는 형성평가 성격의 제도를 말하면서 실제로는 총괄평가를 지향하는 모순된 입장을 취해 왔다.

예를 들어, 한국교육개발원 연구진은 2005년 11월부터 2006년 2월까지 시행되었던 1차 교원평가 48개교 시범학교 운영 결과의 문제점을 보완하여 2006년 3월부터 2006년 8월까지 시행되었던 2차 교원평가 67개교 시범학교 운영 결과와 개선 방향을 교원평가 정책 포럼에서 제시하였다. 그 주요 내용에서도 핵심 쟁점은 평가 주관기구, 평가자, 평가 영역 및 지표, 평가 방법 및 도구, 평가 결과의 활용, 평가 주기와 관련된 갈등 기제였다. 이어 2006년 7월 6일부터 2006년 7월 21일까지 67개 시범학교의 교원 766명, 학생 594명, 학부모 588명 등 총 1,948명을 대상으로 실시한 설문조사의 응답 결과를 분석한 내용 역시 각 쟁점 문제에 대한 내용은 교직단체의 교원평가제 도입에 대한 입장 차이와 큰 차이가 없는 듯 보였다. 그러나 자세히 살펴보면, 그 입장 차이가 더욱 더 구체화되어 나타나 있고, 그 이면에는 보완과 바람이 은유되어 있는 것을 알 수 있다. 그 대표적인 사례로 각 이해관계 집단의 쟁점이 되는 평가자 측면만을 살펴보아도 알 수 있다.

평가자 면에서는 모든 학부모가 개별 교사를 대상으로 한 만족도 조사에 참여할 필요가 있다는 문제 제기가 있었다는 점을 들 수 있다. 그리고 동료 교원에 의한 교사평가 결과가 우수하다는 쪽으로 매우 높게 나타남에 따라 온정주의적 평가 형태에 대한 우려가 있고, 학생과 학부모의 경우에도 감정이나 그릇된 잣대로 교사를 평가할 수 있다는 우려가 있어서 평가자의 객관성, 공정성이 문제로 부각될 수 있다. 따라서 교원과 학부모는 이해관계의 입장을 갖고 대치하는 국면을 보이게 되고 이면에 경쟁 구도를 정립하려 하는 것이다. 이상의 입장을 정리하면 〈표 9-4〉와 같다.

표 9-4 교원평가제 도입에 따른 각기 다른 입장 차이

구분	교육부	전교조	교총	시민단체
교원평가제	찬성	반대	반대	찬성
평가 목적	교원 능력 개발 자료로 활용	교원 능력 개발 자료로 활용	교원 능력 개발 자료로 활용	부적격 교사의 퇴출, 교사의 전문성 신장
평가자	교원, 학부모, 학생	학부모, 학생의 교원평가 참여 반대	전문가인 교사를 학생과 학부모가 평가하는 것은 온당하지 못함	학부모와 학생의 실질적인 참여 보장, 동료 교원에 의한 평가는 온정주의, 평가의 객관성 우려
입장	각 집단의 의견을 조율하여 학교교육의 신뢰 회복	1. 부적격 교원 퇴출은 별도의 대책으로 해결해야 함 2. 교원평가제는 정부의 교육정책 실패 책임을 교사에게 전가하는 술책이며, 교원 통제와 구조조정을 위한 음모		1. 부적격 교원 퇴출 장치로 활용되어야 함 2. 학생과 학부모의 참여 보장

2) 교원평가의 정치학적 분석 틀

본 장에서는 교원평가제 이해집단이 어떤 가치를 추구하며 갈등 구도를 어떻게 연출하고 있는가에 분석의 초점을 두고 있다. 교육의 책무성과 수월성은 교육부와 교육부의 교원평가제 실시를 지속적으로 요청해 온 시민단체에 의해 지지된 가치다. 이와는 다르게 교직의 특수성과 교원의 자율성은 교총과 전교조 등의 교직단체에 의해 지지된 가치라 할 수 있다. 이와 궤를 같이하여 교원평가제를 둘러싼 찬성 · 반대 집단의 대립적 가치는 어떤 근거하에서 적용되었고 왜 도출하였는가에 대한 논거는 다음과 같이 설명될 수 있다.

첫째, 교육부와 시민단체의 지지 가치인 교육의 책무성이다. 이들 집단은 교원평가제의 실시가 교육 수요자의 요구를 충족시키고 이를 통해 학교교육의 책무성을 확보할 수 있다고 주장하였다. 이와 같은 점에서 전제상(2004a)은 도덕적 · 법적 · 전문적 책무성이 교원평가와 관련이 있다고 보고, 교원 자신의 업무에 대한 태도와 동시에 학부모에 대한 정신적 · 직업적 태도를 도덕적 책무성이라 하였다. 또 교원이 소속한 학교 또는 교육기관에 대한 직무의 수행과 관련되는 법적 책무성을, 교직윤리를 준수하고 자신의 업무를 개선하여 교육 효과를 증대하는 전문적 책무성을 각각 주장하였다.

조동섭(2005)은 자신의 활동에 대한 권한과 책임을 스스로 통제하여 사회적 책무를 져야 하는 직종이 전문직이라고 밝혔고, 김이경(2005b)도 공공 서비스의 질적 향상과 책무성에 대한 수요자 요구는 1980년대 이후부터 꾸준히 행정기관 및 학교로 확대되어 온 추세라고 하였고, 박도순 외(2005)는 교육의 중립성과 전문성의 원리에 따라 국가는 교육의 질에 대한 책임을 교원과 같이 져야 하고, 교육의 결과를 납세자이며 교육위임자인 국민에게 보고할 책임이 있다고 하였다.

둘째, 교원의 전문성 신장을 통한 교육의 수월성 제고다. 교육에서는 일반적으로 수월성의 의미가 학업과 학문 성취의 질적 향상으로 쓰인다(문용린, 2002). 박도순 외(2005)는 공교육체제에서 학교교육을 담당하고 있는 교원의 전문성과 질 관리에 대한 관심과 노력이 중요하다고 하면서 이를 통해 교직의 위기를 극복하고 교육의 경쟁력을 높일 수 있다고 논의하였다. 교육인적자원부(2004) 역시 수업을 잘하고 학생지도에 열성을 다하는 교사가 우대받을 수 있게 함으로써 교원의 전문성 함양을 이끌어 내고 이를 통해 공교육의 질 향상을 기대할 수 있는 것이라고 밝혔다. 다시 말해서, 교육부는 교원에 대한 질 관리가 학교교육의 질을 높일 수 있다고 보고, 이를 통해 학생들의 높은 학업 성취를 이끌어 내어 궁극적으로는 교육의 수월성을 제고할 수 있다는 입장이다.

한편, 시민단체는 교육의 수월성을 제고하기 위해 교원 간의 경쟁이 필요하다고 보고 교원평가제에 그들의 참여를 보장해야 한다고 주장하였다. 교사의 학생교육은 실정법상으로는 국가와 사학법인에 의한 자격증제도와 채용에 의한 것이지만, 근본적으로 교사의 학생교육은 학부모의 신탁에 의한 것이다(안선회, 2005). 따라서 학생교육에 관한 일부 권한을 위임한 권리 주체로서의 학부모가 교육에 관한 권리 실현의 최소한의 요구를 하는 것은 지극히 당연하다는 입장이다.

셋째, 교총과 전교조가 지지하는 가치인 교직의 특수성이다. 이들 집단이 주장하는 바는 '평가의 곤란성'이다. 즉, 미성숙한 학생을 대상으로 그들의 타고난 능력이 최대한 발휘될수록 지도하는 일을 수행하는 교원에게 그 결과를 확인하는 평가는 곤란하다는 입장이다. 그 이유는 학업 성취 결과가 불가시적인 학생의 태도와 행동의 변화로 나타나기 때문에 명백히 규정하기 어려운 교직만의 특수성이 있기 때문이다. 특히, 교직단체는 교육이 학생을 대상으로 정의적인 활동을 전개하는 가치로운 일이기 때문에 교원평가의 공정성 · 객관성 · 신뢰성의 확보가 결코 쉽지 않다는 점을 강조하였다. 이와 관련하여 전교조는 교육적 성과가 단기간에 나타나지 않고 이에 영향을 미치는 변수가 다양하게 존재하는 특성을 갖기 때문에 일반 기업체나 행정직에서 통용되는 평가 방법을 적용하는 것은 현실적으로 적합성이 떨어진다고 주장하였다.

교총 또한 교원과 같은 전문가를 평가하는 데 있어서 전문가적 안목을 갖춘 평가자가 학부모와 학생이라는 데 의구심을 표명하였고, 이와 관련하여 정동섭(2005)은 교원을 평가하는 일은 전문적인 지식과 다수의 합의를 필요로 하기 때문에 소수의 학교 구성원이 결정할 만한 것이 아니라고 주장하였다. 김희규(2005) 역시 교원의 수업 전문성 신장은 교원평가를 통해서 가능할 것이라는 인식에 대해서 교직의 특수성을 반영하지 못하였다는 점을 지적하였고, 그 근거로는 사람을 길러내는 집단과 제품을 생산하는 집단의 평가 방식이 다를 수밖에 없다는 점을 들고 있다.

넷째, 교원이 자율적 판단에 근거해서 교육활동을 전개한다는 자율성 가치다. 자율성을 지지하는 교직단체는 교육부가 제시한 평가 요소와 평가지표가 교원의 자율성을 침해하고 있다고 주장하였다. 자격증을 가진 전문가 집단으로서의 교원은 고도의 자율성을 필요로 하는 것은 당연하다는 주장을 하였다. 수업을 중심으로 교원의 자율성이 생성된다고 할 때, 수업 계획의 수립, 수업 목표의 설정, 수업 설계, 학습자의 특성 이해와 같은 사항이 평가의 대상이 된다면 교원의 자율성은 출발부터 무너지는 것이고 이는 수업 결과에 대한 어떠한 책임도 교원에게 물을 수 없다고 주장했다(정동섭, 2005).

또한 교총은 「교원지위 향상을 위한 특별법」 제2조 제2항의 "국가, 지방자치단체 기타 공공단체는 교원이 학생에 대한 교육과 지도를 함에 있어서 그 권위가 존중되도록 특별히 배려하여야 한다."는 법령의 성격을 교원의 자율성과 전문성에 대한 강조로 해석하였다. 따라서 평가의 결과가 교직 생활 전반에 영향을 줄 수 있는 체제하에서 미성숙한 학생과 보호자인 학부모가 교원을 평가하고자 할 경우 교원의 권위는 존중받기 어려워지고 자율성이 보장되지 않는다는 것이다. 전교조 역시 수업의 전문성을 측정하기 위한 항목의 일부가 매우 주관적인 요소로 구성되어 있다고 보고, '결과 산출에 중심을 둔 교원평가제'는 전형적으로 교사 간 경쟁에 기초한 처우 차별을 위한 방식으로 교사 간 협력 과정을 저해하고 평가지표에 따라 교사 노동의 획일화를 유도해 결과적으로 학교교육의 본질을 심각하게 훼손하는 것으로 귀결된다고 하였다(하병수, 2005).

이상에서 살펴본 네 가지의 가치 개념이 교원평가제 이해관계 집단의 입장을 모두 완벽하게 구분하고 설명하는 것은 아니지만, 각 집단의 기본 입장을 확인하는 잣대로서 유용하고 각 시기별로 집단 간의 입장 변화를 살펴볼 수 있다는 점에서 본 연구의 분석 틀로 의의가 있으리라 여겨진다. 또 이와 관련하여 본 연구는 집단 간의 갈등이 수용의 한계를 벗어날 정도로 악화 내지는 확대되는 것을 막고 갈등이 유리한 결과를 실현하는 데 도움을 주는 구조나 조건을 마련함으로써 갈등 해소를 용이하게 해 주기 위한 과정으로서 Thomas(1976)의 갈등관리 개념을 적용하였고, 이 과정에서 수용, 타협, 경쟁, 협동, 회피의 5가지 지향성이 본 연구의 분석 틀에 적합하다고 판단하였다.

특히, 이 중에서 수용, 경쟁, 타협은 본 연구의 핵심적 갈등관리 양상이라고 할 수 있다. 그 이유는 다음의 설명으로 뒷받침될 수 있다. 먼저, 수용(accommodation)은 비독단적이고 협동적인 지향성을 지닌 것으로서 자기 편의 특성하에서 다른 편의 이익을 만족시키고 달래려 한다. 이 방법은 한편이 다른 선택안이 없을 경우 문제가 상대방에게는 중요하고 자기에게는 덜 심각하므로 경쟁하기보다는 양보함이 바람직한 경우나 상대방의 주장이 옳을 경우에 적용될 수 있는 방법이다.

타협(compromising)은 어느 만큼의 독단성과 협동성을 요함으로써 쌍방 간의 욕구와 관심을 부분적으로 만족시키려는 절충적인 방법이다. 주고받는 행동으로 나타나는 이 방법은 쌍방 공통의 방법을 택할 수는 없으나 경쟁의 회피를 원하는 경우에 필요한 방법이다.

경쟁(competing)은 비협동적이고 독단적인 지향성을 지닌 것으로서 상대방의 특성 위에서 자기의 이익을 증대시키려 한다. 상대방보다 우월하게 군림하려는 이 방법은 상대방이 협동 또는 타협을 거부하거나 문제가 자기의 생존에 결정적으로 중요한 영향을 미칠 경우에 적용될 수 있다(김성필, 2004).

이 외에 협동(collaborating)은 갈등을 빚는 자신과 타인이 모두 이익을 보게 되는, 소위 Win-Win(쌍방 승리)의 경우에 해당하고, 회피(avoiding)는 직면한 문제를 피하고자 하는 것으로서 문제가 사소한 것이거나 피하는 것이 오히려 이익이 될 경우에 적합한 대안이 된다(백기복, 2005). 이상의 갈등관리 지향성은 본 연구가 교원평가제 이해관계 집단의 갈등과 영향력을 시기별로 구분하여 이들의 입장 변화를 설명하고자 하는 목적에 유용하리라고 여겨진다. 따라서 위에서 논의한 네 가지의 가치와 갈등관리 전략을 양대 축으로 하는 본 연구의 정치학적 분석틀은 [그림 9-1]과 같다.

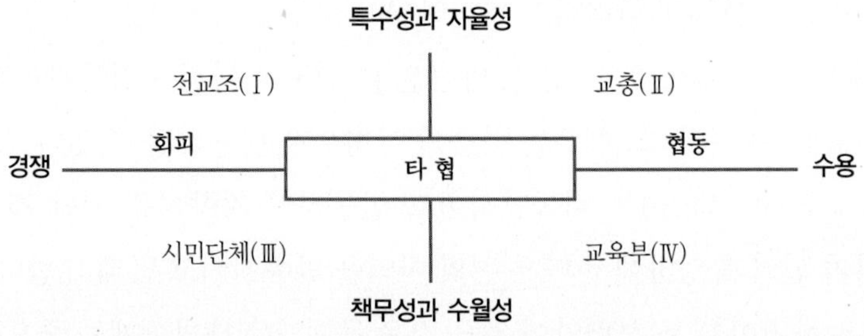

[그림 9-1] 교원평가제 관련 이해관계 집단 간의 갈등 쟁점에 관한 분석 틀

4. 시기별 교원평가 쟁점에 대한 입장 변화 분석

1) 사회문제 제기 및 쟁점화 단계에서의 각 단체의 입장 변화

교원평가제와 관계된 사회문제 제기는 사회 전반과 교육계에 지속적으로 제기되어 오던 것이다. 그중에서 사회 전반에 걸친 공교육 불신

풍조는 가장 큰 문제로 제기되었다고 할 수 있다. 이와 같은 맥락에서 공교육의 위기를 나타내는 제 양상의 여러 선행 연구(심성보, 1999; 윤정일, 1999; 윤철경 외, 1999; 양승실 외, 2001; 이영만, 2001; 이종태, 2001; 이혜영, 2001; 정진곤, 2001; 권대봉, 신현석, 2003b; 윤정일, 정수현, 2003)가 이루어졌는데, 약간의 관점의 차이가 있기는 하나 그 원인에 대해 학교를 중심으로 내적인 요인을 찾는 것에서 보다 포괄적이고 전체적인 관점으로 원인 진단을 하고 있다.

결국, 사회문제 제기 단계에서의 갈등은 '공교육 위기'에 관한 원인과 심각성에 대한 접근 방식이 이해관계 집단마다 다르다는 데 있다. 더욱이 이들 간의 입장 차이를 좁힐 수 있는 방안이 쉽게 도출되지 않는다는 점에서 대략적인 의견 차이를 검토하는 수준에서 집단 간의 입장을 다음과 같이 간략히 정리하고자 한다. 먼저, 전교조는 교육부의 최근 정책이 경쟁을 통한 질 관리, 신자유주의 원리에 함몰되어 있어서 교육의 본질을 훼손한다는 입장이고, 교총 역시 최근의 교육정책이 교사의 권익 보호와 교육여건 개선에 미흡하다는 점을 비판하였다.

시민단체는 공교육 위기에 관한 비판을 제기하며 학교교육 수준이 사회 변화에 부응하지 못한다는 입장을 취하였다. 이와 같은 사회문제 제기의 단계를 거쳐 사회 쟁점화 단계에서 교육부는 '공교육 정상화'에 대한 관심을 지속적으로 기울이면서 교원의 전문성 신장 문제를 제기하였다. 사회 쟁점화는 사회문제가 보다 일반화되어 인지집단의 쟁점 창출자가 본격적으로 활동을 시작하면서 논의가 활발해지는 단계로서 찬반집단이 점차 뚜렷해지고 이를 지지하는 대중이 나타난다(Eyestone, 1978).

이와 같은 맥락에서 교원평가제 도입 여부를 둘러싸고 평가의 목적과 평가 결과 활용 문제 등에서 교직단체와 시민단체는 확연한 입장 차이를 보였다. 먼저, 전교조와 교총은 교육부가 합리적 절차를 무시한 채 공교육 부실의 원인을 교원에게 전가하여 교원의 전문성 신장이라는 평가 목적을 밝히고 있다며 교원평가제 반대 입장을 표명하였다. 그러나 시민단체는 교원평가제 도입을 강력히 지지하며 이는 수요자의 요구 충족이라는 점에서 부적격 교원을 걸러내는 장치로 제도화하여야 한다는 입장을 견지하였다. 한편, 이들 단계에서의 각 집단의 갈등관리 양상은 전교조와 교총은 교육부와 경쟁, 교육부와 시민단체는 협동과 수용, 전교조와 교총은 시민단체와 경쟁의 관계로 나타났다. 이상의 내용에서 본 연구의 분석 틀에 입각하여 대표적인 쟁점을 중심으로 정리하면 [그림 9-2]와 같다.

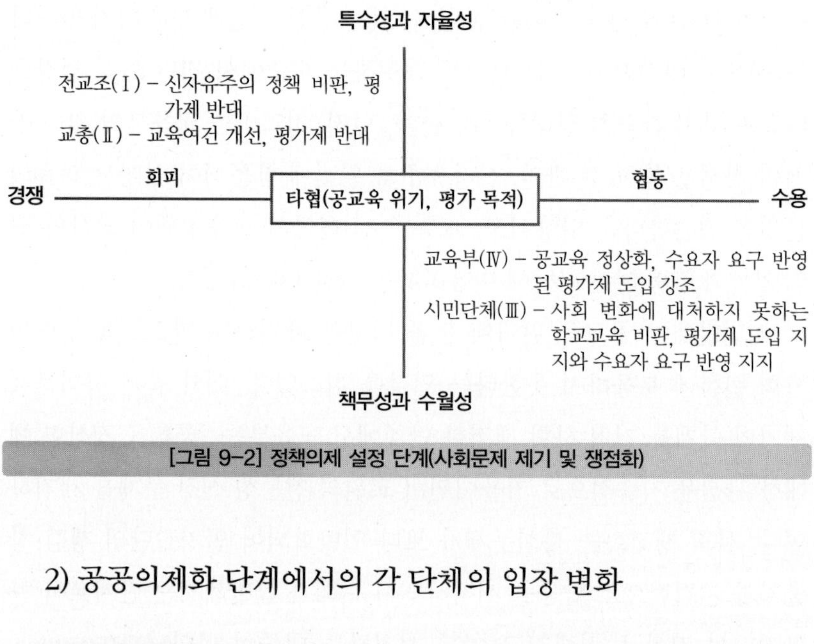

[그림 9-2] 정책의제 설정 단계(사회문제 제기 및 쟁점화)

2) 공공의제화 단계에서의 각 단체의 입장 변화

교원평가제 시안이 2005년 5월에 발표되면서 이에 대한 각 이해집단의 반발이 더욱 강해졌고 특히 사회 쟁점화 과정을 거치면서 폭넓게 인지된 교원평가의 문제에 대해 다양한 갈등 양상을 보였다. 교육부가 '교원평가제도개선방안'을 공청회 하루 전인 2005년 5월 2일에 미리 발표하였던 점에 대해 교직단체는 일제히 반발하였고 평가의 실효성에 대해서 의문을 제기하였다.

교직단체는 '교원평가제 도입 저지를 위한 공동대책위원회' 결성을 결의하고 공동 투쟁으로 맞선다는 계획과 함께 교총과 전교조는 총 25만 명의 서명운동을 전개하였다. 교총은 효과가 없는 교원평가를 철회하라는 입장과 평가 주체 간의 갈등만을 초래한다는 점을 지적하였고, 전교조는 절차상의 문제로서 평가 주체 등과 관련한 사안을 교육 주체와 사전에 협의하지 않은 점을 집중 부각하고 평가 결과의 용도를 왜곡하여 교사의 경쟁만 강요하는 교육부를 규탄하는 입장을 취하였다. 결국, 이들 교직단체는 교원평가제 방안에 대해서 절차상의 문제, 평가제의 효과 문제, 평가 주체와 관련한 평가 전반적인 사안의 문제, 교육부의 여론몰이식 정책 추진 등에 강력하게 반대하는 입장을 밝혔다.

시민단체는 교육부의 '교원평가제도개선방안'이 당초 예상했던 것보다 완화되었다는 비판을 하였고, 특히 평가 주체에서 학생과 학부모의 실질적 참여 보장이 어렵게 된 점과, 평가 결과가 교사 능력 개발 자료로만 활용된 점은 납득하기 어렵다는 입장을 밝혔다. 한편, 이들 단계에서의 각 집단의 갈등관리 양상은 전교조와 교총은 교육부와 경쟁, 교

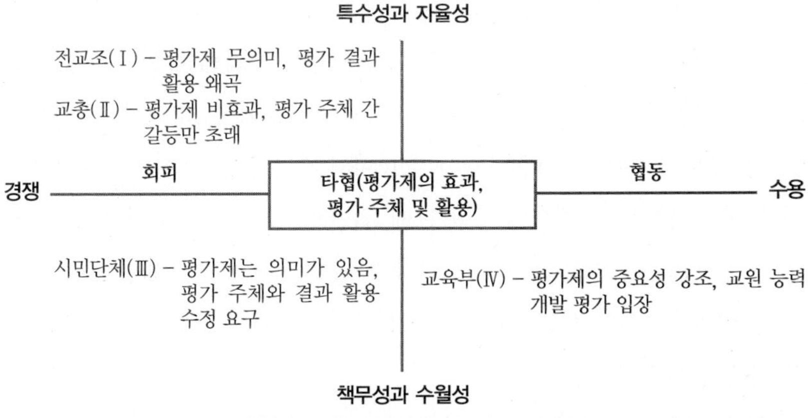

[그림 9-3] 정책의제 설정 단계(공공의제화)

육부와 시민단체는 협동과 부분적인 경쟁, 전교조와 교총은 시민단체와 경쟁의 관계로 나타났다. 이상의 내용을 본 연구의 분석 틀에 입각하여 대표적인 쟁점을 중심으로 정리하면 [그림 9-3]과 같다.

3) 공식의제화 단계에서의 각 단체의 입장 변화

교육부가 2005년 6월 3일 '학교교육력제고특별협의회'를 각 이해관계 집단에 제안하면서 교원평가제의 공식의제화 단계의 갈등은 시작되었다. 교육부는 교원평가제와 관련한 사회문제 제기 및 사회 쟁점화, 공공의제화 과정을 거쳐 오는 동안 교직단체와의 경쟁과 대립적 갈등 구도를 초래하였던 핵심 쟁점에 대한 논의를 교원평가로 한정하지 않고 학교 교육력을 향상시키기 위한 제반 조건으로 확대하는 동시에 부적격 교원 문제까지의 총체적인 접근을 시도하겠다고 밝혔다. 그러나 특별협의회의 성격을 둘러싸고 각 집단마다 각기 다른 해석을 내리며 많은 논란거리를 제공하였다.

교육부는 협의회에 학부모단체가 참가하기 때문에 교직단체가 교원평가를 거부하기는 힘들 것이고 이들과의 협의를 거쳐 9월부터 시범 실시를 하겠다는 입장이었고, 교직단체는 교육부가 독선적인 교원평가안과 시범 실시방안을 철회했으며 원점에서 다시 논의해 합의안을 도출하기로 하였음을 밝혔다(노컷뉴스, 2005. 6. 20). 실제로 교육부는 2005년 6월 20일부터 2005년 11월 3일까지 10차례에 걸친 실무협의회와 3차례의 특별협의회를 가졌으나 이해관계 집단과 합의점을 찾지 못하였다. 오히려 교육부는 시민단체와의 면담 자리에서 교원평가제를 예정대로 실시하겠다는 입장을 밝힘에 따라 교직단체의 항의를 받고 교육부총리가 사과를 하였다.

교직단체는 공식의제화 단계에서 논의된 여러 가지 문제에 대해 서로 다른 의견을 제시하기도 하였고, 필요에 따라 대응 수위를 조절하며 여러 가지 대응 방식을 활용하였다. 특히, 교총과 전교조는 이 단계에서 교원평가제의 쟁점인 시범학교 실시 문제, 부적격 교원 문제의 판단 기준과 선의의 피해자, 교육여건 개선에는 유사한 입장을 취하는 것처럼 보였지만 근무평정제의 전면 폐지와 점진적인 개선이라는 대응점에 대해 입장 차이를 좁히지 못하였다.

시민단체는 교육부가 사실상의 교원평가를 포기한 것이라고 선언하고 학생과 학부모의 실질적인 참여를 보장하여 부적격 교원 문제를 해결해야 한다고 촉구하였다. 물론, 이 과정에서 시민단체도 협의회 참여집단과 협의회 비참여집단으로 구분되기도 하였다. 한편, 이들 단계에서의 각 집단의 갈등관리 양상은 전교조와 교총은 교육부와 경쟁, 교육부와 시민단체는 경쟁, 전교조와 교총은 시민단체와 경쟁의 관계로 나타났다. 이상의 내용을 본 연구의 분석 틀에 입각하여 정리하면 [그림 9-4]와 같다.

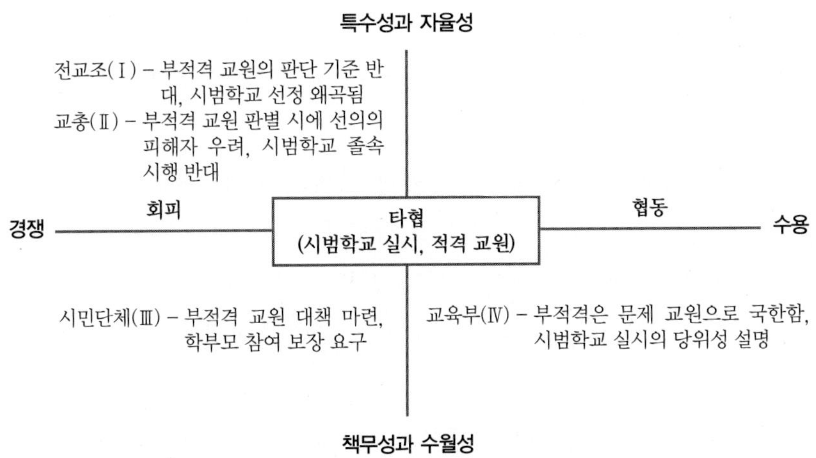

[그림 9-4] 정책의제 설정 단계(공식의제화)

4) 정책 형성 단계에서의 각 단체의 입장 변화

교육부는 2005년 11월 초에 시범운영계획을 발표하고 2005년 11월 7일 시범학교운영계획을 공식 발표하였다. 이는 교직단체와 끊임없이 마찰을 빚었던 쟁점 사안이어서 교직단체의 반발이 예상되었다. 그럼에도 불구하고 교육부는 강경한 입장을 갖고 정책을 추진하지 않으면 정책 도입 자체는 물론이고 세부 일정에도 타격을 입는다는 판단을 하게 되었고 교직단체는 강력 반발하였다.

교총은 교육부의 시범평가 방침에 교육자 총궐대회를 계획하여 맞섰고, 전교조는 연가 투쟁 및 단식 농성도 불사하겠다며 강경 대응하였다. 이 과정에서 전교조와 교총은 근무평정과 교원인사제도 방안에 대해 극한 대립을 보였다. 또한 이들은 평가제의 A안과 B안 문제에 관해서 교육부의 방침과 반대의 입장을 밝혔으나, 교총은 갑자기 극한 대립의 반대가 아닌 교육 재정 확보, 교원의 처우 개선 등으로 투쟁 방향을 전환하였다. 이는 교원평가제에 대한 교직단체의 양보 없는 행보에 대한 여론의 따가운 질책(조선일보, 2005. 11. 5; 국민일보, 2005. 11. 5)이 이어졌기 때문으로 해석된다.

이와는 반대로, 시민단체는 강력한 반대를 하기보다는 교원평가제의 필요성과 성공적인 고려 사항을 강조하며 교육부의 안을 수용하며 교직단체의 일방적인 반대를 비난하였다. 특히, 이들은 교직단체가 지나치게 특수성과 자율성을 강조한 나머지 국민이 바라는 교원의 책무성과 학교교육의 수월성을 도외시하고 있다는 점을 비난하였고, 교직단체가 교육부의 초기 교원평가제 방안보다도 강도가 약해진 평가안조차도 반대하는 것에 대해 즉각 수용할 것을 이들에게 촉구하였다. 이 단계에서 각 집단의 갈등관리 양상은 전교조는 교육부와 경쟁, 교총은 교육부와 경쟁과 타협, 교육부와 시민단체는 수용과 타협, 전교조와 교총은 시민단체와 경쟁, 교총과 전교조는 경쟁의 관계로 나타났다. 이상의 내용을 본 연구의 분석 틀에 입각하여 대표적인 쟁점을 중심으로 정리하면 [그림 9-5]와 같다.

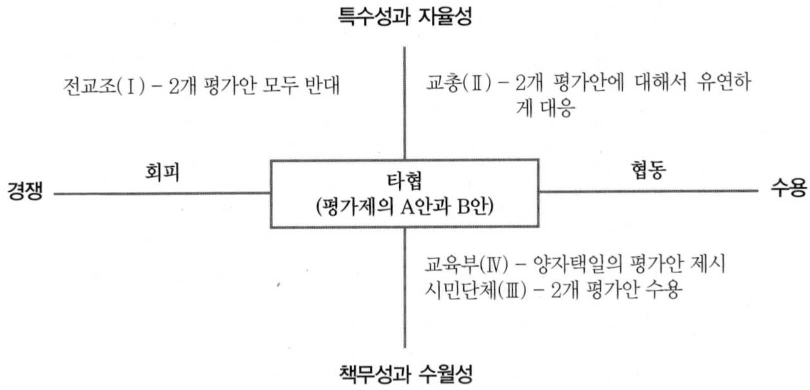

[그림 9-5] 정책 형성 단계

5) 정책 채택 단계에서의 각 단체의 입장 변화

교육부는 2006년 2월 시범학교 19곳을 추가로 지정하여 총 67개의 시범학교를 운영할 계획이라고 밝혔고, 2006년 3월에는 시범운영 중간 결과를 발표하였다. 이에 교직단체는 평가 방법과 분석 결과에 대한 신뢰성에 의문을 제기하였고, 시민단체는 교육부가 2006년 8월에 교원평가안에서 학생과 학부모의 참여가 배제된 개선방안을 밝히자 강력히 반발하였으며, 교직단체도 공정성 확보를 위해 시범운영 기간의 연장을 강력히 요구하였다. 한편, 교육부는 2006년 9월 26일에 67개의 교원평가 시범학교 운영 결과와 개선방안을 밝히기 위한 정책 포럼을 개최하였고, 그해 10월 20일 교원평가제 법제화를 위한 공청회를 열어 입법 예고를 하겠다는 방침을 밝혔다.

이에 대한 전교조의 입장은 입법 예고가 충분한 여론의 수렴을 거치지 않았던 비민주적 처사로 규정하고 강력히 반발하여 교원이 연행되는 사태를 빚었으며, 교총 역시 불충분한 시범운영 결과에 따른 공정성 확보 문제를 제기하며 졸속 법제화를 반대한다는 입장을 표명하였다. 그러나 대응 방향에 있어서 교총은 전교조에 비해서 교육부와 협동을 주로 하는 유연한 입장을 견지하였다. 시민단체는 평가 주기 3년, 학생과 학부모는 참여하나 형식적인 참여 문제, 평가 결과가 봉급과 승진에 반영되지 않는 문제 등에 대해서 반대의 입장을 표명하며 교원의 인사와 연계할 것을 촉구하는 입장을 보였다.

이처럼 정책의 채택 단계에서 각 집단의 갈등이 첨예하게 대립되는 양상을 보이고 있는 것은 교원평가제를 둘러싼 각 이해관계 집단의 입장 관철에 따른 집단이기주의의 산물로 해석될 수 있다. 이 단계에서 교직단체는 교직의 특수성과 교원의 자율성을 극명하게 주장하였고, 교육부와 시민단체는 교육의 책무성과 수월성을 추구하는 양상을 확연히 드러냈다. 이를 통해 한편으로는 교원평가제가 교육 수요자의 요구를 충족시키고, 학교교육의 책무성을 확보하고, 교원의 전문성과 질 관리를 통해 교육의 경쟁력을 높이면 수월성이 제고된다는 의미로 해석할 수 있다.

또 다른 한편으로는 평가의 곤란성이 존재하는 영역이 교직이라고 보는 관점에서 특수성을 인정해야 하며, 교원은 전문가 집단으로서 최대한의 자율성을 보장해야 한다는 의미로 이해할 수 있다. 한편, 이들 단계에서의 각 집단의 갈등관리 양상은 전교조는 교육부와 경쟁, 교총은 교육부와 경쟁 및 일부 수용, 교육부와 시민단체는 경쟁, 전교조와 교총은 시민단체와 경쟁 및 일부 협동, 교총과 전교조는 협동과 경쟁의 보다 복잡한 관계로 나타났다. 이상의 내용을 본 연구의 분석 틀에 입각하여 대표적인 쟁점을 중심으로 정리하면 [그림 9-6]과 같다.

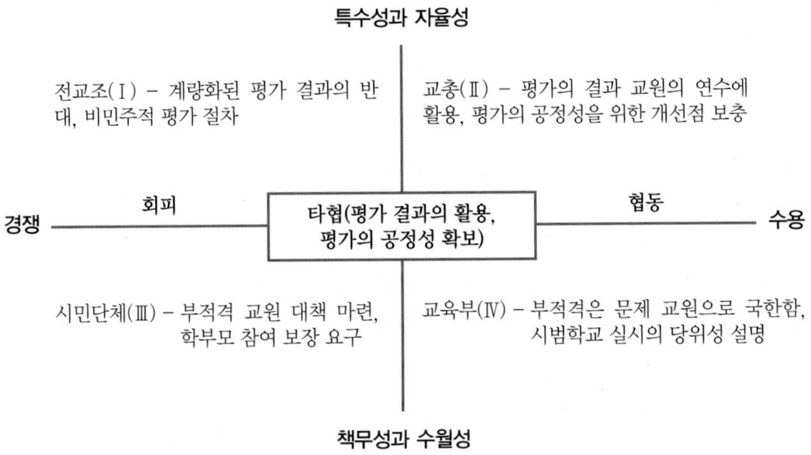

[그림 9-6] 정책 채택 단계

5. 정책적 함의

교원평가제를 둘러싼 쟁점에 대해 각 이해관계 집단 간의 입장의 차이가 다양하게 표출되었다. 이와 같은 입장 차이에도 불구하고 공교육의 위기 상황을 불식시킬 수 있는 최적의 대안이 교원평가라는 인식이 대다수 국민에게 팽배해 있고, 이를 통해 교원의 전문성 신장과 능력 개발을 확보해야 한다는 여론이 지배적이다(신현석, 박균열, 2005). 따라서 본 장에서는 교육정책 결정 과정과 관련하여 교원평가제를 시기별로 구분하고 역사적으로 고찰한 다음, 각 집단(교총, 전교조, 시민단체, 교육부)이 추구하는 주된 가치와 갈등관리 양상을 양대 축으로 하는 사분도상의 정치학적 분석 틀을 개발하였다. 이를 토대로 교원평가 쟁점에 대한 이해집단의 입장 변화는 다음과 같이 분석되었다.

첫째, 정책의제 설정 단계의 사회문제 제기 및 쟁점화 시기에서 전교조와 교총은 공교육 위기 문제와 평가제의 목적이라는 쟁점을 두고 교육부와 시민단체에 맞섰다. 둘째, 정책의제 설정 단계의 공공의제화 시기에서도 교직단체인 전교조와 교총이 평가제의 효과와 평가 주체 및 활용 측면에서 교육부와 대립하는 경쟁적 관계의 입장을 나타냈다. 그러나 시민단체는 사회문제 제기 및 쟁점화 시기에서 보여 주었던 모습과는 다르게 교육부와 경쟁하는 변화된 입장을 보였고, 교직단체와도 경쟁하는 대립적 구도를 견지하였다. 셋째, 정책의제 설정 단계의 공식의제화 시기에서 전교조와 교총은 시범학교 실시 문제, 부적격 교원 문제를 핵심 쟁점으로 삼아 교육부와 경쟁관계를 나타냈고 시민단체와도 대립적 경쟁 구도를 연출하였다. 넷째, 정책 형성 단계에서 핵심 쟁점인 2개의 평가안에 대해 반대의 입장을 나타낸 전교조는 교육부와 경쟁, 시민단체와도 경쟁관계를 보였으며, 같은 교직단체인 교총이 유연한 입장으로 전환한 것과는 달리 시종일관 경쟁의 갈등 양상을 표출하였다. 한편, 시민단체는 공식의제화 단계의 입장과는 다르게 교육부의 안을 수용하고 타협하는 변화된 입장을 취하였다. 다섯째, 정책 채택 단계에서 주요 이해관계 집단인 교총과 전교조, 시민단체, 교육부는 평가의 결과 활용 문제, 평가의 공정성 확보 문제에 대해서 각자의 입장 차이를 확인하였고, 특히 시민단체는 교육부와의 관계 면에서 정책 형성 단계에서의 수용과 타협의 자세가 아닌 경쟁의 관계를 형성하였고, 교직단체와도 대립각을 더 크게 하며 갈등의 강도를 높였다. 또한 교직단체인 전교조는 투쟁지향적으로 교육부와 맞선 반면, 교총은 교육부와의 대응 방향성을 유연하게 하는 입장을 취하였다. 이상의 내용에서 변화된 각 이해관계 집단의 입장을 이동 경로로 제시하면 [그림 9-7]과 같다.

이처럼 교원평가제와 관련한 각 이해관계 집단의 입장 변화는 그들의 이익과 밀접하게 관련이 있다는 것을 귀납적으로 추론할 수 있다. 이를 통해 본 연구는 다음과 같은 결론을 얻었다. 우선, 신자유주의의 영향을 받아 교원평가제가 도입되었지만 교직의 특수성과 교원의 자율성이라는 대립적 가치에 의해 강한 갈등의 양상이 전개되었다. 교육부는

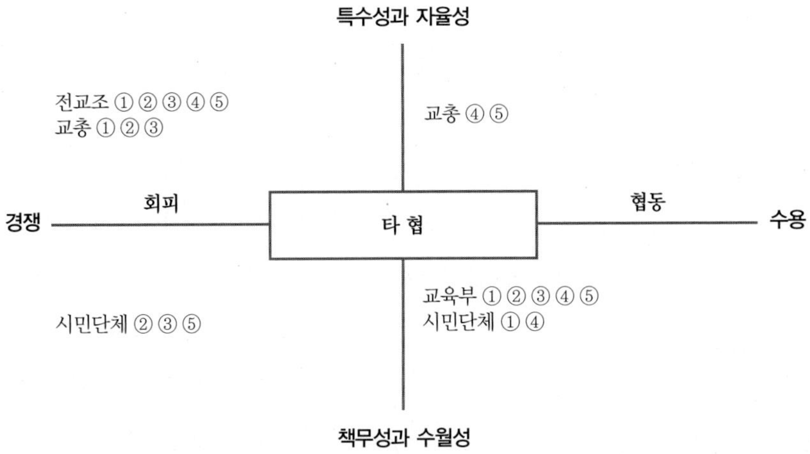

[그림 9-7] 이해관계 집단의 입장 변화 이동 경로

설명 요소: ① 정책의제 설정(사회문제 및 쟁점화), ② 정책의제 설정(공공의제화), ③ 정책의제 설정(공식의제화), ④ 정책 형성, ⑤ 정책 채택

책무성과 수월성을 목적적 가치로 하여 경쟁을 통한 교원의 질 관리를 유도하였으나, 교직단체의 지지 가치인 교직의 특수성과 교원의 자율성의 논리와 충돌하게 되었고, 이는 갈등의 대립각을 첨예하게 만드는 기제로 작동하였다.

다음으로, 교원평가제는 교육정책 결정 과정의 전(全) 단계에서 이해관계 집단 간의 정책 연대가 이루어진다. 교육부와 이해관계를 갖고 있는 교직단체와 시민단체는 교원평가정책의 방향과 구체적인 정책 수단을 둘러싼 이견, 갈등, 협동, 경쟁, 수용, 타협 등의 다양한 정치적 전략을 이용해 때로는 교육부와 시민단체가 협동 및 수용의 관계로 교직단체를 압박하는가 하면, 다른 한편으로는 교직단체인 전교조와 교총이 정책 연대를 하여 교육부와 대치 또는 경쟁을 하기도 하였다. 이는 교육부와 다른 이해관계 집단의 이념과 방향의 차이에서 나타나기도 하지만 교원평가정책의 주도권을 둘러싼 갈등의 산물이기도 하다. 이상에서 논의된 결론을 토대로 본 연구의 정책적 함의와 후속 연구를 위한 제언을 제시하면 다음과 같다.

첫째, 교원평가제를 둘러싸고 갈등을 보이는 관련 집단은 그들 상호 간의 존중과 배려의 자세가 필요하다. 교원의 교원평가에 대한 회의적 인식과 시민단체의 반대 입장 그리고 교육부가 정책을 성공적으로 추진해야 하는 부담감 사이에는 엄연한 인식의 차이가 존재하고, 이들 인식의 차이는 원인과 결과가 필연적으로 따르기 마련이다. 따라서 이와 같은 다양한 갈등의 이해관계라는 함수를 이해할 수 있는 조화의 미덕이 필요할 때가 바로 작금의 교육 현실인 것이다. 타 집단에 대한 존중과 배려는 다양성 속에서의 조화를 위한 필수적인 조건이며 합리적인 교육 혁신을 가능하게 하는 중요한 원리로 자리매김해야 할 것이다.

둘째, 합리적인 정책 추진을 위한 절차와 충분한 준비가 필요하다. 교원평가가 합리적인 제도 설계로서 명분을 갖고 있다 할지라도 현실을 외면하는 절차와 준비는 교육 주체 간의 끊임없는 마찰과 갈등을 촉발시킬 수밖에 없는 것이다. 예를 들어, 평가의 곤란성에 대한 문제가 제대로 해결되지 않은 상태에서 그다음 단계가 아닌 최종국의 단계에서 이루어져야 하는 법제화의 문제를 다루는 것은 교직단체를 설득하기에 설명력이 떨어진다고 할 수 있다. 따라서 정책 결정 과정에서 파생될 수 있는 다양한 변수에 대한 사전 검증 작업이 선행될 수 있는 충분한 시간을 확보해야만 한다.

셋째, 교원평가제를 둘러싼 각 이해관계 집단의 표출된 입장 차이를 중재할 수 있는 중립적인 중재 기구가 필요하다. 극한 대립과 첨예한 갈등의 양상을 해결하는 것이 쉬운 일은 아니다. 그렇지만 교육부, 교직단체, 시민단체를 포함한 다양한 교육 주체의 참여하는 실질적 중재 기구를 설치하는 일은 갈등의 봉합과 해결의 실마리를 갖게 해 준다는 점에서 의미가 있다고 할 수 있다. 이와 같은 중재 기구는 갈등을 빚고 있는 집단이 자율적으로 문제를 해결할 수 없는 대립적인 상황에서 절충적인 대안을 제시하는 역할과 타협점을 지향할 수 있는 매개의 역할을 수행하는 것이다.

마지막으로, 본 연구의 후속 연구는 정치학 내지 교육정치학적 접근의 분석 및 기술 방법을 심도 있게 숙지하여 교원평가제에 대한 정치학적 논의를 재구조화할 필요가 있다. 이를 위하여 후속 연구는 2007년 이후의 교원평가제와 관련한 이해관계 집단의 영향력과 갈등을 분석할 수 있는 최신 자료의 수집과 분석에 초점을 두고 정책 내용, 정치 과정, 정책 결과 분석에 대한 다양하고 조합적인 접근 방법을 활용하여 보다 효과적인 분석과 풍부한 정책적 시사점을 도출하여야 할 것이다.

제10장

근무성적평정

제10장에서는 현행 근무성적평정제도의 문제점에 착안하여 교원의 포괄적인 의견을 조사 · 분석한 결과를 바탕으로 근무성적평정제도의 정립을 위한 개선 방향을 제시하고자 하였다. 이러한 개선 방향은 구체적으로 현행 근무성적평정제도의 문제점, 교원 근무성적평정제도 목적의 적합성, 평정 내용과 요소의 적절성, 평정 방법의 적절성, 평정 결과의 공개 여부에 대한 의견을 조사를 바탕으로 제시되었다. 조사 · 분석한 결과를 토대로 내린 결론은 다음과 같다. 첫째, 현행 근무성적평정제도의 가장 큰 문제점은 근무성적평정 요소별 평정 기준이 너무 포괄적이고 함축적이며 구체적이지 못하여 무엇을 위한 평정인지 몰라 평정자가 임의로 해석하여 논리의 오류에 빠지기 쉽다는 것이었다. 둘째, 현행 근무성적평정제도는 주로 인사 조치(승진, 전보, 상벌 등)의 근거로 많이 활용되고 있으나 교수능력의 개선 등 교내 장학의 활성화를 위한 자료로도 활용될 수 있어야 한다. 셋째, 근무성적평정 요소 중 가장 중요한 요소는 교사 본연의 임무는 '학습지도'와 '교육자로서의 품성'이고, 덜 중요하거나 삭제해도 좋은 요소로는 '사명의식'과 '학급경영, 교육연구 및 담당업무'인 것으로 나타났다. 넷째, 근무성적평정 방법에 있어서 평정 요소의 가중치에 따라 배점에 차이를 두고 있는 현재의 배점 방식은 바람직한 것으로 판단된다. 다섯째, 근무성적평정 결과의 공개에 대한 견해는 직위별, 교육 경력별 그리고 성별에 따라 입장의 차이가 분명하여 첨예한 의견 대립을 보이고 있다. 아울러 결론에 대한 제도의 개선 방향이 제시된다.

주제어 근무성적평정, 평정 내용, 평정 방법, 평정 결과의 공개, 근무성적평정제도

* 본 장은 "교원 근무성적평정제도 개선에 관한 연구"(교육문제연구, 8, 1996)의 내용을 수정 · 보완하였음.

1. 문제의 배경

교원의 인사행정은 교육에 있어서 중요한 역할을 하는 교원에 대한 인사 기준을 확보하고, 그들로 하여금 동기를 유발하고 사기를 높일 수 있는 제반 근무조건을 마련하며, 그들의 능력을 발전시키는 데 그 목표를 둔다(김종철, 1983: 159). 교원의 인사행정에 관한 많은 영역 가운데 교원평정제도는 조직 구성원의 가치를 객관적으로 측정하여 합리적인 인사관리의 기초를 부여함과 동시에 업무 능률을 향상시키고 동기유발을 형성하여 조직 구성원 자신의 발전을 도모하게 하는 데 그 의의가 있다(최종태, 1981: 98).

현행 교원의 평정제도는 「교육공무원법」과 교육공무원승진규정에 명문화되어 있는 "교육기관, 교육행정기관, 교육기관의 장은 정기 또는 수시로 그 소속 교육공무원의 재교육 및 연수 실적과 근무성적을 평정하여 인사관리에 반영시켜야 한다."는 규정을 바탕으로 세워진 제도다. 현행 교원평정제도는 동종의 직무에 종사하는 바로 하위직에 있는 자 중에서 대통령령이 정하는 바에 의하여 주로 세 가지 내용, 즉 경력, 재교육성적, 근무성적을 평정하도록 되어 있다.

근무성적평정은 조직 구성원의 직무수행 능력과 업적을 판정 · 기록하는 절차로서 구성원의 잠재적 능력을 계발하여 동기유발과 직무수행 능력을 향상시키는 역할을 한다. 현재 우리나라에서 공무원에 대한 근무평정제도가 법제화되어 시행된 것은 1961년 10월에 근무성적평정 규정과 다음 해 시행 세칙요강이 각 부처에 전달되면서부터다. 그 후 근무성적평정제도는 소속 공무원의 근무성적평정 결과를 인사관리에 반영시켜야 한다는 「국가공무원법」 제51조의 규정과 「교육공무원법」 제10조와 제13조 및 교육공무원임용령 제14조 등에 근거하여 1969년에 교육공무원승진규정이 제정 · 공포됨으로써 현재와 같은 골격을 갖추게 되었다. 교육공무원승진규정 제33조 제2항에 의하면, 교원의 근무성적은 5가지 평정 요소에 걸쳐 매년 80점 만점으로 평정되며, 평정 방법으로는 일정한 분포 비율에 맞게 평정하는 강제배분의 원칙(동 규정 제63조)이 적용되고 있다. 구체적으로 평정자는 평정 대상자의 근무 실적과 근무수행 능력 및 태도 등의 요소에 대해 각 요소 사항별로 평정점을 표시하도록 되어 있고, 채점은 각 평정 요소에 대하여 평정자와 확인자의 평정점을 각각 50%로 환산 · 채점하도록 되어 있다.

근무성적평정은 전형적으로 실적에 입각한 승진 기준으로 경력평정에 의한 연공서열 중심의 승진 기준과 대비되는 제도다. 근무성적평정제도는 무엇보다도 교육공무원의 광범위한 능력과 실적을 측정하여 그 결과를 승진 기준화했다는 데 의의가 있다. 그런데 현재의 근무성적평정제도는 여러 가지 문제점을 내포하고 있는 것으로 지적되고 있다(서정화, 1994: 183-184). 첫 번째 문제점은 근무성적평정의 결과가 승급, 승진, 전직, 전보 등과 같은 인사관리의 객관적 기초 자료로서만 활용될 뿐 교원의 능력 발전을 위한 현직 교육의 진단 자료로서 활용되고 있지 못하다는 데 있다. 즉, 근무성적평정 결과는 교원의 근무 능률을 향상시키고 자기발전과 성장을 이끌 수 있도록 적극적으로 활용되어야 함에도 불구하고 현재는 주로 상벌을 위한 인사관리상의 목적으로만 활용되고 있다는 것이다. 현행 근무성적평정제도가 갖는 두 번째 문제점은 근무성적평정의 5개 요소가 부적절하고 지나치게 포괄적이어서 자칫 평정자가 임의로 평정 내용을 해석하는 논리적 오류에 빠질 우려가 있다는 것이다. 즉, 평정 요소의 각 내용이 다분히 함축적으로 진술되어 있어 평정자의 주관이 개입될 소지가 많다는 것이다. 이 외에도 현재의 근무성적평정제도는 평정 각 요소에 대한 획일화된 배점배정, 강제배분에 의한 평정 방법의 경직성과 근무성적평정의 근본 취지를 못 살리는 형식적, 의례적 평정 등의 문제점을 포함하고 있는 것으로 지적되고 있다.

이러한 현행 근무성적평정제도의 문제점에 착안하여 본 장에서는 교원의 포괄적인 의견조사를 바탕으로 근무성적평정제도의 정립을 위한 개선방안을 제시하고자 한다. 이러한 개선방안은 보다 구체적으로 현행 근무성적평정제도의 문제점, 교원 근무성적평정제도 목적의 적합성, 평정 내용과 요소의 적절성, 평정 방법의 적절성, 평정 결과의 공개 여부에 대한 의견을 조사를 바탕으로 제시된다.

2. 근무성적평정의 이해

1) 근무성적평정의 개념과 목적

(1) 근무성적평정의 개념

근무성적평정은 흔히 인사고과, 근무평정, 인사평정, 업무고과 등 다양한 명칭으로 불리곤 한다. 근무성적평정제도는 19세기 초 영국의 Owen에 의해 최초로 도입된 이래 오늘날 대부분의 조직에서 조직원의 근무 실적을 평가하기 위한 도구로 범용화되고 있다.

근무성적평정의 개념은 학자마다 혹은 조직이 직면하고 있는 상황에 따라 다른 것이 보통이다. 근무성적평정의 개념에 대해 박문옥(1972: 369-370)은 "인사행정의 공정한 기초의 하나로 삼기 위하여 공무원이 그가 근무하고 있는 조직체에서 과거에 수행한 그 개인적인 업무 실적 및 복무 상태를 체계적, 정기적으로 직접 상위 및 인근한 그 외 감독자가 관찰하여 기록하고 평가하는 것"이라 하였다. 김규정(1984: 567-568)은 근무성적평정은 "조직에서 구성원의 근무 실적이나 능력, 성격과 적성, 가치를 체계적, 정기적으로 파악하는 것"이라 하였다. 한편, 김창걸(1986: 255)은 근무성적평정의 향상을 위한 인사관리 수단으로 보고 조직 구성원이 근무하고 있는 조직체에서 수행하게 되는 책임과 근무 실적을 체계적, 정기적으로 일정한 기준에 의하여 평가하는 제도라고 하였다. 이상의 정의로부터 박문옥은 근무성적평정이 공무원에게 해당하는 것으로 보고 있고, 김규정은 근무성적평정의 내용을 성격과 적성 그리고 가치에 이르기까지 포괄하는 광범위한 개념으로 보고 있다. 그리고 이상의 세 가지 정의 공히 근무성적평정은 조직 구성원의 근무 실적을 중심으로 한 상위자의 체계적이고도 정기적인 평가를 강조하고 있다.

한편, 교육조직의 상황에서 근무성적평정의 개념은 일반 조직에서의 그것보다 구체적으로 정의되고 있다. Good(1973)은 "교사평정이란 학생성취, 학생적응 및 행동 그리고 학교행정가, 학부모 또는 교사 자신의 판단과 같은 하나 또는 그 이상의 기준에 근거하여 교사의 교수의 질을 평가 또는 측정하는 것"이라고 하였다. 김종철(1982: 276)은 교원의 근무성적평정에 대해 "교원의 근무성적을 평가 · 기록하는 것을 의미하며, 공정한 인사행정의 참고자료가 될 뿐 아니라 공무원의 근무 능률을 촉진시키는 수단으로서도 중요하다."라고 주장한다. Good과 김종철은 근무성적평정이 교원의 근무성적에 대한 평가와 기록이라는 측면에서 동의하고 있으나, Good의 개념 정의는 김종철의 정의보다 구체적이고 주로 교수-학습 면에 초점을 맞춘 근무성적평정을 보다 강조하고 있다. 반면에 김종철은 근무성적평정의 개념을 일반적이고 보편적인 수준에서 파악하고 있다는 것을 알 수 있다.

(2) 근무성적평정의 목적

근무성적평정은 조직체에 따라 여러 가지 목적을 위해 다양하게 시행되고 있다. 박연호(1983: 477-478)는 근무성적평정의 목적을 공무원의 능력 발전과 능률 향상 및 윤리관 확립, 인사행정 기술의 평가 기준 확보, 공정한 인사행정의 기준 확보에 두고 있다. 그리고 김명기(1986: 295)는 근무성적평정의 목적을 교육훈련의 필요성을 파악하고 적재적소의 배치에 필요한 기존 자료를 제공하여 개인의 가치 인정과 근무 능률의 향상에 기여하고 감독자와 부하 간의 인간관계를 증진시키는 데 있다고 보았다. 또한 박동서(1988: 246-248)는 좀 더 포괄적으로 근무성적평정은 ① 교육훈련의 필요성을 파악하고, ② 인적자원을 적재적소에 배치하며, ③ 개인의 가치 인정과 근무 능률을 향상시키는 데 도움이 되며, ④ 감독자와 부하 간의 이해 증진을 기할 수 있기 때문에 필요하다고 주장하였다.

한편, 교육조직에서 근무성적평정의 목적은 일반조직에서의 그것보다 좀 더 다양하고 복잡한 것처럼 보인다. Rebore(1982: 198)는 근무성적평정의 목적에 대해 ① 교사의 자기성장과 발전을 조장하기 위하여, ② 교사의 직무수행 과업을 밝히기 위해서, ③ 교사 발전의 필요 부분을 알아내기 위해서, ④ 직무수행의 향상을 위하여, ⑤ 계속 임용 여부, 보수 결정의 근거를 마련하기 위하여, ⑥ 배치, 전보, 승진 결정을 위한 목적 등 모두 6가지를 제시하였다. Castetter(1981)도 Rebore와 유사하게 근무성적평정의 목적을 기술하고 있다. 즉, 그는 근무성적평정의 목적을 채용의 신분 결정, 인사 조치의 시행, 교사의 직무수행 개선, 조직 목표의 달성, 건의체제를 통제체제로 바꾸기 위한 것으로 보았다. 마지막으로, Brighton과 Rose(1974: 356-358)는 교사 근무성적평정의 목적을 ① 학교의 전반적인 운영 계획이 수립된 목적을 위하여 얼마나 잘 진행되고 있는가 평정하기 위해서, ② 수업의 향상을 위한 기초 자료를 제공하기 위하여, ③ 교사가 최고 수준의 전보적 봉사활동을 수행하도록 동기를 유발시키기 위하여, ④ 교사에게 자신이 선택한 직업에서 성공하도록 도와주기 위해서, ⑤ 행동적 의사 결정을 위한 기초 자료를 제공하기 위하여, ⑥ 효과적인 인사정책을 발전시키기 위한 기초 자료를 제공하기 위하여 등으로 보았다.

지금까지 살펴본 근무성적평정의 목적을 정리해 보면 대략 두 가지로 대별하여 볼 수 있다. 하나는 인사행정상 여러 가지 결정을 내리기 위하여 정보를 제공하는 행정적 목적이고, 다른 하나는 교수-학습의 향상을 목적으로 하는 장학적 목적이다. 좀 더 구체적으로 근무성적평정의 행정적 목적을 살펴보면, ① 승진, 전보, 강임, 면직 등의 객관적인 인사행정의 근거 자료의 제공, ② 합리적인 인사행정 개발을 위한 자료 제공, ③ 학교조직에 대한 전반적인 평가의 중요한 역할 담당, ④ 학교 행정가의 관리 능력 증대 등으로 세분할 수 있다. 그리고 근무성적평정의 장학적 목적인 ① 교사가 자기확인 및 반성을 하는 데 필요한 자료의 제공, ② 교사의 능력을 향상시키기 위한 정보의 제공 및 지도를 위한 기초 자료, ③ 교사의 자질을 함양시키기 위한 동기유발 및 방향과 기준의 제시, ④ 교사훈련의 필요성 여부에 대한 발견의 근거 및 교사의 능력 발전과 교수 향상을 위한 정보의 제공 등을 구체적으로 포함한다.

2) 근무성적평정의 내용과 요소

근무성적평정의 내용은 무엇을 평정하느냐와 관련이 있는 것으로 지금까지 우리는 포괄적으로 교원의 근무성적 또는 근무 실적을 평가한다는 막연한 정의로부터 탈피하여 좀 더 구체적으로 어떤 요소가 근무성적에 포함될 수 있느냐에 관한 논의를 전개할 필요가 있다. 어떤 요소가 근무성적의 내용을 구성한다는 것은 결국 근무성적평정의 기준이 설정되었다는 것을 의미하고 설정된 평정 기준은 예외 없이 모든 교원에게 일률적으로 적용된다는 것을 뜻한다. 따라서 근무성적평정의 타당한 요소와 기준을 올바르게 정립하는 일이야말로 근무성적평정제도의 타당성을 결정하는 계기가 될 수밖에 없다. 근무성적평정의 타당도는 근무성적평정이 진정하게 평가 대상인 교원의 근무성적을 평가하느냐 또는 평가할 내용, 즉 요소와 기준을 제대로 평가하느냐에 의해서 결정된다. 그러므로 근무성적평정제도를 성공적으로 정착시키기 위해서는 무엇보다도 근무성적평정의 내용이 합리적이고 타당하게 구성되어 있어야 한다.

Brighton과 Rose(1974: 356-358)는 교원의 평정 요소를 건강, 외모, 개인적 특성, 일에 대한 태도, 학급 통솔 및 관리, 학습지도 및 생활지도 기술, 학교의 일반적 업무 등으로 분류하였다. Pugach와 Raths(1983: 405-406)는 교사능력 평정의 영역을 기초 능력, 일반 지식, 전공에 대한 지식, 교직에 대한 지식과 능력평가, 실제 수업평가 등으로 제시하였다. 근무성적평정 내용에 관한 위의 두 접근으로 파악할 수 있는 보편적인 공통점은 근무성적평정이 업무수행 실적(performance)과 개인적 특성(personal traits)의 두 가지 범주에서 행해질 수 있다는 것이다.

먼저 직무수행 실적에는 ① 직무수행의 성과, ② 직무수행의 방법, ③ 직무수행의 태도 등이 포함될 수 있다. 이 중 직무수행 실적은 과거의 사실과 행동이 집적된 것이기 때문에 평정자나 혹은 제삼자가 임의로 판정할 가능성이 적고 직무수행 방법이나 직무수행 태도에 비해 비교적 객관적이고 안정적인 평가의 대상이 될 수 있는 장점이 있다.

한편, 개인적 특성은 직무수행 실적과 구별되는 개인의 잠재적 특성을 말하는 것으로 개인의 일반적인 능력, 성격, 적성 등이 이에 포함되곤 한다. 그러나 개인적 특성은 직무수행 실적에 비해 평가 대상으로서 안정성이 약하며, 평가자의 객관성을 확보하기가 상대적으로 어렵다. 따라서 개인적 특성을 평정할 때는 고도의 기술이 요구된다. 즉, 여러 가지 평정 대상 가운데 실제로 어떤 것을 평정할 것인가 또는 어떤 것이 상대적으로 더 중요시되어야 할 것인가에 관한 결정은 직종과 일의 성격 등 여러 조직 상황 요소를 고려하여 신중하게 이루어져야 한다.

현재 우리나라 교원의 근무성적평정을 위한 평정 내용은 교사가 구비해야 할 개인적 특성과 관련된 자질 및 태도 그리고 교사가 수행해야 할 직무 내용과 관련된 근무 실적의 두 가지 평정 항목으로 구성되어 있다. 자질 및 태도는 다시 'I. 교육자로서의 품성'과 'II. 사명의식'의 두 평정 요소로 구성되고, 근무 실적은 'III. 학습지도' 'IV. 생활지도' 그리

표 10-1 교사의 근무성적평정 요소와 기준

평정 항목	평정 요소	평정 기준
자질 및 태도	Ⅰ. 교육자로서의 품성(12점)	1. 국민교육 철학 2. 거레의 스승으로서의 자각 3. 교육애의 발양 4. 일상 언행 및 성격 5. 자기수양 및 품위
	Ⅱ. 사명의식(12점)	1. 지시 명령 수행 2. 제반 복무 3. 준법성 4. 교내의 협동 5. 지역사회의 계도 6. 창안 제출 7. 개선의 적절성
근무 실적	Ⅲ. 학습지도(24점)	1. 교재 연구(지도안) 2. 지도 목표 및 방법 3. 수업의 질 4. 평가
	Ⅳ. 생활지도(16점)	1. 계획 및 방법의 합리성 2. 학생 및 가정의 이해 3. 학생의 인성 및 진로지도 4. 문제 성향 학생지도
	Ⅴ. 학급경영, 교육연구 및 담당업무(16점)	1. 경영안 활용 2. 경영방침 및 실천 3. 환경구성 4. 계획 처리의 정확성 및 신속성 5. 연구 수업 6. 연구 발표 7. 자기연수

고 'Ⅴ. 학급경영, 교육연구 및 담당업무'로 나뉘어져 있다. 구체적으로 각 평정 항목별 평정 요소와 그에 따른 평정 기준을 제시하면 〈표 10-1〉과 같다.

교사의 근무성적평정 요소를 살펴보면 교사의 근무성적평정 내용은 교사의 개인적 특성과 업무수행 실적의 두 영역으로 구성되어 있다는 것을 알 수 있다. 구체적으로 교사의 개인적 특성에 해당되는 '교육자로서의 품성'과 '사명의식'은 근무성적평정 총 80점 중 24점을 차지하고 있고, 업무수행 실적에 해당되는 '학습지도' '생활지도' '학급경영, 교육연구 및 담당업무'는 총 80점 중 나머지 56점을 차지하고 있다. 따라서 현행 근무성적평정제도는 교사의 업무수행 실적 평정에 좀 더 많은 비중을 두고 있다는 것을 알 수 있다. 그러나 행정 요소는 범위가 상당히 포괄적이며 함축적인 의미를 포함하고 있어 구체적이지 못하다. 평정 요소의 하위개념으로서 평정 기준은 평정의 최소단위로서 보다 구체적이고 분명하게 표현되어야 한다. 그러나 현재의 평정 기준은 무엇을 위한 평정인지 불분명하고 시대에 맞지 않는 것도 포함되어 있다.

3) 근무성적평정 방법

근무성적평정은 평정을 하는 평정자와 평정의 대상이 되는 피평정자에 의해 이루어진다. 근무성적평정에 있어 평정자는 평정 대상자와 항상 접속하고 그들의 근무 상황을 직접적으로 관찰하는 사람이어야 한다. 그리고 평정자는 평정 대상자의 직무와 책임의 구체적인 내용과 직무수행의 기준으로서 요청되는 수준과 내용을 알고 있으며, 평정 대상자를 매일 지휘 · 감독하는 지위에 있어야 한다(장지호, 1985: 375). 현행 교사에 대한 근무성적평정자는 교감과 교장으로 국한되어 있다.

근무성적을 평정하기 위한 도구는 조직의 성격에 따라 다양하게 구성될 수 있다. 유훈(1985: 316)은 근무성적평정도구의 양식을 산출기록법, 주기적 시험, 대인비교법, 도식평정척도법, 강제배분법, prost식 평정척도법, 심리 · 물리학적 척도법 등으로 구분하였다. 또한 김종철(1982: 276)은 평정 방식을 상대적 평정법과 절대적 평정법으로 구분하고, 상대적 평정법에는 학위, 유사동간법, 조합비교법 등이 있고 절대적 평정법으로는 숫자척 기술법, 척도식 평정법, 대인비교척, 강제선택법 또는 항목점수법, 추인법 등이 있다고 설명하였다. 장지호(1984: 373)도 유사하게 근무성적평정의 방법을 분류하고 있는데, ① 기록에 의한 방법, ② 상호 비교에 의한 방법, ③ 지도기록에 의한 방법, ④ 강제배분에 의한 방법, ⑤ 척도에 의한 방법, ⑥ 직무기준법, ⑦ 인물명세표 평정방법, ⑧ 자기평정법 등의 그것이다.

현행 교원 근무성적평정제도에서 사용되고 있는 방법은 상대평가에 의한 강제배분법의 원칙을 채택하고 있다. 강제배분법은 도식평정척도법의 집중화 경향(central tendency)과 관대화의 경향성(tendency of leniency) 등이 나타나는 약점을 사전에 방지하기 위한 것으로 평정 내용에 관한 것이 아닌 평정점에 관한 원칙을 제시하는 방법이다. 즉, 각 평정 등급에 분포시킬 평정자의 비율을 사전에 인위적으로 정해 놓고 여기에 맞게 평정하도록 하는 방법이다. 비율을 정하는 방법은 정상분포 곡선의 원리를 원용하는 것이 보통인데, 예를 들어 5등급인 경우 '1 : 2 : 4 : 2 : 1'의 비율로 하는 경우다. 이 방법은 피평정자의 수가 많을 때 유리한 점이 있으나 피평정자가 상대적으로 적은 경우에는 강제배분의 원칙 때문에 우수한 대상자가 없음에도 불구하고 등급이 상향 조정되는 경우가 있을 수 있고 또한 그 반대의 경우도 발생할 수 있다.

우리나라에서 현재 실시되고 있는 교원의 근무성적평정은 강제배분법의 원리에 입각하여 등급과 해당 점수를 지정하여 피평정자를 정해진 분포 비율에 따라 강제 배분하는 평정 방식이다. 즉, 평정자는 4등급으로 된 평정표에 수(72점 이상)는 20%, 우(64~72점)는 40%, 미(56~63점)는 30%, 양(56점 미만)은 10% 등의 분포 비율에 맞추어 평정하여야 한다. 기술 도표적인 형식은 갖추고 있는 근무성적표에는 평정 대상자의 평정 요소로서 근무 실적과 근무수행 능력 및 태도가 나열되어 있고 그 하단에 각 요소의 기준별 평정점을 표시하도록 되어 있다.

현재의 근무성적평정 방법은 여러 가지 측면에서 문제점을 노정하고 있다. 현재와 같은 근무성적평정의 강제배분 방식은 우수한 교사가 상대적으로 낮은 평정을 받을 수 있고, 반대로 능력이 부족한 교사가 또한 상대적으로 높은 평정을 받을 가능성이 있다. 따라서 근무성적평정의 분포 비율에 융통성을 부여하든지 아니면 상대평가의 약점을 부분적으로 보완하기 위해서 절대기준 평정 방법을 가미한다든지의 연구가 있어야 하겠다.

현행 근무성적평정 방법의 또 다른 약점은 학교조직 내 교감, 교장에 의한 감독자 평정법이 적용되고 있는 데다 평정표상의 요소와 기준이 모호해 평정표 이외의 요인에 의해 피평정자에 대한 평정 결과가 달라질 수 있다는 데 있다. 현행의 제도하에서 교사는 우수한 평정을 받기 위하여 상사와 원만한 인간관계를 맺어야 하고, 승진 대상자 위주의 관리 근무성적평정 관행에 의해 자신의 근무 실적 성과에 관계없이 평정이 이루어지는 사태에 직면하고 있다. 이에 따라 교사들 사이에서 근무성적평정에 대한 불신이 점증하고 있고 평정의 객관성이 요구되고 있다. 따라서 향후 개선될 근무성적평정 방식은 평정을 목적, 평정 요소, 방법, 도구 및 시기 등에 관하여 피평정자에게 충분한 정보를 제공해 주는 것이어야 하고, 평정 기준에 대해서도 교사와 충분한 협의를 거쳐 구체적이고 행동적인 용어로 제시될 필요가 있다.

근무성적평정의 객관성을 확보하기 위한 방법으로는 이 외에도 교사가 자기의 근무 상황을 언제나 확인할 수 있도록 평정 결과를 공개하는 방식이 고려될 수 있다. 근무성적평정 결과의 공개는 상호 인신 비방을 위한 것이 아니라 평정자가 객관적으로 평정하게 하는 것은 물론, 교사의 능력 발전이나 자기향상을 도모할 수 있는 차원에서 이루어져야 할 것이다. 그리고 불공정한 평정에 대해서는 이를 시정할 수 있는 소청제도까지 마련할 때 객관적이고 공정한 근무성적평정이 학교에서 정착될 수 있을 것이다. 뿐만 아니라 현재 교장, 교감 중심의 감독자 평정 방법도 동료평정 또는 자기평정 등의 방법을 고려함으로써 현행 평정 방식에 대한 개선 노력이 전개될 필요가 있다.

3. 조사 절차와 분석 방법

근무성적평정제도의 문제 및 개선방안 제시를 위해 충청남도에 소재한 각 초등학교의 교장, 교감, 부장교사, 1급 정교사, 2급 정교사 그리고 충청남도 관내 시 · 군 교육청 및 교육 관련 기관의 장학사와 교육 연구사를 조사 대상으로 하였다. 조사 대상자의 표집은 교육 관련 기관 시 · 군청 소재지, 읍 · 면 소재지, 리 지역 그리고 기타 벽지학교 등지에서 평균 8개교씩 총 130개교에서 추출되었다. 각 학교에서는 교장, 교감, 부장교사 중 1명, 1급 정교사 중 1명, 2급 정교사 중 1명으로 하되,

1급 정교사나 2급 정교사가 편중되어 있는 학교의 경우 2명 모두 1급 또는 2급 정교사 중에서 표집하여 총 820명이 최종 표집으로 선정되었다. 조사 대상자에게 배부된 총 820부의 설문지 중 739부가 회수되어 90.1%의 높은 회수율을 보여 주었다.

본 연구의 대상인 739명을 배경 변인별로 분석하여 표로 나타내면 〈표 10-2〉와 같다.

표 10-2 조사 대상자의 배경 변인별 분석 결과

<table>
<tr><th>배경 변인</th><th colspan="8">분류 내용</th></tr>
<tr><td rowspan="2">성별</td><td colspan="3">남</td><td colspan="4">여</td><td>계</td></tr>
<tr><td colspan="3">577명(78.1%)</td><td colspan="4">152명(20.8%)</td><td>728명</td></tr>
<tr><td rowspan="2">직위</td><td>교장</td><td>교감</td><td>장학사</td><td>부장교사</td><td>1급 정교사</td><td colspan="2">2급 정교사</td><td>계</td></tr>
<tr><td>114</td><td>122</td><td>68</td><td>165</td><td>176</td><td colspan="2">84</td><td>738명</td></tr>
<tr><td>교육 경력</td><td colspan="8">평균 25.55년</td></tr>
<tr><td rowspan="5">소속학교</td><td>규모</td><td colspan="7">평균 13.78학급</td></tr>
<tr><td rowspan="2">위치</td><td>시청 소재지</td><td>군청 소재지</td><td>읍 소재지</td><td>면 소재지</td><td>리 지역</td><td>기타</td><td>계</td></tr>
<tr><td>78</td><td>66</td><td>82</td><td>210</td><td>246</td><td>17</td><td>718</td></tr>
<tr><td rowspan="2">인사
급지</td><td>가 지역</td><td>나 지역</td><td>다 지역</td><td>라 지역</td><td colspan="2">마 지역</td><td>계</td></tr>
<tr><td>85</td><td>161</td><td>156</td><td>253</td><td colspan="2">33</td><td>688</td></tr>
</table>

배경 변인별로 분석한 결과, 남자는 79.1%, 여자는 20.9%였으며, 직위별로는 교장 15.4%, 교감 16.5%, 장학가 9.2%, 부장교사 22.3%, 1급 정교사 23.8%, 2급 정교사 12.7%로 분포되었고, 응답자의 평균 교직 경력은 25.55년이었다. 소속 학교의 규모는 평균 13.79학급으로 나타났으며, 학교 위치별로는 시청 소재지에 근무하는 응답자가 11.0%, 군청 소재지 9.2%, 읍 소재지 12.8%, 면 소재지 30.5%, 리 지역 34.2%, 기타 도서벽지 지역 2.4%였다. 충청남도의 인사급지별로는 '가'급지에 근무하는 응답자가 12.4%, '나'급지 23.4%, '다'급지 22.7%, '라'급지 36.8%, '마'급지 4.9%로 분포되었다.

사용된 조사도구는 근무성적평정제도의 문제점을 논술한 각종 선행 연구와 이론 그리고 연구자의 선행지식에 의거, 직접 제작되었다. 설문지의 문항은 근무성적평정제도의 문제점을 묻는 1문항, 근무성적평정제도의 목적에 관한 2문항, 근무성적평정 요소에 관한 2문항, 근무성적평정 방법에 관한 4문항, 근무성적평정 결과의 공개에 관련된 2문항 등 총 11문항으로 구성되었다.

회수된 자료는 통계 처리를 위하여 입력되어 연구 문제의 순서에 따라 응답자의 배경 변인, 즉 성별, 직위별, 교육 경력별, 근무지 위치별, 인사급지별로 분석되었다. SPSS에 의한 자료 처리를 위해 사용된 통계 분석 방법은 응답자의 반응분포를 알아보기 위한 빈도(frequency)와 백분율(%) 그리고 배경 변인의 집단 간 빈도 차이를 검증하기 위하여 Chi-square(x^2) 등이 사용되었다.

4. 분석 결과

1) 근무성적평정제도의 운영상 문제점

근무성적평정제도의 운영상 문제점에 대한 분석 결과는 다음의 〈표 10-3〉과 같다. 〈표 10-3〉에 의하면 근무평정제도 운영상의 문제점에 대하여 두 가지씩 선택하도록 하였던 바, 그 반응을 분석한 결과 전체적으로 '근무성적평정 기준의 모호성'이 322명(43.6%)으로 가장 높았고, 그다음이 '감독자 중심의 평정' 304명(41.1%), '평정 단계에서의 강제 배분하는 방법'에 대한 불만 285명(38.6%)이었으며, '근무성적평정 결과의 활용' 164명(22.2%), '근무성적평정 내용의 부적절성' 92명(12.4%), '평정 요소마다 배점의 균일화' 64명, '평정자와 확인자의 평정점 환산율에 대한 불만' 24명, 기타 11명의 순으로 나타났다.

표 10-3 근무성적평정제도의 운영상 문제점에 대한 의견

변인	문항	내용의 부적절	기준의 모호성	배점의 균일화	강제 배분법	감독자 평정	환산율	결과 활용	기타	계
성별	남	71	254	58	254	219	27	130	11	1024
	여	23	70	6	36	91	3	36	1	266
	계	94	324	64	290	310	30	166	12	1290
직위	교장	9	52	20	67	19	8	21	3	199
	교감	14	69	17	59	25	8	26	1	219
	장학사	6	34	7	29	25	5	14	2	122
	부장	24	55	10	58	88	7	41	3	286
	1급 정교사	29	71	8	54	101	2	46	2	313
	2급 정교사	12	50	4	25	54	1	21	1	168
	계	94	331	66	292	312	31	169	12	1307
교육 경력	~10	13	66	4	30	67	2	28	1	211
	11~20	12	37	4	27	55	1	23	2	161
	21~30	33	93	20	85	110	12	54	5	412
	31~	33	129	36	145	74	16	59	4	496
	계	91	325	64	287	306	31	154	12	1270
위치	시	6	31	6	35	38	2	20	2	140
	군	7	34	8	25	21	5	26	1	127
	읍	11	44	5	42	44	4	15	1	166
	면	33	94	24	88	93	11	46	3	392
	리	33	112	22	90	102	5	62	3	429
	기타	2	6	·	5	8	1	6	·	28
	계	92	321	65	285	306	28	175	10	1282
급지	가	10	34	5	37	42	6	21	3	158
	나	25	76	19	60	58	9	33	2	282
	다	22	68	11	53	67	4	44	1	270
	라	29	115	25	107	105	7	54	4	446
	마	4	14	2	14	16	2	6	·	503
	계	90	307	62	271	288	28	158	10	1214

성별에 따른 반응빈도 간의 차이를 보면, 남자의 경우에는 '기준의 모호성' '강제배분하는 방법' '감독자 중심의 평정'에 고루 반응한 반면, 여자의 경우에는 '감독자 중심의 평정'과 '기준의 모호성'에 많은 반응을 하고 있어 여자가 더욱 '감독자 중심의 평정'에 강한 불만을 가지고 있는 것으로 해석된다.

직위별로 응답한 내용을 살펴보면 교장, 교감, 장학사의 경우에는 '기준의 모호성'에 많이 응답한 반면, 부장교사, 1급 · 2급 정교사의 경우에는 '감독자 중심의 평정'에 더 많은 문제가 있는 것으로 응답하고 있다. 이러한 결과는 평정자와 피평정자 간의 충분한 의사소통이나 평정 과정에 있어서 교사의 참여는 물론 기준 및 시기, 방법까지도 전혀 알려지지 않는 상태에서 평정해 온 결과에 대한 반응이라고 해석된다.

교육 경력별로는 교육 경력 30년 이하의 피평정자의 경우에는 '감독자 중심의 평정'에 많이 응답하였으나 31년 이상의 경우에는 '기준의 모호성'에 더 문제점이 있다고 반응하고 있는 것으로 보아 평정의 계획, 추진, 방법, 결과의 과정에 이르기까지 평정자와 피평정자 간의 풍부한 의사소통은 물론 협조가 이루어져야 할 것으로 해석된다. 그리고 소속 학교의 위치나 인사급지별 응답은 전체적인 경향과 같이 나타났다.

2) 근무성적평정제도의 목적

(1) 실시 목적

근무성적평정제도의 실시 목적에 대한 의견을 배경 변인별로 분석한 결과는 다음의 〈표 10-4〉와 같다. 〈표 10-4〉에 의하면 근무성적평정제도의 실시 목적은 배경 변인에 관계없이 전체 응답자의 82.9%가 '인사 조치의 근거'에 있다고 반응하였다. 그 외의 목적에 대해서는 응답자의 비율이 9% 미만에 불과하여 근무성적평정제도는 인사행정적 목적 이외에 장학의 목적으로 활용되지 못하고 있다는 것을 보여 준다. 따라서 대부분의 교원은 근무성적평정제도의 실시 목적을 '인사 조치의 근거'를 마련하기 위하여 실시하는 것으로 이해하고 있다는 것을 알 수 있다.

성별에 따른 분석 결과 1% 수준에서 의미 있는 반응의 차이를 보였다. 남성은 80.3%에 해당되는 인원이 근무성적평정제도의 실시 목적을 '인사 조치의 근거'를 마련하는 데 있다고 응답하였고, '정책 개발 자료'로서 활용될 수 있다는 데 반응한 남성은 단지 8.7%에 불과하였다. 여성도 역시 전체 150명 중 93.3%가 '인사 조치의 근거'로서 활용하는 데 있다고 반응하였고, '정책 개발 자료'로서 활용될 수 있다는 반응은 상대적으로 남성보다 적은 4.7%만이 응답했을 뿐이다.

직위별로 응답한 내용을 살펴보면 교장, 교감, 장학사는 근무성적평정제도의 실시 목적에 대해 대략 67~76%가 '인사 조치의 근거'라고 반응하였고, 부장교사, 1급 · 2급 정교사의 경우는 88~90%가 응답한 것으로 나타났다. 이러한 응답 경향으로 볼 때 교육행정가는 평교사에 비해 근무성적평정제도의 실시 목적이 '인사 조치의 근거' 이외에 '정책 개발 자료'와 '조직체 평가' 등에도 있다는 것을 알 수 있다. 장학사는 어느 직위에 있는 사람들보다 '교수 능률 향상'(7.4%)에 높은 반응을 보여 근무성적평정이 장학의 목적으로도 실시될 수 있다는 것을 보여 주었다.

표 10-4 근무성적평정제도의 실시 목적에 대한 의견

※ 단위: ( ) 안은 %

변인	문항	인사 조치 근거	정책 개발 자료	조직체 평가	자기반성 자료	교수 능률 향상	기타	계	비 고
성별	남	463 (80.25)	50 (8.67)	28 (4.85)	21 (3.65)	11 (1.91)	4 (0.69)	577	N = 727 *df* = 5 χ^2 = .003**
	여	140 (93.34)	7 (4.67)			2 (1.33)	1 (0.6)	150	
	계	603 (82.9)	57 (7.8)	28 (3.9)	21 (2.9)	13 (1.8)	5 (.7)	727	
직위	교장	87 (76.32)	14 (12.28)	6 (5.26)	4 (3.51)	3 (2.63)		114	N = 737 *df* = 25 χ^2 = .0001***
	교감	88 (72.13)	17 (13.93)	7 (5.74)	9 (7.83)	1 (0.82)		122	
	장학사	46 (67.65)	9 (13.24)	5 (7.35)	3 (4.41)	5 (7.35)		68	
	부장	147 (89.63)	8 (4.88)	5 (3.05)	1 (0.61)	1 (0.61)	2 (1.22)	164	
	1급 정교사	156 (88.64)	9 (5.11)	5 (2.84)	3 (1.70)	1 (0.57)	2 (1.14)	176	
	2급 정교사	84 (90.37)	4 (4.30)	1 (1.08)	1 (1.08)	2 (2.15)	1 (1.08)	93	
	계	608 (82.5)	61 (8.3)	29 (3.9)	21 (3.8)	13 (1.8)	5 (.7)	737	
교육 경력	~10	107 (92.24)	4 (3.45)	1 (0.86)	1 (0.86)	2 (1.72)	1 (0.86)	116	N = 719 *df* = 15 χ^2 = .081
	11~20	79 (87.8)	5 (5.56)	2 (2.22)	1 (1.11)	1 (1.11)	2 (2.22)	90	
	21~30	191 (82.33)	17 (7.33)	10 (4.31)	8 (3.45)	4 (1.72)	2 (0.86)	232	
	31~	219 (77.94)	30 (10.68)	15 (5.34)	11 (3.91)	6 (2.14)		281	
	계	596 (82.9)	56 (7.8)	28 (3.9)	21 (2.9)	13 (1.8)	5 (.7)	719	
위치	시	64 (82.05)	8 (10.26)	1 (1.28)	2 (2.56)	3 (3.85)		78	N = 717 *df* = 25 χ^2 = .125
	군	45 (68.18)	6 (9.09)	6 (9.09)	5 (7.58)	3 (4.55)	1 (1.52)	66	
	읍	82 (89.13)	3 (3.26)	5 (5.43)	2 (2.17)			92	
	면	184 (84.40)	16 (7.34)	5 (2.3)	5 (2.3)	5 (2.3)	3 (1.38)	218	
	리	201 (81.71)	24 (9.76)	11 (4.47)	7 (2.85)	2 (0.18)	1 (0.41)	246	
	기타	16 (94.12)	1 (5.88)					17	
	계	592 (82.6)	58 (8.1)	28 (3.9)	21 (2.9)	13 (1.8)	5 (.7)	717	

급지	가	71 (83.53)	6 (7.06)	3 (3.53)	3 (3.53)	1 (1.18)	1 (1.18)	85	N = 686 df = 20 χ^2 = .732
	나	135 (83.85)	16 (9.94)	5 (3.11)	4 (2.48)	1 (0.62)		161	
	다	124 (80.00)	15 (9.68)	10 (6.45)	3 (1.94)	3 (1.94)		155	
	라	205 (81.35)	19 (7.54)	9 (3.57)	10 (3.97)	6 (2.38)	3 (1.19)	252	
	마	29 (87.88)	2 (6.06)		1 (3.03)		1 (3.03)	33	
	계	564 (82.2)	58 (8.5)	27 (3.9)	21 (3.1)	11 (1.6)	5 (.7)	686	

*** $p<.001$ ** $p<.01$ * $p<.05$

기타 응답자의 교육 경력별, 근무 위치별, 급지별로는 유의미한 반응의 차이를 보이지 않았다. 전반적인 응답자의 반응 경향은 근무성적평정제도의 실시 목적이 '인사 조치의 근거' 마련에 있다는 것을 보여 주고 있다. 따라서 응답자는 근무성적평정제도의 본래 목적인 '합리적인 인사정책 개발의 자료'로서 실시한다든지, 교사의 능력 개발을 위한 장학적 근거로서 실시될 수 있다는 것에 대해서는 별 관심이 없는 것처럼 보인다. 이러란 경향은 근무성적평정제도가 학교현장에서 주로 승진을 위한 구성 요소의 하나로서 제도 실시 초기에서부터 교원에게 인식되어 온 결과에 기인한 것으로 보인다.

(2) 활용 목적

근무성적평정제도의 활용 목적에 대한 반응을 배경 변인별로 분석하면 다음의 〈표 10-5〉와 같다. 〈표 10-5〉에 의하면 근무성적평정제도가 어떤 목적을 위하여 활용되어야 하는지에 대하여 응답한 내용을 배경 변인별로 분석한 결과 전체적으로 '교수능력의 개선'에 41.4%의 응답자가 반응하여 제일 높은 비중을 두고 있는 것으로 나타났다. 그리고 응답자는 근무성적평정제도의 활용 목적에 대해 '자기반성의 기회' 25.6%, '우수교사 보상' 17.3%, '인사행정의 근거' 15.7% 순으로 응답하였다. 배경 변인별로 유의도 검증을 한 결과 직위와 교육 경력별로는 의미 있는 반응의 차이를 보였으나 성별, 위치별, 급지별로는 의미 있는 차이를 보이지 않았다.

직위에 따른 분석 결과 교장과 교감, 장학사 등 교육행정가는 근무성적평정제도의 활용 목적에 대해 '교수능력 개선' 에 최우선을 두고 그 다음에 '인사행정의 근거' 에 두고 있는 것으로 나타났다. 그러나 부장교사, 1 · 2급 정교사 등 평교사는 근무성적평정제도의 활용 목적에 대해 '교수능력 개선' 과 '자기반성의 기회' 에 두어야 한다고 반응하였다. 이러한 반응 결과는 교육행정가와 평교사 간에 근무성적평정제도의 활용 목적에 대한 뚜렷한 시각의 차이를 보여 주는 것이라 할 수 있다. 즉, 교육행정가는 근무성적평정제도가 '교수능력 개선' 과 같은 장학적 목적과 아울러 '인사행정 근거' 와 같은 인사행정적 목적으로도 활용되어야 한다는 것이다. 반면에 근무성적평정의 대상인 평교사는 근무성적평정제도가 인사행정적 목적보다는 '교수능력 개선' 이나 '자기반성 기회' 와 같은 장학적 목적으로 활용되어야 한다는 주장을 하고 있다. 그리고 그들은 근무성적평정제도가 인사행정적 목적으로 활용되는 단계에서도 부정적 이미지가 내포된 '인사행정 근거' 로서보다는 긍정적인 의미가 담겨 있는 '우수교사 보상' 을 위한 근거로서 활용되어야 한다는 데 더 큰 비중을 두고 있는 것으로 나타났다.

응답자의 교육 경력별로 분석한 결과, 교육 경력 초임에서부터 3년까지의 응답자는 근무성적평정제도가 '교수능력 개선' '자기반성 기회' '우수교사 보상' '인사행정 근거' 순으로 활용되어야 한다고 반응하였다. 그러나 31년 이상의 교육 경력을 가진 응답자는 '교수능력 개선' '인사행정 근거' '자기반성 기회' '우수교사 보상' 순으로 활용되어야 한다고 반응하였다. 이는 31년 이상의 교육 경력자 내에 교육행정가가 상당수 포함된 결과라 할 수 있다. 교육 경력이 증가할수록 근무성적평정제도가 '인사행정 근거' 로 활용되어야 한다는 반응 또한 대체로

표 10-5 근무성적평정제도의 활용 목적에 대한 의견

※ 단위: ( ) 안은 %

변인		인사행정 근거	교수능력 개선	우수교사 보상	자기반성 기회	계	비고
성별	남	98 (17.10)	230 (40.14)	104 (18.19)	141 (24.61)	573	N = 717 df = 3 χ^2 = .114
	여	15 (10.42)	68 (47.22)	21 (14.58)	40 (27.78)	144	
	계	113 (15.8)	298 (41.6)	125 (17.4)	181 (25.2)	717	
직위	교장	25 (21.93)	49 (42.98)	19 (16.67)	21 (18.42)	114	N = 727 df = 15 χ^2 = .000***
	교감	33 (27.27)	47 (38.84)	20 (16.53)	21 (17.36)	121	
	장학사	15 (22.39)	36 (53.73)	9 (13.43)	7 (10.45)	67	
	부장	16 (9.94)	56 (34.78)	33 (20.5)	56 (34.78)	161	
	1급 정교사	15 (8.72)	59 (34.3)	37 (21.51)	61 (35.47)	172	
	2급 정교사	11 (11.96)	55 (59.78)	8 (8.7)	18 (19.57)	92	
	계	115 (15.9)	302 (41.5)	126 (17.3)	184 (25.3)	727	
교육 경력	~10	11 (9.65)	62 (54.39)	13 (11.4)	28 (24.56)	114	N = 709 df = 9 χ^2 = .0003***
	11~20	8 (9.09)	36 (40.91)	14 (15.91)	30 (34.09)	88	
	21~30	33 (14.41)	79 (34.5)	50 (21.83)	67 (29.26)	229	
	31~	61 (21.94)	114 (41.01)	46 (16.55)	57 (20.5)	278	
	계	113 (15.9)	291 (41.0)	123 (17.3)	182 (25.7)	709	
위치	시	18 (22.78)	30 (37.97)	16 (20.25)	15 (18.99)	79	N = 707 df = 15 χ^2 = .172
	군	12 (18.18)	33 (50)	9 (13.64)	12 (18.18)	66	
	읍	14 (15.91)	37 (42.05)	12 (13.64)	25 (28.41)	88	
	면	35 (16.36)	81 (37.85)	41 (19.16)	57 (26.54)	214	
	리	30 (12.35)	110 (45.27)	39 (16.05)	64 (26.34)	243	
	기타	3 (17.65)	2 (11.76)	4 (23.53)	8 (47.06)	17	
	계	112 (15.8)	293 (41.4)	121 (17.1)	181 (25.6)	707	

급지	가	13 (15.85)	32 (39.02)	14 (17.07)	23 (28.05)	82	N = 676 df = 12 χ^2 = .114
	나	39 (24.28)	64 (40)	19 (11.88)	38 (23.75)	160	
	다	17 (11.11)	62 (40.52)	31 (20.26)	43 (28.10)	153	
	라	33 (13.25)	108 (43.37)	43 (17.27)	65 (26.10)	249	
	마	4 (12.5)	12 (37.5)	9 (28.13)	7 (21.88)	32	
	계	106 (15.7)	278 (41.1)	116 (17.2)	176 (26.0)	676	

*** $p<.001$ ** $p<.01$ * $p<.05$

증가하였다.

결과적으로 근무성적평정제도의 활용 목적에 대해 두 가지로 집약하여 논할 수 있다. 첫째, 근무성적평정제도의 실시 목적에 대한 반응은 응답자들 공히 '인사 조치 근거' 라는 데 이견이 없었으나, 활용 목적은 '교수능력 개선' 에 높은 비중을 두고 있는 것으로 보아 응답자는 근무성적평정제도의 현실(실시 목적)과 이상(활용 목적) 사이에서 갈등을 느끼고 있는 것으로 판단된다. 따라서 향후 근무성적평정제도의 개선 노력은 현장 교원의 이상이 현실 속에 좀 더 발휘될 수 있도록 집중되어야 할 것이다. 둘째, 근무성적평정제도의 활용 목적에 대해 교육행정가와 평교사 간에 인식의 차이가 뚜렷하다. 즉, 교육행정가는 근무성적평정제도가 장학적 목적으로 활용될 뿐 아니라 인사행정의 근거로서도 중요하다고 반응한 반면, 교사는 인사행정적 목적은 도외시한 채 전적으로 장학적인 목적으로 활용되어야 한다고 주장한다. 따라서 향후 근무성적평정제도는 '교수능력 개선' '자기반성 기회' 의 근거로 활용될 수 있도록 장학적 목적에 좀 더 역점을 두는 방향으로 개선하되, 인사행정적으로 활용될 때도 피평정자가 부담을 덜 느끼는 긍정적인 방향으로 개선이 이루어져야 할 것이다.

3) 근무성적평정 요소의 적절성

(1) 근무성적평정의 중요한 요소

근무성적평정의 5개 요소 중 중요한 요소 2가지를 고르게 한 결과에 대한 배경 변인별 분석은 다음의 〈표 10-6〉과 같다. 〈표 10-6〉에 의하면 전반적으로 응답자는 근무성적평정의 중요한 요소로 '학습지도'를 제일 먼저 꼽고 있고, 그다음 '교육자로서의 품성'과 '사명의식' 그리고 '학급경영 · 교육연구 및 담당업무' 순으로 보고 있는 것으로 나타났다. 따라서 응답자는 근무성적평정의 5개 요소 중 '학습지도'와 '교육자로서의 품성'을 가장 중요한 2개의 평정 요소로 보고 있다는 것을 알 수 있다.

성별 분석에 의하면 '학습지도' 이외에 남성은 '교육자로서의 품성'에 높은 반응을 보였으나, 여성의 경우 '학급경영 · 교육연구 및 담당업무'에 높은 반응을 함으로써 남녀 간에 어느 정도 인식의 차이가 있음을 알 수 있다. 이 외에 직위별, 교육 경력별, 위치별, 급지별로 응답자의 중요한 근무성적평정 요소에 대한 반응 결과 공히 '학습지도'에 가장 큰 비중을 보였고, 그다음으로 '교육자로서의 품성'을 중요한 평정 요소로 보고 있는 것으로 나타났다.

결과적으로 응답자는 근무성적평정의 중요한 요소로서 교사 본연의 임무인 '학습지도'를 들고 있고 그다음으로 교육자로서 지녀야 할 품성이라고 지적하였다. 이것은 근무성적평정의 두 영역인 자질 및 품성에서 '교육자로서의 품성' 그리고 근무 실적에서 '학습지도' 등 두 요소가 각 평정 항목을 대표하는 평정 요소이며, 또한 이 요소를 중심으로 근무성적평정이 이루어져야 한다는 것을 보여 준다.

(2) 근무성적평정의 중요하지 않은 요소

앞 질문과는 반대로 근무성적평정의 5개 요소 중 중요하지 않거나

표 10-6 근무성적평정의 중요한 요소에 대한 의견

변인	문항	품성	사명의식	학습지도	생활지도	학급경영	계
성별	남	94	151	22	65	104	436
	여	29	44	9	18	35	135
	계	123	195	31	83	139	571
직위	교장	20	21	5	11	14	71
	교감	20	23	3	12	12	70
	장학사	8	13		3	2	26
	부장	29	50	5	19	39	142
	1급 정교사	25	59	12	31	51	178
	2급 정교사	23	29	7	4	22	85
	계	125	195	32	80	140	572
교육 경력	~10	30	37	7	15	28	117
	11~20	15	36	6	11	22	90
	21~30	35	64	7	29	51	186
	31~	41	56	11	27	35	170
	계	121	193	31	82	136	563
위치	시	18	20	5	9	16	68
	군	7	15	2	3	9	36
	읍	24	31	7	11	14	87
	면	29	49	7	23	51	159
	리	41	72	10	38	49	210
	기타	3	4	1	1	1	10
	계	122	191	32	85	140	570
급지	가	21	26	7	8	20	82
	나	26	34	7	15	26	108
	다	24	38	6	24	28	120
	라	34	74	10	33	52	203
	마	11	12		2	9	34
	계	116	184	30	82	135	547

삭제해도 좋은 요소에 대해 응답한 결과를 배경 변인별로 분석해 보면 다음의 〈표 10-7〉과 같다. 근무성적평정 요소 중 중요하지 않다고 생각되거나 삭제해도 좋다고 생각되는 요소는 어떤 것인가에 대한 반응은 전체 연구 대상자의 34% 미만만이 응답을 하고 있어 대부분의 응답자는 현재의 평정 요소를 지지하고 있는 것으로 보인다. 전체적인 반응에 의하면 응답자는 근무성적평정 요소로서 중요하지 않은 요소에 대해 '사명의식' '학급경영 · 교육연구 및 담당업무' '교육자로서의 품성' '생활지도' 그리고 '학습지도' 순으로 반응하였다.

성별에 따른 분석 결과 남녀 공히 근무성적평정의 중요하지 않은 요소로 '사명의식' 과 '학급경영 · 교육연구 및 담당업무' 를 뽑았다. 그런데 여성의 경우 근무성적평정의 중요한 요소로 '학습지도' 와 함께 '학급경영 · 교육연구 및 담당업무' 를 선택한 바 있어 의견의 일치를 보고 있지 못하다는 것을 말해 준다.

직위별로는 교장, 교감, 장학사 등 교육행정가는 근무성적평정의 중요하지 않은 요소로 '사명의식' 과 함께 '교육자로서의 품성' 을 들고 있는 점이 특이하다. 반면에 주임교사, 1 · 2급 정교사는 '사명의식' 과 함께 '학급경영 · 교육연구 및 담당업무' 에 높은 반응을 보이고 있다. 그러나 전반적으로 소수의 반응이므로 반응의 차이에 대해 절대적인 신뢰를 하기에는 미흡한 것처럼 보인다.

표 10-7 근무성적평정의 중요하지 않은 요소에 대한 의견

변인	문항	품성	사명의식	학습지도	생활지도	학급경영	계
성별	남	269	176	413	98	141	1097
	여	67	26	104	40	76	313
	계	336	202	517	138	217	1410
직위	교장	57	37	87	17	32	230
	교감	51	46	92	17	30	236
	장학사	30	15	53	10	20	128
	부장	79	46	117	34	41	317
	1급 정교사	89	51	109	32	44	325
	2급 정교사	33	14	67	29	27	170
	계	339	209	525	139	194	1406
교육 경력	~10	41	16	84	39	35	215
	11~20	42	18	66	16	28	170
	21~30	115	69	170	42	51	447
	31~	133	99	196	38	69	535
	계	331	202	516	135	183	1367
위치	시	35	21	56	17	22	151
	군	42	21	43	9	13	128
	읍	42	28	64	12	35	181
	면	100	62	161	39	51	413
	리	112	68	172	52	60	464
	기타	7	6	13	7	1	34
	계	338	206	509	136	182	1371
급지	가	38	25	62	18	19	162
	나	65	48	117	29	45	304
	다	80	41	101	29	44	295
	라	125	77	179	45	58	484
	마	11	6	29	12	6	64
	계	319	197	488	133	172	1309

교육 경력별로 분석해 보면, 10년 미만과 31년 이상의 교육 경력자는 근무성적평정의 중요하지 않은 요소로 '사명의식' 과 '교육자로서의 품성' 을 들고 있는 반면, 11년 이상 30년까지의 교육 경력자는 '사명의식' 과 함께 '학급경영 · 교육연구 및 담당업무' 를 들고 있다. 그 밖에 학교의 위치별, 인사급지별로도 비슷한 경향을 보여 주어 대부분의 응답자는 근무성적평정의 중요하지 않은 요소로 '사명의식' 에 반응의 일치를 보인 반면, 그다음 중요하지 않은 요소에 대해서는 응답자의 성격에 따라 '교육자로서의 품성' 혹은 '학급경영 · 교육연구 및 담당업무' 를 들고 있는 것으로 나타났다.

많은 수의 응답자가 근무성적평정의 중요한 요소로 '학습지도' 와 함께 '교육자로서의 품성' 을 든 점으로 보아 '교육자로서의 품성' 요소는 논의의 여지가 있는 것으로 보인다. 사실 '교육자로서의 품성' 과 '사명의식' 은 교사의 개인적 특성에 해당하는 것으로 평정자의 시각에 따라 얼마든지 피평정자의 평가가 달라질 수 있는 요소다. 따라서 근무성적평정 시 교사의 자질 및 태도에 관한 개인적 특성의 평정 시 평정자의 평가 결과에 대한 신뢰도를 제고할 수 있도록 평정 요소의 평가 기준을 객관화할 수 있도록 제도적으로 보완해야 할 것이다.

4) 근무성적평정 방법의 적절성

(1) 근무성적평정 요소의 차등 배점에 대한 의견

근무성적평정 요소의 배점 차등화에 대한 응답 결과를 분석해 보면 〈표 10-8〉과 같다. 〈표 10-8〉의 근무평정 요소의 점수 배분에 대한 의견조사 결과 전체적으로 현행처럼 '평정 요소의 가중치에 따라 배점에 차이를 두는 것이 좋다' 는 의견에 대한 반응이 67%로 가장 높게 나타났다. 그다음은 '평정 요소마다 균일하게 20점씩 배점하는 것이 좋다' 에 16%, '현행보다 5점씩 낮게 배점하는 것이 좋다' 에 14%, 기타에 3% 순

표 10-8 근무성적평정 요소의 차등 배점에 대한 의견

※ 단위: ( ) 안은 %

변인		균일 배분	5점씩 낮게	현행대로	기타	계	비고
성별	남	91 (16.02)	78 (13.73)	384 (67.6)	15 (2.64)	568 (80.2)	N = 708 $df = 3$ $\chi^2 = .650$
	여	23 (16.43)	24 (17.14)	88 (62.86)	5 (3.57)	140 (19.8)	
	계	114 (16.10)	102 (14.41)	472 (66.67)	20 (2.82)	708	
직위	교장	15 (13.39)		94 (83.93)	3 (2.68)	112 (15.6)	N = 718 $df = 15$ $\chi^2 = .000^{***}$
	교감	22 (18.33)	10 (8.33)	86 (71.67)	2 (1.67)	120 (16.7)	
	장학사	6 (8.96)	1 (1.49)	59 (88.06)	1 (1.49)	67 (9.3)	
	부장	30 (18.52)	33 (20.37)	96 (59.26)	3 (1.85)	162 (22.6)	
	1급 정교사	31 (18.13)	39 (22.81)	93 (54.39)	8 (4.68)	171 (23.8)	
	2급 정교사	11 (12.79)	20 (23.26)	52 (60.47)	3 (3.49)	86 (12.0)	
	계	115 (16.02)	103 (14.35)	480 (68.85)	20 (2.79)	718	
교육 경력	~10	16 (14.81)	24 (22.22)	64 (59.26)	4 (3.70)	108 (15.4)	N = 702 $df = 9$ $\chi^2 = .001^{***}$
	11~20	14 (15.73)	22 (24.72)	49 (55.06)	4 (4.49)	89 (12.7)	
	21~30	37 (16.23)	31 (13.6)	154 (67.54)	6 (2.63)	228 (32.5)	
	31~	46 (16.61)	21 (7.58)	204 (73.65)	6 (2.17)	277 (39.5)	
	계	113 (16.09)	98 (13.96)	471 (67.09)	20 (2.85)	702	
위치	시	12 (15.38)	10 (12.82)	54 (67.95)	3 (3.85)	78 (11.2)	N = 698 $df = 15$ $\chi^2 = .196^{***}$
	군	6 (9.23)	2 (3.08)	55 (84.62)	2 (3.08)	65 (9.3)	
	읍	17 (18.89)	16 (17.78)	52 (57.78)	5 (5.56)	90 (12.0)	
	면	36 (17.48)	35 (16.99)	132 (64.08)	3 (1.46)	206 (29.5)	
	리	38 (15.70)	36 (14.88)	161 (66.53)	7 (2.89)	242 (34.7)	
	기타	2 (11.11)	3 (16.67)	12 (66.67)		17 (2.4)	
	계	111 (15.90)	102 (14.61)	465 (66.62)	20 (2.87)	698	

급지	가	17 (20.24)	7 (8.33)	56 (66.67)	4 (4.76)	84 (12.6)	
	나	17 (10.97)	18 (11.61)	117 (75.48)	3 (1.94)	155 (23.2)	
	다	27 (17.42)	26 (16.77)	91 (58.71)	7 (4.52)	151 (22.6)	N = 668 *df* = 12 χ^2 = .126
	라	42 (17.14)	39 (15.92)	159 (64.9)	5 (2.04)	245 (36.7)	
	마	3 (9.09)	8 (24.24)	21 (63.64)	1 (3.03)	33 (4.9)	
	계	106 (15.89)	98 (14.69)	444 (66.57)	20 (2.99)	667	

*** $p<.001$ ** $p<.01$ * $p<.05$

으로 반응한 것으로 나타났다. 배경 변인별로 반응분포 간의 차이를 유의도 검증을 한 결과 응답자의 직위별, 교육 경력별, 근무위치별로는 의미 있는 차이를 보이지 않았다.

직위별로 볼 때 교장, 교감, 장학사 등 교육행정가는 현행처럼 배점하는 것이 좋다는 항목에 72% 이상의 높은 반응을 보인 반면 부장교사, 1 · 2급 정교사 등 평교사는 60% 이하의 비교적 낮은 반응을 보임으로써 현재의 근무성적평정 요소에 대한 점수 배분 방식에 양자 간에 약간의 이견이 있는 것으로 보인다. 현행 점수 배분 방식에 상대적으로 덜 찬성하는 평교사는 교육행정가의 반응과는 대조적으로 현행의 점수 배분에서 5점씩 낮게 배점하는 것이 좋다는 쪽으로 20% 이상의 반응을 보인 것으로 나타났다. 이 결과는 평교사 중 일부는 현행 근무성적평정의 총 평점(80점)이 높은 것으로 인식하고 있으며, 따라서 평점을 하향 조정하기를 원하고 있는 것으로 판단된다.

교육 경력별로는 20년 이하의 교육 경력자는 현행대로 근무성적평정 요소마다 가중치를 두어 차등 배점하는 것에 59% 이하가 찬성하고 있으나, 21년 이상의 경력자는 68% 이상이 현행 배점 방식을 찬성하고 있어 교육 경력에 따라 의미 있는 반응의 차이를 보이고 있다. 따라서 대체로 교육 경력이 오래될수록 응답자는 현행의 평점 배점 방식을 찬성하고 있는 것으로 보인다. 특히, 31년 이상의 교육 경력을 가진 응답자는 약 74%가 현행 배점 방식에 찬성하고 있는 것으로 나타났다. 그러나 교육 경력이 20년 이하인 응답자는 현행 배점 방식에 대한 찬성 비율이 낮은 대신 평정 요소의 현행 배점에서 5점씩 낮게 배점하는 것이 좋다는 의견에 22% 이상의 반응 비율을 보여 현재의 근무성적 총평정이 과도하다는 것을 간접적으로 표현하고 있다. 이러한 결과는 직위별 분석에서 1 · 2급 정교사가 대개 20년 이하의 교육 경력자와 중복되는 데 기인한 것으로 보인다.

종합적으로 볼 때, 응답자의 배경 특성에 관계없이 최소한 54% 이상의 응답자의 현재의 근무성적평정 요소에 대한 차등 배점 방식을 찬성하고 있는 것으로 나타나, 대체적으로 응답자들은 교사의 자질 및 태도와 같은 개인적 특성에 점수보다 학습지도, 생활지도, 학급경영 · 교육연구 및 담당업무와 같은 근무 실적 부분에 보다 많은 점수를 배려하는 현재의 근무성적평정 방식이 긍정적인 것으로 밝혀졌다. 따라서 '근무실적' 의 요소인 '학습지도' 에 24점, '생활지도' 와 '학급경영 · 교육연구 및 담당업무' 에 각각 16점씩 배분하고, '자질 및 태도' 의 평정 요소 중 '교육자로서의 품성' 과 '사명의식' 에 각각 12점씩 배점하는 현재의 근무성적평정 방법을 그대로 유지하는 것이 바람직한 것으로 보인다. 다만, 피평정자인 평교사 중 일부는 현재의 근무성적평정 총점이 과도한 것으로 인식하는 경향이 있으므로 이에 대한 제도적 보안이 이루어져야 할 것이다.

(2) 근무성적평정 시 남녀의 구분하는 것에 대한 의견

현재의 근무성적평정제도는 근무성적평정 시 남교사와 여교사를 구분하여 별도로 강제배분 비율에 맞게 평정하도록 되어 있다. 이러한 현행 평정 방식에 대한 응답자의 반응을 배경 변인별로 분석해 보면 〈표 10-9〉와 같다. 〈표 10-9〉의 결과에 따르면 전체적으로 '남녀를 통합

표 10-9 근무성적평정 시 남녀의 구분에 대한 의견

※ 단위: ( ) 안은 %

변인		현행 그대로	남녀 통합하여	평정자, 확인자 남녀 구분하여	계	비고
성별	남	70 (12.19)	463 (80.66)	41 (7.14)	574	N = 723 df = 2 χ^2 = .000***
	여	31 (20.81)	79 (53.02)	39 (26.17)	149	
	계	101 (13.97)	542 (74.97)	80 (11.07)	723	
직위	교장	15 (13.27)	90 (79.65)	8 (7.08)	113	N = 733 df = 10 χ^2 = .028*
	교감	11 (9.02)	99 (81.5)	12 (9.84)	122	
	장학사	15 (22.39)	49 (73.13)	3 (4.48)	67	
	부장	20 (12.27)	127 (77.91)	16 (9.82)	163	
	1급 정교사	30 (17.14)	117 (66.86)	28 (16.00)	175	
	2급 정교사	11 (11.83)	68 (73.19)	14 (15.05)	93	
	계	102 (13.92)	550 (75.03)	81 (11.05)	733	
교육 경력	~10	17 (14.78)	83 (72.17)	15 (13.04)	115	N = 715 df = 6 χ^2 = .274
	11~20	19 (21.35)	58 (65.17)	12 (13.48)	89	
	21~30	31 (13.36)	165 (75.43)	26 (11.21)	232	
	31~	34 (12.19)	219 (78.49)	26 (9.32)	279	
	계	101 (14.13)	535 (74.83)	79 (11.05)	715	
위치	시	19 (24.05)	51 (64.56)	9 (11.39)	79	N = 713 df = 10 χ^2 = .197
	군	10 (15.15)	50 (75.36)	6 (9.09)	66	
	읍	11 (12.09)	69 (75.82)	11 (12.09)	91	
	면	30 (13.95)	163 (75.81)	22 (10.23)	215	
	리	28 (11.43)	184 (75.10)	33 (13.47)	245	
	기타	1 (5.88)	16 (94.12)		17	
	계	99 (13.9)	533 (74.7)	81 (11.4)	713	

	가	14 (16.47)	58 (68.24)	13 (15.29)	85	
	나	24 (15.00)	119 (74.38)	17 (10.63)	160	
급지	다	14 (9.15)	123 (80.39)	16 (10.46)	153	N = 682 df = 8 χ^2 = .528
	라	32 (12.65)	191 (75.49)	30 (11.86)	253	
	마	6 (19.35)	23 (74.19)	2 (6.45)	31	
	계	90 (13.2)	514 (75.4)	78 (11.4)	682	

*** $p<.001$ ** $p<.01$ * $p<.05$

하여 평정하는 것이 좋다' 는 의견에 대해 전체 응답자의 대략 75%가 찬성하고 있는 것으로 나타났다. 그다음 '현행대로 하는 것이 좋다' 는 의견에 14%, '평정자나 확인자 모두 남녀를 구분하여 평정하는 것이 좋다' 는 견해에 11%의 순으로 반응하였다. 배경 변인별로 반응분포 간의 빈도 차이를 유의도 검증한 결과 응답자의 성별, 직위별로는 의미 있는 차이를 보였으나 교육 경력별, 위치별, 급지별로는 의미 있는 차이를 보이지 않았다.

성별 분석 결과에 따르면 남성은 남녀 통합하여 평정하는 것에 전체 응답자의 약 81%가 찬성하여 평균치 이상의 압도적인 반응을 보인 반면, 상대적으로 현행대로 남녀를 구별하여 평정하는 방식에 대해서는 12%, 평정자, 확인자 모두 남녀를 구분하여 평정하는 방식에 대해서는 단지 7%만이 찬성하고 있는 것으로 나타났다. 그러나 여성은 남녀를 통합하여 평정하는 방식에 대해 남성보다 훨씬 적은 53%만이 찬성하였고 반면에 평정자, 확인자 모두 남녀를 구분하여 평정하는 방식에 26%가 찬성하고 있어 남성과 뚜렷한 인식의 차이를 보이고 있다. 이러한 결과는 남녀 교사 모두 대체로 남녀를 통합하여 평정하는 방식을 찬성하고 있으나 여교사 중 일부는 평정자, 확인자 모두 남녀를 구분하여 평정하기를 희망하고 있는 것으로 보인다.

직위별로도 응답자들은 현행의 남녀를 구분하여 평정하는 방식에 대해서 낮은 반응률을 보여 현재의 방식보다는 남녀를 통합하여 평정하는 방식을 선호하고 있는 것으로 나타났다. 특히, 실제 평정자인 교장과 교감은 응답자의 80% 이상이 남녀 통합 평정 방식을 선호하는 것으로 나타났다. 대조적으로 1 · 2급 정교사는 타 직위에 있는 사람들보다 평정자, 확인자 모두 남녀를 구분하여 평정하는 방식에 상대적으로 높은 반응비율을 보이고 있다.

결과적으로 현행 근무성적평정 방식, 즉 평정자는 소속 평정 대상자를 직위별, 남녀별로 구분하여 평정하고, 확인자는 소속 평정 대상자 전원에 대하여 분포비율에 맞게 통합하여 평정하고 있는 평정 방식에 대해 응답자들은 평정자와 확인자 모두 남녀를 통합하여 평정하기를 희망하는 것으로 나타났다. 사실 현재의 남녀를 구분하여 별도의 강제배분비율에 따라 평정하는 방식은 상대적으로 불이익을 당할 소지가 있는 여교사의 사정을 감안한 것이었음에도 불구하고 여교사조차도 이러한 방식에 덜 동조하면서 남녀를 통합하여 평정하는 방식을 더 긍정적으로 평가하는 것으로 밝혀졌다. 따라서 향후 근무성적평정 방식은 현재의 남녀를 구분하여 평정하는 방식 대신 남녀를 통합하여 평정하는 방식으로 개선되어야 할 것이다.

(3) 근무성적평정점의 강제분포비율 방식에 대한 의견

현행의 근무성적평정제도는 근무성적평정점의 인원당 분포비율을 수 20%, 우 30%, 미 40%, 양 10%로 정해 강제 할당하도록 되어 있다. 이러한 평정 방식에 대한 응답자의 반응 결과를 표로 나타내면 다음의 〈표 10-10〉과 같다.

〈표 10-10〉의 결과에 따르면 전체적으로 '절대평가로 바꾸는 것이 좋다' 는 의견에 응답자의 약 47%가 찬성하는 것으로 나타났다. 그다음으로 '분포비율에 융통성을 주는 것이 좋다' 에 약 38%, '강제배분식' 에

표 10-10 근무성적평정점의 강제분포비율 방식에 대한 의견

※ 단위: ( ) 안은 %

변인		강제 배분식	융통성 첨가	절대평가	학교마다 구별한다	기타	계	비고
성별	남	58 (10.07)	213 (36.98)	269 (46.70)	31 (5.38)	5 (0.87)	576	N = 726 df = 4 χ^2 = .089
	여	6 (4.00)	65 (43.33)	73 (48.67)	6 (4.00)		150	
	계	64 (8.8)	278 (38.3)	342 (47.1)	37 (5.1)	5 (.7)	726	
직위	교장	17 (14.91)	44 (38.59)	47 (41.23)	5 (4.39)	1 (0.88)	114	N = 736 df = 20 χ^2 = .002**
	교감	12 (9.84)	52 (42.62)	51 (41.80)	6 (4.92)	1 (0.82)	122	
	장학사	15 (22.06)	23 (33.82)	22 (32.35)	7 (10.29)	1 (1.47)	68	
	부장	13 (7.93)	56 (34.15)	86 (52.44)	8 (4.88)	1 (0.61)	164	
	1급 정교사	9 (5.11)	67 (38.07)	90 (51.14)	9 (5.11)	1 (0.57)	176	
	2급 정교사	1 (1.09)	39 (42.39)	50 (54.35)	2 (2.17)		92	
	계	67 (9.1)	281 (38.0)	346 (47.4)	37 (5.0)	5 (.7)	736	
교육 경력	~10	1 (0.86)	47 (40.52)	65 (56.03)	3 (2.59)		116	N = 719 df = 12 χ^2 = .001**
	11~20	12 (13.33)	35 (38.89)	39 (43.33)	3 (3.33)	1 (1.11)	90	
	21~30	20 (8.62)	75 (32.33)	120 (51.72)	16 (6.89)	1 (0.43)	232	
	31~	31 (11.03)	116 (41.28)	117 (41.37)	14 (4.98)	3 (1.07)	281	
	계	64 (9.9)	273 (38.0)	341 (47.4)	36 (5.0)	5 (.7)	719	
위치	시	15 (18.99)	27 (34.18)	32 (40.51)	4 (5.06)	1 (1.27)	79	N = 716 df = 20 χ^2 = .001***
	군	4 (6.06)	28 (42.42)	24 (36.36)	8 (12.12)	2 (3.03)	66	
	읍	8 (8.69)	42 (45.65)	37 (40.22)	4 (4.35)	1 (1.09)	92	
	면	11 (5.07)	80 (36.87)	117 (53.92)	8 (3.69)	1 (0.46)	217	
	리	20 (8.16)	96 (39.18)	119 (48.57)	10 (4.08)		245	
	기타	2 (11.76)	3 (17.65)	9 (52.94)	3 (17.65)		17	
	계	60 (8.4)	276 (38.5)	338 (47.2)	37 (5.2)	5 (.7)	716	

	가	9 (10.59)	36 (42.35)	35 (41.18)	4 (4.71)	1 (1.18)	85	
	나	12 (7.5)	60 (37.5)	80 (50.00)	8 (5.00)		160	
급지	다	13 (8.44)	54 (35.06)	74 (48.05)	10 (6.49)	3 (1.95)	154	N =685 df = 16 χ^2= .620
	라	20 (7.91)	97 (38.74)	125 (49.41)	11 (4.35)		253	
	마	3 (9.09)	13 (39.39)	13 (39.39)	3 (9.09)	1 (3.03)	33	
	계	57 (8.3)	260 (38.0)	327 (47.7)	36 (5.3)	5 (.7)	685	

*** $p<.001$ ** $p<.01$ * $p<.05$

약 9%, '학교평가를 실시하여 상, 중, 하의 학교마다 비율을 가감한다'에 약 5% 그리고 기타 약 1%의 순으로 응답자들은 반응하였다. 배경변인별로 반응분포 간의 빈도 차이를 유의도 검증한 결과 응답자의 직위별, 교육 경력별, 근무 위치별로는 의미 있는 차이를 보였으나 성별, 인사급지별로는 의미 있는 차이를 보이지 않았다.

직위별 분석에 따르면 부장교사, 1 · 2급 정교사 등 피평정자의 약 51% 이상이 현재의 강제배분에 의한 상대평가 방식에서 절대평가 방식으로 전환되어야 한다고 주장하는 것으로 나타났다. 반면에 교장, 교감, 장학사 등 교육행정가는 42% 미만의 응답자만이 절대평가 방식을 찬성하고 있어 피평자와 뚜렷한 인식의 차이를 보여 주고 있다. 응답자들은 직위에 관계없이 절대평가를 선호하는 이외에 현재의 분포비율에 융통성이 주어지기를 희망하는 것으로 나타났다. 특히, 교감과 장학사는 현재의 분포비율 방식에 약간의 융통성을 가미하는 방식에 가장 많이 반응하였고, 그다음 절대평가 방식을 선호하는 것으로 밝혀졌다. 또 장학사는 여느 직위에 있는 교원보다도 현재 강제배분에 의한 상대평가의 방식에 찬성하는 비율이 높았다(22.1%).

경력별로 응답 결과를 분석해 보면, 41% 이상의 응답자가 절대평가 방식을 선호하는 것으로 나타나 현행 강제배분 방식에 대한 불만을 보이고 있다. 특이한 것은 31년 이상의 교육 경력자의 경우 절대평가 방식 못지않게 현재의 강제분포비율 방식에 융통성을 가미하여 실시하자는 의견이 많았다는 것이다(41.3%). 이것은 이러한 방식을 선호하는 교장, 교감 등 평정자가 다수 31년 이상의 교육 경력자에 포함되었기 때문인 것으로 보인다.

분석 결과를 종합해 보면 과반수 내외의 응답자가 절대평가에 의한 근무성적평정 방식을 선호하는 것으로 보아 현재와 같이 근무성적평정의 인원당 분포비율 방식을 일률적으로 강제 할당하도록 하는 평정 방식에 불만이 있는 것으로 판단된다. 이러한 경향은 특히 피평정자에게서 뚜렷이 나타나고 있어 향후 평정 방식의 개선 시 고려되어야 할 것으로 보인다. 그러나 현실적으로 강제분포비율 배분 방식에서 절대평가로의 정책적 전환이 쉽지 않은 만큼 40%에 가까운 응답자가 찬성한 현재의 강제분포비율 배분 방식에 융통성을 가미해서 시행하는 방안도 고려해 볼 필요가 있을 것이다.

(4) 근무성적평정자에 대한 의견

현재 근무성적평정자는 실질적으로 교장과 교감으로 되어 있다. 근무성적을 평정하는 사람은 어떤 사람이어야 하는가에 대한 응답자의 반응을 배경 변인별로 분석하면 〈표 10-11〉과 같다.

〈표 10-11〉의 결과에 따르면 근무성적평정자가 누구여야 하는가에 대한 응답자의 견해는 어느 한 항목에 치우치지 않고 4항목에 거의 4분의 1씩 골고루 분포되어 있는 것으로 나타났다. 즉, 응답자들은 '현행대로' '자기평가 결과의 참작' '동료, 주임, 교감에 의하여 평정하는 것 그리고 '새로운 평정위원회에 의한 것' 등에 골고루 반응하였다. 그러나 배경 변인별 반응분포 간의 빈도 차이를 유의도 검증한 결과 응답자의 성별, 직위별, 교육 경력별로는 의미 있는 차이를 보였다.

성별 분석 결과에 따르면 남성은 4가지 항목에 23~27%의 분포로

표 10-11 근무성적평정자에 대한 의견

※ 단위: ( ) 안은 %

변인	문항	현행대로	자기평가 결과 참작	동료 교사 및 부장, 교감	새로운 평정위원회	기타	계	비고
성별	남	155 (26.91)	131 (22.74)	136 (23.61)	149 (25.87)	5 (0.87)	576	N = 723 df = 4 χ^2 = .003***
	여	15 (10.20)	43 (29.25)	50 (34.01)	37 (25.17)	2 (1.36)	147	
	계	170 (23.5)	174 (24.1)	186 (25.7)	186 (25.7)	7 (1.0)	723	
직위	교장	43 (37.72)	25 (21.93)	16 (14.04)	28 (24.56)	2 (1.75)	114	N = 733 df = 20 χ^2 = .000***
	교감	46 (38.02)	41 (33.88)	22 (18.18)	12 (9.92)		121	
	장학사	26 (38.81)	17 (25.37)	14 (20.89)	9 (13.33)	1 (1.49)	67	
	부장	29 (17.58)	34 (20.61)	47 (28.48)	54 (32.73)	1 (0.61)	165	
	1급 정교사	25 (14.37)	36 (20.69)	53 (30.46)	59 (33.91)	1 (0.57)	174	
	2급 정교사	8 (8.69)	21 (22.83)	34 (36.96)	27 (29.35)	2 (2.17)	92	
	계	177 (24.1)	174 (23.7)	186 (25.4)	189 (25.8)	7 (1.0)	733	
교육 경력	~10	7 (6.25)	28 (25.00)	42 (37.50)	33 (29.46)	2 (1.79)	112	N = 715 df = 12 χ^2 = .000***
	11~20	15 (16.67)	14 (15.56)	33 (36.67)	27 (30.00)	1 (1.11)	90	
	21~30	51 (21.89)	58 (24.89)	55 (23.61)	67 (28.76)	2 (0.86)	233	
	31~	97 (34.64)	70 (25.00)	49 (17.5)	62 (22.14)	2 (0.71)	280	
	계	170 (23.8)	170 (23.8)	179 (25.0)	189 (26.4)	7 (1.0)	715	
위치	시	25 (32.05)	21 (26.02)	18 (23.08)	13 (16.67)	1 (1.28)	78	N = 713 df = 20 χ^2 = .795
	군	21 (31.82)	12 (18.18)	16 (24.24)	16 (24.24)	1 (1.52)	66	
	읍	21 (23.33)	21 (23.33)	23 (25.56)	24 (26.67)	1 (1.11)	90	
	면	49 (22.58)	54 (24.88)	58 (26.73)	53 (24.42)	3 (1.38)	217	
	리	50 (20.41)	56 (22.86)	64 (26.12)	74 (30.20)	1 (0.41)	245	
	기타	5 (29.41)	2 (11.76)	5 (29.41)	5 (29.41)		17	
	계	171 (24.0)	166 (23.3)	184 (25.8)	185 (25.9)	7 (1.0)	713	

급지	가	25 (29.41)	21 (24.71)	26 930.59)	13 (15.29)		85	N = 684 *df* = 16 X^2 = .767
	나	43 (26.88)	36 (22.5)	38 (23.75)	43 (26.88)		160	
	다	36 (23.38)	37 (24.03)	38 (24.68)	39 (25.32)	4 ()	154	
	라	52 (20.63)	62 (24.60)	66 (26.19)	71 (28.17)	1 (0.39)	252	
	마	7 (21.21)	6 (18.18)	10 (30.30)	8 (24.24)	2 (6.06)	33	
	계	163 (23.8)	162 (23.7)	178 (26.0)	174 (25.4)	7 (1.0)	684	

*** p<.001 ** p<.01 * p<.05

반응을 보여 특별히 어느 한 항목을 선호하고 있다고 말할 수 없었다. 그러나 여성은 동료교사 및 부장, 교감에 의하여 평정하는 방식에 전체 응답자의 34%가 찬성하고 있어 다른 방식에 비해 약간 선호하는 것으로 나타났다. 특히, 여성은 현재 교감과 교장 등 학교행정가에 의해 평정이 이루어지는 방식에 대해서는 단지 약 10%만이 찬성하고 있어 대다수의 여성은 현재의 평정자에 대해 불만을 갖고 있는 것으로 보인다.

직위별로 분석해 보면 현재의 평정자인 교장과 교감 그리고 장학사 등 교육행정가는 현재의 평정자에 의한 평정 방식에 대한 반응비율이 약 38% 이상을 상회하고 있어 피평정자인 부장교사, 1 · 2급 정교사는 현행의 평정자에 대한 평정 방식에 대부분 불만을 보이고 있으며, 대신 '동료교사 및 부장, 교감 등에 의한 평정' '새로운 평정위원회에 의한 평정' 그리고 '자기평가 결과 참작' 등 현행 평정 방식의 대안에 오히려 관심을 갖고 있는 것으로 나타났다.

교육 경력별 분석 결과에 의하면, 교육 경력이 적을수록 응답자들은 동료 교사 및 부장, 교감에 의한 평정 방식을 선호하는 반면 교육 경력 많은 응답자일수록 현행대로 평정하는 방식에 찬성하는 것으로 나타났다. 그러나 전반적으로 현행의 평정자에 대한 평정 방식은 교육 경력별 집단에 따라 최고 3분의 1의 응답자만이 찬성하고 있어 교육 경력의 다소를 막론하고 대부분의 응답자는 현재의 평정자에 의한 평정 방식에 문제가 있다는 것을 간접적으로 인정하는 것으로 보인다.

분석 결과를 종합해 보면, 배경 변인별 특성에 따라 약간의 차이는 있지만 대부분의 응답자는 현재의 평정자에 의한 평정 방식에 찬성하지 않는 것으로 밝혀졌다. 그렇다고 응답자의 응답 결과로 미루어 볼 때, 현재의 근무성적평정자에 대한 뚜렷한 대안을 제시하기는 곤란한 것으로 보인다. 왜냐하면 현행 평정자에 대한 대안으로 제시된 3가지 항목에 대해 응답자들은 골고루 반응했기 때문이다. 따라서 향후 근무성적평정자에 대한 제도적 보완 시 이러한 여건을 감안하여 신중하게 이루어져야 할 것이다.

5) 근무성적평정 결과의 공개

(1) 근무성적평정 결과의 공개 여부에 대한 의견

근무성적평정 결과의 공개 여부에 대한 응답자의 반응을 분석한 결과는 다음의 〈표 10-12〉와 같다. 〈표 10-12〉의 결과에 의하면 전체적으로 대략 40%의 응답자가 근무성적평정 결과의 공개에 따른 부작용을 우려하여 공개하지 않는 것이 좋다는 반응을 보였다. 그다음으로 응답자들은 '평정의 과정 및 결과를 완전 공개한다' 에 약 26% 내외, '본인의 요구가 있을 때만 알려 준다' 는 견해에 약 25% 그리고 '본인에게만 공개한다' 는 데 약 8%의 반응을 보였다. 배경 변인별로 근무성적평정 결과의 공개 여부에 대한 반응을 유의도 검증한 결과 성별, 직위별, 교육 경력별로는 의미 있는 차이를 보였으나 위치별, 급지별로는 의미 있는 반응의 차이를 보이지 않았다.

성별 분석 결과에 따르면 현행대로 공개하지 않는다는 의견에 남성은 48%가 찬성한 반면, 여성은 단지 11.3%만이 찬성하여 현행 방식에

표 10-12 근무성적평정 결과의 공개 여부에 대한 의견

※ 단위: ( ) 안은 %

변인 \ 문항		공개하지 않음	요구할 경우 공개	완전 공개	본인에게만 공개	기타	계	비고
성별	남	276 (48.00)	133 (23.13)	117 (20.35)	46 (8.00)	3 (0.52)	575	N = 725 df = 4 χ^2 = .000***
	여	17 (11.33)	48 (32.00)	74 (49.33)	11 (7.33)		150	
	계	293 (40.4)	181 (25.0)	191 (26.3)	57 (7.9)	3 (0.4)	725	
직위	교장	84 (74.34)	16 (14.16)	6 (5.31)	6 (5.31)	1 (0.88)	113	N = 735 df = 20 χ^2 = .000***
	교감	100 (81.97)	15 (12.3)	5 (4.10)	1 (0.82)	1 (0.82)	122	
	장학사	50 (74.63)	9 (13.43)	6 (8.96)	2 (2.99)		67	
	부장	30 (18.18)	63 (38.18)	47 (28.48)	25 (15.15)		165	
	1급 정교사	30 (17.14)	55 (13.43)	75 (42.86)	14 (8.00)	1 (0.57)	175	
	2급 정교사	5 (5.38)	24 (25.81)	54 (58.06)	10 (10.75)		93	
	계	299 (40.4)	182 (25.0)	193 (26.3)	58 (7.9)	3 (.4)	725	
교육 경력	~10	7 (6.03)	35 (30.17)	63 (54.31)	11 (9.48)		116	N = 717 df = 12 χ^2 = .000***
	11~20	13 (14.61)	29 (32.58)	35 (39.33)	11 (12.36)	1 (1.12)	89	
	21~30	81 (34.76)	65 (27.89)	62 (26.61)	25 (10.73)		233	
	31~	191 (68.46)	49 (17.56)	27 (9.68)	10 (3.58)	2 (0.72)	279	
	계	292 (40.7)	178 (24.8)	187 (26.1)	57 (7.9)	3 (.4)	735	
위치	시	36 (46.75)	22 (28.57)	15 (19.48)	3 (3.9)	1 (1.30)	77	N = 715 df = 20 χ^2 = .245
	군	36 (54.55)	17 (25.76)	9 (13.64)	4 (6.06)		66	
	읍	32 (34.78)	22 (23.91)	28 (30.43)	9 (9.78)	1 (1.09)	92	
	면	78 (35.78)	51 (23.39)	67 (30.73)	21 (9.63)	1 (0.46)	218	
	리	93 (37.96)	64 (26.12)	69 (28.16)	19 (7.76)		245	
	기타	7 (41.18)	6 (35.29)	2 (11.76)	2 (11.76)		17	
	계	282 (39.4)	182 (25.5)	190 (26.6)	58 (8.1)	3 (.4)	715	

급지	가	35 (41.18)	26 (30.59)	18 (21.18)	5 (5.88)	1 (1.18)	85	
	나	66 (41.51)	31 (19.50)	48 (30.19)	13 (8.18)	1 (0.63)	159	
	다	48 (30.97)	46 (29.68)	44 (28.39)	16 (10.32)	1 (0.65)	155	N = 685 df = 16 χ^2 = .412
	라	110 (43.48)	56 (22.13)	67 (26.48)	20 (7.91)		253	
	마	15 (45.45)	9 (27.27)	8 (24.24)	1 (3.03)		33	
	계	274 (40.0)	168 (24.5)	185 (27.0)	55 (8.0)	3 (.4)	685	

*** $p<.001$ ** $p<.01$ * $p<.05$

대한 남녀 간의 뚜렷한 인식의 차이를 보이고 있다. 여성의 경우 응답자의 거의 과반수에 해당되는 인원이 근무성적평정 결과의 완전 공개를 원해, 여성은 현재의 평정 결과 비공개 원칙에 강한 불만을 갖고 있는 것으로 판단된다.

직위별로 분석해 보면, 교육행정가인 교장, 교감, 장학사의 반응과 피평정자인 부장교사, 1 · 2급 정교사 간에 뚜렷한 인식의 차이를 보이고 있다. 특히, 평정자인 교장과 교감은 현재와 같은 평정 결과의 비공개 방식에 대해 74% 이상의 압도적인 지지를 보이고 있다. 그러나 피평정자의 반응은 평정자의 반응과는 달리 19% 미만만이 현재의 비공개 원칙에 찬성하고 있어 피평정자는 대체로 어떠한 형태로든지 근무성적평정 결과를 공개하기를 바라고 있는 것으로 나타났다. 특히, 직위가 낮을수록 근무성적평정 결과를 완전 공개하는 것이 좋다는 의견을 보여 현재의 근무성적평정 결과에 대한 불신이 가중되고 있는 것으로 나타났다.

교육 경력별 분석 결과에 의하면 교육 경력이 많을수록 응답자들은 현행과 같은 평정 결과의 비공개를 원하고, 반대로 교육 경력이 적을수록 응답자들은 평정 결과를 공개하되 완전한 공개를 원하고 있는 것으로 나타났다. 교육 경력이 31년 이상 된 응답자의 68.5%가 현재와 같은 비공개 방식을 선호하는 반면에, 교육 경력 10년 이하의 응답자 가운데 54.3%가 평정 결과의 완전 공개를 원하고 있어 대조적인 반응을 보여주고 있다.

분석 결과를 종합해 보면, 교육 경력이 많을수록, 직위가 높을수록, 그리고 대체로 남성 응답자가 근무성적평정 결과의 비공개를 더 원하고 있는 반면, 교육 경력이 낮을수록, 직위가 낮을수록 그리고 여성 응답자가 평정 결과의 공개, 특히 완전 공개를 선호하는 것으로 나타났다. 이와 같이 근무성적평정 결과의 공개 여부에 대한 의견은 배경 변인별 집단의 특성에 따라 뚜렷한 반응의 차이를 보이고 있어 향후 정책 보완 시 평정자와 피평정자의 의견이 적절히 반영되어야 할 것이다.

(2) 근무성적평정 결과의 공개를 찬성하는 이유에 대한 의견

근무성적평정 결과의 공개를 찬성하는 이유를 배경 변인별로 분석한 결과는 다음의 〈표 10-13〉과 같다. 〈표 10-13〉의 결과에서 제시된 바와 같이 근무성적평정 결과의 공개를 찬성하는 이유에 대한 의견을 전체적으로 분석해 보면, 응답자의 55% 이상이 '평정의 신뢰도와 타당도를 높일 수 있어서' 라고 반응하였다. 그다음 응답자들은 '피평정자가 자기반성의 자료로 활용할 수 있어서' 에 약 32% 그리고 '부당한 평정에 대한 시정의 기회를 얻기 위하여' 에 약 12%의 순으로 반응하였다. 배경 변인별로 근무성적평정 결과의 공개를 찬성하는 이유에 대해 유의도 검증을 한 결과 성별, 직위별, 교육 경력별로는 의미 있는 반응의 차이를 보인 반면, 위치별, 급지별로는 의미 있는 차이가 없었다.

성별에 따른 분석 결과에서 남성은 '신뢰도와 타당도를 높일 수 있어서' 에 전체 응답자의 50%가 응답한 반면 여성은 약 69%가 반응하고 있어, 여성이 남성보다 평정 결과에 대한 신뢰도와 타당도 보장에 대한 요구가 더 강한 것으로 나타났다. 남성은 근무성적평정 결과의 공개를 찬성하는 이유에 대해 '신뢰도와 타당도를 높일 수 있어서' 에 대한 반

표 10-13 근무성적평정 결과의 공개를 찬성하는 이유에 대한 의견

※ 단위: ( ) 안은 %

변인		자기반성의 자료로 활용	신뢰도, 타당도를 높임	부당 평정 시정의 기회	기타	계	비고
성별	남	115 (35.49)	162 (50.00)	42 (12.96)	5 (1.54)	324	N = 452 df = 3 X^2 = .002***
	여	27 (21.09)	88 968.75)	13 (10.16)		128	
	계	142 (31.4)	250 (55.3)	55 (12.1)	5 (1.1)	452	
직위	교장	27 (58.7)	15 (32.61)	2 (4.34)	2 (4.34)	46	N = 455 df = 15 X^2 = .000***
	교감	16 (43.24)	16 (43.24)	3 (8.11)	2 (5.41)	37	
	장학사	6 (30.00)	12 (60.00)	2 (10.00)		20	
	부장	44 (33.33)	72 (54.55)	16 (12.12)		132	
	1급 정교사	40 (28.99)	75 (54.35)	22 (15.94)	1 (0.72)	138	
	2급 정교사	10 (12.2)	62 (75.61)	10 (12.20)		82	
	계	143 (31.4)	252 (55.4)	55 (12.1)	5 (1.1)	455	
교육 경력	~10	14 (14.43)	72 (74.23)	11 (11.34)		97	N = 443 df = 9 X^2 = .000***
	11~20	21 (27.63)	45 (59.21)	10 (13.16)		76	
	21~30	48 (31.58)	81 (53.29)	22 (14.47)	1 (0.66)	152	
	31~	56 (47.46)	49 (41.53)	9 (7.63)	4 (3.39)	118	
	계	139 (31.4)	247 (55.8)	52 (11.7)	5 (1.1)	443	
위치	시	14 (30.43)	27 (58.70)	4 (8.7)	1 (2.17)	46	N = 449 df = 15 X^2 = .298
	군	14 (46.67)	16 (53.33)			30	
	읍	12 (19.35)	39 (62.90)	10 (16.13)	1 (1.61)	62	
	면	41 (27.89)	82 (55.78)	21 (14.29)	3 (2.04)	147	
	리	55 (35.95)	79 (51.63)	19 (12.42)		153	
	기타	4 (36.36)	6 (54.55)	1 (9.09)		11	
	계	140 (31.2)	249 (55.5)	55 (12.2)	5 (1.1)	449	

급지	가	12 (24.49)	33 (67.35)	4 (8.16)		49	N = 431 *df* = 12 χ^2 = .184
	나	29 (27.62)	62 (59.05)	14 (13.33)		105	
	다	35 (33.33)	58 (55.24)	11 (10.48)	1 (0.95)	105	
	라	55 (35.03)	79 (50.32)	19 (12.1)	4 (2.55)	157	
	마	3 (20.00)	7 (46.67)	5 (33.33)		15	
	계	134 (31.1)	239 (55.5)	53 (12.3)	5 (1.2)	431	

*** p<.001 ** p<.01 * p<.05

응비율이 여성보다 적은 대신 응답자의 35.5%가 '자기반성의 자료로 활용할 수 있어서' 에 반응함으로써 장학적으로도 활용할 수도 있다는 견해를 보였다. 〈표 10-13〉에서 여성이 남성보다 평정 결과를 공개하자는 비율이 더 많았고, 또 〈표 10-13〉에서 평정 결과의 공개를 찬성하는 이유로 '평정의 신뢰도와 타당도를 높일 수 있어서' 에 많은 응답자들이 반응한 것으로 보아 여성은 현재의 근무성적평정제도에 대한 불신이 남성보다 많은 것으로 판단된다.

직위별로 분석해 보면, 장학사를 비롯하여 피평정자인 부장교사, 1·2급 정교사는 근무성적평정 결과의 공개에 찬성하는 이유에 대해 '평정의 신뢰도와 타당도를 높일 수 있어서' 에 각 집단의 54% 이상이 반응하였다. 그러나 평정자인 교장과 교감은 공개에 찬성하는 이유로 '자기반성의 자료로 활용하기 위해서' 라는 항목에 43% 이상이 반응하여 근무성적평정 결과의 공개를 찬성하는 이유 면에서도 평정자와 피평자 간에 뚜렷한 인식의 차이를 보이고 있다. 2급 정교사는 평정 결과의 공개에 찬성하는 이유로 응답자의 75.6%가 '평정의 신뢰도와 타당도를 높일 수 있어서' 라고 반응하여 현행의 근무성적평정 결과에 대해 그리고 그 결과의 비공개 방식에 대해 강한 불만을 갖고 있는 것으로 보인다. 그러나 교장은 평정 결과의 공개에 찬성하는 이유에 대해 '평정의 신뢰도와 타당도를 높일 수 있어서' 에는 32.6%가 찬성한 반면, 58.7%는 '자기반성의 자료로 활용할 수 있어서' 에 반응함으로써 평정 결과의 공개가 장학적으로 활용되어야 한다는 데 더 큰 비중을 두고 있다는 것을 알 수 있다.

한편, 교육 경력별 분석에 의하면 근무성적평정 결과의 공개를 찬성하는 이유에 대해 응답자들은 교육 경력이 적을수록 '평정의 신뢰도와 타당도를 높일 수 있어서' 에 대한 반응이 증가한 반면, 교육 경력이 많을수록 '자기반성의 자료로 활용하기 위해서' 라는 반응이 많아지는 것으로 나타나 교육 경력의 다소간에 따라 응답자 간에 인식의 차이가 있다는 것을 알 수 있다. 교육 경력이 10년 이하인 응답자의 74.2%는 평정 결과의 공개에 찬성하는 이유로 '평정의 신뢰도와 타당도를 높일 수 있어서' 에 반응한 반면, 교육 경력이 31년 이상 된 응답자 중 47.5%는 찬성 이유로 '자기반성의 자료로 활용하기 위해서' 라고 반응하여 대조적인 결과를 보였다.

분석 결과를 종합해 보면 근무성적평정 결과의 공개를 찬성하는 이유에 대해 응답자의 직위가 낮을수록, 교육 경력이 적을수록 그리고 여성이 '평정의 신뢰도와 타당도를 높일 수 있어서' 에 높게 반응한 반면 직위가 높을수록, 교육 경력이 많을수록 그리고 남성이 '자기반성의 자료로 활용할 수 있어서' 에 높은 비율로 반응하였다. 이러한 결과는 근무성적평정 결과의 공개 여부에 대한 반응 결과에서도 나타난 것처럼 응답자의 직위가 낮을수록, 교육 경력이 낮을수록 그리고 여성이 현재의 근무성적평정 결과와 그 결과의 비공개 원칙에 대해 불만을 갖고 있기 때문인 것으로 보인다.

5. 제도 개선의 방향

본 장에서는 현행의 근무성적평정제도가 안고 있는 여러 문제점을 개선하여 타당성과 신뢰성이 보장된 근무성적평정제도를 정립하고자 추진되었다. 이러한 목적을 달성하기 위하여 본 연구는 첫째, 현행 근무성적평정제도의 문제점, 둘째, 근무성적평정제도의 합목적성, 셋째, 평정 내용과 요소의 적절성, 넷째, 평정 방법의 적절성, 다섯째, 평정 결과의 공개에 대한 의견을 교원의 포괄적인 의견 조사를 바탕으로 알아보았다.

조사 · 분석한 결과를 토대로 결론을 내리면 다음과 같다. 첫째, 현행 근무성적평정제도의 가장 큰 문제점은 근무성적평정 요소별 평정 기준이 너무 포괄적이고 함축적이며 구체적이지 못하여 무엇을 위한 평정인지 몰라 평정자가 임의로 해석하여 논리의 오류에 빠지기 쉬운 데 있다. 따라서 향후 근무성적평정제도 개선 시 무엇보다도 먼저 고려해야 할 것은 평정자와 피평정자로부터 광범위한 의견 수렴을 통해 상호 인정할 수 있는 객관적인 평정 기준을 개발할 수 있도록 후속 연구가 이루어져야 한다.

둘째, 현행 교원의 근무성적평정제도는 주로 인사 조치(승진, 전보, 상벌 등)의 근거로 많이 활용되고 있으나, 교수능력의 개선 등 교내 장학의 활성화를 위한 자료로도 활용될 수 있도록 해야 하겠다. 구체적으로 향후 근무성적평정제도는 '교수능력의 개선'과 '자기반성의 기회'의 근거로 활용될 수 있도록 장학적 목적에 좀 더 역점을 두는 방향으로 개선해 나가되, 인사행정적 목적 면에서도 피평정자가 지나치게 부담을 느끼지 않는 방향으로 개선되어야 할 것이다.

셋째, 근무성적평정 요소 중 가장 중요한 요소는 교사 본연의 임무인 '학습지도'와 '교육자로서의 품성'이고, 덜 중요하거나 삭제해도 좋은 요소로는 '사명의식' 과 '학급경영 · 교육연구 및 담당업무' 인 것으로 나타났다. 따라서 향후 근무성적평정 요소에 대한 배점의 가중치 부여 시 참고할 필요가 있을 것이다. 그러나 대체로 응답자들은 현재의 근무성적평정 요소에 대하여 긍정적인 반응을 보였다.

넷째, 근무성적평정 방법에 있어서 평정 요소의 가중치를 따라 배점에 차이를 두고 있는 현재의 배점 방식은 바람직한 것으로 판단된다. 근무성적평정 시 현재처럼 남녀를 구별하여 평정하는 방식보다는 남녀를 통합하여 평정하는 것이 바람직하다. 근무성적평정점의 분포비율도 현재와 같은 강제배분식보다는 절대평가 방식 혹은 비율에 융통성을 주어야 할 것으로 나타나 향후 근무성적평정 방식의 개선 시 이에 대한 고려가 있어야 하겠다. 근무성적평정자에 대한 견해는 응답집단 간에 약간의 차이는 있었지만, 반응이 '동료, 부장교사 및 교감에 의한 평정' , '자기평가 결과의 참작' 그리고 '새로운 평정위원회' 에 의한 평정 등에 고루 분포되었다. 그러나 많은 응답자들이 현재와 같은 교장과 교감에 의한 평정에 대해 불만을 갖고 있는 것으로 나타났다.

다섯째, 근무성적평정 결과의 공개에 대한 견해는 직위별, 교육 경력별 그리고 성별에 따라 입장의 차이가 분명하여 첨예한 의견 대립을 보이고 있다. 즉, 교장과 교감 등 현행 평정자는 평정 결과를 현행대로 공개하지 않는 것이 바람직하다고 생각하는 데 비해 피평정자가 부장교사, 1 · 2급 정교사는 완전 공개 및 본인의 요구가 있을 때 공개할 것을 요구하고 있다. 따라서 근무성적평정 결과의 공개 여부는 평정 결과 공개의 목적이 분명해야 할 것은 물론, 평정 결과 공개의 선행조건에 해당되는 '평정 기준의 객관화 및 평정자의 신뢰성 확보 등의 정책적 과제를 어떻게 해결하느냐에 따라 신중하게 결정되어야 할 것이다. 근무성적평정 결과를 공개해야 하는 주된 이유는 평정의 신뢰도와 타당도를 높일 수 있기 때문이라는 반응과 피평정자의 자기반응의 자료로 활용할 수 있기 때문이라는 반응이 집단의 특성에 따라 달리 나타났다.

제11장

교원승진

제11장에서는 역사적 신제도주의의 구조, 제도, 행위자 수준이 교원승진제도의 변화에 어떠한 영향을 끼쳤는가를 분석하여 이에 따른 정책적 시사점을 탐색하고자 하였다. 구조 수준의 분석을 통하여 교원승진제도의 변화는 정권의 변화, 학생 수의 증가와 밀접한 관계가 있음을 확인하였다. 제도 수준의 분석을 통하여 오랜 경험을 중시하는 교직 문화는 제도의 안정성을 확보하기 위해 행위자를 제약하는 통제 메커니즘과 상호작용하여 약 30여 년 동안 연공서열 중심의 교원승진제도를 유지시키고 있음을 확인할 수 있었다. 행위자 수준의 분석을 통하여 거시적 구조의 촉발기제가 곧바로 제도 변화를 가져온 문민정부 때와는 달리, 참여정부에서는 거시적 구조의 촉발기제가 제도 변화의 자극을 준 상태에서 행위자의 반발 등으로 제도 변화가 지연되고 있는 상황을 확인하였다. 이것은 제도 변화에 있어서 구조 수준과 행위자 수준의 통합적 접근이 필요하다는 점을 의미하는 사례로 평가할 수 있다. 이상의 논의를 통하여 교원승진제도의 변화는 구조, 제도, 행위자 수준의 상호작용을 통하여 역사적으로 이루어진 산물임을 확인할 수 있었다. 이에 따라 제도의 다양화, 검증체제의 마련, 총체적 관리를 교원승진제도의 발전을 위한 정책적 시사점으로 제시하였다.

주제어 **교원승진제도의 변화, 구조, 제도, 행위자**

---

* 본 장은 "교원승진제도 변화에 대한 역사적 신제도주의적 분석: 정책적 시사점의 탐색"(교육행정학연구, 25(3), 2007)의 내용을 수정 · 보완하였음.

1. 새로운 접근의 필요성

교육개혁은 국가의 운명을 좌우하는 중차대한 일인 동시에 개인의 성공적인 미래 사회 적응이라는 이중적 목표를 지니고 있다. 국가는 인적자원의 개발이라는 측면에서 개인의 교육적 성장을 독려하며, 개인은 성공적인 사회 구성원이 되기 위하여 국가의 교육개혁에 많은 관심과 압력을 행사하고자 한다. 그 어느 것도 미래 사회에 대한 통찰과 무관하지 않으며, 세심한 교육제도 개혁의 실행을 통해서만 가능한 일이다. 미래 사회의 교원관리체제는 제도와 법규를 통한 경쟁의 유도와 타율적인 자기개발보다는 전문성에 터한 자긍심을 바탕으로 교원 스스로가 자율적으로 질적 제고를 꾀할 수 있도록 하는 정책적 방안을 통해 운영되는 것이 바람직하다(윤종건 외, 2002). 특히, 교원승진제도의 경우 교원의 질적 제고 노력과 직결되어 있다는 점에서 그 개혁방안의 수립 및 실행은 매우 중요한 일이라 할 수 있다. 승진제도에 문제점이 있음에도 불구하고 적절한 시기에 승진제도 개혁이 이루어지지 않을 경우, 전체 교사의 사기와 열정에 나쁜 영향을 끼칠 뿐만 아니라 우수한 교원의 확보에 실패하게 됨으로써 교수-학습 활동에도 좋지 않은 영향을 미치게 된다.

학교는 현대 사회에서 가장 대표적인 교육조직이며, 전통적 가치의 보존과 젊은 사회 구성원들을 변화하는 사회에 대비시켜야 한다는 두 가지 의무를 가지고 있다(Zaltman et al., 1977). 교원승진제도의 개혁 역시 급변하는 정보화, 세계화, 저출산 · 고령화 사회를 대비하기 위한 전통 가치의 창조적 계승이라는 관점에서 접근해야 할 것이다. 학교와 관련된 다양한 이해집단들, 교직 자체가 가치는 독특한 성격과 문화, 역사적인 맥락과 급변하는 사회 구조 등으로 인해 교육개혁은 다른 분야의 개혁들과 다르며 매우 어려운 일 중의 하나임이 분명하다. 미래 사회를 대비하는 성공적인 교원승진제도 개혁은 신중하게 계획되고 실행되어야 한다.

Adner(2006)는 사회체제의 위험을 전체적이고 체계적으로 평가할 수 있다면 이를 통해 좀 더 현실적인 예상을 할 수 있고, 환경에 대한 상황적응성(contingency)을 발달시킬 수 있으며, 결국 확고한 개혁 전략을 세우는 것이 가능할 것이라고 하였다. 페라리와 같이 훌륭한 자동차도 석유산업과 도로 등 기반시설이 없을 경우 아무런 가치를 지니지 못하는 것과 같은 이치라고 표현하였다. 교육개혁 질의 결정은 투입, 과정, 산출의 어느 한 요인에 의해서 이루어지는 것이 아니라 체제의 세 가지 요소가 총체적으로 유지 · 관리됨으로써 가능하다(신현석, 2005). 성공적인 승진제도 개혁을 위해서는 개혁 계획의 수립에서 실행까지의 전 단계가 총체적인 안목에서 유지 · 관리되어야 한다.

선행 연구에 의하면 교원승진제도의 규정들은 경력을 중시하는 연공서열 중심이다(김명수, 2004; 윤정일, 2002). 이러한 승진제도의 규정은 젊은 교사들의 능력을 개발하고 그들의 사기와 기대를 높이는 데 실패하고 있다. 또한 승진제도의 규정들은 교사들 중에서 극히 일부분만 교감으로 승진하게 되어 있어서 전체 교사의 능력 개발이나 헌신을 이끌어 내는 데 실패하고 있다. 경력을 중시하고 극히 일부분의 교사들만이 승진할 수 있는 현행의 제도는, 전체 교사들의 입장에서는 희소자원의 권위적 배분이라기보다는 갈등의 유발 요인으로 작용한다. 교사들에게 한정된 희소자원을 합리적으로 배분하기 위해서는, 학교 조직의 목표인 교수–학습 활동의 질 향상에 힘쓰고 우수한 능력을 보이는 교사에게 희소자원을 배분하는 승진제도가 필요하다. 승진에 많은 노력을 기울이는 교사가 수업을 등한시한다는 말이 나온다면, 그것은 승진제도가 학교 조직의 목적과 유리되었음을 의미하는 것으로 제도개혁의 필요성을 알려 주는 신호라 할 수 있다. 현재의 교원승진제도가 가지고 있는 많은 문제점에도 불구하고 지금까지 경력 위주의 교원승진제도가 유지되어 온 이유는 무엇일까? 이러한 질문에 답하기 위해서 교원승진제도 변화에 대한 역사적 신제도주의적 접근이 필요하다. 역사적 신제도주의의 특징은 제도를 역사적 산물이라고 파악한다는 것이다. 특정 시점에 형성된 제도가 상당 기간 지속되어 그 이후의 사회 현상에 대해서도 계속해서 영향을 미친다고 본다. 따라서 특정 시점에서의 맥락을 이해하기 위해서는 그 맥락의 배경이 되는 역사적 과정에 주목해야 한다고 주장한다(하연섭, 2003). 교원승진제도는 1964년에 승진규정이 제정된 이후 지금까지 40여 년이 넘는 오랜 역사를 가지고 있다. 이러한 역사적 과정 속에서 어떠한 요인이 경력 위주의 교원승진제도를 오랫동안 유지시켰으며, 최근에 논의되고 있는 능력 중심의 교원승진제도로의 변화에 영향을 미친 요인은 무엇인가를 파악하기 위해서는 역사적 신제도주의적 접근이 요구된다. 제도 변화의 시기와 그 과정은 개인의 행위와 속성에 한정된 분석에서는 불가능하며 구조, 제도, 행위자의 통합적 고찰에서만 가능하다. 제도 변화와 관련된 역사적 신제도주의의 선행 연구를 보면 주로 구조, 제도, 행위자를 개별적으로 연구하였으며 이들을 통합하여 분석한 연구는 많지 않다. 역동적, 단절적, 본질적, 비의도적인 제도 변화를 설명할 수 있는 유용한 접근이 바로 구조, 제도, 행위의 통합적 접근이라 할 수 있다(김윤권, 2005).

교원승진제도에 관한 선행 연구는 기존의 제도를 분석하여 문제점을 도출하고, 외국의 사례나 OECD의 검토 내용, 교원을 대상으로 한 설문을 중심으로 개선방안을 제시하였다(김이경 외, 2004b; 한만길, 2004; 주삼환 외, 2005; 김성용, 2004; 전경옥, 2005). 그러나 교원승진제도의 변화를 제대로 이해하고 올바른 정책적 시사점을 제시하기 위해서는 구조 수준, 제도 수준, 행위자 수준의 상호작용에 대한 분석에 기초하여 총체적인 관점에서 논의가 도출되어야 한다. 교원승진제도와 같이 오랜 시간을 통해 변화해 온 제도를 총체적인 안목에서 체계적으로 분석하기 위해서는 통합적 접근을 활용한 역사적 신제도주의적 분석이 필요하다. 따라서 본 장에서는 이론적 틀로서 역사적 신제도주의에 기반을 두고 구조, 제도, 행위자의 통합이라는 총체적인 분석 틀에 의하여 장기간에 걸친 교원승진제도의 변화를 체계적으로 분석하고자 한다.

2. 역사적 신제도주의와 교원승진제도

1) 역사적 신제도주의

신제도주의의 세 가지 분파에 대해 살펴보고, 그중에서 특히 역사적 신제도주의가 교원승진제도의 분석 틀로 적합한 이유에 대해 논의하고자 한다. 또한 역사적 신제도주의의 주요 개념들을 살펴보고, 선행 연구를 분석하여 구조, 제도, 행위에 대한 통합적 접근의 필요성에 대해 논의하고자 한다.

신제도주의는 인간행위를 설명하는 데 있어서 사회적 맥락과 완전히 유리되어 존재하는 '원자화된 개인'으로부터 사회 현상을 설명하려는 행태주의 등 기존의 지배적인 사회과학이론에 대한 비판에서 출발한다. 신제도주의라고 포괄적으로 부를 수 있는 학문 분야는 매우 다양하지만 광범위하게 사용하는 용어로서는 역사적 제도주의, 합리적 선택 제도주의, 사회학적 제도주의를 들 수 있다. 역사적 제도주의에서는 맥락에 대한 적절한 이해 없이 사회 현상 혹은 정책을 설명하기란 불가능하며, 이러한 맥락을 형성하는 것이 다름 아닌 역사라고 주장한다. 합리적 선택 제도주의에서는 제도의 기원, 제도의 효과 그리고 제도의 안정과 변화를 설명하는 데 있어 효용 극대화를 추구하는 합리적인 개인에 초점을 맞추는 것이 가장 중요한 특징이다. 사회학적 제도주의는 개인의 합리성 추구 과정, 의사결정 과정 그리고 조직 형태의 설계 과정 등을 인지적 · 문화적 요인에 초점을 맞추어 설명하는 것이 특징이다(하연섭, 2003). 교원승진제도의 경우 오랜 기간의 역사적 변화 과정을 겪어 왔으며, 제도의 형성과 유지 · 변화 과정에 대한 맥락을 이해하기 위해서는 역사적 과정에 기초한 분석이 필요하다. 이러한 이유 때문에 본 연구에서는 역사적 신제도주의를 이론적 배경으로 하여 교원승진제도를 분석하고자 한다.

교원승진제도의 변화를 분석하기 위해서는 역사적 신제도주의에서 말하는 경로의존성(path dependence), 역사적 전환점(historical juncture)이라는 개념과 제도 변화의 통합적 접근에 대한 이해가 필요하다. 제도의 정의에 대하여 많은 연구가 논의를 하고 있는데(Thelen & Steinmo, 1992; 장지호, 2003; 하연섭, 2003), 특히 Hall(1986)은 제도(institution)를 '정치와 경제 각 부문에서 개인들 간의 관계를 구조화시키는 공식적 규칙, 순응절차, 표준화된 관행'이라고 정의하고 있다. 본 연구에서는 이와 비슷한 관점에서 교원승진제도의 변화가 초래되는 다양한 배경과 그것의 결과적 특성을 고려하여 제도를 '집단과 개인을 포함하는 행위자를 제약하거나 행위 변화의 기회를 제공하는 공식적 비공식적인 이념 및 역사적 맥락'으로 정의하고자 한다.

역사적 제도주의에서는 정치적, 경제적 위기가 사회관계와 제도를 재형성하는 역사적 전환점을 강조한다(Ikenberry, 1988). Krasner(1984)는 제도의 모습이 결정적 · 근본적으로 변화하게 되는 중대한 전환점(critical juncture)과 이렇게 형성된 제도에 의해 역사적 발전 과정이 새로운 경로를 밟게 되고, 또 그것이 지속되는 시기로 구분할 수 있다고 했다. 이를 Krasner는 단절된 균형(punctuated equilibrium)이라고 부른다. 역사적 신제도주의에 의하면 기존의 제도가 큰 틀을 유지한 채 지속된다면 경로의존 현상으로 이해할 수 있고, 제도의 모습이 급격하게 근본적으로 변화한다면 역사적 전환점을 맞이한 것으로 이해할 수 있다. 중대한 전환점은 단일한 과정에 고립적으로 초점을 두는 미시 수준의 분석에서는 결코 주목되지 않는다(Pierson & Skocpol, 2002).

종래 역사적 신제도주의를 활용한 연구는 경로의존성을 가지고 설

인 문제를 해결하고자 하는 의도, 행위자 자신의 이익, 자신의 정책 이념 등을 추구하기 위해서 자신이 소유한 자원을 바탕으로 전략적으로 제도를 변화시키려고 한다.

조홍순(2006)은 이러한 계층적 맥락성에 역사적 맥락성을 추가하여 분석의 틀을 만들었다. 경로의존적 제도 요소들은 행위자의 행위를 구속하여 제도의 안정과 유지를 도모하지만, 이러한 과정에서 제도 내부에 갈등 요인이 발생하고 이것이 축적되어 오다가 구조의 충격으로 인한 중대한 전환점에서 새로운 제도를 형성하거나 기존의 제도를 변화시키는 또 다른 역할을 담당하게 된다. 이러한 경로의존적 제도 요소들이 거시적 구조 수준과 미시적 행위자 수준과의 관계 속에서 어떠한 제약 요인들과 어떤 결합관계를 형성하고 있는지를 분석하였다. 노명순(2006)은 대입정책의 변화에 영향을 주는 요인을 체계적으로 분석하기 위해서 구조, 제도, 행위자 차원을 분석하고 상호관계를 파악하였다. 본 연구에서는 이상의 연구를 참고로 하여 교원승진제도의 변화를 분석하기 위한 하나의 틀을 [그림 11-1]과 같이 제시하고자 한다. 분석의 틀에서 가로축은 역사적 맥락을, 세로축은 계층적 맥락을 의미한다. 본 연구에서는 교원승진제도의 변화와 관련된 역사적 맥락을 이해하기 위해 거시적 구조 수준의 변화, 제도 수준의 변화, 행위자 수준의 변화 등 계층간의 통합적 고찰을 통해 분석하고자 한다. 정권의 변화, 경제적 위기, 인구통계학적인 변화, 정보화, 세계화의 심화, 저출산 · 고령화 사회의 도래 등 구조 수준의 변화는 축적되어 온 갈등과 문제에 큰 충격을 주어서 중대한 전환점에 이르도록 한다. 기존의 정책, 이념, 문화와 같은 제도들은 지속성과 안정성을 위해 행위자를 구속하거나 통제하여 경로 의존성을 보인다. 그러나 새로운 이념과 정책은 구조적 변화에 힘입어 제도 변화를 도모하므로 구조와 제도 수준의 상호작용에 대한 분석이 필요하다. 또한 행위자는 제도의 제약 속에서 그 행동과 선택이 제한되지만, 잠재된 상태에서 갈등과 문제를 꾸준히 축적하다가 중대한 전환점 시기에 연대, 충돌, 협상 등의 전략적 행위를 통해 제도 변화를 도모한다. 따라서 교원승진제도의 변화를 분석하기 위해서는 [그림 11-1]과 같이 구조, 제도, 행위자의 통합적 고찰이 가능한 분석 틀이 요구된다.

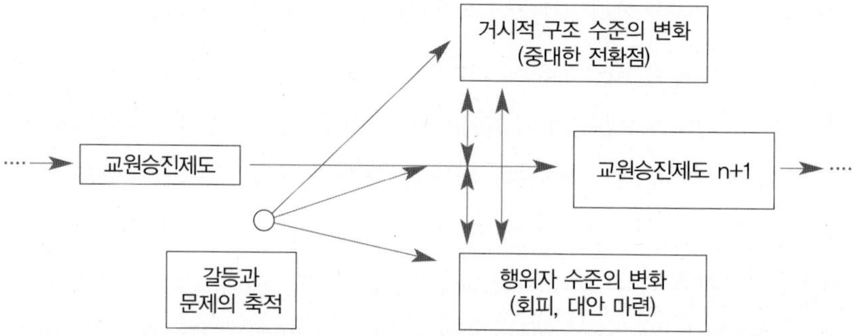

[그림 11-1] 교원승진제도의 변화 분석 틀

3. 교원승진제도의 변화에 대한 역사적 신제도주의적 분석

교원승진제도의 변화는 정권의 변화, 인구통계학적인 변화와 같은 거시적 구조 수준, 교직 문화, 정책 이념과 같은 제도 수준, 갈등과 협상 등 전략적인 행위를 통해 의사결정 과정에 특권적 접근을 점유하려는 행위자 수준의 상호작용의 산물이다. 어느 한 가지 수준의 분석에만 치우칠 경우 역동적인 교원승진제도의 변화를 제대로 파악하기 어려우며, 도출된 정책적 시사점 역시 한계를 가지게 된다. 본 연구는 구조, 제도, 행위자의 상호작용에 대한 통합적인 분석을 토대로 역동적인 교원승진제도의 변화 과정을 파악하고자 한다.

1) 구조 수준의 변화 요인

구조 수준의 변화 요인으로는 정치적 변화와 인구통계학적 변화를 들 수 있다. 먼저, 교원승진제도는 정치적 변화, 즉 정권의 변화와 어떠한 관계를 갖고 있는지 살펴보기로 한다. 정치적 변화에 있어서 가장 주목해야 할 시기는 문민정부의 출현이다. 국가의 개입이나 통제보다는 그동안 제한되었던 개인의 자유와 다양성을 최대한 보장하고자 하는 정권의 통치 이념이 교육개혁정책에 반영되었다. 군사정권이 종식되고 문민정부가 탄생하면서 민주화, 다양화, 지방자치의 실현, 정보화와 세계화를 주요 이념으로 내세우고 수요자 중심의 교육, 교육 운영의 자율성과 책무성 등을 교육개혁의 방향으로 내세웠다. 이러한 교육개혁을 실현시키기 위해 김영삼 정부는 교원의 전문적 자질을 높이고 아울러 능력 중심의 인사제도를 확립하고자 하였다(교육혁신위원회, 2006b). 그 결과 교원승진규정의 20차 개정(1997. 7. 9)에서는 경력평정 기간을 30년에서 25년으로 하향 조정하였는데, 이것은 교원승진제도 역사상 연공서열 위주의 제도가 처음으로 능력 위주의 제도로 변화하는 분기점으로 평가된다. 1964년에 제정된 교원승진제도는 승진에 필요한 교육 경력이 15년이었으나, 1997년 20차 개정 이전까지 승진에 필요한 교육 경력이 30년으로 계속 증가하는 추세를 보였다. 김영삼 정부는 능력 중심의 인사제도를 확립하고자 하는 교육개혁의 일환으로 경력평정 기간을 30년에서 25년으로 축소하였다. 이것은 교원승진제도가 정치적 변화와 밀접한 관계가 있음을 의미한다. 문민정부 이전까지 30여 년 동안 연공서열 위주의 교원승진제도가 계속 유지되었다. 과거의 정권과 차별화가 필요했던 김영삼 정부는 세계화 정보화 사회를 목표로 교육개혁을 실시하고 연공서열 위주의 교원승진제도를 능력 중심으로 개혁하기 위해서 경력평정 기간을 25년으로 축소하였다. 30여 년 동안 경로의존성을 보여 주던 교원승진제도가 중대한 전환점을 맞이한 것이다. 즉, 연공서열 위주의 교원승진제도가 처음으로 승진에 필요한 교육 경력을 줄이면서 능력 위주의 승진제도로 변화하려는 경향을 보였다. 그러나 교원승진제도의 변화는 더 이상 확대되지 않고 곧바로 안정적인 상태를 유지하여 2006년까지 경력평정 기간 25년을 유지하였다. 이것은 구조적 수준 이외의 제도적 수준과 행위자 수준에서 다른 요인들이 교원승진제도에 영향을 미치고 있음을 의미한다.

국민의 정부에서는 지식기반사회에 대비하기 위하여 교육 정보화, 국제화 교육, 특수교육의 미흡한 점을 보완하고, 평생직업교육의 개선방안을 모색하고, 교육공동체 형성을 통한 현장 중심의 상향식 개혁을 추진하고, 고등전문인력 양성과 대학교육의 질적 제고를 위해 대학교육체제 개선방안을 모색하였다. 여전히 연공서열 중심으로 이루어지고 있는 인사 및 승진제도를 지양하고, 성실하고 유능한 교원이 대우받는 능력 중심의 제도를 정착시키고자 하였다(교육혁신위원회, 2006b). 그러나 국민의 정부에서의 교원승진제도는 능력 중심의 제도를 위한 추가적인 교육 경력 요건의 감소나 대안적인 승진제도의 도입 없이 그 모습을 그대로 유지하는 선에서 그쳤다. 이것은 오랜 경험을 중시하는 교직문화 요인의 영향으로 이해할 수 있으며 제도 수준의 분석에서 자세하게 논의될 것이다.

교원승진제도는 참여정부에 이르러 새로운 변화를 맞이하게 된다. 능력 위주의 승진제도 마련은 물론, 지금까지 논의되지 않았던 다양한 교원승진제도가 논의되었다. 참여정부에서는 지식기반사회에 대비하기 위하여 다양성을 바탕으로 창의력과 자기계발 능력을 갖춘 인재를 양성하고자 하였다. 교장 승진까지 평균 28년 이상이 소요되는 경력 중심의 승진 구조로 인한 교직사회의 활력 부족을 문제점으로 인식하였다. 이를 해결하기 위해 노무현 정부는 '능력 위주의 승진제도'와 '학교장 임용제도 다양화' 등을 제시한 바 있고, 그 결과로 교육혁신위원회는 교장공모제를 제안하였다. 참여정부 출범 이후 교육인적자원부는

2003년부터 2004년까지 관련 전문가 및 전문연구기관을 통한 국민의견 수렴을 거쳐 2005년 8월 '교원양성 · 승진 · 연수정책개편방안(시안)'을 마련하였다. 시안의 일부 내용에 대한 교원단체의 반대로 2005년 10월 시안에 대한 검토 및 국민적 합의 수준이 높은 교원정책개선방안을 마련해 줄 것을 교육혁신위원회에 의뢰하였다. 이와는 별도로 교육인적자원부는 공교육 내실화를 목적으로 2004년부터 교원성과급제, 교원평가 시범실시, 초빙교장제(자격증 특례학교 포함) 확대 정책 등을 순차적으로 실시하였다. 2006년 8월에 교육혁신위원회는 교원양성 · 승진 · 연수제도 개선방안을 최종 의결하였다. 교원승진제도 개선방안의 핵심 내용은 교원근무평정에 다면평가 반영, 교장공모제 도입, 교장 · 교감 평가제도 도입 등이다(교육혁신위원회, 2006b). 교원승진제도 개선방안에는 초 · 중등학교 교육 경력(교육전문직 경력 포함) 15년 이상의 현직 교원 및 교육공무원을 대상으로 하는 교장공모제가 제안되어 있다. 현재 시범학교에서만 실시하고 있는 교장공모제가 전면적으로 시행될 경우 승진을 위한 경력평정 기간이 25년에서 15년으로 줄어드는 획기적인 변화가 일어나게 될 것으로 여겨진다. 다만, 정권 임기가 1년 정도 밖에 남지 않은 시기에 제안된 것이어서 그 실행 여부는 불투명한 상태다. 참여정부는 '학교장 임용제도 다양화'를 제시한 바 있으나 교원단체의 반발로 교장공모제의 실행에 어려움을 느끼자, 2007년 5월 교육공무원 승진규정의 경력평정 기간을 25년에서 20년으로 낮추었다.

정권의 변화로 교원승진제도의 변화가 예고되었지만 교원단체의 반발과 국민적 합의 수준의 미흡 등으로 실행이 지연되고 있는 상황이다. 참여정부에서는 거시적 구조의 촉발기제가 제도 변화의 자극을 준 상태에서 행위자의 반발 등으로 제도 변화가 지연되고 있는 상황을 보여 준다. 이것은 제도 변화에 있어서 구조 수준 이외에 다른 범주, 특히 행위자 수준의 요인이 작용하고 있음을 의미하는 사례로 평가할 수 있다. 그리고 '학교장 임용제도 다양화'의 실행에 어려움을 느낀 참여정부는 기존 승진제도의 경력평정 기간을 20년으로 축소함으로써 능력 중심의 승진 구조를 통해 학교교육 혁신을 도모하고자 하였다. 이러한 교원승진제도의 변화는 '학교장 임용제도 다양화'를 목표로 한 참여정부 개혁정책의 일부로 이해된다. 즉, 정권의 변화로 촉발된 구조 수준의 충격은 교장공모제와 같은 교원승진제도의 다양화를 위한 정책으로 나타났다. 그러나 행위자의 강력한 반발로 승진제도 다양화의 실행이 지연되자, 학교교육 혁신을 위한 능력 중심의 승진제도를 목표로 기존 제도의 경력평정 기간을 20년으로 축소시켰다. 구조 수준의 변화는 승진제도의 다양화라는 새로운 이념으로 표출되었으나, 행위자의 반발과 제도의 경로의존적 성격은 그 실행을 지연시켰다. 이러한 새로운 정책의 지연은 다시 기존 승진제도 규정의 변화로 이어져서 능력 중심의 승진제도를 목표로 한 변화를 가져왔다.

표 11-2 **초 · 중 · 고등학교의 학교 수, 재학생 수, 교원 수의 변화**

연도	학교 수(명)	재학생 수(명)	교원 수(명)
1968	7,861	7,043,565	133,714
1980	9,937	9,826,791	224,870
1990	10,492	9,428,077	319,202
2000	9,955	7,951,998	336,940
2006	10,876	7,776,211	388,497

출처: 통계청(www.nso.go.kr)의 자료를 재구성함.

구조적 수준의 두 번째 변화 요인으로는 인구통계학적 변화, 즉 학생 수의 변화를 들 수 있다. 초 · 중 · 고등학교의 학교 수, 재학생 수, 교원 수의 변화를 알려 주는 통계청 자료는 1968년부터 2006년까지 활용이 가능하다. 1968년 학생 수는 7,043,565명에서 계속 증가하여 1980년 9,826,791명을 정점으로 1990년 9,428,077명으로 유지되어 오다가,

2000년 7,951,998명, 2006년 7,776,211명으로 감소하는 상태를 보이고 있다. 특히, 1968년에서 1980년까지의 증가폭이 39.5%로 학생 수가 급격하게 증가되었고, 1990년부터 2000년까지의 감소폭이 15.7%로 또한 학생 수가 감소하였다. 교원의 수도 1968년 133,714명에서 1980년 224,870명으로 68,2%나 급격하게 증가하였다. 그 이후 학생 수의 감소에도 불구하고 과밀학급의 해소를 목표로 교원의 수는 1990년 319,202명, 2000년 336,940명, 2006년 388,497명으로 계속 증가하였다. 1968년 교원 수를 기준으로 증가폭을 살펴보면 1980년 68.2%, 1990년 138.7%, 2000년 152.0%, 2006년 190.5%로 증가하였다. 교원승진제도의 측면에서 보면 급격한 교원 수의 증가는 한정된 승진의 기회가 더욱 줄어드는 결과를 초래한다. 이러한 상황에서 선택할 수 있는 방안은 승진의 기회를 확대하거나 승진 대상자의 폭을 축소하는 것이다. 승진의 기회를 확대하려면 교원승진제도를 대폭 수정해야만 한다. 결국, 지금까지의 교원승진제도가 선택한 방향은 승진 대상자의 경력평정 기간을 15년(1964년)에서 20년(1973년), 25년(1979년), 30년(1990년)으로 증가시키는 것이었다. 승진에 필요한 경력을 높임으로써 승진 대상자의 폭을 줄여서 한정된 승진의 기회를 합리적으로 분배하려는 것이다. 그러나 여기에는 학생 수의 증가, 교원 수의 증가라는 인구통계학적인 요인뿐만 아니라 교직사회에서 경험과 경력을 중시하는 문화나 이념이 함께 작용한 것으로 이해된다. 교직사회의 문화나 이념에 대해서는 제도적 수준의 변화 요인 분석에서 보다 자세히 다루고자 한다.

2) 제도 수준의 변화 요인

제도 수준에서는 정책, 이념, 사회의식 등과 같은 제도들이 제도의 지속성과 안정성을 확보하기 위해 행위자를 제약하거나 구속하는 통제 메커니즘을 통하여 교원승진제도에 어떠한 영향을 미치고 있는가를 살펴보고자 한다. 교원승진규정의 변천 과정을 살펴보면, 승진 대상자의 경력평정 기간은 15년(1964년)에서 20년(1973년), 25년(1979년), 30년(1990년)으로 계속 증가되어 왔다. 문민정부 말기인 1997년에 처음으로 승진에 필요한 교육 경력이 축소되어 능력 중심의 교원승진제도 마련을 위한 획기적인 변화가 이루어졌고, 이러한 규정은 국민의 정부에서도 그대로 유지되었다. 특히, 문민정부의 탄생으로 국민 개개인의 자유와 다양성을 확대하려는 문화가 급속히 확대되었으며, 과거의 강력한 국가 개입에 의한 정책이나 제도의 실행보다는 자율과 책무성에 기초한 제도의 도입과 실행이 요구되었다. 이러한 사회 분위기는 능력 중심의 교원승진제도 마련이라는 제도의 변화를 가져왔고, 이러한 방향이 더욱 확대될 것으로 예상되었다. 그러나 지식기반사회에 대비하기 위해 고등전문인력 양성, 교육정보화 등을 강조한 국민정부에 이르러서 능력 중심의 교원승진제도를 향한 더욱 심화된 조치들은 이루어지지 않았고, 기존의 변화가 그대로 유지되는 정도에 그쳤다. 참여정부에서는 지식기반사회에 대응하기 위해 창의력과 자기계발 능력을 갖춘 인재 양성을 강조하였다. 이 시기에 이르러 다양한 교장임용제도의 도입과 승진에 필요한 교육 경력이 20년으로 더욱 축소되는 등 능력 중심의 교원승진제도를 목표로 급격한 변화를 보이고 있다.

1996년까지 약 30여 년 동안 경력평정 기간을 계속 증가시켜서 연공서열 중심의 교원승진제도가 지속적이고 안정적으로 유지되고 있음을 파악할 수 있다. 특정 시점에서의 선택이 미래의 선택을 지속적으로 제약한다는 경로의존성의 예로 평가할 수 있다. 이러한 교원승진제도의 경로의존성은 교육 분야에서 오랜 경험을 존중하는 사회의식과 무관하지 않으며, 이러한 의식은 과거와 현재의 행위자뿐만 아니라 미래의 행위자에게도 영향을 미쳐서 연공서열 중심의 교원승진제도가 지속적으로 유지되는 결과를 초래하였다. 경력을 중시하는 교직 문화는 학교의 구조와 관련이 깊다. 우리나라의 학교 구조는 첫째, 객관적인 직무분석과 직무평가를 통하여 이에 적합한 지식과 기술을 가진 교사를 임명하는 직위분류제적 요소와 거리가 멀다. 둘째, 명확한 성과 요소와 지표를 도출하고 성과 산출에 대한 책임과 기대를 분명하게 설정하는 성과관리 체제와도 거리가 멀다. 셋째, 폐쇄적인 충원 구조로 근속연수 중시의 승진제도와 보수제도를 특징으로 한다. 연공서열 중심 승진제도, 평등 중시의 문화, 근속연수 중시의 보수제도, 경력 중심의 근평 등 서로 조화를 이루는 제도들이 제도군을 형성하고 상호 의존적인 관계를 형성하고 있다(이준희, 2005). 연공서열 중심의 교원승진제도는 오랜 경험과 교직 경력을 중시하는 학교 구조와 문화에서 기인하며, 이것은 과거와 마찬가지로 지속적으로 현재와 미래의 선택에도 제약을 가하고 있다. 이러한 학교 구조와 교직 문화는 1996년까지 약 30여 년 동안 연공서열 중심의 교원승진제도를 지속시킨 요인으로 평가할 수 있다.

문민정부의 새로운 이념인 능력 중심의 인사제도는 1997년 경력평정 기간을 30년에서 25년으로 축소함으로써 교원승진제도는 커다란 변화를 맞이한다. 그러나 연공서열을 중시하는 교직 문화는 다시 행위자의 사고와 선택에 제약을 가함으로써 2006년까지 약 10년 동안 안정적이고 지속적으로 경력평정 기간 25년을 유지시켜 왔다. 국민의 정부에서는 교육 경력, 교육행정 능력, 리더십 등이 탁월한 유능한 교장·교감을 확보할 수 있는 학교장 임용체제를 확립하고자 하는 노력의 일환으로 교장초빙제를 확대하고자 하였다(교육혁신위원회, 2006b). 그러나 결국 대상자를 교장 자격증을 가지고 있는 자로 한정함으로써 연공서열 중시의 교원승진제도는 그 성격을 그대로 유지하게 되었다. 참여정부에서도 연공서열 중심의 승진제도는 학교문화의 전향적인 변화 추진이 곤란하고, 젊고 능력 있는 교원이 승진할 수 있는 기회를 제한하기 때문에 능력 중심의 새로운 승진 구조를 구축하기 위하여 교육 경력 15년 이상의 교원을 대상으로 하는 교장공모제를 제안하였다(교육혁신위원회, 2006b). 그러나 참여정부의 초기에 발생한 구조적 충격은 쉽게 제도 변화로 이어지지 못한 채 지금까지 기존의 교원승진제도는 그 모습을 유지하고 있다. 연공서열 중심의 교원승진제도는 오랜 경험을 중시하는 학교 문화와 맞물려서 지금까지도 경로의존성을 보여 주고 있다.

3) 행위자 수준의 변화 요인

구조적 수준에서 살펴본 바와 같이 능력 중심의 인사제도를 확립하고자 하는 김영삼 정부의 의지는 경력평정 기간을 30년에서 25년으로 하향 조정함으로써 연공서열 위주의 교원승진제도를 능력 위주의 교원승진제도로 변화시켰다. 구조적 수준의 변화가 곧바로 제도 변화로 이어진 사례다. 그렇다면 구조적 수준의 변화, 즉 정권의 통치 이념의 변화는 항상 제도의 변화로 이어지는가? 참여정부의 사례는 구조 수준의 변화가 곧바로 제도의 변화로 연결되지 않을 수도 있음을 보여 준다. 교원양성 · 승진 · 연수정책의 개편은 참여정부의 의지에도 불구하고 행위자인 교원단체들의 반발로 인해 상당한 기간 동안 실현되지 못하다가 최근에 이르러서야 변화의 모습을 보이고 있다. 구조 수준의 변화 요인이 제도 변화로 이어지는가의 여부는 행위자 요인에 의해 상당 부분 영향을 받고 있음을 확인할 수 있다.

행위자 수준에서 교원승진제도를 분석하기 위해서는 먼저, 행위자를 교사, 교장 및 교직단체 그리고 학부모 및 시민단체 등으로 구분하여 논의해야 할 것이다. 교원승진제도에 대하여 교장회와 교총은 공모제 등 새로운 교장임용 방법에 대해 기본적으로 회의적인 시각을 가지고 있으며, 현행의 초빙제를 바탕으로 개선하는 것이 바람직하다는 의견을 가지고 있다. 전교조와 한교조는 학교급별 교육 경력 10년 혹은 20년 이상인 자를 대상으로 학교운영위원회의 추천을 통해 교육청 단위에서 교원단체, 학부모단체, 시민단체 등으로 구성된 교장임용심사위원회에서 최종 선정하도록 하는 방식을 주장하였다. 인간교육실현학부모연대와 참교육학부모회는 교장·교감의 임용에서 자격제도를 폐지하고, 교장·교감 보직제를 실시하며, 교장이 되기 위한 다양한 경로를 보장해야 한다고 주장하였다(한만길 외, 2006).

교장초빙제와 공모제에 대하여 교장회와 교총은 기존 제도의 틀을 유지한 채 점진적인 개선을 도모한다는 점에서 '제도 유지 집단'으로 여길 수 있다. 인간교육실현학부모연대와 참교육학부모회는 교장·교감의 임용에서 자격제도를 폐지, 교장·교감 보직제를 실시, 공모제 도입 시 교육 경력이 없는 인사에게도 교장 임용의 기회를 부여하는 방안 등을 주장하여 '급진적 제도 변화 집단'으로 이해할 수 있다. 전교조, 한교조는 공모제 도입 시 10년 혹은 20년 등 교육 경력을 대폭 완화할 것과 교장선출 보직제 등을 주장하고 있어서 '제도 유지 집단'과 '급진적 제도 변화 집단'을 양 극단으로 하는 연속선상에 위치하는 집단으로 이해할 수 있다. 전교조, 한교조는 공모제 도입 시 교육 경력이 없는 인사에게도 교장 임용의 기회를 부여하는 방안을 제외하고는 인간교육실현학부모연대, 참교육학부모회 등과 마찬가지로 제도 변화를 추구하는 집단으로 이해된다.

교원승진제도를 둘러싼 갈등은 '제도 유지 집단'과 '급진적 제도 변화 집단'을 양 극단으로 하는 연속선상에 위치한 여러 집단의 상이한 견해 차이에서 비롯된다고 할 수 있다. 앞에서도 논의한 바와 같이 교장회와 교총은 기존 제도의 틀을 유지한 채 점진적인 개선을 도모하고 있다. 인간교육실현학부모연대와 참교육학부모회는 교장·교감의 임용에서 자격제도를 폐지, 교장·교감 보직제를 실시, 공모제 도입 시 교육 경력

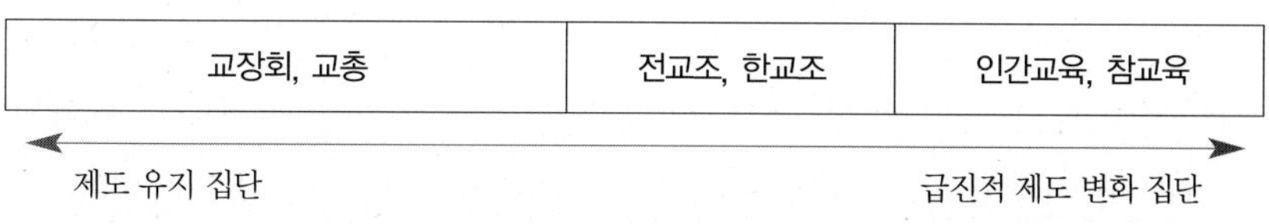

[그림 11-2] 제도 유지와 변화의 관점에서 본 교육단체의 입장

이 없는 인사에게도 교장 임용의 기회를 부여하는 방안 등을 주장하여 급진적인 제도 변화를 도모하고 있다. 전교조와 한교조 등은 공모제 도입 시 10년 혹은 20년 등 교육 경력을 대폭 완화할 것과 교장선출보직제 등을 주장하고 있어서 '제도 유지 집단'과 '급진적 제도 변화 집단'의 중간선상에 해당하는 변화를 도모하고 있다. 특이한 점은 교직단체 사이에서도 의견 일치가 이루어지지 않고 있으며 교장회, 교직단체, 학부모단체 모두 각기 다른 입장에서 제도 변화를 위한 노력을 하고 있다는 점이다. 이러한 상충된 이념을 가진 행위자 집단의 역학구도가 어느 한 쪽에 완전히 치우치지 않고 팽팽한 균형점을 이룬 상태에서 각기 다른 방향으로 제도 변화를 꾀하고 있다.

역사적 신제도주의에 의하면 이러한 행위자 집단은 자신의 이익이나 이념을 달성하기 위하여 불평등한 권력관계를 통해서 제도 변화를 추구한다. 특히, 구조적, 제도적 변화 요인의 분석 틀에서 살펴본 바와 같이 축적된 문제점과 갈등은 정권의 변화 같은 거시적 구조의 촉발기제로 생성된 중대한 전환점 시기에 제도 변화와 연결된다. 참여정부의 교육혁신위원회에서 제안한 교장공모제는 교원승진제도에 있어서 교육 경력 15년 이상의 교원을 대상으로 하고 있다. 이와 같은 급격한 교원승진제도의 변화 여부는 2007년 12월에 예정된 정권의 변화와 맞물려 있다. 이와 같은 거시적 구조의 충격 상황하에서 행위자 집단은 제도 변화를 가져오기 위해 끊임없이 갈등하고 협상하는 등 전략적 행위를 추구하게 된다. 참여정부의 초기에 구조적 충격이 있었으나 교원단체 등의 반발로 인해 제도 변화를 이루지 못하고 지연된 채로 기존의 교원승진제도는 그 모습을 유지하고 있다. 2006년까지는 경력평정 기간을 30년에서 25년으로 줄이는 선에서 연공서열 중심의 교원승진제도가 유지되어 왔으므로 기존 제도의 유지나 점진적인 변화를 추구하는 행위자 집단이 불평등한 권력관계 속에서 우위를 점유하고 있다고 평가할 수 있다. 2007년 경력평정 기간이 다시 20년으로 축소되면서 능력 중심의 교원승진제도를 목표로 커다란 변화가 이루어졌고, 교육 경력 15년 이상의 교원을 대상으로 하는 교장공모제가 시범학교 수준에서 시행되고 있어서 제도 변화를 둘러싼 행위자의 전략적 행위가 매우 역동적으로 이루어짐을 알 수 있다. 다양한 행위자 집단은 새로운 정권의 변화라는 구조적 충격 속에서 의사결정 과정에 대한 특권적 접근을 점유하기 위해 끊임없이 노력하고 있으며, 이러한 노력은 앞으로도 계속 지속될 것이다.

4. 제도의 변화 방향

교원승진제도의 변화에 있어서 정권의 변화, 인구통계학적인 변화와 같은 거시적 구조의 충격은 중대한 전환점 시기를 촉발한다. 이 시기에 교직 문화와 정책 이념과 같은 제도적 제약 속에서 축적되어 온 잠재된 갈등과 문제점은 행위자의 불평등한 권력관계를 통해 제도 변화로 이어진다. 본 장에서는 역사적 신제도주의의 구조, 제도, 행위자 간의 연계를 통한 통합적 관점에서 교원승진제도를 분석하였다.

교원승진제도의 변화는 정권의 변화, 학생 수의 증가와 밀접한 관계가 있음을 확인하였다. 교원승진제도가 1996년까지 약 30여 년 동안 연공서열을 중시하는 방향으로 경로의존성을 보이는 동안 잠재적인 갈등과 승진제도의 효과성과 관련된 문제점이 축적되어 왔다. 이러한 갈등과 문제점이 1997년 김영삼 정부의 능력 중심 인사제도를 확립하고자 하는 교육개혁이라는 촉발기제와 맞물려서 교원승진제도는 중대한 전환점을 맞게 된다. 1980년대까지 급격하게 증가된 학생 수의 증가로 교원 수 역시 증가하였는데, 이것은 한정된 승진의 기회가 더욱 줄어드는 결과를 초래하였다. 이에 대한 해결책으로 승진에 필요한 경력을 높임으로써 승진 대상자의 폭을 줄여서 한정된 승진의 기회를 합리적으로 분배하였다. 경력 위주의 교원승진제도가 오랜 기간 동안 유지되어 온 요인에는 정권의 변화와 인구통계학적인 요인뿐만 아니라 교직사회에서 경험과 경력을 중시하는 학교 문화나 이념이 함께 작용한 것으로 이해된다. 즉, 구조 수준의 요인과 제도 수준의 요인이 상호작용하여 경력 위주의 교원승진제도를 지속시켜 왔다.

노무현 정부는 대선 공약에서 '학교장 임용제도 다양화'를 제시한 바 있고, 그 결과로 교육혁신위원회는 교장공모제를 제안하였다. 거시적 구조의 촉발기제가 곧바로 제도 변화를 가져온 문민정부 때와는 달리, 참여정부에서는 거시적 구조의 촉발기제가 제도 변화의 자극을 준 상태에서 행위자의 반발 등으로 제도 변화가 지연되고 있는 상황을 보여 준다. 이것은 제도 변화에 있어서 구조 수준과 행위자 수준의 통합적 접근이 필요하다는 점을 의미하는 사례로 평가할 수 있다. 행위자 집단의 반발로 승진제도의 다양화를 목표로 한 새로운 정책이 지연되자, 2007년 경력평정 기간을 20년으로 단축시키는 기존 승진제도의 변화로 이어졌다. 즉, 대폭적인 제도 변화가 어려워지자 기존 제도의 규정 변화로 이어져서 능력 중심의 승진제도를 목표로 제도 변화가 이루어졌다. 구조 수준의 변화로 촉발된 '승진제도의 다양화'라는 이념은 비록 행위자의 반발로 실행이 지연되었으나, 결국 능력 중심의 승진제도를 목표로 제도 변화를 가져온 것이다. 행위자의 반발 속에는 오랜 경험을 중요시하는 교직 문화라는 제도 수준의 요인이 함께 작용한 것으로 이해할 수 있다. 이러한 점은 교원승진제도의 변화는 정권의 변화와 같은 구조 수준의 요인과 행위자 수준의 요인, 교직 문화와 같은 제도 수준의 요인이 함께 상호작용한 결과임을 말해 준다. 이것은 구조, 제도, 행위자의 상호작용을 이해하려는 통합적 분석의 틀이 필요함을 보여 주는 사례로 평가할 수 있다.

'제도 유지 집단'과 '급진적 제도 변화 집단'을 양 극단으로 하는 연속선상에 여러 집단의 상이한 견해 차이와 갈등이 존재함을 확인할 수 있었다. 2006년까지 경력평정 기간을 30년에서 25년으로 줄이는 선에서 연공서열 중심의 교원승진제도가 유지되어 왔으므로, 기존 제도의 유지나 점진적인 변화를 추구하는 행위자 집단이 불평등한 권력관계 속에서 우위를 점유하고 있다고 평가할 수 있다. 2007년 경력평정 기간이 다시 20년으로 축소되면서 능력 중심의 교원승진제도를 목표로 커다란 변화가 이루어졌고, 교육 경력 15년 이상의 교원을 대상으로 하는 교장공모제가 시범학교 수준에서 시행되고 있어서 제도 변화를 둘러싼 행위자의 전략적 행위가 매우 역동적으로 이루어짐을 확인할 수 있었다.

이상의 논의를 통하여 교원승진제도의 변화는 구조, 제도, 행위자 수준의 상호작용을 통하여 역사적으로 이루어진 산물임을 확인할 수 있었다. 따라서 교원승진제도의 개혁을 위해서는 어느 한 수준에 치우친 사고가 아닌 통합적 관점의 사고가 필요하다. 본 장에서는 총체적인 관점에서의 분석 결과를 토대로 '제도의 다양화' '검증체제의 마련' '총체적 관리'를 교원승진제도의 발전을 위한 정책적 시사점으로 제시하고자 한다. 구조, 제도, 행위자 수준의 상호작용을 통해 새로운 교원승진제도에 대한 필요성이 제기되었을 때, 다양한 승진제도를 도입하여 그 효과에 대한 검증이 이루어질 때 보다 합리적인 선택이 가능하기 때문이다. 또한 교원승진제도에 대한 논의는 승진, 연수, 경영실적 평가 등이 통합적으로 함께 이루어지도록 하는 시스템이 마련되어야 한다. 교원승진제도는 그 자체가 목적이 아니라 내실 있는 교수-학습 과정을 통해 학생의 교육적 성장을 도모하고 교사, 학부모 등 교육 관련 이해 당사자의 만족도를 높이기 위함이기 때문이다. 훌륭한 교원승진제도의 개혁이 이루어져도 연수, 경영실적평가 등 관리 기제가 부실할 경우, 학생의 교육적 성장과 교육 관련 이해 당사자의 만족도 향상이라는 소기의 목적을 제대로 이룰 수 없기 때문이다.

제4부 근무환경의 교원정책

1. 교원의 학교 행정업무에 대한 인식

학교는 하나의 조직으로서 조직의 구성원이 담당하는 직무가 역할에 따라 주어지게 된다. 그런데 학교조직은 여타의 조직과는 다른 특수한 성격을 지닌 조직으로 인정되어 왔기에 일반조직에서 적용되는 조직의 과업과 운영의 원리들이 그대로 적용되는 데 많은 문제점이 제기되어 왔다. 특히, 작금에 정책당국에 의해 교육통치의 지배적인 논리로 자리 잡고 있는 시장 · 경제의 원리가 학교조직에 적용되는 과정에서 학교조직의 주 활동 영역인 교육작용의 특성을 무시하고 있다는 비판이 거세게 일고 있다. 「문민정부」 이래 계속되어 온 경제논리 대 교육논리의 팽팽한 긴장 형성이 교육의 장인 학교현장에서 조성되고 있는 가운데 학교의 행정업무의 성격과 내용에 대해서도 예외 없이 적용되고 있다.

교육적인 관점에서 학교의 핵심적인 활동은 교사가 학생을 가르치는 교수활동과 학생이 교사로부터 배우는 학습활동이다. 따라서 교수-학습 활동은 학교가 존재하는 근본적인 이유에 해당되며, 이들 활동의 주체는 교사와 학생이다. 이러한 관점에서 학교행정은 교수-학습 활동을 외곽에서 지원하고 봉사하는 수단적 활동이다. 따라서 학교조직에서 교육활동은 행정행위에 대한 목적에 해당된다. 이러한 교육활동과 행정행위 간의 관계는 교육행정에 대한 행정행위적 관점에 의해 설명된다(권기욱 외, 1995: 32-33).

한편, 경제논리의 관점에서 학교조직은 교육조직으로서의 특수성을 인정하기보다는 조직의 한 종류로서 학교일 뿐, 조직 운영의 보편적인 원리가 예외 없이 적용되어야 한다는 것이다. 이러한 관점에서 학교행정은 학교에서 이루어지는 교육의 특성을 감안한 별도의 논리에 의해 지배되는 것이 아니라 행정의 효율성과 효과성 그리고 생산성을 강조하는 가운데 이들이 학교 운영의 준거로서 작용해야 한다는 것이다. 이러한 논리는 학교의 행정업무 면뿐 아니라 교육활동의 영역에서도 예외일 수 없으며, 결국 교육행정은 교육 중심이 아닌 행정 중심이어야 한다는 주장으로 귀착된다.

양방의 관점이 이와 같이 팽팽한 긴장 속에 있는 가운데 학교 행정업무의 성격에 대한 양자의 견해는 분명하다. 교육논리의 관점에서 학교 행정업무는 교수-학습 활동을 지원하는 것이며, 행정이 교육활동 위에 군림해서는 안 된다는 입장이다. 따라서 학교조직의 주요 구성원으로서 교사는 교수-학습 활동의 주체로서 이를 준비하고 실천하는 것이 주요 직무이며, 행정업무에 많은 시간을 소요하는 것은 본질적으로 교사 본연의 활동을 방해하기 때문에 교사의 근무여건 개선 차원에서 배려되어야 한다고 본다. 이에 따라 오늘날 많은 교사들이 학교 행정업무를 '잡무'로 부르고 있다. 그러나 경제논리의 입장에서 학교 행정업무는 학교조직의 운영에 있어 필요 불가결한 것이며, 교사의 교수-학습 활동은 학교조직 과업의 분리된 영역이 아니라 학교조직 운영의 연장선상에서 존재한다. 그러므로 학교 행정업무는 단순히 교수활동과 유리된 학교의 비본질적 과업이 아니라 학교라는 조직을 통합적으로 운영하는 과정에서 교수-학습 활동을 포함하는 포괄적인 개념이다. 따라서 경제논리의 관점에서 학교 행정업무는 '잡무'가 아니라 학교조직을 운영하기 위한 본질적인 과업으로 구성된다.

이와 같이 양측의 논리가 대립하고 있으나 학교 행정업무는 학교를 운영하는 데 있어서 필수 불가결하다는 데는 이의가 없다. 단지 학교 행정업무가 많아지고 복잡해져서 교원이 교육활동을 전개하는 데 지장을 받을 정도로 부담이 됨에 따라 업무의 적정 여부가 논란의 대상이 되고 있는 것이다. 특히, 「문민정부」의 5 · 31 교육개혁 이후 각종 교육개혁안이 끊임없이 학교현장에 부과됨에 따라 교원의 수업 외 행정사무 부담이 급증하게 되었다. 이에 따라 교원 본연의 업무라 할 수 있는 수업과 학생교육 활동이 소홀해지게 되고, 교원은 과중한 업무 속에서 혹사당하고 있다는 불만을 서슴지 않고 드러내게 되었다. 한편, 교육개혁을 통해 학교교육을 개선하려는 정책당국은 학교 행정업무가 많아졌다는 것을 인정하면서도 과연 그렇게 부담이 되는 것인지에 대한 의구심을 떨치지 못하고 있다. 아울러 당국은 행정업무를 '부담'이나 '잡무'가 아닌 학교를 새롭게 변화시키기 위한 과정으로 이해하고 교원이 받아들여 줬으면 하는 바람을 갖고 있다.

정책당국과 교원의 학교 행정업무에 대한 시각차가 상존하고 있는 현실에서 본 장에서는 학교 행정업무의 존재를 당위적으로 인정하는 가운데 이의 개선을 위한 정책의 방향과 과제를 밝히고자 한다. 이를 위해 우선 학교 행정업무의 개념적인 특성과 이론적 배경을 살펴보고, 이어 그간 「문민정부」 이래 학교 행정업무를 개선하기 위한 정책의 경과를 알아본다. 마지막으로, 학교 행정업무를 개선하기 위한 정책 방향에 따라 교육부, 교육청 그리고 단위학교별로 어떠한 정책 과제를 수행해야 할 것인지를 논의한다.

2. 학교 행정업무의 이론적 배경

1) 개념적 특성

학교 행정업무는 학교조직을 운영하는 데 관련된 제반 과업을 통칭하는 것으로 흔히 수업활동과 관련된 업무와 구별된다. 실제로 학교에서 이루어지는 활동을 우리는 편의상 행정(administration)과 수업(instruction)의 영역으로 분할하여 보지만, 학교조직의 목적을 달성하기 위한 과정에서 서로 상호작용하기 때문에 영역의 한계를 확정하는 일은 그리 용이하지 않다. 수업활동과 관련된 행정업무가 존재하는가 하면, 효과적인 수업을 운영하기 위해서는 행정적인 뒷받침이 전제되지 않으면 안

도에 투입되는 시간과 노력을 포괄하는 개념이다. 그리고 사무부담은 수업부담과 학생부담을 제외한 교원이 관련하는 제반 업무에 투입되는 시간과 노력을 의미하는 것으로 흔히 수업의 업무, 행정적 잡무, 학교사무(처리), 학교 행정업무 등으로 불리고 있다. 이와 비슷하게 서정화(1981a: 36-43)는 학교 행정업무(잡무)를 교과지도 · 특활지도 등을 포함하는 교육과정 운영과 생활지도 및 학급 · 학교경영, 기타 이와 직접 관련되는 교육활동 이외의 업무라 정의하였다.

위의 관점이 학교 행정업무를 직접적인 교육활동 이외의 업무에 국한하는 협의의 개념으로 보는 데 비해 김창걸(1992: 795)은 학교 행정업무(학교사무)를 교육행정의 과정에서 수반되는 제반 기록과 장부의 작성 및 보관 · 공문서와 제 보고의 처리 · 회계 · 경리와 용도 등 대체로 문서관리(paper work)를 위주로 하는 업무라고 하였다. 이러한 관점에서 학교 행정업무는 교육행정의 일부분이며 동시에 교육행정 활동에 수반되는 지원적 보조활동의 성격을 지닌다. 특히, 그는 교육행정 활동이 교직원 인사 · 학생 및 교육 내용에 관한 행정 · 시설과 재무에 관한 행정은 물론 교육활동의 계획과 조직 · 연구와 홍보에 이르기까지 모든 영역을 포함하는 것으로 보고 이들 영역과 관련된 일의 집행 · 처리를 사무관리(office management)로 본다는 점에서 학교 행정업무를 광의적으로 보고 있다고 말할 수 있다.

학교 행정업무의 개념이 어떻게 정의되든 교원의 근무부담 가운데 사무부담은 적지 않은 비중을 차지하고 있다. 특히, 사무부담 때문에 교수-학습 활동과 생활지도 등 교육활동에 지장을 초래하는 경우가 많다. 학교의 사무 내용은 다양할 뿐 아니라 처리해야 할 각종 장부와 일지 그리고 공문서가 많기 때문에 교원은 이들 사무 처리에 많은 시간과 노력을 할애해야 하는 실정에 있다. 한국교원단체총연합회가 초 · 중등교사를 대상으로 실시한 '교원잡무실태조사'(2009. 6. 6)에 따르면, 응답자의 68.2%가 공문 처리 때문에 월 1회 이상 수업시간을 자율학습 등으로 대체한 경험이 있는 것으로 나타났다.

2) 관련 이론

학교 행정업무는 학교조직의 구조를 수업과 행정의 양 영역으로 나눌 때 주로 행정의 영역에서 행해지는 과업을 의미한다. 많은 학자들이 교육(학교)조직의 특수한 성격을 논의하는 가운데 학교는 일반조직과 달리 '이완결합체제(loosely coupled system)'라고 특징지어져 왔다(March & Olsen, 1976; Weick, 1976). 그러나 학교조직 전체를 이렇게 특징짓는 관점 대신에 Meyer와 Rowan(1978)은 학교조직 구조를 수업과 행정을 양분하면서 양 영역의 특징 때문에 통제 방식이 달라질 수밖에 없다고 주장하였다. 즉, 그들에 따르면 수업의 영역은 행정적 구조의 지배를 덜 받으면서 교사들이 자율재량권을 바탕으로 교수활동을 주도적으로 전개할 수 있는 분야다. 반면에 행정의 영역은 교장-교감-교사로 이어지는 직위의 위계적인 구조하에서 Max Weber의 관료제 원리가 그대로 적용되는 분야다. 물론, 이때 교사는 수업과 행정 양 영역에 모두 관계되며, 수업의 영역에서는 능동적, 주체적인 역할을 수행하지만 행정 영역에서는 관료조직의 위계상 하위에 위치한 조직 구성원으로서 조직의 운영원리가 적용되는 객체의 입장이다. 이러한 양 영역의 특성상 수업 영역에서는 '느슨하게 통제되는(loosely controlled)' 반면, 행정의 영역에서는 '견고하게 통제되는(tightly controlled)' 양상을 보여준다.

특별히, 행정의 영역에서의 과업이 견고하게 통제되는 이유는 행정 영역에서 이루어지는 업무의 성격이 일반 관료조직에서 행해지는 업무와 동일시되고, 그 업무가 관료제의 원리에 의해 지배되기 때문이다. 즉, 분업, 무사 지향성, 권위의 계층화, 규칙과 규정 그리고 경력 지향성의 원리에 의해 행정의 업무가 처리되기 때문에 이 과정에서 교육의 전문성 측면보다는 관료적 합리성이 많은 영향을 미치게 된다. 이러한 경향은 학교조직의 관료화 정도와 전문화 정도에 따라 학교조직의 유형을 살펴본 Hoy와 Miskel(1991)의 연구에서도 확인된 바 있다.

		전문화 정도	
		높음	낮음
관료화 정도	높음	Weber 형	권위형
	낮음	전문형	혼동형

[그림 12-1] 학교조직의 유형

[그림 12-1]에서 Weber형 학교조직은 전문화와 관료화의 정도 모두 높은 형태로 Weber가 지향하는 이상적 관료제(ideal bureaucracy)와 부합된다. 전문형 학교조직은 관료화의 정도는 낮은 대신 전문화의 정도가 높은 조직 구조를 가지고 있으며, 교사의 전문성이 강조되고 이에 따라 교사의 자율재량권이 보장된 학교다. 권위형 학교조직은 반대로 전문화의 정도가 낮은 대신 관료화의 정도가 높은 조직 구조의 형태를 보인다. 이러한 조직에서는 행정과 수업 중 행정의 비중이 당연히 높을 수밖에 없다. 그러므로 학교조직을 운영하는 과정에서 행정의 영역이 차지하는 비중이 높을수록 그 조직의 관료화 정도는 높아질 수밖에 없다. 그리고 관료화의 정도가 심한 학교는 필연적으로 권위적일 수밖에 없고, 행정업무의 처리 과정에서 교사들의 자율재량권은 축소되고 전문가로서의 느낌 또한 줄어들 수밖에 없다(Silver, 1983: 84).

학교조직에서 행정과 수업의 이분적 구조와 그에 따른 교원의 행동에서 나타날 수 있는 차이는 Getzels와 Guba(1957)의 사회체제이론(social system theory)에서도 확인할 수 있다. 그들은 사회체제 내에서 인간의 행동은 조직에서의 역할과 기대로 구성되는 기관적 차원(the institutional dimension)과 조직 구성원 개인의 성격과 욕구 성향으로 구성되는 개인적 차원(the individual dimension)의 상호작용에 의해서 발생된다고 주장하였다. 이를 그림으로 나타내면 [그림 12-2]와 같다.

[그림 12-2] Getzels와 Guba의 사회체제이론

구체적으로 사회체제이론에 의하면 체제 내에서 인간의 사회적 행동(social behavior)은 기관적 차원의 역할(role)과 개인적 차원의 성격(personality)의 상호작용에 의해서 나타난다. 이를 함수관계로 표시하면 B=f(P.R)로 나타낼 수 있다. Meyer와 Rowan의 학교 구조에 대한 이분론을 사회체제이론에 적용해 본다면 행정의 영역에서는 기관적 차원의 역할이 강조되는 반면, 수업의 영역에서는 개인적 차원의 성격이 강조된다. 즉, 행정의 영역에서 교원이 과업활동을 할 경우에 그가 조직 내에서 맡은 역할과 그에 따른 기대가 행동에 영향을 많이 미치게 되고, 반대로 수업의 영역에서 교사가 과업행동을 할 때에는 개인적인 성격과 욕구 성향이 교사의 행동에 영향을 많이 미친다는 것이다. Getzels와 Guba는 조직의 종류에 따라서 어떤 조직은 역할이, 또 다른 조직은 성격이 개인의 행동에 지배적으로 나타날 수 있음을 인정하면서, 학교조직의 경우는 역할과 성격이 비교적 대등하게 교원의 행동 유발 요인으로 작용한다고 밝혔다.

사회체제이론에서 학교의 행정업무는 교사 개인의 성격보다는 공식조직으로서 학교조직에서 맡고 있는 역할과 역할에 따른 기대에 따라 처리되는 경향이 강하다. 이것은 행정 영역에서의 과업이 주로 관료제의 원리에 의해서 진행되는 것과 일맥상통한다. 학교 행정업무는 관료제의 원리 중 분업의 원리에 따라 업무의 공통적인 특성에 의해 분류되고, 업무 분장에 따라 그 업무를 책임지고 담당할 교원이 배치되며, 배치된 교원은 규칙과 규정에 의해 주어진 역할에 따라 개인이 맡은 과업을 수행하게 되는 것이다. 역할을 수행하는 과정에서 교원은 공식조직의 구성원으로서 공적인 일에 관계해야 하며, 위계화된 권위의 정도에 따라 명령되고 통제받는 행정계선의 일원으로서 업무를 수행하게 되는 것이다.

3. 학교 행정업무 개선을 위한 정책 방향

1) 문제의 소재

학교의 행정업무는 이론적 배경에서 살펴본 바와 같이 학교조직의 구조가 행정과 수업으로 이원화되어 있는 이상, 조직을 운영하는 과정에서 필수 불가결하게 존재하지 않을 수 없다. 그렇다면 학교 행정업무를 둘러싸고 도대체 무엇이 문제이기에 논란이 끊이지 않는 것일까?

학교 행정업무와 관련해서 우선적으로 제기할 수 있는 문제는 업무의 과다다. 물론, 행정업무 중에는 비록 교수-학습 이외의 활동이라 하더라도 학교의 운영과 직접적으로 관련된 중요한 일들도 있다. 그러나 많은 업무들이 학교의 본질적인 사무와는 동떨어진 잡무에 해당되는 것이고, 이러한 일들이 총체적인 행정업무에 추가되어 교사의 교육활동에 부담으로 작용하게 된다. 물론, 본질적인 행정과 사무와 잡무의 한계를 명확하게 구분하는 것이 쉬운 일은 아니지만 단위학교를 둘러싸고 있는 교육행정기관을 비롯하여 각종 단체에 의해서 부과되는 잡무는 교원의 교육활동에 지장을 초래할 뿐 아니라 사기를 저하시키는 주요 원인으로 작용하고 있다. 서정화 등(1981a: 36-43)은 이러한 잡무에 해당되는 일들로 ① 상부기관의 불필요한 공문서, ② 타 기관의 교육과 무관한 협조의뢰 공문서, ③ 전언통신문 남발, ④ 교사 및 학생 동원, ⑤ 교내 비치장부, ⑥ 청소년 단체 조직 및 사회교육 활동에 따른 업무, ⑦ 기타 단순 사무적 업무 등을 들고 있다.

최근에는 교육개혁 방안이 봇물처럼 쏟아져 이것이 학교현장에 실천되는 과정에서 성과에 대한 보고 업무가 날로 가중되고 있다. 또한 교육청 평가 등으로 인해서 학교에 요구되는 공문의 수가 전례 없이 증가함에 따라 교원은 기존의 행정업무 외에 옥상옥을 연상케 할 정도로 과도한 행정업무 처리에 시달리고 있다. 교육개혁과 교육청 평가에 따라 각종 공문서 처리가 늘어나게 되고, 이들 공문서가 주로 외형적인 실적을 확인하고 평가하는 업무와 관련되어 있기 때문에 처리 시간이 많이 투입될 수밖에 없다. 따라서 실적 전시 위주의 교육활동 수행이 이루어지고 겉치레와 행사 위주의 형식적인 교육 행정업무가 진행되고 있다. 그 결과 교사들은 교육과는 무관한 업무 처리에 시간을 빼앗기게 되고, 학교 경영자나 교육전문직은 본래의 교육지원 업무보다는 사무적이고 관리적인 업무에 치중하지 않을 수 없었다. 외형적인 실적 전시 위주의 교육행정 운용은 교육 본연의 의도와는 전혀 다른 역효과를 가져올 수 있다. 외적으로 나타난 실적으로 모든 업무를 확인하고 평가하기 때문에 여기에 맞추어 수량화하여 보고하고 또 증거를 남기려고 하는 데서 교원의 업무가 과중되고 개혁과 변화의 의도는 빗겨나간 채 비교육적 부작용만 발생하는 사태가 빚어지고 있는 것이다(서정화, 1994b: 275-276).

학교 행정업무를 과다하게 하는 요인 중 공문서 처리와 함께 가장 큰 비중을 차지하는 것은 공부(公簿) 정리다. 각종 장부와 일지들은 교수-학습 활동이나 학교 및 학급 운영에 필요한 것들도 있지만, 자체적으로 없애도 될 공부는 물론, 상급기관으로부터의 지시나 규정에 의해서 형식적으로 비치하는 경우도 비일비재하다(전제상, 1994: 36-37). 학교 행정업무를 과도하게 하는 요인으로서 각종 공부는 대개 일상적이고 형식적인 것들이고, 종류가 많으며, 처리하는 데 걸리는 시간은 비교적 짧은 것이 특징이다. 그러나 각종 공문서 처리는 그 종류가 다양하기도 하지만 회신을 하는 과정에서 실적이나 성과에 대한 요구가 수반되기 때문에 시간적으로도 많이 걸리는 것이 특징이다.

학교 행정업무의 과다는 이와 같이 학교를 운영하는 과정에서 본질적으로 요구되는 각종 공부와 공문서 처리가 수량적으로 많다는 것 이외에 시간 소요가 교원의 수업 관련 업무에 지장을 초래할 정도로 많다는 데 문제가 있다. 뿐만 아니라 학교 행정업무에 부수적인 잡무가 보태짐에 따라 교사들은 과중한 업무에 시달릴 수밖에 없다. 그러므로 교사들은 이러한 잡무에 시달리는 과정에서 스트레스를 받게 되고 이것의 부정적인 영향은 사기의 저하와 정신건강의 약화 그리고 소진(burnout) 등의 증상으로 나타나 결국 조직건강을 해칠 수 있다는 문제의 심각성이 제기될 수 있다.

학교 행정업무의 과다가 주로 양적인 측면에서의 문제라고 한다면, 행정업무의 처리 속도와 관련된 문제는 질적인 측면에서 접근될 수 있다. 학교조직에서 교원은 전문적이며 기술적인 업무 수행에 주력해야 하겠지만, 현실적으로 각종 단순 노무적이며 사무적인 업무에 시간을 할애하지 않을 수 없는 실정에 있다. 전제상(1994: 83)의 연구에 의하면 많은 교원이 주당 5~9시간 정도 잡무를 처리하는 데 시간을 소비하는 것으로 나타났다. 이러한 일들은 단순하고 반복적인 사무에 해당되는 경우가 많기 때문에 학교교육의 과정에서 전문적 능력을 발휘하도록 요구되는 교원이 이러한 단순 사무를 처리하는 것은 인력의 활용 면에서 볼 때 큰 낭비가 아닐 수 없다(서정화, 1994b: 276). 따라서 교원이 고도의 지적 · 전문적인 능력을 발휘할 수 있는 여건이 조성되어야 하고 단순한 업무를 처리할 수 있는 사무직원의 추가 배치와 사무 처리의 전산화가 시급히 요청된다.

그러나 현실적으로 학교에 배치되어 있는 교사 1인당 사무직원의 수는 1994년 초등학교 0.19명, 중학교 0.12명, 인문고 0.12명, 실업고 0.16명 등으로 평균 0.15명인 것으로 나타났다(교육부, 1994). 이러한 교사 1인당 사무직원 수의 수치가 충분한지의 여부에 대해 전국의 교원을 대상으로 설문한 결과 대부분(80.9%)의 교원이 부족한 것으로 응답하였다. 그리고 사무보조원의 수도 대부분의 학교에서 아예 없거나 1명 정도 두고 있는 것으로 나타났다(전제상, 1994: 66-67). 이렇게 단위학교에서 사무직원이나 사무보조원의 수가 충분하지 않음에 따라 단순 노무적인 사무 처리를 교원이 직접 담당하게 되는 것이다.

학교의 행정업무를 질적인 측면에서 개선하고 투입되는 시간을 절약할 수 있는 방법으로는 사무 처리를 전산화하는 방법이 최선이다. 특히, 행정업무를 처리하기 위하여 사무직원을 추가로 배치하는 것은 인건비의 별도 소요가 발생하기 때문에 조직 운영의 효율성 측면에서 합리적이지 못하다. 따라서 행정사무를 짧은 시간 내에 많이 처리하기 위해서는 업무 처리의 전산화가 시급히 요청된다. 그러나 이수용(1998: 57-59)의 연구에 의하면 아직도 일선학교 사무 처리의 전산화 정도 면에서는 완전 전산화가 이루어지지 않은 채 대부분 행정업무의 일부만 처리(80.3%)되고 있는 것으로 나타났다. 그리고 최근 초등학교 교사 1인당 사무직원의 수는 초등학교 0.14명, 중학교 0.11명, 고등학교 0.09명인 것으로 나타나 이전보다 더 악화된 것으로 나타났다(한국교육개발원 교육통계, 2009).

2) 정책 방향

그동안 학교 행정업무와 관련된 문제들을 해결하기 위한 연구와 정책들이 행해져 왔다. 학교 행정업무와 관련된 연구는 행정업무와 관련된 실태와 문제점을 조사 · 분석하여 업무 개선을 위한 방안과 정책 과제를 제시하였다. 그리고 업무 개선을 위한 정책은 행정업무와 관련된 학교현장의 문제 제기와 개인적인 연구 그리고 각 기관에서 발주된 정책 연구과제의 결과와 제언을 토대로 그 방향이 결정되고 형성 및 집행의 과정을 거쳐 왔다.

정확하게 학교 행정업무와 관련된 문제를 다룬 것은 아니지만 김종철 등(1973)은 일찍이 「교원 직무 부담에 관한 분석 및 그 적정 직무량에 관한 연구」를 통해 교원의 직무과다를 지적하고 법정 한도 내에서 직무부담의 한도가 보장되어야 한다고 하였다. 서정화 등(1981)은 「교원 잡무 경감 방안」이라는 연구를 통해 교육행정기관을 비롯하여 각종 단체가 학교에 잡무를 과도하게 부과함에 따라 교사들이 본연의 임무인 교육활동을 수행하는 데 있어서 지장을 초래하게 되고, 교사들의 전문적 지위를 약화시키는 요인으로 작용하고 있다고 보고하였다. 이 외에도 김신복 등(1986)의 「교육행정 간소화 방안에 관한 연구」 그리고 김선종 등(1991)의 「교원의 근무여건 향상 방안 연구」 등이 교원의 행정업무 개선과 관련된 문제를 논하고 이의 개선을 위한 방안을 제시하였다. 개인적인 차원의 연구는 이들 전문연구자의 선도적 관심에 뒤이어 많은 교사들에 의하여 행정업무와 관련된 학위논문이 교육대학원 논문의 주류를 이룰 정도로 양산되어 오고 있는 실정이다.

한편, 교원의 근무부담 경감 차원에서 학교 행정업무의 개선을 위하여 꾸준히 정책 연구과제를 개발하고 연구 결과를 토대로 정부의 정책에 영향력을 꾸준히 행사해 온 교육정책 당국의 압력단체는 바로 '한국교원단체총연합회(전신 '대한교육연합회')'다. 구체적으로 전성연(1982)은 대한교육연합회의 정책 연구를 통해 교원의 근무부담에 관한 실태와 문제점을 분석하고, 분석 결과를 토대로 근무부담을 경감하기 위한 방안을 제시하였다. 1990년 들어서서 한국교원단체총연합회는 거의 매년 교원의 근무환경 실태를 분석하여 교원의 근무여건 개선을 위한 정책 대안을 꾸준히 정책 연구보고서를 통해 제시해 오고 있다. 즉, 한국교원단체총연합회는 1990년에는 「교원의 근무부담에 관한 연구」(한국교원단체총연합회, 1990)를, 1991년에는 「교원 처우 개선 및 복지증진 방안」(최태식, 김명순, 1991), 1993년에는 「교원 처우 개선 및 복지증진 방안」(한국교원단체총연합회, 1993), 그리고 1994년에는 「교사의 직무수행 조건과 복무환경에 관한 연구」(전제상, 1994)를 통해 교원의 학교 행정업무와 관련된 문제와 실태를 진단 · 분석하고, 정보화 시대에 걸맞게 각종 사무기기와 비품들을 확보하여 사무전산화를 조속히 시행함으로써 각종 잡무를 감축시켜야 한다고 주장하였다.

과거 학교 행정업무의 개선과 관련된 연구는 주로 교원의 근무부담이라는 포괄적인 맥락에서 부분적으로 다루어져 왔다. 그리고 학교현장에서의 실태와 교원의 지각 · 판단을 바탕으로 문제점을 도출하고 이에 따라 문제를 해소하기 위한 일반적인 방안을 제시하는 형태로 진행되어 왔다. 그러나 최근 들어 학교 행정업무의 개선과 관련된 연구는 1996년부터 실행되고 있는 교육정보화사업 중 교육행정 정보화의 관점에서 논의되기 시작하였다. 신현석(1998b: 103-121)은 정보화 시대의 도래와 함께 교육정보화정책을 검토하는 과정에서 교육행정 정보화의 추진 방향을 ① 교육행정 단위 간 전산망 연계 구축, ② 초 · 중등학교 종합정보관리시스템 구축, ③ 교육통계정보시스템 구축 등 세 가지로 요약 · 소개하였다. 그리고 그는 이러한 방향에 따라 진행되는 교육행정 정보화는 궁극적으로 학교 행정업무의 경감과 개선에 있다고 주장하였다.

교원의 학교 행정업무 수행과 관련된 제반 연구가 업무의 과다로 인해 수업활동에 지장을 초래하고 이로 인해 교원의 사기가 저하됨으로써 결국 교육력의 손실을 가져오는 점이 공통적으로 지적됨에 따라 정부는 이를 수용하여 정책적으로 반영하려는 노력을 꾸준히 해 왔다. 정부는 1979년 11월 8일부로 「교육업무간소화지침」을 마련하여 시행하였다.

뒤이어 1982년 3월부터는 교원업무경감방안을 마련하여 추진하고 있으나, 학교 행정업무와 관련된 각종 잡무는 아직도 근절되지 않고 1980년대 중반 이후 계속되어 온 교육개혁 방안의 발표 이래 오히려 증가하고 있는 추세를 보이고 있다. 특히, 교육개혁 방안 중 교원 대책에는 어김없이 교원의 잡무 경감방안이 항상 포함되어 있음에도 불구하고 이에 대한 시정이 전혀 이루어지지 않은 채 역대 정부에서 교육개혁안이 발표될 때마다 어김없이 등장하는 단골 메뉴로 지면을 장식하고 있을 뿐이다.

이러한 비판이 비등한 가운데 「문민정부」는 5 · 31 교육개혁안을 통해 교육정보화사업을 본격적으로 추진하기로 하고 1996년 7월에 그동안 분절적으로 추진되어 오던 교육정보화사업을 통합적, 전면적으로 실시하기 위하여 「1996-2000 교육정보화 촉진 시행계획」을 확정 · 추진하였다. 교육부가 추진한 교육정보화사업은 ① 교육정보화 기반 구축, ② 교육정보의 개발 · 보급, ③ 정보기술 활용교육 강화, ④ 교육행정 정보화, ⑤ 학술 연구 정보 기반의 고도화, ⑥ 학술정보 유통체제 구축 등 6개 분야에 걸쳐 총 26개의 실천 과제를 설정하여 추진하는 것이었다. 정부는 교육정보화사업을 2000년까지 추진하기 위하여 총 2조 3,000억 원의 예산 투입을 계획하였다(오헌석, 1997). 이 중에서 학교 행정업무의 개선과 관련되는 교육정보화사업 분야는 '교육행정 정보화'다. 그리고 2001년 정부는 모든 교육행정기관에서 이루어지고 있는 교육행정업무를 유기적으로 처리하기 위해 교육행정정보시스템(NEIS) 구축을 전자정부 구현을 위한 11대 중점 추진 과제의 하나로 선정하였다. 이후 2002년 3월 교육행정정보시스템 설계가 완료되었으며 2002년 11월부터 시범 서비스가 시작되었다.

그러면 학교 행정업무를 개선하기 위한 정책의 방향과 목표는 무엇인가? 사실 그동안 우리는 교원이 학교 행정업무와 잡무에 얽매이고 있다는 일반적인 현실에 집착하여 이의 해소를 위한 단편적인 정책 과제만 열거해 왔지, 통합적으로 학교 행정업무 개선의 목적과 방향이 무엇이 되어야 하는지에 대한 언급은 드물었다. 설령 있다 해도 상식적으로 논의되는 수준에 머물러 왔다고 볼 수 있다. 학교 행정업무를 왜 개선해야 하는가? 이러한 물음은 곧 학교 행정업무의 개선 목적과 결부된다. 이에 대한 해답은 교육부(1999: 98)의 '교육발전 5개년 계획(시안)' 에서도 제시된 바와 같이 '교원의 수업 외 업무 경감을 통한 교수능력의 극대화' 로 요약할 수 있다. 학교의 행정업무와 잡무의 대부분은 교원의 수업 외 업무에 속한다. 수업 외 업무에 교사가 많은 시간을 할애하는 것은 결국 교사가 수업과 수업을 위한 준비 그리고 학생지도라는 교육 본연의 업무로부터의 이탈을 유도하게 된다. 따라서 교사의 교수능력은 저하되고 학생들의 학습에는 결손이 발생하게 된다. 결국 이러한 현상이 지속되다 보면 전반적인 교육력이 저하되어 교육의 질을 좌우하는 교원의 질과 학생의 질이 떨어지게 된다. 따라서 교원의 수업 외 업무 경감을 통해 교사가 교수–학습에 치중할 수 있는 시간을 확보해 주는 일은 교수능력의 극대화를 통해 교육의 질을 향상시키는 첩경이 된다.

그렇다고 교원의 수업 외 업무를 경감시켜 주는 일이 전적으로 교사의 수업능력 제고를 이끈다고는 볼 수 없다. 교원의 수업 외 업무 경감으로 인해 확보된 시간이 교수–학습에 체계적으로 투입될 때 그 능력이 향상될 수 있는 것이다. 교원의 수업 외 업무 경감을 학교 행정업무의 획기적인 개선에 의해서 가능하나, 학교 행정업무의 개선은 양적으로 업무를 축소 혹은 통폐합하는 일뿐 아니라 질적으로 교육행정 정보화 사업을 통해 신속하게 처리될 수 있도록 업무가 사무자동화되는 일까지 포함되어야 한다. 이렇게 질적, 양적으로 학교 행정업무를 개선하는 구체적인 일은 교육행정기관의 단위별로 시행할 수 있는 세부적인 정책 과제로 개발되어야 한다. 왜냐하면 단위학교의 행정업무는 필연적으로 상위 교육행정기관인 교육부, 교육청 및 산하기관과 연계되어 있는 경우가 많기 때문에 각 기관별로 교원의 수업 외 업무를 경감할 수 있는 정책 과제가 자체적으로 실행될 때 원천적으로 학교 행정업무의 근본적인 개선이 가능하기 때문이다.

4. 학교 행정업무 개선을 위한 정책 과제

1) 교육부 차원

학교 행정업무를 개선하는 데 있어서 교육부의 영향력은 거의 절대적이라 할 수 있다. 교육의 통치체제가 중앙집권화되어 있고, 법규 해석적인 교육행정의 전통이 정부 수립 이후 지금까지 계속되어 오는 과정에서 교육활동에 대한 행정지배 현상은 이제 자연스러운 일이 되었다. 이러한 교육행정 활동에 있어서 교육과 행정의 불균형 현상은 상위의 교육행정기관으로 갈수록 더 심해지고 교육부에서 그 절정에 이르고 있다. 학교 행정업무를 개선하기 위한 정책이 양적으로 업무량을 감소하는 일과 업무 처리 방식을 질적으로 개선하는 방향으로 전개된다고 할 때 구체적으로 다음과 같은 정책 과제가 교육부 차원에서 실행될 수 있을 것이다.

첫째, 교원이 담당하는 행정업무량을 양적으로 감소시키기 위하여 교육부 차원에서 추진할 수 있는 과제는 무엇보다도 공문서의 생산 및 유통량을 감소시키는 것이다(교육부, 1999: 98). 교육부는 이를 위해 학교 행정업무 개선을 위한 선도 · 시범학교를 운영하여 공문서 유통량 감축 우수 사례, 수업 외 잡무 경감 방안 등을 발굴하고 각급 학교들이 이들을 학교 행정업무 개선 자료로 활용할 수 있도록 보급하고, 지원하는 일들을 할 수 있을 것이다. 그러나 교육부가 교육개혁 방안을 정책 과제화하여 그 과제들이 학교현장에서 목표 연도까지 정착될 수 있도록 독려하고 또 실행의 결과를 실적으로 보고하도록 하는 과정에서 수없이 새로운 공문서가 발생하고 있다. 대부분의 교육개혁 방안들은 그렇게 단기간 내에 성과 확인이 불가능한 경우가 많음에도 불구하고 실적을 무리하게 요구함으로써 우리의 교육개혁 정책이 실적 전시 위주로 흐르지 않을 수 없는 요인으로 작용하고 있다. 이러한 전시적인 교육개혁정책은 결국 진정한 교육의 개혁적 변화 없이 의미 없는 실적만 양산하게 되는 결과를 초래하게 되고, 교원은 보여 주기 위한 문서 작업에 많은 시간과 노력을 빼앗기고 있다.

「문민정부」 이래 계속되고 있는 교육개혁사업들로 인해 학교의 행정업무가 폭발적으로 증가하고 있는 가운데 1996년부터는 시 · 도 교육청 평가가 도입됨에 따라 교원의 행정업무 부담이 더욱 늘어나고 있는 실정이다. 교육 공급기관에 대한 평가를 통해 책무성을 제고한다는 취지하에 시작된 시 · 도 교육청 평가는 외적으로 나타난 실적을 점검 · 확인하는 형태로 이루어지기 때문에 일선 학교에서는 여기에 맞추어 실적을 계량화하여 보고하고 있다. 이 과정에서 많은 행정업무가 발생하고 교원은 이 업무를 처리하기 위하여 많은 시간과 노력을 할애하지 않으면 안 된다. 시 · 도 교육청 평가가 외형적인 실적 전시 위주로 흐르고, 이로 인해 교원의 과도한 업무 부담이 문제시되고 있는 가운데 교육부는 또 다른 평가를 또 준비하고 있어 이래저래 단위학교의 공문서의 숫자와 교원의 행정업무와 잡무에 대한 부담은 계속 늘어날 수밖에 없는 처지다.

결국, 교육부가 주도하고 있는 교육개혁정책이나 교육 공급기관에 대한 평가는 본래 의도하는 교육의 변화와 책무성 제고와는 동떨어지게 교원의 행정업무에 대한 부담만 증가시켜 심사숙고한 후 실행되어야 한다는 여론이 폭넓게 제기되고 있다(주삼환, 1998). 이는 교육개혁과 시 · 도 교육청의 평가가 필요하기는 하지만 본래의 취지를 살리지 못한 채 의미 없는 실적을 나열 · 전시하는 방식으로 진행되고 있기 때문에 집행방식에 대한 변화를 요구하는 것이라 할 수 있다. 따라서 교육부는 더 이상 불필요하게 공문서를 남발하고 전시적인 실적을 통해 교육개혁의 성과를 확인하려는 근시안적이고 권위주의적인 정책 집행 방식을 포기하고, 학교나 교육청이 자발적으로 국가의 교육개혁 프로그램에 동참할 수 있도록 하는 유인책을 개발할 필요가 있다. 이 과정에서 교육부는 더 이상 하위 교육행정기관이나 학교에 대해 군림하고 지배하는 기관이 아니라 국가의 교육정책 방향에 따라 이들 기관이나 학교를 민주적으로 유도하고 지원하는 교육지원체제의 본산으로서의 역할을 수임해야 할 것이다.

둘째, 교원이 담당하는 행정업무 처리 방식을 질적으로 개선하기 위하여 교육부 차원에서 추진할 수 있는 과제로 학교 행정업무의 전산화를 들 수 있다(교육부, 1998: 98). 학교 행정업무의 전산화는 현재 교육활동을 보다 효율적으로 지원하기 위한 교육행정 정보화의 일환으로 전개되고 있다. 교육행정 정보화의 추진 목적은 현장교육을 전문적으로 지원하기 위한 서비스를 능동적으로 제공하는 것 이외에 기존의 학교 행정업무를 신속하게 처리하게 하여 교원의 업무 부담을 경감시키는 데 있다(신현석, 1998b: 114-116). 구체적으로 교육부가 추진하고 있는 교육행정 정보화는 첫째, 교육행정 단위 간의 전산망 구축을 통해 교육행정 정보화의 기반을 구축하여 불필요한 교육행정 인력을 감소하고, 공문서 작성 및 수발로 인한 교원의 시간과 행정력 낭비를 감소시키는 방향으로 진행되고 있다. 둘째, 교육행정 정보화는 ① 교무업무 지원 시스템, ② 교육정보유통시스템, ③ 학교 경영업무 지원 시스템으로 구성되는 종합정보관리 시스템을 구축하여, 초 · 중등학교의 교무, 학사, 인사, 재무, 시설, 도서관리 등 모든 학교업무를 전산화하여 교원의 업무 부담을 경감시킬 뿐 아니라 행정업무를 효율화하여 행정비용을 절감하고자 한다. 셋째, 교육행정 정보화는 교육통계정보시스템을 구축하여 한국교육개발원 교육통계센터의 정보 서비스 기능을 확대하고, 시 · 도 교육청 단위로 교육통계 데이터베이스를 개발하여 서버를 구축 · 운영하며,

이와 함께 각급 학교 온라인 교육통계정보시스템을 구축하는 사업이다.

교육행정 정보화는 분명 학교 행정업무를 개선하는 데 있어서 지금까지 계획되었던 모든 제도와 정책을 일거에 이룰 수 있는 획기적인 프로젝트임에 틀림없다. 또 그만큼 중요한 사업이기 때문에 정부는 정보화 시대를 운운하지 않더라도 막대한 예산을 투입하여 사업을 꼭 실현하고자 하고 있다. 그러나 교육행정 정보화는 교육정보화추진계획이 일단락되는 2000년 이후에도 계속되어야 할 사업이다. 최근에 교육개혁위원회(1998: 132-136)는 21세기 한국 교육의 발전지표를 설정하는 과정에서 여전히 교육지원체제의 정보화가 미흡하다고 지적하였다. 교육행정업무의 전산화는 아직 초보적인 수준에 머무르고 있으며 교원의 정보화 소양 또한 미흡하다는 지적이다. 신현석(1998b: 116-118)도 현 단계에서 교육행정 정보화의 문제점을 ① 수업 영역에 비해 상대적으로 뒤처져 있는 행정사무의 전산화, ② 교육행정 인력에 대한 체계적인 정보화 소양교육 미흡, ③ 단편적으로 진행되고 있는 교육행정의 사무자동화, ④ 지나치게 형식적이고 인위적인 교육행정 정보화 체제의 구축 등으로 열거하면서 이러한 문제들이 해결되지 않는 한 학교 행정업무를 획기적으로 개선하기 위한 교육행정 정보화의 성공적 실현은 기대하기 힘들다고 주장하였다.

셋째, 학교 행정업무의 개선을 위하여 교육부는 교사의 직무 및 업무분장체계를 재조정해야 한다(교육부, 1998: 92-93). 학교조직의 과업 영역이 행정과 수업으로 나뉠 때 교사가 수행해야 할 양 영역에서의 직무기준이 불명확한 관계로 교사들은 수업 외의 모든 업무를 '잡무'라 칭하고 있는 현실이다. 이에 따라 학교의 행정업무 역시 학교조직의 중요한 과업임에도 불구하고 교사들은 그 업무가 단지 교육과 동떨어진 것이라는 이유만으로 기피하고 있는 실정이다. 따라서 교육부는 교원의 수업 외 교육활동 관련 업무에 대한 근거를 마련함으로써 교원업무에 대한 올바른 인식을 확립하여 불필요한 교원의 불만을 해소할 필요가 있다. 그러나 무엇보다도 시급한 것은 행정과 수업 영역에 걸친 교사의 종합적인 직무수행 기준을 명세화하는 것이다. 그리고 직무수행 기준에 따라 새롭게 업무 분장이 이루어져야 할 것이며, 분장된 업무에는 수업 관련 업무뿐 아니라 행정 관련 업무까지 포함되어야 할 것이다. 교원이 학교 행정업무에 관여하는 정도는 직무수행 기준에 의하여 결정되어야 한다. 따라서 직무수행 기준을 합리적으로 세우는 일은 교원이 수행해야 할 과업의 범위를 결정하는 데 중요하고, 교원이 기준에 의해 허용된 이외의 과업을 수행하는 데 따른 업무 부담을 경감하는 데 유효한 근거로 작용할 수 있을 것이다.

2) 교육청 차원

교육청은 교육행정의 위계 구조상 교육부와 단위학교 사이에 존재하는 중간 단계의 교육행정기관이다. 법규 해석적인 교육행정의 전통이 강한 우리나라에서 종래 교육청의 역할은 교육부에서 발원된 교육과 관련된 여러 정책과 행정사항들을 관내 단위학교에 부과하여 이의 준수 여부와 실적을 확인하고 감독하는 활동이 중심을 이루어 왔다. 아직도 이러한 권위주의적인 교육행정의 전통이 유지되고 있는 가운데 1991년부터 실시되고 있는 지방교육자치제의 영향으로 교육청 자체 내에서 발원되고 있는 지방교육정책과 행정 사항도 전례 없이 늘어나게 되었다. 이러한 과정에서 단위학교에 요구되는 행정적 업무가 증가하게 되었고, 단위학교에서 수업 외 업무에 소비되는 시간과 노력은 배가되고 있는 실정이다. 구체적으로 교육청 차원에서 학교의 행정업무를 개선하기 위하여 실천할 수 있는 정책 과제를 제시하면 다음과 같다.

첫째, 교육청 차원에서 학교 행정업무를 개선하기 위하여 할 수 있는 우선적인 과제는 불필요한 공문서의 발생과 유통을 억제함으로써 교원의 수업 외 업무를 경감시키는 것이다(교육부, 1998: 98). 교육부에서 하달된 교육개혁의 실천과 이에 따른 실적 보고 그리고 교육청 평가로 인해 필요한 단위학교로부터의 각종 문서와 실적 근거 자료들이 교육청 수준에서 여과되지 않고 그대로 단위학교에 공문서를 통해 요구되고 있다. 따라서 새로운 공문서의 생산과 유통량은 전례 없이 급증하게 되고 이에 대한 부담은 고스란히 단위학교가 떠맡게 되었다. 이에 교원은 행정업무의 폭주 속에서 수업과 관련된 교육활동을 하는 데 소홀해질 수밖에 없고, 형식적인 실적 보고를 위한 공문 처리에 많은 시간과 노력을 빼앗길 수밖에 없게 되었다. 결국 이러한 비교육적 상황을 방지하기 위해서 교육청은 교육부의 요구에 대한 자체적인 업무 처리 능력을 키워 나가야 한다. 자체업무 소화 능력을 배가해야 공문의 생산과 유통량을 감소시킬 수 있다. 뿐만 아니라 공문서의 통폐합도 가능하게 할 수 있다. 단순히 교육행정의 과정에서 중간 기착지로의 역할만 하는 현재의 교육청은 학교 행정업무의 개선에 전혀 도움이 되지 못한다.

교육개혁과 교육청 평가 그리고 학교 평가로 인해 단위학교에 부과되는 행정업무에 대한 부담 이외에 큰 부담으로 작용하고 있는 것은 교육청과 각종 지방기관으로부터 단위학교에 요구되는 각종 행사에의 참여다. 각종 행사에의 참여는 교원에게 커다란 잡무부담 요인으로 자리 잡고 있다(서정화, 1994b). 지방의 크고 작은 행사가 있을 때마다 행사 주최 기관은 학생·교사들을 동원하여 행사 참가를 부추기고 있다. 이러한 행사에의 참여는 단위학교의 결정에 의하여 교육적인 차원에서 교육과정의 운영상 필요하다고 판단되는 것 이외에는 최대한 억제되어야 하며, 교육청은 필요불급한 행사 이외에 전시적으로 단위학교를 동원하는 행사를 최소화하는 동시에 지방기관들로부터 단위학교에 요구되는 행사 참여 요청을 저지하는 보호막의 역할을 담당해야 한다.

둘째, 교육청 수준에서 학교 행정업무를 개선하기 위하여 실천할 수 있는 과제는 교육청과 단위학교 간의 행정업무의 상호작용 형태를 사무자동화하여 온라인화하는 것이다. 현실적으로 상급 교육행정기관으로부터 요구되는 공문서의 유통화, 이에 따른 부담이 줄어들지 않고 있는 상황에서 공문서의 생산에 대한 억제에 한계가 있다면 결국 행정업무를 처리하는 과정에서 업무의 전산화를 통해 공문 처리 능력을 배가시켜 효율화하는 수밖에 없다. 이를 위해 교육청은 교육부가 주도하고 있는 교육정보화사업에 대해 수동적인 자세를 견지할 것이 아니라 교육 행정 업무의 간소화, 신속화를 위한 행정업무의 사무자동화에 대한 자체 모델을 연구 · 개발하려는 능동적인 태도를 보여 주어야 한다.

교육청과 단위학교 간의 행정적인 업무관계는 전국적으로 대동소이하겠지만 행정업무를 개선하기 위한 교육청의 노력은 다양하게 나타날 수 있고, 이러한 노력 여하에 따라 단위학교의 행정업무에 대한 부담이 경감되는 것은 물론, 업무 처리에 들어가는 교원의 시간과 노력을 획기적으로 줄일 수도 있다. 특히, 교육청에서는 비슷한 내용의 공문인지 모르고 단위학교에 유통시킬지 모르지만, 이를 수발 처리해야 하는 단위학교의 교원은 이렇게 비슷한 공문들이 반복적으로 요구되는 과정에서 수업 외 업무에 시간을 소진한 나머지, 교육 본연의 활동을 해 나가는데 지장을 받게 된다. 이러한 문제를 해결하기 위해서 교육청은 공문서의 통폐합을 통해 일상적인 사무 및 잡무 처리를 간소화하는 한편, 업무 전산화의 관점에서 단위학교의 각종 실적과 업무에 대한 데이터베이스를 구축해 놓는 것이 바람직하다. 데이터베이스가 구축되면 번거롭게 문서업무에 의존하지 않고 단위학교에서는 해마다 새로운 실적과 문건 보고 사항에 대하여 온라인 상으로 자동입력 처리하기만 하면 된다. 교육청은 이 데이터베이스를 활용하게 되면 교육부로부터 요구되는 각종 실적과 업무보고와 관련하여 단위학교에 관련 공문서를 유통시키지 않고 자체적으로 소화할 수 있게 될 것이다.

셋째, 교육청은 학교의 행정업무를 개선하기 위하여 학교 행정사무에 대한 전결처리제도를 적극 활용할 필요가 있다(교육부, 1998: 98). 단위학교로부터 경미한 사항에 이르기까지 일일이 공문서를 통해 요구하는 행정행위는 단위학교의 자율성을 크게 침해하는 것임은 물론 권위주의적 교육행정을 통해 확인 · 점검하는 관행이 굳어진 데서 기인한다. 이에 따라 단위학교의 행정업무는 결코 줄어들 수 없고 교원은 중요하지도 않은 사항에 대해 보고하느라 수업활동에 지장을 받게 된다. 특히, 단위학교의 자율책임경영제(School-based Management)가 전 세계적으로 각광받고 있는 현실을 감안해서라도 단위학교의 업무에 대한 전결처리제도는 강화되어야 한다. 교육청은 전결처리되는 업무의 종류를 점차 늘려 감으로써 단위학교의 자율권을 보장해 주고 이에 따라 민주화된 교육행정을 주도하는 새로운 면모를 보여 주어야 할 것이다.

3) 단위학교 차원

학교 행정업무를 개선하기 위한 단위학교에서의 노력은 교육부나 교육청 차원에서 이루어지는 것보다 양적 · 질적인 측면에서 직접적으로 업무를 개선할 수 있다는 점에서 그 파급 효과가 크다. 학교의 행정업무를 개선하기 위해서 우선적으로 해야 할 일은 학교의 운영을 위해서 필요한 필수적인 업무와 보조적인 업무 그리고 잡무에 해당되는 업무 등을 구별하는 일이다. 이것은 교원의 직무 기준이 법적으로 명세화되지 않은 실정에서 교원의 업무 영역 한계를 획정하기 위한 중요한 과제라고 할 수 있다. 학교 행정업무에 대한 부담의 증가는 주로 단위학교를 둘러싸고 있는 교육행정기관을 비롯하여 각종 단체가 현장의 교육활동을 저해하거나 지장을 초래하는 잡무를 많이 부과하고 있는 데서 기인한다(교육행정학회, 1995: 305). 각종 잡무는 학교 내부에서도 발생할 수 있다. 특히, 학교의 대 지역사회 관계나 방과후 활동의 활성화 등으로 인해서 부가적으로 많은 잡무가 발생하고 있다. 구체적으로, 단위학교 차원에 학교 행정업무를 개선하기 위한 실천 과제를 제시하면 다음과 같다.

첫째, 학교 행정업무를 양적으로 개선하기 위하여 단위학교에서 할 수 있는 첫 번째 과제는 과감한 행정적 잡무의 경감이다. 교육과정 운영을 저해하는 업무, 형식적인 실적 위주의 보고업무, 교육평가 및 행정지도의 잘못으로 빚어지는 업무, 교원이 아닌 사무보조원이 처리할 수 있는 업무, 수업 결손을 초래하는 업무, 기타 단순하고 기계적인 업무 등 학교현장에는 수없이 많은 잡무들이 줄어들지 않고 오히려 증가하고 있다. 물론, 이러한 잡무 중에는 학교 자체에 발생한 것 이외에 상위 교육행정기관이나 각종 사회단체로부터 발생한 것들이 많다. 설령 그렇다 하더라도 굳이 교원이 하지 않아도 될 잡무에 해당되는 일은 단위학교 차원에서 과감하게 생략·조절하기 위한 노력이 필요하다. 이를 위해서 무엇보다도 단위학교의 최고책임자인 교장의 자율재량권의 행사가 중요하다. 교장은 법적으로 보장된 권한에도 불구하고 상급기관이나 사회단체와의 관계 때문에 잡무 경감을 위한 과감한 지도력을 발휘하고 있지 못한 것이 오늘날의 현실이다. 향후 교원의 잡무를 근절하기 위하여 단위학교에서 계속 추진되어야 할 과제는 ① 불요·불급한 공문서 및 전통을 과감히 생략하고, ② 각종 교내 비치 장비를 감축하며, ③ 학생·교사 동원 및 행사 참가를 최대한 억제하고, ④ 각종 청소년 단체 및 사회교육 활동을 자율적인 선택에 의하여 행하도록 하며, ⑤ 교내 업무분담을 재조정하여 각종 업무를 통폐합하여 행정업무의 간소화를 추진하는 것 등을 들 수 있다(교육행정학회, 1995: 309).

둘째, 학교 행정업무를 질적으로 개선하기 위하여 단위학교에서 할 수 있는 과제로 교내 행정 전산망의 가동을 통한 개선을 들 수 있다. 오늘날 학교정보화사업이 주로 교수-학습의 효율화를 위한 교단 선진화에 초점을 맞추고 있는 과정에서 상대적으로 학내 행정의 사무자동화는 여전히 소홀히 하고 있는 실정이다. 그러다 보니 아직도 단위학교의 각종 운영 실태와 실적이 데이터베이스화되어 있지 않은 상태에서 일일이 교사들이 직접적인 현장 파악 등을 통해 수기 처리되고 있다. 그나마 다행인 것은 교육행정 정보화, 특히 교육행정정보시스템을 통해 학교 행정업무의 효율적 개선을 위한 전산화가 부분적으로 도입되고 있고, 일부 학교에서는 학내 전산망(LAN) 가동을 통해 수업 외의 행정업무가 대폭 간소화되고 있다는 실적을 보여 주기도 하였다.

구체적으로, 학교 행정업무의 전산화를 통해 처리될 수 있는 업무에는 ① 일일 업무 협의 자료 제공, ② 컴퓨터를 활용한 통지표 기재, ③ 각 분과별 업무 추진 계획의 수립 및 결재 그리고 내용의 공유, ④ 학생 생활기록부의 작성 및 관리, ⑤ 학년업무와 학급업무의 공유, ⑥ 도서 대여와 반납 처리 및 학생들의 독서 경향 분석, ⑦ 학생 수행평가 자료의 공유 및 활용, ⑧ 학교교육과정 운영 계획서의 수립 및 작성 그리고 활용, ⑨ 각종 공문서 양식의 저장 및 활용 등이 있다(갑천초등학교, 1999: 38-39). 물론, 학내 전산망의 설치로 행정업무의 개선과 효율화가 무조건 보장되는 것은 아니다. 학내 전산망의 설치와 아울러 교원의 학교 행정업무 처리 능력을 배양하기 위한 연수가 지속적으로 이루어져야 한다. 예를 들어, 문서 작성, 문서 구성 방법, 문서 기안 방법, 결재 방법, 문서 시행 및 발송, 문서 정리 및 편철 요령 등의 문서 관리 일반에 대한 사항은 물론이고, 새로운 문서 처리의 효율적인 방법을 찾기 위한 창의적 제안이 가능하도록 하는 수준에 이르는 고차원적인 연수가 이루어질 수 있도록 해야 한다.

셋째, 학교 행정업무를 개선하기 위하여 단위학교에서 실천할 수 있는 과제로 업무 분장의 재설계를 들 수 있다. 기존의 학교 업무 분장 조직은 부장교사를 중심으로 한 획일적이고 정태적인 형태를 띠고 있다. 학교의 업무 특성상 획일적으로 분할된 각 부서의 관할 업무를 명확하게 구별하기 힘든 실정에서 각 부서별로 업무의 영역을 고정적으로 획정한다는 것은 자칫 부서이기주의를 조장하거나 여러 부서에 걸쳐 있는 업무를 처리하는 과정에서 제대로 협조가 이루어지지 않을 가능성을 유발할 수 있다. 이에 대한 대응방안으로 제기할 수 있는 새로운 업무 분장의 운영 방식으로 팀제(team organization)를 들 수 있다. 팀제는 현재의 직위별로 구성되어 있는 사무 분장 조직과는 달리 업무 중심형 분장 조직이다. 그리고 팀제는 업무의 성격에 따라 융통성 있게 운영할 수 있다는 점에서 종래의 분장 조직보다 훨씬 역동적이다. 물론, 팀제를 운용하는 과정에서 팀제가 갖는 조직의 유연성을 제대로 발휘하지 못하고, 명칭만 바뀐 채 종래의 정태적인 직위 중심의 조직으로 그대로 운용되는 허점이 노출될 수 있으나, 이를 팀별 핵심 업무의 설정과 팀 간의 협조업무 발생과 선정에 따른 협력 방식의 개발 등이 학교 업무의 표준적인 설계에 따라 선행된다면 얼마든지 극복할 수 있다.

업무 분장의 재설계를 위한 선행 작업으로 각 팀별로 추진하게 되는 각종 업무 계획과 처리에 동일한 기준과 규격을 정하는 학교 업무의 표준화는 교원이 신속하고 정확하게 업무를 처리하는 데 도움이 된다. 뿐만 아니라 복수교감제로 인한 교감 업무의 중복과 결재라인의 혼선을 방지하는 데도 바람직하다. 무엇보다도 업무의 표준화는 학교 행정업무의 전산화 과정에서 반드시 선행되어야 할 과제이기도 하다. 따라서 학교 업무의 표준화는 학교 행정업무의 전산화뿐 아니라 업무 분장을 재설계하는 데 있어서 기초적인 사업이며, 궁극적으로 학교 행정업무를 질적 · 양적으로 개선하기 위한 필요 불가결한 작업이라고 할 수 있다.

5. 개선을 위한 제언

본 장에서는 교원이 담당하는 학교 행정업무를 개선하기 위한 정책의 방향과 과제를 교육행정의 각 단위별로 제시하고자 하였다. 오늘날 교원은 수업 외 업무가 계속 증가함에 따라 교수-학습과 관련된 교육 본연의 활동으로부터 이탈되는 현상이 가중되고 있다. 학교조직의 구조가 행정과 교수로 이원화되어 있는 현실에서 조직의 구성원으로서 교원이 행정업무로부터 완전히 해방될 수는 없다. 그러나 행정업무의 처리에 투입되는 시간과 노력이 오히려 수업활동과 관계된 그것을 능가하기 때문에 교사의 교수능력에 균열이 발생하고 이에 따라 교육의 질이 저하되고 교원의 사기가 저하되고 있다는 우려가 교육계 전반에서 제기되고 있다. 본 장에서는 이러한 비교육적인 양상을 해소하기 위한 정책의 목표를 '수업 외 업무 경감을 통한 교수능력의 극대화'에 있다고 보고, 이를 위한 정책의 방향을 '학교 행정업무의 개선'을 질적, 양적으로 도모하는 것으로 제시하였다. 그리고 이러한 정책의 기본적인 방향에 따라 교육행정의 각 기관별, 즉 교육부, 교육청, 단위학교 차원에서 실행될 수 있는 구체적인 정책 과제를 제시하였다.

학교 행정업무의 개선을 위한 정책 과제를 본 장에서는 편의상 교육부, 교육청, 단위학교별로 제시했지만 각각의 기관이 개별적으로 최선을 다한다고 해서 성공이 보장되는 것은 아니다. 무엇보다도 필요한 것은 학교 행정업무의 개선 목표에 대한 공감대 형성이다. 즉, 학교 행정업무의 개선을 통해 수업 외의 업무를 경감하고, 궁극적으로 교원이 수업과 관련된 활동에 좀 더 매진할 수 있도록 하여 수업의 질을 향상시키는 데 행정업무 개선의 주안점이 두어지고, 이에 대한 공감대의 형성이 구체적인 정책과제를 실천하기에 앞서 선행되어야 하는 것이다. 아무런 목표의식 없이 그저 교원의 행정업무가 많다고 하니까 교육부, 교육청 차원에서 공문서의 발생을 가급적 자제하고 유통량을 줄이는 것은 교원의 수업 외 업무를 줄일 수 있는 한 방편이 될 수 있을지 모르지만 교원의 행정업무에 대한 부담을 줄이기 위한 근본적인 조치는 될 수 없다. 사실 행정업무 중 많은 부분이 수업과 관련되어 있기 때문에 어떤 측면에서 상급 교육행정기관으로부터의 공문서 유통은 불가피한 측면이 있다. 따라서 교육부나 교육청에서는 새로운 공문서를 발생 · 유통시키는 과정에서 이것이 과연 학교현장에서 교원이 수행해야 할 필수적인 과업 내지는 보조적인 과업에 해당되는지의 여부를 우선적으로 판단해야 하고, 만일 잡무에 해당되는 것이라면 가급적 공문 발송을 자제해야 한다. 아울러 단위학교에서는 학교장의 자율적 판단하에 공문서 유통에 따른 회신 여부를 신중하게 결정해서 업무를 처리하도록 하는 것이 바람직하다.

교육부와 교육청 그리고 단위학교 수준에서 교원의 수업 외 업무 경감을 위한 양적·질적 노력이 어느 정도 효과가 있을 때 정책적으로 유의해야 할 사항은 업무 경감으로 인해 확보된 시간이 교원의 수업 관련 활동에 첨가되어야 한다는 것이다. 학교의 사무는 본질적으로 행정과 교수의 영역으로 양분되기 때문에 교원이 담당해야 할 직무 역시 양쪽에 모두 관련되어 있다. 그러나 아무래도 교사의 주요 직무는 학생을 가르치는 일이기 때문에 업무에 투입되는 시간과 노력은 행정보다는 교수 쪽에 더 집중되는 것이 바람직하다. 따라서 교원의 수업 외 업무 경감으로 인해 확보된 교사의 시간과 노력은 교사가 교육과정을 운영하고 학생들을 지도하는 데 보태져야 교사의 교수능력의 신장을 통한 학교교육의 역량이 강화될 수 있다. 그래야 교원의 수업 외 업무 경감이 의도하는 소기의 목적을 달성할 수 있게 된다. 자칫 교원의 수업 외 업무 경감이 교수-학습력의 증대와 같은 교사의 전문성 신장에 연결되지 않고 교사의 여유나 한가로움으로 비쳐진다면 교직의 책무성에 대한 요구가 거세어지는 것은 물론, 교원이 그동안 줄기차게 요구했던 잡무 경감에 대한 설득력은 사라질 수밖에 없다.

교원의 수업 외 업무 경감을 통해 확보된 시간이 교사의 교수능력 신장에 더해지기 위해서는 틈새 시간을 효율적으로 활용하기 위한 장학계획을 구체적으로 수립하는 것이 바람직하다. 장학 계획의 수립은 교육부나 교육청 수준에 이루어지는 것보다는 단위학교에서 교내 자율장학의 관점에서 이루어지는 것이 바람직하다. 이때 단위학교의 교장은 행정 영역의 리더로서가 아니라 수업 영역의 지도자로서 교내 장학을 주도적으로 이끌어 나가야 한다. 교내 자율장학의 리더로서 교장의 입지를 확보한다는 것은 그리 쉬운 일이 아니다. 교장 자신이 수업 방법에 대한 개선 의지를 강하게 갖고 있어야 될 뿐만 아니라 실제로 장학업무에 대한 전문성 신장을 위한 노력을 계속해야 한다. 그리고 학교 행정업무의 개선을 위한 구체적인 노력들이 바로 교사의 수업능력 신장에 있다는 목표를 교사들에게 분명히 확신시켜 주어야 한다. 학교 행정업무 개선을 위한 목표와 방향에 대한 학내 구성원들 간의 공감대가 형성된 후에 교장은 구체적으로 교내 장학을 활성화하기 위한 내용과 방법을 계획하고 실천에 옮길 수 있을 것이다.

교원의 학교 행정업무를 개선하는 과정에서 누구보다도 중요한 역할을 수행해야 하는 사람은 단위학교의 교장이다. 교장은 단위학교를 이끌어 가는 최고 책임자로서 각종 업무를 처리 · 관리하는 데 있어서 고도의 전문적인 능력과 분별력을 가지고 있어야 한다. 우리의 교육 관련 법규는 교장이 이러한 능력과 분별력을 행사할 수 있도록 그 지위와 권한을 충분히 보장해 주고 있다. 그러나 오늘날 우리의 학교장들은 법적으로 보장된 능력과 분별력의 행사를 스스로 방기하고 있는 실정이다. 상급 교육행정기관으로부터 밀려오는 공문서를 회신하는 과정에서 분별력을 행사하지 못하고 있으며, 각종 행정업무를 처리하는 과정에서 업무를 간소화하거나 개선하기 위한 능력을 제대로 발휘하고 있지 못한 실정이다. 교육부에서는 많은 예산 투입을 통해 전국 각 시 · 도별로 학교행정 개선을 위한 선도 · 시범학교를 운영하고 있다. 이러한 시범운영이 단지 실적 위주의 관례적인 행사로 끝날 것이 아니라 말 그대로 시범운영을 통해 학교행정을 개선하는 데 선도적인 역할을 할 수 있도록 널리 파급되어야 한다. 이를 위해서 무엇보다도 중요한 것은 교육부의 일방적인 행정적 시달이 아니라 각급 학교 교장의 학교행정 개선에 대한 자발적인 의지다. 학교를 변화 · 발전시키는 데 있어서 교장의 역할은 아무리 강조해도 지나치지 않는다. 범국가적인 차원에서 진행되고 있는 교육개혁도 야전사령관격인 교장의 변화와 실천 의지 없이는 성공할 수 없다. 따라서 교장의 학교 행정업무 개선에 대한 의지와 노력은 학교장의 본업인 동시에 사명이기 때문에 학교조직의 행정적 지도자로서의 역할이 그 어느 때보다 강조된다고 하겠다.

제13장
교원보수

제13장에서는 합리적 보수체계 수립을 위한 교원보수정책의 쟁점과 과제를 탐색해 보았다. 지식기반사회에서 교원보수정책은 우수한 교원을 확보하고 그들의 능력을 개발시켜 업무를 잘 수행할 수 있는 여건을 조성하는 데 중요한 역할을 한다. 그러나 현행 교원보수정책은 보수 수준의 상대적 저하, 기본생활비 보장의 미흡, 불완전한 성과급제도 그리고 정치적 · 경제적 요인에 의한 보수체계의 왜곡 등의 문제점이 지적되고 있다. 이러한 문제점을 해결하기 위해 교원보수정책은 정부의 일방적이고 획일적인 정치 · 경제논리가 아닌 교육의 전문성이 중요하게 인식되고 교육의 논리에 따라 결정되고 집행되어야 한다. 본 장에서는 현행 교원보수정책의 문제점을 해결하기 위한 방안으로 ① 별도의 「교육공무원보수규정」 제정 및 교원우대특별법 제정, ② 생계비 보장 및 생애주기(life cycle)에 따른 보수체계 수립, ③ 성과급제도 본래 취지에 부합하는 보상체계 도입, ④ 교원보수 이해 당사자의 참여와 합의, ⑤ 교육재정의 안정적 확보, ⑥ 타 교원정책과 연계한 교원보수정책의 개선을 제안하였다.

주제어 **교원보수정책, 성과급, 교원정책, 생애주기**

* 본 장은 "합리적 보수체계 수립을 위한 교원보수정책의 쟁점과 과제 탐색" (교육정치학연구, 15(2), 2008)의 내용을 수정 · 보완하였음.

1. 교원보수의 중요성

지식기반 정보화 사회에서 국가경쟁력을 확보하기 위해 무엇보다 중요한 과제는 교육의 질 향상이다. 교육의 질 향상을 위해서는 우수한 교원을 확보할 뿐만 아니라 그들의 능력을 개발시켜 주어진 업무를 수행할 수 있는 여건을 조성해 주는 일이 무엇보다 중요하다(서정화 외, 2005: 216). 특히, 합리적이고 안정적인 보수체계를 마련하여 운영함으로써 우수교원을 유인하고 교원의 전문성을 신장시켜 교육조직의 효과성을 높이는 일은 무엇보다도 우선되어야 할 과제다.

우리나라는 교원보수의 중요성을 특별히 강조하여 「헌법」 및 「교육공무원법」 그리고 「특별법」 등에 교원 우대 조항을 법률로 명문화하고 있다. 먼저, 「헌법」 제31조 제6항은 "교육재정 및 교원의 지위에 관한 기본적인 사항"을 법률로 규정하도록 명시하고 있는데, 이는 교원의 처우 개선과 지위 향상을 위한 적극적인 원칙을 제시한 것이라 할 수 있다. 또 「교육공무원법」 제34조 제1항에 일반 공무원과 달리 "교육공무원의 보수는 우대되어야 한다."는 규정을 두고 있다. 그리고 「교원지위 향상을 위한 특별법」 제3조 제1항은 국가 및 지방자치단체는 교원의 보수를 특별히 우대하여야 한다고 규정하고 있다. 이러한 보수 관련 법규 조항은 국가공무원인 교육공무원을 어느 직종보다도 특별히 우대하여야 함을 법을 통하여 제시함으로써 교원의 지위를 향상시키려 하고 있음을 알 수 있다.

더불어 정부는 교원보수체계 개편을 통한 교육의 질 향상을 위해 교원보수 관련 법률을 개정하고 각종 교육개혁안에 교원보수 관련 내용을 포함시켜 여러 차례 제안하였다. 1983년 「국가공무원법」을 개정하면서 교육공무원 보수를 통합 · 운영하기 시작하였고, 단일호봉제 도입, 수당제도 보완, 승급체계 개편 등을 포함하는 몇 차례의 교원보수체계 개편 노력이 있었다. 교육개혁위원회(1995. 5. 31)가 '신교육체제 수립을 위한 교육개혁방안'에서 '품위 있고 유능한 교원양성을 위한 대책의 하나로 일의 양과 어려움에 따른 차등보수지급방안'을 제시하였고, 교육부(1999. 3)의 '교육발전 5개년 계획'에서는 '능력과 실적 중심의 인사 및 보수제도 정착'의 일환으로 보수체계의 합리성을 제안하였다. 그리고 교육부(2000. 2)의 '교직발전종합방안'에서도 '교원의 처우 개선'으로 교직의 특성을 고려한 보수제도 마련을 제안하였으며, 교육인적자원부(2004. 2. 17)는 사교육비 경감대책의 일환으로 교원 처우 개선을 위한 보수체계를 정비하겠다고 발표한 바 있다.

그동안 교원보수 우대에 관한 법률 규정 및 교원보수체계 합리화 방안을 바탕으로 교원보수 수준 향상 및 체제 개선을 위해 노력한 결과 많은 성과를 거둔 측면이 인정된다(한유경, 1999: 245). 하지만 현행 보수체계는 우수인력의 유인, 동기유발, 교직사회의 안정, 생산성 향상이라는 그 본연의 기능을 제대로 수행하지 못하게 하는 다양한 문제점을 가지고 있어서 새로운 시대에 제대로 부응하지 못하고 있다는 지적도 있었다(김경근, 2004: 1). 이는 교육정책 내용에 있어서 교육의 전문성을 중요하게 인식하고 교육의 논리에 따라 결정되고 집행되어야 함에도 불구하고 실상은 교육의 전문성과 논리가 간과되거나 무시되는 경우가 많은데 기인한다 하겠다(김성열 외, 1994: 280). 신현석(2000)도 근래에 교육정책을 추진하는 과정에서 절대적인 영향력을 행사하는 정치 · 경제의 논리가 교육의 전문성을 강조하는 교육계의 논리와 상충되어 교원의 많은 반발을 야기하고 있다고 주장한다. 그러나 무엇보다도 교원보수제도는 교원 개인에 대한 보상은 물론 교직의 전문성 신장과 함께 교육조직의 효과성 증진을 위해 교원보수의 원리에 맞게 잘 계획되고 운영되어야 한다.

이에 본 장에서는 현행 교원보수체계가 노정하고 있는 제반 문제점에 대한 인식을 바탕으로 교원보수가 우수교원을 확보하고 교원의 사기를 진작시켜 궁극적으로 교육의 질 향상을 도모할 수 있는 교원보수체계 합리화 방안을 탐색하고자 한다. 이를 위해 교원보수의 원리와 교원보수제도의 변천 과정을 탐색하여 정책 쟁점을 도출하고, 이를 바탕으로 변천 과정에서 교원보수의 원리가 제대로 적용되어 왔는지 그리고 교원보수제도의 획기적인 변화를 가져온 동인들은 무엇인지에 대해 분석한다. 이러한 분석을 토대로 향후 안정적이고 합리적인 교원보수체계를 수립하는 데 필요한 정책 과제를 도출하고자 한다.

2. 교원보수정책의 쟁점 도출을 위한 탐색

우수교원을 안정적으로 확보하고 교원이 직무에 충실할 수 있는 여건을 만들어 주기 위해서는 우선 합리적인 교원보수체계 수립이 요구된다. 여기서는 교원보수정책의 쟁점을 도출하기 위한 선행 단계로서 합리적 교원보수체계 수립을 위한 선행 연구 및 정책 실제들에서 논의된 교원보수 관련 내용을 토대로 교원보수의 개념과 원리, 교원보수 변화의 작용기제 그리고 변천 과정에 대해 탐색한다.

1) 교원보수의 개념과 원리 탐색

(1) 교원보수의 개념

보수(remuneration)란 일반적으로 조직 구성원이 조직의 목적 달성에 공헌한 대가로 얻게 되는 제반 소득이라고 말할 수 있다(윤정일 외, 2005: 302). 즉, 보수는 조직 구성원이 조직의 목적 달성을 위해 정신적 · 육체적 노력 또는 봉사와 같은 서비스를 제공하고 그 거래의 대가로 조직으로부터 받는 여러 가지 금전적, 비금전적인 보상(compensation)이라고 할 수 있다. 보상은 어떤 형태로 지급되는가에 따라 금전적 보상과 비금전적 보상으로 구분할 수 있다.

보수 개념과 관련하여 자주 사용되는 유사한 용어로는 보상, 봉급, 급여, 임금 등이 있다. 「근로기준법」 제18조에서 임금은 사용자가 근로를 대상으로 임금, 봉급, 기타 여하한 명칭으로든지 지급하는 일체의 금품으로 정의되고, 「공무원보수규정」 제4조 제1항에서 보수를 봉급과 기타 수당을 합산한 금액으로 규정함으로써 보수의 개념에 봉급을 포함시키고 있다. Castetter(2000)에 의하면 임금(wage)은 고용인의 기술이나 능력 또는 직무평가 등에 의한 시간당 지불을 의미하고, 봉급(salary)은 정기적인 서비스를 제공하는 행정직, 사무직 등의 고용인에게 지급되는 보상이나 대가로서의 지불 혹은 계약에 의한 지불을 의미한다. 보수는 서비스의 제공에 대한 사례 지불 또는 변상의 성격을 띤 것으로 대부분 금전적 형태를 의미하나 비금전적인 보상도 포함하는 개념이라는 것이다. 보수와 관련된 이러한 용어의 개념 구분에도 불구하고 현실적으로 별 차이 없이 사용되고 있다(서정화, 2000).

이상과 같은 논의들을 종합하여 본 연구에서 교원보수는 교원이 교직에 종사하면서 학교조직의 목적달성을 위해 육체적 · 정신적으로 서비스한 대가로 받는 봉급과 수당을 포함한 모든 금전적 이득으로 사용하고자 한다.

(2) 교원보수의 원리

합리적인 교원보수체계 수립을 위해 교원의 보수를 결정하는 기준을 어디에 둘 것인가 하는 것은 매우 중요한 의미를 가지고 있다(조평호, 2003). 따라서 그동안의 선행 연구(서정화, 1986; 진재구, 1995; 이주현, 2001; 조평호, 2003)에서 검토된 보수이론, 보수 관련 법률규정 그리고 교원의 지위에 관한 권고안 등의 탐색을 통해 교원보수의 원리를 도출할 필요성이 제기된다. 본 연구에서는 선행 연구를 이론적 측면, 법률적 측면 그리고 전문성 측면으로 크게 나누어 살펴본 후 이를 통해 교원보수의 원리를 도출하고자 한다.

① 이론적 측면

일반적으로 논의되고 있는 보수이론에는 임금생존비이론, 한계생산력이론, 임금세력이론, 노동가치이론 그리고 기대이론, 공정성이론 등이 있다. 교원보수 결정에 대한 설명력이 비교적 높을 것으로 생각되는 이론을 살펴보면 다음과 같다. 먼저, 공정성이론(equity theory)은 자기 자신의 투입 대 산출의 비율이 동일 작업 상황 내의 다른 사람들의 투입 대 산출의 비율과 일치해야 한다고 보는 이론이다(서정화, 2004: 9). 즉, 동일 또는 유사한 자격과 능력을 갖춘 타 직종과 보수의 균형을 이루어야 함과 동시에 동일 조직 내에서도 구성원의 직무, 직종, 능력 등에 따른 차이를 보수에 반영할 수 있어야 한다는 것이다. 그리고 임금생존비이론(subsistence theory)은 노동자는 임금으로 자신 및 가족의 생활유지에 필요한 생존 수단을 획득하는 것이므로 결국 임금은 노동력의 생산비, 즉 생존비에 의해 결정되는 것이 합리적이라고 보는 이론이다(주철안, 2001: 193). 즉, 임금이란 노동자의 최소생활비 내지는 생존비용의 크기에 의해 결정된다고 보는 학설이다. 한편, 기대이론(expectancy theory)은 성과에 대한 보상이 이루어지지 않으면 성과를 올리려는 노력이 줄어들게 된다는 가정에 기초하는 것으로 노동자의 보상에 대한 기대가 동기부여를 결정한다는 이론이다(박헌오 외, 2000: 344). 즉, 근로자들이 어느 정도의 성과를 달성하면 어느 정도의 보상을 받을 것이라는 기대감에 상응되는 수준에서 임금이 결정된다는 것으로 이때의 보수는 달성 가능한 성과와 연결되어야 한다.

위에서 살펴본 일반적인 보수이론 검토를 통해 합리적인 교원보수 결정의 원리로 공정성이론에서는 대내외적 균형의 원리, 임금생존비 이론에서는 생계비 보장의 원리 그리고 기대이론으로부터는 합리적 보수 차별화 원리를 도출해 낼 수 있다.

② 법률적 측면

교원보수를 결정하는 기준을 어디에 둘 것인가 하는 것은 매우 중요한 의미를 지닌다. 교원은 국가공무원이기 때문에 교원보수는 「국가공무원법」에 의해서 규정되는 원칙과 기준에 의해서 결정된다. 「국가공무원법」 제46조 제1항에 의하면 "공무원의 보수는 일반의 표준생계비, 민간의 임금, 기타 사정을 고려하여 직무의 곤란성 및 책임의 정도에 적응하도록 계급별 또는 직위별로 정한다."라고 규정하고 있다. 그러므로 「국가공무원법」 제46조 제1항은 합리적 보수체계의 준거를 제시한 것으로 볼 수 있는데, 이 규정을 분석하여 공무원 보수 결정의 준거를 규명하면 생계비 보장의 원칙, 대내외 균형의 원칙, 합리적 보수 차별화의 원칙 등이 될 것이다(진재구, 1995: 10-13). 더불어, 「헌법」 제31조 제6항, 「교육기본법」 제14조 제1항, 「교육공무원법」 제4조, 「교원지위향상을 위한 특별법」 제3조에서는 교원보수 우대 규정을 두어 교원보수의 독자적인 합리성인 '교원보수 우대' 원칙을 제시하고 있다고 볼 수 있다.

따라서 교원보수 관련 법 규정으로부터 생계비 보장의 원칙, 대내외적 균형의 원칙, 합리적 보수 차별화의 원칙 그리고 여기에 교원보수의 특수성을 보장하는 교원보수 우대의 원칙이라는 합리적 보수 관리를 위한 원리를 도출해 낼 수 있다.

③ 전문성 측면

UNESCO와 ILO는 '교원의 지위에 관한 권고안(Recommendation Concerning the Status of Teachers, 1966)'에서 교직은 사회 존속과 발전을 위한 가장 핵심적인 기능을 수행하고 고도의 전문 지식과 기술을 필요로 하기 때문에 전문직이라고 선언하고 있다. 그리고 권고안 제114조에서 제124조를 통하여 전문직으로서의 교원의 보수 기준을 제시하고 있다. 이 권고안에서 교원의 보수는 교원의 사회적 중요성을 반영하여야 하며, 유사 또는 동등한 수준의 자격을 요구하는 여타 직업 종사자의 봉급에 상응하는 보수를 받아야 한다고 주장하고 있다. 또한 교원의 전문적 자격의 향상을 위한 계속교육이나 교원 자신과 가족의 상당한 생활 수준을 확보하는 수단이 되어야 하며, 교직은 보다 좋은 자격과 경험 그리고 보다 큰 책임을 수반한다는 사실을 반영하여야 한다는 원칙 등을 제시하고 있다. 서정화(1995)도 교원보수 결정의 원칙으로 "교원의 보수는 유사하거나 동등한 자격을 요구하는 타 전문직의 그것에 비추어 손색이 없어야 하며 전문성 향상을 위해 적정한 생활 수준이 보장되어야 한다."는 등의 내용을 포함해 열 가지를 제시한 바 있다.

이상과 같이 교원보수에 대한 이론적, 법률적, 전문성 측면에서의 논의를 종합하면, 교원보수 수준 및 체계와 관련된 원리들을 다음과 같이 도출할 수 있다. 첫째, 타 직종과의 균형을 감안한 공정성의 원리다. 이는 동일한 자격과 능력을 갖춘 타 전문직과 비교하여 균형을 유지해야 한다는 원칙이다. 둘째, 생계비를 보장하는 적정성의 원리다. 교원보수는 적어도 생계비와 생활급의 보장뿐만 아니라 품위 유지를 보장할 수 있는 수준이어야 한다. 셋째, 합리적인 보수 차별화라는 합리성의 원리다. 이는 직종별, 직위별 직무의 곤란성과 책임 정도, 개인별 업무 성과를 보수에 반영해야 한다는 것이다. 넷째, 교직의 특수성을 감안해야 한다. 교원보수는 전문적 업무 수행 결과를 반영하고 이를 더욱 심화시킬 수 있도록 특별히 우대해야 한다는 것이다.

2) 교원보수 변화의 작용기제 탐색

교원보수는 앞에서 언급한 원리들에 입각하여 궁극적으로는 교직의 전문성을 향상시키는 요인들에 의해 결정되어야 한다. 지금까지 선행연구(진재구, 1995; 이주현, 2001; 김경근, 2002; 조평호, 2003)에 대한 고찰을 바탕으로 교원보수제도를 변화시키는 주요한 동인들을 도출하여 크게 구분하면 합리적 변화 동인과 정치적 · 경제적 변화 동인으로 나눌 수 있다. 합리적 변화 동인은 교원보수에 관한 이론과 과학적인 근거에 의해 교원보수체계에 변화를 야기하는 요인으로 구체적으로 대내외적 균형 유지, 생계비 보장, 합리적 차별화 등이 이에 해당된다. 정치 · 경제적 변화 동인은 교원보수체계에 변화를 야기하는 상황 맥락적인 측면에 대한 것으로, 단체교섭 및 정치적 시혜와 같은 정치적 요인과 정부의 지불능력 및 국민의 담세능력과 같은 경제적 요인을 들 수 있다.

(1) 합리적 변화 동인

교원보수체계에 변화를 야기하는 합리적 변화 동인의 하나로 먼저 타 직종과의 균형을 감안하는 대내외적 균형을 들 수 있다(진재구, 1995). 교원보수제도를 변화시키는 과정에서 교원의 근무부담, 업무의 질, 난이도 등을 타 직종과 비교해서 타당한 계산에 의한 결과에 따라 교원보수 수준을 결정하려는 것이다. 즉, 동일 또는 유사한 자격과 능력을 갖춘 타 전문직과의 비교에서 보수의 균형을 이루려는 것으로, 공무원 사기 진작을 위해 공무원 보수 수준을 100인 이상 민간 중견기업 수준으로 현실화하는 것을 목표로 추진된 '공무원보수 현실화 5개년 계획(2000~2004)'과 2005년에 수립된 '중기공무원처우개선계획(2006~2010)' 등에서 그 예를 찾아볼 수 있다.

다음으로, 실질적인 생계비 보장을 합리적 변화 동인으로 들 수 있다(주철안, 2001). 교원의 보수는 교원 자신과 가족이 생활해 나가는 데 필요한 최소한의 생계비를 보장하여 교육활동에만 전념하도록 해야 한다. 특히, 국민에 대한 행정 서비스 제공 및 봉사자로 다른 영리업무나 겸업을 금지하고 오로지 공무에만 전념할 것을 의무화하고 있는 우리나라 상황에서는 당연하다고 할 수 있다. 생계비 보장은 연령, 가족 상황 등을 고려해서 교직원의 기본적인 생활 수준이 이루어질 수 있도록 생활 유지의 최저선을 보장하려는 노력이다.

또한 합리적 변화 동인으로 합리적인 보수 차별화를 들 수 있다(진재구, 1995; 김경근, 2002). 교직 내에서 구성원의 직종, 직무, 능력 등에 따른 차이를 보수 지급 결정에 반영하려는 것이다. 교원보수는 직무의 곤란성 및 책임의 정도에 적응하도록 계급별로 정하도록 되어 있다(「국가공무원법」 제46조, 「지방공무원법」 제44조 제1항). 그러나 교원의 보수체제는 그동안 경력을 중시하는 단일호봉체제를 유지해 왔기 때문에 직종, 담당 직무, 연령, 직급, 근무성적, 근무환경 등에 따른 차이를 어떻게 보수에 합리적으로 반영하느냐 하는 어려움이 따를 수 있다. 이러한 변화 동인은 부장수당, 담임수당의 지급과 교사의 실적 또는 업적을 반영하는 교원 성과급 지급 등에서 찾아볼 수 있다.

(2) 정치적 · 경제적 변화 동인

교육을 둘러싼 정치 · 사회체제의 변화 및 국가의 경제적 사정 등과 같은 외부 요인은 교원보수체제 변화에 영향을 미친다. 국가의 공무원 보수의 재원이 국민의 납세에 의존하고 정부에 의한 서비스나 재화의 생산이 대부분 시장적 성격을 갖지 않기 때문에 공무원 보수는 민간 부문의 임금과 상당한 차이가 있는데, 이와 같은 공무원 보수의 특성으로 인해 교원보수 수준을 결정하는 과정에서 교원보수는 합리적으로 결정되기보다는 법적 · 정치적 · 경제적 영향을 상당히 많이 받게 된다. 이런 이유로 교원보수는 때로는 정치적 합의가 아닌 선거 과정에서 정략적인 선심용으로 남용되는 일도 있다(김경근, 2002: 8). 그러나 교원노조의 합법화 이후 이제 정부가 일방적으로 교원의 보수를 결정하지 못하고 보수 결정은 교섭 당사자 간의 사회적 세력에 의해 이루어진다고 볼 수 있다. 교원보수의 결정에 있어 매년 교육인적자원부와 한국교원단체총연합회의 단체협상을 법률로써 허용하고 있으며, 1997년 교원노조가 합법화됨에 따라 교원노조가 교육인적자원부와 단체교섭을 통해 교원보수에 대한 영향력을 행사할 수 있게 되었다(서정화 외, 2000).

다음으로, 보수정책 변화기제로 지적되는 다양한 다른 요인 이외에도 교원보수의 결정에 보다 직접적이고 실제적인 영향을 주는 요인으로 경제적 요인을 들 수 있다. 이는 교원의 보수가 국가경제 전체의 생산성과 강하게 연계되어 정부의 지불능력 및 국민의 담세능력에 기초하고 있음을 의미한다. 정부의 지불능력은 공무원 보수 수준을 결정하는 주요 요인이 되고 있으며, 교원보수 수준의 결정도 국가의 재정상태 및 경제 상황 등에 따라 큰 영향을 받고 있다(이주호 외, 2000). 이러한 변화 동인은 경기 회복에 따른 교원보수 인상과 IMF 사태와 같이 경제 상황이 악화된 상태에서 나타난 교원보수의 삭감 등에서 찾아볼 수 있다.

3) 교원보수제도의 변천 과정 탐색

우리나라 교원보수제도는 정부 수립 이후 여러 차례의 변천을 거듭해 왔다. 교원의 보수제도와 관련된 규정은 1949년 직위별 한계호봉의 삼원제에 의한 「임시공무원보수규정」이 제정되면서부터 1982년 이전까지는 「교육공무원보수규정」에 의하여 별도로 운영되어 오다, 1982년에 각 직종 간의 보수체계와 보수 수준의 불균형을 시정하기 위해 「교육공무원보수규정」이 「공무원보수규정」으로 통합되었다. 그리고 교직에 경쟁의 원리를 도입하여 유능하고 근무실적이 우수한 교원에게 보다 많은 인센티브를 부여하고자 1997년에는 특별상여수당이 지급되고, 2001년에는 성과상여금이 신설되었다. 교원보수제도의 역사적 변천 과정을 4개의 시기로 나누어 살펴보고 쟁점 도출을 위한 시사점을 탐색하면 다음과 같다.

(1) 「(임시)공무원보수규정」 시기(1949. 6～1954. 11)

대통령령 제133호(1949. 6. 20)에 의하여 모든 공무원에게 일괄 적용되는 최초의 공무원보수규정인 「임시공무원보수규정」이 제정되었다.

이 규정은 공무원의 승급기간과 봉급액만을 규정하고 있으며, 가족수당, 기술수당, 시간외근무수당, 야간근무수당, 휴일근무수당, 특수지근무수당, 위험근무수당 등은 제시되었으나 구체적인 지급 방법과 지급 내역은 규정하고 있지 않다. 그리고 1949년 11월의 「공무원보수규정」은 초임호봉과 한계호봉은 학교급별, 직위별로 다르게 규정하고 있으며 승급기간은 근속연수에 따라 결정된다. 1950년 10월 대통령령 제388호에 의해 「공무원보수규정」이 개정되었는데, 여기서 교원의 보수체계는 종전의 국민학교, 중학교, 대학의 3원제 골격에 고등학교 교원과, 초급대학 교원의 봉급표를 추가하여 5개의 봉급표로 구성되었다. 이 시기는 전쟁기간으로 사회적 · 경제적 혼란을 극복하기 위해 모든 공무원에게 봉급의 2배에 해당하는 전시수당을 지급하였다.

(2) 「교육공무원보수규정」 시기(1954. 12~1982. 11)

1954년부터는 「교육공무원보수규정」이 별도로 제정되었다. 이후 「교육공무원보수규정」은 학교급별 동일 호봉의 오원제 시기(1962. 3~1965. 12)로 직책수당이 도입되었고, 동일 호봉 동일급의 삼원제 시기(1966. 1~1973. 6)와 학교급별 동일 최고호봉의 삼원제 시기(1973. 7~1975. 12)를 거쳐서 학령제 시기(1976. 1~1982. 12)로 분류되는 「교육공무원보수규정」에 이르게 된다. 이 시기의 특징은 초임급 획정에 있어 종래의 경력연수가감표를 삭제하고 이에 상응하는 학령제를 도입하였다는 점이다. 이 시기의 수당을 살펴보면, 1954년 4월에 신설된 전시수당이 1962년 3월에 본봉에 합산되었다. 그리고 교원보건수당은 1961년 5월에 신설되었다가 1962년 폐지되었고, 도서벽지 초등교원의 교재연구비가산금은 1972년 2월 신설된 후 1975년 12월에 국민학교 교원보전수당가산금으로 개칭되었다.

(3) 「공무원보수규정」 시기(1982. 12～1997. 1)

1954년 12월부터 독자적으로 유지되어 오던 「교육공무원보수규정」이 1982년 12월 20일 「공무원보수규정」으로 통합되었다. 본봉과 직책수당으로 구분되던 봉급표를 하나의 봉급액으로 통합하고, 교원의 교재연구비와 연구직 교육공무원 연구수당을 봉급액에 포함시켰다. 1983년부터 1985년까지는 3년에 걸쳐서 초등교원과 중등교원의 호봉격차(3호봉)가 해소되어 초·중등 단일호봉제가 시행되었고, 「공무원보수규정」(1987. 12. 31)에서는 근속가봉제가 도입되었다. 이 시기의 수당을 살펴보면, 국민학교 교원보전수당 및 가산금은 1984년 10월에 보전수당 및 가산금으로 개칭되면서 중등교원도 포함시켰고, 교과지도수당은 1984년 10월에 장기근속수당에 흡수 통합되었다. 1988년에는 직무수당이 신설되었다가 1994년부터 본봉에 흡수되었다. 1991년 교과지도수당과 교직수당 가산금, 1992년 주임교사수당(나중에 보직교사수당으로 개칭됨) 그리고 1996년 담임업무수당 등이 신설되었다.

(4) 교원성과급 도입 시기(1997. 2～현재)

이 시기의 봉급체제는 지난 시기와 큰 변화 없이 이어지고 있으나 수당 지급에서 큰 변화가 있었다. 1997년 2월 10%의 교원에게 특별상여수당이 지급되었고, 2001년 성과상여금이 신설되었다. 2002년에는 양호교사수당이 신설되었고, 2004년에는 육아휴직수당이 신설되었다. 이 시기에 도입된 교원 성과상여급의 2006년의 경우를 살펴보면, 전 교원에게 직급에 따라 해당 예산의 80%를 균등하게, 호봉에 따라 20%를 차등 지급하였다.

지금까지 살펴본 교원보수제도의 역사적 변천 과정과 그 특징을 정리하면 〈표 13-1〉과 같다.

표 13-1 교원보수제도의 변천 과정

시기	기간	특징	주요 내용
(임시)공무원 보수규정 시기	49. 6~49. 10	임시공무원 보수규정	• 전 공무원에게 일괄 적용된 최초의 규정 • 봉급표 · 호봉 간 승급기간 · 각종 수당 등 표시
	49. 11~50. 9	직위별 한계호봉의 3원제	• 최초의 교원보수규정 체계적 제시 • 초 · 중 · 대학교로 차등 지급
	50. 10~54. 11	직위별 한계호봉의 5원제	• 초 · 중 · 고 · 초대 · 대학으로 세분 • 승급기간: 국-21년, 중-19년, 고-19년 9월
교육공무원 보수규정 시기	54. 12~62. 3	동일 최고호봉의 1원제	• 교육공무원보수규정 별도 제정 • 1원제 봉급표 채택 • 직급별 한계급 1호 1급으로 일원화
	62. 3~65. 12	학교급별 최고호봉의 5원제	• 초 · 중 · 고 · 초대 · 대학으로 구분 • 시간수당 본봉에 통합. 직책수당 신설
	66. 1~73. 6	동일 호봉 동일 봉급의 3원제	• 초중등 · 초대 · 대학의 3원제로 수정 • 초 · 중등교원 호봉 동일 시 봉급액도 동일
	73. 7~75. 12	학교급별 동일 최고 호봉 3원제	• 초 · 중등교원 한계호봉제 철폐 • 근속가봉제 철폐. 최고호봉인 1호봉 도달 가능
	76. 1~82. 12	학령제의 3원제	• 초 · 중등교원 호봉 37단계에서 28단계로 • 승급일 연 4회에서 2회로 조정
공무원 보수규정 시기	82. 1~86. 12	공무원 인사규정으로 통합	• 독자적인 교육공무원 보수체계 소멸 • 1985년에 초 · 중등교원의 실질적 단일호봉제 실시
	87. 1~97. 1	공무원 보수규정으로 전면 재조정	• 교원의 호봉승급 기간 1년으로 축소 • 근속가봉제 부활 • 직무수당 본봉 통합
교원성과급 도입 시기	97. 2~2001. 2	특별상여수당	• 10%의 교원에게 특별상여수당 지급
	2001. 3~현재	성과급 도입	• 2006년 이후 80% 균등, 20% 차등 지급

출처: 서정화 외(1995). '교원보수체계의 개편방안 연구' 를 참조하여 재구성.

이러한 시대별 변천 과정에 나타난 교원보수제도 개선을 위한 정책의 동향을 살펴보면 타 직종과의 균형을 위한 급여 인상, 총 승급기간 단축 및 승급액 인상, 학교급 간의 격차 해소를 위한 단일호봉제의 실시, 학력 및 경력 우대 그리고 최근에 나타난 성과급 도입으로 집약될 수 있다. 그러나 그동안의 합리적인 교원보수체계를 수립하기 위한 노력에도 불구하고 많은 문제점이 여전히 지적되고 있는 것으로 나타났다. 실제 봉급을 결정함에 있어 법령에 가장 빈번하게 명시되고 교원의 전문적인 고유 업무에 대해 지급되는 직무급보다는 학력과 자격 그리고 경력이라는 자격급 및 연공급이 보다 많은 영향력을 행사하였다(이지영, 2008: 111). 그리고 1983년 이래 교원보수제도가 일반공무원 보수제도와 통합·운영됨으로써 교직의 전문성을 반영하고 학교조직의 효율성을 촉진하는 제도로서 한계를 드러내고 있다.

3. 교원보수정책의 쟁점 분석

공무원의 보수 결정에 있어 「국가공무원법」 및 「공무원보수규정」에 설정된 합리적인 원칙보다는 정부예산의 형편, 민간에의 파급 등 정치적 고려가 더욱 큰 비중을 차지하고 있어서 공무원들의 불만 요인이 되고 있다(진재구, 1995: 2). 이러한 이유로 인해 현행 교원보수체제의 문제점과 그 대처방안에 대한 많은 논의들이 진행되어 왔다. 앞에서 교원보수의 개념과 원리, 보수 변화의 작용기제 그리고 보수제도의 변천 과정에 대한 탐색으로부터 도출된 교원보수정책의 주요한 쟁점으로는 대내외적 균형 유지에 대한 쟁점, 생계비 보장에 대한 쟁점, 합리적 보수 차별화에 대한 쟁점, 교원보수 우대의 원리에 대한 쟁점, 정치·경제적 영향력에 대한 쟁점 등으로 압축할 수 있다. 이미 살펴본 바와 같이 이러한 쟁점들은 크게 교원보수정책의 원리적 관점과 보수 변화 동인의 관점으로 나눌 수 있다. 여기서는 그동안 교원보수정책에 대한 선행 연구와 정책 실제를 통해 논의되어 온 주요 쟁점을 분석하여 합리적 보수체계 수립을 위한 교원보수정책의 전거로 삼고자 한다.

1) 교원보수정책의 원리적 관점

(1) 대내외적 균형 원리에 대한 쟁점

대내외적 균형의 원칙을 구현하기 위한 방법을 모색하기 위해 동일한 능력, 학력, 자격을 갖춘 공무원 보수 수준 및 체계와 다른 직종 공무원과 민간 부문 종사자의 보수 수준과 체계를 비교 분석하는 연구가 그동안 진행되었다(김태일, 2000; 김유선, 2001; 주철안, 2001; 김경근, 2004; 교육인적자원부, 2006; 중앙인사위원회, 2007; 한국개발연구원, 2007). 김경근(2004)은 현행 교원보수체계가 대내외적 균형원칙에 부합하는지 여부를 분석한 선행 연구(김태일, 2000; 김유선, 2001; 주철안, 2001)를 종합하여 교원의 보수 수준은 일반직 공무원보다는 상대적으로 근소하게 높은 수준이라고 할 수 있으나, 다른 공무원(경찰, 공안직, 군인)에 비해서는 낮은 수준이었고, 민간 중견기업 종사자와 비교한 결과는 그 격차가 큰 것으로 나타났다고 밝히고 있다.

정부에서는 공무원과 민간기업 종사자 보수 수준을 비교하기 위해 1999년부터 매년 '민 · 관 보수 수준 실태조사'를 실시하고 있는데, 중앙인사위원회 자료(2007)에 따르면, 2000년의 공무원 보수 수준은 민간기업 종사자의 88.4%이었으나, 2000년부터 추진된 '공무원보수현실화 5개년계획'에 따라 지속적으로 공무원 처우가 개선되어, 2004년에는 최고 95.9%까지 향상되었다. 그러나 2005년부터 국가 재정여건 등이 어려워져 처우 개선이 이루어지지 못함에 따라 민간임금접근율이 지난해 91.8%까지 하락한 것으로 나타났다. 이에 중앙인사위원회(2007)는 '중기공무원처우개선계획(2006~2010)'을 충실하게 운영하여 민간 임금 수준과의 균형을 지속적으로 유지할 예정이라고 밝힌 바 있다.

최근 한국개발연구원(KDI)이 발간한 '2007 국가예산과 정책목표'라는 연구보고서 제6장 '교육시장에서 정부 역할 개선 방향'에서 이영(2007)은 "우리나라 15년 경력 교사의 월급은 1인당 GDP 대비 2.3(배)으로 조사 대상 국가 중 터키를 제외하고는 최고 높은 수준을 보이고 있다."라고 주장하고 있다. 이에 대해 한국교원단체총연합회는 우리나라 교사 월급이 세계 최고 수준이라는 이 보고서에 대해 우리나라의 보수 체계와 현실을 제대로 반영하지 않고 단순 수치를 비교하는 오류를 범한 데다 수치가 과대 추정되었다는 주장을 펴고 있다. 2006년도에도 이와 비슷한 논란이 있었다. "한국 교사들이 세계 최고 수준의 연봉을 받는 반면 정규 수업시간은 최하위 수준"이라는 '2006 OECD 교육지표'와 관련하여 교육인적자원부(2006)는 국가 간 교육여건이 서로 다르므로 단순히 교사급여와 수업시간만을 비교하여 그 순위를 말하는 경우 교사들의 근무여건에 대한 올바른 이해가 어렵다고 밝힌 바 있다. 또한 우리나라의 경우 OECD 다른 국가에 비해 교원 1인당 학생 수, 학급당 학생 수가 많고 행정적 업무 부담, 생활지도 등 수업 이외의 업무 부담이 많다는 것이 고려되어야 한다는 자료를 발표한 바 있다.

이상의 논의를 종합해 보면, 교원의 보수 수준을 민간기업 종사자와 타 직종 공무원(경찰, 공안직, 경찰)과 비교했을 때 대내외적 균형의 원리는 그 타당성을 잃고 있다고 볼 수 있다. 그러나 위에서 언급된 '2006년 OECD 교육지표'와 '2007 국가예산과 정책목표'라는 보고서에 대한 논쟁에서 보는 것처럼 대내외적 균형의 원리에 대한 논란은 지금도 계속되고 있다.

(2) 생계비 보장 원리에 대한 쟁점

생계비 보장의 원칙을 구현하기 위한 방법을 모색하기 위해 관련 기관에서 조사한 생계비, 표준생계비 등을 세대주의 연령, 세대구성원의 수 등으로 분류하여 이 생계비곡선과 보수곡선을 비교함으로써 생계비 보장이라는 관점에서 교원보수체제의 적정성을 검토하는 연구가 그동안 진행되었다(전제상, 1997; 김태일, 2000; 김은영, 한유경, 2005). 김은영과 한유경(2005)의 연구에 의하면 교원의 실질적인 생계비는 어느 시점에서나 부족한 것으로 나타났다. 부족한 정도는 연령대에 따라 약간씩 다르지만 50~54세에 가장 많이 생계비가 부족(31.5%)한 것으로 나타났으며 평균적으로 보면 25.4%가 부족한 것으로 나타났다. 김태일(2000)의 1994년도 연령별 도시 가계의 표준생계비와 교원보수 추이를 비교한 연구에 의하면, 교원의 가처분소득은 거의 직선형으로 증가하여 40대 중반까지는 생계비 지출보다 많으나 40대 후반에서 50대 초반 사이에는 생계비 지출액보다 적은 것으로 나타난다. 따라서 현행 공무원 보수체계는 생애주기(life cycle)에 따른 가구주 연령별 생계비의 편차를 고려하지 못하고 있으므로 40대 후반 이후 50대 초반까지 가계수지 적자의 발생을 막을 수 있는 보수체계의 설계가 요구된다 하겠다. 전제상(1997)의 1976~1996년까지의 교원보수 인상률과 도시근로자 월평균 가계수지를 분석한 연구 결과에 의하면, 교원의 봉급은 약 4.7배인 데 반해, 도시근로자의 가구당 월평균 소득은 약 25.64배의 증가를 나타내고 있다. 이것은 교원의 봉급 인상률을 도시근로자의 소득 및 지출의 증가율과 비교하면 거의 6배의 차이가 나는 것으로, 경제적인 면에서 교원의 보수 수준이 매우 낮아서 교원의 생계를 보장하는 데 미흡하다는 것을 보여 주는 것이라 할 수 있다.

지금까지 이루어진 논의를 종합해 보면, 지속적으로 교원보수가 인상되어 왔음에도 불구하고 아직도 실질적인 생계비에 부족한 것으로 나타났다. 특히, 타 직종 근로자의 소득증가율에 비해 낮고, 특정 시점에서의 가계수지 적자를 보전하는 것은 향후 교원보수정책의 쟁점이 될 수 있을 것이다.

(3) 합리적 보수 차별화 원리에 대한 쟁점

합리적 보수 차별화 원칙을 구현하는 방법을 모색하기 위하여 그동안 보수 차별화 및 보수체계 결정에 직무급의 원칙, 자격급의 원칙 그리고 연공급의 원칙이 어떻게 반영되었는지에 대한 연구와 차별화를 도모하기 위한 수당체계 그리고 실적급, 성과급의 도입 여부와 도입 가능성에 대한 연구(서정화 외, 2000; 주철안, 2001)가 진행되었다. 합리적 보수 차별화의 원칙은 일한 만큼 대가를 지불해야 한다는 보수의 본래적 관념에 충실해야 한다는 측면에서 보면 보수 결정 시에 가장 우선적으로 고려해야 한다(진재구, 1995: 87). 그러나 실질적으로 현행 우리나라 공무원 보수체계의 구조를 보면, 보수 중 70~80%가 연공급으로 이루어져 있고 나머지 20% 정도도 생활급의 성격을 가지고 있어서 일의 성과 혹은 담당 직무의 곤란도에 의한 차별화는 거의 이루어지지 않고 있다.

서정화 등(2000)에 의하면, 교원의 보수는 50.4~62.1%가 자격·연공급으로 그리고 실적급은 2.8~1.8%로 구성되어 있어서 실적급이 매우 미미함을 나타낸다. 교원의 연간 총 보수액의 구성 요소를 연구한 주철안(2001)도 자격·연공급은 거의 50~64%를 점유하는 반면, 실적급은 총 보수액에서 겨우 2~4%의 비율을 점유하고 있다는 사실을 밝혀냈다. 이런 결과는 자신의 일한 만큼의 실적에 따라 보수를 지급받는 합리적 보수 차별화 원칙은 여전히 한계를 지니고 있는 것으로 보이고 연공서열에 의한 보수평등주의 관념이 뿌리 깊게 확산되어 있음을 알 수 있다.

지금까지 이루어진 보수의 인상은 민간 부문에 미치는 파급 효과 등을 고려하여 결정하여 왔기 때문에 현 보수체제는 직무분석을 통하여 직종별, 직위별, 직무의 곤란성과 책임의 정도를 잘 반영하고 있다고 보기는 어렵다(조평호, 2003: 100). 따라서 학교급별, 학년에 따라 직무분석이 이루어지고 표준 주간 수업시수를 정하여 이에 적절한 보수가 지급될 필요가 있다고 본다.

(4) 교원보수 우대 원리에 대한 쟁점

교원은 교직의 특수성과 전문성으로 인해 일반공무원과 구별되는 특성이 있다. 이로 인해 「헌법」 제31조 제6항과 「교육기본법」 제14조

제1항, 「교육공무원법」 제34조 그리고 「교원지위 향상을 위한 특별법」 제3조에서는 교원보수 우대 규정을 두고 있으며, 1966년 UNESCO와 ILO가 발표한 '교원의 지위에 관한 권고안'에서도 교원보수 우대 조항을 두어 '교원보수 우대'라는 교원보수의 독자적인 합리성을 강조하고 있다.

교원과 타 직종 공무원의 초임 및 최고호봉 월평균 보수를 비교한 교육인적자원부(2002) 내부 자료에 따르면 교원보수는 우대를 받기는커녕 오히려 박대를 받고 있다고 볼 수 있다. 교원의 월평균 초임은 타 직종에 비해 가장 높은 것으로 나타났지만, 그 차이는 군인을 제외하고는 큰 차이가 나지 않는 것으로 나타났다. 그러나 타 직종 공무원과의 최고호봉 비교에서는 초임과는 달리 교원이 매우 불이익을 받고 있는 것으로 나타났다. 더불어, 민간 중견기업 종사자와의 비교에서도 초임에서 경력 15년까지는 다소 높으나 그 이후는 경력이 증가할수록 상대적으로 크게 낮은 수준을 나타내고 있다. 따라서 교원보수 수준은 타 직종 공무원과 민간기업 종사자와 비교할 때 우대받고 있다고 볼 수는 없다(주철안, 2001: 211). 결과적으로, 교원의 보수는 직책의 특수성에 따른 우대 규정이 있음에도 불구하고 실제로는 그렇지 못해 왔던 것으로 나타났다. 따라서 향후 교직의 특수성과 전문성에 걸맞은 교원보수의 정책적 고려는 쟁점화될 수 있을 것이다.

2) 교원보수 변화 동인의 관점

(1) 정치적 변동 요인에 대한 쟁점

교육과 정치는 전혀 무관한 것이 아니다. 정치로부터 괴리된 교육은 그 실천력을 약화시킬 수 있는데, 이는 교육정책이 사실상 정치 과정을 통해 수립되고 집행되기 때문이다(윤정일, 2004: 33). 지금까지 공무원 보수 결정 과정은 그 정치적 성격 때문에 보수 수준 및 체계에 있어서 심한 왜곡 현상을 보여 왔다(박영범, 이상덕, 1990: 35-36). 일반의 표준생계비를 고려한다고 하면서 가구주 연령별 표준생계비를 고려하지 않은 채 정치적 판단으로 단순한 하후상박(下厚上薄)의 보수인상정책을 유지하였고, 직무의 곤란성과 책임의 정도를 고려한 직무급보다는 연공 위주의 근속급을 주로 채택함으로써 공직의 침체를 초래하기도 하였다. 민간의 임금을 고려해야 한다고 하면서 실제는 민간의 임금상승률을 반영하는 정책을 쓰기보다는 민간임금의 규제를 위한 임금 가이드라인 정책의 한 수단으로 공무원 보수를 활용했기 때문이다.

또한 교직 활성화를 도모하기 위한 전략의 일환으로 2001년부터 실시되어 온 현행 성과상여금제도는 성과급제도의 취지를 반영하지 못하고 기본 전제 또한 충족시키지 못하고 있다(윤정일, 2004: 569). 이것은 현재의 성과상여금제도가 교사의 직무분석에 근거한 객관적인 성과가 교원성과급의 지급 기준이 되어야 함에도 불구하고 본래의 취지와 목적에서 벗어나 운영되고 있기 때문이다. 즉, 정부와 교원단체 간의 대결과 협상의 결과 합리성에 기초하여 체계적이고 객관적으로 정책이 수립·집행되지 않고 정부와 이해 당사자의 기대에 따라 정책이 수립·집행되고 있기 때문이다. 따라서 향후 교원보수정책에서 합리적인 보수체계의 정립을 훼손하는 예기치 않은 정치적 변수를 어떻게 하면 최소화할 수 있느냐가 정책의 쟁점으로 작용할 것이다.

(2) 경제적 변동 요인에 대한 쟁점

공무원의 보수는 국가의 재정상태와 국민의 담세능력 그리고 교육에 대한 투자 비중이 보수 결정에 상한선으로서의 성격을 가지기 때문에 보수정책 결정에 중요한 요인으로서 작용한다. 이는 보수 결정에서 고용주의 지불능력이 고려되어야 하는데, 정부의 보수 지불능력은 국가 전체의 경제력과 국민소득의 수준에 의해 좌우되는 국민의 담세능력에 달려 있기 때문이다. 정부의 경제정책도 또한 보수 결정에 영향을 미친다(김영아, 1998: 23). 이는 보수관리정책이 정부가 스스로 세운 경제정책을 외면하거나 그에 역행할 수 없으며, 기본적인 경제정책은 정부가 동원한 자원을 배분하는 정책을 규제하고, 자원배분정책은 정부의 재원 가운데에서 보수가 차지하는 몫을 규정하기 때문이다. 그리고 정부의 지불능력 범위 내에서일지라도 인플레이션 방지와 같은 경기변동정책을 고려하지 않을 수 없을 것이다(유기범, 1998: 16).

전제상(1997: 186-187)에 따르면 교원봉급 인상률은 그동안 많은 변화를 겪어 왔다. 1988년에서 1992년까지는 9%, 1993년부터는 매년 3%씩 인상되어 오다, 1998년에 IMF로 인한 국가경제의 위기에 따른 고통분담 차원에서 인상이 동결되었다. 그러나 2000년에 들어서 국가경제가 회복기에 들어서자 9.6%라는 비교적 큰 폭으로 봉급이 인상되었다. 이렇듯 교원봉급 인상률은 교사 업무에 대한 과학적 분석을 바탕으로 보수이론의 원칙에 따라 잘 계획되고 합리적으로 운영되었다기보다는 주로 당대의 경제적 영향을 받아서 결정된 면이 있다 하겠다. 이런 까닭에 교원의 보수 결정 과정은 심한 왜곡 현상을 겪을 수밖에 없었다. 경제변동 요인에 의한 보수체계의 예상치 못한 변화를 피할 수는 없겠지만, 합리적인 보수체계의 수립과 유지를 위해 경제변동에 대한 사전 대비와 정부 재원의 안정적 확보를 통한 교원보수정책의 합리적 기반을 구축하는 것이 필요하다.

4. 교원보수정책의 쟁점 해소를 위한 과제 탐색

교육의 수월성 확보와 질 향상을 위해 우수교원을 확보하고 그들의 교육 전문성을 신장시키기 위하여 합리적인 보수체계를 갖추는 것은 매우 중요한 교육정책 과제다. 선행의 교원보수정책의 쟁점 분석을 통해 합리적인 교원보수체계를 갖추기 위한 교원보수의 원리적 관점과 정치 · 경제적 관점에서의 과제들을 탐색해 보면 다음과 같다.

1) 교원보수정책의 원리적 관점에서의 과제

(1) '우수교원확보법'과 별도의 「교육공무원보수규정」 제정

타 직종과의 균형을 유지하기 위해 우선 '우수교원확보법'을 제정하여 교원보수를 획기적으로 인상할 필요가 있다. 선행 연구(한유경, 1992; 교육인적자원부, 2002; 주철안, 2001; 조평호, 2003; 윤정일 외, 2003)에 따르면 현행 교원의 보수 수준은 타 직종 공무원(경찰, 공안직, 군인), 전문직, 민간기업 종사자에 비해서 현저히 낮았으며, 일반 행정직 공무원과는 거의 비슷한 수준에 있다. 정부와 민간 부문의 인력 획득 경쟁에서 우수한 인재를 교직으로 유인하기 위해서는 교원의 보수를 결정할 때 민간 부문의 임금 수준을 고려하여 균형을 이루도록 노력해야 하는데, 이를 위해 '우수교원확보법'을 제정하여 교원의 보수를 획기적으로 인상할 필요가 있다. 일본의 경우 교육계의 인재를 확보해야 한다는 기본 방침에 따라 1974년 2월 25일 「학교교육의 수준 유지 향상을 위한 의무교육제학교의 교육직원의 인재 확보에 관한 특별조치법」을 제정 · 공포하였다. 이 법에 따라 1974년, 1975년, 1976년, 1978년 네 차례에 걸쳐 교원 급여 개선이 이루어짐으로써 일본 초 · 중등교원의 봉급 수준이 크게 향상되었는데, 이것은 우리의 교원보수정책에 많은 시사점을 준다.

더불어, 교직의 특수성과 전문성을 고려하는 별도의 「교육공무원보수규정」을 제정할 필요가 있다. 현행 「교육공무원보수규정」은 「공무원보수규정」에 통합 · 운영되고 있어 교직의 특수성 및 전문성, 교원우대의 법 정신 구현(「헌법」 제31조, 「교육기본법」 제14조, 「교육공무원법」 제34조, 그리고 「교원지위 향상을 위한 특별법」 제3조) 등이 제대로 반영되지 못하고 있다(서정화 외, 2005: 221). 따라서 1983년부터 일반 공무원 보수체계에 통합되어 운영되고 있는 보수체계에서 탈피하여 별도의 「교육공무원보수규정」을 제정 · 운영함으로써 교직의 전문성과 교원보수 우대 정신을 구현해야 한다. 우리나라도 독자적인 교원보수규정이 제정된다면 교원보수체계의 법적 기반이 보다 견실하게 되는 것뿐만 아니라 교원보수 인상의 실질적인 효과 그리고 교원 우대의 법 정신 실현이라는 중요한 의의를 가지게 될 것이다.

(2) 생계비 보장과 생애주기에 따른 보수체계 수립

교원이 만족스러운 생활을 유지할 수 있도록 생계비를 보장하여야 한다. 생계비 보장은 정부가 교원에게 최저한의 사회생활을 할 수 있는 보수를 지급하는 것으로(조평호, 2003: 96) 가족 상황, 연령, 물가상승률 등을 고려하여 가족 구성원의 기본적인 생활이 이루어질 수 있도록 생활유지의 최저선을 보장하게 된다. 그러나 우리나라 교원의 보수는 생계비 보장이라는 측면에서 만족스럽지 못하다는 선행 연구가 있다. 김유선(2001: 14)은 1998년을 기준으로 볼 때, 교원의 연간 생계비 부족액은 약 753만 원에 달한다고 하면서 이 생계비 부족액을 메우려면 교원의 보수를 평균 25.4% 인상해야 한다고 주장했다. 김은영과 한유경(2005)에 따르면 교원의 생계비는 50~54세에 가장 많이 생계비가 부족하고 평균적으로 25.4%가 부족하므로 실질적인 생계비 유지를 위해 교원의 보수가 최소 25.4% 인상되어야 한다고 주장하였다. UNESCO와 ILO(1966)가 발표한 '교원의 지위에 관한 권고안'에서도 교원의 보수표는 생계비 상승, 국내 생활 수준의 향상을 가져오는 생산성의 향상 혹은 전반적인 임금 또는 봉급 수준의 인상 등 제 요인을 감안하여 정기적으로 재검토되고 생계비는 교원단체의 참여 아래 결정해야 한다는 생계비 보장 조항을 두어 교원보수의 적정성 추구를 뒷받침하고 있다.

한편, 교원의 생애주기를 고려하여 교원보수체제의 탄력적 운영이 요구된다. 선행 연구(김태일, 2000; 김은영, 한유경, 2005)에 의하면 현행 보수체계는 하후상박(下厚上薄)을 중시하는 임금 구조로 형성되어 있어

40, 50대 교원에 대한 보수 수준이 생애주기에 따른 적절한 보수로 지급되지 못하고 있다. 현행 보수체계는 초임은 높지만 경력이 높아 감에 따라 보수의 증가율이 낮은 임금 구조를 가지고 있어 생활비가 많이 소요되는 40, 50대의 교원에게 많은 경제적 어려움을 주고 있는 실정이다. 그래서 이 시기에 호봉별 승급연수를 조정하고 실적을 반영하는 수당체계를 정비하여 생애주기에 따른 탄력적인 보수운용체제를 적용할 필요가 있다. 현재의 경력에 따라 보수가 증가하는 직선형 보수체계로부터 S자형 전문직형 보수체계로의 전환이 권고된다(서정화 외, 2005: 233).

(3) 합리적인 성과급제도 시행과 수당 지급

교원의 직무 양과 책임, 난이도에 따른 보수의 차등 지급이 이루어지고 있지 않아 교원의 불만이 야기되고 있는 실정이다(서정화 외, 2004: 151), 이는 현행 교원보수체계가 직무의 전문성이나 곤란도를 거의 고려하지 않고 있어, 경력이 증가함에 따라 자격급과 연공급의 비중은 증가하나 직무급과 실적급이 감소하는 연공급적 특성이 강하게 나타나고 있기 때문이다. 이러한 문제점을 해결하기 위해 교원보수체계는 직위 간 업무의 책임도와 곤란도에 따라 인센티브를 주는 법적 · 제도적 장치가 요구된다.

우선 성과급제도 본래의 취지와 목적에 부합하는 제도가 요구된다. 현재 우리나라에서 채택하고 있는 교원보수체제는 기본적으로 단일보수체제(single salary schedule)로, 보수의 차이가 교사의 성과에 기초하지 않고 단지 학력과 경력에 의해서 나타나기 때문에 교사가 교실에서 더 좋은 수업을 하도록 자극하지 못한다는 단점이 있다. 그러므로 교원에게 만족을 주고 동기를 부여하면서 교육체제의 생산성을 극대화시켜 주는 보수제도로 개선하기 위하여 업적주의 보수체제를 고려해 볼 필요가 있다. 우리나라는 2001년부터 성과급제도를 도입 · 시행하고 있지만 교원보수체계 중 실적급의 비중이 2% 이내로 미약할 뿐만 아니라 그나마 실적급의 성격인 성과급마저도 연공서열에 의한 성과급으로 전락하여 본래의 취지를 상실하였다(서정화 외, 2004: 145). 따라서 성과급제도의 본래의 취지와 목적에 부합하고 교원이 충분히 이해할 수 있는 교원평가 모형을 개발·운영하며 급격한 제도 변화에 따른 부작용을 최소화하기 위해 단계적으로 실시될 것이 요구된다.

다음으로, 업무의 곤란도와 책임도에 따른 수당을 지급해야 한다. 초등학교의 경우 실제 주당 수업시수는 26.4시간, 중학교 18.8시간, 고등학교는 16.0시간이다(정봉주, 2004). 그러나 초·중등교원의 경우 주당 표준 수업시수가 「초·중등교육법」 등에 법규상으로 명문화되어 있지 않고 각급 학교 '교육과정운영지침'에 학급 수, 학생 수 등 학교실정을 고려하여 주당 수업시수를 결정하고 있다. 이로 인해 교원 간 수업 부담 차이에 따른 불만이 증대되고 있다. 합리성 추구라는 보수지급의 원칙에서 보면 일정 기준을 초과하여 수업 부담이나 업무를 하면 이를 고려하여 보수를 지급하여야 할 것이다. 이를 위해 초·중등교원의 주당 수업시간을 법제화하고 표준수업시수보다 초과된 수업에 대해서는 수당을 지급해야 할 것이다.

2) 교원보수정책 변동 요인 관점에서의 과제

(1) 교원보수 이해 당사자의 참여와 합의

정치적 측면에서 보수 관련 이해 당사자의 참여와 협조가 요구된다. 우리나라 보수체계의 변천 과정을 살펴보면, 교원보수는 합리적인 근거에 의해 결정되기보다는 중앙정부에 의해 일방적으로 결정되거나 정치적 결단에 의해서 이루어진 경향이 많았다. 교원보수를 결정함에 있어 합리성에 근거하지 않고, 특히 새 정부가 들어서는 해에는 공무원 보수를 무조건 삭감하거나 동결하고 선거를 앞둔 해나 집권 말기에는 보수를 후하게 인상하는 식의 무원칙한 보수정책을 펴 온 측면이 있다.

교육인적자원부의 2003년도 '성과상여금지급지침'은 교육공무원 성과상여금제도개선위원회에서 교육공무원, 교직단체, 학계, 학부모, 및 언론계 대표들의 의견을 수렴하여 마련되었다. 그러나 시행 과정에서 극심한 혼란과 갈등을 초래하고 있는데, 이것은 엄밀한 의미에서 현장 교원의 의견이 충분히 반영되었다고 볼 수 없는 것이다. UNESCO와 ILO(1966)가 발표한 '교원의 지위에 관한 권고안'에서는 "봉급 결정을 목적으로 하는 어떠한 근무평정제도도 관련 교원단체와의 사전 협의 및 승인 없이 도입되거나 적용되어서는 안 된다."는 조항을 두고 있어 정책 실행 과정에서 다양한 이해집단의 참여를 강조하고 있다. 그리고 Odden과 Kelly(2002)는 교원보수체계의 개선이 성공적으로 시행되기 위해서는 모든 핵심 이해 당사자, 특히 보수체계 개선에 영향을 받는 사람들의 참여는 필수조건이라고 밝히고 있다. 교육행정가, 학교운영위원회, 교육소비자단체 그리고 교원노동조합 등을 포함한 이해 당사자가 새로운 보수체계의 개발, 설계, 실행 과정에 핵심적으로 참여할 수 있도록 하여야 할 것이다.

(2) 교육재정의 안정적 확보

경제적 측면에서 교육재정의 안정적 확보가 요구된다. 2005년 기준으로 초 · 중등 교육재정 총세출액은 30조 원가량인데, 이 중에서 경직성 예산으로 분류될 수 있는 인건비, 학교운영비, 행정비 등을 합하면 24조 6천억 원가량으로 전체 예산의 77% 정도 된다. 이 중에서도 인건비가 가장 높은 비중을 차지하여 총예산의 68%를 차지하였다(안종석 외, 2006: 119). 특히, 교육재정에서 인건비가 차지하는 비중이 높으므로 교육 재원 및 그 규모, 인건비 규모를 법제화하면 국가 예산 환경의 변화에 좌우되지 않고 교원보수 관련 재원을 안정적으로 확보할 수 있을 것이다. 1995년 김영삼 정부는 1998년까지 교육재정을 GNP 5% 수준으로 확보할 수 있는 구체적인 방안을 수립 · 제시함으로써 우리나라 교육재정사의 획기적인 발전이 기대되었으나, 1998년 IMF 외환위기로 인한 경제적 난국을 극복하기 위해 정부가 긴축재정을 운영함에 따라 교육 부문 역시 예산의 삭감과 행정조직의 감축을 강요받게 되었다(윤정일, 2004: 38). 이로 인해 1988년에서 1992년까지 9%, 1993년부터 매년 3%씩 인상되어 오던 교원봉급이 1998년 IMF로 인한 국가경제 위기 상황에서는 고통 분담 차원에서 봉급 인상이 동결되었다. 그러나 2000년에는 국가경제가 회복기에 들어서자 9.6%라는 비교적 큰 폭으로 봉급이 인상되었다. 따라서 위기적 경제 상황에 따른 보수체제의 불안정성에 대비하고 합리적인 보수 결정이 이루어질 수 있도록 먼저 GNP나 GDP 대비 교육재정 확보 비중을 높여야 하고 교육재정에서 인건비가 차지하는 비율을 법제화할 필요가 있다.

5. 개선 방향

국가경쟁력 확보를 위한 교육의 질 향상을 위해 교원이 교육활동에 전념할 수 있는 여건을 조성해 주려면 교원의 처우 개선이 일차적으로 이루어져야 한다. 그러나 현재의 교원보수제도는 교직의 전문성을 인정하면서도 전문직 수준에 맞는 보수체제를 갖추지 못하고 있어 교원이 혼신의 힘을 기울여 교육에 전념하기에는 미흡한 점이 많다. 이는 그동안의 교원보수 결정이 일반적인 보수 결정의 원칙인 생계비 보장의 원칙, 대내외적 균형의 원칙, 직무의 종류와 난이도 그리고 계급에 따른 합리적 차별화의 원칙에 따라 결정되기보다는 주로 정치적 · 경제적 요인 등에 의해 비합리적으로 결정되어 왔기 때문이다. 따라서 교원이 사회적 · 경제적 지위 향상과 전문성 신장 및 자질 향상에 전념할 수 있도록 교원의 전문직적 특성에 부합하고 교원보수의 원리에 따라 교원보수체제로 개편할 필요성이 제기된다. 그리고 교원보수정책은 이를 뒷받침할 수 있어야 한다.

지금까지의 교원보수체계에 대한 논의를 기초로 하여 우수교원을 확보하고 교원의 사기를 진작시켜 교육의 질 향상을 도모할 수 있도록 교원보수정책의 개선 방향을 기술하면 다음과 같다. 첫째, 교원의 전문성과 교직의 특수성을 높이기 위해 1982년부터 일반 공무원 보수체계에 통합 · 운영되고 있는 보수체계에서 탈피하여 별도의 「교육공무원보수규정」을 제정 · 운영해야 한다. 더불어 '교원우대 정신'이라는 법 정신을 구현하기 위해 일본의 「학교교육의 수준유지 향상을 위한 의무교육제학교의 교육직원의 인재확보에 관한 특별조치법」과 같은 특별법을 제정하여 교원보수를 획기적으로 인상하여야 한다. 둘째, 교원이 사회적 · 경제적 측면에서 자긍심을 가지고 교육활동에 전념할 수 있도록 생계비를 보장해 주고, 생애주기와 무관한 현행 보수체계를 생애주기에 맞게 조정하여야 한다. 셋째, 개인의 능력과 업무성과를 보상과 연계시키는 성과주의 보상체계를 제도 본래의 취지에 부합되도록 운영하여야 한다. 그리고 초 · 중등교원 주당 수업시간을 법제화하고 표준수업시수보다 초과된 수업에 대해서는 수당을 지급해야 한다. 넷째, 보수 결정 방식에 있어 정부의 일방적이고 획일적인 방식은 지양하고, 다양한 이해집단이 핵심적으로 참여할 수 있도록 하여야 한다. 다섯째, 안정적인 교원 인건비 확보를 위해 국가재정에서 차지하는 교육투자비를 확충하고, 교원인건비 규모에 대한 법제화가 요구된다. 이를 통해 국가예산 환경에 좌우되지 않는 교원보수 안정화를 꾀할 수 있을 것이다.

교육정책의 목표와 방향 설정이 이루어지면 교육정책의 목표가 달성되는 미래 시점에 이르기까지 단계적이고 구체적인 세부 추진 과제를 제시하여 시간의 변화 추이에 따라서 실행에 옮겨질 수 있도록 해야 한다(신현석, 2000: 317). 그러므로 현행 교원보수체계의 현황과 문제점에 대한 정확한 진단과 분석을 토대로 합리적인 보수체계의 개편 방향과 과제를 설정하는 것도 중요하지만 구체적이고 단계적으로 정책이 집행되어야 한다. 더불어, 교원보수체계 개선은 교원양성, 자격, 임용, 평가와 같은 다른 교육정책들과 유기적으로 연계되어 있으므로 이들 정책과의 종합적인 판단을 바탕으로 이루어져야 함을 간과해서는 안 될 것이다.

제14장

교직단체

제14장에서는 종래 두 교직단체의 역할과 기능을 통합적인 개념 틀이 아닌 각각의 역할 및 기능의 조합(교직단체×역할 및 기능) 속에서 분석하여 교직단체 간의 갈등의 원인을 탐색하고 두 단체가 나아가야 할 바람직한 역할과 기능을 탐색하고자 하였다. 이를 위하여 관련 문헌의 고찰을 통해 논리적 분석의 틀을 정립하고, 교직단체 관련자에 대한 심층질문지를 통한 의견 분석 결과와 문헌 고찰 결과를 함께 교직단체 역할 및 기능의 도출에 활용하였다. 주요 연구 결과는 다음과 같다. 첫째, 역할과 기능은 불가분의 관계 속에서 존재하지만 분리된 개념으로 정립될 필요가 있고, 시제와 관점에 따라 분리해서 접근해야 한다. 둘째, 교직단체의 역할과 기능에 대한 분석 결과는 원천적 요인으로서 단체의 이념과 철학에 대한 천착과 역할 및 기능의 단체 내 · 단체 간 모순과 대립으로 인한 갈등 양상에 대한 연구로 확장되어야 한다. 셋째, 교직단체의 역할과 기능은 역사적으로 진화 · 발전한다.

주제어 **교직단체의 역할, 기능, 갈등**

* 본 장은 "교직단체의 역할과 기능 분석: 한국교원단체총연합회와 전국교직원노동조합을 중심으로"(교육정치학연구, 16(2), 2009)의 내용을 수정 · 보완하였음.

1. 교직단체 간 갈등에 대한 문제 인식

교원단체는 교육의 주체인 교원이 그들 개인으로서는 달성하기 어려운 일들, 즉 교원의 권익 신장과 전문성 개발, 사회적·경제적 지위 향상을 위한 과제 등을 공동의 노력과 책임 아래 추진하며, 집단과 단체의 힘을 빌려 보다 효과적으로 목적을 달성하고자 결성된 조직이라 할 수 있다(강인수, 1993). 따라서 교육의 목적을 원활히 수행하고 교육의 질적 향상을 위해서는 주요 교육 주체인 교직단체, 즉 한국교원단체총연합회(한국교총)와 전국교직원노동조합(전교조) 등이 각기 역할과 기능 분담을 통해 유기적인 협력관계를 형성해야만 교육 발전을 기대할 수 있을 것이다. 그러나 최근 우리나라 교직단체의 활동 양상을 살펴보면, 서로에 대한 이해와 협력을 바탕으로 교육 발전을 위해 노력한다기보다는 심각한 대립과 갈등의 양상으로 비추어지고 있는 것이 현실이다.

우열반 편성과 0교시 수업 금지 규정 폐지 등을 주요 내용으로 하는 교육과학기술부의 「학교자율화추진계획」(2008. 4. 15)의 경우, 두 교직단체인 한국교총과 전교조의 이견이 극명하게 갈리고 있다. 한국교총은 학교 운영의 자율화는 공교육 경쟁력을 강화하기 위한 바람직한 방향이라며 반기고 있는 반면, 전교조는 공교육을 포기하고 학교의 학원화를 부추기는 조치라고 정부를 비판하고 있다. 한국교총은 「학교자율화추진계획」에 대한 성명(2008. 4. 15)에서 "현재 학교는 교육과정, 학사 운영, 교원인사, 재정 운영, 조직 편성 등 학교 운영에 필요한 중요 권한이 미약한 상황으로 이번 자율화는 학교가 공교육 경쟁력을 강화하는 자율운영 시스템을 정착시키는 계기가 될 것"이라고 전망하면서 "단위학교의 자율성을 확대하고 지방교육자치를 내실화하겠다는 교과부의 기본 방향에 대해 공감한다."는 입장을 밝혔다. 이에 반해 전교조는 기자회견(2008. 4. 22)을 통해 "「학교자율화추진계획」은 자율화를 가장한 '공교육 포기, 학교 학원화 추진계획'이다."라고 하면서 "자율화로 인해 저임금의 비정규직 교원이 많아질 것으로 본다. 전교조는 입시지옥과 사교육비 폭등의 무한경쟁 입시몰입교육이 철회될 때까지 국민과 더불어 강력히 투쟁할 것을 천명"하고 이 조치의 백지화를 주장하였다.

1998년 교원노조가 합법화된 이후 우리의 교단은 '전문직주의(professionalism)'를 지향하는 한국교총과 '노동조합주의(unionism)'를 지향하는 교원노조 사이에 중요한 교육쟁점들을 놓고 끊임없는 갈등의 연속이었다. 제7차 교육과정 운영, 학업성취도평가, 교원성과급제, 자립형 사립고 문제, 고교평준화, 수석교사제, 교장선출보직제, 교과학습진단평가 등 이루 헤아릴 수 없는 정도다. 이러한 교단의 갈등, 그중에서도 교직단체 간의 첨예한 갈등은 이제 더 이상 교육문제가 아닌 사회문제로 비화되어 세인들의 관심이 집중되고 있다. 이에 정책당국은 교육정책 추진 과정에서 추진 주체의 분열로 인한 정책 실패를 우려하고 있고, 학부모들은 교원 간의 갈등으로 인한 불안정한 학교의 모습 속에서 교수-학습이 부실하게 되어 정상적인 교육이 이루어질지에 대해 근심하고 있다. 결과적으로, 교단 갈등은 학교 및 교육 공동체의 분열을 촉진시키는 핵심 요인으로 작용하고 있고, 공교육 위기를 촉발시키는 간접적인 원인이 되고 있다는 지적이다(강인수, 2003b; 서정화, 2003a). 이와 같이 최근 교육계에서 '교육공동체론'과 '공교육위기론'과 같은 담론이 초미의 관심사로 대두되고 있는 저변에는 교단 갈등이 큰 몫을 하고 있는 것이다.

왜 이렇게 교단 갈등, 즉 교직단체 간의 갈등이 초래되고 있을까? 어찌 보면 너무 당연한 대답이 나올 듯한 이 질문에 대해 보다 근본적인 천착을 하는 것이 본 장에서의 관심사다. 교직단체 간의 갈등이 불가피한 원인은 일차적으로 양 단체 간 역할 · 기능이 서로 다르기 때문이다.[1] 따라서 종래 교직단체의 역할 · 기능이라는 일차적이면서도 통합적인 개념의 틀 속에서 설명되었던 것이 이제는 한국교총과 교원노조의 역할 및 기능이라는 2×2(교직단체×역할 및 기능)의 조합 속에서 분석되어야 교육단체 간의 갈등 원인을 보다 극명하게 그려낼 수 있다. 물론, 교직단체의 일차적인 갈등 원인으로서 역할 및 기능의 '다름'은 그들이 지향하는 전문직주의(한국교총)와 노동조합주의(교원노조)가 반영된 것이고, 기저에는 단체의 운동성을 방향 짓는 이념과 철학이 자리 잡고 있다는 것은 주지의 사실이다. 이렇게 볼 때 교직단체의 역할과 기능은 해당 단체의 이념적 지향성의 산물인 것이다. 따라서 교직단체의 역할과 기능을 분석하는 일은 단체 간의 갈등 현상을 이해하기 위한 원인 탐색적 노력인 동시에, 단체의 이념과 철학을 현실적으로 재구성하는 작업인 셈이다.

본 장에서 이러한 노력과 작업의 일환으로 행해지는 교직단체의 역할과 기능 분석은 다음과 같은 세 가지 탐구문제를 해결하는 방식으로 진행된다. 첫째, 단체(조직)의 역할과 기능은 개념적으로 분리될 수 있는가? 둘째, 교직단체의 역할은 무엇이고, 단체에 따라 어떻게 다른가? 셋째, 교직단체의 기능은 무엇이고, 단체에 따라 어떻게 다른가? 이러한 탐구문제의 해결 방법은 선행문헌을 통한 논리적 분석과 심층질문지

---

1) 이러한 양 단체 역할 및 기능의 구별에 대해, 한 설문응답자가 "저는 향후 발전 방향에 있어 전교조와 교총이 기본적으로 역할과 기능에 차이를 두어서는 안 된다고 봅니다. 이 양자는 유사한 기능을 수행하는 복수 교직단체의 일원으로 활동하면서 각각의 철학과 이념에 따라, 사안에 따라 서로 다른 의견을 제시하는 역할을 수행하는 것이 바람직하다고 봅니다."라는 의견을 제시하였다. 이 의견은 기본적으로 양 단체의 역할과 기능을 미래지향적인 '바람직한' 관점에서 논의하고 있고, 동일한 상황맥락성을 가정하고 있다. 매우 일리가 있는 주장이나 여기서는 양 단체 간 역할과 기능의 '다름'은 현재 상황에서 한국교총과 전교조가 존재하는 근거와 활동 범위의 차이에서 비롯된 것으로 양 단체의 '상황맥락성'의 범위차에서 기인한다. 또한 동일한 사안이나 쟁점에 대해서 양 단체가 주장과 대안을 제시하는 것을 동일한 역할을 하는 것으로 간주할 수 있으나, 여기서는 '서로 다른 의견 제시'에 강조점을 두고 이것이 근본적으로 양 단체의 역할지향성의 차이에서 비롯된 것으로 본다. 이러한 역할지향성의 차이는 상당 부분 이념과 철학 속에 담겨 있지만, 구체적으로 한국교총과 전교조의 역할을 기술하는 과정에서 이러한 '지향성'의 추구가 역할 구분에서 접두어로 표현되는 경우가 많다는 점을 일러둔다.

(in-depth questionnaire)를 통한 의견 분석에 의존한다. 분석 자료로 활용된 관련 문헌은 교직단체의 역할 · 기능과 관련된 관계 법령 및 단체의 규약 · 강령 그리고 선행 연구물들이다. 그리고 질문지의 경우, 교직단체의 역할과 기능에 관한 개방형 심층질문지를 한국교총과 전교조 간부진, 교육과학기술부 교원정책 담당 공무원, 교원정책 전문가 교수, 학부모단체 간부들에게 배포하여 실제 활동상의 의견을 기술하도록 하였다. 특히, 교직단체의 바람직한 역할 및 기능은 단체의 규약과 강령 등의 자료 확인을 통한 규범적 분석, 실제 단체의 활동 내용에 관한 심층적 자료의 실사를 통한 기술적 분석 그리고 단체에게 기대되는 역할과 기능에 대한 당위적 분석의 상호작용적 비교 · 분석을 통해 도출된다.

2. 역할과 기능의 재개념화

1) 역할과 기능의 개념

(1) 역할의 재개념화

사전적 의미로 역할(role)은 "주어진 집단 내의 개인이 보여 주는 특징적인 행동 혹은 주어진 사회적 맥락(상황) 속에서 개인에 의해 수행되거나 기대되는 기능들의 행동 유형"이다(Good, 1973: 268). 역사적으로 역할의 개념은 고대 그리스와 로마 시대의 연극과 극장들에서 유래되었다(Show & Constanzo, 1982).[2] 연극 속에서 어떤 배역을 맡은 연기자는 자신에게 위임된 역할을 공연되는 연극의 맥락 속에서 수행하도록 요구

2) 현대의 역할이론 구성에 기여한 초기의 선구자들은 각자의 학문 분야에서 서로 다른 국면을 연구하는 과정에서 역할의 개념을 언급하고 있다. 예컨대, James(1890)와 Baldwin(1897)은 '자아'를 연구하는 심리학자들이었고, Summer(1906), Ross(1908) 및 Durkheim(1893)은 관습 · 규범 및 사회구조에 관심이 있는 사회학자들이었다. 역할이론의 성립에 기여한 초창기의 또 다른 중요한 연구가 Dewey(1899), Cooley(1902), Moreno(1919) 및 Simmel(1920) 등에 의해 행해졌다.

된다. 이와 같이 어떤 사람의 역할은 그가 속해 있는 집단이나 사회적 맥락 속에서 어떤 위치(배역)를 차지하고 있을 때 그가 보여 주는 행동 특징이다. 이때 개인의 역할은 연극 속에서 다른 배역의 역할과 밀접한 관계 속에서 수행되듯이, 개인이 속한 집단이나 사회적 맥락에 관련된 타인의 역할과 서로 연결되지 않으면 오랫동안 유지되기 힘들다. 이러한 관점에서 Getzels와 Guba(1957)는 그들의 사회체제이론에서 역할을 조직 구성원의 사회적 행동을 야기하는 한 원천으로서 조직에서 개인이 맡고 있는 직책에 대해 기대되는 활동의 집합체로 규정하였다. 지금까지의 논의를 종합하면, 역할은 특정 직책의 개인이 소속된 집단 혹은 사회적 맥락 속에 존재하는 타인과의 연계 속에서 수행하는 과업의 특징을 묶어서 표현한 수렴적인 개념이라고 할 수 있다.

지금까지 역할이론은 개인이 속한 집단 혹은 사회의 맥락에서 주로 개인의 행동에 초점을 맞춰 왔다. 그러나 논의의 범위를 확대하여 역할의 주체를 개인이 아닌 집단(단체) 혹은 조직으로 보더라도 마찬가지로 이들의 역할에 대한 유추가 가능하다. 이때 비록 논의되는 수준이 달라지더라도 역할에 대한 설명은 그 수준 자체에 한정되는 자족적인 것이 되어서는 안 되며, 그 수준을 포괄하는 환경으로서 상위체제의 맥락에서 논의되어야 하고, 특정 조직의 역할도 그 조직을 포괄하는 상위체제의 관점에서 논해져야 한다. 이와 같은 집단 혹은 조직 역할의 환경맥락성은 집단 역할(group role)에 대한 개념정의를 살펴보면 보다 명백해진다.[3] 신현석(2000b: 239-241)은 지역교육청의 역할에 대한 연구를 통해 지역교육청의 역할을 교육행정체제 속에서 수행하는 과업을 범주화하여 의인화된 관점으로 제시한 바 있다.[4] 이와 같이 본 연구의 관심 대상

3) 집단 역할은 "개인이 한 구성원으로서 어떤 위치를 점유하고 있는 집단의 사회 구조 혹은 틀 내에서 일어나는 일련의 행동 혹은 기능" 으로 정의된다(Good, 1973: 269).

4) 이 연구에서 지역교육청의 바람직한 역할은 ① 학교교육의 전문적 조언자, ② 상위 교육행정기관과 단위학교 간의 조정 및 중재자, ③ 단위학교의 경영능력을 신장시키는 지원자, ④ 지방화 시대에 요구되는 지역교육센터 등으로 제한되었다.

인 교직단체의 역할은 단체가 속해 있는 교직사회, 더 나아가 법규상 인정된 활동이 발휘되는 사회체제의 공간 속에서 수행하고 있거나 수행될 것으로 기대되는 행동들 속의 특징을 수렴하여 범주화한 것이라 할 수 있다.

일반적으로 역할은 개인이 갖고 있는 신분지위에 따라 주어진다. 따라서 많은 신분을 갖게 되면 그만큼 다양한 역할이 요구될 수밖에 없다. Merton(1968: 422)은 이와 같이 신분을 차지하고 있음으로 해서 서로 다른 많은 역할을 소유하게 되는 상황을 역할속(role-set)이라고 하였다. 즉, 역할속은 한 개인 혹은 집단이 차지하고 있는 각각 다른 신분에 따른 상이한 역할의 총체를 말한다. 한편, 신분지위에 부수되는 역할을 수행하는 과정을 교육사회학자들은 역할 설정(role enactment)이라 한다(정우현 역, 1975: 155). 개인이나 집단이 설정하는 역할은 그들의 역할속에서 부분지향적이냐 전체지향적이냐에 따라서 수행하는 역할 내용에 대한 강조점에 달라진다. 그러므로 같은 교직단체라 하더라도 한국교총과 전교조는 그들의 역할지향성이 무엇이냐에 따라서 역할속 중 역할의 종류와 내용이 얼마든지 달라질 수 있다. 실제로 한국교총과 전교조는 다양한 역할로 구성된 역할속을 갖고 있으며, 그들이 설정한 활동이념과 중점 기조에 따라서 역할을 설정하는 방식에 차이가 있다.

Biddle과 Thomas(1966)는 역할이론 분야에서 가장 빈번하게 사용되는 용어를 분류하는 도식적 상위 구조의 틀을 ① 사람들을 분할하기 위한 용어(예, 행위자, 타인 등), ② 행동을 분할하기 위한 용어(예, 역할기대와 규범, 역할수행, 역할평가와 제재 등), ③ 사람들과 행동의 집합을 분할하기 위한 용어(예, 지위, 역할 등), ④ 사람들과 행동의 집합을 관련짓기 위한 용어(예, 유사성의 준거, 결정이나 상호 의존의 준거, 유사성과 결정이 종합된 준거 등) 등 4개로 범주화하였다. 이 중에서 '사람들과 행동의 집합을 분할하기 위한 용어'로 분류되는 역할에 대해 사람 부분에서 ① 개인적 역할, ② 집합적 역할, ③ 행동적 역할, ④ 표적의 역할(target roles)

로 나누고, 행동 부분은 ① 외현적 역할, ② 내현적 역할, ③ 규범적 역할, ④ 기술적 역할, ⑤ 평가적 역할, ⑥ 적극적 역할, ⑦ 제재적 역할로 다시 나누었다. 본 연구와 관련하여 관심의 초점은 이러한 역할의 사람-행동 매트릭스 중에서 사람부분의 집합적 역할(aggregate role, 한 집단의 사람들의 모든 행동)과 행동 부분의 규범적 역할(prescriptive goals, 어떤 사회체제 내에서 역할이 갖는 규정적 성격), 기술적 역할(descriptive roles, 한 사회적 단위 내에서의 역할 개념), 평가적 역할(evaluative roles, 한 사회적 단위 내에서 역할을 평가하기 위한 규범)이 주어진다. 이 중에서 평가적 역할은 본 연구에서 교직단체의 현재 역할을 제삼자가 사회적 규범에 따라 평가하여 단체에 어떠한 역할을 수행하여야 한다는 믿음을 담고 있는 '당위적 역할'로 전환된다. 이렇게 볼 때 교직단체의 집합적 역할은 규범적 역할, 기술적 역할, 당위적 역할로 재구성될 수 있고, 이 세 가지 역할의 상호작용적 비교 · 분석에 의해 미래지향적인 '바람직한 역할'이 도출될 수 있을 것으로 기대된다. 이상 교직단체의 역할 종류와 관계를 흐름도상에서 나타내면 [그림 14-1]과 같다.

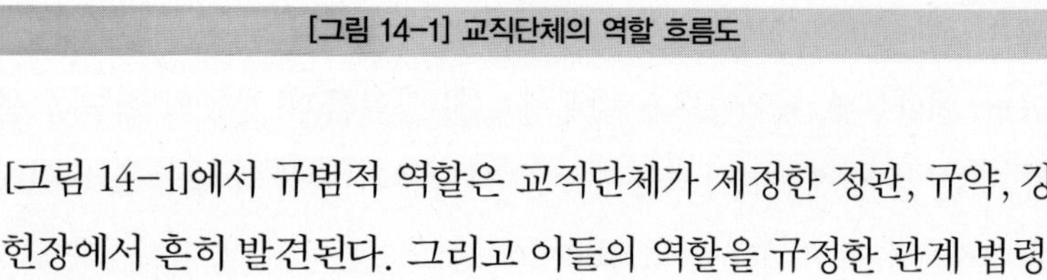

[그림 14-1] 교직단체의 역할 흐름도

[그림 14-1]에서 규범적 역할은 교직단체가 제정한 정관, 규약, 강령 및 헌장에서 흔히 발견된다. 그리고 이들의 역할을 규정한 관계 법령 등에 의해서도 파악될 수 있다(김영철 외, 1997: 18-23). 기술적 역할은 교직단체가 실제로 벌이고 있는 사업이나 활동을 분석함으로써 파악할 수 있다(한국교총 편, 2003). 이때 소속교직단체 구성원이 판단하고 있는 활

동 내용에 대한 인식 자료도 근거 자료로 활용될 수 있다. 당위적 역할은 교직단체의 활동과 직·간접적으로 관계있는 사람들(예, 교직단체 관계자, 교육과학기술부 관료, 교원정책 전문가, 학부모 등)의 단체활동에 대한 평가를 바탕으로 그들이 단체에 기대하는 판단과 믿음을 분석함으로써 구체화될 수 있다(김종철, 1994). 이들 세 역할을 종합적으로 상호 비교·분석하면 귀납적 추론에 의한 교직단체의 '바람직한 역할'이 각각 도출될 수 있다.[5)]

(2) 기능의 재개념화

기능(function)은 "전문적인 과정 혹은 운영이 계획대로 성취될 수 있도록 개인 혹은 집단이 책임지고 해야 할 과정 혹은 운영의 한 부분 혹은 개인 또는 조직에 부여된 의무, 책임, 사명 혹은 과업"을 뜻한다(Good, 1973: 253). 실제 개인 혹은 집단이 수행하는 일과 깊은 관련이 있는 기능은 전체의 한 부분이 원활하게 작동하는 것을 나타내는 '활동 혹은 운영'의 개념과 실제로 개인 혹은 집단이 수행하는 구체적인 '과업 혹은 업무'의 의미를 동시에 내포하고 있는 복합적인 용어다. 이러한 관점에서 Barnard(1938)도 일찍이 '행정가의 기능'에서 기능을 "직책의 소유자가 현재 수행하고 있거나 수행해야 할 업무의 내용"이라고 정의한 바 있다. 이때 행정가가 수행하는 업무들은 조직의 전체적인 운영계획

---

5) 여기서 '바람직한'이란 말은 '미래지향적'이라는 뜻과 '좋은(good)'과 '옳은(right)'이라는 의미가 동시에 내포되어 있다. '바람직한' 역할의 '미래지향성'은 현재적 관점에서의 규범적 역할, 기술적 역할, 당위적 역할을 포괄하여 향후 교직단체가 수행해야 할 역할을 도출해 내는 시제의 전환과정에서 생성된다. 한편, 이 연구에서 '바람직한' 역할은 방법적으로 교직단체의 세 가지 현재적 역할의 상호 비교·분석에 의한 귀납적 추론의 결과로서 양 단체의 '공통적인' 역할과 '고유한' 특성의 역할도 분할되어 제시된다. 이러한 방법은 '상대방의 관점에 의한 주장의 타당성을 검토하고 따져 묻는 논의점 구조' 속에서 진행되기 때문에, '방법적 합리성'에 의해 보장되는 보편적 '정의' 혹은 '옳음'의 문제와 특정한 집단의 삶의 형식과 연관된 주관적 판단가치로서의 '좋음'의 문제는 더 이상 이원적으로 분리되지 않을 수 있다(한승완, 2002: 210). 따라서 한국교총과 전교조의 '바람직한 역할'은 '옳으면서 좋은(good and right)'의 의미가 동시에 내포되어 있다는 형식논리의 가정이 내재되어 있다.

의 틀 내에서 존재하는 것이기 때문에 반드시 그가 존재하는 상위단위로서 조직의 맥락에서 행해진다. 따라서 기능 역시 기능의 실행단위만을 대상으로 하는 자족적인 개념이 아니라 그 단위를 총괄하는 환경으로서 상위체제의 개입이 필요하다는 것을 알 수 있다. 이렇게 볼 때, 기능은 '개인의 조직 혹은 집단에서 부여받은 임무를 수행하는 과정에서 담당해야 할 업무들의 특징적인 내용들을 범주화한 것'이라고 할 수 있다.

기능을 조직 혹은 집단이라는 좁은 범위에서 논의하면 조직 혹은 집단이 목표를 성취하거나 생존을 유지하기 위하여 그 구성원들에게 부여한 임무와 과업 그리고 그것의 수행 과정을 말한다. 좀 더 내밀하게 살펴보면 조직 혹은 집단의 구성원이 행하는 과업은 전체의 부분을 구성하며, 그 부분들은 전체의 목적을 달성하기 위하여 필요한 각각의 과업을 행하는 것이다. 이 과정에서 구성원이 행하는 부분들로서의 과업은 상호 연계되어 있고 서로 의존하는 가운데 전체의 목적 달성과 생존 유지에 공헌하게 된다. 따라서 한 구성원의 변화 혹은 그가 수행하는 업무상의 변화는 다른 성원 및 전체의 변화를 초래하게 된다. 예를 들어, 인간의 몸이라는 유기체를 구성하는 여러 기관 혹은 부분들이 인간의 생존과 건강 유지를 위해 독립적으로 기능하면서도 서로 의존하고 있는 관계를 상정하면 쉽게 이해할 수 있다. Cornte와 Spencer 등은 이러한 유기체의 경우를 사회가 유지되어 가는 과정에 적용하여 기능이론을 구체화한 초기의 사회학자들이다. 기능이론에 따르면 유기체와 마찬가지로 사회는 각기 다른 여러 부분으로 구성되어 있으며, 각 부분은 전체의 존속을 위하여 각각 서로 다른 기능을 수행하는 수많은 개인 및 집단의 통합체다(김병성, 2002: 30). 물론, 이때 사회를 구성하는 개인 및 집단은 사회의 안정과 질서유지라는 합의된 목표 아래 서로 의존하며 삶을 영위해 나간다.

조직 혹은 집단을 구성하는 개인의 기능에 대한 논의의 범위를 확장하면 사회를 구성하는 조직 혹은 집단의 기능에 대한 논의도 가능하다. 이때에도 물론 조직 혹은 집단의 사회를 구성하는 유기체의 한 부분으로서 전체사회적 맥락에서 조직 혹은 집단의 기능이 설명되어야 한다. 신현석(2000b: 231-249)은 지역 교육청의 기능에 대한 연구에서 지역 교육청의 기능을 우리나라 전체 교육행정체제를 구성하는 다른 기관들과의 연계 속에서 제시하였다. 그는 이 연구에서 지역 교육청의 기능을 "역할에 따라 행하는 구체적인 업무를 성격에 따라 분류한 발산적인 개념" 으로 보았다.[6] 이렇게 볼 때 본 장에서의 관심인 교직단체의 기능은 "교직사회, 더 나아가 사회체제의 공간 속에서 단체의 생존 유지와 소기의 목적을 달성하기 위하여 수행하는 구체적인 업무와 활동 등을 범주화한 것" 이라 할 수 있다.

교직단체의 기능은 역할에서 개념화된 것처럼 집합적인 기능을 수행하는 두 주체인 한국교총과 전교조의 세 가지 행동적 기능(규범적 기능, 기술적 기능, 당위적 기능)의 관점에서 분석될 수 있다. 규범적 기능은 각 단체의 규약 혹은 강령 그리고 단체활동의 범위를 규정하는 각종 법령상에 명시된 업무 혹은 활동 등을 의미한다. 기술적 기능은 실제로 교직단체가 행하고 있는 활동과 업무들을 통해 판단될 수 있다. 그리고 당위적 기능은 교직단체와 직 · 간접으로 관계있는 집단 혹은 개인이 이들 단체의 활동과 업무에 대해 기대하는 내용으로 구성된다. 역할의 경우에서와 마찬가지로 이들 세 가지 기능들을 종합적으로 서로 비교 · 분석하면 각각의 교직단체에 대한 '바람직한 기능'을 도출할 수 있을 것이다. 교직단체의 기능 종류와 관계 역시 역할의 경우처럼 [그림 14-1]과 같은 흐름도로 나타낼 수 있다.

6) 이 연구에서 지역 교육청의 바람직한 기능으로 ① 단위학교의 교육활동 지원, ② 상위 교육행정기관과 단위학교 사이의 업무 조정, ③ 단위학교에 대한 경영활동 지원, ④ 지역교육계획의 수립 및 집행 등 4가지를 제시하였다.

2) 역할과 기능의 관계

역할과 기능의 재개념화를 통해 볼 때 두 개념은 서로 관련이 있다는 것을 알 수 있다. 이러한 서로의 관련성은 두 개념이 갖고 있는 다음과 같은 공통점에 기반하고 있다. 첫째, 역할과 기능은 상황맥락적이다. 역할이나 기능 공히 이를 수행하는 주체는 자신을 포괄하는 전체 혹은 상위체제의 지속적인 유지가 가능하도록 그 체제의 부분으로서 구속을 받는다. 둘째, 역할과 기능을 수행하는 주체들은 상위체제의 틀 속에서 상호 의존적인 관계를 형성한다. 따라서 개별 주체가 수행하는 역할과 기능은 상대방에 영향을 주기도 하고 상대방에 의해 영향을 받기도 하면서 전체에 영향을 미친다. 셋째, 역할이나 기능은 모두 이를 수행하는 주체의 행동을 통해 구체적으로 이해될 수 있다. 역할은 주체가 수행하는 행동들의 기능을 통해 구체화되는 것이므로 역할과 기능은 외적으로 표현되는 행동에 대한 관찰과 분석을 통해 명료해질 수 있다.

역할과 기능은 공히 그것을 분할하는 공통적인 몇 가지 기준에 따라서 보다 상세하게 분류할 수 있다. 첫째, 역할이나 기능은 수행하는 주체에 따라 개인이 될 수도 있고 개인의 집합체가 될 수도 있다. 이에 따라 역할과 기능의 수행자는 개인뿐 아니라 집단, 단체, 조직 혹은 사회를 구성하는 특정 부문도 될 수 있다(예, 교육, 언론 등). 둘째, 역할이나 기능이 수행되는 형식에 따라서 외현적, 내현적으로 분류할 수 있다. 외현적 역할 · 기능은 공적인 데 비해, 내현적 역할 · 기능은 사적인 성격이 강하다(Biddle & Thomas, 1966). 셋째, 역할과 기능은 관찰자의 시각에 따라서 규범적, 기술적, 당위적으로 분류할 수 있다. 규범적 역할 · 기능은 사회체제 내에서 관련 규정 · 법규에 의한 것이고, 기술적 역할 · 기능은 실제로 주체가 수행하는 행동을 통해서 이해된 것이며, 당위적 역할 · 기능은 주체의 행동에 대한 평가적 분석을 바탕으로 기대되는 행동에 의한 것이다.

이러한 역할과 기능의 개념적 공유 때문에 많은 연구자들이 역할과 기능의 개념을 굳이 구별하지 않고 혼용해서 포괄적인 한 개념인 양 사용해 왔다(정진환, 1997; 정찬영 외, 1997; 장기원, 1998). 이러한 경향은 교직단체의 역할과 기능에 대한 연구에서도 발견된다. 김종철(1982: 354–358)은 교직단체의 역할과 기능을 교원 상호 간의 유대를 강화하고 회원들의 복지 향상과 자질 향상을 추구하는 것으로 보았다. 서정화(1989: 441–442)도 이와 유사하게 ① 자질 함양, ② 지위 향상, ③ 교권 신장을 교직단체의 3대 역할 · 기능으로 간주했다. 김영철 등(1997: 18–23)은 「헌법」「국가공무원법」 등 교원 및 교직단체 관련 법조문에 대한 해석을 통해 교직단체의 역할과 기능을 간접적으로 설명하였다. 최근에 한국교총(편, 2003: 310–313)은 일반적인 교직단체의 역할과 기능에 대해 ① 상호 유대와 부조를 통한 교육자로서 소속감과 안정감의 확보, ② 교원을 대변하고 권익을 보호 · 증진, ③ 교원의 전문적 자질 함양, ④ 교원의 사회적 · 경제적 지위 신장, ⑤ 교육정책의 형성 및 결정 과정 참여, ⑥ 회원에 대한 다양한 복지와 혜택 제공, ⑦ 청소년 복지 증진과 사회의 건전한 발전을 위한 활동 등으로 제시한 바 있다. 이러한 제안은 교원노조가 합법화되기 이전에 연구된 교직단체의 역할과 기능을 매우 구체화하고 있다는 것을 알 수 있다.

역할과 기능 개념의 공통점과 포괄적인 사용에도 불구하고 본 연구에서는 역할과 기능의 개념이 서로 분리된 것으로 가정한다. 역할과 기능의 재개념화에서 논의되었듯이 역할은 특정 직책의 개인이 수행하는 과업의 특징을 묶어서 표현한 수렴적인 개념인 데 반해, 기능은 개인의 역할수행 과정에서 담당하는 특정적인 업무 요소를 지칭하는 발산적인 개념이다. 조직에서 특정의 직책을 수행하는 개인은 단적으로 직책에 합당하고 어떤 일을 하는 사람으로 표현할 수 있는데, 여기서 사람에 강조점이 주어지면 역할의 개념이고, 어떤 일에 강조점을 두면 기능을 지칭하는 것으로 볼 수 있다. 이렇게 볼 때 교직단체의 역할은 교직사회,

더 나아가 사회체제 내에서 수행하는 과업을 범주화하여 의인화된 관점으로 표현할 수 있고, 교직단체의 기능은 이러한 역할에 따라 행하는 구체적인 업무를 성격에 따라 분류한 것으로 볼 수 있다. 이와 같이 역할과 기능의 개념과 쓰임새를 구별해 주자는 것이 본 장에서의 의도다.

단일 연구에서 교직단체의 역할과 기능을 개념적으로 분리해서 논의한 경우는 발견하기 힘들다. 그만큼 역할과 기능을 혼용하여 보는 경향이 있었고, 그렇지 않으면 교직단체의 역할만 살펴보는 연구(이수일, 1999; 서정화, 2003b)이거나 혹은 기능에 초점을 맞추는 연구(서정화 외, 1998)였을 뿐이었다. 유일하게 교직단체의 역할과 기능을 개념적으로 분리해서 살펴본 경우로 전교조가 합법화되기 훨씬 이전에 행해진 김종철의 연구가 유일하다. 김종철(1994: 286-289)은 교직단체의 역할을 "교직단체를 결성하고 교직단체의 활동에 참여하는 교원이 교직단체에 대하여 가지는 사회적 기대"라고 정의하였다. 이러한 역할을 본 연구에서는 '당위적 역할'이라고 하였고 "교직단체와 직·간접적으로 관계 있는 사람들에 의한 단체에 대한 평가적 기대"로 정의한 바 있다. 김종철도 교직단체의 역할이 당위로서 역할기대에 맞추어 논의될 수 없다는 점을 강조하면서 그 이유는 이상과 현실, 당위와 실재 사이의 괴리로 교직단체의 역할 수행이 당위 차원의 역할기대에 미치지 못하는 경우가 많기 때문이라고 하였다. 그러면서 그는 교직단체의 역할을 ① 교원 자신의 지위 향상, ② 전문적 자질 향상, ③ 교육정책의 효과적 참여 등 세 가지로 들었다.

한편, 김종철(1994: 284-292)은 교직단체의 기능을 당위성에 입각한 기대로 정의되는 역할 개념과 달리 '현실성에 나타난 활동의 양상'으로 정의하고 있다. 즉, 교직단체가 하나의 사회조직체제로서 그 목표 및 기대되는 역할과 관련하여 현실적으로 전개하는 활동의 방향을 일컫는 용어가 기능이라는 것이다. 그는 교직단체의 기능을 ① 조직의 일반 유지관리를 위한 일반적 기능, ② 지위 향상의 역할을 수행하기 위한 기능,

③ 전문적 자질 향상의 역할 수행을 위한 기능, ④ 교육정책 참여에 관련된 역할의 수행을 위한 기능 등 4가지로 제시하였다. 김종철이 제시한 교직단체의 기능은 역할의 수행 측면을 강조한 것으로 교직단체가 수행하는 업무를 범주화하여 표현하였다. 이러한 역할-기능의 관계와 기능의 범주식 표현은 '지역 교육청의 역할과 기능'에 대한 신현석(2000b)의 연구에서도 볼 수 있다. 김종철이 제안한 교직단체 기능은 현실적인 활동에 근거하고 있기 때문에 본 장에서 제시한 '기술적 기능'에 해당된다. 결국, 김종철은 교직단체의 역할과 기능을 개념적으로 분리해서 살펴본 유일한 연구지만 본 장에서 상정하고 있는 역할과 기능 중 '당위적 역할'과 '기술적 기능'에 국한되고 있다는 것을 알 수 있다.

3) 교직단체의 역할과 기능 분석 틀

교직단체의 역할과 기능 분석은 몇 가지 전제하에서 시도된다. 첫째, 역할과 기능의 개념은 서로 불가분의 관계를 갖고 있지만 분명히 서로 다른 개념이다. 교직단체의 역할은 사회체제 내에서 수행하는 과업을 범주화하여 의인화된 관점으로 표현되고, 기능은 이러한 역할에 따라 행하는 구체적인 업무를 특징적으로 분류한 것이다. 둘째, 한국교총과 전교조의 역할과 기능은 서로 다르다. 교직단체의 역할과 기능은 그 단체가 표방하는 이념이나 철학, 근거 법률과 존재 형식, 조직제도와 문화, 구성원의 성향과 요구 등에 따라 다양할 수 있고 그 중요도도 다르게 인식될 수 있다(한국교총 편, 2003: 310-311). 셋째, 교직단체의 역할과 기능은 규범적 역할 및 기능, 기술적 역할 및 기능, 당위적 역할 및 기능 등 세 가지 관점에서 이해될 수 있다. 이들 역할 및 기능은 교직단체의 역할(기능) 규정, 역할(기능) 수행, 역할(기능) 기대 등을 분석함으로써 구체화될 수 있다. 넷째, 교직단체의 역할(기능) 규정, 역할(기능) 수행, 역할(기능) 기대를 종합적으로 상호 비교 · 분석하면 '바람직한' 교직단체의 역할 및 기능을 도출해 낼 수 있다. 본 연구는 이들 세 종류의 역할 및 기능의 내용을 상호 교환적으로 비교·분석하여 양 단체의 역할과 기능의 공통점과 차이점을 이끌어 내는 '귀납적 추론' 방법을 통해 미래 지향적인 '바람직한' 역할 및 기능을 이끌어 내도록 한다.

이상과 같은 전제는 본 장의 탐구 내용인 ① 역할과 기능의 개념 분리, ② 교직단체의 역할 확인과 차이 비교, ③ 교직단체의 기능 확인과 차이 비교를 탐구하기 위한 분석활동을 가능하게 하는 일종의 조건에 해당된다. 구체적으로 본 장에서 교직단체의 역할과 기능을 분석하기 위한 분석 틀을 그림으로 나타내면 [그림 14-2]와 같다.

[그림 14-2]의 분석 틀에서 분석대상인 역할 및 기능 규정, 수행, 기대는 관련 문헌과 심층질문지에 의한 자료의 분석을 통해 밝혀진다. 심

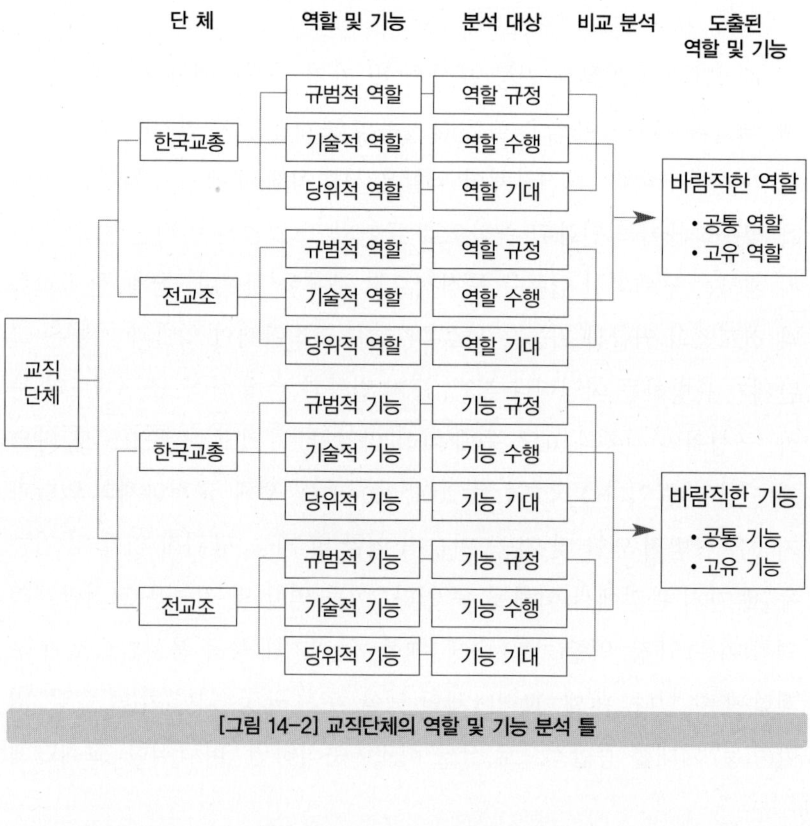

[그림 14-2] 교직단체의 역할 및 기능 분석 틀

층질문지는 세 가지 역할 및 기능에 대한 개방형 질문 형태로 구성되어 양 교직단체 관계자, 교육과학기술부 교원정책 담당 공무원, 교원정책을 연구하는 전문가 교수, 학부모단체 간부에게 배포되었다. 이 질문지는 기존에 시도되었던 역할과 기능의 재개념화 관련 연구 결과(신현석, 2000b)가 예문으로 모두에 제시되어 있으며, 응답자는 이를 참고하여 세 가지 역할 및 기능에 대한 질문에 응답하도록 되어 있다. 한편, 분석 자료로 활용된 관련 문헌에는 규범적 역할 및 기능 분석을 위한 관계 법령 및 단체의 규약 · 강령들과 교직단체의 역할 · 기능에 관한 선행 연구가 포함된다.

3. 교직단체의 역할 분석

1) 한국교총의 역할 분석

(1) 규범적 역할

규범적 역할은 특정 기관이나 직책 수행자의 존재가치가 법령이나 규약 · 강령 등에 의해 규정되어 그것의 존립 근거로서 작용한다. 한국교총의 규범적 역할은 「교육기본법」 한국교총의 강령 및 정관 등에서 찾아볼 수 있다. 한국교총은 법률상 「민법」 제32조(비영리법인의 설립과 허가)와 「교육기본법」 제15조(교직단체)에 근거한 사단법인이다. 「교육기본법」 제15조에 따르면, 교원은 상호 협동하여 교육의 진흥과 문화 창달에 노력하며, 교원의 경제적 · 사회적 지위를 향상시키기 위하여 각 지방자치단체 및 중앙에 교직단체를 조직할 수 있으며, 교직단체의 조직에 관한 필요한 사항을 대통령령으로 정하도록 하고 있다. 이러한 내용에 근거한 교직단체의 역할은 한국교총의 강령에도 그대로 적시되어 있다. 한국교총의 규범적 역할이 가장 잘 명시되어 있는 것은 한국교총의 정관이다. 1947년 11월 23일 '조선교육연합회 규약'으로 제정되어 현재 '사단법인 한국교원단체총연합회 정관'으로 되어 있는 한국교총의 정관 제2조(목적)에 따르면 "이 회는 회원 상호 간의 강력한 단결을 통하여 교원의 사회적 · 경제적 지위 향상과 교직의 전문성 확립을 기함으로써 교육의 진흥과 문화의 창달에 기여함을 목적으로 한다."라고 되어 있다.

교직단체의 관련 법규에 대한 해석을 바탕으로 교직단체(주로 '한국교총')의 규범적 역할을 도출한 연구는 대부분 김종철(1982)의 연구에서 비롯되고 있다. 그는 "교원이 단체를 조직하는 것은 교원 상호 간의 유대를 강화하고, 회원들의 복지를 도모하며, 회원들의 자질 향상 등을 추구하기 위한 것"으로 보았다(pp. 359-360). 서정화(1994: 441-442)는 이를 그대로 받아들여 교직단체의 역할을 ① 자질 함양, ② 지위 향상, ③ 교권의 신장으로 요약 · 제시하였다. 이후 김종철(1994: 286)은 교직단체의 3가지 역할에 대하여 "첫째는 교원 자신의 지위 향상을 위한 역할이요, 둘째는 그들의 전문적 자질 향상을 위한 역할이며, 셋째는 교육정책에의 효과적 참여"를 제시하였다. 이에 대해 서정화(1997: 347-348)도 교원 및 교직단체의 역할이 법적 근거를 토대로 ① 지위 향상, ② 전문적 자질 함양, ③ 교육정책 형성에의 참여로 압축될 수 있다면서 동감을 표하였다. 한편, 전제상(2002: 85-86)은 UNESCO와 ILO 등 국제 권고기준과 국내법상의 기준을 토대로 교직단체의 역할을 ① 교원의 사회 · 경제적 지위 향상, ② 교원의 전문적 자질 함양, ③ 교원의 교육정책 형성 과정에의 참여, ④ 교직단체의 이상사회의 실현 기능 등 4가지로 제시하였다. 그가 제시한 교직단체의 역할은 역할과 기능의 혼합, 다양한 역할 종류들의 미분화 등으로 인해 다소 혼란스럽지만 김종철과 서정화가 제시한 법적 근거에 의한 교직단체의 규범적 역할은 그대로 수용하면서 덧붙이는 형식을 취하고 있다는 것을 알 수 있다.

「교육기본법」과 한국교총의 정관상에 명시된 한국교총의 역할과 연구자들의 교직단체 관련 법령과 규약을 해석하여 정리 · 제시한 역할을 종합적으로 분석할 때, 한국교총의 규범적 역할은 ① 교원의 지위 향상, ② 교육의 진흥, ③ 교원의 전문성 신장으로 압축할 수 있다. 이는 한국교총의 설립 근거에 해당되는 관계 법규와 정관에 충실한 역할인 동시에, 규범적인 역할로 한정하여 연구자들의 확산적인 법 해석으로 인해 초래되는 역할 개념의 혼란을 차단하는 데도 적절한 것으로 판단된다.

(2) 기술적 역할

기술적 역할은 교직단체가 실제로 벌이고 있는 사업이나 활동을 분석함으로써 파악할 수 있는 것으로 한국교총이 발간한 교직생활 안내서, 한국교총 상근자들의 심층질문지 답변서 그리고 학자들의 연구에서 찾아볼 수 있다.

「신규임용교원을 위한 교직생활안내서」(한국교총, 2003) 및 「새내기 초등교사를 위한 교직생활안내서」(한국교총, 2008)에서는 한국교총의 역할을 "전문직으로서 교원이 존중받고 경제적 지위도 향상시키면서 교육 발전에 기여할 수 있도록 하는 것을 목적으로 활동하는 단체"라고 설명하고 있다. 그리고 한국교총은 ① 교원의 사회적 · 경제적 지위 향상, ② 교권의 옹호 확대, ③ 교직의 전문성 확립, ④ 청소년 복지 및 문화 증진, ⑤ 교육의 민주화와 사회정의 실현, ⑥ 교육 정보화 및 교육도서 간행, ⑦ 국제 간 교육문화 교류, ⑧ 남북 교육문화 교류, ⑨ 회원의 단결력 강화 등과 같은 사업을 하고 있다고 기술하고 있다. 또한 기술적 역할과 관련하여, 한국교총(2003)에서 발간한 「교사론」에서 서정화는 한국교총이 그동안 이익집단 및 전문직 단체로서 수행해 온 역할을 ① 전문성 신장, ② 교원의 경제적 지위 향상 및 복지 개선, ③ 교권 신장 및 윤리 확립, ④ 교육정책의 발전, ⑤ 단체교섭 및 정치활동, ⑥ 홍보 · 출판 및 국제활동 등 6가지를 제시하였으며, 이군현 등(2004)은 한국교총이 추진하고 있는 주요 사업을 ① 교직의 전문성 향상, ② 교권 신장 및 윤리 확립, ③ 교원 처우 및 복지 개선, ④ 교육 및 교육정책 연구 개발, ⑤ 단체교섭 및 정치활동, ⑥ 홍보 및 출판활동, ⑦ 국제활동 등 7가지를 제시하였다.

한편, 한국교총의 한 설문 응답자는 심층질문지 답변서에서 현재 교총이 실제로 하고 있는 역할을 '외적 측면'과 '내적 측면'으로 나누어 제시하였다. 먼저, '외적 측면'에서는 정부와 회원들 사이에서 회원들의 각종 요구와 이익을 대변하고 교육계 외부를 상대로 교육 관련 의제를 형성하고 주도하는 역할을 수행한다고 하였다. 그리고 '내적 측면'에서는 회원 간의 결속력 강화와 회세 확장, 전문성 신장 관련 연구대회 및 연수 실시 등과 같은 내적 역량 강화를 위한 역할을 수행한다고 하였다.

위에서 논의된 내용을 종합적으로 분석하여 공통적으로 제시하고 있는 한국교총의 기술적 역할은 ① 교원의 전문성 신장, ② 교원의 경제적 지위 향상 및 복지 개선, ③ 회원의 단결력 강화 및 회세 확장, ④ 교육 · 교원정책 연구 개발로 압축할 수 있다.

(3) 당위적 역할

교직단체와 관련된 사람들의 단체활동에 대한 평가를 바탕으로 그들이 단체에 기대하는 판단과 믿음을 분석함으로써 당위적 역할은 구체화될 수 있다. 이들 당위적 역할은 「한국교총 50년사」 심층질문지 답변서 그리고 「교원지위 향상을 위한 특별법」 제11조(교원의 지위 향상을 위한 교섭 · 협의) 등에서 찾아볼 있다.

「한국교총 50년사」에서 한국교총은 교총의 발전을 위한 21세기를 향한 비전으로 ① 공교육의 질적 수준 향상, ② 세계 최고 수준의 교직단체 건설, ③ 사회정의를 실현하는 교직단체 건설, ④ 교원의 삶의 질을 보장하는 교직단체 건설 등 4가지를 제시한 바 있다(한국교총 편, 1997: 803). 학부모 단체의 한 설문 응답자는 심층질문지 답변서에서 한국교총의 당위적 역할의 하나로 '사회 변화를 이끌어 갈 수 있는 교육정책의 연구'를 제시하였다. 더불어 법률적 측면에서, 「교원지위 향상을 위한 특별법」 제11조(교원의 지위 향상을 위한 교섭 · 협의)에서는 "① 교육기본법 제15조 제1항의 규정에 의한 교직단체는 교원의 전문성 신장과 지위 향상을 위하여 교육감 또는 교육과학기술부장관과 교섭 · 협의한다."라고 하여 한국교총이 교직의 전문성 신장 및 교원의 처우 개선, 근무조건, 복리후생 증진을 위해 교육감 또는 교육과학기술부장관과 적극적으로 교섭 · 협의하여야 한다는 당위적 역할을 제시하고 있다.

이러한 논의를 종합적으로 분석할 때, 한국교총의 당위적 역할은 ① 공교육의 질적 수준 향상, ② 사회정의를 실현하는 교직단체 건설, ③ 사회 변화를 이끌어 갈 수 있는 교육정책 연구로 제시할 수 있다.

2) 전교조의 역할 분석

(1) 규범적 역할

전교조의 규범적 역할은 전교조 강령, 전교조 창립선언문 그리고 전교조 합법화 기자회견문 등 전교조의 활동 지침 등을 규정한 문서에서 찾아볼 수 있다. 먼저, 전교조 강령을 살펴보면, "① 우리는 교육의 자주성, 전문성 확립과 교육 민주화 실현을 위해 굳게 단결한다. ② 우리는 교직원의 사회 · 경제적 지위 향상과 민주적 권리의 획득 및 교육여건 개선에 모든 노력을 기울인다. ③ 우리는 학생들이 민주시민으로서 자주적 삶을 누릴수 있도록 민족 · 민주 · 인간화 교육에 앞장선다. ④ 우리는 자유, 평화, 민주주의를 사랑하는 국내 여러 단체 및 세계 교직단체와 연대한다."라고 하여 전교조의 규범적 역할을 폭넓게 밝히고 있다. 또한 전교조 창립선언문에서는 "오늘의 이 쾌거는 학생, 학부모와 함께 우리 교직원이 교육의 주체로 우뚝 서겠다는 엄숙한 선언이며, 민족 · 민주 · 인간화 교육 실천을 위한 참교육운동을 더욱 뜨겁게 전개해 나가겠다는 굳은 의지를 민족과 역사 앞에 밝히는 것이다."라고 하였다. 이와 더불어, 전교조 합법화 기자회견문에서는 "둘째, 우리는 참교육의 주체세력으로 교육개혁에 앞장설 것입니다. 셋째, 우리는 사회개혁에 끊임없이 관심을 가지며 현장교육이 사회개혁에 기여할 수 있도록 사회개혁운동에 나설 것입니다."라고 하여 교육개혁 및 사회개혁과 관련된 역할을 제시하였다.

위에서 논의된 전교조 강령, 전교조 창립선언문 그리고 전교조 합법화 기자회견문에 명시된 역할을 종합적으로 분석할 때, 전교조의 규범적 역할은 ① 참교육 실천, ② 교원의 사회적 · 경제적 지위 향상 촉구, ③ 교육개혁의 주체, ④ 사회개혁의 주체로 압축할 수 있다.

(2) 기술적 역할

전교조의 기술적 역할은 심층질문지 답변서, 전교조 홈페이지, 토론회 자료, 학자들의 연구 등에서 찾아 볼 수 있다. 먼저, 전교조 상근자의 질문지 답변서 및 전교조 홈페이지에는 전교조의 기술적인 역할을 ① 단체협상 등을 통한 교원의 사회적 · 경제적 지위 향상 활동, ② 교육 전반의 문제점에 대한 사회 의제화 및 공론화를 통한 교육 민주화 활동, ③ 참교육연구소 및 교과연구회 활동을 통한 연구활동, ④ 각종 수업 자료 제작 및 참교육연구실천대회 개최 등과 같은 참교육 실천활동, ⑤ 조합원의 복지후생 및 조합원 교육, ⑥ 노동운동단체와의 제휴 및 국제적 연대활동 등으로 보고 있다. 그리고 이수일(1999: 17-20)은 교육개혁과 전교조의 역할을 주제로 한 국제학술세미나에서 전교조 창립 이후 10년 동안 실천해 온 전교조의 역할로 ① 교육 민주화와 교육환경 개선, ② 참교육 실천활동, ③ 교육정책 대안 수립활동, ④ 홍보활동, ⑤ 각종 현안 문제에 대한 설문, ⑥ 여론조사 작업 등을 들었다. 그리고 한국교총(2003) 발간 「교사론」에서 서정화는 전교조의 주요한 활동으로 ① 전문성 신장 활동, ② 교원의 경제적 지위 향상 활동, ③ 교권옹호활동, ④ 교육 및 교육정책의 발전 등 4가지를 제시하고 있다.

이러한 위의 논의를 분석하여 종합하면, 전교조의 기술적 역할은 ① 교원의 사회적 · 경제적 지위를 위한 활동, ② 교육 민주화 활동, ③ 교육이론을 포함한 연구활동, ④ 조합원의 복지후생 및 조합원 교육, ⑤ 노동운동단체와의 제휴 및 국제적 연대 활동, ⑥ 참교육 실천, ⑦ 교육 및 교원정책 과정에의 참여로 압축할 수 있다.

(3) 당위적 역할

전교조 창립선언문, 전교조 합법화 기자회견문, 참교육 실천강령 그리고 심층질문지 답변서 등에서 다음과 같은 전교조의 당위적인 역할을 찾아볼 수 있다.

첫째, 참교육의 실천이다. 전교조 창립선언문(1989)에서는 "오늘의 이 쾌거는 학생, 학부모와 함께 우리 교직원이 교육의 주체로 우뚝 서겠다는 엄숙한 선언이며, 민족 · 민주 · 인간화 교육 실천을 위한 참교육운동을 더욱 뜨겁게 전개해 나가겠다는 굳은 의지를 민족과 역사 앞에 밝히는 것이다."라고 하여 참교육의 실천을 강조했다. 또한 참교육 실천강령(2002)에서 "우리는 참교육을 가로막는 제도와 관행에 맞서 투쟁한다."라고 하면서 진정한 교육적 실천을 제약하는 각종 장벽을 헐어내고 모든 노력을 참교육 실현을 위해 애쓰는 교사이고자 한다고 밝히고 있다.

둘째, 학생과 학부모의 권리와 요구를 반영하는 것이다. 전교조 합법화 기자회견문(1999)에서 "어떤 경우에라도 우리는 교육적 입장에서 우리의 권익보다는 아이들을 먼저 생각하겠습니다. 아이들의 배울 권리를 침해하는 어떠한 행동도 단호히 거부하겠다는 것을 분명히 밝혀 둡니다."라고 하였으며, 참교육 실천강령(2002)의 실천강령 13에서도 "학부모 · 지역사회와 협력한다."라고 밝히고 있다. 이는 교육 수요자들의 권리와 요구를 적극적으로 반영해야 한다는 당위적 역할을 제시하고 있다고 할 수 있다.

셋째, 교육개혁의 주도다. 전교조 합법화 기자회견문(1999)의 둘째 다짐에서는 "우리는 참교육의 주체세력으로 교육개혁에 앞장설 것입니다."라고 하였다. 또한 학부모단체 한 설문 응답자의 심층설문지 답변서에서 "사회 변화에 적응하거나 사회 변화를 이끌어 갈 수 있는 교육을 만들기 위해서는 교육개혁이 필수적이며, 교육개혁 과정에서 집단 간 개혁 방향이 서로 다를 때 집단 간 충분한 토의와 협조가 요구된다."라고 하여 교육개혁에 대한 강한 바람을 담고 있다고 할 수 있다.

넷째, 교원의 사회경제적 지위 향상을 위한 노력이다. 이와 관련하여 한 설문 응답자는 설문지 답변서에서 "전교조가 하나의 이익단체인 이상 사회경제적 지위 향상을 위한 역할을 부정할 수 없으므로 나름대로 여러 방안을 통해 지위 향상을 위해 노력하되, 그것이 교사라는 직업에 안주하지 않도록 하는 여러 가지 방안도 함께 고민해야 한다."라고 밝히고 있다.

다섯째, 교육 부문의 합법적인 주요 당사자로서의 역할이다. 이와 관련하여, 전교조는 전교조 합법화 기자회견문(1999)의 다섯째 다짐에서 "우리는 교육부나 교육청의 교육정책 수립이나 집행에 적극 참여할 것입니다. 수렴된 의견을 단체교섭 및 협의를 통해 적극 개진하고 합의된 내용의 실천에 적극 나서겠습니다."라고 밝히고 있다. 학부모단체의 한 설문 응답자도 심층질문지 답변서에서 "사태에 대한 비판만이 아니라 문제해결을 위한 합의 노력이 함께 필요하며, 현재 공교육의 문제에 대해서만이 아니라 문제 제기와 해결 과정의 갈등에 대해서도 책임을 공감하려는 노력이 필요하다."라고 밝히고 있다.

3) 교직단체의 '바람직한' 역할

이상에서 한국교총과 전교조의 역할을 규범적 역할, 기술적 역할 그리고 당위적 역할로 나누어 자세히 살펴보았다. 이러한 논의를 바탕으로 다음에서는 이들 세 가지의 역할 내용을 상호 교환적으로 비교 · 분석하여 양 단체 역할의 공통점과 차이점을 이끌어 내는 '귀납적 추론' 방법을 통해 미래지향적인 '바람직한' 역할을 이끌어 내고자 한다. 따라서 앞에서 논의된 역할에 대한 분석을 바탕으로 교직단체의 '바람직한' 역할을 공통 역할과 각자 고유 역할로 나누어 살펴보면 다음과 같다.

먼저, 한국교총과 전교조가 공통적으로 수행해야 할 '바람직한' 역할을 제시하면 다음과 같다. 첫째, 교육당국과 교원 간의 중개자로서 교원의 지위와 교권을 옹호하는 역할이다. 한국교총과 전교조 양 단체의 규범적, 기술적 및 당위적 역할 모두에서 교원의 사회적 · 경제적 지위 향상과 복지 향상은 교원의 삶의 질을 보장하기 위한 중요한 역할로 제시되고 있다. 따라서 「교원지위 향상을 위한 특별법」에 의거, 한국교총과 전교조는 관계기관과의 원만한 단체교섭 및 협의를 통해 교원의 사회 · 경제적 지위 향상, 처우 증진과 복지 향상을 위해 노력해야 한다.

둘째, 사회 및 교육 발전을 위한 연구자, 촉진자 그리고 실천자로서의 역할이다. 한국교총의 규범적, 기술적 그리고 당위적 역할에서 교원의 전문성 신장 및 교육정책 연구 개발을 통한 공교육의 질적 수준 향상과 교육의 진흥이 제시되고 있으며, 전교조의 경우에도 기술적 역할에서 교육이론의 연구활동이 제시되고 있다. 따라서 21세기 세계화, 정보화, 지식기반사회를 맞아 이러한 사회 변화에 적응하고 사회 변화를 주도할 수 있는 교육정책의 형성이나 집행 그리고 평가 등 제반 정책에 대한 연구를 지속적으로 전개해야 할 것이다.

셋째, 국가 교육정책의 책임 있는 주요 당사자로서의 역할이다. 한국교총과 전교조의 기술적 역할에서 모두 교육 및 교원정책 과정에의 참여가 제시되고 있어 교육정책 결정 과정 및 실행 과정에서의 주도적 역할이 요구된다하겠다.

다음으로, 한국교총과 전교조 각각 단체의 강령이나 규약에 따라 독자적으로 고유하게 수행해야 할 '바람직한' 역할을 제시하면 다음과 같다. 먼저, 한국교총의 고유한 역할은 첫째, 교원의 전문성 신장을 위한 연구 및 프로그램 지원자로서의 역할이다. 한국교총의 경우 규범적 역할과 기술적 역할에 교원의 전문성 신장이 제시되고 있는데, 교직의 전문직적 권위와 신뢰를 회복하기 위해서는 무엇보다 교원의 전문성 강화가 요구된다. 따라서 한국교총은 교원의 자질과 능력 개발을 위한 자기연찬 및 연수 기회를 제공하는 역할을 강화하고 교원이 전문성 신장에 매진할 수 있는 여건 및 환경을 조성하는 데 노력해야 한다. 둘째, 교원의 수혜 복지사업 서비스 제공자로서의 역할이다. 한국교총의 기술적 역할 및 당위적 역할에 교원의 삶의 질을 보장하는 교직단체 건설이 제시되어 있다. 따라서 향후 한국교총의 회세 확장 및 회원들의 사기 진작을 위해서 회원들에 대한 복지 서비스 증진 및 수혜사업 확대가 요구된다.

더불어 전교조의 고유한 역할을 제시하면, 첫째, 참교육의 실천자로서의 역할이다. 전교조의 규범적, 기술적 그리고 당위적 역할에 모두 제시되어 있는데, 이는 전교조 창립선언문과 합법화 기자회견문에서 밝힌 바와 같이 전교조가 지향해야 할 주된 방향이 교원의 사회적 · 경제적 지위 향상이 아니라 올바른 교육의 실천에 있음을 나타내고 있다고 볼 수 있다. 둘째, 학생과 학부모의 인권, 교육적 권리의 요구자 및 실현자로서의 역할이다. 전교조의 당위적 역할로 제시되어 있는데, 이는 "아이들의 배울 권리를 침해하는 어떠한 행동도 단호히 거부하겠다는 것을 분명히 밝혀 둡니다."라고 전교조 합법화 당시의 기자회견문에서 밝힌 바와 같이 전교조는 학생과 학부모의 교육적 권리와 요구를 찾고 이를 바탕으로 교육을 실천해야 함을 나타낸다고 할 수 있다. 셋째, 사회 변화를 이끌어 갈 수 있는 사회 · 교육개혁의 주체로서의 역할이다. 전교조의 규범적, 당위적 역할로 제시되어 있는데, 이는 급변하는 사회 변화에 적응하고 사회 변화를 이끌 수 있는 교육을 만들기 위해 교육 소비자들의 요구를 반영하여 그 실정에 맞는 교육의 방향을 찾고 실천하는 능

1. 한국교총의 역할 분석

가. 규범적 역할

1) 교원의 지위 향상
2) 교육의 진흥
3) 교원의 전문성 신장

근거: 교육기본법 제15조, 한국교총 강령(개정, 1989), 신규 임용교원을 위한 교직생활안내서('좋은교육 좋은 선생님',한국교총)

나. 기술적 역할

1) 교원의 전문성 신장
2) 교원의 경제적 지위 향상 및 복지 개선
3) 회원의 단결력 강화 및 회세 확장
4) 교육, 교원정책 연구 개발
5) 교육 및 교원정책 과정에의 참여

근거: 신규 임용교원을 위한 교직생활안내서('좋은교육 좋은선생님', 한국교총),한국교육정책연구소 창립기념세미나자료집('한국교육 발전과 교직단체의 역할', 서정화, 2003b), 교사론(한국교총 편, 2003), 한국교총 관계자 · 교육과학기술부 담당자 · 학부모단체 회원 · 전문가 교수의 심층질문지 답변서

다. 당위적 역할

1) 공교육의 질적 수준 향상
2) 사회정의를 실현하는 교직단체 건설
3) 교원의 삶의 질을 보장하는 교직단체 건설
4) 사회 변화를 이끌어 갈 수 있는 교육정책 연구

근거: 한국교총 50년사(한국교총, 1997), 교원지위 향상을 위한 특별법 제11조, 한국교총 관계자 · 교육과학기술부 담당자 · 학부모단체 회원 · 전문가 교수의 심층질문지 답변서

2. 전교조의 역할 분석

가. 규범적 역할

1) 참교육 실천
2) 교원의 사회 · 경제적 지위 향상 추구
3) 교육개혁의 주체
4) 사회개혁의 주체

근거: 전교조 강령 및 규약, 전교조 창립선언문, 전교조 합법화 기자 회견문

나. 기술적 역할

1) 교원의 사회 · 경제적 지위를 위한 활동
2) 교육민주화 활동
3) 교육이론을 포함한 연구활동
4) 조합원의 복지후생 및 조합원 교육
5) 노동운동단체와의 제휴 및 국제적 연대활동
6) 참교육 실천
7) 교육 및 교원정책 과정에의 참여

근거: 전교조 홈페이지(http://www.eduhope. net), 전교조 관련 토론회 자료, 전교조 상근자 · 교육과학기술부 담당자 · 학부모단체 회원의 심층질문지 답변서

다. 당위적 역할

1) 참교육 실천
2) 학생과 학부모의 권리와 요구 반영
3) 교육개혁의 주도자
4) 교원의 사회 · 경제적 지위 향상
5) 교육 부문의 합법적인 주요 당사자

근거: 전교조 창립선언문, 전교조 합법화 기자회견문, 참교육 실천 강령, 전교조 상근자 · 교육과학기술부담당자 · 학부모단체 회원의 심층질문지 답변서

비교 분석

3. 교직단체의 '바람직한' 역할

<table>
<tr><td>공통 역할</td><td colspan="2">• 이익단체로서 교원의 지위와 교권 옹호자
• 교육당국과 교원 간의 중개자
• 교육 발전을 위한 연구 및 실천자
• 국가 교육정책의 책임 있는 주요 당사자
• 국가 및 사회 발전의 촉진자</td></tr>
<tr><td rowspan="2">고유 역할</td><td>한국교총</td><td>• 교원의 전문성 신장을 위한 연구 및 프로그램 지원자
• 교원의 수혜 복지사업 서비스 제공자</td></tr>
<tr><td>전교조</td><td>• 학생과 학부모의 인권, 교육에 관한 권리와 요구 실현자
• 사회 변화를 이끌어 갈 수 있는 사회 · 교육개혁의 주체
• 참교육의 실천자</td></tr>
</table>

[그림 14-3] 교직단체의 역할 분석

시하였다. 먼저, '이익단체로서의 기능'으로 ① 회원의 단결력 강화 및 회세 확장, ② 회원 복지사업 추진, ③ 홍보 및 선전활동, ④ 장학 및 공제활동, ⑤ 기간조직 및 산하단체 등 조직 내부 각종 행사 및 지원, ⑥ 외부 단체 및 기관과의 연대 및 지원을 제시하였다. 다음으로, '전문 교육단체로서의 기능'으로 ① 교육 · 교원정책 연구 개발, ② 단체교섭 추진 및 정책 실현 활동, ③ 교원 옹호 및 확대 활동, ④ 교원 처우 및 복지 증진 활동, ⑤ 교원연수, 전국현장연구대회 및 교육자료전 개최 등과 같은 교직의 전문성 신장 활동, ⑥ 국제 교육 · 문화 교류 활동, ⑦ 교육 도서 간행 보급 활동 등을 제시하였다. 그리고 한국교총의 또 다른 설문 응답자는 한국교총이 하고 있는 기능으로 ① 교원의 상호 부조 및 친목 활동, ② 교원 처우 및 복지 증진 실현 활동, ③ 교권 침해 예방 및 구제 활동, ④ 교원연수 및 현장 연구활동, ⑤ 교육정책 연구 및 신문 · 교육 도서 간행, ⑥ 교육정책 결정 참여 활동, ⑦ 단체교섭활동, ⑧ 회원 수혜 사업 추진, ⑨ 교직윤리 확립 활동 등을 제시하였다.

이상에서 언급된 기능을 종합적으로 분석할 때, 한국교총의 기술적 기능은 ① 교직의 전문성 지원 활동, ② 교원의 처우 및 복지 증진 활동, ③ 교권신장활동, ④ 이익단체로서의 활동 및 외부 단체와의 연대활동, ⑤ 정책 개발 및 교육정책 참여 활동으로 압축할 수 있다.

(3) 당위적 기능

당위적 기능은 교직단체와 관련 있는 집단 혹은 개인이 이들 단체에서 수행해야 할 활동에 대해 기대하는 내용으로 심층질문지 답변서, 「한국교총 50년사」 그리고 학자들의 연구 등에서 찾아볼 수 있다.

먼저, 「한국교총 50년사」에서는 한국교총의 발전을 위한 21세기를 향한 비전을 제시하면서 한국교총이 중점적으로 수행해야 할 기능으로 ① 교직의 전문직주의 강화, ② 학교교육의 질적 수준 향상, ③ 교원 처우 개선을 통한 우수인재 확보, ④ 교직윤리 실천을 통한 사회선도적 교사상 정립 등을 들었다(한국교총 편, 1997). 학부모단체의 한 설문 응답자는 심층질문지 답변서에서 한국교총이 수행해야 할 기능으로 ① 현장교사의 제반 업무 지원, ② 교원의 지속적 발전을 위한 차제 프로그램 개발, ③ 전교조와의 교육적이고 긍정적인 상호 협력과 의사소통을 위한 업무, ④ 현장 상황을 기초로 한 정책 연구 개발, ⑤ 현장교사 입장에서 정부의 교육정책을 분석하는 업무, ⑥ 학부모 교육 프로그램 개발에 협력하는 업무, ⑦ 학교교육 정상화를 위한 자체 노력 업무(프로그램 개발, 토론회 개최 등) 등을 제시하였다. 그리고 서정화(2003b: 25-31)는 한국교직단체의 역할 확대와 발전을 위해 추구해야 할 과제로 ① 교직단체 활동의 정체성 확립, ② 교육의 질적 향상을 위한 교육여건 개선 및 전문성 신장 노력, ③ 교직의 위상 강화를 위한 책무성 제고, ④ 교직단체 간의 협력 및 동반자관계 정립, ⑤ 교직단체의 단체교섭권 강화를 위한 관계법 제 · 개정, ⑥ 단체교섭의 활성화 및 정치활동 허용 검토, ⑦ 교원의 정치활동 허용 등을 들었다.

이상에서 정리 · 제시한 기능을 종합적으로 분석할 때, 한국교총의 기능적 역할은 ① 교직전문직주의 강화를 위한 활동, ② 학교교육의 질적 수준 향상을 위한 노력, ③ 교원 처우 개선을 통한 우수인재 확보, ④ 교직윤리 실천을 통한 사회선도적 교사상 정립, ⑤ 교원의 지속적 발전을 위한 자체 프로그램 개발, ⑥ 현장 상황을 기초로 한 정책 연구 개발, ⑦ 교육 관련자와 집단 간 이해 조정, ⑧ 교육여건 개선 및 양질의 교육환경 확보로 압축할 수 있다.

2) 전교조의 기능 분석

(1) 규범적 기능

전교조의 규범적 기능은 전교조의 목적과 사업을 기술하고 있는 전교조 규약 제2조에서 찾아볼 수 있다. 전교조 규약 제2조(목적과 사업)에 따르면 전교조의 선언 및 강령의 정신에 입각하여 교육노동자로서의 기본 권익을 적극 옹호하고 민주교육의 발전에 기여한다는 목적을 달성하기 위해 ① 근로조건의 개선 및 교직원의 사회적 · 경제적 지위 향상, ② 교육환경 및 교육제도의 개선을 위한 사업, ③ 교육의 민주화와 자주성 확립을 위한 사업, ④ 노동3권의 완전보장 등 교육 관계법의 개정을 통한 교직원의 민주적 제권리 확보 사업, ⑤ 민족 · 민주 · 인간화 교육을 위한 각종 연구 및 실천사업, ⑥ 산하조직 및 조합원에 대한 교육, 교권 옹호, 복지후생, 문화 및 선전홍보 사업, ⑦ 노동운동단체와의 제휴 및 노동운동의 국제적 연대활동에 관한 사업, ⑧ 민족 통일과 민주화를 촉진하기 위한 사업, ⑨ 조합의 목적에 부합하는 협동조합 등 재정사업, ⑩ 기타 조합의 목적 달성에 필요한 사업 등을 전개한다고 기술하고 있다. 이는 전교조의 목적을 달성하기 위한 규범적 기능을 제시하고 있다할 수 있다.

(2) 기술적 기능

전교조의 기술적 기능은 전교조 상근자의 심층질문지 답변서, 전교조 홈페이지 그리고 학자들의 연구 등에서 찾아볼 수 있는데, 이를 구체적으로 살펴보면 다음과 같다.

먼저, 전교조 상근자의 심층질문지 답변서 및 전교조 홈페이지 등에 나타난 기술적 기능을 살펴보면 다음과 같다. 첫째, 단체협상활동으로 교육환경 및 교원의 근로조건 개선을 위해 교육청과 단체협상을 하는 것이다. 둘째, 교육개혁과 관련하여 교육문제를 의제화 · 공론화하는 활동으로 교육과정개편운동, 교장선출보직제운동 등이 이에 해당된다. 넷째, 교육정책 및 이론을 연구하는 활동으로 참교육연구소 분과활동 및 교과연구회 활동 등을 들 수 있다. 넷째, 조합원의 복지후생 및 조합원 교육으로 산하조직 조합원에 대한 교육 및 교원옹호, 복지후생사업 등을 들 수 있다. 다섯째, 노동운동단체와의 제휴 및 국제적 연대활동으로 각국의 교직단체 및 노동조합과의 교류 및 국제회의를 통한 각국의 상황 공유 및 연대활동 등이다.

서정화(2003b: 11)는 전교조의 활동과 관련된 세부 기능으로 ① 전문성 신장과 관련된 기능, ② 교원의 경제적 지위 향상과 관련된 기능, ③ 교원 옹호와 관련된 기능 그리고 ④ 교육 및 교육정책의 발전을 들었다. 그리고 그는 각각의 세부 기능을 구체적으로 언급하였는데, 전문성 신장과 관련된 기능으로 분회 중심의 조합원 교육과 참교육실천연구자대회를 들었고, 교원의 경제적 지위 향상과 관련된 기능으로 교원 처우 개선을 위한 노력을 들었다. 그리고 교권 옹호를 위한 기능으로 참교육 실천강령 발표(2002)를 들었으며, 교육 및 교육정책의 발전과 관련된 기능으로 참교육 표방, 민족 · 민주 · 인간화 교육 주창, 교육개혁 앞장, 단체교섭권 확보, 참교육연구소 및 지역 연구소 설치 등을 들었다.

위에서의 정리 · 제시된 기능들을 종합적으로 분석할 때, 전교조의 기술적 기능은 ① 단체협상 활동(교원의 근로조건 및 사회 · 경제적 지위 향상), ② 사회 의제화 · 공론화 활동, ③ 교육정책 및 이론을 포함한 연구 활동, ④ 조합원의 복지후생 및 조합원 교육, ⑤ 노동운동단체와의 제휴 및 국제적 연대활동, ⑥ 참교육 실천활동으로 압축할 수 있다.

(3) 당위적 기능

전교조의 당위적인 기능은 교직단체와 관련된 집단 혹은 개인이 전교조의 활동과 업무에 대해 기대하는 내용으로 구성된다. 이와 관련된 내용은 전교조 합법화 기자회견문, 참교육 실천강령 그리고 심층질문지 답변서 등에서 찾아볼 수 있다.

학부모단체와 교원정책을 연구하는 전문가 교수의 심층질문지 답변서에 나타난 전교조가 수행해야 할 기능으로는 ① 교사들의 교육실천에 대한 지원 기능, ② 학생 · 학부모 의사 수렴 기능, ③ 조합원의 민주적 의사 수렴 기능, ④ 교원(회원)에 대한 자체 점검과 반성, 개선 노력,

⑤ 교원의 사회적 · 경제적 지위 확보를 위한 연구와 실천 기능, ⑥ 참교육을 위한 교육정책 연구 및 현장 실천을 위한 연구 기능 등이 있다. 그리고 전교조 합법화 기자회견문의 다섯 번째 다짐에서 "우리는 교육부나 교육청의 교육정책 수립이나 집행에 적극 참여할 것입니다."라고 밝힘으로써 교육정책 결정 과정의 적극적인 참여 기능을 들었으며, 일곱 번째 다짐에서는 다른 교사단체는 물론이고 노동운동단체나 시민 · 사회단체와의 폭넓은 연대관계 유지 기능을 들고 있다.

위에서의 정리 · 제시된 기능을 종합적으로 분석할 때, 전교조의 당위적 기능은 ① 전교조의 이념인 참교육 실천, ② 교사들의 교육 실천에 대한 지원, ③ 교육 민주화, 참교육을 위한 교육정책 연구, ④ 학생 · 학부모 교육적 권리 보장과 의사 수렴, ⑤ 교원의 사회 · 경제적 지위 향상을 위한 연구와 실천, ⑥ 조합원의 민주적 의사 수렴, ⑦ 교원에 대한 자체 점검과 반성, 개선 노력, ⑧ 사회 민주화를 위한 연대와 실천, ⑨ 교육정책 결정 과정의 공동참여와 공동실천, 공동책임 등으로 압축할 수 있다.

3) 교직단체의 '바람직한' 기능

이상에서 교직단체, 즉 한국교총과 전교조의 기능을 규범적 기능, 기술적 기능 그리고 당위적 기능으로 나누어 자세히 살펴보았다. 이러한 논의를 바탕으로 다음에서는 이들 세 가지 기능을 비교 · 분석하여 양 단체의 기능의 공통점과 차이점을 이끌어 내는 '귀납적 추론' 방법을 통해 미래지향적인 '바람직한' 기능을 이끌어 내고자 한다. 앞에서 논의된 기능에 대한 분석을 바탕으로 교직단체의 '바람직한' 기능을 공통 기능과 고유 기능으로 나누어 살펴보면 다음과 같다.

먼저, 한국교총과 전교조가 공통적으로 수행해야 할 '바람직한' 기능을 제시하면 다음과 같다. 첫째, 교원의 사회적 · 경제적 지위 향상을 위한 연구와 실천 기능이다. 한국교총과 전교조의 규범적, 기술적 그리고 당위적 역할 모두에서 교원의 처우 개선 및 복지증진 활동으로 회원들의 지위 향상을 위한 연구와 실천의 기능이 제시되고 있다. 따라서 양 단체는 먼저 교원의 사회적 · 경제적 지위 향상에 대한 의견을 폭넓게 수렴하고 그에 따른 교원정책을 개발하는 기능을 강화해야 할 것이다. 그리고 국회 · 정당 · 정부를 대상으로 하는 교원정책 실현 활동과 국민을 대상으로 하는 여론 조성 활동을 통해 교원의 사회적 기여도에 상응하는 처우와 근무여건을 향상시키는 데 혼신의 힘을 쏟아야 할 것이다.

둘째, 교원옹호 및 침해에 대한 구제활동 기능이다. 한국교총은 규범적 기능과 기술적 기능에서 회원의 권익보호 기능이 제시되고 있으며, 전교조의 경우는 규범적 기능에서 교직원의 민주적 제권리 확보 기능이 제시되고 있다. 따라서 양 단체는 교권과 관련된 각종 문제들에 대한 상담업무를 강화하고 중재활동, 법률고문단을 통한 자문 그리고 교원옹호기금에 의한 소송비용 지원 등의 형태로 교권침해사건에 대한 대응 활동을 강화해 나가야 할 것이다.

셋째, 교원의 의견 수렴을 통해 단체교섭 및 협의하는 기능이다. 한국교총의 경우 당위적 기능에서 교육 관련자와 집단 간 이해 조정의 기능이 제시되고 있으며, 전교조의 경우는 기술적 기능과 당위적 기능에서 조합원의 민주적 의사 수렴을 통한 단체협상활동 기능이 제시되고 있다. 따라서 양 단체는 회원들의 다양한 의견을 민주적으로 수렴하고 교원의 처우 개선과 근무조건 향상 그리고 교육의 질적 수준 향상을 위해 교육과학기술부와의 단체교섭활동 및 협의 활동에 더 적극적으로 나서야 할 것이다.

넷째, 교육 발전과 개혁을 위한 정책방안 연구 및 실천 기능이다. 한국교총의 규범적 · 기술적 · 당위적 기능에서 모두 교육 발전을 위한 교육정책 개발 활동 기능이 제시되고 있으며, 전교조의 경우는 기술적 기능에서 교육정책 및 이론에 대한 연구활동 기능이 제시되고 있다. 따라서 양 단체는 다양한 주제의 교육정책토론회 및 세미나 개최 그리고 교육연구소의 정책 개발 기능 강화를 통해 교육정책과 관련된 각종 대안을 제시하고 정부와의 교섭 · 협의를 통해 제도적 · 행정적 개선을 도모하는 기능을 강화해 나가야 할 것이다.

다섯째, 정부의 교육정책 결정 과정에의 참여 기능이다. 한국교총의 규범적 기능과 기술적 기능에서 그리고 전교조의 경우는 당위적 기능에서 교육정책 결정 과정의 공동참여와 실천 그리고 공동책임의 기능이 제시되고 있다. 따라서 양 단체는 국가의 사회 · 경제적 발전, 국민의 교육에 대한 요구 및 이해와 연계하여 교육정책의 형성이나 집행 그리고 평가 등 제반 교육정책에 적극적으로 참여하여야 할 것이다.

여섯째, 교육 및 사회 발전을 위한 관련 집단과의 상호 교류 및 연대 활동 기능이다. 한국교총의 기술적 기능에서 그리고 전교조의 경우는 규범적, 기술적 그리고 당위적 기능에서 외부단체 및 기관과의 연대 기능이 제시되고 있다. 따라서 양 단체는 교육 및 사회 발전을 위한 책임 있는 당사자로서 교육 관련 집단 및 사회단체 그리고 국제 교직단체 등과의 폭넓고 활발한 교류를 통해 서로 간의 이해를 증진하고 상호 협력을 강화해 나가야 할 것이다.

한국교총과 전교조가 그들의 이념과 정체성에 따라 각각 독자적으로 고유하게 수행해야 할 '바람직한' 기능을 제시하면 다음과 같다. 먼저, 한국교총이 지향해야 할 고유 기능은 교원의 근무조건 및 복지후생 증진을 위한 사업 기능이다. 한국교총의 규범적, 기술적 그리고 당위적 기능에서 교원의 처우 개선 및 복지 증진 활동을 통한 양질의 교육환경 확보 기능이 제시되고 있다. 따라서 한국교총은 교원의 예우 및 보수 우대 등에 대한 제도적 뒷받침을 위한 정부와의 교섭 · 협의를 강화하는 활동 등으로 교원의 근무조건 및 복리후생을 증진하기 위해 노력해야 할 것이다. 둘째, 교원의 전문성 신장을 위해 지역 실정에 맞는 지원체제 구축과 교육 프로그램을 제공하는 기능이다. 한국교총의 규범적, 기술적 및 당위적 기능에 교직전문직주의 강화를 위한 교원의 전문성 향상 지원 기능이 제시되고 있다. 따라서 한국교총은 교육신문, 교수-학습 관련 자료 및 연수를 제공하는 활동으로 교원의 전문성 신장을 위해 지역 실정에 맞는 지원체계를 구축하고 각종 교육정보 제공 기능을 강화하기 위해 노력해야 할 것이다. 셋째, 교육연구 활동 지원을 통해 교육이론을 선도하는 기능이다. 한국교총의 기술적 기능과 당위적 기능에 교원의 지속적 발전을 위한 자체 프로그램 개발과 현장 상황을 기초로 한 정책 연구 개발 지원 기능이 제시되고 있다. 따라서 전국현장교육연구대회, 전국교육자료전 개최 등과 같은 교육연구활동 지원을 통해 교육이론을 선도하는 기능을 강화하기 위해 노력해야 할 것이다.

더불어, 전교조가 지향해야 할 고유 기능을 제시하면, 첫째, 교육 및 사회 민주화를 위한 여론 조성 및 실천 기능이다. 전교조의 규범적 기능과 기술적 기능에 교육 및 사회문제의 의제화와 공론화 그리고 교육 민주화와 자주성 확립을 위한 기능이 제시되고 있다. 따라서 전교조는 자신들이 추구하는 민족 · 민주 · 인간화 교육을 위해 여론을 조성하고 실천하는 활동에 더 적극적으로 나서야 할 것이다. 둘째, 학생, 학부모의 인권과 교육적 권리를 보장하고 의견을 수렴하는 기능이다. 전교조의 당위적 기능에 학생, 학부모의 교육권 보장과 의사 수렴 기능이 제시되고 있는데, 이를 위해 전교조는 각종 교육 현안에 대한 설문조사 및 토론회 등을 통해 교육 소비자의 의견을 수렴하고 그들의 교육권을 더 보장할 수 있도록 노력해야 할 것이다. 셋째, 참교육 실천을 위한 현장 연구 및 실천의 기능이다. 전교조의 기술적 기능과 당위적 기능에 참교육을 위한 교육정책 연구와 교사들의 교육 실천에 대한 지원 기능이 제시되고 있다. 따라서 전교조는 참교육연구소 및 참교육실천위원회 설치 · 운영 그리고 각종 수업자료를 제작하는 활동 강화로 교육현장의 참교육 실천을 위한 연구와 실천 기능을 강화하기 위해 노력해야 할 것이다.

1. 한국교총의 기능 분석

가. 규범적 기능

1) 회원의 권익 보호
2) 교원의 전문성 향상 지원
3) 교원의 처우 개선
4) 교육 발전정책 활성화

나. 기술적 기능

1) 교직의 전문성 지원 활동
2) 교원의 처우 및 복지증진 활동
3) 교권신장 활동
4) 이익단체로서의 활동 및 외부단체와의 연대
5) 정책개발 및 정책참여 활동

다. 당위적 기능

1) 교직전문직주의 강화
2) 학교교육의 질적 수준 향상
3) 교원처우 개선을 통한 우수인재 확보
4) 교직윤리 실천을 통한 사회선도적 교사상 정립
5) 교원의 지속적 발전을 위한 자체 프로그램 개발
6) 현장 상황을 기초로 한 정책 연구개발
7) 교육 관련자와 집단 간 이해 조정
8) 교육여건 개선 및 양질의 교육환경 확보

2. 전교조의 기능 분석

가. 규범적 기능

1) 근로조건의 개선 및 교직원의 사회경제적 지위 향상
2) 교육환경 및 교육제도의 개선을 위한 사업
3) 교육의 민주화와 자주성 확립을 위한 사업
4) 교직원의 민주적 제권리 확보 사업
5) 민족, 민주, 인간화 교육을 위한 각종 연구 및 실천사업
6) 산하조직 및 조합원에 대한 교육, 문화 및 선전사업
7) 노동운동단체 및 노동운동의 국제적 연대활동에 관한 사업
8) 민족통일과 민주화를 촉진하기 위한 사업
9) 조합의 목적에 부합하는 협동조합 등 재정사업
10) 기타 조합의 목적달성에 필요한 사업

나. 기술적 기능

1) 단체협상활동
2) 사회문제의 의제화 및 공론화 활동
3) 교육정책, 이론을 포함한 연구활동
4) 조합원의 복지후생 및 조합원 교육
5) 노동운동단체와의 제휴 및 국제적 연대활동
6) 참교육 실천활동

다. 당위적 기능

1) 전교조의 이념인 참교육 실천
2) 교사들의 교육실천에 대한 지원
3) 교육민주화, 참교육을 위한 교육정책 연구
4) 학생 · 학부모 교육적 권리 보장과 의사 수렴
5) 교원의 사회 · 경제적 지위 향상을 위한 연구와 실천
6) 조합원들의 민주적 의사 수렴
7) 교원에 대한 자체 점검과 반성, 개선의 노력
8) 사회 민주화를 위한 연대와 실천
9) 교육정책 결정 과정의 공동참여와 공동실천, 공동책임

비교 분석

3. 교직단체의 '바람직한' 역할

구분		역할
공통 역할		• 교원의 사회 · 경제적 지위 향상을 위한 연구와 실천 • 교원의 의견 수렴 및 의사결정의 구심체 기능 • 교육 발전과 개혁을 성공적으로 이끌기 위한 정책방안 연구와 실천 • 정부의 교육정책 결정 과정에의 참여 • 단체교섭 및 협의 활동 • 교원 옹호 및 침해에 대한 구제활동 • 교육 및 사회 발전을 위한 관련 집단과의 상호 교류 및 연대활동
고유 역할	한국교총	• 교원의 근무조건 및 복지후생 증진을 위한 사업 • 교육연구활동 지원을 통한 교육이론 선도 • 교원의 전문성 신장을 위해 지역실정에 맞는 지원체제 구축과 교육 프로그램 제공
	전교조	• 교육 및 사회 민주화를 위한 여론의 조성과 실천 • 교육현장에서 참교육 실천을 위한 연구와 실천 • 학생, 학부모의 인권과 교육적 권리 보장 및 의사 수렴

[그림 14-4] 교직단체의 기능 분석

요약하면, 교직단체가 지향해야 할 '바람직한' 공통 기능은 교원의 사회 · 경제적 지위 향상을 위한 기능, 교권 옹호 및 교권 침해 구제 기능, 단체교섭 및 협의 기능, 교육 발전을 위한 정책 개발 및 실천 기능, 교육정책 결정 과정에의 참여 기능, 교육 관련 집단과의 상호 교류 및 연대 기능이다. 그리고 한국교총이 지향해야 할 고유 기능은 근무조건 및 복지 후생 증진 기능, 전문성 신장을 위한 프로그램 제공 기능 그리고 교육연구활동 지원을 통한 교육이론의 선도 기능이고, 전교조가 지향해야 할 기능은 교육 및 사회 민주화를 위한 여론 조성 및 실천 기능, 교육 소비자의 교육권 보장 및 의견 수렴 기능 그리고 참교육 실천을 위한 현장 연구 및 실천의 기능이다.

이상에서 논의된 한국교총과 전교조의 기능 분석에 대한 내용을 정리하여 제시하면 [그림 14-4]와 같다.

5. 결론 및 제언

지금까지 본 장에서는 역할과 기능의 재개념화를 통해 교직단체의 역할 및 기능을 규범적, 기술적, 당위적 관점에서 분석하고, 귀납적 추론을 통해 미래지향적인 역할과 기능을 도출하였다. 이 과정에서 한국교총과 전교조의 역할과 기능을 비교 · 분석하여 두 단체의 이념, 존재 형식, 활동 내용 등에 분명한 차이가 있다는 것을 밝혔다.

교직단체의 역할과 기능에 관한 탐구문제를 체계적으로 분석한 결과 얻어진 결론은 다음과 같다. 첫째, 역할과 기능은 불가분의 관계 속에서 존재하지만 분리된 개념으로 정립될 필요가 있다. 역할과 기능은 의미상 상황 맥락적, 상호 의존적, 행동 지향적인 성격을 공유하지만 서로 다른 어원을 통해 고유하게 형성되어 온 역사성과 이론적 배경을 갖고 있기 때문에 개념적으로 구별하여 집단이나 조직에 적용하는 것은 당연하다. 그럼에도 불구하고 역할과 기능을 개념적으로 구별하지 않고 통합 개념으로 쓰는 관행은 역할과 기능의 외연적 확장 가능성을 차단하고, 구체적으로 두 개념이 갖는 속성의 차이를 무시하는 것이나 다름없다. 역할은 개인이 사회에서 차지하는 특정한 위치를 결정하는 수단으로서 사회에서 인정되는 포괄적인 행동 유형이다. 보통 역할은 지위에 따라 부여되는 경향이 있기 때문에 교직단체의 역할은 단체가 차지하고 있는 사회 내 위상과 밀접한 관련이 있다. 따라서 교직단체의 역할을 논할 때 사회적 위치와 결부시켜 논의할 필요성이 제기된다. 반면에, 기능은 구조와 밀접한 관련이 있다. 전체 구조에 대한 부분의 활동은 전체에 대한 부분의 대응관계에 있으며, 이러한 대응관계의 함수관계가 기능이다. 따라서 교직단체의 기능은 교직사회 혹은 사회 전체적인 구조 속에서 살펴보아야 한다. 이와 같이 교직단체의 역할과 기능은 내표상의 동질성 측면에서만 보면 구별하기 힘들지만 외연상의 개념 확장 측면에서 보면 논의범위가 한층 다양하다는 것을 알 수 있다. 또한 역할과 기능은 내포적 의미 자체로도 수렴적/발산적 개념, 단위지향적/실제지향적, 사람 중심적/일 중심적으로 구별이 가능한 개념들이다.

둘째, 역할과 기능은 시제와 관점에 따라 분리해서 접근해야 한다. 역할과 기능은 현재적 관점에서 '규정' 분석에 의한 규범적 역할 · 기능, '수행' 분석에 의한 기술적 역할 · 기능 그리고 '기대' 분석에 의한 당위적 역할 · 기능 등 세 측면으로 나누어 볼 수 있다. 미래적 관점에서 역할과 기능은 현재적 관점의 공통분모와 외부환경의 변화를 고려하여 도출된 '바람직한' 그 무엇이다. 이와 같이 역할과 기능을 시제와 관점에 따라 달리 보아야 하는 이유는, 일반적으로 우리는 교직단체가 현재 '하고 있는 일' '해야 하는 일' '할 것으로 기대되는 일' 그리고 '하게 되면 좋을 것 같은 일'들을 구별하여 사용하지 않고 혼용하는 경향이 있어 개념적 혼란으로 인한 오해와 시비가 끊이지 않고 있기 때문이다. 이에 따라 교직단체의 역할과 기능을 논의할 때 서로 다른 시제와 관점에서 접근하는 줄도 모르고 불협화음을 내기도 하고 자기모순에 빠지는 우를 범하기도 한다. 그러므로 교직단체의 역할과 기능이 논의되는 시제와 관점에 대한 선행적 이해가 바탕이 되어야 합리적인 의사소통이 가능하게 될 것이다.

셋째, 교직단체의 역할과 기능에 대한 분석 결과는 원천적 요인으로서 단체의 이념과 철학에 대한 천착과 역할 및 기능의 단체 내 · 단체 간 모순과 대립으로 인한 갈등 양상에 대한 연구로 확장되어야 한다. 한국교총과 전교조의 역할 및 기능의 차이는 근본적으로 그들이 표방하는 이념과 철학이 다르기 때문에 발생한 것이다. 따라서 이들 양 단체의 존재를 구속하는 존립 기반으로서 법률적 근거와 활동지향성의 차이로 인해 역할과 기능의 성격과 내용을 확정하는 데 영향을 미치는 상황맥락성에도 차이가 발생한다. 대체로 전교조는 사회운동 · 개혁과 같은 광의적 맥락에서 역할과 기능이 포괄적으로 설정될 수 있는 반면에, '전문직주의'를 표방하는 한국교총은 주로 교직사회와 교육계의 쟁점들을 중심으로 역할과 기능이 설정되는 경향을 보여 주고 있다. 그럼에도 불구하고 양 단체는 교원으로 구성되어 있기 때문에 교원정책과 복지 · 후생과 같은 영역에서 공통점인 사안에 대해 서로 다른 의견이 개진될 수 있다. 이렇게 볼 때, 전교조와 한국교총의 역할 및 기능의 차이는 그들이 터하고 있는 상황맥락성의 범위와 교육적 사안을 바라보는 시각의 차이를 반영하고 있다. 이러한 차이의 근본적인 원인 탐색은 양 단체의 존립 근거로서 이념과 철학의 탐구를 자극한다. 이들 단체의 이념과 철학에 대한 심도 깊은 연구는 양 단체 간의 역할과 기능의 차이뿐 아니라 표출되는 갈등 현상을 보다 원천적으로 이해하는 데 도움이 될 것이다.

넷째, 교직단체의 역할과 기능은 역사적으로 진화 · 발전한다. 전교조가 합법화되기 이전에 교직단체의 역할과 기능은 한국교총을 염두에 둔 활동범위가 매우 제한적인 것이었다. 전교조가 합법화되기 직전부터 교직단체의 역할과 기능에 대한 변화가 모색된 이래 지금까지 계속 변화하고 있다. 이러한 변화 과정은 서정화(1989), 김영철(1997), 한국교총(편)(2003)의 연구를 살펴보면 잘 알 수 있다. 이렇게 교직단체의 역할과 기능이 시대에 따라 변하는 이유는 역할과 기능이 공히 '상황맥락적'인 성격을 갖고 있기 때문이다. 이와 같이 역할과 기능은 시대에 따라 다르게 구성되는 공간이 변화에 민감하게 반응하는 경향이 있다.

최근 교직단체 간의 갈등이 교직사회의 울타리를 넘어 사회적인 문제로 등장하고 있다. 이러한 갈등은 전교조가 합법화된 후 계속되어 왔지만 그동안 NEIS 문제, 교장자살사건, 학교자율화 추진계획, 교과학습진단평가 등으로 더욱 심화되는 양상으로 나타나고 있다. 이제 양 단체 간의 갈등은 정부의 정책 추진 과정에서는 물론이고, 시민단체들까지 합세하여 전 사회가 마치 교총 성향 또는 전교조 성향으로 양분되는 경향마저 보이고 있다. 교직단체 간의 갈등이 너무 심각하여 학생의 학습권이 침해되지 않을까 하는 우려의 목소리가 커지는 가운데 이 문제에 대한 해법도 각양각색이다. 교육법학자들은 법원의 미비(허종렬, 2002) 혹은 엄정한 법 집행이 필요하다(강인수, 2003b)고 하고, 또 다른 전문가들은 단체교섭 과정의 단일화(우재구, 2003), 양 단체 간 정기적인 정책협의 제도화와 상호 교차근무(이군현 외, 2004), 학교 경영층의 교직단체에 대한 인식 전환과 참여적 의사결정 방식 도입 그리고 투명한 인사 및 재정 운영(윤정일 외, 2000), 참여적 정책 추진체계의 정립(신현석, 2003b) 등을 제안하기도 한다. 최근에 교육계의 갈등 문제 해소와 관련하여 가장 빈번하게 대두되고 있는 거대담론은 '교육공동체론'이다. 그렇지만 아직은 '이쪽도 잘한 것 없고 저쪽도 잘한 것 없으니 조금씩 양보하여 목소리를 높여 싸우지 말고 사이좋게 지내자.'는 원론적인 충고성 주문(강영혜, 2003: 33)에 불과한 형편이다.

본 장에서는 교직단체 간 갈등의 직접적인 원인을 교직단체의 역할 및 기능이 모호하게 설정되어 잘못 이해되어 온 데서 찾고 있다. 따라서 교직단체의 역할과 기능을 시제와 관점에 따라 상세하게 분석하여 범주화하면 자신과 상대방의 역할과 기능의 차이를 이해하고 인정하게 될 것으로 기대된다. 이러한 이해를 바탕으로 양 단체가 전제적인 조건에 해당되는 '참여적이고 합리적인 의사소통 구조'하에서 대화를 통해 역할과 기능의 눈높이를 맞추고 '교원으로 함께'하는 공생적 의식과 다원주의 사회에서 보편적으로 나타나는 가치 추구 방식의 '다름'을 인정하게 되면 교직단체 간의 갈등이 상당 부분 해소될 수 있을 것으로 보인다.

교육개혁위원회(1997). 신교육체제 수립을 위한 교육개혁방안(IV).

교육개혁위원회(1998). 21세기 한국교육의 발전지표.

교육개혁포럼(2002). 교육개혁의 평가와 향후 과제. 심포지엄 자료집.

교육과학기술부(2008a). 교육살리기, 과학기술강국 건설: 2008년 주요 국정과제 실행계획. 2008년 대통령 업무보고.

교육과학기술부(2008b). 교육과학기술강의 미래 경쟁력 강화. 2009년 대통령 업무보고.

교육부(1994). 교육통계연보.

교육부(1996). 신교육체제 수립을 위한 교육개혁방안(II).

교육부(1996). 신교육체제 수립을 위한 교육개혁방안(III).

교육부(1997). 신교육체제 수립을 위한 교육개혁방안(IV).

교육부(1998). 교육비전 2002: 새학교 문화창조.

교육부(1999). 창조적 지식기반 국가건설을 위한 교육발전 5개년 계획(시안).

교육부(2000). 교직발전종합방안.

교육부(2001). 교육여건개선추진계획.

교육부(2001). 21세기 지식기반사회에 대비하는 교직발전종합방안.

교육부(2002). 공교육 진단 및 내실화계획.

교육인적자원부(2001). 21세기 지식기반사회에 대비하는 교직발전종합방안.

교육인적자원부(2001). 공교육 내실화 추진대책. 교육인적자원분야 장관 간담회 자료(I).

교육인적자원부(2001). 지식정보화 사회에 부응한 교육여건개선추진계획. 대통령업무보고 자료.

교육인적자원부(2001). 교육여건개선추진계획.

교육인적자원부(2001). 21세기 지식기반사회에 대비하는 교직발전종합방안.

교육인적자원부(2001). 시 · 도 부교육감회의자료.

교육인적자원부(2001). 2002, 2003학년도 초등교원수급대책.

교육인적자원부(2002). 공교육 진단 및 내실화계획.

교육인적자원부(2003). 우수교원 선발을 위한 교원임용시험제도개선계획.

교육인적자원부(2003). 주요 교육인적자원정책 방향. 대통령직인수위원회 보고자료.

교육인적자원부(2003). 대통령업무보고.

교육인적자원부(2003). 참여정부 교육인적자원 개발 혁신 로드맵. 교육인적자원부 홈페이지 (http://www.moe.go.kr).

교육인적자원부(2003). 교육현장안정화대책위원회 제1차 회의자료. 교원복지 담당관실 내부 자료.

교육인적자원부(2004a). 교원양성체제개편종합방안.

교육인적자원부(2004b). 공교육 정상화를 통한 사교육비경감대책.

교육인적자원부(2005). 교원평가제도개선방안 공청회. 공청회자료집.

교육인적자원부(2006a). 교육부, 교원평가제 입법 예고. 11월 1일 보도자료.

교육인적자원부(2006b). 교육공무원 성과상여금제도 검토 보고.

교육인적자원정책위원회(2002). 21세기 지식강국을 주도할 국가인적자원 개발 정책보고서(III).

교육정책자문회의(1991). 교육발전의 기초구상: 제1차 종합보고서.

교육행정학연구회(1993). 한국교육행정의 발전과 전망. 서울: 과학과 예술.

교육행정학회(1995). 교육인사행정. 춘천: 도서출판 하우.

교육혁신위원회(2006a). 교육력 제고를 위한 교원정책개선방안. 대통령보고서 I(총괄).

교육혁신위원회(2006b). 역대정부 대통령위원회 교육개혁보고서.

교육혁신위원회(2006c). 교원정책개선방안 마련을 위한 토론회. 대구시교육청 교육정보원.

권기욱 외(1995). 교육행정학개론. 서울: 양서원.

권대봉, 신현석(2003). 한국 공교육의 새로운 구상과 전략. 서울: 집문당.

권오현(2003). 연계자격증제도 도입과 교원양성기관 변화 모색. 연계자격증 도입과 교원양서기관 통합, 과연 필요한가? 교육정책토론회자료집. 한국교원단체총연합회.

권이종(2000). 교원연수 학점 강화 및 프로그램 개발 연구. 교육인적자원부 정책연구과제.

김경근(2002). 교원보수체계 합리적 조정방안. 교육정책연구, 교육인적자원부.

김경화, 김재웅(2002). 원격 교원연수의 의의와 발전과제: 방송대를 중심으로. 한국교원교육학회, 19(2), 137-158.

김규정(1984). 행정학원론. 서울: 법문사.

김남순(1999). 교육실습의 이론과 실제. 교육과학사.

김명기(1986). 인사행정론. 서울: 법전출판사.

김명수(2003). 교원양성체제와 신규 임용. 국민참여정부 교원정책의 과제. 제39차 춘계학술대회 자료집. 한국교원교육학회.

김명수(2004). 교장임용제도의 쟁점과 개선방안. 교육행정학연구, 21(4), 259-278.

김민정(2005). 역사적 제도주의 시각에서 본 참여민주주의적 복지정책 연구. 연세대학교 대학원 석사학위논문.

김병성(2002). 교육사회학이론 신강: 거시 · 미시적 관련 이론. 서울: 학지사.

김선종(1988). 교원의 수급정책. 한국교사교육, 제15호.

김선종 외(1991). 교원의 근무여건향상방안연구. 한국교원교육연구회.

김성렬 외(1994). 교육행정 및 교육경영. 대전: 과학과 예술.

김성렬, 신현석, 이군현, 이기문, 정영수, 주삼환(1994). 교육행정 및 교육경영. 대전: 과학과 예술.
김성렬(2008). 새 정부의 초 · 중등교육정책: 방향과 내용 그리고 기대효과. 홍익대학교 대학특성화사업단 세미나.
김성열(1994). 학교단위책임경영제 이론과 실제. 서울: 원미사.
김성용(2004). 교장임용제도에 대한 초등교원의 인식 연구. 춘천교육대학교 교육대학원 석사학위논문.
김성철(1999). 역사적 및 사회학적 제도주의의 이론과 적용. 한국정치학회보, 33(2), 427-430.
김성필(2004). 조직 내 효율적 갈등관리에 관한 실증적 연구. 연세대학교 행정대학원 석사학위논문.
김신복 외(1986). 교육행정 간소화 방안에 관한 연구. 서울: 홍익대학교 출판부.
김영아(1998). 공무원 보수체계의 합리적 개선방안에 관한 연구. 전남대학교 대학원 석사학위논문.
김영철, 박덕규, 김혜숙, 김효겸(1997). 한국의 교직단체 발전방안연구. 연구보고서 RR 97-18. 한국교육개발원.
김유선(2001). 교원의 보수실태와 개선방안. 전국교직원노동조합.
김윤권(2005). 제도 변화의 통합적 접근–역사적 신제도주의를 중심으로. 한국정책학회보, 14(1), 299-329.
김윤태(1991). 교육행정 · 경영신론. 서울: 배영사.
김은영, 한유경(2005). 지식기술중심 교원보수체계의 개념모형 구안 및 도입 가능성에 대한 연구. 교육행정학연구, 23(3), 145-165.
김이경(2005). 교원을 왜 평가해야 하는가? 교육정책포럼, 제107호. 한국교육개발원.
김이경, 고대혁, 김재춘, 박상완, 정수현(2004a). 교원자격 · 양성제도 개편방안 연구. 수탁연구 CR 2004-21. 한국교육개발원.
김이경, 이태상, 박상완(2004b). 교원정책의 방향과 과제: OECD 검토를 중심으로. 한국교육개발원 포지션페이퍼, 1(19).
김이경, 박상완, 이태상(2005). OECD 한국 교원정책검토 결과에 대한 비판적 분석. 한국교육, 32(2), 297-319.
김인회 외(1997). 교육개혁의 종합평가와 새 정부의 과제. 한국교원단체총연합회.
김재복(2004). 교육 발전을 위한 교원양성체제의 혁신 방안. 한국교원교육연구, 21(3), 29-47.
김종철 외(1973). 교원 직무부담에 관한 분석 및 그 적정 직무량에 관한 연구. 한국교육학회.
김종철(1982). 교육행정의 이론과 실제. 서울: 교육과학사.
김종철(1991). 교육행정의 이론과 실제. 서울: 교육과학사.
김종철(1994). 최신교사론. 서울: 교육과학사.

김종철, 이종재(1994). 교육행정의 이론과 실제. 서울: 교육과학사.

김창걸(1986). 교육행정학 및 교육경영. 서울: 형설출판사.

김창걸(1992). 교육행정학신론. 서울: 형설출판사.

김태완, 최원회, 고대혁, 박선형, 박인심(2008). 교원양성 및 임용의 다양화 방안 연구. 교육과학기술부.

김태일(2000). 교원처우 개선의 합리적 방안 연구. 정책연구보고서. 교육부.

김현철(1999). 중장기 교원수급계획수립연구. 1999년 교육부 정책연구과제 연구보고서.

김현철(2000). 중 · 장기 초등교원 수급예측(I): 교원 수 예측. 교육행정학연구, 18(2).

김형태(1997). 가르치는 기쁨 배우는 보람. 대전: 한남대학교 출판부.

김혜숙(2002). 교원연수체제 정비 및 법적 기반 조성에 관한 연구. 교육인적자원부 정책연구과제 2002-특-31.

김혜숙, 양승실, 김안나(2000). 교원직급 및 자격체제 개편연구. 연구보고 RR 2000-5. 한국교육개발원.

김혜숙, 강상진, 최금진 (2006). 교원양성 및 연수기관 평가제 시행을 위한 세부방안연구. 교육인적자원부. 정책연구보고서.

김혜숙, 이강근(2003). 교원 성과상여금의 정치학적 분석. 교육 재정경제연구, 12(1), 279-308.

김희규(2005). 교원평가제도 개선방안에 대한 토론. 교원평가제도개선방안 공청회 자료집. 교육인적자원부.

나라정책연구회(1995). 소비자 주권의 교육 대개혁론. 서울: 길벗.

나병현(2000). 자유주의 교육사상. 교육학용어사전. 춘천: 도서출판 하우.

남정걸(1993). 교육실습의 이론과 실제. 서울: 교육과학사.

노명순(2006). 대학입학정책 변화요인의 역사적 신제도주의적 분석. 교육행정학연구, 24(3), 241-264.

노유경(2006). 여성벤처기업 지원정책의 효과성에 관한 연구: 역사적 제도주의적 접근. 고려대학교 대학원 석사학위논문.

노종희(2001). 국가인적자원개발을 위한 교원개발체제 구축. 국가인적자원개발을 위한 인프라구축. 5개 학회연합 학술대회 자료집. 한국교육행정학회.

노종희(2002). 교원정책 개혁과제의 추진평가. 교육개혁의 평가와 향후과제. 교육개혁포럼 심포지엄 자료집.

노종희(2003). 참여정부의 교육정책 과제와 방향. 한국교육학회 창립 50주년기념 학술대회 논문집.

노종희(2004). 교원양성제도의 쟁점과 개선방안. 교원인사제도의 개선방안. 한국교육행정학회 하계학술대회 자료집.

대통령직인수위원회(2003). 국정과제 보고.

류방란(2001). 교직사회의 방어적 특성과 그 극복을 위한 과제. KEDI 교육정책포럼 자료집. 한국교육개발원.

류방란 외(2004). 교원임용시험 가산점 위헌 결정에 대한 정책적 대응 방안. 한국교육개발원 포지션 페이퍼, 1(2).

문용린(1998). 교육개혁과 교원 양성기관의 발전 과제. 한국교사교육, 15(1), 1-10.

문용린(2002). 교육의 수월성과 평등성 추구. 교육개발, 134.

문용린(2002). 교직경쟁력의 의미와 방향. 한국교육의 경쟁력(4). KEDI 교육정책 포럼 2002-4호, 한국교육개발원.

문용린(2002). 교육의 평등성과 수월성. 한국교육의 미래와 선택. 한국교육개발원 창립 30주년 기념 학술대회자료집. 한국교육개발원.

박남기(2001). 7 · 20 교원 증원정책 분석. 새교육 12월호, 통권 제566호.

박덕규 외(1985). 장기 교원수급계획(1986-2001). 한국교육개발원.

박도순, 강인수, 송인섭, 박남기, 권순달, 원효헌, 전제상, 성태제, 지은림, 정수현, 신현석, 신상명, 김진규(2005). 공교육 내실화 및 학교교육력 제고를 위한 교원평가제도 개선 평가 연구. 교육인적자원부 정책연구과제.

박동서(1973). 인사행정론. 서울: 법문사.

박문옥(1972). 행정학. 서울: 박영사.

박상완(2002). 교원교육에 대한 대안적 관점과 교원교육의 체제. 한국교원교육연구, 19(3), 31-53.

박상완(2007). 교원양성 교육과정의 발전 방향과 과제. 한국교원교육연구, 24(2), 143-173.

박연호(1983). 인사행정론. 서울: 법문사.

박영범, 이상덕(1990). 공공부문의 노사관계. 한국노동연구원.

박영숙(2002). 신규 교원 이용에서의 수업 실기 능력 제고 방안. 교육개발, 통권 제132호, 34-41.

박영숙(2003). 새 정부의 교원정책 개혁과제. 새 정부의 교육개혁과제. 한국교육행정학회 교육개혁 세미나 자료집.

박인기(2000). 초등교원의 전문성확보방안. 한국초등교육의 현안과제와 발전방안. 한국교총-인천교대 합동세미나.

박종렬, 신상명, 이해우, 이준효, 김덕희, 김순남, 정금현, 이재훈(2007). 신교육행정 및 경영. 서울: 형설출판사.

박종필(2004). 학교단위책임경영제. 서울: 원미사.

박헌오(2000). 인사행정의 이해. 서울: 법문사.

박호성(1995). 평등론: 자유민주주의 · 사회민주주의 · 맑스주의의 이론과 현실. 서울: 창작과 비평사.

백기복(2005). 조직행동연구. 서울: 창민사.

서울특별시교육청(2006a). 초빙교장제 실시업무처리지침.

서울특별시교육청(2006b). 교장초빙 · 공모제 시범운영 추진계획(안).

서정화(1986). 교원보수제도의 개선방향. 교육개발, 8(5), 34-39.

서정화(1989). 교육인사행정. 서울: 세영사.

서정화(1994a). 교육인사행정(수정 · 증보판). 서울: 세영사.

서정화(1994b). 교육공무원 인사행정제도의 개선 방향. 한국교육개발원.

서정화(1997). 예비 교원을 위한 교사론. 서울: 교육과학사.

서정화(2001). 한국교원의 위기와 도전의 과제. 위기의 교사, 새로운 도전과 희망. 2001기획토론회 '한국교원의 새희망을 찾아서'. 한국교원단체총연합회.

서정화(2003a). 교육계 갈등의 원인, 배경, 현상의 진단. 교육계의 갈등 해소: 상호 신뢰와 존중의 가능성은 있는가? 2003년 제1회 KEDI 교육정책포럼. 한국교육개발원.

서정화(2003b). 한국교육 발전과 교직단체의 역할. 한국교육정책연구소 창립기념 세미나 자료집. 한국교육정책연구소.

서정화(2008). 새 정부의 교원정책의 내용과 향후 과제. 홍익대학교 대학특성화사업단 세미나.

서정화, 윤종건, 송광용(1981a). 교원잡무경감방안. 한국교육개발원.

서정화 외(1981b). 교육행정학개론. 서울: 양서원.

서정화, 허태진, 이병기, 김영철(1998). 교직단체의 기능 활성화 방안 연구: 한국교총을 중심으로. 정책연구 제94집. 한국교원단체총연합회.

서정화, 전제상, 이주호(2000). 교원의 전문성 신장을 위한 교원보수체제 개선방안. 한국교원단체총연합회.

서정화, 김명수, 전제상, 류호두, 홍생표(2004). 교원보수체계 개편방안연구. 정책연구, 2004-05. 한국교육정책연구소.

손병길(2004). 지식기반사회에 대응하기 위한 교원연수 혁신 방안 연구. 교육인적자원부 정책연구과제, 2004-지정-20호.

송광용(1994). 초등교사의 자격과 임용제도의 문제. 초등교육의 과제와 개혁 학술심포지엄 자료집. 인천교육대학교 초등교육연구소.

송광용(2000). 21세기의 학교교육체제와 교사자격증제도. 한국교원교육연구, 17(1), 93-110.

송광용(2001). 한국에서의 지식기반사회를 위한 교원의 전문성 개발. 제8회 한 · 일 교육행정학회 공동세미나 자료집. 한국교육행정학회.

송광용(2004a). 우수교사 양성을 위한 교사교육체제. 교원양성, 어떻게 할 것인가? 교육정책토론회 자료집. 한국교원단체총연합회.

송광용(2004b). 교원양성체제 개편의 쟁점과 방향: 내용적 측면. 교원양성체제 개편의 쟁점과 방향. 제42차 추계학술대회 자료집. 한국교원교육학회.

송용의, 조주호(1985). 교육실습 개선을 위한 기초연구. 인천교육대학 논문집, 제19집, 341-363.

신광호(2001). 초등교원 신규 채용 정책의 개선방안 탐색. 계명대학교 대학원 박사학위논문.

신상명(2002). 교원양성체제의 문제점과 발전 방향. 한국교육행정학회 제124차 하계학술대회자료집.

신상명(2004). 교원평가의 쟁점과 발전 방향. 학교경영, 17(4), 통권 제194호.

신상명(2008). 새 정부의 교원정책: 자율성 확보로 교직 경쟁력 강화. 이명박 정부 교육정책의 방향과 과제. 제45회 교육정책토론회자료집. 한국교원단체총연합회.

신용일(1993). 교육 실습의 이론과 실제. 서울: 동문사.

신현석(1993). 미래교사 수급의 예측. 교육행정학연구, 11(3), 131-161.

신현석(1994). 교육인사행정(제II장). 김성렬 외. 교육행정 및 교육경영. 대전: 과학과 예술.

신현석(1995). Teacher Supply and Demand in the U.S.: Introducing Policy Models for Teacher Retention. 비교교육연구, 5(1), 253-272.

신현석(1998a). 중등교원의 질관리를 위한 정책모형의 개발(Ⅰ): 교원의 질 개념과 결정요인에 대한 탐색을 중심으로. 교육정치학연구, 5(2), 102-122.

신현석(1998b). 정보화 시대의 교육행정: 목표와 과제의 탐색. 교육연구, 6(1), 103-121.

신현석(1999). 교원수급정책의 진단: 교원정년 단축의 영향 분석을 중심으로, 교육문제연구, 제11집.

신현석(2000a). 한국의 교육개혁정책. 서울: 학지사.

신현석(2000b). 지역교육청의 역할과 기능: 재구조화를 위한 정책적 제언의 탐색. 사회과학, 제30집, 231-249.

신현석(2000). 신자유주의와 교원정책: 공존의 가능성과 한계에 대한 진단과 시사. 한국 정책학의 과거, 현재, 미래. (사)한국정책학회 동계학술대회 자료집.

신현석(2002). 교원자격제도의 개편방안연구. 한국교원교육연구, 19(1), 113-135.

신현석(2002). 「국민의 정부」 교육개혁 평가. 한국 교육정책 평가와 차기 정부의 과제. 제38회 교육정책토론회 자료집. 한국교원단체총연합회.

신현석(2003a). 「국민의 정부」 교원정책의 분석과 진단. 한국교원교육연구, 20(1), 221-244.

신현석(2003b). 한국 교원정책의 발전구상과 과제. 한국교육, 30(3), 401-432.

신현석(2005). 한국의 고등교육개혁정책. 서울: 학지사.

신현석, 안종광(1998). 교내 현직연수 개선에 관한 연구. 교육 문제연구, 10(1), 123-157.

신현석, 박균열(2005). 교감의 전문성 신장을 위한 평가방안 연구. 한국교육학연구, 11(2), 157-180.

신현석, 전상훈(2007). 교원승진제도 변화에 대한 역사적 신제도주의적 분석. 교육행정학연구, 25(3), 129-149

심성보(1999). 교육개혁의 오류와 교실붕괴의 공동체적 극복. 학교를 어떻게 살린 것인가: 학교붕괴의 원인과 진단. 전국교직원 노동조합 참교육실천위원회 토론회 자료집. 82-98.

심숙영, 김현철(2000). ARIMA 모형을 통한 유인교육 관련 통계자료의 시계열 분석과 예측. 교육학연구, 38(1).

안상원, 한홍우(1976). 교육실습의 이론과 실제. 서울: 재동문화사.

안선회(2005). 학생 · 학부모가 함께 참여하는 교원평가. 학교운영위원회, 통권 제59호.

안세화(1996). 수습교사제도 도입에 관한 탐색적 고찰. 교육행정학연구, 14(2), 228-254.

안종석, 박노욱, 정재호, 김진영(2006). 교육재정의 효율성 제고 방안 연구. 한국조세연구원.

양규진(2002). 초등교원 승진제도의 변천과정. 고려대학교 교육대학원 석사학위논문.

양승실, 이혜영, 류방란, 이종태(2001). 학교교육 내실화 방안 연구. 한국교육개발원.

어수봉, 정진호(2000). 민관간 보수비교 기준개발에 관한 연구. 한국노동경제학회 발표 논문.

오승은(2003). 영 · 미의 주택정책에 관한 역사제도주의적 접근. 정책분석평가학회, 13(1), 183-203.

오영수(2000). 교원전문대학원의 설립 및 운영방안. 교원양성제도의 문제점과 개선방안. 한국교육학회.

오헌석(1997). 교육정보화추진계획. 교육진흥, 10(1), 가을호.

우재구(2003). 우리나라 교원조직의 단체교섭창구 단일화 방안에 관한 연구. 서울시립대학교 대학원 박사학위논문.

유기범(1998). 우리나라 경찰공무원 보수 수준의 적정화에 관한 연구. 동국대학교 대학원 석사학위논문.

유훈(1984). 행정학원론. 서울: 법문사.

윤정일(1989). 교원교육평가인정제도 실시방안. 중앙교육심의회 교육정책 쇄신을 위한 실천방안 세미나 보고서.

윤정일(1999). 학교교육 붕괴의 종합 진단과 대책. 학교교육 붕괴, 이대로 방치할 것인가. 한국교원단체총연합회 토론회 자료집, 1-16.

윤정일(2002). 교육의 질적 향상을 위한 교사 양성체제의 발전 방향. 한국교원교육연구, 19(1).

윤정일(2003). 국민참여정부의 당면 교원정책 과제. 한국교원교육학회 제39차 춘계학술대회 자료집.

윤정일(2004). 교육재정학원론. 서울: 세영사.

윤정일 외(1996). 한국교육정책의 탐구. 서울: 교육과학사.

윤정일, 김옥희(2000). 교직단체 복수화에 따른 교내갈등관리방안연구. 제77기 교육행정지도자과정 현장교육탐구보고서. 서울대학교 사범대학부설 교육행정연수원.

윤정일, 박선영(2003). 한국 · 미국 · 일본의 교원 보수체제 비교연구. 교육재정경제연구, 12(2), 197-217.

윤정일, 정수현(2003). 한국 공교육의 진단. 서울: 집문당.

윤정일, 송기창, 조동섭, 김병주(2005). 교육행정학원론. 서울: 학지사.

윤정일 외(2003). 한국공교육의 진단: 선택의 자유와 공정성. 서울: 집문당.

윤종건(2001). 한국교원정책의 쟁점과 교육의 질 향상 과제. 한국교원교육연구, 18(3), 112-127.

윤종건(2002). 교직경쟁력 제고를 위한 지원대책. 한국교육의 경쟁력(4). KEDI 교육정책포럼 2002-4호. 한국교육개발원.

윤종건, 허병기, 주철안, 김재웅, 신현석 (2002). 전환시대의 한국교육행정. 서울: 원미사.

윤철경, 이인규, 박창남(1999). 학교붕괴 실태 및 대책 연구. 한국청소년개발원.

이군현, 노종희, 신현석, 박남기(2004). 교직사회 갈등해소방안연구. 정책연구, 1. 한국교원단체총연합회.

이미숙, 최남희, 김도훈(2001). 정년 단축에 따른 교원 수급불균형에 대한 시스템 다이나믹스적 접근. 교육행정학연구, 19(1), 69-95.

이선엽(2005). 정권교체에 따른 경찰제도 변화의 유형에 관한 연구: 신제도주의의 경로의존성이론을 중심으로. 단국대학교 대학원 박사학위논문.

이수용(1998). 5 · 31 교육개혁 중 교원의 근무환경 개선에 관한 연구. 울산대학교 교육대학원 석사학위논문.

이수일(1999). 교육개혁과 전교조의 역할. 교육개혁과 교원노조의 역할. 국제학술세미나 자료집. (사)한국교육연구소.

이영, 고영선, 김광호, 김기완, 김현욱, 연태훈, 유한욱, 윤희숙, 김종일, 박창균(2007). 2007 국가예산과 정책 목표. 한국개발연구원.

이영만(2001). 학교위기의 실상과 대안 탐색. 교육개발, 통권 제128호, 12-15. 서울: 한국교육개발원.

이용표(2005). 정신장애인 직업재활정책의 경로의존에 관한 연구: 역사적 제도주의 관점을 중심으로. 직업재활연구, 15(2), 25-44.

이윤식, 한만길, 유현숙(1992). 교사 신규 채용 및 전보제도 개선연구. 연구보고 RR 92-32. 한국교육개발원.

이윤식, 최상근, 허병기(1994). 교사양성체제 개선방안 연구. 연구보고 RR 94-18. 한국교육개발원.

이종재(2004). 교원평가의 방향과 과제. 교육진흥, 17(2), 통권 제64호, 38-53.

이종재, 한만길, 박상철, 이차영, 엄기형, 박영숙, 류방란, 박상완, 김왕준(2004). 교원정책 혁신방안 연구. 수탁연구 CR 2004-25. 한국교육개발원.

이종태(2001). 학교교육의 위기와 원인 그리고 대안의 모색. 교육이론과 실천, 11(1), 7-53.

이종태(2003). 참여정부 교육개혁의 방향과 과제. 교육인적자원정책위원회 교육개혁추진단 공청회 자료집.
이주현(2001). 교원보수 수준 및 체계의 개선 방향. 서강대학교 대학원 석사학위논문.
이주호, 우천식(1998). 한국교육의 실패와 개혁. 교육개혁포럼 발표자료.
이주호, 유경준, 한유경(2000). 교원보수의 경제분석과 정책개혁. 서울: 비봉출판사.
이준희(2005). 교원성과급 정책 결정과정의 한계에 관한 연구: 역사적 신제도주의의 경로의존성을 중심으로. 고려대학교 대학원 석사학위논문.
이지영(2008). 초·중등교원의 보수체제 변천 분석. 교육행정학연구, 26(1), 97-118.
이차영(1998). '수요자 중심' 교육개혁논리의 타당성 검토. 교육학연구, 36(2).
이차영(2001). 공교육 내실화를 위한 교원분야의 대책. KEDI 정책포럼 자료집. 한국교육개발원.
이혜영(2001). 신세대의 등장과 학교(교사)의 문화지체. KEDI 교육정책포럼, 3호.
임승렬(1998). 2년제 유치원교사 양성대학의 교육실습개선방안연구. 한국교사교육, 15(2), 128-149.
임승렬, 조경희(1999). 교육 실습생의 발달단계에 따라 발달장학에 관한 연구. 한국교사교육, 16(1), 259-281.
장기원(1998). 지방교육행정조직의 구조개혁. 교육진흥, 41, 17-26.
장지호(1985). 신인사행정론. 서울: 박영사.
장지호(2003). 김대중 정부의 대기업 구조조정 정책 연구: 역사적 제도주의의 적용. 한국정책학회, 12(2), 89-110.
전경옥(2005). 국가 간 비교를 통한 교장임용제도 개선방안. 전북대학교 교육대학원 석사학위논문.
전성연(1982). 교원의 근무부담에 관한 분석적 연구. 정책연구, 제34집. 대한교육연합회.
전제상(1994). 교사의 직무수행 조건과 복무환경에 관한 연구. 한국교원단체총연합회 교육정책연구소.
전제상(1997). 우수교원 확보를 위한 교원보수체계의 발전방향과 과제. 교육행정학연구, 15(2), 186-187.
전제상(2000). 교사평가의 준거개발 연구. 홍익대학교 대학원 박사학위논문.
전제상(2002). 교육의 발전과제와 교직단체의 역할: 한국교총 입장을 중심으로. 한국교원교육연구, 19(2), 81-107.
전제상(2004). 교원평가, 어떻게 봐야 할 것인가! 교원정책현안토론회 토론자료. 한국교육개발원.
전제상(2007). 새정부 교육정책에 바란다: 교원정책. 사학, 통권 제120호, 31-59.
정동섭(2005). 경쟁을 원리로 하는 교원평가는 성공할 수 없다. 공교육 내실화 및 학교교육력제고를 위한 교원평가제도 개선 평가 연구. 교육인적자원부 정책연구과제.
정봉근(2008). 교육개혁: 지난10년의 회고와 선진화 구상.

정봉주(2004). 교육복지 재정확보! 어떻게 해결할 것인가? 열린우리당 정책자료집(3).

정우현 역(1975). 교육사회학. 서울: 고려대학교 출판부.

정지선(2006). 교원평가제 의제설정과정에서 나타난 참여 집단 간의 갈등 분석. 고려대학교 교육대학원 석사학위논문.

정진곤(2000). 현행 초·중등교원 양성 교육의 문제점. 교원양성제도의 문제점과 개선방안. 한국교육학회.

정진곤(2001). 문명사적 병화와 근대 공교육체제의 위기. 공교육 위기의 해부. KEDI 교육정책포럼. 한국교육개발원, 5-26.

정진곤(2001). 현행 교원양성의 질적 관리 체제의 문제점과 정책 대안. 한국교원교육연구, 18(3), 97-108.

정진곤 외(2004). 교원양성체제 개편 종합방안. 교육인적자원부 정책연구과제.

정진환(1997). 지방교육행정체제와 조직의 발전. 교육행정학연구, 15(1), 33-56.

정찬영, 강무섭, 유현숙, 한유경, 조준래(1997). 지방화를 지향하는 교육 행·재정 구조개편방안. 한국교육개발원.

정태범(2003). 건전한 교원정책과 교원양성기관의 발전 방향. 교육진흥, 16(1), 44-57.

정태범, 송용의, 권낙원(1987). 교원양성대학의 교육실습과정에 관한 연구. 한국교원대학교 교육연구원.

조남두, 권기욱, 오영재, 유현숙, 조남근, 최창섭, 신현석(2006). 교육행정론. 서울: 원미사.

조동섭(2005). 교사의 전문성 제고를 위한 정책 방향과 과제. 교육 선진화를 위한 교원의 전문성 제고방안. 교원정책포럼 자료집. 국회좋은교육연구회·한국교원교육학회.

조석훈(1998). 수요자 중심 교육체제의 입장에서 '교육의 전문성'에 대한 재해석. 교육행정학연구, 16(3), 422-455.

조주연(2000). West Chester 대학교에서의 초등교사 양성 교육과정에 대한 토론. 초등교사 양성 교육과정과 초등학교교육과의 연계성 강화방안. 국제학술대회 자료집. 서울교육대학교 초등교육연구소.

조평호(2003). 교육기본법에 근거한 교원보수제도 개선방안. 한국교육, 30(3), 83-105.

조홍순(2002). 차기 정부의 교육정책 과제. 한국 교육정책 평가와 차기 정부의 과제. 제38회 교육정책 토론회 자료집. 한국교원단체총연합회.

조홍순(2006). 대학구조조정 정책의 제약요인에 관한 역사적 신제도주의적 접근. 교육문제연구, 25, 167-199.

좋은교사운동(사)(2008). 「이명박 정부」 교육정책 논평.

주삼환(1998). 교육부의 교육청 평가는 재고되어야 한다. 교육진흥, 10(3), 봄호. 103-113.

주삼환(2004). 교원양성체제 개편의 쟁점과 방향: 평가적 측면. 교원양성체제 개편의 쟁점과 방향. 제42차 추계학술대회 자료집. 한국교원교육학회.
주삼환(2007). 한국교원행정. 서울: 태영출판사.
주삼환, 이미라(2005). 교장직의 전문성 제고를 위한 정책방향. 교육발전논총, 26(2), 75-103.
주철안(2001). 초·중등교원의 보수제도에 관한 연구. 교육재정경제연구, 10(2), 189-220.
진동섭(2002). 초·중등교육 및 교원정책 분야 대선공약 비교. 2002 대선 교육공약 진단토론회 자료집. 한국교육행정학회.
진동섭(2004). 교원양성체제 개편의 쟁점과 방향: 거버넌스의 측면. 교원양성체제 개편의 쟁점과 방향. 제42차 추계학술대회 자료집. 한국교원교육학회.
진재구(1995). 공무원 보수 결정 원칙 및 기준의 설계. 서울: 한국행정연구원.
천보선, 김학한(1998). 신자유주의와 한국교육의 진로. 서울: 한울.
최용섭, 김규형(1981). 교육 실습. 서울: 동문사.
최종태(1981). 현대인사관리론. 서울: 박영사.
최준렬(2001). 한국에서 지식기반사회를 위한 교원보수체제 개선. 교육행정학연구, 19(3), 1-19.
최태식, 김명순(1991). 교원 근무환경 실태에 관한 연구. 한국교원단체총연합회.
최희선 외(2000). 신규 교원 임용시험 평가기준 및 척도개발 연구. 교육부 정책연구과제.
하병수(2004). 교원, 어떻게 양성하고 임용할 것인가? 교원, 어떻게 양성하고 임용할 것인가?. 공청회 자료집. 범국민교육연대.
하병수(2005). 교원에 대한 새로운 노동통제방식, 평가계량화를 경계한다. 공교육 내실화 및 학교교육력 제고를 위한 교원평가제도 개선 평가 연구. 교육인적자원부 정책연구과제.
하연섭(2003). 제도분석. 서울: 다산출판사.
한국교사교육연구협의회(1987). 교육 실습편람. 서울: 교육과학사.
한국교원교육학회(2003). 국민참여정부 교원정책의 과제. 제39차 춘계학술대회 자료집.
한국교원단체총연합회(1990). 교원의 근무부담에 관한 연구. 한국교원단체총연합회.
한국교원단체총연합회(1993). 교원 처우 개선 및 복지증진방안. 정책연구, 제62집.
한국교원단체총연합회(1998). 교원정책 및 교직생활에 대한 교원의 의견조사. 교섭자료, 제13집.
한국교원단체총연합회(2002). 대선공약과 한국교총의 교원정책과제 비교. 한국교총 홈페이지.
한국교원단체총연합회(2003). 신규 임용교원을 위한 교직생활안내서('좋은교육, 좋은선생님').
한국교원단체총연합회(2003). 차기 정부의 교육정책 방향과 과제 건의.
한국교원단체총연합회(2007). 제17대 대통령선거 교육공약 비교분석. 정책자료, 제80집.
한국교원단체총연합회(2008). 새내기 초등교사를 위한 교직생활안내서.
한국교원단체총연합회 편(1997). 한국교총 50년사.
한국교원단체총연합회 편(2003). 교사론. 서울: 교육과학사.

한국교육개발원(1993). 교원연수제도개선방안연구. 한국교육개발원 연구보고 RR 93-9.

한국교육개발원(2000). 한국의 교육지표.

한국교육개발원(2003). 교육계 갈등의 본질과 갈등해결방안. 한국교육평론.

한국교육개발원(2003). 학습하는 사회, 함께하는 교육: 교육공동체 형성과 지식기반사회 교육체제 구축. 차기 정부 교육정책 방향과 과제에 대한 제안서.

한국교육개발원(2004). 교원정책 혁신방안연구 자료집. 연구자료 RM 2004-27.

한국교육학회(2003). 참여정부의 교육정책 과제와 방향. 2003년도 학회창립 50주년기념 학술대회 논문집.

한국교육행정학회(1995). 교육인사행정론. 춘천: 도서출판 하우.

한국교육행정학회(2003). 새 정부의 교육개혁 과제. 2003년도 한국교육행정학회 교육개혁 세미나 자료집.

한만길(2004). 교장임용제도의 다양화 방안. 한국교육개발원 포지션페이퍼, 1(13).

한만길, 박영숙, 박삼철, 안선회(2006). 교원승진 및 연수제도 개선방안연구. 교육혁신위원회.

한만중(2001). 공교육 위기 극복을 교원노조의 제언. KEDI 정책포럼 자료집. 한국교육개발원.

한승완(2002). '전통공동체' 에서 '민주공동체' 로: 서구 근대에서 공동체기획의 두 가지 모델. 공동체란 무엇인가. 서울: 이학사.

한용진(2001). 일본의 교원양성체제 개혁동향. 안암교육학연구, 7(1 · 2), 1-26.

한유경(1999). 초 · 중등교원 보수의 국제비교. 교육재정경제연구, 8(2), 245-275.

한재갑(2001). 공교육 위기 해소를 위한 교원정책의 핵심과제. KEDI 정책포럼 자료집. 한국교육개발원.

함종규, 김동연, 조규삼(1992). 교육실습. 서울: 문음사.

허병기(2003). 새 정부 교원정책에 거는 기대. 한국교원교육학회 뉴스레터, 제34호.

허종렬(2002). 학교 구성원 간의 갈등, 그 원인 및 유형과 해결방안. 학교 구성원 간의 갈등, 그 원인과 해결을 찾아서. 교권침해 예방을 위한 토론회 발표 자료집. 한국교원단체총연합회 · 학교사랑실천연대.

허종렬(2004). 사범대 가산점 위헌결정 분석과 향후 과제. 새교육(6월호). 한국교육신문사.

황규호(2000). 대학원 수준에서의 교원양성방안. 교원양성제도의 문제점과 개선방안. 한국교육학회.

황규호, 박남기(1999). 교원양성체제개선방안. 공청회 자료집. 교육부 교원 양성 · 연수체제개선연구위원회.

황윤환(2004). 교원임용제도의 현황과 제도. 제3회 전국교육대학교연합학술대회 자료집. 경인교육대학교.

황정규, 윤정일, 서정화, 송광용, 이윤식(1995). 교원교육개혁을 위한 종합연구. 서울대학교 사범대학 교육연구소.

황정현(1999). 교원수급 문제의 원인과 대책. 학교교육 붕괴, 이대로 방치할 것인가. 제33회 교육정책토론회. 한국교원단체총연합회.

Adner, R. (2006). Match Your Innovation Strategy to Your Innovation Ecosystem. *Harvard Business Review, April,* 98-107.

Anderson, J. E. (1984). *Public Policy Making.* New York: Holt.

Arnstine, D., & McDowell, J. A. (1993). Unfair Rewards: Merit Pay, Grades, and a Flawed System of Evaluation. *Teacher Education Quarterly, 20*(2). 5-21.

Ball, D. L., & McDiarmid, G. W. (1990). "The Subject-Matter Preparation of Teachers". In W. Robert Houston (ed.), *Handbook of Research on Teacher Education.* New York: Macmillan Publishing Company.

Barnard, C. I. (1938). *The Functions of the Executive.* Cambridge, MA: Harvard University Press.

Bauer, L., & Borman, K. (1988). *A Review of Educational Foundations Courses Offered in U. S. Colleges and Universities.* University of Cincinnati.

Beach, D. M., & Reinhartz, J. (1984). Using Criteria of Effective Teaching to Judge Teacher Performance. *NASSP Bulletin 68,* 31-37.

Beerens, D. R. (2000). *Evaluating Teachers for Professional Growth-Creating a Culture of Motivation and Learning.* Thousand Oaks. California: Corwin Press. Inc.

Bertalanffy, L. V. (1968). *General System Theory: Foundations, Development, Applications.* New York: George Braziller.

Biddle, B. J., & Thomas, E. J. (eds.). (1966). *Role Theory: Toncepts and Research.* New York: Wiley.

Billing, D. (1982). *The Role of Staff Development. Birmingham.* SCEDSIP Occasional Paper 6.

Brighton, S. F., & Rose, G. W. (1974). "Increasing Your Accuracy in Teacher Evaluation". *Hand Book of Successful School Administration.* New York: Prentice-Hall Inc.

Campbell, L. P., & Williams, J. A. (1983). Supervising the student teacher: What is really involved? *NASSP Bulletin, Vol. 465,* 77-79.

Castetter, W. B. (1981). *The Personnel Function in Educational Administration.* Macmillan Publishing Co, Inc.

Castetter, W. B., & Young, I. P. (2000). *The Human Resource Function in Educational Administration*(7th ed.). Upper Saddle River, New Jersey: Prentice-Hall, Inc.

Cochran-Smith, M., & Fries, K. (2005). "Researching Teacher Education in Changing Times: Politics and Paradigms". In Marilyn Cochran-Smith & Kenneth M. Zeichner (eds.), *Studying Teacher Education*. Mahwah, NJ: Lawrence Erlbaum Associates, Publishers.

Cochran-Smith, M., & Zeichner, K. M. (eds.). (2006) *Studying Teacher Education*. Mahwah, NJ: Lawrence Erlbaum Associates, Publishers.

Coolahan, John, Santiago, Paulo, Phair, Rowena, & Ninomiya, Akira (2003). Attracting, Developing, and Retaining Effective Teachers. *Country Note: Korea*. Paris: OECD. www.oecd.org/edu/teacherpolicy.

Cranston, N. C. (2001). Collaborative decision-making and school-based management: challenges, rhetoric and reality. *Journal of Educational Inquiry, 2*(2), 1-24.

Crews, C. (1981). Rush to Judgment No Time for Teacher Evaluation? Make Time. *NASSP Bulletin 65*, 12-16.

Dede, C. (1990). "Futures Research and Strategic Planning in Teacher Education". In W. Robert Houston (ed.), *Handbook of Research on Teacher Education*. New York: Macmillan Publishing Company.

Douglass, H. R. (1954). *Modern Administration of Secondary School*. New York: Glinn & Co.

Doyle, W. (1990). "Themes in Teacher Education". In W. Robert Houston (ed.), *Handbook of Research on Teacher Education*. New York: Macmillan Publishing Company.

Drucker, P. F. (1998). "The Coming of the New Organization". *In Harvard Business Review on Knowledge Management*. Harvard Business School Press.

Duncombe, W., & Yinger, J. (1998). School Finance Reform: aid formulas and equity objectives. *National Tax Journal*, June, *51*(2), 239-262.

Eyestone, R. (1978). *From Social Issues to Public Policy*. New York: John Willey and Sons.

Floden, R. E., & Buchmann, M. (1990). Philosophical Inquiry in Teacher Education. In W. Robert Houston (ed.), *Handbook of Research on Teacher Education*. New York: Macmillan Publishing Company.

Gardner, R. (1978). *Policy on Continuing Education: a Report with Recommendations for Action. the York Centre, University of York, York, England*.

Garvin, D. A. (1998). "Building a Learning Organization". *In Harvard Business Review on Knowledge Management*. Harvard Business School Press.

Getzels, J. W., & Guba, E. G. (1957). Social Behavior and the Administrative Process. *School Review, 65*, 423-441.

Good, C. V. (1973). *Dictionary of Education*. New York: McGraw-Hill Book Company.

Goodman, J. (1985). Field-based experience. *Journal of Education for Teaching, Vol, 11*(1), 26-49.

Grace, G., & Lawn, M. (eds.).(1991). *Teacher Supply and Teacher Quality: Issues for the 1990s*. Philadelphia, MD: Multilingual Matters LTD.

Grant, J. W., & Drafall, L. E. (1996). *Developmental thinking in the student teaching experience*. ERIC Document, ED 397 031.

Grossman, P. (2005). "Research on Pedagogical Approaches in Teacher Education". In Marilyn Cochran-Smith & Kenneth M. Zeichner (eds.), *Studying Teacher Education*. Mahwah, NJ: Lawrence Erlbaum Associates, Publishers.

Guyton, E., & McIntyre, D. J. (1990). Student teaching and school experiences. In W. R. Houston (ed.), *Handbook of research on teacher education*. New York: Macmillan.

Haggstrom, G. W., Darling-Hammond, L., & Grissmer, D. W. (1988). *Assessing Teacher Supply and Demand*. Center for the Study of the Teaching Profession, RAND.

Hall, P. A. (1986). *Governing the Economy: The Politics of State Intervention in Britain and France*. New York: Oxford University Press.

Hall, P. A. (1992). "The Movement from Keynesianism to Monetarism: Institutional Analysis and British Economic Policy in the 1970s". In Sven Steinmo, Kathleen Thelen and Frank Longstreth (eds.), *Structuring Politics: Historical Institutionalism in Comparative Analysis*. Cambridge: Cambridge University Press.

Hargeaves, A., & Fullan, M. (1992). *Understanding Teacher Development*. New York: Cassell.

Hargreaves, A., & Goodson, I. (2006). Educational change over time? The sustainability and non-sustainability of three decades of secondary school change and continuity. *Educational Administration Quarterly*, 42(1), 3-41.

Heath, M. D. (1994). *A report of student experiences in pre-student teaching field experience*. ERIC Document, ED 367 599.

Hoy, W. K., & Miskel, C. G. (1991). *Educational Administration: Theory, Research, and Practice* (4th ed). New York: McGraw-Hill, Inc.

Hoy, W. K., & Miskel, C. G. (2005). *Educational Administration: Theory, Research, and Practice* (7th ed.). Boston, MS: McGraw-Hill.

Ikenberry, G. J. (1988). Conclusion: An Institutional approach to American Foreign Economic Policy. *International Organization, 42*(1), 219-43.

Kelly, C. (1997). *Teacher Compensation and Organization. Educational Evaluation and Policy Analysis, 19*(1), 15-28.

Krasner, S. D. (1984). Approaches to the State: Alternative Conceptions and Historical Dynamics. *Comparative Politics, 16*, 223-246.

Larson, R. (1984). Teacher Performance Evaluation: What Are the Key Elements?. *NASSP Bulletin 68*, 13-18.

Mahoney, J., & Snyder, R. (1999). Rethinking agency and structure in the study of regime change. *Studies in Comparative International Development, 34*, 3-32. New Brunswick.

Main, A. (1985). *Educational Staff Development.* New Hampshire: Croom Helm.

March, J. G., & Olsen, J. P. (1976). *Ambiguity and Choice in Organizations.* Bergen, Norway: Universitetsforlaget.

McIntyre, D. J., Byrd, D. M., & Foxx, S. M. (1996). "Field and laboratory experiences." In J. Silula (ed.), *Handbook of research on teacher education.* New York: Macmillan.

Merton, R. K. (1968). *Social theory and social structure.* New York: Free Press.

Meyer, J. W., & Rowan, B. (1978). "The Structure of Educational Organizations." In Marshall W. Meyer, *Environments and Organization.* San Francisco, CA: Jossey-Bass.

Murwin, S., & Matt, S. R. (1990). Fears prior to student teaching. *The Technology Teacher, 49*, 25-26.

National Center for Education Statistics (1991). *Projections of Education Statistics to 2002.* Office of Educational Research and Improvement. U.S. Department of Education.

National Citizens Commission for the Public Schools (1954). *How Can We Get Enough Good Teachers?:* A Guidebook. Taylor & Francis, Ltd.

National Education Association (1982). *Excellence in Our Schools: Teacher Education.* National Education Association.

National Research Council (1992). *Teacher Supply, Demand, and Quality: Policy Issues, Models, and Data Bases.* Proceedings of a Conference. Committee on National Statistics and Division of Education Training, and Employment. Washington, D.C.: National Academy Press.

NEA (1986). *Teacher Supply and Demand.* West Haven. CT: The NEA Professional Library.

Nye, Jr., J. S. (1998). *Why People Don't Trust Government.* Cambridge, MS: Harvard University Press.

Odden, A., & Picus, L. (2000). *School Finance: A Policy Perspective* (6th ed.). NY: Mcgraw-Hill

Companies, Inc.

Odden, A., & Kelly, C. (2002). *Paying Teachers for What They Know and Do.* Thousand Oaks, CA: Corwin Press, Inc.

OECD(1998). Education Policy Analysis.

OECD(2001). Education Policy Analysis.

Owens, R. G. (1991). *Organizational Behavior in Education* (4th ed.). Englewood Cliffs, NJ: Prentice-Hall Inc.

Pierson, P., & Skocpol, T. (2002). "Historical Institutionalism in Contemporary Political Science." In Ira Katznelson & Helen V. Milner (eds.), *Political Science: The State of the Discipline*, 693-721. New York: W.W.Norton & Co.

Pugach, M., & Raths, J. D. (1983). "Testing Teacher: Analysis and Recommendation". *Journal of Teacher Education Vol. 34*, No. 1.

Quick, B. N., & Dasovich, J. A. (1994). *The role of the supervisor meeting the needs of early childhood preservice teachers.* ERIC Document, ED 388 637.

Rawls, J. (1971). *A Theory of Justice.* Cambridge, MS: Harvard University Press.

Rebore, R. W. (2001). *Human Resources Administration in Education* (6th ed.). Boston, MS.: Allyn & Bacon.

Rebore, S. F. (1982). *Personnel Administration in Education: A Management Approach.* New York: Prentice-Hall Inc.

Reschovsky, A., & Imazeki, J. (1997). The development of school finance formulas to guarantee the provision of adequate education to low-income students. *Developments in School Finance*, 121-148.

Schwebel, A. I., Schwebel, B. L., Schwebel, C. R., & Schwebel, M. (1992). *The student teacher's handbook.* New Jersey: LEA.

Shaw, M. E., & Constanzo, P. R. (1982). *Theories of social psychology* (2nd ed.). New York: McGraw-Hill International Company.

Shin, H. (1995). Estimating Future Teacher Supply: Any Policy Implications for Educational Reform?. *International Journal of Educational Reform, 4*(4), 422-433.

Sikula, D. (1990). National Commission Reports of the 1980s. In W. Robert Houston (ed.), *Handbook of Research on Teacher Education.* New York: Macmillan Publishing Company.

Silver, P. (1983). *Educational Administration: Theoretical Perspectives in Practice and Research.*

New York: Harper & Row.

The Coordinating Council for Higher Education (1971). *Teacher Supply and Demand in Wisconsin: 1970-1980.*

The National Commission on Excellence in Education (1983). *A Nation at Risk: The Full Account.* Cambridge, MS: USA Research.

Thelen, K., & Steinmo, S. (1992). Historical Institutionalism in Comparative Politics. In Sven Steinmo, Kathleen Thelen & Frank Longstreth (eds.), *Structuring Politics: Historical Institutionalism in Comparative Analysis*, 1-32. New York: Cambridge University Press.

Thomas, C. S., & Hrebenar, R. J. (1996). *Interest Group in the States.* Washington, D.C.: Congressional Quarterly Press.

Thomas, K. W. (1976). "Conflict and Conflict Management." In M. D. Dunnette (ed.), *Handbook of Industrial and Organizational Psychology.* Chicago, IL: Rand McNally.

Todd, F. (1987). *Planning Continuing Professional Development.* New York: Croom Helm.

Tom, A. R., & Valli, L. (1990). "Professional Knowledge for Teachers." In W. Robert Houston (ed.), *Handbook of Research on Teacher Education.* New York: Macmillan Publishing Company.

Urban, W. K. (1990). "Historical Studies of Teacher Education." In W. Robert Houston (ed.), *Handbook of Research on Teacher Education.* New York: Macmillan Publishing Company.

Webb, L. D., & Norton, M. S. (1999). *Human Resources Administration: Personnel Issues and Needs in Education* (3rd ed.). Upper Saddle River, New Jersey: Prentice-Hall, Inc.

Weber, M. (1947). *The Theory of Social and Economic Organizations.* In T. Parsons (Trans.). New York: Free Press.

Weick, K. E. (1976). Educational Organizations as Loosely Coupled Systems. *Administrative Science Quarterly, Vol. 21*, pp.1-19.

Zaltman, G., F., David H., & Sikorski, L. A. (1977). *Dynamic Educational Change.* New York: The Free Press.

Zeichner, K., & Liston, D. (1987). Teaching student teachers to reflect. *Harvard Educational Review, 75*, 23-48.

〈홈페이지〉

공무원급여포털(http://pay.mopas.go.kr)
교육인적자원부(http://www.moe.go.kr)
법제처(http://www.moleg.or.kr)
전국과학교사모임(http://science.eduhope.net)
전국교직원노동조합 홈페이지(http://www.eduhope.net)
전국국어교사모임(http://www.naramal.or.kr)
중앙인사위원회 홈페이지(http://www.csc.go.kr)
한국교원단체총연합회 홈페이지(http://www.kfta.or.kr)
OECD(http://www.oecd.org)
UNESCO(http://www.unesco.org)

〈신문기사〉

교육소식, 2001년 11월 5일자
교육희망, 2001년 11월 7일자
국민일보, 2005년 11월 5일자
노컷뉴스, 2005년 6월 20일자
동아일보, 2005년 5월 11일자
문화일보, 2005년 11월 22일자
연합뉴스, 2005년 5월 24일자
조선일보, 2005년 11월 5일자
조선일보, 2008년 2월 5일자
한겨레신문, 2005년 5월 27일자
한국교원신문, 2001년 11월 26일자

찾아보기

인 명

내 용

저자 소개

신현석(申鉉奭)

고려대학교 교육학과(문학사)
고려대학교 대학원 교육학과(문학석사)
미국 위스콘신 대학교 대학원 교육행정학과(Ph. D.)
미국 텍사스 대학교 방문 교수
현재 고려대학교 교육학과 교수

〈주요 저서〉
한국의 교육개혁정책(학지사, 2000)
한국 공교육의 새로운 구상과 전략(공저, 집문당, 2003)
한국의 고등교육 개혁정책(학지사, 2005)
교육정책의 이론과 실제(공역, 아카데미프레스, 2007)
고등교육의 이해(공저, 학지사, 2009)

교육개혁정책 연구총서 3

한국의 교원정책

2010년 2월 22일 1판 1쇄 인쇄
2010년 2월 27일 1판 1쇄 발행

지은이 • 신현석
펴낸이 • 김진환
펴낸곳 • (주) 학지사
121-837 서울특별시 마포구 서교동 352-29 마인드월드빌딩 5층
대표전화 • 02)330-5114 팩스 • 02)324-2345
등록번호 • 제313-2006-000265호

홈페이지 • http://www.hakjisa.co.kr
커뮤니티 • http://cafe.naver.com/hakjisa

ISBN 978-89-6330-396-3 93370

정가 18,000원